Der

Deutsch-Dänische Krieg

1864.

Herausgegeben vom

Großen Generalstabe,

Abtheilung für Kriegsgeschichte.

Zweiter Band.

Berlin 1887.

Ernst Siegfried Mittler und Sohn

Königliche Hofbuchhandlung

Kochstraße 68—70.

Impressum

Umschlaggestaltung: Harald Rockstuhl, Bad Langensalza

Titelbild: Bild aus „Ein Maler auf dem Kriegsfelde 1864"
von W. Camphausen 1865

Bisherige Auflagen:
1. Auflage 1887 - Der Deutsch-Dänische Krieg 1864. Komplett in zwei Bänden.
2. Band. Herausgegeben vom Großen Generalstabe, Abtheilung für
Kriegsgeschichte. Verlag Ernst Siegfried Mittler und Sohn, Berlin, 1887.

1. Reprintauflage der Textauflage mit 5 Textskizzen 1887/2014

ISBN 978-3-86777-657-8

Repro und Satz: Harald Rockstuhl, Bad Langensalza

Original: Sammlung Harald Rockstuhl, Bad Langensalza

Druck und Bindearbeit: Digital Print Group Oliver Schimek GmbH,
Nürnberg/Mittelfranken

Gedruckt auf alterungsbeständigem Papier nach ISO 9706

Die Deutsche Nationalbibliothek verzeichnet diese Publikation in der
Deutschen Nationalbibliografie. Detaillierte bibliografische Daten
sind im Internet über *http://dnb.d-nb.de* abrufbar.

 **Verlag Rockstuhl**
www.verlag-rockstuhl.de

Inhaber: Harald Rockstuhl
Mitglied des Börsenvereins des Deutschen Buchhandels e.V.
Lange Brüdergasse 12 in D-99947 Bad Langensalza/Thüringen
Telefon: 03603 / 81 22 46   Telefax: 03603 / 81 22 47 .
www.verlag-rockstuhl.de

Inhalts-Verzeichniß des zweiten Bandes.

Sechster Abschnitt.

Von der Wiedereröffnung der Feindseligkeiten bis zum Wiener Frieden.

Anlagen.

Pläne und Skizzen.

Folgende Beilagen sind in dieser Reprintausgabe **nicht** enthalten:

Vierter Abschnitt.

Belagerung von Düppel sowie Vorgänge im Rücken des Heeres und zur See vom 8ten März bis zum 18ten April.*)

I. Die Ereignisse vor Düppel von der Vermehrung der Belagerungs-Artillerie bis zum Aufgeben des Ueberganges bei Ballegaard. 8ter März bis 3ter April.

Die Befehle zur Nachsendung der vom Prinzen Friedrich Karl verlangten**) Belagerungsmittel waren in Berlin am 3ten März erlassen worden. Demgemäß erfolgte noch an diesem Tage die Mobilmachung von drei Festungs = Artillerie-Kompagnien.***) Dieselben sollten die in Magdeburg und Wesel bereitgestellten Belagerungsgeschütze begleiten und zum Theil schon am 9ten in Hamburg eintreffen.†)

Vermehrung der Belagerungs= Artillerie.

Das Kriegs = Ministerium setzte das Ober = Kommando noch am 3ten von diesen Verfügungen in Kenntniß und bemerkte dazu, daß Seine Majestät der König geneigt sei, auch noch weitere Be=

---

*) Hierzu Uebersichtskarte 2, Plan 4 und Plan 7.
**) Vergl. I, Seite 304.

***)
3te Fest.=Komp.	8te Fest.=Komp.	1ste Fest.=Komp.
Art.=Brig. 3	Art.=Brig. 7	Garde

†) Zur Ueberführung nach Schleswig wurden 8 gezogene 24=Pfünder, 12 gezogene 12=Pfünder und 16 25pfündige Mörser bestimmt. 16 schwere, bereits in den Strandbatterien bei Alnoer, Sandacker und Iller befindliche Geschütze (vergl. I, Seite 256, 266, 307) sollten vorläufig dort verbleiben. Dem zum Kommandeur der gesammten Festungs=Artillerie des Verbündeten Heeres ernannten Major Hendewerk ging vom Kriegs=Ministerium eine Uebersicht über die bereits auf dem Kriegsschauplatze vorhandenen und noch dorthin zu entsendenden Geschütze und Festungs=Kompagnien zu. Dieselbe ist in Anlage Nr. 40 wiedergegeben.

lagerungsmittel erforderlichen Falls zu gewähren. Zugleich wurde die Erwartung ausgesprochen, daß die bewilligten Geschütze sogleich nach Maßgabe ihres Eintreffens zur Störung der feindlichen Ver=stärkungsarbeiten in Thätigkeit gesetzt würden. Dieses Schreiben übersandte das Ober=Kommando dem Prinzen Friedrich Karl, unter Hervorheben der Nothwendigkeit, den Beginn der Belagerung nicht bis zum Eintreffen sämmtlicher schweren Geschütze zu verschieben.

Prinz Friedrich Karl, welcher sich von einem allmählichen Auftreten der Belagerungs=Artillerie wenig Erfolg versprach und sich durch diese Weisungen in der ihm vom Ober=Kommando zu=gestandenen Selbstständigkeit in der Leitung des Angriffes beschränkt sah, wandte sich am 8ten März mit einer Vorstellung an den König. In derselben trug er vor, daß die kriegsgeschichtlichen Erfahrungen gezeigt hätten, wie eine Beschießung von Erdwerken ohne vollkommen ausreichende Mittel wenig Aussicht auf Erfolg gewähre. Bei einer verfrühten und nur theilweisen Beschießung werde außerdem der Munitions=Verbrauch ein unverhältnißmäßig großer sein und der Feind Zeit haben, ausreichende Gegenmaßregeln zu treffen. Nach seinem Dafürhalten müsse der Angriff als einheitliches Unternehmen mit allen hierfür zur Verfügung gestellten Mitteln begonnen und bis zum Ein=treffen derselben aus Rücksicht auf die Schlagfertigkeit der Truppen auch von einer engeren Einschließung Abstand genommen werden.*)

In Folge dessen erging am 14ten März eine Allerhöchste Kabinets=Ordre an den Prinzen, in welcher ausgesprochen wurde, daß die in dem Schreiben des Kriegs=Ministeriums über die Verwendung der Belagerungs=Artillerie entwickelten Gesichtspunkte nicht als bindende Vorschrift zu betrachten seien und die Selbstständigkeit der Angriffsleitung nicht beschränken sollten.

Schon am 1sten März hatte das General=Kommando auf die

---

*) Auch General v. Moltke stimmte dieser Ansicht zu. In einem Schreiben an den Obersten v. Blumenthal, vom 8ten März, theilte er diesem mit, daß er sich dagegen ausgesprochen habe, das vor Düppel eintreffende Be=lagerungs=Geschütz nach und nach in Thätigkeit zu setzen, da er glaube, daß der gesammte Batteriebau und, wenn möglich, die Einführung der Geschütze in ein und derselben Nacht erfolgen müsse.

Benachrichtigung über das baldige Eintreffen der Belagerungs=Artillerie
hin die Anfertigung von Batterie=Baugeräth angeordnet. Am 6ten
wurde den Pionier=Bataillonen die Herstellung von Sappengeräth
aufgetragen, und am 10ten nahmen die Straucharbeiten ihren An=
fang. Zur Herbeischaffung der nothwendigen Hölzer wurden die
leeren Hackets der beiden Brückentrains benutzt.

Während dieser Vorbereitungen für die beabsichtigte Belagerung
trug man sich im Hauptquartiere zu Gravenstein mit dem Plane zu
einem anderen Unternehmen. Schon seit längerer Zeit hatte sich
Oberst v. Blumenthal mit der Frage beschäftigt, ob nicht das
langwierige Verfahren eines förmlichen Angriffs durch einen Ueber=
gang nach Alsen vermieden werden könne. Ein Uebersetzen von
Truppen über die Alsener Föhrde bei Ballegaard schien ihm, selbst
ohne Hülfe der Flotte, ausführbar zu sein, und er ließ daher Anfang
März hierüber nähere Versuche*) und Ermittelungen anstellen. Letztere
ergaben, daß in der Regel in der ersten Hälfte des Monats März
an der Ostküste von Schleswig eine 10 bis 20 Tage dauernde Wind=
stille eintritt, welche als Hauptbedingung für das Gelingen eines
Ueberganges angesehen werden mußte. Wenn es außerdem glückte,
in dieser Zeit 50 bis 60 schwere Geschütze, unbemerkt vom Feinde,
in der Nähe von Ballegaard aufzustellen, so stand auch eine Ver=
hinderung des Unternehmens durch die Dänischen Schiffe nicht zu
befürchten. Mit Hülfe der vorhandenen Pontons und der aus
Eckernförde mitgeführten Kielboote konnten ungefähr 1500 Mann auf
einmal übergeführt werden, eine Zahl, welche vollständig ausreichte,
um die schwachen Dänischen Abtheilungen auf der Halbinsel Meels
zu vertreiben und sich hier bis zur Ankunft der nächsten Staffeln zu
halten. Der Prinz war einem derartigen Unternehmen nicht abge=
neigt, hielt aber einen näher an Düppel gelegenen Punkt, etwa bei
Satrupholz, hierfür vortheilhafter. Auch gegen General v. Moltke
hatte der Oberst brieflich dieses Planes Erwähnung gethan. In
einer am 8ten März erfolgten Antwort sagte Ersterer:

*) So mußte unter Anderem Hauptmann Schütze vom Pionier=Bataillon
Nr. 3 Versuche zum Uebersetzen von Truppen und Kriegsgeräth auf dem Nübel
Noor vornehmen.

25*

„Der Gedanke, die schwierige Belagerung der Düppel-Stellung durch eine Landung auf Alsen zu umgehen, verdient die reiflichste Erwägung; aber die Bedingungen dafür scheinen mir folgende zu sein:

1) Die Landung darf nur mit solchen Kräften unternommen werden, daß man der feindlichen Gesammtstärke auf der Insel gewachsen ist, also mit mindestens 15 000 Mann. Da Düppel von den Dänen mit geringen Kräften eine Zeit lang behauptet werden kann, so würde eine schwächere und dabei völlig isolirte Abtheilung auf Alsen der feindlichen Uebermacht erliegen.

Vor Düppel bliebe sonach nur eine Arrieregarde, welche sich zurückzieht, wenn die Dänische Armee aus der Verschanzung debouchirt. Dies ist ungefährlich, denn die Dänische Armee kommt schließlich zwischen beiden Hauptheeren der Verbündeten zur Vernichtung. Aus 1) folgt:

2) Daß die Landung erfolgen muß, ohne daß Belagerungs-Geschütz in Batterien gestellt wird, also sehr bald.

3) Der Transport muß durch die Flotte bewirkt werden. Ihn auf die Pontons zu basiren, ist unmöglich. Abgesehen davon, daß ein Theil derselben bei Ekensund nicht entbehrt werden kann, fassen die Pontons zu wenig Mannschaft und bewegen sich zu langsam. Der „Rolf Krake" allein würde den Transport unterbrechen, ehe er halb ausgeführt ist.

Unsere Flotte besteht aus drei Korvetten, drei Dampf-Kanonenbooten mit zwei gezogenen 24-Pfündern und einer achtzölligen Bombenkanone, 14 Dampf-Kanonenbooten mit zwei gezogenen 24-Pfündern. Jedes dieser Boote kann reichlich 200 Mann oder eine Kompagnie aufnehmen.

Wenn diese Flottille heute früh Stralsund (Wittow Posthaus) verläßt, so kann sie, tempo permittando, und wenn sie nicht auf den Feind stößt, morgen vor Tagesanbruch vor Ballegaard erscheinen. Die Korvetten und die drei großen Kanonenboote legen sich zwischen Schnabek-Hage und Arnkiels Öre, 50 bis 60 Feldgeschütze in Batterie am westlichen Ufer, südlich Schnabek-Hage.

14 Kanonenboote fassen 3000 Mann.

7 Landebrücken westlich Ballegaard in der Nacht herzustellen,

das Material für ebensoviel nach Alsen mitzuführen. Bordhöhe der Schiffe mitzutheilen.

Zeit für Einladung, Ueberfahrt, Ausschiffung und Rückkehr eine halbe Stunde zu berechnen; für Infanterie jedenfalls weniger, für Kavallerie und Artillerie vielleicht etwas mehr; für 6 Echelons, 15 Bataillone, 6 Batterien, 2 Eskadrons = 15 000 Mann 2½ Stunde, vor welcher Zeit keine Unternehmung stattfinden darf.

Frage: Wird bei voraussichtlich völliger Ueberraschung und durch den Widerstand von gegen 100 Geschützen auf kurze Schuß= weite, diese Zeit gewonnen werden? Sollte der „Rolf Krake" be= ständig geheizt haben?

Das zuerst gelandete Echelon besetzt die Halbinsel Meels und ihre Zugänge; Pioniere verschanzen für alle Fälle die Landenge beim Brandsbüller Holz. Die Truppen (mit mehrtägigem Bedarf an Lebensmitteln versehen) ergreifen, sobald sie versammelt, die Offensive. Sie können Nachmittags bei Ulkebüll stehen.

Die in Jütland eingerückte Division müßte gegen Fredericia konzentrirt werden, der Feldmarschall auf Apenrade marschiren.

Nun ist aber auf unsere Flotte, welche die Hauptrolle spielt, durchaus nicht mit Sicherheit zu rechnen. Sie ist nicht in der Lage, der Dänischen auf offener See zu begegnen, und da dies gerade in der Richtung auf Alsen wahrscheinlich der Fall sein würde, so kann ich die Realisirung des sonst sehr ansprechenden Gedankens dieser Landung kaum für ausführbar halten."

Inzwischen hatte sich Oberst v. Blumenthal im Auftrage des Prinzen nach dem Armee=Hauptquartier begeben, um hier den Plan näher darzulegen und die Zustimmung des Feldmarschalls zu dem= selben einzuholen. Nachdem diese gewährt worden war, wandte sich der Prinz, welcher sich inzwischen ebenfalls für Ballegaard als den geeignetsten Uebergangspunkt entschieden hatte, am 10ten März brieflich an den König. Er betrachte — so führte der Prinz aus — den Uebergang nach Alsen als ein Mittel, um in den Besitz der Düppeler Schanzen zu gelangen, vor Allem aber, um auf der Insel der feindlichen Hauptmacht eine entscheidende Niederlage beizubringen.

Aus diesem Grunde träte für ihn der Uebergang als zunächst anzu=
strebendes Ziel in den Vordergrund. Zur Ausführung der Landung
sei eine Mitwirkung der Flotte dringend erwünscht, über die Mög=
lichkeit, dieselbe heranzuziehen, jedoch beim Ober=Kommando nichts
bekannt. Das Wagniß sei groß, aber, auch wenn die Flotte fehlen
sollte, ausführbar.

Während der Belagerung könne man im geeigneten Augen=
blicke die Pontontrains nach Ballegaard schaffen, um dort an der
Stelle, wo sonst die Fähre ging und die Dänen noch keine Batterie
errichtet hätten, je 1500 Mann auf einmal überzusetzen. Dies wäre
zu wiederholen, bis die ganze 13te Division und etwa noch die
10te Brigade übergesetzt seien. Diese Letztere würde ihm vom Feld=
marschall zur Verfügung gestellt werden, um das Stärkeverhältniß
für den Angreifer günstiger zu gestalten, so daß dieser 31 gegen
27 bis 31 feindliche Bataillone verwenden könne. Das Unternehmen
müsse bei Nacht begonnen werden. Ein vortheilhafter Umstand sei
es, daß das Dänische 12te Regiment, welches sich als sehr unzu=
verlässig gezeigt und viele Ueberläufer habe, nach Meels und Norburg
gelegt worden wäre. Zunächst könne nur dieses dort dem An=
greifer entgegentreten. Die Verhältnisse würden sich noch günstiger
stellen, wenn die Flotte mitwirken könne. Die Dänen erwarteten
zwar einen Uebergang, aber bei Rönhof, wo sie fleißig schanzten.
Dort wäre ein Scheinversuch anzuordnen. Falls ein über den Sund
versuchter Uebergang glücke, würde er allerdings von noch größerem
Erfolge sein, als wenn er bei Ballegaard zur Ausführung käme,
aber die Dänen hätten sich hier auf eine Abwehr desselben einge=
richtet, während dies an der Alsener Föhrde nicht der Fall sei.

Weitere Be=   Bis zum Eintreffen der schweren Geschütze wollte Prinz Friedrich
schlüsse vor   Karl sein Korps in den bisherigen Stellungen belassen. Da sich
Düppel.   derselbe vorläufig noch an die vom Kriegs=Ministerium ihm gegebenen
Weisungen für gebunden hielt, so sollten die vier 24=Pfünder noch
am 11ten März aus der Batterie bei Jller*) gezogen und bei

---

*) Vergl. I, Seite 307.

Gammelmark in Stellung gebracht werden, so daß hier voraussicht=
lich am 13ten der erste Schuß fallen konnte. Einige Tage später
sollte dann die Einschließungslinie weiter vorgeschoben und am 18ten
oder 19ten die erste Parallele eröffnet werden.

Als der Prinz am 11ten März dem Ober=Kommando über seine
Absichten näheren Bericht erstattete, wies er zugleich darauf hin, daß
der Feind bei Düppel in der vortheilhaften Lage sei, mit seiner
gesammten, der Preußischen sogar an Infanterie überlegenen Macht
jeden Augenblick zu einem Kampfe im freien Felde hervorzubrechen.
Dies sei zwar bei der befestigten Stellung, welche das Korps noch
inne habe, nicht bedenklich, würde jedoch später eine erhöhte Gefechts=
bereitschaft erfordern und dazu zwingen, einen großen Theil der
Truppen biwakiren zu lassen. Daher sei es bei der ungünstigen
Witterung nothwendig, die Infanterie vor Düppel zu verstärken,
um eine öftere Ablösung der vorderen Linie zu ermöglichen. Der Prinz
sprach daher die Bitte aus, ihm die 10te Brigade spätestens vom
18ten März an zur Verfügung zu stellen und die Ablösung der in
Apenrade und Flensburg zurückgelassenen Bataillone*) durch je eine
Eskadron zu gestatten. Nach einer Darlegung des Planes zum
Uebergange nach Alsen wurde dann noch die Zuweisung der Oester=
reichischen Brücken=Equipagen beantragt, um zu dieser Unternehmung
möglichst viel Uebersetzmittel zur Verfügung zu haben.

Der Feldmarschall, welcher diesen Anträgen zustimmte, mußte
zur Erfüllung derselben einen Theil der weiter rückwärts stehenden
Truppen heranziehen, und es wird daher nöthig, zunächst auf diese
einen Blick zu werfen.

Nach dem Eintreffen des Divisions=Stabes und der 9ten
Infanterie=Brigade**) war die 5te Division***) am 7ten März
vollständig in Holstein und Schleswig versammelt. Außer der 1sten

Heranziehung der Brigade Raven, Stellungs=Aenderungen im Rücken der FeldArmee.

---

*) In Apenrade $\frac{II.}{53.}$, in Flensburg $\frac{II.}{55.}$. Vergl. I, Seite 258, An=
merkung 2 u. 3.

**) Vergl. I, Seite 279, 280, 284.

***) Anlage Nr. 41 enthält die Ordre de bataille der 5ten Division.

12pfündigen und 1sten Haubitz=Batterie der Artillerie=Brigade Nr. 3 wurden ihr am 9ten März noch drei Eskadrons des Kürassier=Regiments Nr. 4 unterstellt.

Ein Schreiben des Kriegs=Ministeriums vom 4ten März hatte das Ober=Kommando von den Absichten in Kenntniß gesetzt, welche bei der Ueberweisung dieser Kräfte maßgebend gewesen waren. Danach wurde eine Verringerung der Preußischen Truppen in Holstein sowohl aus politischen wie aus militärischen Gründen nicht für zweckmäßig gehalten. Die ausgedehnten und demnächst sich noch verlängernden rückwärtigen Verbindungen erheischten eine ausreichende Besetzung der Hafenplätze an der Ostküste, um dem Feinde die Möglichkeit einer Einwirkung auf Flanke und Rücken der Armee mittelst Landungen zu benehmen. Auch liege die Nothwendigkeit vor, für die demnächst in Mitwirkung tretenden Seestreitkräfte*) vertheidigungs= fähige Nothhäfen einzurichten und mit entsprechender Besatzung zu versehen. Zu solchen Nothhäfen seien Kiel und Heiligenhafen ausersehen. Zur Ausrüstung der hier zu errichtenden Küsten= Batterien sei vorläufig Feldgeschütz zu verwenden. Inwieweit es sich als ausführbar erweisen werde, von dieser Stellung aus die zu Schleswig gehörige Insel Fehmarn in Besitz zu nehmen, hänge von den Umständen, namentlich von der Mitwirkung eines entsprechenden Theiles der Seestreitkräfte, ab.

Demgemäß ordnete das Ober=Kommando am 5ten März an, daß die 5te Division das Leib=Regiment mit einer halben Haubitz= Batterie auf Kiel, das Infanterie=Regiment Nr. 48 mit der anderen halben Haubitz= und der 12pfündigen Batterie über Ploen auf Heiligen= hafen in Marsch zu setzen habe. Die in Kiel stehenden Truppen der 10ten Brigade**) sollten nach geschehener Ablösung nach Eckernförde

---

*) Vergl. I, Seite 284.

**) $\frac{\text{I. F.}}{18.}$. Vergl. I, Seite 275. Die außerdem in Kiel stehende $\frac{\text{2te}}{13.}$ wurde schon am 6ten März nach Eckernförde verlegt; von dort rückte das $\frac{\text{I.}}{13.}$, nachdem auch die $\frac{\text{4te}}{13.}$ aus Friedrichsort herangezogen worden war, am 12ten März zum I: Korps ab.

verlegt werden. Diese Maßregeln erfuhren jedoch durch Befehle
des Ober-Kommandos vom 7ten und 13ten eine Abänderung, weil es
wünschenswerth erschien, dem II. Korps bei seinem Einmarsch in
Jütland die von ihm zurückgelassenen Besatzungen nachzusenden, und
Prinz Friedrich Karl außerdem beantragt hatte,*) ihm noch eine
Brigade sowie die in Flensburg und Apenrade stehenden Theile
seines Korps zur Verfügung zu stellen.

Der Feldmarschall befahl daher, daß ein und ein halbes
Bataillon nach Kiel und Friedrichsort zu verlegen, und nach
dem Eintreffen derselben von der 9ten Brigade das Leib-Regiment,
von der 10ten das Infanterie-Regiment Nr. 18 in der Weise in
Marsch zu setzen seien, daß beide in Flensburg am 19ten anlangen
könnten. Hier sollten sie zu einer kombinirten (10ten) Brigade, unter
dem Befehle des Generals v. Raven, zusammentreten. Schleswig
sollte nur durch eine Kompagnie, Eckernförde und Cappeln aber vorläufig gar nicht besetzt werden, Apenrade eine Eskadron, Flensburg
eine Kompagnie und eine Eskadron erhalten.

In Ausführung dieser Befehle versammelte sich die kombinirte
Brigade Raven am 19ten in den ihr inzwischen vom General-
Kommando des I. Korps angewiesenen Quartieren um Rinkenis und
Gravenstein,**) während sich die Unterbringung der zurückbleibenden
Theile der 5ten Division in der vom Ober-Kommando angeordneten
Weise***) vollzog.

---

*) Vergl. Seite 391.
**) Das Nähere vergl. Seite 421.
***) Die Vertheilung der zurückbleibenden Truppen der 5ten Division war,
nachdem am 15ten März der Uebergang nach der Insel Fehmarn (das Nähere
hierüber vergl. S. 448) stattgehabt hatte, am 16ten März folgende (vergl. Uebersichtskarte 1):

Stab der 5ten Division: Kiel.
Stab der 9ten Brigade: Clausdorf.
Inf. Regt. Nr. 48: Stab Mittelhof,

    1stes Bat.: Stab u. 1ste Komp. Stift, Knoop, Holtenau,
           2te Komp. Friedrichsort,
           3te = Heiligenhafen,
           4te = Großenbrode.

Vor Düppel war inzwischen am 6ten März dem Obersten Colomier die Leitung des in Aussicht genommenen artilleristischen Angriffes und dem Oberst-Lieutenant v. Kriegsheim diejenige der Ingenieur-Arbeiten übertragen worden.

Das Pionier-Bataillon Nr. 3 erhielt seine Arbeitsplätze bei Broacker, Schottsbüll, Ekensund und Laikier angewiesen. Drei Kompagnien des Pionier-Bataillons Nr. 7**) befanden sich bei Auen- büll, Ulderup und Hostrup. Somit waren vom 10ten an sieben Pionier-Kompagnien, welchen noch gegen 2000 Infanteristen als Hülfsarbeiter zugetheilt wurden, mit Ausführung der Straucharbeiten beschäftigt.***)

2tes Bat.: Stab: Heiligenhafen,
    5te Komp. Großenbrode,
    6te   = Lütjenbrode,
    7te   =   ⎫
    8te   =   ⎬ auf Fehmarn.
  Füs. Bat.: Kiel.
Inf. Regt. Nr. 52: Stab Carlshütte,
    1stes Bat.: Stab, 1ste, 2te, 3te Komp. Rendsburg und Gegend,
    4te Komp. Schleswig (am 18ten rückte auch die
             3te Komp. dorthin).
    2tes Bat.: Stab, 5te, 8te Komp. Tondern,
    6te Komp. Friedrichstadt,
    7te   = Husum.
  Füs. Bat.: Altona.
Kür. Regt. Nr. 4: Stab, 1ste u. $^3/_4$ 3te Esk. Kiel und Gegend,
    $^1/_4$ 3te Esk. Tondern,
    2te   =   zur Hälfte Lütjenburg, zur Hälfte
             Ratjendorf.
1ste 12pfdge Batterie Großenbrode,
1ste Haubitz-Batterie, zur Hälfte Lütjenbrode, zur Hälfte Kiel.

    *) Hierzu Plan 4 und 7.

    **) Die mit Bewachung der Brücke bei Ekensund beauftragte $\frac{1\text{ste}}{\text{Pion. 7}}$
nahm hieran nicht Theil.

    ***) Bis zum 21sten März wurden angefertigt:
           5500 Schanzkörbe,
           3463 Bekleidungs-Faschinen,
           2536 Krönungs-Faschinen,
            491 Hurden
und außerdem eine große Anzahl von Ankern, so daß die im Belagerungs- Entwurf vorgesehenen Straucharbeiten annähernd zum Abschluß gebracht waren.

Am 14ten März wurde der vom Obersten Colomier und Oberst-Lieutenant v. Kriegsheim aufgestellte Belagerungs-Entwurf*) in allen Punkten vom Prinzen genehmigt. Derselbe hat den späteren Angriffs-Arbeiten im Wesentlichen als Grundlage gedient und geht von der Annahme aus, daß die Ausrüstung der 10 Dänischen Schanzen aus etwa 106 Geschützen bestehe, darunter 7 84-Pfünder, 44 60-Pfünder, 41 24-Pfünder.**) Die Zahl der in den Geschützständen zur Verwendung kommenden Feld-Batterien, sowie die Ausrüstung der Batterien auf Alsen war gänzlich unbekannt.

Oberst Colomier hatte bereits in seinem Gutachten vom 1sten März***) den linken, von Schanze I bis III reichenden Flügel der feindlichen Stellung als die günstigste Angriffsfront bezeichnet. Hierfür sprach sich auch der neue Entwurf aus, doch sollten die Schanzen IV bis VI mit in den Angriff hineingezogen werden, da von diesen Werken noch eine Unterstützung der Schanzen I bis III zu erwarten war. Ein Scheinangriff gegen einen anderen Theil der Front wurde als nutzlos verworfen, da die Absichten des Angreifers schon in Folge der Batterie-Bauten bei Gammelmark erkennbar seien.

Von den beiden für nothwendig erachteten Parallelen sollte die erste, unter thunlichster Ausnutzung der vorhandenen Knicks, auf etwa 650 m Entfernung von den feindlichen Werken angelegt werden. Ihre Ausdehnung wurde davon abhängig gemacht, wie weit die Schanze VI eine Beschießung der Arbeiten würde ausüben können. Die 2te Parallele sollte ungefähr 300 m vor den Werken ausgehoben werden.

Um eine Ueberlegenheit des Feuers zu erzielen, wurde die Anlage einer Demontir- und einer Wurf-Batterie gegen jedes der angegriffenen Werke vorgeschlagen; gegen Schanze VI wurden jedoch mit Rücksicht auf die Stärke dieses Werkes zwei Wurf-Batterien in Ansatz

---

*) Anlage Nr. 42 enthält den Wortlaut des Belagerungs-Entwurfes.
**) Thatsächlich enthielten die Werke um Mitte Februar nur 84 Geschütze, darunter 20 84-Pfünder und 2 36-Pfünder. Die übrigen waren von leichterem Kaliber. Vergl. Anlage Nr. 23 und 51.
***) Vergleiche I, Seite 303 und Anlage Nr. 29.

gebracht. Hierzu traten die Enfilir-Batterien auf der Halbinsel Broacker, welchen auch die Fernhaltung der feindlichen Schiffe aus dem Wenningbunde zufiel. Zum Schutz der Parallele gegen Ausfälle waren mindestens drei Geschützeinschnitte erforderlich. Endlich hielt man noch zwei auf dem nördlichen Strande des Wenningbundes zu errichtende Strand-Batterien für nothwendig, um die feindlichen Schiffe zu vertreiben, falls dies den Batterien bei Gammelmark nicht gelingen sollte.

Zur Ausrüstung der Enfilir-, Demontir- und Strand-Batterien sollten gezogene 24-, 12- und 6-Pfünder, für die Geschützeinschnitte kurze 12-Pfünder, für die Wurf-Batterien 7pfündige Haubitzen und 25pfündige Mörser verwandt werden.

Es blieben dann von der Feld-Artillerie noch zu sonstigen Zwecken eine 6pfündige, zwei 12pfündige und fünf reitende Batterien verfügbar, während die beiden noch verbleibenden 7pfündigen Haubitzen in den Park eingestellt werden konnten.

Wegen der großen Entfernung zwischen den beiden in Aussicht genommenen Batterie-Gruppen wurde ein Belagerungs-Artillerie-Park auf der Halbinsel Broacker und ein anderer unmittelbar hinter dem Hauptangriff nothwendig. Für ersteren war ein Platz nord-östlich Dünth, für letzteren das Gelände zwischen Nübel und dem Runkierholz ausersehen. Der Belagerungs-Park für die Ingenieure sollte unmittelbar nördlich von Schmöllehn errichtet werden.

Der 22ste März wurde als der früheste Zeitpunkt für die Fertig-stellung aller zum Bau der Parallelen nothwendigen Geräthe be-zeichnet. Da zur Errichtung der Parks acht Tage erforderlich waren, so mußte dieselbe sofort in Angriff genommen werden. Zum Schutz dieser Arbeit wurde ein weiteres Vorschieben der Vorposten gegen die Schanzen sowie eine starke Besetzung der Büffelkoppel und des Stenderuper Holzes nothwendig. Wenn dies spätestens am 14ten März erfolgte, so konnten die Parks am 23sten fertiggestellt sein, vorausgesetzt, daß der letzte Theil des Belagerungs-Trains rechtzeitig eintraf. In der Nacht vom 23sten zum 24sten konnte dann die 1ste Parallele eröffnet werden.

Um dies zu ermöglichen, mußte der Feind vorher aus seiner be=
festigten Stellung auf dem Spitz Berge vertrieben werden, weil
erst von hier aus eine nähere Einsicht in die Schanzen möglich
war. Zur Gewinnung und Behauptung dieser Höhe waren die
Vorposten auch in der Mitte und auf dem linken Flügel vorzuschieben
und die Dörfer Rackebüll und Düppel in diesseitigen Besitz zu
bringen. Da für eine genaue Erkundung der Werke ein Zeitraum
von drei Tagen nothwendig erschien, so mußten die feindlichen Vor=
posten spätestens am 20sten März hinter die Schanzen zurück=
geworfen sein.

Der Belagerungs = Entwurf enthielt außerdem nähere Be=
stimmungen für die Einrichtung der Vorposten, den Bau der 1sten
Parallele und der Batterien sowie für die Geschütz=Ausrüstung der=
selben und die Regelung des Artilleriefeuers. Weiterhin wurde der
Bau der 2ten Parallele, die Fortführung des Feuers und das
Ansetzen des Sturmes erörtert, welcher nach dieser Zeitberechnung
am 29sten März ausgeführt werden konnte.

Schon vor Genehmigung dieses Entwurfes hatte der Prinz, wie
erwähnt,*) die Erbauung von Enfilir=Batterien bei Gammelmark an=
geordnet. Die Herstellung eines von Dünth dorthin erforderlichen
Weges hatte die Arbeiten verzögert, so daß erst in der Nacht vom 11ten
zum 12ten der Bau von zwei Batterien zur Ausführung gelangte. Die
eine derselben war zur Aufnahme der vier gezogenen 24=Pfünder aus
der Batterie bei Iller bestimmt, die andere sollte vorläufig sechs gezogene
6=Pfünder**) aufnehmen, bis die zunächst erwarteten 24=Pfünder
eintreffen würden. Das Einfahren der Geschütze ging zum Theil
in der Nacht vom 11ten zum 12ten, zum Theil erst in der folgen=
den Nacht vor sich, da bei den tief aufgeweichten Wegen die Arbeit
nur langsam fortschritt.***) Im Gegensatz zu der früheren Absicht,

Marginal note: Bau der Gammelmark= Batterien, Ein= treffen der Be= lagerungs= Artillerie.

---

*) Vergl. Seite 390.

**) Der $\dfrac{\text{3ten } 6\text{pfdgen}}{\text{Art. Brig. 3}}$.

***) Um ein Geschütz in Stellung zu bringen, waren allein 200 Mann
erforderlich.

das Feuer hier schon am 13ten März zu eröffnen,*) wurde nun=
mehr befohlen, damit bis zur Ankunft der übrigen 24=Pfünder zu
warten. Die Strand=Batterie bei Iller, welche ihre 24=Pfünder nach
Gammelmark abgegeben hatte, erhielt dafür vier 12=Pfünder aus
der Batterie an der Mühle bei Ekensund, welche am 10ten März
zum Schutz der hier befindlichen Pontonbrücke erbaut worden war,
weil die Batterie bei Alnoer für diesen Zweck nicht ausreichend
schien. Letztere erhielt nunmehr als Ersatz die noch vorhandenen beiden
gezogenen 12=Pfünder aus der Batterie bei Sandacker zugewiesen,
welche somit völlig geräumt wurde.

Am 11ten März traf die 3te Festungs=Kompagnie der Artillerie=
Brigade Nr. 3 mit 12 25pfündigen Mörsern aus Magdeburg ein.

Am nächsten Tage übernahm Major Hendewerk den Befehl
über sämmtliche Festungs=Artillerie=Kompagnien, bei welchen an dem=
selben Tage auch noch die 8te Festungs=Kompagnie der Artillerie=
Brigade Nr. 7 eintraf. Von den mit dieser angelangten Ge=
schützen wurden acht 12=Pfünder für die Batterien des Hauptangriffes,
vier 24=Pfünder für Broacker bestimmt. Das Einfahren dieser letz=
teren in die Batterie bei Gammelmark sollte in der Nacht vom
14ten zum 15ten und die Eröffnung des Feuers am 15ten statt=
finden.

Vorgänge
bei den
Einschließungs=
Truppen in der
Zeit vom 8ten
bis 14ten März.
Während der eben geschilderten vorbereitenden Arbeiten fanden
ähnlich wie in der ersten Woche des März**) einige kleine Vorposten=
Unternehmungen statt.

Als nach Aufhören der feuchten Witterung ein mehrere Tage
anhaltender Sturm den tief aufgeweichten und fast ungangbar
gewordenen Erdboden ein wenig getrocknet hatte, ordnete General
v. Goeben für den 13ten vor Tagesanbruch einen Ueberfall des=
jenigen Theiles der Dänischen Vorposten an, welcher in dem Abschnitt
Lillemölle—Stabegaard—Rackebüll stand.

---

*) Vergl. Seite 391.
**) Vergl. I, Seite 307.

Unter dem Schutze der Dunkelheit gingen die nicht auf Vorposten befindlichen Theile des 2ten Bataillons Infanterie-Regiments Nr. 15*) von der zwischen Vogelsang und Baaslund stehenden Feldwache aus über Ravenskoppel vor. Nördlich von Lillemölle trafen die Mannschaften der 8ten Kompagnie unbemerkt auf eine Dänische Feldwache, warfen sich sofort mit dem Bajonnet auf dieselbe und drangen mit ihr zugleich in Lillemölle ein, dessen Besatzung sich eiligst zurückzog; 12 Gefangene fielen den Preußen in die Hände. Gleichzeitig überfiel ein Zug der 7ten Kompagnie die in Stabegaard stehende feindliche Feldwache, wobei die Dänen 14 Gefangene verloren. Weiter westlich hatte das Füsilier-Bataillon des Infanterie-Regiments Nr. 55 mit der 12ten Kompagnie Rackebüll, mit der 11ten das Rackebüller Holz angegriffen, während die 9te und 10te Kompagnie zur Unterstützung folgten. Auf beiden Punkten gelang es, die feindlichen Vorposten zurück zu werfen und in Rackebüll ein Verhau zu nehmen. Nach kurzem, ergebnißlosem Feuergefecht gingen die Kompagnien bald nach 6 Uhr wieder zurück.**)

An demselben Tage hatte das General-Kommando angeordnet, daß zum Schutz der im Entstehen begriffenen Depots die 12te Brigade am 14ten März Rübel und Stenderup stark besetzen und von diesen Orten aus Vorposten vorschieben solle. Der Brigade wurden außerdem die Orte Rübelmühle, Holbek und Fischbek zur Belegung überwiesen. Nach Gravenstein hatte sie acht Kompagnien zu legen, Atzbüll und Kasmoos für die Festungs-Artillerie freizulassen. Die 11te Brigade sollte Schmöl belegen und die Vorposten dementsprechend vorschieben, während die 13te Division in ihren bisherigen Stellungen verblieb.

---

*) 6te und 7te Kompagnie, 50 Mann von der 5ten, 85 von der 8ten Kompagnie.

**) Auf Preußischer Seite war ein Mann vom Infanterie-Regiment Nr. 15 gefallen.

Am 14ten März führte die 6te Division das angeordnete Vorrücken aus. Ohne Schwierigkeit gelang es den beiden Mus= ketier = Bataillonen Infanterie = Regiments Nr. 64, bis an den Ostrand der Büffelkoppel und des Stenderuper Holzes vorzugehen und bei Wielhoi sowie nördlich davon je eine Feldwache aus= zusetzen, während der Rest des 1sten Bataillons zwei dicht hinter den Waldstreifen befindliche Gehöfte und das 2te Bataillon Rübel besetzten. Zwei Füsilier = Kompagnien desselben Regiments gingen nach der Rübeler Wasser = Mühle und Rübelfeld, die beiden anderen verblieben in Gravenstein.

Auf dem linken Flügel der 12ten Brigade waren vom In= fanterie = Regiment Nr. 24 das 1ste Bataillon und die 5te und 8te Kompagnie von Stenderup aus gegen das Dorf Düppel, die 6te und 7te Kompagnie auf Rackebüll vorgegangen. Die Hauptkolonne stieß vor Düppel auf einen stark besetzten Schützengraben, welcher bald von den Dänen geräumt wurde, und führte dann gegen eine die Kirche und den Kirchhof besetzt haltende Abtheilung ein längeres Feuergefecht. Unterdeß war auch die linke Seiten= kolonne auf die feindlichen Vorposten gestoßen, welche sich hinter den befestigten Dorfrand von Rackebüll zurückzogen. Aus diesem brachen bald darauf stärkere Schützenschwärme zum Angriff vor. Nach Abweisung derselben drangen die Preußischen Kompagnien in den Ort ein, räumten ihn aber freiwillig wieder, als hinter ihnen die Vorposten in der Linie Wielhoi—Stenderuper Holz ausgesetzt worden waren.

Die Brigade erlitt bei diesen Zusammenstößen einen Gesammt= verlust von 2 Offizieren und 18 Mann.*)

Gleichzeitig hatte die 11te Brigade ihre Vorposten in die Linie Steenbek—Büffelkoppelholz vorgeschoben, sich in vorderster Linie durch zwei Kompagnien gesichert und mit drei anderen Wenning und Schmöl belegt.

---

*) Vergl. Anlage Nr. 43, Verlustliste für den 14ten März.

Da die Dänen am 13ten aus Schanze II ein langsames Feuer gegen die Gammelmark=Batterien begannen, so wurde Preußischer Seits von der Absicht, erst am 15ten das Feuer zu eröffnen,*) insofern abgewichen, als die 24=Pfünder schon am erstgenannten Tage einige Granat=Schüsse abgaben. Die bis dahin erbauten beiden Batterien**) wurden bis zum 15ten noch um eine dritte vermehrt. Die 8te Festungs=Kompagnie der Artillerie=Brigade Nr. 7 wurde nach Dünth gelegt, die 2te 6pfündige Batterie der Artillerie=Brigade Nr. 3 vom Eken Sund und die 1ste 6pfündige Batterie der Artillerie=Brigade Nr. 7 aus dem Sundewitt nach Schelde herangezogen.

(Marginalie: Eröffnung des Feuers aus den Gammelmark-Batterien.)

Der Bau und die Ausrüstung der dritten Enfilir=Batterie mit vier 24=Pfündern fand in der Nacht vom 14ten zum 15ten März statt. Dieselbe erhielt die Bezeichnung Nr. 1, während die beiden anderen Batterien Nr. 2***) und 3 benannt wurden.

Rechts von Batterie Nr. 1 wurden die 2te 6pfündige der Artillerie=Brigade Nr. 3 und ein Zug der 1sten 6pfündigen der Artillerie=Brigade Nr. 7 und zwischen Nr. 1 und 2 zwei Züge der letztgenannten Batterie in Geschütz=Einschnitten aufgefahren, so daß im Ganzen 8 gezogene 24=Pfünder und 18 gezogene 6=Pfünder zum Feuern bereit standen. Als Ziele waren für sämmtliche Geschütze die Schanzen I, II und IV und die bei letzterer gelegenen Gehöfte nebst der Mühle bezeichnet worden.†)

Das am Morgen des 15ten herrschende trübe und stürmische Wetter verzögerte den Beginn der Beschießung, so daß diese erst um 11 Uhr Vormittags in Anwesenheit des General=Feldzeugmeisters Prinzen Carl beginnen konnte. Es wurden im Ganzen bis 2 Uhr Nachmittags aus den drei Feld=Batterien 365 Schuß, aus den

---

*) Vergl. Seite 398.

**) Vergl. Seite 397.

***) Diese Batterie erhielt außerdem zu Ehren des Prinzen Carl die Bezeichnung „Feldzeugmeister=Batterie".

†) Die Entfernungen betrugen bis Schanze I 2000 m, bis Schanze II 2300 m und bis Schanze IV 2800 m.

Belagerungs-Geschützen 98 Schuß verfeuert, worauf dann Batterie Nr. 1 und 2 stündlich je einen Schuß abgaben.

Die Ergebnisse dieser Beschießung schienen, soweit sie beobachtet werden konnten, nur gering zu sein. Zwei Geschütze aus Schanze II hatten das Feuer unausgesetzt erwidert. An der Brustwehr dieses Werkes waren keine nennenswerthen Zerstörungen wahrzunehmen. Die Infanterie-Besatzung war sichtlich überrascht worden und hatte nach den ersten Schüssen die Schanzen verlassen, um sich weiter rückwärts in Sicherheit zu bringen. Ein Eingreifen Dänischer Kriegsschiffe fand wider Erwarten nicht statt.

Die vier rechts von der Batterie Nr. 2 aufgestellten Feldgeschütze wurden am 16ten in einen Geschützstand 600 m links rückwärts der Batterie Nr. 3 gebracht, da sie von hier aus den ganzen südlichen Abhang von den Schanzen bis zu dem von den Dänen befestigten Spitz Berge bestreichen konnten.

Die am 16ten März fortgesetzte Beschießung dauerte fast fünf Stunden. Als die Preußischen Batterien das Feuer einstellten, eröffneten die Dänischen das ihrige von Neuem, wurden aber von den nun den Kampf wieder aufnehmenden Preußischen bald zum Schweigen gebracht. Anscheinend war auch an diesem Tage Preußischer Seits kein nennenswerther Erfolg erzielt worden. Dennoch hatte die zweitägige Beschießung dem Gegner mehrfachen Schaden zugefügt. Zunächst wurde durch dieselbe die Fortsetzung der am 11ten begonnenen Arbeiten zur Herstellung der zurückgezogenen Linie*) behindert. Die Dänen arbeiteten nur noch Nachts an derselben, so daß sie eine geringere Stärke erhielt, als ursprünglich beabsichtigt war. Ferner litt die Besatzung der Schanzen selbst unter der Beschießung. Es fehlte ihr an bombensicheren Unterkunftsräumen, da die Blockhäuser sich hierzu als vollkommen untauglich erwiesen.**) Die Infanterie-Besatzungen mußten deshalb rückwärts

---

*) Vergl. I, Seite 250.
**) Durch eine in das Blockhaus von Schanze I einschlagende Granate wurden 2 Offiziere und 12 Mann getödtet, 1 Offizier und 21 Mann verwundet.

der Werke untergebracht und die Blockhäuser mit Erde ummantelt werden. Hierdurch wurde aber der an sich schon beschränkte innere Raum der Schanzen noch mehr eingeengt.

Der Umstand, daß mehrere Granaten die Rhede vor Sonder= burg und die Stadt selbst erreicht hatten, gab Veranlassung, daß von nun an die Ueberführung der Truppen zur See nicht mehr bis Sonderburg, sondern nur bis Höruphaff stattfand, und daß die in der Stadt befindlichen Magazine und Lazarethe weiter nach rückwärts verlegt wurden.

Da jedoch diese Erfolge Preußischer Seits größten Theils nicht bemerkt werden konnten, so beschloß Prinz Friedrich Karl, auf den ersten Angriffsplan*) zurückzugreifen und demgemäß die Beschießung aus den Gammelmark = Batterien einstweilen einzuschränken. Die dortigen Feld=Geschütze sollten lediglich zur Abwehr der feindlichen Flotte in Thätigkeit treten, die beiden 24=Pfünder=Batterien nur noch ein mäßiges Feuer gegen die Schanzen unterhalten.

Gefecht bei Rackebüll—Düppel am 17ten März.**)

Seit dem Einrücken der 26sten Brigade in die erste Linie ver= ging kaum ein Tag, an welchem sie nicht die ihr gegenüberstehenden feindlichen Abtheilungen durch kleinere Ueberfälle beunruhigte.

So waren auch am 16ten Morgens, Mittags und Nachmittags kurze Vorstöße gegen die bei Ravenskoppel und Lillemölle stehenden Dänischen Vorposten unternommen worden. Um 10 Uhr Abends gingen noch einmal 6 Kompagnien des Infanterie=Regiments Nr. 15 auf Stabegaard und Lillemölle vor. Bei dem Heraustreten aus dem Rackebüller Holz erhielt die am weitesten westlich befindliche Kom= pagnie lebhaftes Feuer, warf aber den Gegner mit dem Bajonnet bis Stabegaard zurück, wobei sie einige Gefangene machte. Die gegen Lillemölle vorgehende Abtheilung nahm dies Gehöft und fügte dem abziehenden Feinde nicht unerhebliche Verluste durch ihr Feuer zu.***)

---

*) Vergl. Seite 386.
**) Hierzu Plan 8.
***) Auf Preußischer Seite waren 3 Mann verwundet.

Der Dänische Oberbefehlshaber faßte in Folge dieser wiederholten Beunruhigungen noch am 16ten Abends den Entschluß, am nächsten Tage mit einer Brigade einen Vorstoß zu unternehmen, um die vor dem rechten Flügel der Schanzen liegenden Gehöfte, welche seither den Preußischen Truppen bei ihren Ueberfällen zu Ausgangs- und Stützpunkten gedient hatten, niederzubrennen und hierbei einen Einblick in die Absichten des Belagerers zu gewinnen, dessen Vorschieben der Vorposten auf ernstere Unternehmungen schließen ließ.

Zugleich sollte am 17ten die 1ste Division, deren sechstägiger Dienst*) an diesem Tage abgelaufen war, von der 2ten**) abgelöst werden. Rechnet man die auf der Halbinsel Kjär befindliche 5te Brigade ab, so konnte die 2te Division mit drei vollständigen Brigaden die Ablösung der 1sten bewirken. Dieselbe war in der Weise befohlen, daß die 6te Brigade die Vorposten übernahm, und zwar das 5te Regiment die des rechten, das 7te diejenigen des linken Flügels. Die 4te Brigade sollte mit dem 4ten Regiment die Schanzen des rechten, mit dem 6ten die des linken Flügels besetzen, während von der Reserve das 8te Regiment in den hinter der zweiten Schanzenlinie befindlichen Baracken, das 15te in Sonderburg Quartier nahm.

Von der 1sten Division befand sich am 17ten Morgens die 2te Brigade auf Vorposten, und zwar mit dem 3ten Regiment auf dem rechten, mit dem 18ten auf dem linken Flügel. Die Ablösung derselben sollte erst stattfinden, wenn der dem Oberst Bülow aufgetragene Vorstoß ausgeführt war. Hierzu waren demselben das 5te und 4te Regiment sowie zwei Geschütze überwiesen worden.

---

*) Vergl. I, Seite 299.

**) Am 16ten hatte letztere eine neue Eintheilung erhalten, da inzwischen das 7te Regiment von Jütland aus eingetroffen war (vergl. I, Seite 354, 355). Die Eintheilung der 2ten Division war jetzt:

4te Brigade, Oberst Faaborg: 4tes und 6tes Regt.,

5te   =   Oberst Harbou: 10tes und 12tes Regt.,

6te   =   Oberst Bülow: 5tes und 7tes Regt.,

Infanterie-Reserve, General-Major Caroc: 8tes und 15tes Regt.

Oberst Bülow sollte die Preußischen Abtheilungen aus dem Vorgehen der Dänen gegen das Rackebüller Holz. Rackebüller Holz vertreiben oder, wenn letzteres unbesetzt wäre, über dasselbe hinaus zur Aufklärung vorgehen, ohne sich jedoch in ein ernstes Gefecht einzulassen. Als vor dem Abmarsche die Mel=dung einlief, daß die während der Nacht vorgedrungene Preußische Abtheilung wieder zurückgegangen sei, befahl General Gerlach nunmehr die Ablösung der Vorposten des linken Flügels. Das hierzu bestimmte 7te Regiment übernahm in Folge dessen die Stellung des 18ten, welches in seine Quartiere nach Alsen ab=zurücken begann.

Um 10 Uhr Morgens trat Oberst Bülow seinen Vormarsch auf der Apenrader Straße an. Von den Pötthäusern aus entsandte er das 1ste Bataillon des 5ten Regiments über Flivhoi, während das 2te Bataillon zunächst den Vormarsch auf der genannten Straße fortsetzte. Das 4te Regiment sollte vorläufig nur bis Rackebüll rücken und die Sicherung besonders gegen Stenderup hin über=nehmen; die Geschütze blieben bei den Pötthäusern stehen, da das durchschnittene Gelände weiter vorwärts ihre Verwendung nicht zu gestatten schien.

Das Rackebüller Holz fiel den Dänen ohne Kampf in die Hände. Das 5te Regiment machte etwa 400 m nordwestlich desselben Halt, während das 4te mit einem Bataillon bis an den Nordrand von Rackebüll rückte und mit dem anderen am Westrande dieses Ortes gegen Stenderup hin Stellung nahm. Die in der Nähe des Rackebüller Holzes zerstreut liegenden Häuser und Gehöfte wurden angezündet.

Als um 11½ Uhr stärkere Preußische Abtheilungen anrückten, beschloß Oberst Bülow, welcher seinen Auftrag als erfüllt ansah, den Rückzug anzutreten. Das 4te Regiment erhielt Befehl, vor=läufig in und bei Rackebüll stehen zu bleiben. Durch dieses Regiment und die noch in der Linie Rackebüll—Stabegaard befindlichen Vor=posten des 3ten Regiments sollte sich das 5te bis zu den Pötthäusern zurückziehen. Diese Bewegung vollzog sich unter scharfem Nach=drängen Preußischer Abtheilungen.

Auf die Meldungen der Feldwachen der 26sten Brigade über das Vorgehen der Dänen hatte sich das den rechten Flügel der Vorposten bildende Füsilier-Bataillon Infanterie-Regiments Nr. 55 an der Apenrader Straße zwischen Wester-Satrup und dem Rackebüller Holz entwickelt. Ein diesem Theile der Vorposten beigegebener Zug der 4ten 12pfündigen Batterie der Artillerie-Brigade Nr. 7 fuhr auf einer Anhöhe südlich der Straße auf. Bald langte auch das 1ste Bataillon genannten Regiments in Satrup an. Auf Anordnung des Generals v. Goeben ging dieses Bataillon, nachdem die Dänen das Rackebüller Gehölz vor dem Füsilier-Bataillon, welches dort Halt machte, wieder geräumt hatten, gegen Rackebüll zur Verfolgung des abziehenden Gegners vor und setzte sich zunächst in Besitz des an der Straße liegenden Kruges.*) Die beiden 12-Pfünder hatten inzwischen das Feuer gegen das Dorf eröffnet, in welches die 2te und 3te Kompagnie nach kurzem Feuergefecht eindrangen, und an dessen Südrande sie dann Stellung nahmen.

Marginal note: Vorgehen der 26sten Brigade; Rackebüll und Stabegaard werden genommen.

Auf dem linken Flügel der 55er war das 1ste Bataillon Infanterie-Regiments Nr. 15, dessen Posten und Feldwachen Anfangs vor der feindlichen Uebermacht zurückgewichen waren, ebenfalls vorgegangen, und zwar zwischen dem Rackebüller Holz und Ravenskoppel. Die 1ste und 2te Kompagnie machten beim Rackebüller Kruge Halt, während die 3te und 4te Kompagnie, verstärkt durch die aus ihren Quartieren herbeigeeilte 11te Kompagnie desselben Regiments, gegen Stabegaard vorgingen und dieses nach hartnäckigem Widerstande erstürmten.

Schließlich kam aber die Bewegung auf der Linie Rackebüll—Lillemölle zum Stillstande, und es entwickelte sich hier ein stehendes Feuergefecht, welches erst gegen 1 Uhr Nachmittags verstummte. Von den Schanzen waren bisher nur einzelne Kanonenschüsse gefallen. Die Preußischen Reserven hatten sich näher an die in der ersten Linie stehenden Abtheilungen herangezogen und dieselben zum Theil abgelöst,

---

*) An der Wegnahme desselben betheiligte sich von dem gleichzeitig weiter östlich vorgehenden $\frac{I.}{15.}$ die 1ste und ein Zug der 3ten Kompagnie.

so daß die 26ste Brigade um 1 Uhr Nachmittags mit 5 Bataillonen und einer Batterie in der Linie Rackebüll—Stabegaard—Alsen Sund versammelt war.

Dänischer Seits hatte das von den Preußischen Abtheilungen zurückgedrängte 2te Bataillon 5ten Regiments bei den Pötthäusern zur Aufnahme des 4ten Regiments und der Vorposten des 3ten Regiments wieder Stellung genommen. Das 1ste Bataillon 5ten Regiments war, gleichzeitig mit den eben erwähnten Vorposten-Abtheilungen, über Stabegaard bis südlich Batrup zurückgegangen und hatte dort neben dem 2ten Bataillon Halt gemacht. Das 4te Regiment zog sich, als es dem Angriffe der Preußen nicht mehr Stand halten konnte, ebenfalls, mit Vorposten des 3ten Regiments untermischt, von Rackebüll ab und sammelte sich etwa 500 m nordwestlich der Schanzen zu beiden Seiten der Apenrader Straße.

Während dieser Vorgänge auf dem Dänischen rechten Flügel hatte sich, hiervon unabhängig, auf dem linken Flügel ebenfalls ein heftiges Gefecht entwickelt. Hier war die Ablösung der Vorposten ohne Rücksicht auf die Unternehmung gegen das Rackebüller Holz eingeleitet worden. Das 7te Regiment hatte die Ablösung noch nicht ganz durchgeführt, als auch hier Preußische Truppen vorrückten.

Angriff der 12ten Brigade auf Düppel und den Spitz Berg.

Die Veranlassung zu diesem Vorgehen lag darin, daß sich Prinz Friedrich Karl am Vormittage des 17ten entschlossen hatte, die nach dem Belagerungsentwurf bis zum 20sten nothwendige Besitznahme der Dörfer Düppel und Rackebüll am 17ten zur Ausführung zu bringen. Noch ohne Kenntniß von dem inzwischen begonnenen Gefechte der Brigade Goeben wurde zwischen 11 und 12 Uhr Vormittags dem General v. Roeder telegraphisch der Befehl gesandt, sofort Düppel anzugreifen und den Feind daraus zu vertreiben. Es sollte dabei möglichst viel Artillerie, welche von der 6ten Division zu stellen war, zur Verwendung kommen.

Dem General v. Roeder, welcher im Laufe des Vormittags die Vorposten besichtigt hatte, waren die Ereignisse bei der 26sten Brigade nicht entgangen; er hatte jedoch ein Eingreifen nicht für nothwendig erachtet, da das Gefecht günstig zu verlaufen schien. Nur ein Zug der 2ten Haubitz=Batterie der Artillerie=Brigade Nr. 3 war vorgezogen worden, um feindliche Abtheilungen, welche nördlich von Rackebüll sichtbar waren, auf 1300 m Entfernung mit Granaten zu bewerfen.

Die 12te Brigade stand gegen 1 Uhr Nachmittags mit dem Regiment Nr. 64*) in der Büffelkoppel, mit den beiden Musketier= Bataillonen Regiments Nr. 24**) nebst der wieder vereinigten 2ten Haubitz=Batterie der Artillerie=Brigade Nr. 3 zwischen dem Stende= ruper Holz und dem von Stenderup nach Düppel führenden Wege zum Vorgehen bereit.

Die Batterie fuhr sofort nördlich des genannten Weges, 800 m von der Kirche von Düppel, auf und beschoß diese sowie den befestigten Kirchhof, während die beiden Bataillone des Regiments Nr. 24, das 2te Bataillon an der Spitze, gegen den nördlichen Theil von Düppel anrückten. Nach kurzem Feuergefechte, während dessen die 4te Kompagnie einzelne, nördlich der Kirche gelegene Schützengräben vom Feinde säuberte, nahm die 7te Kompagnie den Kirchhof. Bald war das gesammte Dorf im Besitze des Angreifers, welcher den weit nach Südosten vorspringenden Theil desselben durch drei Kompagnien besetzen ließ.

Zu diesem Erfolge hatte auch das Regiment Nr. 64 beigetragen. Das 1ste Bataillon sowie die 9te und 10te Kompagnie desselben waren nördlich der großen Straße gegen Düppel vorgerückt und hatten, ohne starken Widerstand zu finden, gleichzeitig mit den 24ern den südlichen Theil des Dorfes genommen, während das 2te Bataillon an der Straße vordrang und nach kurzem Gefechte den Spitz Berg gewann. Die Haubitz=Batterie war bis auf 300 m an Düppel heran=

---

*) Ausschließlich der 11ten und 12ten Kompagnie, welche erst später aus Gravenstein eintrafen.

**) Das $\frac{\text{F.}}{24.}$ traf erst ein, als die anderen beiden Bataillone bereits zum Angriffe vorgegangen waren, und nahm dann nördlich des Weges Stenderup— Düppel Stellung.

gegangen, jedoch ohne daselbst zum Schuß zu kommen. Mit ihr in gleicher Höhe traf zu derselben Zeit südlich des Weges Stenderup—Düppel die 3te 12pfündige Batterie der Artillerie-Brigade Nr. 3 ein, fand aber ebenfalls keine Gelegenheit mehr zum Eingreifen.

Gegen 2 Uhr waren somit sowohl Düppel wie der Spitz Berg in Händen der Preußischen Truppen, gegen welche jetzt die Schanzen IV und VI ihr Feuer eröffneten.

Als die Preußischen Abtheilungen bis in den südöstlichen Theil von Düppel vordrangen, glaubte der Kommandeur der 2ten Dänischen Division, General du Plat, einen Sturm auf die Schanzen be-fürchten zu müssen, und zog von der Infanterie-Reserve das 8te Regiment aus den Baracken bis in die zwischen den Schanzen VI und VIII gelegene Schlucht vor, während er dem in Sonderburg befindlichen 15ten Regiment den Befehl schickte, nach dem Alarm-platz hinter den Schanzen vorzurücken. General Gerlach, welcher eben auf dem linken Flügel der Stellung eingetroffen war, befahl der bereits im Rückmarsch begriffenen 1sten Division, Halt zu machen und sich zum Eingreifen in das Gefecht bereit zu stellen. Das 2te Re-giment war bereits in Sonderburg angekommen und das 22ste hatte die Stadt schon durchschritten, während das 3te und 17te Regiment — ersteres hinter dem rechten, letzteres hinter dem linken Flügel der Schanzenlinie — sich zum Abmarsche sammelten. Das 18te rückte zu dieser Zeit über die Brücke bei Sonderburg. Das auf dem rechten Flügel der verschanzten Stellung befindliche 16te Regiment war noch nicht abgelöst, da das hierfür bestimmte 4te Regiment sich auf dem Gefechtsfelde zwischen Rackebüll und den Schanzen befand. Vier Geschütze der 2ten Batterie, welche auf Vorposten gewesen waren, standen dicht hinter den Schanzen, die übrigen zur Batterie gehörigen Geschütze erhielten Befehl, sofort von Alsen aus heran-zurücken.

Bevor noch diese Verstärkungen auf dem Kampfplatze eingetroffen waren, gab General Gerlach den Befehl, die verlorenen Stellungen wieder zu nehmen. In Folge dessen ordnete General du Plat

Gegenstoß der Dänen.

an, das 7te Regiment solle Düppel zurück erobern. Es schien das augenblicklich um so leichter, als die Preußischen Abtheilungen den nach Südosten vorspringenden Theil des Dorfes wieder geräumt hatten. Dies war durch den General v. Roeder veranlaßt worden, welcher, um die Truppen bei längerem Verweilen in dem südöstlichen Theile des Dorfes nicht unnöthig dem Geschützfeuer der Schanzen auszusetzen, dem Regiment Nr. 24*) befohlen hatte, sich auf das Festhalten des westlichen Theiles von Düppel, namentlich der Be= festigungen bei der Kirche, zu beschränken und dort Vorposten aus= zusetzen, welche dann in südlicher Richtung durch das Regiment Nr. 64 verlängert werden sollten.**)

Das Vorgehen des 7ten Dänischen Regiments***) gegen die neue Stellung der 12ten Brigade, welche von der Kirche bis über den Spitz Berg reichte, kam schon an der Westseite des Preußischer Seits geräumten südöstlichen Theiles von Düppel zum Stehen, obwohl noch das 2te Bataillon des 8ten Dänischen Regiments zur Unterstützung herbeieilte. Dasselbe war, wie erwähnt, auf Befehl des Generals du Plat bis in die zwischen den Schanzen VI und VIII befind= liche Schlucht vorgerückt und dann mit zwei und einer halben Kom= pagnie dem 7ten Regiment nach Düppel gefolgt, während anderthalb Kompagnien gegen den Spitz Berg vorzudringen versuchten, ohne hier jedoch weiter als bis zur Höhe von Alt=Freudenthal zu gelangen.

Bald nach 2½ Uhr Nachmittags war Prinz Friedrich Karl, von Nübel kommend, bei Broacker eingetroffen und hatte hier dem General v. Manstein†) den Befehl ertheilt, mit der 12ten Brigade sich in Düppel zu behaupten und mit den verfügbaren Truppen der 11ten Brigade Alt=Freudenthal zu nehmen und festzuhalten.

---

*) Das Füsilier=Bataillon dieses Regiments war zu dieser Zeit ebenfalls eingetroffen.

**) Vergl. Plan 8, Gefechtslage um 3 Uhr Nachmittags.

***) Mit Ausnahme von drei Kompagnien, welche vom Spitz Berge aus hinter die Schanzen zurückgegangen waren.

†) Derselbe hatte dem Gefechte der 12ten Brigade bis zur Einnahme von Düppel beigewohnt.

Diese Brigade war in Folge einer um 2 Uhr in Broacker einge=
troffenen telegraphischen Weisung des General=Kommandos, zur Unter=
stützung der 12ten Brigade vorzurücken, zwar alarmirt, dann aber,
nachdem sich ergeben hatte, daß der Spitz Berg und Düppel bereits
genommen seien, wieder in die Quartiere entlassen worden. General
v. Canstein erhielt nun den Befehl, mit den noch nicht abgerückten
Truppen seiner Brigade die südlich der großen Straße stehenden
Abtheilungen der 12ten Brigade abzulösen, Alt=Freudenthal zu
nehmen und dann im Anschluß an die 12te Brigade, welche sich in
Düppel festsetzen werde, in der Linie Alt=Freudenthal—Wenningbund
Vorposten auszusetzen.

Die augenblicklich verfügbaren Kräfte der 11ten Brigade be=
standen nur aus der 6ten und 8ten Kompagnie Infanterie=Regiments
Nr. 60 und der 7ten und 8ten Kompagnie Füsilier=Regiments Nr. 35,
mit welchen Oberst=Lieutenant v. Blumenthal sofort über den Spitz
Berg gegen Alt=Freudenthal vorgehen sollte.

Der 12ten Brigade war inzwischen bald nach 3 Uhr vom General
v. Manstein, welcher sich von Broacker nach dem Spitz Berge zurück=
begeben hatte, der Befehl zugegangen, sich wieder in den Besitz des
aufgegebenen Theiles von Düppel zu setzen. Um dies auszuführen,
wurde vom Regiment Nr. 64 das 2te Bataillon vom Spitz Berge
aus gegen den Südrand, das 1ste Bataillon gegen die südwestliche
Umfassung des Dorfes vorgeschickt.

Abermaliges
Vorgehen der
12ten Brigade
gegen den südöst-
lichen Theil von
Düppel.

Dieser gegen den südöstlichen Theil von Düppel gerichtete Angriff
der 64er machte Anfangs Fortschritte, ging jedoch, als auf Dänischer
Seite außer den bereits erwähnten Kompagnien des 2ten Bataillons
8ten Regiments auch die von den Schanzen wieder vorgeführten drei
Kompagnien des 7ten Regiments eingriffen, in einen hin und her
wogenden Häuserkampf über, bei welchem auf beiden Seiten mit
großer Hartnäckigkeit gefochten wurde.

Es mochte gegen 4½ Uhr sein, als südlich der großen Straße
die vier Kompagnien der 11ten Brigade unter Oberst=Lieutenant
v. Blumenthal eingriffen und die gegen den Spitz Berg vorge=
gangenen Abtheilungen des Dänischen 8ten Regiments wieder bis

hinter die Höhen östlich Alt=Freudenthal zurückwarfen. Auch der in Düppel tobende Kampf gestaltete sich durch das Eingreifen weiterer Unterstützungen immer günstiger für die Preußen.

Der Kommandeur des Infanterie=Regiments Nr. 60, Oberst= Lieutenant v. Hartmann, hatte sich vom General v. Manstein die Erlaubniß erwirkt, andere inzwischen auf dem Spitz Berge eingetroffene Abtheilungen der 11ten Brigade *) gegen den süd= östlichen Theil von Düppel vorführen zu dürfen. Er ließ die 12te Kompagnie Infanterie=Regiments Nr. 60 als Rückhalt für die Abtheilung des Oberst=Lieutenants v. Blumenthal am Spitz Berge zurück, ging von hier aus mit den 3 Jäger=Kompagnien nördlich der großen Straße gegen den südöstlichen Theil von Düppel vor, während die 9te Kompagnie Regiments Nr. 60 südlich derselben anrückte. Während dieser im Geschützfeuer der Schanzen ausgeführten Bewegung erfolgte von Düppel her ein überraschender Vorstoß geschlossener Dänischer Abtheilungen gegen die linke Flanke der Jäger, welcher aber durch das Feuer der dagegen einschwenkenden 4ten Kompagnie abgewiesen wurde. **)

Auf Seite der Dänen war inzwischen noch das 1ste Bataillon 8ten Regiments zur Unterstützung nach Düppel vorgezogen worden. Dagegen hatte die 1ste Division, schon als die Preußischen Abthei= lungen aus dem südöstlichen Theile von Düppel nach dem west= lichen zurückgingen, vom General Gerlach, welcher keinen neuen Angriff mehr erwartete, den Befehl erhalten, in die Quartiere zu rücken. Nur das 16te Regiment verblieb noch in den Schanzen, das 2te am Brückenkopfe. Trotz der Unterstützung vermochten die in Düppel fechtenden Dänischen Abtheilungen sich nicht mehr im Dorfe zu behaupten. Die Preußischen Jäger drangen von

Marginal note: Einnahme des südöstlichen Theiles von Düppel durch Theile der 11ten und 12ten Bri- gade. 5 Uhr.

---

*) $\dfrac{\text{1ste, 2te u. 4te}}{\text{Jäg. 3}}$ (die 3te Kompagnie befand sich als Bedeckung bei den Gammelmark=Batterien) und $\dfrac{\text{9te u. 12te}}{60}$.

**) Zu diesem Erfolge trug noch ein Zug der 2ten Kompagnie Regiments Nr. 64 bei, mit welchem der Kompagnie=Chef, Hauptmann Graf Maltzan, die Dänen angriff.

Süden, die 64er von Westen in dasselbe ein und säuberten es bald
völlig vom Feinde. Auch ein zu gleicher Zeit von einer Kompagnie
des 1sten Bataillons 8ten Dänischen Regiments gegen den nördlichsten
Theil von Düppel unternommener Vorstoß scheiterte unter großem
Verlust, ebenso der wenig später erfolgende und weiter unten zu
erwähnende Angriff von drei Kompagnien des Dänischen 4ten Regi=
ments, welche von den Pötthäusern aus gegen diesen Punkt vorgingen.
Das 1ste Bataillon 8ten Regiments konnte nur noch den Rückzug
der aus Düppel geworfenen Truppen erleichtern. Da bereits die
Dunkelheit einbrach, wurden die zurückweichenden Abtheilungen hinter
den Schanzen gesammelt und gleichzeitig Vorposten etwa 800 m
vorwärts der Werke ausgesetzt.

Während sich das Feuer der Dänischen Artillerie im Verlaufe
dieser Kämpfe sehr fühlbar gemacht hatte, war es der Preußischen
nicht gelungen, eine nachhaltige Thätigkeit zu entfalten.*)

Auf Broacker hatten die 24=Pfünder um $9^3/_4$ Uhr Vormittags
wieder die Beschießung der Schanzen I und II sowie der Windmühle
aufgenommen, welch' letztere man zerstören wollte, weil sich daselbst
ein Beobachtungsposten befinden sollte. Nachdem kurze Zeit Schanze II
aus gezogenen Geschützen geantwortet hatte, trat gegen $12^1/_2$ Uhr auf
beiden Seiten völlige Ruhe ein. Um 1 Uhr Nachmittags wurde von
der Batterie Nr. 2 eine Infanterie=Masse bemerkt, welche von der
Büffelkoppel nach den Schanzen zurückging.**) Nachdem diese Truppe
mit Erfolg beschossen worden war, richtete die Batterie ihr Feuer
gegen Schanze VI, die begonnen hatte, in der Richtung auf
das Dorf Düppel zu schießen. Sogleich nahm Schanze II ihre
Thätigkeit gegen die 24=Pfünder wieder auf, welche jetzt von den
6=Pfündern der Batterie Nr. 3 unterstützt wurden. Es gelang
der Schanze II, das Feuer der Gammelmark=Batterien fast ganz auf

---

*) Auch die um 3 Uhr 10 Minuten am Ostrande der Büffelkoppel ein=
getroffene $\dfrac{\text{3te Haubitz=Batt.}}{\text{Art. Brig. 3}}$ war nicht zu Schuß gekommen.

**) Es war vermuthlich das von den Vorposten abgelöste Dänische
18te Regiment.

sich zu ziehen und den anderen Werken dadurch Gelegenheit zu geben, das ihrige, ohne von der Seite her belästigt zu werden, gegen die Preußische Infanterie zu richten. Im Laufe des Nachmittags fanden die 6=Pfünder bei Gammelmark noch Gelegenheit eine feindliche Infanterie=Kolonne zu beschießen, welche von den Schanzen im Vor= gehen begriffen war. Einige gut treffende Granaten brachten dieselbe zur Umkehr.*) Um 4½ Uhr stellten die Batterien auf Broacker ihr Feuer gegen die Schanzen ein.

Die Kämpfe im nordwestlichen Theile von Düppel und bei der 26sten Brigade.

Fast unabhängig von den oben geschilderten Kämpfen der 11ten Brigade und des 64sten Regiments hatte sich auch bei dem im nordwestlichen Theile von Düppel stehenden Regiment Nr. 24 und bei der 26sten Brigade ein neues Gefecht entwickelt.

General Gerlach, der nicht gesonnen war, die bisherigen Stellungen ohne Weiteres dem Feinde zu überlassen, hatte wie dem linken, so auch dem rechten Flügel den Befehl gegeben, den ver= lorenen Vorposten=Abschnitt zurückzuerobern. In Folge dessen gingen bereits gegen 2 Uhr stärkere Abtheilungen des Dänischen 4ten und 5ten Regiments gegen die Linie Rackebüll—Stabegaard—Randers= gaard vor.

General v. Goeben war nach Beendigung des Gefechts seiner Brigade schon Willens gewesen, in die frühere Stellung zurück= zugehen, als er die Mittheilung des Generals v. Roeder erhielt, daß die 12te Brigade Düppel genommen habe und es halten solle. In Folge dessen hatte er seine Truppen in der Stellung Rackebüll—Stabegaard—Randersgaard belassen. Der hiergegen Seitens der Dänen unternommene Angriff entbehrte jedoch des Nachdruckes, und es gelang denselben nur auf dem äußersten rechten Flügel, wo sie durch das Feuer aus der Surlücke=Batterie**)

---

*) Vermuthlich bestand diese Kolonne aus den drei Kompagnien des 7ten Regiments, welche den Auftrag hatten, südlich der großen Straße von den Schanzen wieder gegen Alt=Freudenthal vorzugehen, aber hier nicht erschienen, sondern später weiter nördlich bei Düppel zu ihrem Regiment stießen. Vergl. Seite 410 und 411.

**) Diese auf Alsen liegende Batterie war erst im Laufe des Gefechts mit fünf schweren Geschützen ausgerüstet worden.

unterstützt wurden, etwas Raum zu gewinnen. Bald erlosch aber das Feuer wieder, so daß General v. Goeben einen ernstlichen Angriff nicht mehr erwarten zu sollen glaubte. Da die Truppen ohne Tornister und ohne abgekocht zu haben, ausgerückt waren, schickte er um 3½ Uhr die im Gefecht gewesenen Theile der Vorposten,*) welche demnächst wieder den Sicherheitsdienst übernehmen sollten, zurück, um abzukochen und das Gepäck zu holen.

Als gegen 4 Uhr auf dem Dänischen linken Flügel das Vorgehen gegen Düppel Fortschritte zu machen schien, entschloß sich der auf dem rechten Flügel den Befehl führende Oberst Bülow, auch hier den Angriff zu erneuern. Derselbe wurde vom 5ten Regiment unternommen, während das 2te Bataillon 4ten Regiments nach den Pötthäusern vorgeschoben wurde und die Surlücke-Batterie das Vorgehen durch wirksames Feuer unterstützte.

Rackebüll wird
von den Dänen
genommen.

Preußischer Seits standen zu dieser Zeit nur drei Bataillone und eine Batterie in der fast 2000 m langen Linie von Rackebüll bis zum Sunde. Von der 25sten Brigade war zunächst noch keine Unterstützung zu erwarten, da diese auf Befehl des auf dem Gefechtsfelde anwesenden Generals v. Wintzingerode zwar versammelt war, sich aber noch bei Wester-Satrup und Lundsgaard befand.

Das in Rackebüll von überlegenen Kräften angegriffene 1ste Bataillon Regiments Nr. 55 räumte nach lebhaftem Kampfe das Dorf und den Krug. Die 4te 12pfündige Batterie der Artillerie-Brigade Nr. 7, welche noch immer in ihrer ersten Stellung 1000 m nördlich des Ortes stand, nahm das Feuer gegen denselben wieder auf und verhinderte, im Verein mit dem eben genannten Bataillon,**) welches sich an den Knicks nördlich des Kruges wieder gesetzt hatte, ein weiteres Vordringen des Gegners. Derselbe unternahm wiederholt Vorstöße, welche jedoch sämmtlich zurückgewiesen wurden.

---

*) $\frac{F.}{55.}$ und $\frac{I.}{15.}$

**) Von demselben nahmen nur noch die 1ste, 4te und halbe 2te Kompagnie an dem Feuergefechte Theil, da die 3te Kompagnie sich bei der Vertheidigung des Kruges vollständig verschossen hatte und die andere Hälfte der 2ten Kompagnie sich als Bedeckung bei der Batterie befand.

Auf dem linken Flügel der 26ſten Brigade hatte das Flankenfeuer der Surlücke=Batterie das 2te und Füſilier=Bataillon Regiments Nr. 15 veranlaßt, Stabegaard und Randersgaard zu räumen und auf gleicher Höhe mit den aus Rackebüll zurückgegangenen 55ern Stellung zu nehmen. Der Däniſche Vorſtoß richtete ſich hauptſächlich gegen die nördlich Stabegaard befindliche 5te und 7te Kompagnie, welche den= ſelben jedoch abwieſen. Auch das auf dem äußerſten linken Flügel befindliche Füſilier=Bataillon ſchlug einen Angriff zurück und ging nach längerem Feuergefechte wieder bis Randersgaard und Lillemölle vor, während die 5te und 7te Kompagnie wieder in Stabegaard Fuß faßten. Das feindliche Geſchützfeuer ließ aber ein dauerndes Feſt= ſetzen in dieſen Oertlichkeiten nicht zu, ſo daß die Kompagnien bald in die frühere Stellung zurückgingen.

Während dieſes hin= und herwogenden Gefechtes hatten auf Däniſcher Seite drei Kompagnien des 4ten Regiments zunächſt ſüd= öſtlich von Rackebüll Fuß gefaßt und unternahmen dann von hier aus zur Unterſtützung der bei Düppel fechtenden Abtheilungen einen Vorſtoß in der Richtung auf die Kirche dieſes Ortes. Hier traten denſelben vier Kompagnien*) Regiments Nr. 24 entgegen, während nördlich des Dorfes zwei andere deſſelben Regiments**) den linken Flügel ſicherten. Es entſpannen ſich nordöſtlich der Kirche verſchiedene kleinere Gefechte, und erſt bei einbrechender Dunkelheit gingen die Dänen, nachdem ſie das Gehöft Lye in Brand geſteckt hatten, zurück.

Wieder-
eroberung von
Rackebüll. Rück-
zug der Dänen.
Bei der 26ſten Brigade, welcher unterdeſſen der Befehl des Prinzen zugegangen war, Rackebüll zu halten***) und ſüdlich davon Vorpoſten auszuſetzen, war gegen 5 Uhr das Füſilier=Bataillon Regiments Nr. 55 wieder auf dem Gefechtsfelde eingetroffen, ſo daß man nunmehr daran denken konnte, das Dorf zurückzuerobern. Von

---

*) 1ſte, 3te, 8te, 11te Kompagnie.

**) Die 2te und 12te Kompagnie. Nach der Einnahme des Kirchhofes von Düppel hatten die $\frac{1\text{ſte, 2te, 3te}}{24.}$ Befehl erhalten, zum Abkochen nach Stenderup zurückzugehen, waren aber, als die Dänen von Neuem zum Angriff übergingen, wieder umgekehrt.

***) Der Befehl war erlaſſen worden, ehe das Dorf wieder aufgegeben war.

den 55ern gingen die 11te und 12te Kompagnie von Norden und Nordwesten gegen dasselbe vor, während die 3te den Krug angriff, wobei sie von der aus Satrup anlangenden 4ten Kompagnie Regiments Nr. 15 unterstützt wurde. Schon beim ersten Anlaufe wurden Dorf und Krug genommen, doch behaupteten sich die feindlichen Abtheilungen südlich davon noch bis gegen 7 Uhr Abends, traten dann aber auch hier in gleicher Weise wie bei Düppel den Rückzug nach den Schanzen an.

Die Dänischen Vorposten nahmen etwa 800 m vorwärts der Werke Aufstellung, während Preußischer Seits die gewonnene Linie festgehalten wurde. Südlich der Gravensteiner Straße übernahmen drei Kompagnien des Infanterie-Regiments Nr. 60 die Vorposten, zu deren Unterstützung zwei weitere Kompagnien desselben Regiments nach Schmöl gelegt wurden. Von der 12ten Brigade blieben in Düppel sechs Kompagnien des Regiments Nr. 64, von welchen vier die Sicherung des nach Südosten vorspringenden Theiles übernahmen. In nördlicher Richtung wurde die Vorpostenlinie durch drei Kompagnien des Regiments Nr. 24 verlängert, deren Feldwachen an die bei Rackebüll stehenden der 26sten Brigade anschlossen. Zur Unterstützung blieben für die Nacht noch zwei Kompagnien desselben Regiments bei der Kirche von Düppel in Bereitschaft.

Von der 26sten Brigade gab das Füsilier-Bataillon des 55sten Regiments die Vorposten bei Rackebüll, das 2te Bataillon Regiments Nr. 15 sicherte in der Linie Stabegaard—Lillemölle, während das 1ste Bataillon der 55er als Gros der Vorposten in dem nördlichen Theile von Rackebüll verblieb.*)

Der rechte Flügel der Einschließungs-Linie war mithin beträchtlich näher an die Schanzen herangeschoben worden, als der linke, was den für die Belagerung gefaßten Beschlüssen entsprach, da man in der Richtung des demnächstigen förmlichen Angriffs am meisten Raum gewinnen mußte.

---

*) Ebendorthin war noch zur Verstärkung von der 25sten Brigade das vorgeschickt worden.

I.
13.

27

Die Ueberlegenheit der Preußischen Infanterie gegenüber der Dänischen im Kampfe auf freiem Felde hatte sich an diesem Tage von Neuem bewährt. Auch der Gegner konnte sich diesem Eindrucke nicht entziehen; jedenfalls hat er von diesem Tage an größere Vor= stöße aus seiner verschanzten Stellung heraus nicht mehr unternommen.

Der Preußische Verlust betrug 16 Offiziere, 122 Mann,*) die Dänen hatten 12 Offiziere, 664 Mann verloren.

Weitere Vorgänge bei Düppel.

Nachdem die Dänen am 17ten den größten Theil des Vor= geländes der Schanzen eingebüßt hatten, waren dieselben genöthigt, zur Sicherung ihrer Stellung stärkere Kräfte als bisher in der ersten Linie bereit zu halten. Sie besetzten daher jeden der beiden Flügel mit einer Brigade, welche in den Schanzen und Laufgräben verblieb und am Tage ihre Vorposten 300 bis 400 m vor den Werken, Nachts noch etwa 400 m weiter vorwärts aussetzte. Zwei weitere Brigaden, welche in den an der großen Straße be= findlichen Baracken und in Sonderburg lagen, dienten als erste Reserve, während die noch übrigbleibenden, in Sonderburg und nörd= lich von Augustenburg untergebrachten beiden Brigaden die zweite bildeten. Der Dienst der vordersten Linie sowie der ersten Reserve dauerte sechs Tage und war derart geregelt, daß die Brigaden sich tage= weise in der vordersten Linie ablösten. Die Ruhe auf Alsen für die zweite Reserve währte drei Tage. Es wurden mithin den Truppen jetzt erhöhte Anstrengungen auferlegt. An Artillerie rückte jeden Tag eine Feld=Batterie in die vordere Stellung und besetzte mit zwei Zügen die Geschützstände westlich der Düppeler Mühle, während der dritte sich zwischen den Schanzen VIII und IX und der vierte in einem Geschützstand auf dem rechten Flügel nördlich des Apenrader Weges bereit hielt. Die 2te, 8te, 10te und 11te Batterie wechselten hierin

---

*) Vergl. Anlage Nr. 44, Verlustliste für den 17ten März.

ab; die drei nicht in vorderfter Linie befindlichen Batterien blieben bei Sonderburg verfügbar.*)

Mit dieser Neuordnung des täglichen Dienstes war eine Ab= änderung der Truppen=Eintheilung Hand in Hand gegangen. Das 7te Regiment, welches am 17ten März bedeutende Verlufte erlitten hatte, wurde nach Fünen geschickt und das dafür von dort am 26ften März nach Alsen gezogene 11te Regiment mit dem von der 5ten Bri= gade abgegebenen 12ten zu einer neuen, 7ten, Brigade vereinigt. Die bisherige Infanterie=Reserve**) wurde aufgelöst, und es bildeten von jetzt an die beiden Regimenter derselben die dem Oberften Harbou unterstellte neue 5te Brigade, während die bisherige 5te Brigade das 10te Regiment zur 6ten und das 12te Regiment, wie erwähnt, zur 7ten Brigade abgab.

Die neu gebildete 7te Brigade,***) welcher noch die Meels= Abtheilung†) und die 1fte und 9te Batterie zugetheilt wurden, sollte an dem Dienst bei Düppel nicht theilnehmen. Von derselben löfte das 11te Regiment das 12te in der Befetzung der Halbinsel Kjär ab; letzteres Regiment übernahm von Norburg aus die Bewachung des nördlichen Theiles von Alsen. Am 19ten März traf aus Kopenhagen auch die Leibgarde zu Fuß††) ein, welche der 2ten Division zugetheilt und in Sonderburg untergebracht wurde. Diese Truppe sollte als Reserve bei der Vertheidigung der Düppel=Stellung Verwendung finden.

---

*) Die außerdem noch vorhandenen vier Feld=Batterien Nr. 1, 4, 9 und 13 waren schon früher in der Weise vertheilt worden, daß die 1fte und 9te Batterie auf Alsen zur Vertheidigung des Sundes dienten, die 13te sich in Geschütz= ständen auf dem linken Flügel der Schanzen befand, während die 4te eine ständige Reserve für dieselben bildete.

**) Der bisherige Kommandeur der Infanterie=Reserve, General=Major Caroc, übernahm in Jütland das Kommando der 3ten Division an Stelle des General=Majors Wilfter. Vergl. I, Seite 377.

***) Der Kommandeur dieser Brigade, Oberft Müller, traf mit dem 11ten Regiment zusammen am 26ften März auf Alsen ein. Vergl. I, Seite 377.

†) Dieselbe war am 25ften Februar in der Stärke von etwa 500 Mann zur Bewachung der Halbinsel Meels gebildet worden.

††) In der Stärke eines Bataillons zu 800 Mann.

27*

Zwischen dem Oberbefehlshaber und dem Kriegs-Minister machte sich zu dieser Zeit eine Meinungsverschiedenheit in Bezug auf die Weiterführung des Krieges geltend. Der Kriegs-Minister hatte schon vor dem 17ten März wiederholt eine Angriffsbewegung empfohlen und es als unverantwortlich bezeichnet, mit einem Heere, das 63 000 Streitbare zähle, thatenlos in befestigten Stellungen zu verweilen. General Gerlach berechnete aber seine verfügbaren Kräfte geringer, indem er zunächst von obiger Zahl noch 9000 Ungeübte und die Kranken, sowie die an die Stellungen gebundene Festungs-Artillerie und Ingenieure abzog. Er widersprach den Plänen des Kriegs-Ministers auf das Bestimmteste und erklärte es für das Richtigste, die Vortheile von Düppel und Fredericia nur in der Vertheidigung auszunutzen und so Dänemarks Streitmittel so lange wie möglich zu erhalten. Am 17ten März schlug er dem Minister vor, ihn vom Ober-Kommando zu entheben, da er einen derartigen Zwiespalt zwischen der Regierung und dem Ober-Kommando, welches letztere in seinen Entschlüssen freie Hand haben müsse, für durchaus verderblich halte. Der Streit blieb indessen zunächst unentschieden und sollte erst in späterer Zeit zum Austrag gelangen.

Am 22sten März kam der König Christian nach Alsen, besichtigte noch an demselben Tage die Schanzenstellung und richtete Worte der Anerkennung und des Dankes an die Truppen.

Die Stärke der Dänischen Infanterie wurde in dieser Zeit, abgesehen von der durch Gefechtsverluste und Krankheiten erlittenen Einbuße, noch dadurch verringert, daß diese Waffe für die Artillerie Aushülfemannschaften stellen und eine Anzahl von Offizieren und Leuten zu einem für Landungen an der Ostküste Schleswig-Holsteins bestimmten Streifkorps unter Kapitän Aarö abgeben mußte.

Die Schwächung der Streitkräfte bei Düppel und die in Folge der letzten Ereignisse nothwendig gewordene Verschärfung des Sicherheitsdienstes machen es erklärlich, wenn sie es auch nicht rechtfertigen, daß Dänischer Seits kein weiterer Versuch zur Wiedereroberung der verlorenen Außenstellung unternommen wurde.

In Folge der bei den Dänen seit dem 17ten eingetretenen Unthätigkeit war es den Preußischen Truppen in den folgenden Tagen möglich, in aller Ruhe ihre neue Stellung zu verstärken. Unter den zu diesem Zweck vorgenommenen Arbeiten ist die Anlage eines geschlossenen sechsseitigen Werkes, der Grafenschanze, besonders hervorzuheben. Dieselbe wurde zwischen Rackebüll und Düppel unweit des Gehöftes Lye auf einer flachen Kuppe erbaut, so daß sie die beiden genannten Ortschaften und die zwischen denselben sich hin= ziehende Bodensenkung beherrschte. Die Besatzung war auf 200 Mann Infanterie und 4 bis 6 Geschütze berechnet. Der Bau dieses Werkes wurde nach Ueberwindung mancher Schwierigkeiten am 28sten März beendet.

Die kombinirte 10te Infanterie=Brigade, unter dem Befehle des Generals v. Raven,*) welche am 19ten März bei Gravenstein eingetroffen**) und hier Seitens des I. Korps mit Kavallerie und Artillerie versehen worden war, sollte die durch den beschwerlichen Dienst und die letzten Kämpfe angestrengten Truppen des I. Korps entlasten. Sie wurde daher am 20sten März der 6ten Division unter= stellt und mit Uebernahme der Vorposten beauftragt. Gleichzeitig er= hielt die 12te Brigade, über welche sich das General=Kommando die besondere Verfügung im Falle eines Gefechts vorbehielt, einen Unter= kunftsbezirk zugewiesen, welcher sich an der Gravensteiner Straße entlang von Rinkenis bis zur Nübelmühle erstreckte.

Eintreffen der kombinirten 10ten Infan- terie=Brigade.

Die 10te Brigade übernahm am 22sten mit Theilen des Leib= Regiments die Vorposten der 12ten und mit Theilen des Regiments Nr. 18 diejenigen der 11ten Brigade. Die nicht im Vorposten= dienste verwendeten Truppen belegten einen Bezirk, welcher nach rückwärts bis zur Linie Stenderup—Nübel—Schmöllehn—Schmöl— Wenning reichte. Der 11ten Brigade verblieb die Halbinsel Broacker, mit Ausnahme von Ekensund, welches noch der 12ten Brigade zufiel.

---

*) Anlage Nr. 45 enthält die Ordre de bataille derselben.
**) Vergl. Seite 393.

422

Bei der 13ten Division*) war schon am 21sten die Ablösung der in der vorderen Linie stehenden Truppen durch die 25ste Brigade erfolgt. Die 26ste ging nach Oster-Schnabek—Auenbüll zurück. Dem geringen Abstand von den feindlichen Werken entsprechend, waren die Vorposten so stark gemacht worden, daß sie einem plötzlichen feindlichen Angriffe gegenüber sich zunächst in ihren Stellungen zu behaupten vermochten.

Vorbereitungen für den Uebergang bei Balle-gaard und für den förmlichen Angriff.

Im Verlaufe der bisherigen Ereignisse waren die Vorbereitungen für den Uebergang bei Ballegaard mehr und mehr vorgeschritten. Da es zweifelhaft erschien, ob eine Mitwirkung der Flotte möglich sein werde, so richtete das General-Kommando seine Aufmerksamkeit besonders auf möglichste Vermehrung der bereits vorhandenen Uebergangsmittel. Schon am 22sten März waren die Oesterreichischen Brücken-Equipagen**) in Hostrup eingetroffen. Außerdem wurden acht bei den Dannewerken vorgefundene Dänische Pontons von Schleswig herbeigeschafft und die auf dem Nübel Noor befindlichen Fahrzeuge mit Beschlag belegt.***) Die beiden Pontonnier-Kompagnien der Pionier-Bataillone Nr. 3 und 7, mit den Ponton-Kolonnen und dem leichten Feld-Brückentrain, sowie später noch die 3te und 4te Kompagnie Pionier-Bataillons Nr. 3 wurden dem unmittelbaren Befehl des General-Kommandos unterstellt.

Unterdessen waren auch die von den Pionieren zu treffenden Vorbereitungen für den förmlichen Angriff am 23sten März beendet worden, und es stand in dieser Beziehung dem Beginne des Angriffs nichts mehr im Wege.

---

*) Am 18ten März waren das $\frac{\text{II.}}{53.}$ aus Apenrade und das $\frac{\text{II.}}{55.}$ aus Flensburg wieder bei der Division eingetroffen.

**) Vergl. Seite 391. 1/4 Kriegsbrücken-Equipage verblieb mit 3/4 der 3ten Oesterreichischen Pionier-Kompagnie beim II. Korps, während die 4te und 1/4 der 3ten Oesterreichischen Pionier-Kompagnie die zum I. Korps gesendeten 1 3/4 Kriegsbrücken-Equipagen nebst den beiden dazu gehörigen Bespannungs-Eskadrons begleiteten.

***) Die zahlreichen Fischerboote an der Ostküste ließ man unbehelligt, um nicht die Aufmerksamkeit des Feindes zu erregen.

Aber noch befand man sich nicht im Besitze desjenigen Geländes, auf welchem die 1ste Parallele angelegt werden sollte, da die Vor=posten=Linie immer noch etwa 1200 m von den feindlichen Schanzen entfernt war. Außerdem lag es aber gar nicht in der Absicht des General=Kommandos, die Belagerungs=Arbeiten jetzt zu beginnen.

Obwohl nämlich Prinz Friedrich Karl am 11ten März in einem Schreiben an das Ober=Kommando sich dahin ausgesprochen hatte, daß die Eroberung der Düppeler Schanzen gleichzeitig mit einem Uebergange nach Alsen unternommen werden müsse, so befestigte sich doch mehr und mehr bei ihm die Ansicht, daß es der einfachere, kürzere und weniger Opfer erfordernde Weg sein werde, durch den Uebergang nach Alsen gleich die volle Entscheidung herbeizuführen. Der artille=ristische Angriff auf die Düppel=Stellung sollte dann mehr dazu dienen, den Gegner festzuhalten, als die Ausführung des Sturmes zu ermöglichen.

Dieser Auffassung gab der Prinz am 24sten März in einem Bericht an den König Ausdruck. Auch die Vortheile eines Ueber=ganges nach Fünen, gegenüber dem eines solchen nach Alsen, wurden in diesem Schreiben erwogen, aber doch letzterem der Vorzug gegeben, weil er die meiste Aussicht gewähre, dem feindlichen Heere eine entscheidende Niederlage beizubringen. Selbst wenn in Folge un=günstiger Verhältnisse die Mitwirkung der Preußischen Flotte aus=bleiben sollte, könne man, wenn nur das Wetter dem Unternehmen günstig sei, an dem Gelingen nicht zweifeln.

Der König ertheilte, nachdem auch General v. Moltke sich über die Art der Ausführung geäußert hatte,*) dem Plane des Prinzen Friedrich Karl seine Zustimmung und wies am 25sten März den Admiral Prinzen Adalbert zur Mitwirkung der Seestreitkräfte bei den Unternehmungen des Landheeres gegen Alsen an.

Angesichts dieser Sachlage empfahl es sich, mit Aushebung der 1sten Parallele nicht zu beginnen, so lange die schweren Geschütze,

---

*) Anlage Nr. 46 giebt den Wortlaut des vom General v. Moltke eingereichten Berichtes.

welche zur Ausrüstung der gleichzeitig hinter derselben zu errichtenden Batterien nöthig waren, zum Schutze des Ueberganges bei Ballegaard Verwendung finden sollten. Eine Hin= und Herbeförderung dieser Geschütze mußte jedenfalls die Aufmerksamkeit des Gegners auf die geplante Unternehmung lenken. Doch wurde schon am 23sten damit begonnen, wenigstens denjenigen Theil der gedeckten Verbindungs= wege, welcher von den feindlichen Werken nicht eingesehen werden konnte, zur Ausführung zu bringen. Abweichend von dem Belagerungs= Entwurf beschränkte man sich auf die Anlage von zwei Verbindungs= wegen südlich der Gravenstein=Sonderburger Straße. Die am 23sten März ausgehobenen Schläge der Laufgräben*) wurden in den nächsten Tagen weiter ausgearbeitet. An vielen Stellen füllten sich dieselben in Folge der zahlreich vorhandenen Quellen mit Wasser, und trotz aller Bemühungen, dieses durch Gräben abzuleiten, blieben die Laufgräben so naß, daß eine Benutzung derselben nur durch Be= legung der Grabensohle mit Stroh, Strauchwerk und Brettern er= möglicht werden konnte.**)

Fortsetzung der Beschießung von Broacker aus und weitere artilleristische Maßnahmen.

Das Feuer der 24=Pfünder aus den Gammelmark=Batterien erlitt keine Unterbrechung. Da man erfahren hatte, daß sich hinter den Schanzen ein Barackenlager befinde, so wurde, um dieses be= schießen zu können, in der Nacht vom 18ten zum 19ten März auf dem rechten Flügel der bisherigen drei Batterien eine vierte erbaut. Dieselbe erhielt zwei 12=Pfünder aus der Strandbatterie bei Eken= sund zugewiesen.***)

Die Beschießung wurde in den Tagen nach dem 17ten März mit Rücksicht auf die nicht sehr reichlich vorhandene Munition nur in beschränkter Weise weitergeführt. Jede Batterie verfeuerte den Tag über 40 bis 60 Schuß; Nachts beschränkte man sich darauf, 3 bis 4 Schüsse abzugeben.

*) 4 Schläge beim nördlichen, 7 beim südlichen Verbindungswege.
**) Da das Schuhzeug der Truppen für derartige Arbeiten nicht genügte, so entsandte das General=Kommando Intendanturbeamte nach den nächst ge= legenen Städten, um etwa 5000 Paar hohe Wasserstiefel anzukaufen, von welchen auch nach wenigen Tagen der größte Theil eintraf.
***) Diese war somit jetzt geräumt. Vergl. Seite 398.

Die 24-Pfünder nahmen die Schanze II, die Windmühle, die Verbindungsgräben zwischen Schanze II und III und zeitweilig sichtbar werdende größere Truppen-Abtheilungen zum Ziel, ohne daß auch jetzt ein besonderer Erfolg hätte festgestellt werden können.

In der Nacht vom 19ten zum 20sten wurde am Nordstrande des Wenningbundes zwischen Düppellund und dem Spitz Berge eine Batterie — Nr. 5 — erbaut und mit vier gezogenen 12-Pfündern ausgerüstet, welche sowohl gegen etwa erscheinende Schiffe wirken als auch vor Allem den Versuch machen sollte, das Feuer aus Schanze I zum Schweigen zu bringen. Da die Batterie jedoch am 20sten von den Schanzen I bis VI sehr lebhaft beschossen wurde und auf diese Weise das Feuer nach einer Gegend lenkte, wo mancherlei Arbeiten in Ausführung begriffen waren, so rüstete man sie in der nächsten Nacht wieder ab.

Nach dem Gefecht am 17ten März hatten mehrfach Erkundungen des vor den Vorposten befindlichen Geländes stattgefunden, um schon jetzt die Stellen für die Belagerungs-Batterien bezeichnen zu können. Da diese Punkte aber noch in Feindeshand waren, so sollte die Zeit bis zu ihrer Besitznahme wenigstens dazu benutzt werden, die Anlage der für die Heranführung des Batterie-Baugeräthes und der Geschütze erforderlichen Kolonnenwege in Angriff zu nehmen. Pionier-Abtheilungen unterstützten die Artillerie in dieser Arbeit. Zur Aushülfe bei der Geschützbedienung wurden 40 Offiziere und 300 Mann Infanterie dem Belagerungsparke bei Atzbüll überwiesen.

Am 21sten März traf die 1ste Festungs-Kompagnie der Garde-Artillerie-Brigade mit den letzten der bewilligten Festungs-Geschütze ein,*) so daß jetzt im Ganzen 5 Festungs-Artillerie-Kompagnien mit 16 24-Pfündern, 24 12-Pfündern und 16 25pfündigen Mörsern verfügbar waren.

Die Ausrüstung der Gammelmark-Batterien erfuhr in der Nacht vom 25sten zum 26sten März noch eine Vermehrung,

---

*) Vergl. Anlage Nr. 40.

indem vier gezogene 12=Pfünder in die Batterie Nr. 3*) eingestellt wurden.

Wenn auch die Ueberlegenheit dieser Geschütze über die Dänische schwere Artillerie feststand und es stets gelang, die Schanze II nach kurzem Gefechte zum Schweigen zu bringen, so vermochten derartige vereinzelte Erfolge doch auf den Verlauf der Belagerung keinen nennenswerthen Einfluß auszuüben. Es war nicht möglich, das feindliche Feuer dauernd niederzuhalten; auch konnte nicht verhindert werden, daß der Gegner Nachts jedesmal die am Tage erlittenen Beschädigungen wieder ausbesserte. Die Wirkung der bis jetzt er= richteten Batterien konnte erst dann eine größere Bedeutung gewinnen, wenn diese im Zusammenhange mit dem Hauptangriffe Verwendung fanden.

Am 27sten März richteten die Batterien Nr. 1 und 3 ihr Feuer ausschließlich gegen Schanze II, die Feldzeugmeister=Batterie hatte die entfernter liegende Schanze VI zu beunruhigen, während Batterie Nr. 4, wie bisher, das Gelände hinter den Schanzen bestrich. Wie am 26sten nahm Schanze II auch an diesem Tage eine Zeit lang den Kampf, und zwar mit gezogenen Geschützen, auf, bis das Feuer der Gammelmark=Batterien sie wieder zum Schweigen brachte. Nach den Dänischen Berichten war dieses Verfahren der Schanze II durch die Rücksicht auf die übrigen Werke veranlaßt worden. Da es nämlich für die Besatzungen derselben an bombensicheren Eindeckungen mangelte, so war es eine Erleichterung für die Truppen, wenn es gelang, das Preußische Feuer nach einem bestimmten Punkte der gesammten Ver= theidigungslinie hin zu lenken. Hierzu hatte man die genannte Schanze gewählt, weil in dem steil zum Wenningbunde abfallenden Ufer viele Granaten, ohne zu zerspringen, stecken blieben.

Die Dänen verloren in Folge der Beschießung am 27sten mehrere Verwundete und erlitten außerdem einigen Schaden an ihren Ge=

---

*) Diese Batterie war Anfangs von sechs gezogenen 6=Pfündern der 3ten 6 pfdgen Art. Brig. 3 besetzt gewesen. Vergl. Seite 397.

schützen.*) Sie sahen sich daher genöthigt, die Traversen zu er=
höhen und zu verstärken, sowie die Zahl derselben zu vermehren,
ein Umstand, welcher wiederum die Feuerentwickelung beeinträchtigte,
da bei Anlage einer neuen Traverse jedesmal ein Geschütz von den
Wällen entfernt werden mußte.

In Schanze VIII wurden die glatten Geschütze durch gezogene
ersetzt und auch der Schanze VI einige gezogene Geschütze überwiesen.

Am 25sten ging beim Ober=Kommando die telegraphische Be=
nachrichtigung aus Berlin ein, daß die in Aussicht genommene
Mitwirkung der Flotte in einigen Tagen möglich sein werde.

Ein am 28sten eintreffendes erläuterndes Schreiben des Kriegs=
Ministers an den Prinzen Friedrich Karl enthielt unter Anderem
Folgendes:

Anordnungen wegen Mitwirkung der Flotte beim Uebergange nach Alsen.

„In Bezug auf diesen Plan bemerke ich ehrerbietigst, daß seine
Ausführung, die Mitwirkung unserer Flotte vorausgesetzt,
allerdings ein günstiges Resultat in sichere Aussicht zu stellen scheint.
Was aber diese Mitwirkung selbst betrifft, so erscheint solche ohne
Zweifel möglich, wenn es gelingt, das Gros der feindlichen Flotte
in entfernteren Gewässern durch Demonstrationen festzuhalten, während
unsere Kanonenboot=Flottille direkt nach der Alsener Föhrde dampft.
Gelingt dies, und wird dann der günstige Augenblick schnell ergriffen,
so ist ein brillantes Resultat nicht zweifelhaft. Es wird aber Euerer
Königlichen Hoheit gewiß nicht entgehen, wie wichtig es ist, daß die
Ankunft der Flottille mit dem Beginn der Diversion zusammenfalle,
da man nicht zweifeln kann, daß die Dänische Flotte sich möglichst
schnell ralliiren und zur Stelle eilen wird. Aus diesen Gründen,
und weil der Seemann bei seinen Operationen von der Gunst der
Elemente und tausend Zufälligkeiten abhängig bleibt, so ist Seiner
Majestät Seitens des Prinz=Admirals, Königliche Hoheit, die
Bitte sehr dringend gemacht worden, dagegen sicher gestellt zu werden,
daß er dort nicht früher mit der Flotte erscheine, als bis Euerer

---

*) Zwei 84pfündige Granatkanonen, ein 4pfündiges gezogenes eisernes
Geschütz und drei Laffeten wurden beschädigt.

Königlichen Hoheit Operationen vollkommen vorbereitet sind, wozu doch auch wohl die Heranziehung der Verstärkungen aus der Garde= Division gehört.*)

Seine Majestät beauftragen mich daher, Euerer Königlichen Hoheit ehrerbietigst ans Herz zu legen, daß Sie die Geneigtheit haben, hierher chiffrirt oder überhaupt sekret mitzutheilen, von welchem Zeitpunkt ab das Erscheinen der Flotte wünschenswerth ist. Dem= gemäß wird letztere dann den fraglichen Versuch machen, ob sie durchkommt. Euere Königliche Hoheit werden von ihrem Auslaufen Meldung erhalten, sowie — wenn möglich — von den etwaigen Hindernissen, die sie aufgehalten. Erst wenn es feststeht, daß die große, immerhin gewagte Unternehmung auf diese Weise nicht unter= stützt und ermöglicht werden kann, dürften die sehr bedenklichen Chancen ihrer Ausführung ohne Mitwirkung der Marine in ernste Erwägung zu nehmen sein."

Die bereits völlig vorbereitete Unternehmung gegen Alsen konnte somit zunächst nicht eher ausgeführt werden, als bis das rechtzeitige Eintreffen der Flotte gesichert erschien.

In Rücksicht auf den beabsichtigten Uebergang war bisher die Eröffnung der 1sten Parallele verschoben worden.**) Nun sollte der umgekehrte Fall eintreten, daß im Hinblick auf die beab= sichtigte Landung die Anlage der 1sten Parallele beschleunigt wurde. In der Nacht vom 25sten zum 26sten März ging nämlich ein Tele= gramm des Kriegs=Ministers in Gravenstein ein, in welchem an= gefragt wurde, ob die Ausführung des Ueberganges bei Ballegaard vor Eröffnung der 1sten Parallele beabsichtigt sei. Da das Tele= gramm zu erkennen gab, daß dieses nicht gewünscht werde, so wurden nun zunächst die zur Aushebung der Parallele erforderlichen An= ordnungen getroffen.

Am 27sten wurde befohlen, daß die Vorposten am nächsten Morgen bis auf die Entfernung von 300 bis 500 m an die Schanzen

---

*) Dieselbe traf am 27sten März bei Apenrade—Feldstedt ein. Vergl. I, Seite 373 ff.
**) Vergl. Seite 423, 424.

herangeschoben werden sollten, um noch an demselben Tage die Parallele abstecken und in der folgenden Nacht ausheben zu können. Die Anlage der Parallele gewährte zugleich den Vortheil, daß man hinter derselben Batterien errichten konnte. Wenn diese, mit Feld= geschützen*) ausgerüstet, am Tage vor der Ausführung des Ueber= ganges, die Schanzen lebhaft beschossen, so durfte man annehmen, daß nicht nur die Aufmerksamkeit des Feindes hierher gelenkt, sondern vielleicht bei ihm der Glaube erweckt wurde, es sei ein Vorgehen zum Sturm aus dieser Parallele beabsichtigt. Gleichzeitig mit der Anlage der 1sten Parallele sollte daher der Bau und die Aus= rüstung der Batterien für die Feld=12=Pfünder und die Haubitzen erfolgen.

General v. Manstein war angewiesen worden, das beabsichtigte Vorschieben der Vorposten in der Nacht vom 27sten zum 28sten März auszuführen. Derselbe beauftragte die 10te Brigade, am 28sten Morgens 3 Uhr die feindlichen Vorposten in die Schanzen zurückzu= werfen, während die eigenen Posten sich auf etwa 300 m Entfernung von den Werken eingraben sollten. Außerdem hatte sich eine Pionier= Abtheilung bei Neu=Freudenthal bereit zu halten, um bei dem Aus= heben der Schützenlöcher behülflich zu sein. Das Füsilier=Regiment Nr. 35 und die 2te Haubitz=Batterie der Artillerie=Brigade Nr. 3 sollten als Rückhalt dienen.

Gefecht bei Düppel am 28sten März.**)

Den vom General v. Manstein getroffenen Anordnungen gemäß rückte die 10te Brigade am 28sten um 3 Uhr früh zu beiden Seiten der Gravensteiner Straße vor, und zwar südlich derselben das 2te Ba= taillon sowie die 9te, 10te und 11te Kompagnie Infanterie=Regiments Nr. 18, während das 1ste Bataillon und die 12te Kompagnie vor= läufig in der bisherigen Vorposten=Stellung des Regiments verblieben.

---

*) Die schweren Geschütze konnte man zum Schutze des Ueberganges nicht entbehren.
**) Hierzu Textskizze auf Seite 430.

Gefecht bei Düppel am 28. März.

Lage um 5 Uhr Morgens.

430

Die Dänischen Vortruppen verließen, ohne den Angriff ab=
zuwarten, ihre Deckungen und zogen sich auf die Schanzen zurück.
Die Schützen der beiden Preußischen Bataillone gingen bis auf etwa
100 m Entfernung an die Werke heran, während die Pioniere und die
Pionier=Sektionen der Infanterie sofort auf 150 bis 300 m vor den
Schanzen Schützengräben auszuheben begannen, wobei theilweise die
Dänischen Deckungen benutzt werden konnten. Um 4 Uhr Morgens
hatten die in vorderster Linie stehenden vier Kompagnien ihre Posten
eingegraben, während die Unterstützungszüge sich nach Möglichkeit zu
decken suchten. Dasselbe thaten die in zweiter Linie stehenden Kom=
pagnien.

Zu gleicher Zeit waren nördlich der Straße das 1ste und 2te
Bataillon des Leib=Regiments vorgegangen.*) Das Füsilier=Bataillon
dieses Regiments wurde hinter den beiden Grenadier=Bataillonen, in
der Höhe des Dorfes Düppel, als Rückhalt aufgestellt.

Es gelang dem 2ten Bataillon, den Feind zu überraschen. Die
auf dem rechten Flügel befindliche 5te Kompagnie traf in der Nähe
der Schanze VI auf einen stark besetzten Schützengraben, dessen Be=
satzung zum Theil niedergemacht, zum Theil gefangen genommen wurde.
Einzelne Abtheilungen folgten den zurückweichenden Dänen bis an das
Drahthinderniß vor Schanze VI. Links hiervon hatten die 7te und
8te Kompagnie die feindlichen Posten und Feldwachen ebenfalls nach
kurzem Kampfe überwältigt. Sämmtliche drei Kompagnien richteten
sich in den eroberten Dänischen Deckungen und hinter den dort ge=
legenen Knicks zur Vertheidigung ein.

Die Kompagnien des links vom 2ten vorgehenden 1sten Bataillons
schlugen beim Verfolgen der vor ihnen zurückweichenden Dänischen
Vorposten in der Dunkelheit verschiedene Richtungen ein, wobei die
auf dem rechten Flügel vordringende 4te Kompagnie zeitweilig von
der 2ten Rückenfeuer erhielt. Zwei Kompagnien überschritten das
bei Oster=Düppel befindliche Fließ und nahmen mit vorgebogenem
linken Flügel der Schanze VIII gegenüber Stellung.

---

*) Mit Ausschluß der 6ten Kompagnie, welche an der großen Straße in
Höhe des Ostrandes von Düppel zurückblieb.

Die Vorposten der 13ten Division hatten Befehl erhalten, in ihren Stellungen zu verbleiben. Als daher das Vorgehen des Leib=Regiments erfolgte, wurde nur ein Zug der 4ten Kompagnie Infanterie=Regiments Nr. 13 zur Aufrechthaltung der Verbindung vorgeschickt, dem, als das Feuer zunahm, die beiden anderen Züge folgten.

Gegen 4¼ Uhr Morgens schob das in der Büffelkoppel als Reserve befindliche Füsilier = Regiment Nr. 35 zwei Bataillone zu beiden Seiten der großen Straße bis in die Höhe von Neu=Freudenthal vor, während das dritte in die Quartiere zurückging. Die Haubitz=Batterie verblieb nördlich der Büffelkoppel an der Straße. Um 5 Uhr erhielt General v. Manstein in Neu=Freudenthal die Meldungen über die nunmehr Seitens des Leib= und des 18ten Regiments eingenommene Stellung. Da der Gefechtszweck erreicht zu sein schien und man dem noch hörbaren Feuer eine ernstere Bedeutung nicht beilegte, kehrte der General gegen 6 Uhr nach Gravenstein zurück. Gleichzeitig rückte auch die Haubitz=Batterie wieder in ihre Quartiere.

Die Gefechtslage hatte sich jedoch mittlerweile zu Ungunsten der beiden eben genannten Regimenter geändert. Die Dänen vermutheten in dem rasch und kräftig ausgeführten Vorstoße, dessen Ausdehnung sie in der Dunkelheit nicht zu übersehen vermochten, einen Versuch zur Erstürmung der Schanzen und trafen während des Zurückgehens ihrer schwachen Vortruppen*) Vorkehrungen zur Abwehr desselben. Zur Unterstützung der in vorderster Linie befindlichen 1sten und 6ten Brigade gingen drei Bataillone der in den Baracken liegenden 5ten Brigade vor. Außerdem besetzte die 4te Brigade um 4¼ Uhr mit einem Bataillon den Brückenkopf und rückte mit den drei anderen nach dem Barackenlager, wo sich auch die Garde zu Fuß gesammelt hatte. Ferner eilten drei Bataillone der 3ten Brigade aus der Umgegend von Sonderburg in diese Stadt, von wo sie dann ebenfalls nach dem Sundewitt hinübergezogen wurden.

---

*) Dieselben bestanden aus Theilen der Regimenter 2, 5, 10 und 22.

Während sich die Preußischen Bataillone in der eingenommenen Stellung einrichteten, wurden sie von den Schanzen aus lebhaft beschossen. Auch „Rolf Krake" machte Dampf auf und steuerte in den Wenningbund, um die Angreifer in der Flanke zu beunruhigen.*)

Bei zunehmendem Tageslicht traten zwar die Gammelmark= Batterien gegen die Schanzen I, II und IV in Thätigkeit, vermochten jedoch das feindliche Feuer nicht niederzukämpfen. Auch „Rolf Krake", der gegen 6 Uhr im Wenningbunde erschien, aber nur zeitweilig von den Batterien aus zu sehen war, wurde von diesen beschossen.

In Folge des heftigen, von dem Panzerschiffe wirksam unter= stützten Feuers der Schanzen gestaltete sich die Lage der beiden vorderen Bataillone des Regiments Nr. 18 immer bedenklicher. Trotz rastloser Arbeit der in viel zu geringer Zahl beigegebenen Pioniere und der Infanterie=Pionier=Sektionen konnten doch nur auf dem rechten Flügel des Regiments einigermaßen ausreichende Deckungen für die Postenkette hergestellt werden. Ein Eingraben der Unter= stützungen war bei dem Mangel an Werkzeugen und Arbeitskräften nicht ausführbar, da die Pionier=Abtheilungen nach Beendigung der dringendsten Arbeiten auf Grund eines schon früher erhaltenen Be= fehles wieder zurückgegangen waren.

Einige südlich der großen Straße vorgehende Abtheilungen des 2ten Dänischen Regiments wurden zwar zurückgeworfen, aber dann sah sich der Kommandeur des Füsilier=Bataillons Regiments Nr. 18, in Rücksicht auf die feindliche Artillerie=Wirkung, genöthigt, seine Kompagnien in die frühere Vorpostenstellung zurückzunehmen. Das hierdurch in seiner rechten Flanke bedrohte 2te Bataillon schloß sich dieser Bewegung an. Inzwischen war „Rolf Krake" weiter in den Wenningbund hineingedampft und begleitete die beiden Bataillone mit wirksamem Feuer. Unter diesem hatte auch das während des Vorgehens der beiden anderen Bataillone in seiner Stellung ver=

---

*) Um dies für die Zukunft zu verhüten, wurden in den nächsten Tagen in Folge einer früheren Anregung des Generals v. Moltke, durch den Premier= Lieutenant v. Saß=Jaworski vom Füsilier=Regiment Nr. 35 Netze im Wenningbunde ausgespannt.

bliebene 1ste Bataillon zu leiden, welches in Folge dessen vom Regiments-Kommandeur den Befehl erhielt, hinter den Spitz Berg zu rücken. Die 1ste und 2te Kompagnie gelangten auch ohne erhebliche Verluste nach Neu-Freudenthal, während die 3te und 4te unterwegs hinter einigen Knicks Schutz suchen mußten, da das ebene Gelände bis zum Spitz Berge auf das Wirksamste von den Schanzen her bestrichen wurde. Nachdem das Panzerschiff den Wenningbund wieder verlassen hatte, gingen die 1ste und 2te Kompagnie zwar noch einmal bis Alt-Freudenthal vor, doch wurde gegen 9 Uhr das ganze Bataillon hinter den Spitz Berg zurückgenommen.

Inzwischen hatte auch das nördlich der Straße stehende Leib-Regiment durch das feindliche Gewehr- und Geschützfeuer ge-litten. Die Mannschaften bemühten sich zwar, mit den wenigen vorhandenen Spaten und mit den Seitengewehren, ja sogar mit den Händen Deckungen herzustellen, aber der zähe Lehmboden ließ sich nur schwer bearbeiten. Besonders empfindlich wurde für das Regi-ment das Feuer der feindlichen Feldgeschütze, welche zwischen den Schanzen VI, VIII und IX auftraten. Die auf dem linken Flügel stehende 2te und 4te Kompagnie sahen sich genöthigt, weiter rück-wärts bessere Deckungen aufzusuchen. Gegen den linken Flügel der 8ten Kompagnie brach aus der zwischen den Schanzen VI und VIII befindlichen Schlucht eine stärkere feindliche Abtheilung*) vor, deren Angriff jedoch durch Schnellfeuer abgewiesen wurde. Aber auch diese Kompagnie vermochte sich nicht länger unter dem feind-lichen Feuer in ihrer etwas vorgeschobenen Stellung zu behaupten. Sie trat den Rückzug durch das brennende Oster-Düppel an, wobei sich derselben, auf Anordnung des Bataillons-Kommandeurs, Oberst-Lieutenants v. Greiffenberg, welcher kurz darauf schwer verwundet wurde, die 3te Kompagnie anschloß. Diese Abtheilungen nahmen dann westlich des Dorfes Stellung, während die 1ste Kompagnie das Feuergefecht weiterführte. Ebenso behaupteten sich noch die 7te und 5te Kompagnie. Letztere sah nach dem Zurückgehen des

---

*) Es waren dies Theile des 6ten und 10ten Regiments.

Regiments Nr. 18 zwar ihren rechten Flügel ohne Schutz, wies aber einen Angriff von Theilen des 15ten und 2ten Dänischen Regiments, welche sich diesen Umstand zu Nutze machen wollten, zurück. Doch bald schien es auch hier, da alle Versuche zur Herstellung von Deckungen mißlungen waren, gerathen, die gefährdete Stellung aufzugeben. Nach Abweisung eines nochmaligen feindlichen Angriffs*) gingen diese drei Kompagnien hinter die 9te und 10te Kompagnie zurück, von welchen die nachdringenden Dänen durch Schnellfeuer zur Umkehr genöthigt wurden.

Inzwischen waren auch bei der 13ten Division, nachdem von dem rechten Flügel ihrer Vorposten die Meldungen über ein Vorgehen Dänischer Abtheilungen gegen dieselben eingegangen waren, Vorkehrungen zur Abwehr getroffen worden. Die 2te Kompagnie des 13ten Regiments wurde in eine an der Apenrade-Sonderburger Straße etwas vorwärts von Rackebüll eingerichtete Stellung vorgezogen, die 1ste und 3te besetzten Rackebüll, während das Füsilier-Bataillon sich nördlich dieses Ortes sammelte. Von letzterem wurden dann, als das Gefecht beim Leib-Regiment an Heftigkeit zunahm, zuerst die 9te und etwas später auch die übrigen drei Kompagnien zur Unterstützung der schon früher vorgeschickten 4ten Kompagnie**) entsandt. Als das Leib-Regiment abzog, kehrte das Bataillon wieder nach Rackebüll zurück. Der nicht auf Vorposten befindliche Theil der 25sten Brigade wurde zwischen Satrup und Rackebüll in Bereitschaft gestellt.

Gegen 9 Uhr verstummte das Feuer, und die Preußischen Vorposten nahmen wieder ihre alten Stellungen ein. Nur den Vorposten der 6ten Division war es an einigen Punkten gelungen, die Feldwachen und Doppelposten um etwa 150 m weiter vorzuschieben.

Der Preußische Gesammtverlust betrug an diesem Tage 12 Offiziere und 176 Mann.***)

---

*) Derselbe wurde von Theilen des 10ten, 15ten und 2ten Dänischen Regiments unternommen.
**) Vergl. Seite 432.
***) Vergl. Anlage Nr. 47. Verlustliste für den 28sten März.

Auf Dänischer Seite hatte General Gerlach bereits gegen
6 Uhr erkannt, daß ein ernster Angriff nicht zu erwarten stehe, und
die im Anmarsch begriffenen Verstärkungen anhalten lassen; um
7½ Uhr ordnete er alsdann mit Rücksicht auf das Feuer der
Gammelmark=Batterien an, daß die vorderen Abtheilungen wieder in
ihre früheren Stellungen, die übrigen in ihre Quartiere rücken sollten.
Nur die 4te und 5te Brigade hatten sich bereit zu. halten, wenn
nöthig, wieder zur Unterstützung vorzugehen.

Der Verlust der Dänen betrug 9 Offiziere und 205 Mann.

Der Zweck des Gefechts war Preußischer Seits nicht erreicht
worden. Es hatte sich bei dessen Durchführung unverkennbar ein
gewisser Mangel an Vorsicht geltend gemacht, dessen Ursachen theils
in fehlender größerer Kriegserfahrung, theils in den bisherigen Erfolgen
gesucht werden müssen. Sonst wäre eine so schwierige Aufgabe wohl
schwerlich zwei einzelnen Regimentern im Angesicht eines wachsamen
Gegners überlassen worden, welcher sich rasch an einem bestimmten
Punkte eine bedeutende Ueberlegenheit zu sichern vermochte. Keine einzige
Preußische Feldbatterie trat bei anbrechendem Morgen zur Unter=
stützung in Thätigkeit, und die Reserven, welche theilweise zur Unzeit
wieder zurückgezogen wurden, kamen ebenfalls nicht zur Verwendung.

Ablösung der
10ten Brigade
durch die kom=
binirte Garde=
Division am
29sten März.

Da die 10te Brigade nach dem anstrengenden Vorpostendienst
der Erholung bedurfte, so ordnete das General=Kommando für den
folgenden Tag die Ablösung derselben durch die aus Jütland am
27sten bei Apenrade und Feldstedt eingetroffene kombinirte Garde=
Division an.*)

Die Ablösung der 10ten Brigade erfolgte am 29sten März bei
eintretender Dunkelheit. Dieselbe wurde in den bisherigen Bezirk
der 12ten, Rinkenis und Gravenstein, gelegt, während diese weiter
nördlich in dem Raume zwischen Feldstedt und Ballegaard unter=
gebracht wurde.**)

---

*) Die Ordre de bataille derselben ist in Anlage Nr. 48 enthalten.
**) Vergl. Textskizze auf Seite 437.

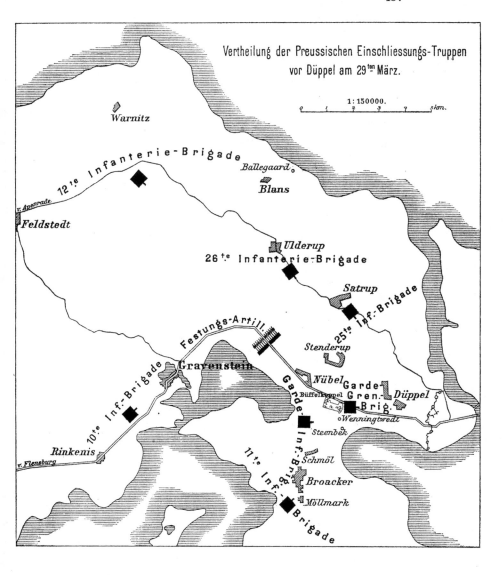

Vertheilung der Preussischen Einschliessungs-Truppen
vor Düppel am 29ᵗᵉⁿ März.

1:150000.

438

Die Garde-Grenadier-Brigade bezog mit den beiden Bataillonen des 3ten Garde-Grenadier-Regiments Königin Elisabeth die Vorposten, während in zweiter Linie das 4te Garde-Grenadier-Regiment Königin die Orte Stenderup, den südwestlichen Theil von Düppel, Steenbek, Wenningtwedt und die Büffelkoppel, in welcher Baracken errichtet waren, besetzte.

Die Garde-Infanterie-Brigade belegte Nübel, Schmöl und Broacker, mußte aber die beiden letzteren Orte mit der 11ten Brigade theilen. Die bisherige Unterbringung der letzteren erfuhr jedoch in Rücksicht hierauf schon am 30sten einige Aenderungen, indem Schmöl ganz, Broacker und Möllmark zum größeren Theil für die Garde frei gemacht wurden. Die Artillerie der Garde-Division rückte im Hinblick auf den bei Ballegaard beabsichtigten Uebergang in die Gegend von Warnitz und Blans.

Für diese Stellungs-Aenderungen war auch die Möglichkeit eines raschen Heranziehens von Truppen in die Nähe des in Aussicht genommenen Uebergangspunktes maßgebend gewesen. Mit Rücksicht auf die demnächst beabsichtigte Verwendung von Feld-Artillerie in den Belagerungs-Batterien wurden am 29sten sämmtliche Fuß-Batterien des I. Korps und der Garde-Division in taktischer Beziehung dem Obersten Colomier unterstellt. Als Ersatz wurden für Gefechtszwecke der 13ten Division die 1ste, 2te, 3te und 6te reitende, der Garde-Division die 4te reitende Batterie der Artillerie-Brigade Nr. 7 zur Verfügung gestellt.

Eröffnung der 1sten Parallele in der Nacht vom 29sten zum 30sten März.

Batteriebauten in der Nacht vom 31sten März zum 1sten April.

Um die 1ste Parallele an der während des Gefechtes vom 28sten genauer bestimmten, ungefähr 800 m von den Schanzen entfernt liegenden Stelle ausheben zu können, hätten die Vorposten aufs Neue um etwa 100 m vorgeschoben werden müssen. Man entschloß sich jedoch, hiervon Abstand zu nehmen, da es wegen des beabsichtigten Ueberganges nach Alsen nicht von Bedeutung zu sein schien, ob die Parallele etwas näher oder entfernter von den Schanzen lag. Auf Grund einer nochmaligen Erkundung sollte daher die Parallele in einer durchschnittlichen Entfernung von 900 m von den Schanzen auf dem von der Düppeler Hochfläche nach Westen streichenden flachen Höhenzuge*) angelegt werden.

Vorwärts der hierfür in Aussicht genommenen Linie stand am 29sten Abends das 1ste Bataillon des Elisabeth-Regiments mit zwei Kompagnien in erster Linie, mit den beiden anderen als Repli, auf Vorposten. Als besondere Deckung für die Arbeiten wurden bei Einbruch der Dunkelheit noch die 5te und 8te Kompagnie Infanterie-Regiments Nr. 55 bis in die Postenlinie vorgeschoben, während die 6te und 7te Kompagnie sowie das Füsilier-Bataillon desselben Regiments als Rückhalt in der Büffelkoppel bereit standen.

Um 7 Uhr Abends begann das Abstecken der Linie, welches bald nach 9 Uhr beendet war. Dann rückten die zum Ausheben der Parallele sowie der Verbindungsgräben bestimmten 5 Bataillone der 11ten Infanterie-Brigade**) sowie zwei Pionier-Kompagnien***) unter Major Roetscher in drei Kolonnen vor und begannen um 10½ Uhr die Arbeit, welche die Dänen nicht störten. Um 3½ Uhr Morgens war die Parallele und der noch fehlende Theil der Verbindungs-wege†) überall auf 1,5 m obere, 1,3 m untere Breite und 1,1 m Tiefe ausgehoben worden. Da zu befürchten stand, daß bei der geringen Stärke der Brustwehr und dem lehmigen, wenig wider-standsfähigen Boden die Fortführung der Arbeiten bei Tage mit zu großen Verlusten verknüpft sein werde, so wurde vorläufig von derselben Abstand genommen. Die 4te Kompagnie Pionier-Bataillons Nr. 7 führte im Laufe des 30sten die nöthigen Verbesserungs- und Entwässerungsarbeiten aus.

In der folgenden Nacht erweiterten 2000 Mann der beiden Garde-Grenadier-Regimenter die Laufgräben überall auf 2,6 m Sohlenbreite und begannen zugleich die Anlage von Traversen zum Schutze gegen das Feuer vom Wenningbunde her. Diese Arbeit

---

*) Vergl. Schilderung der Düppel-Stellung I, Seite 245 ff.

**) Im Ganzen 2737 Mann. Die Mannschaften waren in Mütze mit umgehängtem Gewehr und trugen die Patronen in der Rocktasche.

***) $\dfrac{2\text{te}}{\text{Pion. Bat. 3}}$ und $\dfrac{2\text{te}}{\text{Pion. Bat. 7}}$.

†) Vergl. Seite 424.

wurde in der Nacht zum 1sten April durch 500 Mann des Füsilier=
Regiments Nr. 35 beendet, welche außerdem zum Schutz gegen über=
raschende Landungen auf dem rechten Flügel der Parallele ein Ver=
hau errichteten. Besondere Schwierigkeiten verursachte das sich in
den Gräben ansammelnde Wasser, welches trotz aller aufgewendeten
Arbeit streckenweise fußhoch in denselben stand.

In der Nacht vom 31sten März zum 1sten April wurden von
der Artillerie hinter der 1sten Parallele, den Schanzen I bis V
gegenüber je eine und Schanze VI gegenüber zwei Batterien angelegt
und mit Feldgeschützen ausgerüstet.*)

Außerdem erfolgte der Bau einer achten Batterie**) östlich der
Kirche von Düppel zur Bestreichung des zwischen den Schanzen VIII
und IX befindlichen Raumes.

Letzte Anord-
nungen für den
Uebergang bei
Ballegaard.
Um den Uebergang nach Alsen nicht länger zu verzögern, hatte
Prinz Friedrich Karl schon am 29sten früh den Kriegs=Minister
telegraphisch benachrichtigt, daß die Vorbereitungen zu diesem Unter=
nehmen nunmehr soweit gediehen seien, daß es 24 Stunden nach
dem Auslaufen der Flotte ins Werk gesetzt werden könne. Die
Abfahrt der Schiffe wäre am besten so anzuordnen, daß ihre Ankunft
in der Alsener Föhrde bei Tagesanbruch stattfände.

Prinz Adalbert hatte am 29sten die zur Unterstützung des
Unternehmens bestimmte Kanonenboot=Flottille bei Stralsund ver=
sammelt, um von hier aus die Bewegung zu beginnen. Starke
nordwestliche Winde, bei denen die Kanonenboote die Fahrt über
die offene See nicht unternehmen konnten, ließen das Auslaufen
unthunlich erscheinen. Da außerdem bei der Fahrt von Swinemünde
nach Stralsund die Maschinen von drei Kanonenbooten unbrauchbar

---

*) Batterie Nr. 6 mit 4 7pfdgen Haubitzen gegen Schanze   I.
  =   = 7 = 4 7pfdgen   =   =   = II.
  =   = 8 = 6 glatten 12=Pfündern =   = III.
  =   = 9 = 6   =   =   = IV.
  =   = 10 = 4 7pfdgen Haubitzen   =   = V.
  =   = 11 = 6 glatten 12=Pfündern }   = VI.
  =   = 12 = 4 7pfdgen Haubitzen }

**) Batterie Nr. 13 mit sechs gezogenen 6=Pfündern.

geworden waren, so erschien das Eintreffen der Flottille zu dem inzwischen vereinbarten Zeitpunkte, dem 2ten April früh, nicht aus= führbar. Der Prinz=Admiral beschloß daher, das Auslaufen noch zu verschieben. Prinz Friedrich Karl wurde hiervon am 30sten März telegraphisch in Kenntniß gesetzt und erhielt außerdem am 31sten die Mittheilung, daß der König ihm freie Hand lasse, auch ohne Mitwirkung der Flotte das Unternehmen auszuführen. Dem= zufolge wurde der Uebergang auf den Morgen des 2ten April festgesetzt.

Die Vorbereitungen dazu hatten bereits in den letzten Tagen des März ihren Abschluß gefunden. Am 27sten war eine der Ponton= brücken bei Ekensund abgebrochen und auf die Hackets verladen worden. Am 31sten geschah dasselbe mit der zweiten Brücke, und noch an demselben Abend standen die gesammten Mittel beider Brücken bei Alnoer zur Abfahrt bereit. Mit den vorhandenen 139 Schiffs= gefäßen*) konnten auf einmal etwa 1600 Mann, ausschließlich der Ruderer, übergesetzt werden, und es war bei günstiger Witterung darauf zu rechnen, daß innerhalb zwei Stunden je eine weitere Staffel folgen könne. In einer am Abend des 31sten beim Prinzen

---

*) Es standen im Ganzen zur Verfügung:

42 eiserne) Pontons der beiden Ponton=   ⎫ Dieselben standen bei
22 hölzerne) Kolonnen Nr. 3 und 7   ⎬ Alnoer.
4 Halb=Pontons des leichten Feld=Brückentrains. ⎭

36 Oesterreichische Halb=Pontons — bei Feldstedt.

8 Dänische Pontons — im Wäldchen bei Gravenstein.

27 Fischerboote — in dem Gehölz nördlich der Nübeler Wasser=Mühle.

Hieraus wurden zusammengesetzt:

2 Maschinen zu je 3 Pontons für das Geräth zur jenseitigen Landungs= brücke und für die zum Bau derselben erforderlichen Pioniere.

1 Maschine zu 3 Pontons für 8 Kavalleristen zum Aufklären und Meldedienst.

11 Maschinen zu je 3 Pontons für je 45 Mann =	495 Mann.
1 Maschine aus 4 Halb=Pontons für	40 =
11 Maschinen zu je 2 Pontons für je 30 Mann =	330 =
6 Oesterreichische Maschinen für je 50 Mann =	300 =
8 Dänische Pontons für je 20 Mann =	160 =
27 Boote für je 10 Mann =	270 =

Im Ganzen 1 595 Mann.

Die Ruderer wurden von den Pionieren und der Infanterie gestellt.

Friedrich Karl abgehaltenen Besprechung, an welcher alle zu dem Unternehmen bestimmten höheren Führer theilnahmen,*) wurden die näheren Anordnungen festgestellt.

In der folgenden Nacht sollten zu beiden Seiten der Uebergangsstelle Batterien für schwere Geschütze und Einschnitte für Feld-Batterien erbaut und ausgerüstet werden, um die feindlichen, im Stegwig und in der Augustenburger Föhrde befindlichen Kriegsschiffe fernzuhalten. Noch während der Dunkelheit sollten die Ponton- und Bootskolonnen mit den Fahrzeugen an die Einschiffungspunkte heranfahren, um 3 Uhr die Maschinen, Pontons und Boote ins Wasser gebracht werden und dann sofort der Uebergang beginnen.

Die Einschiffung hatte gleichzeitig an drei Punkten zu erfolgen, und zwar an der Fährstelle von Ballegaard, sowie 500 und 1000 m nordwestlich derselben.**) Die Alsener Föhrde war hier 1900 m breit.

Da am 1sten April stürmisches Wetter einsetzte, so mußte das für den Morgen des 2ten geplante Unternehmen um einen Tag verschoben werden.

Am 2ten wurde, um die Wagen- und Geschütz-Ueberführungen sowie die Truppen-Bewegungen der Aufmerksamkeit des Feindes zu entziehen, um 2 Uhr Nachmittags aus sämmtlichen in der Front neu erbauten, sowie aus den Gammelmark-Batterien***) das Feuer gegen die Schanzen eröffnet. Von 5 bis 7 Uhr Abends wurde dasselbe noch verstärkt und auch während der Nacht beständig, wenn auch langsamer, unterhalten.

---

*) Der als seemännischer Beirath in das Hauptquartier kommandirte Korvetten-Kapitän Henk war ebenfalls anwesend.

**) Da es nicht unmöglich war, daß die Dänen von dem Plane bereits etwas in Erfahrung gebracht hatten, so wurden, um sie über den Punkt des Ueberganges zu täuschen, vom 30sten März an in auffälliger Weise eine Batterie zwischen Sandberg und Satrupholz erbaut und am 31sten in dem Großen Holz in geräuschvoller Weise Bäume gefällt.

***) Diesen Batterien waren vier gezogene 24-Pfünder, der Batterie bei Iller vier gezogene 12-Pfünder (vergl. Seite 398) entnommen worden, um eine genügende Anzahl schwerer Geschütze zur Sicherung des Ueberganges verwenden zu können.

Die Batterie Nr. 1 sollte Sonderburg in Brand schießen, was jedoch nur in sehr unvollkommener Weise gelang. Die Batterie Nr. 5*) war nach Errichtung der 1sten Parallele wieder mit vier ge=zogenen 12=Pfündern**) ausgerüstet worden, um „Rolf Krake" zu bekämpfen, falls dieser im Wenningbund erscheinen sollte. Am 2ten April betheiligte sich diese Batterie ebenfalls an der Beschießung, indem sie gegen Schanze 1 feuerte. Es standen somit in der Front 40 Feld= und 4 Belagerungs=Geschütze, in der Flanke 8 Belagerungs=Geschütze***) gegen die feindliche Stellung im Feuer.

Die Dänen antworteten lebhaft, doch war es für sie schwierig, die Wirkung ihrer Schüsse zu beobachten, weil die Preußischen Batterien hinter Hecken und Knicks gedeckt angelegt und daher von den Schanzen aus nicht zu erkennen waren. Ueberdies erwies sich die seitliche Bestreichung der feindlichen Werke durch die Gammelmark=Batterien so wirksam, daß sich der Gegner in den Schanzen genöthigt sah, eine größere Zahl der über Bank feuernden Geschütze zurück=zuziehen. Während dieser Beschießung hielten sich die 25ste Brigade, die Garde=Division und die 11te Brigade unter dem Befehle des Generals v. Wintzingerode gefechtsbereit.

Bei dem zum Uebersetzen bestimmten, etwa 20 000 Mann starken Korps hatte sich Prinz Friedrich Karl den persönlichen Befehl vorbehalten. Dasselbe bestand aus der 26sten Brigade, einer halben Eskadron Husaren=Regiments Nr. 3 und einer Batterie als Avantgarde, der 12ten, 10ten und 11ten Brigade, den Jäger=Bataillonen Nr. 3 und 7, einer halben Eskadron Husaren=Regiments Nr. 3 und einer Eskadron Ulanen=Regiments Nr. 11,†) fünf Batterien, zwei leichten Feldlazarethen und zwei Sektionen der Krankenträger=Kompagnie als Gros.

---

*) Vergl. Seite 425.

**) Davon waren zwei aus Batterie Nr. 3, zwei aus der Strand=Batterie bei Alnoer entnommen, wo nunmehr nur noch vier gezogene 12=Pfünder verblieben.

***) Je zwei gezogene 24=Pfünder in Batterie Nr. 1 und 2.

Je zwei = 12=Pfünder = = = 3 = 4.

†) Die Führung dieser beiden Schwadronen hatte sich Oberst Graf v. d. Groeben erbeten.

Nachmittags 3 Uhr begann die Heranführung der Artillerie aus dem Belagerungs-Park bei Nübelfeld in zwei Staffeln über Auenbüll und Ulderup nach Ballegaard. Die erste Staffel enthielt das sämmtliche Schanzzeug und das Batterie-Baugeräth, die zweite, welche um 6 Uhr Nachmittags abrückte, die Geschütze und Munitions-wagen. Nach Erreichung des Marschzieles wurde unter Leitung des Majors v. Held gegen 7 Uhr unverzüglich mit dem Bau der Batterien begonnen, deren Plätze zu beiden Seiten der Uebergangs-stelle so ausgewählt worden waren, daß die hier befindlichen 50 Geschütze die Alsener Föhrde in einer Ausdehnung von fast dreiviertel Meilen beherrschten.

Gegen 10 Uhr Abends trat starkes Unwetter ein. Regen und Schnee weichten den lehmigen Boden derartig auf, daß nur mit Mühe weiter gearbeitet werden konnte. Um 2 Uhr Morgens sollten die Batterien schußfertig sein; doch war dies trotz der größten Anstrengungen nicht zu ermöglichen. Die Batterien des linken Flügels standen um 6, die des rechten erst um 8½ Uhr gefechtsbereit.

Die Ponton- und Boots-Kolonnen, bestehend aus 86 vier-spännigen Fahrzeugen, hatten, begleitet von der 1sten, 3ten und 4ten Kompagnie Pionier-Bataillons Nr. 3 und der 1sten Kompagnie Pionier-Bataillons Nr. 7, zwischen 1 und 2 Uhr die ihnen zuge-wiesenen Einschiffungspunkte erreicht. Ebenso war um 2½ Uhr die erste zum Uebersetzen bestimmte Staffel der 26sten Brigade nebst den ihr zugetheilten beiden Geschützen der 4pfündigen Garde-Batterie zur Stelle, während die übrigen Truppen erst später nach und nach eintrafen.*)

Es war 3 Uhr geworden. Prinz Friedrich Karl war durch einen starken Fieberanfall verhindert, sich nach Ballegaard zu begeben, wo bereits der Kronprinz mit einigen Offizieren seines Stabes aus Flensburg eingetroffen war, um dem Uebergange beizuwohnen. Der eingetretene Nordweststurm nahm fortwährend an Heftigkeit zu,

---

*) Lieutenant Kerlen vom Infanterie-Regiment Nr. 53 hatte sich erboten, mit einigen Freiwilligen eine Stunde vor Abgang der 1sten Staffel nach Alsen überzusetzen, um die dortige Strandwache aufzuheben und den Telegraphendraht zu durchschneiden. Der Schiffs-Kapitän Bartelsen hatte die Erlaubniß erhalten, sich anzuschließen. Auch für diese Unternehmung lag ein Boot bereit.

und, da das Meer so bewegt war, daß sowohl General v. Goeben, welcher die erste Staffel führen sollte, wie die betreffenden Ingenieur-Offiziere dem Obersten v. Blumenthal ihre Zweifel darüber aus-sprachen, ob eine Ueberfahrt überhaupt jetzt ausführbar sei, so wurde der ebenfalls anwesende Korvetten-Kapitän Henk um seine Ansicht befragt. Dieser erklärte mit voller Bestimmtheit, daß eine Ueber-fahrt, selbst für wenige Boote, bei einer so bewegten See unmöglich sei. Das Unternehmen mußte daher für jetzt aufgegeben werden. Oberst v. Blumenthal meldete dies dem kommandirenden General nach Gravenstein und erließ noch vor Anbruch des Morgens die nöthigen Anordnungen zum Abmarsch in die Quartiere, in welchen sich die Truppen zum abermaligen Ausrücken bereit halten sollten. Die Ponton- und Boots-Kolonnen wurden in eine verdeckte Aufstellung bei Blans zurückgezogen. Im Laufe des Vormittags wurden einige Schüsse gegen den im Stegwig vor Anker liegenden Dampfer „Hekla" abgegeben, wodurch derselbe sich gezwungen sah, die Bucht zu verlassen.

Während des 3ten April hielt man noch an der Absicht, bei eintretender günstiger Witterung das Unternehmen auszuführen, fest, gab es jedoch am Abend dieses Tages auf, weil man annehmen mußte, daß Dänischer Seits die Vorbereitungen zu dem Unternehmen nicht unbemerkt geblieben seien.*)

Somit war für den Angreifer ein Haupterforderniß des Ge-lingens, die Ueberraschung, ausgeschlossen, und dieser daher genöthigt, für jetzt auf eine Erneuerung des Versuches zu verzichten. Jedenfalls hatte es nicht an der Einsicht gefehlt, auf welchem Wege die Aufgabe

---

*) In der That waren in den letzten Tagen des März im Hauptquartier zu Ulkebüll verschiedene Nachrichten über Ein- und Ausschiffungs-Uebungen auf dem Nübel Noor, über das Zusammenbringen von Booten und den Marsch einer Oesterreichischen Ponton-Kolonne nach dem Sundewitt eingegangen. Auch hatte die Meels-Abtheilung gemeldet, daß die Preußen bei Ballegaard eine be-sondere Thätigkeit entfalteten. In Folge dessen hatte das Ober-Kommando in Meels eine Telegraphenstation und längs der Küste Feuerzeichen errichtet. An Schiffen lagen zu dieser Zeit „Hekla" und „Hertha" mit vier Kanonenschaluppen im Stegwig, „Esbern Snare" in der Augustenburger Föhrde, während „Willemoös", der vor der Apenrader Föhrde kreuzte, jeden Tag in die Alsener Föhrde hin- und zurückdampfte. „Absalon" war aus der Alsener Föhrde weg-genommen und dem „Geschwader im östlichen Theile der Ostsee" zugetheilt worden.

im Sundewitt am raschesten zu lösen sei und ebensowenig an Unter=
nehmungsgeist und Thatkraft, um das Wagniß zu bestehen.

General v. Moltke schrieb dem Obersten v. Blumenthal, als
er von diesem erfahren hatte, welche Hindernisse sich der Ausführung
des Unternehmens entgegengestellt hatten: „Lassen Sie sich durch
die augenblickliche Vereitelung Ihres kühnen Planes nicht nieder=
beugen. Es konnte besser, aber auch schlimmer kommen. Wie
Philipp II. seine Armada, konnten Sie Ihre Pontons nicht gegen
die Elemente, sondern nur gegen den Feind aussenden."

Ehe nun auf die weitere Entwickelung des Angriffes gegen die
Düppel=Stellung eingegangen wird, erscheint es nothwendig, zunächst
die währenddessen im Rücken des Heeres und zur See sich abspielenden
Ereignisse sowie die gleichzeitig stattfindenden politischen Verhandlungen
kennen zu lernen.

II. Vorgänge im Rücken des Heeres und die Ereignisse zur See von Anfang März bis Mitte April. Politische Ver= handlungen.

Eroberung
der Insel
Fehmarn.*)

Bei Gelegenheit des Heranziehens der 9ten Brigade nach
Holstein**) hatte das Preußische Kriegs=Ministerium darauf hin=
gewiesen, daß außer Kiel auch Heiligenhafen als Nothhafen aus=
ersehen sei, für den Fall, daß sich Preußische Kriegsschiffe zur
Mitwirkung bei den Unternehmungen des Landheeres in den dortigen
Gewässern aufhalten sollten. Die mit der Erkundung von Heiligen=
hafen beauftragten Offiziere***) hatten sich in ihrem Bericht dahin
ausgesprochen, daß die dortige Rhede ausreichenden Raum für drei
Kanonenboot=Divisionen gewähre und die örtlichen Verhältnisse die
Anlage von Strandbatterien begünstigten. Außerdem wurde aber her=

*) Vergl. Uebersichtskarte 1.
**) Vergl. Seite 391.
***) Vergl. I, Seite 282.

vorgehoben, daß die Küste bei Heiligenhafen der Beläſtigung durch
die Däniſche Beſatzung von Fehmarn ausgeſetzt, die Wegnahme
dieſer Inſel daher nicht allein militäriſch wichtig ſei, ſondern auch
von der Bevölkerung dringend gewünſcht werde. Bei der Schwäche der
zur Zeit aus etwa 100 Mann beſtehenden Däniſchen Beſatzung
habe ein gegen die Inſel unternommener Handſtreich alle Ausſicht
auf Erfolg, da eine hinreichende Zahl von Schiffsgefäßen zum
Ueberführen von Truppen vorhanden ſei. Eine ſolche Unternehmung
müſſe jedoch durch gezogene Geſchütze gegen das Eingreifen der in
der Nähe befindlichen Däniſchen Kanonenboote geſichert werden.

Nachdem dieſer Bericht dem Ober-Kommando zugegangen war,
wies daſſelbe den Kommandeur der 5ten Diviſion an, das Infanterie-
Regiment Nr. 48, die 1ſte 12-Pfünder- und die halbe 1ſte Haubitz-
Batterie*) der Artillerie-Brigade Nr. 3 nach Heiligenhafen zum
Schutze der dortigen Rhede zu verlegen. Zur Zeit der am 13ten
und 14ten März erfolgenden Ankunft dieſer Truppentheile lagen bei
Fehmarn drei Däniſche Kanonenboote,**) von denen jedes 6 Geſchütze
und 40 Mann Infanterie an Bord führte.

General v. Tümpling hielt in Anbetracht der Anweſenheit
dieſer Schiffe und der Möglichkeit, daß nach Einnahme der Inſel
dieſe leicht durch eine größere, von Alſen aus entſendete Abtheilung
wieder zurückerobert werden könnte, den richtigen Augenblick für die
Unternehmung noch nicht für gekommen und ließ dem General
v. Schlegell die Weiſung zugehen, bis auf Weiteres von derſelben
abzuſtehen. Doch traf dieſer Befehl erſt in Heiligenhafen ein, als
das Unternehmen bereits im vollen Gange war.

Die Erkundung des Fehmarn Sundes hatte ergeben, daß der-
ſelbe 1750 m breit und bis zur Mitte ſehr ſeicht, dann aber bis
zu 10 m tief ſei. Der Verkehr nach der Inſel mittelſt der Fähre
war ſchon ſeit mehreren Wochen eingeſtellt worden; die Fährboote
befanden ſich indeſſen auf dem Feſtlande. Die ſchwache Beſatzung der

---

*) Gezogene Geſchütze konnten vor Düppel nicht entbehrt werden.
**) „Buhl", „Krieger" und „Marſtrand".

Insel ließ den Strand nur durch eine kleine Wache beobachten. General v. Schlegell glaubte daher, unter dem Schutze der Artillerie das Unternehmen ausführen zu können.

Es gelang, die bei Heiligenhafen versammelten Fahrzeuge bei Nacht unentdeckt an den Dänischen Kanonenbooten vorbeizuführen und am Morgen des 14ten März am Fährhaus zu bergen. Eben= dorthin rückten zu derselben Zeit die 3te und 4te Kompagnie In= fanterie=Regiments Nr. 48, während das in Lütjenbrode stehende 2te Bataillon des Regiments den Uebergang ausführen sollte.

In der Nacht vom 14ten zum 15ten wurde unter Leitung des Oberst=Lieutenants v. Scherbening auf jeder Seite des Fähr= hauses eine Batterie*) errichtet. Um 3 Uhr früh waren die= selben schußfertig, und das zur Landung bestimmte Bataillon be= fand sich zur Stelle. Elf große Boote lagen bereit, von denen jedes 20 bis 25 Mann faßte, außerdem sechs kleinere Fahrzeuge, von deren Benutzung jedoch wegen der hochgehenden See Abstand genommen werden mußte. Die Ueberfahrt der 8ten Kompagnie unter Hauptmann v. Mellenthin ging schnell von Statten. Nach Be= wältigung der Dänischen Strandwache rückte die Kompagnie auf Burg vor und drang von mehreren Seiten in das Städtchen ein. Die dortige Wache ergab sich nach kurzer Gegenwehr, während der größere Theil der Besatzung in den Quartieren zu Gefangenen gemacht wurde.**) Der Preußische Verlust bestand in einem Todten und vier Verwundeten.

Während die 5te Kompagnie, welcher sich der Bataillons=Kom= mandeur, Major v. Wulffen, anschloß, bei immer heftiger werden= dem Sturm übergesetzt wurde, brach der Tag an. Eins der Dänischen Kanonenboote eröffnete ein erfolgloses Feuer. Ebenso wirkungslos blieben einige von den Preußischen 12=Pfündern gegen das Schiff

---

*) Jede Batterie für 3 Feld=12=Pfünder und 2 Haubitzen.

**) Im Ganzen wurden 4 Offiziere, 114 Mann gefangen. 26 auf der Insel ausgehobene Pferde, deren Fortführung zu Schiff am 15ten des Sturmes wegen unterblieben war, wurden den Besitzern zurückgegeben.

gerichtete Schüsse. Nachdem auch noch die 7te Kompagnie nach der Insel gefolgt war, mußte wegen Erschöpfung der Bootsleute vorerst von einem weiteren Nachschub Abstand genommen werden.

Zur Sicherung von Fehmarn wurden die drei Hafenplätze, Burg=staaken,*) das Fährhaus und Lemkenhafen mit je einem Offizier und 40 Mann besetzt. Der übrige Theil der Preußischen Kompagnien verblieb in Burg.

Am 16ten ging die 5te Kompagnie mit den Gefangenen nach dem Festlande zurück. Von den Dänischen Kanonenbooten dampfte „Buhl" am Morgen des 16ten nach Alsen, um das Ober=Kom=mando von dem Verluste der Insel in Kenntniß zu setzen; auch „Krieger" und „Marstrand" segelten nach Laaland, kehrten aber nach einigen Tagen zum Fehmarn Sunde zurück.

Da dem General v. Schlegell bei Gelegenheit einer am 17ten März stattfindenden Alarmirung die Verbindung mit der Insel nicht genügend gesichert erschien, so beantragte er eine Verstärkung der Besatzung, um die dortigen Strand=Batterien besser schützen zu können. Als daraufhin das Ober=Kommando die Zurückziehung der Truppen von Fehmarn verfügte, gelang es den Bemühungen des Generals, welcher sich der Bevölkerung der Insel gegenüber zu einer dauernden Behauptung derselben für verpflichtet hielt und am 19ten März wieder die 5te Kompagnie sowie die halbe Haubitz=Batterie hin=übergeschickt hatte, die Verfügung des Ober=Kommandos rückgängig zu machen. Auf letzteren Beschluß war auch eine Mittheilung des Preußischen Gesandten in Hamburg von Einfluß gewesen, daß die Einnahme von Fehmarn in Kopenhagen einen niederschlagenden Ein=druck gemacht habe und eine größere Unternehmung im Werke sei, um Vergeltung zu üben.

Am 22sten wurde die Besatzung der Insel auf ein Bataillon verstärkt, und am 27sten und 28sten zog General v. Schlegell zur größeren Sicherheit auch noch das 1ste Bataillon Regiments

---

*) Daselbst wurde die Dänische Wache von einem Unteroffizier, 12 Mann aufgehoben.

Nr. 48, die 2te Eskadron Kürassier=Regiments Nr. 4*) und die 12=Pfünder=Batterie dorthin.

Vorgänge an den Küsten von Schleswig-Holstein. Seit Mitte Februar lag der seit dem 16ten Februar dem Kommandanten von Flensburg unterstellten 1sten Eskadron Husaren= Regiments Nr. 8 die Beobachtung der etwa 40 km langen Küstenstrecke von Glücksburg bis Cappeln ob, während die beim Vormarsch über die Eider in Kiel zurückgelassene 3te Eskadron Kürassier=Regiments Nr. 4 den Strand von Eckernförde bis Lütjen= burg bewachte. Die Husaren=Schwadron ging zur Erleichterung ihrer Aufgabe am 27sten Februar von Flensburg nach Gr. Quern und entsandte von dort je einen Zug nach Glücksburg und Ohrfeld. Nach Flensburg kam als Ersatz die 2te Eskadron Kürassier=Regiments Nr. 4. Am 2ten März wurde noch die 1ste Eskadron dieses Regiments nach Angeln gelegt und, zur Erleichterung des Dienstes der Husaren=Schwadron, mit der Sicherung des Strandes von Glücksburg bis Neukirchen beauftragt.

Ueberall waren die Kähne aufs Land gezogen, um jeden Ver= kehr mit Alsen zu verhindern. Auch löschte man das Leuchtfeuer an der Schlei=Mündung aus.

Am 9ten März rückten die 1ste und 2te Eskadron Kürassier= Regiments Nr. 4 wieder nach Eckernförde ab, um mit der 3ten Es= kadron desselben Regiments unter die Befehle der nunmehr vereinigten 5ten Division zu treten**), so daß jetzt den Husaren wieder allein die Küstenbewachung von Glücksburg bis Cappeln oblag, während in Flensburg die 2te Eskadron Ulanen=Regiments Nr. 11 eintraf, welche die Beobachtung der Küstenstrecke Glücksburg—Kollund übernahm.

Am Abend dieses Tages versuchte eine in der Geltinger Bucht gelandete feindliche Abtheilung einen Ueberfall auf den Husaren= Posten bei Ohrfeld, welcher jedoch an dessen Wachsamkeit scheiterte.

---

*) Die $\frac{\text{1ste und 3te}}{\text{Kür. Nr. 4}}$ wurden zur Bewachung der Ostküste von Eckern= förde bis Neustadt verwandt. Nach ersterem Orte war am 18ten März nach einem blinden Alarm eine Füsilier=Kompagnie des Infanterie=Regiments Nr. 48 aus Kiel verlegt worden.

**) Vergl. Seite 392.

Von da an wurde das Auslaufen von Schiffen aus der Schlei durch einen bei Cappeln aufgestellten Husarenzug verhindert. Der verstärkte Patrouillen-Dienst sowie mehrfache Alarmirungen nahmen die Kräfte der Schwadron aufs Aeußerste in Anspruch. Am 22sten März traf deshalb die 1ste Eskadron Ulanen-Regiments Nr. 11 zur Verstärkung ein. Dieselbe übernahm die Bewachung der Küste von Hollnis bis Habernis. Auf der weiter östlich liegenden Strecke hatten die Husaren in der Zeit bis Mitte April noch mehrfach kleinere Landungsversuche der Dänen abzuweisen.

Eine lebhaftere Thätigkeit entfaltete der Gegner in dieser Zeit an dem nördlichen Theile der Ostküste von Schleswig, auf der Strecke von Apenrade bis Hadersleben. Hier bildeten die vor der Gjenner Bucht liegende Insel Barsö sowie die vor der Haderslebener Föhrde befindlichen Inseln Aarö und Bagö geeignete Ausgangs- und Stützpunkte für kleinere Landungsversuche.

Nach dem Vormarsche des II. und III. Korps über Apenrade hinaus gegen die jütische Grenze war am 17ten Februar das 2te Bataillon Infanterie-Regiments Nr. 53 in diese Stadt gelegt worden*), um die dortigen Lazarethe und Magazine gegen einen Handstreich zu schützen. Am 18ten März wurde es nach Düppel herangezogen**) und durch die 1ste Eskadron Dragoner-Regiments Nr. 7 ersetzt. Da deren Kräfte jedoch nicht ausreichten, um den immer lebhafter werdenden Verkehr von dem Festlande nach den Dänischen Inseln zu verhindern, so traf Ende März noch die 4te Eskadron Ulanen-Regiments Nr. 11 ein, welcher die Bewachung der Küste von Elsholm bis Hanft zufiel. Hier nahm sie Anschluß an eine Abtheilung des 18ten Oesterreichischen Jäger-Bataillons, welchem im Vereine mit der 5ten Eskadron Liechtenstein-Husaren die Sicherung vom Kolding Fjord bis zum Sandwig übertragen war. Die Jäger-Abtheilung wies einen in der Nacht zum 31sten März vom Feinde auf der genannten Strecke mit sechs Booten unternommenen Landungs-

*) Vergl. I, Seite 258, Anmerkung 3.
**) Vergl. Seite 422, Anmerkung 1.

verſuch zurück. Vom 4ten April an mußte die Ulanen-Schwadron auch noch die Sicherung von Hauſt bis zur Haderslebener Föhrde übernehmen, da auf Antrag des Generals v. Gablenz dieſer Ab-ſchnitt dem I. Korps zugewieſen worden war.*) Die Kräfte dieſer einen Schwadron reichten jedoch nicht aus, um dieſe etwa 50 km lange Strecke genügend zu überwachen.

Ende März war auf Alſen durch Abgabe von Mannſchaften anderer Regimenter ein kleines Streif-Korps unter dem Kapitän Aarö errichtet worden, um Landungen an der Oſtküſte von Schleswig auszuführen.**) Anfangs April wurde dieſe Abtheilung durch Zu-wendung eines Theiles der damals zahlreich ankommenden Schwediſchen Freiwilligen noch vergrößert. Auch in andere Abtheilungen des Heeres wurden Schwediſche Freiwillige eingeſtellt, unter welchen ſich im Ganzen 62 beurlaubte Offiziere befanden. Als Preußiſcher Seits das Bedenken erhoben wurde, ob gefangene Schweden als Kriegs-gefangene zu behandeln ſeien, nahm Kapitän Aarö ſeine Mannſchaft für die Dauer ihres Dienſtes in Eid für den König von Dänemark.

Am Morgen des 5ten April ſetzten zwei Däniſche Kriegsſchiffe und ein Transportſchiff auf der kleinen in der Gjenner Bucht liegenden Inſel Kalö eine Abtheilung von etwa 100 Mann an Land, welche mehrere dort liegende Boote wegführte und ſich dann wieder einſchiffte. Am Abend ging beim Kommandeur der Schwadron in Apenrade die Nachricht ein, daß die Dänen in der folgenden Nacht dieſe Stadt zu überfallen beabſichtigten. Die in dem Orte befind-lichen beiden Munitions-Kolonnen gingen ſofort nach Hoſtrup zurück, und das General-Kommando ſchickte noch in der Nacht 4½ Bataillone Infanterie, 6 Jäger-Kompagnien, 1 Schwadron, 2 Batterien und 1¼ Pionier-Kompagnien***) nach Apenrade. Als bis 8 Uhr Morgens kein Angriff erfolgt war, rückten dieſe Truppen wieder ab, und nur das

---

*) Vergl. I, Seite 378, Anmerkung 3.

**) Vergl. Seite 420.

***) Regiment Nr. 24, $\frac{\text{II. 2te u. 4te}}{64.\quad 8.}$, Jäger-Bataillon Nr. 3, $\frac{\text{1ſte u. 3te}}{\text{Jäg. 7}}$,

$\frac{\text{3te}}{\text{Ulan. 11}}$ $\frac{\text{1ſte 6pfdge}}{\text{Art. Brig. 7}}$ $\frac{\text{4pfdge}}{\text{Garde}}$, 4te und ¼ 2te Oeſterr. Pion.-Komp.

2te Bataillon Infanterie-Regiments Nr. 64 verblieb als Besatzung in der Stadt.*)

Am 9ten April um 3½ Uhr Morgens landete bei Aaröfund eine feindliche Abtheilung von 30 bis 40 Mann. Der dortige Posten zog sich zurück und alarmirte die nächsten Quartiere. Der Gegner begnügte sich damit, ein Haus zu zerstören, und schiffte sich dann wieder ein. Um 6½ Uhr näherten sich abermals mehrere Boote. Die Ulanen gaben aus nächster Nähe eine Pistolensalve ab, worauf die Fahrzeuge zum Geschwader zurückkehrten, welches nach Aarö abdampfte.

Am Abend des 10ten April gelang es einer feindlichen Abtheilung von 50 Mann, in der Gjenner Bucht zu landen und den in Loit liegenden Premier-Lieutenant v. Strombeck vom Ulanen-Regiment Nr. 11 nebst 4 Mann aufzuheben.

Vier Tage später erschienen 200—300 Dänen unter Führung des Kapitäns Aarö in der Nähe des Half-Waldes und drangen auf Half vor. Hierher waren soeben 1 Unteroffizier und 11 Ulanen vom Patrouilliren zurückgekehrt, welche im Begriff standen abzufüttern. Da der Strandposten mit der Meldung von dem drohenden Angriffe nur wenige Augenblicke vor dem Feinde eintraf, so gelang es nur dem Unteroffizier und 6 Mann aufzusitzen und sich einen Weg durch den Feind zu bahnen, während die Uebrigen in Gefangenschaft geriethen. Auch am 15ten und 16ten April wurden derartige Landungen, jedoch ohne irgend welchen Erfolg, unternommen.

An der Westküste von Schleswig hatten die größeren Orte, wie Tönning, Friedrichstadt, Husum und Tondern, vorübergehend theils Oesterreichische, theils Preußische Besatzung gehabt. Dänischer Seits wurde hier von der See aus in dieser Zeit nichts unternommen. Die nordfriesischen Inseln befanden sich noch in der Gewalt des Kapitän Hammer.**)

---

*) $\frac{\text{II.}}{64.}$ ging am 11ten April wieder nach Gravenstein zurück und wurde an demselben Tage durch $\frac{\text{9te, 10te, 12te}}{\text{4ten G. G. R.}}$ ersetzt. Am 13ten April wurde bei letzterer Abtheilung die 10te Kompagnie durch die 7te Kompagnie desselben Regiments abgelöst.

**) Vergl. I, Seite 316.

Betheiligung
der Bundes-Exe-
kutions-Truppen
an der Be-
wachung der
Holsteinschen
Küsten.

Im Monat März hatte der Feldmarschall an den General
v. Hake ein Schreiben gerichtet, in welchem er für das bei Ge=
legenheit der Heranziehung der 9ten Infanterie=Brigade den Preußischen
Truppen bewiesene Entgegenkommen seinen Dank aussprach. Bei
dieser Gelegenheit waren Verhandlungen darüber angeknüpft worden,
ob und inwieweit die Bundes=Exekutions=Truppen etwa bereit sein
würden, sich an der Bewachung der Holsteinschen Küsten zu be=
theiligen. Es erschien dem Ober=Kommando angemessen, daß die
Bundes=Truppen das von ihnen besetzte Holstein auch etwaigen Dänischen
Landungsversuchen gegenüber vertheidigen halfen. Bei einer am
28sten März in Rendsburg stattfindenden Zusammenkunft des Generals
v. Falckenstein mit dem Obersten v. Fabrice wurde festgestellt,
daß dem Bedürfniß nach einer ausgedehnteren Besetzung der Ostküste
von Holstein am besten entsprochen werde, wenn Seitens der
Bundes=Exekutions=Truppen eine Abtheilung derselben Neustadt und
Heiligenhafen belegen und die Bewachung von Lütjenburg bis Neustadt
übernehmen würde. Auch erklärte Oberst v. Fabrice, daß General
v. Hake jederzeit bereit sein werde, sich in Bezug auf weitere,
aus der ferneren Entwickelung des Krieges hervorgehende Wünsche
der Verbündeten mit dem Ober=Kommando in Einvernehmen zu
setzen.

Nachdem die getroffene Uebereinkunft die höhere Bestätigung
erhalten hatte, setzte das Ober=Kommando die Generale v. Tümp=
ling und v. Schlegell hiervon in Kenntniß und theilte denselben
mit, daß General v. Hake am 1sten April ein Bataillon nach
Lütjenburg, zwei Bataillone, zwei Eskadrons und eine Batterie, welcher
später noch eine zweite Batterie folgen sollte, nach Heiligenhafen,
ein Bataillon, zwei Eskadrons und eine Batterie nach Neustadt entsenden
und mit diesen Truppen die Besetzung der Küstenstrecke von Lütjen=
burg bis Neustadt übernehmen werde. General v. Schlegell solle
sich hiernach mit dem Kommandeur der Bundes=Truppen in Bezug
auf das bei einem etwaigen Angriffe der Dänen auf Heiligenhafen ein=
zuhaltende Verfahren in Einvernehmen setzen, wobei selbstverständlich
der Sächsische Kommandeur in Heiligenhafen in seinen Befugnissen

als selbstständiger Truppenbefehlshaber nicht beschränkt werden dürfe.

Gleichzeitig war von Berlin aus angeregt worden, daß nicht nur Sächsische, sondern auch Hannoversche Truppen an der Bewachung der Küsten theilnehmen möchten. Auch sei es erwünscht, daß die Insel Fehmarn von Bundes=Truppen besetzt würde, um die dortigen Preußischen Truppen für anderweitige Zwecke verfügbar zu machen. Auf eine hierauf bezügliche Anfrage Seitens des Generals v. Falcken= stein erklärte der Befehlshaber der Bundes=Truppen, daß er Fehmarn, als zu Schleswig gehörig, nicht ohne ausdrücklichen Auftrag des Bundes besetzen könne.

Die Vertheilung der Sächsischen Brigade an der Ostküste von Holstein vollzog sich in der Zeit vom 1sten bis 5ten April in der oben angegebenen Weise. Außerdem wurde je ein Bataillon dieser Brigade als Reserve nach Preetz und Ploen gelegt. Rendsburg, wo bisher nur Sächsische Truppen gestanden hatten, erhielt eine gemischte, aus einem Hannoverschen und einem Sächsischen Bataillon bestehende Besatzung.

Die Beobachtung der Holsteinschen Westküste, welche bereits seit Mitte März durch Sächsische und Hannoversche Truppen ausgeführt wurde, fiel von jetzt an ausschließlich den Letzteren zu.

Nachdem General v. Hake am 30sten März dem Bundestage über die Wiederbesetzung eines größeren Theiles von Holstein durch die Bundes=Truppen Bericht erstattet hatte, stellte er am 7ten April den Antrag, auch nach Fehmarn Truppen legen zu dürfen, wozu er sich, da dies politisch von größerer Tragweite sei, nicht ohne Weiteres für ermächtigt halte.

Die Preußische Regierung nahm hieraus Anlaß, in Dresden und Hannover vorstellen zu lassen, daß die Besetzung Fehmarns durch die zum Schutz der Holsteinschen Küste berufenen Bundes= Truppen eine militärische Vertheidigungsmaßregel sei, gegen welche auf Grund der Thatsache, daß der Bund keine Kriegserklärung erlassen habe, Seitens des Bundes keine Bedenken erhoben werden könnten.

Die Dänen nahmen ihrerseits auf die Neutralität des Bundes keine Rücksicht. So war am 12ten April Nachmittags eins ihrer Kanonenboote in den Bereich der Sächsischen Zwölfpfünder=Batterie am Neustadter Hafen gekommen und hatte auf einen Warnungsschuß der Batterie mit sieben scharfen Schüssen geantwortet. Die Sächsische Batterie hatte hierauf vier Schuß auf das Boot abgegeben, welches alsbald außer Schußbereich ging.

Sachsen erklärte in der Ausschuß=Sitzung des Bundes am 17ten April, daß es gegen eine Besetzung von Fehmarn nichts ein= zuwenden habe, fügte aber hinzu, daß vor Beschlußfassung hierüber zunächst noch ein Bericht des Generals v. Hake eingeholt werden müsse, ob derselbe für diesen Fall nicht einer Verstärkung, namentlich an Artillerie, bedürfe. Auf die Meldung des Generals, daß zur Besetzung und Vertheidigung von Fehmarn wenigstens noch vier Bataillone und zwei Batterien nothwendig seien, ergaben sich neue Schwierigkeiten wegen Gewährung dieser Verstärkung, so daß der Preußische Bundestagsgesandte am 3ten Mai von Berlin aus an= gewiesen wurde, die Sache fallen zu lassen.

Vorgänge in der Ostsee. *)

Am 1sten März hatte sich, wie erwähnt,**) das Dänische „Geschwader im östlichen Theile der Ostsee" unter Kontre=Admiral van Dockum auf der Höhe von Dornbusch vereinigt. Dasselbe bestand aus den Schrauben=Fregatten „Själland" und „Jylland", sowie aus den Schrauben=Korvetten „Dagmar" und „Heimdal" und kreuzte während der nächsten Tage an der Nordküste von Rügen.

Am 10ten März erlitt „Jylland" starke Beschädigungen, welche sie veranlaßten, nach Kopenhagen zurückzugehen. Auch „Dagmar" hatte schon am 4ten März das Geschwader verlassen, um zunächst nach Fehmarn und dann nach der Nordsee zu gehen.***) Dieselbe wurde durch die Panzer=Korvette „Thor" ersetzt.

Während die Aufgabe des Geschwaders anfänglich nur darin bestand, Deutsche Kauffahrer in der Ostsee aufzubringen, wurde die=

---

*) Vergl. Uebersichtskarte 3.
**) Vergl. I, Seite 284.
***) Vergl. I, Seite 316.

selbe gegen Mitte März dahin erweitert, eine Blockade der Deutschen Ostseehäfen ins Werk zu setzen. Bereits am 8ten März hatte die Dänische Regierung die Vertreter der neutralen Mächte in Kopenhagen benachrichtigt, daß die Häfen Cammin, Swinemünde, Wolgast, Greifswald, Stralsund und Barth vom 15ten genannten Monats an als im Blockadezustand befindlich erklärt werden würden.*)

Dem Kontre-Admiral van Dockum wurde noch das Schrauben-Linienschiff „Stjold" zugewiesen, welches am 17ten März zum Geschwader stieß. Es standen somit nur vier Schiffe zur Aufrecht-haltung der angeblichen Blockade zur Verfügung. Da diese nicht ausreichten, um jeden einzelnen Hafen zu sperren, so sollte das Geschwader in der Höhe von Rügen vereinigt bleiben, um von dort aus die genannten Häfen zu überwachen. Die Dänische Regierung glaubte hiermit den Bestimmungen des § 4 der am 16ten April 1856 zu Paris abgeschlossenen seerechtlichen Erklärung nachkommen zu können, wonach eine Blockade, um rechtsverbindlich zu sein, auch wirksam sein, d. h. durch eine Streitmacht aufrecht erhalten werden sollte, welche hinreichte, um den Zugang zur Küste des Feindes wirklich zu verhindern. Dieser Erklärung waren, mit Ausnahme von Spanien, Nord-Amerika und Mexiko, sämmtliche See-Staaten, insbesondere auch Dänemark, beigetreten. Letzteres hatte die Bestimmungen dieser völkerrechtlichen Abmachungen auch noch neuerdings selber als bindend anerkannt, indem es in seinem am 16ten Februar 1864 veröffentlichten Blockade-Reglement**) ausdrücklich aussprach, daß ein feindlicher Hafen nur dann für blockirt zu erachten sei, wenn ein oder mehrere Kriegsschiffe denselben derartig sperrten, daß Handelsschiffe, ohne augenscheinliche Gefahr aufgebracht zu werden, in diesen Hafen weder einlaufen noch denselben verlassen könnten.

---

*) Der Preußischen Regierung wurde über diese Blockade erst durch ein Englisches Schiff Mittheilung gemacht, welches am 18ten März von der Korvette „Thor" aufgebracht und von dieser behufs Mittheilung der Blockade-erklärung nach Swinemünde geschickt worden war.

**) „Règlement concernant le blocus des ports ennemis et la saisie des navires ennemis et suspects par les croiseurs danois."

Kein einziger der oben genannten Häfen wurde aber thatsächlich in dieser Weise gesperrt; vor einzelnen, wie z. B. vor Cammin, sind Dänische Kriegsschiffe überhaupt nicht, vor Swinemünde während des ganzen Monats März nur dreimal gesehen worden. In letzteren Hafen liefen allein in der Zeit vom 18ten März bis zum 2ten April 14 Preußische und neutrale Schiffe unbehindert ein.

Die Preußische Regierung erkannte daher auch diese Blockade nicht als zu Recht bestehend an und zeigte dies schon am 11ten April den Höfen von Paris, London, Petersburg und Stockholm an. Selbst der Französische Minister Drouyn de Lhuys erklärte dem Preußischen Gesandten gegenüber, daß sich Dänemark, falls die Blockade nicht wirksam sei, völkerrechtlichen Entschädigungsansprüchen aussetze.

Was die Preußischen Seestreitkräfte anbetrifft, so konnten dieselben von Mitte März an als kriegsbereit gelten. Die Kanonenboot-Flottille war im Hafen von Stralsund, das Geschwader auf der Rhede von Swinemünde vereinigt.*) Man faßte nunmehr eine gemeinschaftliche Thätigkeit Beider gegen die Dänischen Blockadeschiffe ins Auge.

Zu diesem Zwecke wurden am 14ten März dem Kommandanten der Korvette „Arcona", Kapitän zur See Jachmann, Chef des Geschwaders in Swinemünde, die bereits seefertigen Divisionen der Flottille**) unterstellt. Zugleich erhielt derselbe den Befehl, das feindliche Blockade-Geschwader zu vertreiben oder doch durch das unangefochtene Erscheinen der Flotte vor der Rhede von Swinemünde den Beweis zu führen, daß eine Blockade dieses Hafens thatsächlich nicht bestehe.

Am 15ten befahl Kapitän Jachmann dem Chef der Kanonenboot-Flottille, Kapitän zur See Kuhn, mit der „Loreley" und einer Kanonenboot-Division nach der Insel Ruden abzugehen und dort zu verbleiben, während die andere Division durch die Peene nach Swinemünde segeln sollte.

---

*) Vergl. I, Seite 232.
**) I., II. und III. Flottillen-Division.

Als Kapitän Jachmann am 16ten mit dem aus „Arcona" und „Nymphe" bestehenden Geschwader eine Erkundungsfahrt bis über die Greifswalder Oie hinaus unternahm, traf er bei Ruden bereits den Kapitän Kuhn mit der „Lorelei" und der I. Division an. Die III. Division dampfte nach Swinemünde. Auf dem Rück= wege bemerkte das Geschwader in östlicher Richtung drei Dänische Schiffe, verzichtete jedoch der vorgerückten Tageszeit wegen auf einen Angriff. Es waren dies „Själland", „Heimdal" und „Thor", welche am 14ten auf der Höhe von Jasmund eingetroffen waren. Die Dänische Blockadelinie befand sich somit etwa 10 Deutsche Meilen von dem als blockirt bezeichneten Hafen Swinemünde entfernt.

Seegefecht bei Jasmund am 17ten März.*)

Am 17ten März um 7½ Uhr Morgens verließen „Arcona" und „Nymphe" Swinemünde und steuerten zuerst nach Dievenow, wo man Tags zuvor ein feindliches Schiff gesehen haben wollte. Es galt, sich zu vergewissern, ob im Falle eines Gefechtes von jener Seite aus Gefahr für den Rückzug drohe. Ohne etwas vom Feinde bemerkt zu haben, nahmen die Schiffe von dort die Richtung über die Oder Bank auf das Land=Tief bei Rügen.

Um 12¼ Uhr Mittags kamen etwa 8 Seemeilen nord= östlich von Stubbenkammer feindliche Schiffe in Sicht. Es waren das Schrauben-Linienschiff „Skjold", welches um 10 Uhr Morgens beim Dänischen Geschwader eingetroffen war, die Schrauben=Fregatte „Själland", die Schrauben=Korvetten „Heimdal" und „Thor" sowie der Kohlendampfer „Newsky", der jedoch bald darauf nach Norden abging. Noch weiter nördlich dampfte die Schrauben = Fregatte „Tordenskjold" zur Verstärkung heran.

Gleichzeitig kam von Westen her die Preußische I. Kanonenboot= Division in Sicht, welcher die „Lorelei" etwa um drei Seemeilen voraus war. Um 1 Uhr kam letztere längsseit der „Arcona", und

---

*) Hierzu Skizze 7.

Kapitän Jachmann befahl trotz der augenscheinlich großen Ueber=
legenheit des Dänischen Geschwaders*) sofort den Angriff. Er
rechnete bei dem ruhigen Wetter sowohl auf die Mitwirkung der
anwesenden Kanonenboot=Division wie auf die größere Schnelligkeit
der Preußischen Schiffe.

Es war beabsichtigt, mit „Arcona", „Nymphe" und „Loreley"
in Dwarslinie**) anzugreifen, dann in Linie nach Osten abzufallen,
mit den Breitseiten den Feind zu überschütten und hierauf in ein
Rückzugsgefecht überzugehen. Die I. Kanonenboot=Division, die
mittlerweile in Linie herangekommen war, erhielt Befehl, sich nördlich
und südlich der Greifswalder Oie zur Deckung des Rückzuges auf=
zustellen. Dieser Befehl wurde mißverstanden, und statt dessen folgte
die Division noch etwa 4 Seemeilen weit, zog sich dann aber
an der Granitz unter Land zurück, von wo aus sie das Gefecht nicht
unterstützen konnte.

Kurz nach 1 Uhr dampfte das Preußische Geschwader dem Feinde
rücksichtslos entgegen, zunächst am Lande die „Nymphe", östlich
von ihr die „Arcona", zwischen beiden, etwas zurück, die „Loreley".

Während die Preußischen Schiffe sich näherten, bildeten die
Dänischen zwei Treffen, „Själland" und „Skjold" im ersten,
„Heimdal" und „Thor" im zweiten, während „Tordenskjold" noch
etwas zurückblieb.

Um 2 Uhr 20 Minuten, als die Entfernung noch etwa 4 See=
meilen betrug, ging „Själland" dem Preußischen Geschwader entgegen.
Die übrigen Schiffe folgten in der angegebenen Ordnung der etwas
voraufgehenden „Själland".

Um 2 Uhr 30 Minuten gab „Arcona" den ersten Schuß ab,
welcher der großen Entfernung wegen zu kurz ging. Der auf
etwa 1500 m abgegebene zweite Schuß ging dicht über „Själland"
hinweg. Jetzt drehten sowohl das feindliche Schiff wie „Arcona" nach
Steuerbord auf, und beide sandten sich Breitseitlagen zu. Während

---

*) Das Dänische Geschwader zählte 168, das Preußische 60 Geschütze.
**) „In Dwarslinie" bedeutet, daß die Schiffe auf gleicher Höhe fahren.

„Arcona" ihren Lauf, ohne die anderen beiden Schiffe durch Zeichen hiervon zu benachrichtigen, änderte, behielten diese die ursprüngliche Richtung bei, wodurch „Nymphe" bis auf etwa 1100 m an „Själland" herankam. Dann drehten „Nymphe" und „Lorelei" ebenfalls nach Osten. Alle drei Schiffe fuhren nun an „Själland" und dem inzwischen näher herangekommenen „Skjold" mit halbem Dampfe vorbei, gegen beide ihre Breitseiten abfeuernd.*) „Skjold" fuhr etwa 1300 m hinter „Själland". Die übrigen Dänischen Schiffe waren noch bedeutend weiter rückwärts und hatten noch gar nicht in das Gefecht eingegriffen.

Nachdem die drei Preußischen Schiffe an den feindlichen vorbeigelaufen waren, wandten sie nach Süden, und es begann nun ein Rückzugsgefecht, bei welchem sich die Preußischen Schiffe hauptsächlich auf das Feuer ihrer Heckgeschütze — im Ganzen drei gezogene 24=Pfünder, zwei gezogene 12=Pfünder und ein langer 36=Pfünder — beschränkten.

Die Dänen faßten, da sie „Själland" für schneller als „Arcona" hielten, den Entschluß, sich mit Ersterer zwischen „Arcona" und die anderen Schiffe zu schieben, um dadurch „Arcona" zu zwingen, nach Osten auszuweichen und sie so den übrigen Dänischen Schiffen, welche nach Südost steuerten, entgegen zu treiben. „Själland" hielt deshalb gerade auf „Lorelei" zu, während „Skjold" eine Kabellänge**) westlich davon und etwas weiter rückwärts folgte. Die übrigen Dänischen Schiffe setzten ihren südöstlichen Kurs fort; nur „Tordenskjold" wendete sich gegen die Kanonenboote.

„Själland", ein sehr schnelles Schiff, wandte abwechselnd Steuer= und Backbord zum Breitseiten=Feuer gegen „Arcona" und „Nymphe". Wenn sie dabei auch nicht an Abstand verlor, so hätte sie doch bei stets beibehaltenem Kurs, sich auf das Feuer ihrer Jagdgeschütze beschränkend, die Preußischen Schiffe noch vor der Greifswalder Oie einholen und in eine bedenkliche Lage bringen können.

---

*) Vergleiche die Lage um 2 Uhr 35 Minuten auf Skizze 7.
**) Ein Kabel = 185,5 m.

Jedesmal wenn die Fregatte zum Abgeben der Breitseiten wendete, wurde sie einmal von „Arcona", das andere Mal von „Nymphe" der Länge nach bestrichen, ein Verfahren, welches den Dänen nicht unbedeutende Verluste verursachte.

„Skjold" bediente sich, um nicht an Abstand zu verlieren, fast ausschließlich seiner Bug-Geschütze, blieb aber trotzdem immer mehr hinter „Själland" zurück.

Gegen 3 Uhr wandten sich die beiden Dänen nur noch gegen „Loreley" und „Nymphe", besonders aber gegen letztere, die durch eine Beschädigung am Dampfrohr und Schornstein an Fahrt verloren hatte. Sie suchten zwischen „Arcona" und „Nymphe" zu gelangen und letztere nach Südsüdwest abzudrängen; bald jedoch nöthigte sie das Feuer der „Arcona", sich auch dieser wieder zuzuwenden.

Plötzlich verminderte „Själland" ihre Geschwindigkeit. Sie hatte, obwohl etwa 1200 m von „Arcona" und „Nymphe" entfernt, doch nicht unbedeutend gelitten und wollte das Herankommen des „Skjold" abwarten. Der Abstand zwischen den kämpfenden Schiffen vergrößerte sich dadurch bis auf 2000 m, und „Nymphe" fand Zeit, Dampfrohr und Schornstein nothdürftig auszubessern und so günstigere Fahrt zu erhalten. „Loreley" hatte durch einen Schuß der „Själland" ein Boot verloren und ging gegen 4 Uhr nach Thiessow zurück.

Die Kanonenboote waren von der Granitz aus eine Meile in See gegangen, als sich das Gefecht in ihre Nähe zog, um sich womöglich daran zu betheiligen.*) Nachdem jedoch „Tordenskjold" sich gegen sie gewandt und einige Lagen abgegeben hatte, gingen sie nach dem Land-Tief zurück.

Gegen 5 Uhr erreichten „Arcona" und „Nymphe" die Greifs= walder Oie; die Dänen folgten, doch wurde ihr Feuer immer schwächer. Auf der Höhe von Streckels Berg gaben sie die Ver= folgung ganz auf und bogen nach Nordosten ab. Um 7 Uhr Abends lagen die Preußischen Schiffe wieder in der Swine vor Anker. Der Munitions=Verbrauch betrug bei „Arcona" 156, „Nymphe" 84, „Loreley" 22 und bei den Kanonenbooten zusammen 20 Schuß. Ihre

---

*) Vergleiche die Lage um 3 Uhr 40 Minuten auf Skizze 7.

Verluste bezifferten sich auf 5 Todte und 8 Verwundete.*) Die „Arcona" war fünf Mal im Rumpf getroffen, eine Granate hatte das Deck durchschlagen und in der Batterie einigen Schaden angerichtet, außerdem war die Takelung zerschossen. Das Schiff ging jedoch schon am 19ten März wieder auf die Rhede hinaus. Die „Nymphe" hatte 19 Schuß in den Rumpf, 4 durch Verschanzung, Schornstein und Dampfrohr, etwa 50 durch das Takelwerk erhalten.

Die Dänen, welche über 1200 Schuß abgegeben haben sollen, erlitten einen Verlust von 3 Todten, 19 Verwundeten auf der „Själland", während die anderen Schiffe keine Verluste aufwiesen. Die „Själland" hatte sehr starke Beschädigungen davon getragen, weniger der „Skjold".

Wenn Kapitän Jachmann in diesem Gefecht auch keinen Erfolg errungen hatte, so war der Tag doch insofern von hoher Bedeutung, als es der erste Kampf war, den ein Theil der jung aufstrebenden Flotte bestanden hatte. Ohne Bedenken war das Geschwader dem dreifach überlegenen Feind entgegen gegangen und hatte sich dem Gegner in der Gefechtsleitung überlegen gezeigt. Den Dänen dagegen war es nicht gelungen, ihre Uebermacht zur vollen Geltung zu bringen.

Nach diesem Zusammenstoße traf der Gegner einige Aenderungen in der Aufstellung seiner Streitkräfte in der Ostsee. Um bei erneutem Auslaufen der Preußischen Schiffe diesen den Rückzug nach Swinemünde zu verlegen, wurde „Jylland", welche am 17ten März Abends von Kopenhagen wieder bei dem Geschwader eingetroffen war, weiter nach Osten gesandt und ein Aviso an der Oder Bank aufgestellt, um sogleich vom Auslaufen Preußischer Schiffe Nachricht zu geben. Zugleich sollte „Jylland" die Vereinigung der noch in Danzig befindlichen „Vineta" mit dem Geschwader in Swinemünde verhindern und kreuzte daher bis zu den Weichsel-Mündungen.

---

*) Vergl. Anlage Nr. 49, Verlustliste für das Seegefecht bei Jasmund am 17ten März.

464

„Själland", „Skjold", „Thor" und „Heimdal", und vom 31ſten an auch „Geyſer", lagen öſtlich von Rügen, während „Tordenſkjold" vom 24ſten März an zwiſchen Arkona und Dornbuſch kreuzte, um die Ausfahrt von Stralſund zu überwachen. Anfangs April ſtießen noch der Panzer-Schooner „Abſalon" und der Dampfer „Freja" zum Geſchwader. Eine wirkſame Blockirung der Preußiſchen Häfen wurde auch jetzt nicht durchgeführt, und nach wie vor verkehrten zahlreiche Handelsſchiffe in den Preußiſchen Häfen der Oſtſee. Bei einer am 19ten März von „Arcona"*) und drei Kanonenbooten unter- nommenen Erkundungsfahrt wurde zwiſchen Dievenow und Peene kein Däniſches Schiff bemerkt. Da am 23ſten März von den Leuchtthürmen zu Arkona und Hela feindliche Schiffe nicht zu ent- decken waren, ſo erhielten die vor Swinemünde kreuzenden Kanonen- boote „Cyklop", „Habicht" und „Salamander" Befehl, neutrale Handelsſchiffe anzuhalten und ihnen mitzutheilen, daß die Häfen von Cammin, Swinemünde, Wolgaſt und Greifswald nicht mehr blockirt ſeien.

In Folge einer am 16ten März erlaſſenen Kabinets-Ordre waren die IV. und V. Flottillen-Diviſion am 18ten in Dienſt geſtellt worden. An demſelben Tage wurde die I. durch die II. Flottillen- Diviſion an der Inſel Ruden abgelöſt, ſo daß vom 19ten März an die Vertheilung der Preußiſchen Seeſtreitkräfte folgende war: In Swine- münde das Geſchwader und die III. Flottillen-Diviſion, in Danzig die „Vineta", welche noch in Ausrüſtung begriffen war, bei der Inſel Ruden die II., in Stralſund die I. Flottillen-Diviſion, „Loreley" und „Grille" ſowie die noch in der Ausrüſtung begriffene IV. und V. Flottillen-Diviſion. Außerdem hatte man bis zum 24ſten März 7 Privatdampfer bemannt und einen davon als Krankenſchiff nach Swinemünde geſandt, die übrigen den Flottillen-Diviſionen als Tender oder Bugſirboote zugewieſen.

---

*) Der bisherige Kommandant, Kapitän zur See Jachmann, war durch Kabinets-Ordre vom 18ten März zum Kontre-Admiral ernannt worden. Für ihn übernahm Korvetten-Kapitän Haſſenſtein die Führung des Schiffes.

Die Ungleichheit der beiderseitigen Seestreitkräfte gestattete es im Uebrigen nur dann, die von Hause aus geplante Mitwirkung der Flotte bei den Operationen des Landheeres zur Ausführung zu bringen, wenn es derselben gelang, unbemerkt vom Dänischen Geschwader Stralsund zu verlassen. Diese Frage trat nunmehr bei den Vorbereitungen für den bei Ballegaard in Aussicht genommenen Uebergang nach Alsen wieder in Vordergrund.

In einer Kabinets=Ordre vom 25sten März war demgemäß der Admiral Prinz Adalbert mit dem Oberbefehl über die in Dienst gestellten Seestreitkräfte beauftragt und zur Mitwirkung mit der Flotte bei den Unternehmungen des Landheeres aufgefordert worden. Zugleich wurde der Prinz ausdrücklich ermächtigt, in Anbetracht der großen Wichtigkeit des zu erreichenden Zieles, den zu dieser Unter= nehmung bestimmten Theil der Flotte unbedenklich den damit ver= bundenen Gefahren auszusetzen, wobei ihm in Bezug auf die Art und Weise der Ausführung völlig freie Hand gelassen wurde.

Der Prinz=Admiral hatte sich am 27sten März in Swinemünde auf der „Grille" eingeschifft und versammelte am 29sten bei Stral= sund eine Streitmacht von 28 Dampfern,*) um damit die Fahrt nördlich um Alsen herum auszuführen und den Uebergang bei Ballegaard zu unterstützen. Stürmisches Wetter verhinderte in den nächsten Tagen das Auslaufen der Flottille, und bei Schilderung der Ereignisse auf dem Kriegsschauplatze ist bereits dargelegt, daß

---

*)   Ordre de bataille.

Ober=Befehlshaber der Marine: Prinz Adalbert von Preußen, Königliche Hoheit, eingeschifft auf „Grille".

Geschwader.

Chef: Kontre=Admiral Jachmann.
„Arcona".
„Nymphe".

Flottille.

Chef: Kapitän zur See Kuhn.
„Loreley", Kommando=Fahrzeug.
  I. Flottillen=Division 6 Kanonenboote.
 II.   =   =   6   =
III.   =   =   6   =
Dazu 6 Dampfer als Tender oder Bugsirboote.

auch dort das geplante Unternehmen an der gleichen Ungunst der Witterung scheiterte.

Am 6ten April langte Prinz Adalbert auf der „Grille" wieder in Swinemünde an. Hier theilte er die Flottille derart ein, daß die 4 Kanonenboote I. Klasse zu einer als taktische Einheit für sich bestehenden Reserve, die Kanonenboote II. Klasse dagegen in drei Divisionen zu 5 beziehungsweise 4 Booten mit je einem Tender zu= sammengestellt wurden. Die Reserve=Division und die III. Division wurden unter dem Chef der Flottille im Greifswalder Bodden, eine Division zur Verstärkung des Geschwaders in Swinemünde und eine Division bei Wittow Posthaus bereit gestellt. Bei den Kanonenbooten hatten sich vielfache Mißstände gezeigt, welche zumeist auf ungenügender Vorbildung der Mannschaft, Mangelhaftigkeit der Maschinen und der Verschlußart*) der gezogenen Geschütze beruhten.

Um die Mitte des Monats April wurde die Absicht, die Flotte bei den Unternehmungen des Landheeres mitwirken zu lassen, endgültig aufgegeben. Außer der Unselbstständigkeit der Kanonenboot=Flottille war hierfür die große numerische Ueberlegenheit entscheidend, welche der Gegner jeden Augenblick bei Rügen zu vereinigen vermochte. Es be= fanden sich dort zu dieser Zeit das Linienschiff „Skjold", die Fregatten „Själland" und „Tordenskjold", die Panzer=Korvette „Thor",**) der Panzer=Schooner „Absalon" sowie der Dampfer „Freya", während die Fregatte „Jylland" und die Dampfer „Holger Danske" und „Geiser" vor der Weichsel=Mündung kreuzten.

Selbst wenn es dem schwachen Preußischen Geschwader gelungen wäre, den Feind so in Anspruch zu nehmen, daß die Kanonenboot= Flottille unbehindert nach Westen hätte abdampfen können, so stieß sie dort auf einen neuen Gegner, das Dänische „Geschwader im westlichen Theile der Ostsee", von welchem ein Theil bei Fehmarn kreuzte und ein anderer sich bei Alsen befand.

Mußte auch unter diesen Umständen auf eine Unterstützung der

---

*) Kolbenverschluß.
**) „Heimdal" ging Anfang April nach Kopenhagen und von dort nach der Nordsee. Vergl. Seite 468.

Operationen des Verbündeten Heeres durch die Preußische Flotte ver=
zichtet werden, so war es doch von großer Bedeutung, daß es dieser
gelang, den wichtigsten Theil der feindlichen Seestreitkräfte zu fesseln
und fortdauernd in Athem zu halten.

Am 14ten April unternahm Prinz Adalbert eine Erkundungs=
Fahrt in der Richtung auf Jasmund, wobei Nachmittags ein Dänisches
Geschwader in nordöstlicher Richtung in Sicht kam. Während die
„Grille" auf dasselbe zuhielt, kamen Dänischer Seits „Skjold" und
„Själland" dem Preußischen Schiff entgegen. Es entspann sich ein
2½ stündiges, auf eine Entfernung von 3000 bis 4000 m geführtes
Feuergefecht, in welchem die „Grille" gegen 30 Schuß, die beiden
Dänen eine Anzahl Breitseiten abgaben. Dem Prinz=Admiral kam
es darauf an, durch dieses Gefecht festzustellen, ob „Grille", welche
ein sehr schnell laufender Aviso war, sich auf derjenigen Grenze des
Geschützfeuers werde halten können, auf welcher ihre gezogenen
12=Pfünder noch zu wirken vermochten, die feindlichen Geschosse da=
gegen zu kurz gingen. Das Ergebniß war ein sehr befriedigendes,
da die übermächtigen Dänen dem schwach ausgerüsteten Schiffe nichts
hatten anhaben können.

Während des Gefechtes lief die „Grille" nach Süden, wo der
übrige Theil des Preußischen Geschwaders und die I. Flottillen=Division,
eine Meile vor Swinemünde, zum Gefechte geordnet waren. Die
feindlichen Schiffe ließen von der Verfolgung ab und wandten sich
nordwärts, worauf das Geschwader und die Flottillen=Division in
den Hafen einliefen, während „Grille" noch in der Richtung auf
Dievenow steuerte und erst nach Eintritt der Dunkelheit wieder in
Swinemünde anlangte.

Auch in der zweiten Hälfte des April fanden noch verschiedene
kleinere Unternehmungen gegen das Dänische „Geschwader im östlichen
Theile der Ostsee" statt, welche im nächsten Abschnitt Erwähnung
finden werden.

Während der eben geschilderten Vorgänge auf der Ostsee war
in der Nordsee nichts von Bedeutung vorgefallen. Das Preußische,
aus „Blitz", „Adler" und „Basilisk" bestehende Geschwader hatte

Die Verhältnisse in der Nordsee.

am 14ten März den Holländischen Hafen Nieuwediep erreicht und wartete dort die Ankunft des Oesterreichischen Geschwaders ab.*) Von diesem hatte die erste, aus den Fregatten „Schwarzenberg" und „Radetzky" sowie dem Kanonenboote „Seehund" bestehende Staffel am 5ten April Lissabon verlassen; die beiden Fregatten trafen am 14ten, das Kanonenboot am 16ten April in Brest ein.

Dänischer Seits kreuzte in der Nordsee seit dem 5ten März die Fregatte „Niels Juel", welche in der zweiten Hälfte des März nach Kopenhagen ging und durch die Korvette „Dagmar" ersetzt wurde. Letztere hatte am 4ten März das Geschwader im östlichen Theile der Ostsee verlassen,**) sich zunächst nach Fehmarn und von dort nach der Nordsee begeben, wo sie Mitte März eintraf. Bis Ende März kreuzte sie im Kanal und ging Anfang April nach Helgoland. Hier trafen am 12ten April auch „Niels Juel" und „Heimdal"***) wieder ein. Ueber das bei dieser Insel vereinigte Geschwader über-nahm Linienschiffs-Kapitän Suenson den Befehl.

Obgleich die von England am 23sten Februar gemachten Konferenzvorschläge in Kopenhagen Ende Februar abgelehnt worden waren,†) hatte man doch von London aus die Bestrebungen auf Ab-schluß eines Waffenstillstandes und Eröffnung einer Konferenz fort-gesetzt. Die Verbündeten erklärten sich zu Beidem bereit;††) jedoch kam es zu keinem Einverständniß über die Bedingungen des Waffen-stillstandes und die Grundlage der Konferenz, so daß schließlich England die Eröffnung der Verhandlungen ohne vorhergehenden Waffenstillstand beantragte und vorschlug, als einzige Grundlage der-selben solle das Bestreben gelten, dem Norden Europas die Segnungen des Friedens wiederzugeben. Hiermit erklärten sich die Verbündeten in den letzten Tagen des März einverstanden, verwahrten sich in-dessen dagegen, daß etwa durch Annahme Dänischer Erklärungen eine Basis oder ein anderer formeller Ausgangspunkt untergeschoben werde.

Fortsetzung der politischen Ver-handlungen be-hufs Zusammen-tritts einer Konferenz in London.

---

*) Vergl. I, Seite 286.
**) Vergl. Seite 456.
***) Vergl. Seite 466, Anmerkung 2.
†) Vergl. I, Seite 312.
††) Es geschah dies in der Note vom 7ten März. Vergl. I, Seite 312.

Auch die neutralen Mächte hatten zu dieser Zeit ihre Bereit=
willigkeit zur Beschickung der Konferenz ausgesprochen, wobei Frank=
reich noch empfahl, auch die Wünsche der Bewohner der Elbherzog=
thümer zu hören. Da Dänemark gegen den Englischen Vorschlag
keinen Einspruch erhob, so wurde im Hinblick auf dessen frühere
Erklärung angenommen, daß es zur Beschickung einer auf dieser
Grundlage zusammentretenden Konferenz bereit wäre. Eine amtliche
Mittheilung, daß dem wirklich so sei, ging jedoch den Kabinetten
von Wien und Berlin trotz mehrfacher Anfragen nicht zu.

Dem Deutschen Bunde war von Seiten Englands ebenfalls eine
Einladung zur Beschickung der Konferenz durch einen besonderen
Bevollmächtigten am 26sten März überreicht worden. Schon in
ihrem ersten Konferenzvorschlage vom 23sten Februar hatte die
Englische Regierung diese Absicht ausgesprochen, und am 24sten
März hatte der Minister=Präsident v. Bismarck sowohl Oester=
reich, wie auch den neutralen Mächten gegenüber die Theilnahme
des Bundes für nothwendig erklärt.

Es erschien dies um so unabweislicher, als dem Deutschen Bunde
schon auf Grund seiner ihm in Holstein zustehenden Befugnisse und
der von ihm in dieser Beziehung ergriffenen militärischen Maß=
regeln eine Betheiligung an dem Versuch einer endgültigen Lösung
der Schleswig=Holsteinischen Frage zustand.

Da die dem Bundestage am 26sten März zugegangene Ein=
ladung zunächst den vereinigten Ausschüssen überwiesen wurde, so
konnte bei dem herrschenden Geschäftsgange noch längere Zeit bis
zu einer wirklichen Beschlußfassung verstreichen. Als Tag des Zu=
sammentritts war Englischer Seits der 12te April als wünschens=
werth bezeichnet. Eine so baldige Eröffnung der Konferenz lag jedoch
keineswegs im Interesse der Verbündeten; vielmehr mußten diese
wünschen, erst nach einem entscheidenden Erfolge bei Düppel in die
Verhandlungen einzutreten.

England und Frankreich dagegen drängten zum Zusammentritt
und waren der Ansicht, daß, wenn der Bund seinen Gesandten nicht
bis zum 12ten April abordnen könne, die Konferenz ohne denselben

zu eröffnen und ihm das Protokoll offen zu halten sei. Die Preußische Regierung ließ hiergegen in London Vorstellungen erheben und erklärte es für bedenklich, ohne gleichzeitige Theilnahme des Bundes in die Verhandlungen einzutreten. Auch Oesterreich hatte sich der Auffassung angeschlossen, daß ein schleuniger Zusammentritt der Konferenz nicht vortheilhaft sei.

Bei der großen Bedeutung, welche dieser Stand der diplomatischen Verhandlungen für die Leitung der Operationen im Sundewitt haben mußte, richtete der kommandirende General des I. Korps am 3ten April an den Minister-Präsidenten die Frage, wann die Eröffnung der Konferenz zu erwarten sei. Herr v. Bismarck antwortete sogleich, daß die Sitzungen möglicherweise schon am 12ten April beginnen würden, vielleicht aber noch um acht oder zehn Tage hinausgeschoben werden könnten.

Fünf Tage später erging Seitens des Kronprinzen ebenfalls eine telegraphische Anfrage an den Minister-Präsidenten wegen des Beginnes der Konferenz. Dieser gab sofort telegraphisch einen Ueberblick über den Stand der Verhandlungen und erklärte, daß, wenn dies aus militärischen Gründen nothwendig erscheine, die Eröffnung noch bis zum 20sten hinausgeschoben werden könne.

Am 10ten April lief denn auch in Berlin die Nachricht aus London ein, daß in Folge der Vorstellungen des Preußischen Botschafters die Eröffnung der Konferenz auf den 20sten desselben Monats verschoben worden sei.

Am 14ten wurde vom Bundestage auf Grund des in der Sitzung vom 11ten April erstatteten Ausschuß-Berichtes der Englische Vorschlag angenommen. Die Wahl des abzusendenden Bevollmächtigten fiel auf den Sächsischen Staats-Minister Freiherrn v. Beust. Derselbe ließ in London um Aufschub der Eröffnung bis zum 25sten ersuchen, da es ihm unmöglich sei, zeitiger einzutreffen. Dieses Verlangen lehnte Lord Russel ab und erließ die Konferenz-Einladungen auf den 20sten April, obwohl die Preußischen und Oesterreichischen Bevollmächtigten erklärt hatten, für den Fall, daß der Vertreter des Deutschen Bundes noch nicht anwesend sei, auch ihrerseits nicht erscheinen zu können, und obgleich auch Frankreich und Rußland nichts gegen eine spätere Eröffnung der Konferenz ein= gewendet hatten.

Jedenfalls hatte die thatkräftige Haltung des Preußischen Minister= Präsidenten bewirkt, daß der Beginn der Konferenz nicht, wie Eng= land ursprünglich gewollt hatte, auf den 12ten festgesetzt, sondern noch um mehr als eine Woche hinausgeschoben wurde. Dieser diplomatische Erfolg konnte aber nur dann nutzbringend werden, wenn auch der militärische zu rechter Zeit einsetzte!

III. Fortführung des Angriffes auf die Düppel=Stellung bis zum Sturme. 4ter bis 17ter April.

Hielt sich das Verfahren des Angreifers vor Düppel, so lange der Uebergang nach Alsen in erster Linie angestrebt wurde, noch im Zustande der Einleitung, so erschien es nach dem Aufgeben dieses Planes geboten, mit allen Kräften den Angriff gegen die Schanzen weiterzuführen.

Weitere Ent=
schlüsse vor
Düppel.

In diesem Sinne wurde dem Obersten Colomier am 3ten April die freie Verfügung über die gesammten artilleristischen Streit= mittel des Belagerungs=Korps übertragen. Derselbe ordnete in Folge dessen schon am folgenden Tage die Abrüstung der Batterien bei Ballegaard und die Einstellung eines Theiles der dort befindlichen Geschütze in die Frontal=Batterien an. Eine weitere Verstärkung der Belagerungsmittel um 8 gezogene 24=Pfünder und 16 gezogene 12=Pfünder war inzwischen vom Kriegs=Ministerium für den 9ten oder 10ten in Aussicht gestellt worden.

Die vom Obersten Colomier beabsichtigte Verwendung der bei Ballegaard verfügbar gewordenen Belagerungsgeschütze kam in= dessen vorläufig noch nicht zur Ausführung. Prinz Friedrich Karl hatte nämlich, abweichend von den Ansichten des Chefs seines Stabes und des Obersten Colomier, seinen schon früher*) gehegten Plan, den Alsen Sund bei Satrupholz zu überschreiten, wieder aufgenommen und zu dem Zweck eingehende Erkundungen angeordnet. Am 5ten unterzog Oberst Colomier und am 6ten Oberst v. Blumenthal den Sund von Schnabek=Hage bis Lillemölle einer sorgfältigen Be= sichtigung. Dieselbe ergab, daß ein Uebergang nur in dem nördlich von Sandberg gelegenen Theile möglich sei, da der südliche von den auf Alsen liegenden Dänischen Batterien vollständig beherrscht werde. Das Große Holz stellte sich zwar als der geeignetste Punkt für die Ueberfahrt heraus, doch erschien hier die geringe Wasser= tiefe an den Ufern ungünstig für das Einschiffen. Dieser Um= stand, sowie die geringe Zahl der Anfahrt=Wege gestatteten günstigsten Falls, daß die erste Staffel 4 Stunden nach dem Beginne der Vor= bereitungsarbeiten am jenseitigen Ufer landen konnte. In Anbetracht der Nähe von Sonderburg und der dort befindlichen Hauptkräfte des Gegners schien demnach ein Uebergang ohne gleichzeitiges Festhalten der Dänen bei Düppel durch einen Sturm nicht ausführbar; aber auch dann besaß der Gegner immer noch Zeit und Kräfte genug, um der Landung ernsten Widerstand entgegenzusetzen.

Nach Klarlegung dieser Verhältnisse wurde zunächst die Ein= stellung der Belagerungs=Geschütze aus den Vallegaard= in die Frontal=Batterien gestattet und nur noch die Verwendung der am 9ten oder 10ten April aus der Heimath zu erwartenden Geschütze zum Schutz eines Ueberganges vorbehalten. Da aber auch der Prinz mehr und mehr die Ueberzeugung gewann, daß dieses Unternehmen doch besser nicht als ein selbstständiges, sondern nur in Verbindung mit einem Sturm auf die Schanzen zur Ausführung zu bringen sei, so nahm von jetzt an der Angriff seinen ungestörten Fortgang.

Am 5ten April hatte Oberst Colomier im Vereine mit dem an Stelle des erkrankten Oberst=Lieutenants v. Kriegsheim mit Leitung der Ingenieur=Arbeiten beauftragten Obersten v. Mertens einen Entwurf für den weiteren Fortgang des Angriffs vorgelegt. Danach sollten:

---

*) Vergl. Seite 387.

1) in der Nacht vom 5ten zum 6ten die Vorposten auf dem Angriffsfelde vorgeschoben werden, und

2) in der Nacht vom 6ten zum 7ten die bisher in den Frontal=Batterien thätig gewesenen glatten 12=Pfünder und 7pfündigen Haubitzen soweit wie möglich durch gezogene 6= und 12=Pfünder ersetzt, sowie die Batterien bei Gammelmark auf 12 schwere gezogene Geschütze verstärkt werden. Zugleich war bei Steenbek eine Strand=Batterie — Nr. 15 — für vier gezogene 24=Pfünder zu erbauen.

3) Am 7ten April Eröffnung des Feuers aus sämmtlichen Batterien.

4) In der Nacht vom 7ten zum 8ten Eröffnung einer neuen Parallele (später „Halb=Parallele" genannt), da die 1ste Parallele für Mörser=Batterien zu weit entfernt lag und für den Sturm eine weiter vorgeschobene Stellung nothwendig erschien. Mit Rücksicht auf die Wirkung der Mörser=Batterien sollte dieselbe 250 bis 350 m vorwärts der 1sten Parallele, also 650 bis 700 m von den Schanzen, erbaut werden.

5) Am 8ten April Fortsetzung des Geschützkampfes.

6) In der Nacht vom 8ten zum 9ten Erbauung der Mörser=Batterien und Ausrüstung der Geschützstände der neuen Parallele.

7) Am 9ten Fortsetzung der Beschießung.

8) In der Nacht vom 9ten zum 10ten Ausrüstung der Mörser=Batterien.

9) Am 10ten April Eröffnung des Feuers aus sämmtlichen Batterien.

Nach einer dreitägigen Beschießung hoffte man, den Sturm aus dieser neuen Parallele am 13ten April unternehmen zu können.

Nach Eröffnung der 1sten Parallele war zum Schutze derselben und der hinter ihr liegenden Batterien eine Verstärkung der Vor=posten auf diesem Theile des Angriffsfeldes nothwendig geworden. Es wurden daher von jetzt an zwei Bataillone in die vorderste Linie ge=nommen, während ein drittes als Gros die Baracken am Spitz Berge und in der Büffelkoppel bezog. Die etwa 120 m über die Parallele vorgeschobenen Doppelposten standen denen des Feindes auf etwa 250 m gegenüber. Nördlich der großen Straße schlossen wie bisher zwei Bataillone an die Vorpostenstellung der 25sten Brigade an, während auf Broacker ein Bataillon den Sicherheitsdienst versah.

Da aber in Folge des am 5ten festgestellten Entwurfes in der Nacht vom 7ten zum 8ten April vor der 1sten eine neue Parallele ausgehoben werden sollte, mußte zunächst ein abermaliges Vorschieben der Deckungstruppen eintreten. Es wurde daher bestimmt, daß am 5ten Abends, nach Anbruch der Dunkelheit, die südlich der Flens=burg=Sonderburger Straße stehende Postenkette bis in die von den Dänischen Vorposten zur Zeit besetzte und durch Schützengräben bezeichnete Linie, welche ungefähr 400 bis 500 m von den Schanzen entfernt lag, vorrücken sollte. Die Feldwachen waren möglichst auf dem Erdrücken, auf welchem demnächst die neue Parallele angelegt werden sollte, auszusetzen.

Gegen 10 Uhr Abends ging von jeder der vier Kompagnien des 2ten Bataillons 4ten Garde=Regiments, welche in der 1sten Parallele mit gleichen Abständen Stellung genommen hatten, ein Zug nebst einer Abtheilung Pioniere vor. Die auf ungefähr 400 m Entfernung in ihren Schützengräben liegenden feindlichen Vorposten wurden nach kurzem Widerstande geworfen und verloren hierbei 18 Mann an Gefangenen. Die Pioniere richteten die Schützen= Einschnitte des Gegners sofort zur Vertheidigung ein.

An den Rückzug der Dänischen, dem 5ten und 10ten Regiment angehörigen Vorposten knüpfte sich ein längeres Feuergefecht, während dessen der Feind Leuchtkugeln warf. Auf dem linken Flügel der Preußischen Postenkette war eine Abtheilung über die angegebene Linie hinaus näher an die Schanze V herangerückt. Den Dänen schien diese Bewegung gegen den Verhau gerichtet zu sein, welcher südlich von Schanze V die große Straße sperrte. General du Plat, der zur Zeit in den Schanzen den Befehl führte, schloß hieraus, daß es sich um die Einleitung zu einem Sturme handele. In Folge dessen wurden sämmtliche Truppen alarmirt, die weiter rückwärts stehenden Abtheilungen näher an die vordere Linie herangezogen und von Alsen aus fünf Bataillone und zwei Batterien nach dem Sunde-witt in Bewegung gesetzt.

Als jedoch kein weiterer Angriff erfolgte, gingen gegen 3 Uhr früh zwei Kompagnien des Dänischen 10ten Regiments zur Auf-klärung vor. Die mit großer Vorsicht unternommene Bewegung scheiterte jedoch bald an dem Feuer der Preußischen Schützenlinien; beide feindlichen Kompagnien verloren hierbei ihre Führer.

Auf Preußischer Seite waren inzwischen den vorgeschobenen Zügen die neuen Feldwachen gefolgt und begannen sich etwa 250 m vor der 1sten Parallele einzugraben. Der Rest des 2ten Bataillons war in der 1sten Parallele verblieben, hinter welcher das 1ste Bataillon als erster Rückhalt stand, während sechs Kompagnien des 4ten Garde-Grenadier-Regiments Königin am Spitz Berge den zweiten bildeten.

Der Verlust des 4ten Garde-Regiments betrug 3 Todte und 18 Verwundete, der des Gegners 3 Offiziere, 66 Mann an Todten und Verwundeten, sowie 18 Mann an Gefangenen.

Die am 2ten April begonnene Beschießung der Schanzen und der Stadt Sonderburg war auch während der folgenden Tage in gleicher Weise fortgesetzt und hierbei, namentlich gegen Sonderburg, eine erhebliche Wirkung erzielt worden. Ein großer Theil der Ein-wohner flüchtete, und die aufgehenden Brände konnten nur zum Theil gelöscht werden. Artilleristische Thätigkeit seit dem 3ten April.*)

General Gerlach sah sich genöthigt, die in der Stadt befind-liche Infanterie in den Brückenkopf zu verlegen und nur die Artillerie und Ingenieure im Orte zu belassen; das Hauptquartier ging nach Ulkebüll zurück.

Die Schanzen und deren Geschütze**) litten dagegen nur wenig unter der Beschießung; doch war man gezwungen, für diejenigen Ge-schütze, welche bisher über Bank gefeuert hatten, Scharten einzuschneiden. Am 6ten April wurden 50 Wallbüchsen in die Schanzen gebracht und

---

*) Hierzu Anlage Nr. 50, Uebersicht der vor Düppel angelegten Preußi-schen Batterien nebst Angabe über Besetzung, Ausrüstung ꝛc.

**) In der Vertheilung der Geschütze waren am 2ten April verschiedene Aenderungen vorgenommen. Vergl. Anlage Nr. 51, Geschütz-Ausrüstung der Düppel-Stellung am Morgen des 2ten April.

mit ausgesuchten Schützen besetzt. Ebenso wurden Espingolen auf die zwischen den Schanzen I und IV befindlichen Laufgräben vertheilt.

Da die Besatzungen der Werke sich für den Fall eines Sturmes stets in der Nähe derselben aufhalten mußten, so blieb ihnen nichts anderes übrig, als in Löchern und Höhlen Schutz zu suchen, welche theils in, theils hinter den Schanzen ausgehoben wurden.

Schon jetzt erkannte der Vertheidiger deutlich, daß ihm der Angreifer im Geschützkampf überlegen war. Wenn die Preußischen Batterien ihr Feuer begannen, so antworteten die Dänischen Anfangs lebhaft, gaben jedoch meistens den Kampf bald wieder auf, um ihre Geschütze zu schonen. Es wurde immer schwieriger, sich gegen das Kreuzfeuer des Angreifers zu decken. Die Schanzen boten demselben in Folge ihrer hohen Lage gute Zielpunkte, und auch die Beobachtung der Wirkung war erleichtert, während die Preußischen Batterien so gedeckt lagen, daß die Dänen sich nur nach dem Aufblitzen der Schüsse richten konnten. Das Feuer des Vertheidigers war daher so wenig wirksam, daß in den Tagen bis zum 6ten April auf Preußischer Seite kein einziges Geschütz nennenswerthe Beschädigungen erlitt. Dagegen wurden 3 Offiziere, 1 Arzt und 14 Mann verwundet.*)

Am 5ten April war die Abrüstung der schweren Batterien bei Ballegaard**) und die Ueberführung der Geschütze wie der Munition in den Artillerie-Park bei Nübelfeld beendigt.

Gleichzeitig fand eine anderweitige Vertheilung der Feld-Artillerie statt, indem die drei Infanterie-Divisionen wieder je eine Fuß-Batterie erhielten,***) während die übrigen Fuß-Batterien dem Obersten Colomier unterstellt blieben.

---

*) Außerdem war durch Selbstentladung eines 12-Pfünders ein Mann getödtet und ein Mann verwundet worden.

**) Die dortigen Feld-Batterien waren schon am 3ten April zurückgezogen worden.

***) Der Garde-Division wurde die 4pfündige Garde-Batterie, der 6ten Division die $\dfrac{\text{3te 12pfdge}}{\text{Art. Brig. 3}}$, der 13ten Division die $\dfrac{\text{1ste 12pfdge}}{\text{Art. Brig. 7}}$ zugetheilt. Die diesen Divisionen unterstellten reitenden Batterien wurden denselben belassen; nur die $\dfrac{\text{2te reit.}}{\text{Art. Brig. 7}}$ trat zur Kavallerie-Division zurück.

Nachdem in der Nacht vom 5ten zum 6ten durch die neue Vorpostenaufstellung südlich der Flensburg = Sonderburger Straße die erforderliche Sicherheit für die Einführung der Belagerungs= Geschütze in die Angriffs=Batterien und für die Anlage weiterer Batterien gewonnen war, wurden in der folgenden Nacht die glatten Feld=Geschütze aus den Batterien Nr. 9, 10 und 11 zurückgezogen,*) und letztere, ungeachtet die Dänen diese Arbeit durch Artilleriefeuer zu stören suchten, zur Aufnahme von gezogenen 12= und 6=Pfündern eingerichtet, deren Einführung bis 3 Uhr Morgens bewirkt war. Als Ziele wurden diesen Batterien die ihnen zunächst gegenüber= liegenden Schanzen bezeichnet.

Gleichzeitig wurde zwischen den Batterien Nr. 7 und 8 der Bau einer neuen Demontir=Batterie — Nr. 14 — ausgeführt, welche haupt= sächlich den Kampf gegen Schanze III aufnehmen sollte, und außer= dem noch in derselben Nacht, weiter rückwärts dicht am Wenningbunde, die Strand=Batterie Nr. 15 errichtet. Da der steinige Boden die Arbeit sehr erschwerte, war letztere Batterie bei Tagesanbruch noch nicht beendet; das Strecken der Bettungen sowie das Einfahren der vier gezogenen 24=Pfünder mußte daher im Feuer der Schanze II ausgeführt werden. Die Batterie hatte die Aufgabe, den Wenning= bund zu bestreichen, sowie gegen die Schanzen I und II zu wirken.

Auch auf Broacker war in der Nacht vom 6ten zum 7ten eine Verstärkung der Enfilir=Batterien Nr. 1 und 2 durch Wiederein= stellung von je zwei gezogenen 24=Pfündern eingetreten. Es standen somit am Morgen des 7ten April 62 Geschütze, darunter 44 ge= zogene, zur Beschießung der Werke bereit.**)

---

*) Die $\dfrac{\text{3te 12pfdge}}{\text{Art. Brig. 3}}$ und $\dfrac{\text{4te 12pfdge}}{\text{Art. Brig. 7}}$ und die $\dfrac{\text{2te Haub.=Batt.}}{\text{Art. Brig. 3}}$.

**) (Enfilir=Batterie) 6 gezogene 6=Pfünder   Nr. 13
(Wurf=Batterie) 4 7pfündige Haubitzen   = 12
(Demontir=Batterie) 4 gezogene 12=Pfünder   = 11
(= =) 4 gezogene 12=Pfünder   = 10
(= =) 4 gezogene 12=Pfünder)
(= =) 2 gezogene 6=Pfünder)   = 9
(indirekte Batterie) 6 glatte 12=Pfünder   = 8
(Demontir=Batterie) 4 gezogene 6=Pfünder   = 14

Die Leitung des Feuers der Batterien Nr. 1 bis 5 und von Nr. 15 war dem Major Hendewerk, der Batterien Nr. 6 bis 14 dem Oberst-Lieutenant v. Scherbening übertragen worden.

Die Beschießung begann um 9 Uhr Morgens und dauerte ununterbrochen bis zum Eintritt der Dunkelheit um 6½ Uhr Abends. Das feindliche Feuer wurde in Folge der großen Zahl und der Ueberlegenheit der gezogenen über die glatten Geschütze bald nieder=gekämpft. In den Schanzen waren die meisten Scharten zerstört, die Blockhäuser nach dem Abkämmen der Brustwehren mehr und mehr bloßgelegt und 5 Geschützrohre sowie 7 Laffeten unbrauchbar geworden. Der Verlust betrug 1 Offizier und 41 Mann; das Dänische Feuer dagegen war fast wirkungslos geblieben.

In der folgenden Nacht wurde die Beschießung mit je einem Geschütz aus den Frontal=Batterien in längeren Pausen theils mit Granaten, theils mit Shrapnels fortgesetzt, um dem Feinde ein Aus=bessern der vorhandenen Schäden zu erschweren. Auch wurde die Nacht dazu benutzt, die Zahl der Enfilir=Batterien zu vermehren. Auf Broacker besetzte die 3te 6pfündige Batterie der Artillerie-Brigade Nr. 3 einen schon früher etwa 600 m links rückwärts von der Batterie Nr. 3 angelegten Geschützstand*) mit sechs gezogenen 6=Pfündern, und auf dem linken Flügel der Artillerie=Linie legte die 1ste 6pfündige Batterie der Artillerie=Brigade Nr. 3 einen Geschützstand vorwärts von Rackebüll für vier gezogene 6=Pfünder an, um das Gelände hinter den Schanzen IX und X bis zum Brückenkopf unter Feuer zu nehmen.

In Folge einer Verzögerung beim Eintreffen der Arbeiter war

(Wurf=Batterie) 4 7pfündige Haubitzen	Nr.	7
(= =) 4 7pfündige Haubitzen	=	6
(Strand= und Demontir=Batterie) 4 gezogene 12=Pfünder	=	5
(= = = =) 4 gezogene 24=Pfünder	=	15
(Strand= und Enfilir= Batterien) { 2 gezogene 12=Pfünder	=	3
4 gezogene 24=Pfünder	=	2
4 gezogene 24=Pfünder	=	1
2 gezogene 12=Pfünder	=	4

*) Derselbe war schon am 16ten März von der $\frac{\text{1sten 6pfdgen}}{\text{Art. Brig. 7}}$ für 4 Ge= schütze erbaut worden und wurde jetzt für 6 Geschütze erweitert. Vergl. Seite 402.

die Ausrüstung bei Tagesanbruch noch nicht beendet. Bei zunehmender Helle richteten die nächstgelegenen Schanzen ein heftiges Feuer auf die Batterie, welche auch von Alsen aus von der Seite beschossen wurde. Nachdem die Ausrüstung trotz des Feuers vollendet worden war, ergab sich, daß die Brustwehr nicht die hinreichende Stärke besaß, um einer anhaltenden Beschießung genügenden Widerstand zu leisten. Da man außerdem mit Sicherheit annehmen konnte, daß das feindliche Feuer sich noch steigern würde, sobald die Batterie ihre Thätigkeit aufnahm, so wurden die Geschütze vorläufig wieder zurückgezogen.*)

Jn der Nacht vom 7ten zum 8ten April erfolgte auch der Bau der Halb-Parallele. Es ist bereits angegeben worden, aus welchen Gründen**) dieselbe 200 bis 250 m vorwärts der 1sten Parallele, also in derjenigen Entfernung von den Schanzen angelegt werden sollte, auf welcher nach dem Belagerungs-Entwurfe vom 14ten März***) die 1ste Parallele vorgesehen war. Dieselbe sollte etwa 700 m lang werden und auf jedem Flügel eine Batterie — Nr. 16 und 17 — zum Schutz gegen Ausfälle erhalten. Hinter der= selben sollten in der darauf folgenden Nacht vier Batterien für je vier 25pfündige Mörser erbaut werden.

Aushebung der Halb-Parallele in der Nacht vom 7ten zum 8ten April.

Die Arbeiten nahmen unter Leitung des Majors Roetscher um 10½ Uhr Abends ihren Anfang. Drei Bataillone des Jn= fanterie-Regiments Nr. 60, jedes zu 500 Mann, waren längs der abgesteckten Linien der Halb-Parallele und der beiden zu ihr führenden Laufgräben angestellt worden; außerdem kamen 8 Offiziere und 190 Mann vom Pionier-Bataillon Nr. 7 zur Verwendung.

Kurz vor Beginn der Arbeit waren die vom 4ten Garde-Grenadier= Regiment südlich der großen Straße ausgesetzten Vorposten durch das 1ste Bataillon Füsilier-Regiments Nr. 35 abgelöst worden, während sich dessen 2tes Bataillon 100 m vor der ausgesteckten Linie

---

*) Diese Batterie gelangte erst am 13ten April, unter der Bezeichnung Nr. 22, zur Thätigkeit.

**) Vergl. Seite 473.

***) Vergl. Seite 395 und Anlage Nr. 42.

niedergelegt hatte. Das 1ste Bataillon des Regiments Königin stand in der 1sten Parallele zur Unterstützung bereit.

Die Frontal-Batterien, welche während der Nacht ein schwaches Feuer unterhalten sollten, waren angewiesen, dasselbe nur dann zu steigern, wenn der Gegner versuchen würde, die Angriffsarbeiten zu stören. Da dies nicht geschah, konnten letztere ihren ungestörten Fortgang nehmen, so daß um 3 Uhr Morgens eine Grabentiefe von durchschnittlich 1 m und eine Sohlenbreite von 1,1 m erreicht war. Zu dieser Zeit übernahmen das 1ste und 2te Bataillon 3ten Garde-Grenadier-Regiments und 7 Offiziere, 190 Pioniere die Erweiterung der Gräben. Erst als der Tag anbrach, richteten die Dänen ein lebhaftes Geschützfeuer gegen die Halb-Parallele, wodurch die beiden Bataillone binnen kurzer Zeit 4 Todte und 7 Verwundete verloren. Dasselbe wurde indessen durch die Angriffs-Batterien bis 10 Uhr Morgens wieder zum Schweigen gebracht, so daß die um 7 Uhr früh durch das 1ste und 2te Bataillon 4ten Garde-Regiments übernommene, Arbeit im Laufe des Tages ohne weitere Störung fortgesetzt werden konnte.

Weiterer Fortgang des artilleristischen Angriffes vom 8ten April an. Die Preußischen Batterien feuerten bis zur Dunkelheit und blieben auch während der folgenden Nacht vollzählig besetzt, um sogleich in Thätigkeit treten zu können, falls der Bau der Mörser-Batterien gestört werden sollte. Unter Leitung des Majors Hende-werk wurde mit Hülfe von 900 Mann Infanterie diese Arbeit um 8½ Uhr Abends begonnen und im Laufe der Nacht beendet. Außerdem fand noch die Ausrüstung der beiden Batterien Nr. 16 und 17 mit zwei bezüglich vier glatten 12-Pfündern der 4ten 12pfündigen Batterie der Artillerie-Brigade Nr. 7 statt. Dieselben sollten nur beim Erscheinen feindlicher Truppen den Kampf aufnehmen.

Nach der Beschießung vom 8ten April, deren Wirkung sich noch verderblicher als die Tags zuvor stattgehabte erwies,*) sahen sich die

---

*) Die Dänen hatten am 8ten April einen Verlust von 7 Todten und 77 Verwundeten; 4 Geschütze waren kampfunfähig gemacht und 7 Laffeten zerschossen worden.

Dänen genöthigt, ihre kampfunfähigen Geschütze zu vergraben, da die
Rückbeförderung derselben über das durch die Preußischen Geschosse auf=
gewühlte Erdreich und über die bereits beschädigten Brücken zu schwierig
erschien. Diejenigen Geschützrohre, welche weniger gelitten hatten,
verblieben in den Werken, um sie bei einem Sturme noch als Kartätsch=
geschütze verwenden zu können. Die Scharten wurden bei Tage durch
Sandsäcke geblendet und nur bei Nacht geöffnet. Die Feld=Batterien
sollten sich von jetzt an nicht mehr am Geschützkampfe betheiligen.

Für den 9ten April beabsichtigte General Gerlach einen
Ausfall, um die Erdarbeiten des Angreifers zu zerstören. Eine
heftige Beschießung der Parallelen aus allen verwendbaren Ge=
schützen sollte die Unternehmung einleiten und auch „Rolf Krake"
dieselbe nach Kräften unterstützen. Der Geschwader=Chef Muxoll
sowie der Kommandant des „Rolf Krake" erklärten jedoch, daß
das Panzerschiff, wenn es unter den gegenwärtigen Verhältnissen
diesen Auftrag ausführe, durch die feindliche Artillerie derartig
beschädigt werden könne, daß es alsdann bei einem Sturme nicht
mehr kampffähig sei.*) In Folge dieser Vorstellungen sah sich das
Ober=Kommando veranlaßt, von dem Ausfall Abstand zu nehmen;
doch wurde die beabsichtigte Beschießung der Preußischen Parallelen
zur Ausführung gebracht. Dieselbe begann um 6 Uhr früh, fand
aber schon nach Verlauf einer halben Stunde ihr Ende, da die Dänen
dem sofort auf sie eröffneten Feuer der Preußischen Batterien gegenüber
ihre Geschütze nicht mehr in die Scharten zu bringen vermochten.

Am wenigsten behindert in der Verwendung seiner Artillerie war
der Gegner bis jetzt in den Schanzen des rechten Flügels gewesen.
Von diesem Theile der Dänischen Stellung aus war häufig in der
Richtung auf Rackebüll und während des Baues der Batterie Nr. 22

---

*) Diesen Grund giebt Sörensen an. Demnach würde es nicht die
Furcht vor den Netzen im Wenningbunde gewesen sein, wie Schöller anführt.
Nach Duntzfeld „Bericht über die Wirksamkeit „Rolf Krake's" erhielt man
von den Netzen im Wenningbunde überhaupt erst am 10ten April Kenntniß,
worauf man in der Nacht vom 10ten zum 11ten sogleich einen Theil derselben
aufnahm. Dennoch verwickelte sich, wie hier vorgreifend bemerkt sei, „Rolf Krake"
am 18ten April in die hier noch befindlichen Netze.

auch gegen diese gefeuert worden.*) Die Preußischer Seits durch den Obersten v. Blumenthal auf Anregung des Generals v. Moltke in der letzten Zeit angestellten Erkundungen hatten jedoch ergeben, daß sich gerade diesem Flügel gegenüber Batteriestellungen fanden, aus welchen die Schanzen des rechten Flügels und das hinter denselben liegende Gelände vortheilhaft bestrichen werden konnten, wenn man auch dabei dem Flankenfeuer der Alsener Batterien ausgesetzt war. Noch ein anderer Umstand trat hinzu, welcher bewirkte, daß der gegen den feindlichen linken Flügel gerichtete Hauptangriff gerade von dieser Seite her eine wesentliche Unterstützung erhielt. Prinz Friedrich Karl hatte sich nämlich entschlossen, auch die demnächst zu erwartenden Belagerungs= Geschütze**) dem rechten Flügel der Schanzenlinie gegenüber in Thätig= keit zu setzen, weil sie hier in der Nähe des Großen Holzes standen und bei Ausführung des beabsichtigten Ueberganges rasch genug dorthin geschafft werden konnten.

Noch am 8ten April wählte Oberst Colomier etwa 300—400 m nordöstlich der Pötthäuser die Stellen für zwei Demontir=Batterien — Nr. 23 und 24 — aus und bestimmte gleichzeitig die Anlage von zwei Batterien — Nr. 25 und 26 — am Strande des Alsen Sundes zur Bekämpfung der gegenüberliegenden feindlichen Batterien. Um die Demontir=Batterien auch gegen Rückenfeuer von Kriegsschiffen zu sichern, sollte außerdem eine Batterie — Nr. 27 — südlich von Schnabek=Hage errichtet werden, welche das Einlaufen der feindlichen Schiffe in den Sund zu verhindern hatte.

Am 9ten April traf bereits ein Kommando der 2ten Festungs=Kom= pagnie der Garde=Artillerie=Brigade mit vier gezogenen 12=Pfündern aus Erfurt ein, und am folgenden Tage rückte die 3te Festungs= Kompagnie der Rheinischen Artillerie=Brigade Nr. 8***) mit acht ge= zogenen 24=Pfündern und zwölf gezogenen 12=Pfündern in den Park bei Nübelfeld. Für jedes Geschütz waren 600 Schuß vorhanden.

---

*) Vergl. Seite 479.
**) Siehe Seite 471.
***) Diese Kompagnie war in Ehrenbreitstein durch Abgabe von Mann= schaften aus drei anderen Kompagnien gebildet worden.

Am 9ten April wurde die Beschießung der Werke nur schwach fortgeführt, da aufsteigender Nebel das Richten und die Beobachtung der Schüsse wesentlich erschwerte.

In der Nacht zum 10ten ging die Ausrüstung der Mörser= Batterien ohne Störung vor sich. Jede dieser Batterien — Nr. 18 bis 21 — wurde mit vier glatten 25pfündigen Mörsern versehen. Sie erhielten die Schanzen III, IV, V und VI als Zielpunkte. Die Schanzen I und II waren hierbei unberücksichtigt geblieben, weil diese bereits hinlänglich durch Haubitzen und glatte 12=Pfünder beworfen wurden.

Auf Broacker hatte sich ein Zurücknehmen der beiden gezogenen 12=Pfünder aus Batterie Nr. 3 als nothwendig erwiesen, weil dieselben in Folge starker Ausbrennungen unbrauchbar geworden waren. Als Ersatz hierfür wurde Batterie Nr. 4 für vier Geschütze eingerichtet und erhielt zu den bisherigen zwei gezogenen 12=Pfündern noch zwei Geschütze desselben Kalibers.

Inzwischen war durch Allerhöchste Kabinets=Ordre vom 6ten April dem General=Lieutenant Hinderstin die technische Leitung des An= griffs übertragen worden. Derselbe traf am 8ten April mit seinem Stabe*) bei Düppel ein und benutzte den 9ten und 10ten zunächst zu Erkundungen.

Am letztgenannten Tage verzögerte der Nebel den Beginn der Beschießung bis 10½ Uhr Vormittags. Dann wurde dieselbe lebhaft aufgenommen, auch von den Mörser=Batterien, so daß der Gegner, welcher diese letzteren besonders zum Ziel nahm, schon nach anderthalbstündiger Thätigkeit sein Feuer einstellen mußte.

Noch ragte die Düppeler Mühle, deren fester Bau schon mancher Granate widerstanden hatte, hoch über die Schanzen hervor. Auf derselben war ein Beobachtungsposten eingerichtet; auch schien im Innern ein Munitions=Verbrauchsmagazin angelegt zu sein. Auf Veranlassung des Oberst=Lieutenants v. Bergmann, welcher an

---

*) Zusammensetzung des Stabes: Stabschef: Hauptmann v. Scheliha. Adjutanten: die Hauptleute Peters und v. d. Burg, von der Artillerie; Haupt= mann Meydam, von den Ingenieuren.

diesem Tage das Feuer in der Front leitete, richteten zwei gezogene 12=Pfünder ihr Feuer auf die Mühle, welche nach wenigen Schüssen zusammenstürzte. Die Dänen waren hierdurch ihres besten Beob= achtungspunktes beraubt, von dem aus sie am Tage durch Fahnen, in der Nacht durch Lichter den Truppen und Schiffen bis nach Alsen hinüber Beobachtungen und Befehle mitgetheilt hatten. Als noth= dürftiger Ersatz hierfür wurde ein Zeichendienst eingerichtet, bei welchem Meldungen Tags über durch Hornisten*) und Nachts mittelst Laternen Beförderung fanden.

Während der Beschießung vom 10ten hatte sich ergeben, daß das schräge Feuer der etwas zurückgezogenen Batterie Nr. 11 gegen die Kehle der Schanze IX von besonders guter Wirkung war. Da aber die Schußrichtung dann über Batterie Nr. 12 hinwegging, so daß für die Besatzung derselben die Gefahr entstand, durch etwa schon im Rohr zerspringende Granaten Verluste zu erleiden, so mußte letztere Batterie jedesmal ihr Feuer einstellen, so lange erstere über sie hinwegschoß.

Die Vorposten. Auf dem Angriffsfelde südlich der großen Straße trat mit Rücksicht auf die geringe Stärke der Garde=Division am 9ten für diese eine Erleichterung im Vorpostendienst ein, indem hierzu sechs der 10ten, 11ten und 12ten Brigade entnommene Bataillone mit heran= gezogen wurden. Die Vorposten nördlich der Straße bis Batterie Nr. 22 stellten nach wie vor zwei Bataillone der Garde=Division. Auf dem linken Flügel fand am 9ten die Ablösung der 25sten Brigade durch die 26ste statt. Während dort in der Vorpostenlinie wie bisher zwei Bataillone nebeneinander Aufstellung fanden, wurde nunmehr das Reserve=Bataillon nach Wester=Satrup gelegt, da Rackebüll durch das Dänische Feuer großentheils zerstört worden war.

Wegen der auf diesem Theile des Angriffsfeldes zu errichtenden Belagerungs=Batterien erwies sich auch hier ein Vorschieben der Vor= posten als nothwendig. Die Feldwachen rückten daher am Abend

---

*) Daß dieser Dienst im entscheidenden Augenblick versagte, sollte sich am Tage des Sturmes zeigen.

des 10ten bis in die Höhe der Pötthäuser vor. Nur auf dem
äußersten linken Flügel verblieben sie in ihrer bisherigen Stellung,
um nicht von der Surlücke=Batterie auf Alsen im Rücken beschossen
zu werden. Die Doppelposten überblickten von der Höhe aus die
Mulde, in welcher sich die Wasserrinne von Oster=Düppel nach dem
Alsen Sunde herabzieht, sowie den jenseitigen, zu den Schanzen auf=
steigenden Hang. Die Dänischen Vorposten behaupteten ihre bis=
herigen Stellungen, so daß an einzelnen Punkten, besonders auf dem
Angriffsfelde, die Entfernung zwischen den beiderseitigen Posten nur
etwa 50 m betrug. Zwischen denselben trat nach und nach ein fried=
licher Verkehr ein, und was man hierbei erfuhr, schien darauf hin=
zudeuten, daß die Dänen ein Ende der Belagerung ersehnten.

Der Dänischen Heeresleitung wäre in der That ein Sturm
auf die Werke je eher desto willkommener gewesen, da man dann
noch eher Aussicht zu haben glaubte, denselben abschlagen zu können.
Je vorsichtiger sich jedoch das Angriffsverfahren der Preußen ge=
staltete, je näher sie den Werken kamen, und je länger sie den Sturm
verschoben, desto mehr mußte bei dem Gegner die Hoffnung auf einen
solchen Erfolg abnehmen.

Seit Aushebung der Halb=Parallele hatte die Entwässerung **Die Fortschritte
des Ingenieur=
Angriffs vom
8ten April an.**
und Gangbarmachung der Laufgräben sowie die Verbesserung der
heranführenden Wege die Kräfte der Pioniere stark in Anspruch ge=
nommen. Die Leitung der zur Instandhaltung der Laufgräben
erforderlichen Arbeiten war einem Stabsoffizier übertragen worden,
welchem 50 Oesterreichische*) und ebensoviel Preußische Pioniere unter=
stellt wurden.

Die Halb=Parallele hatte man nördlich bis an die große Straße
verlängert. Da man jedoch jetzt die Ansicht gewann, daß dieselbe noch
zu weit von den Schanzen entfernt liege,**) als daß von hier aus der
Sturm hätte unternommen werden können, so wurde am 8ten April

---

*) Von der 4ten Kompagnie des Oesterreichischen 1sten Pionier=Bataillons.
Vergl. Seite 422, Anmerk. 2. Dieselben trafen am 9ten April in Schmöllehn ein.
**) Der rechte Flügel befand sich 650 m von Schanze II, der linke 550 m
von Schanze V entfernt.

486

die Anlage einer neuen, der eigentlichen 2ten Parallele beschlossen. In den beiden Nächten zum 9ten und 10ten April erfolgte aus der Halb=Parallele ein weiteres Vortreiben der Laufgräben um ungefähr 250 m gegen die Schanzen. Bei dem abwartenden Verhalten der Dänen konnten diese Arbeiten ohne erhebliche Störungen ausgeführt werden.

Am 8ten April nahmen die 1ste und 3te Kompagnie Pionier=Bataillons Nr. 3 Vorbereitungs=Arbeiten für den Uebergang nach Alsen vor, indem sie im Großen Holz Durchschläge für Kolonnen=wege herstellten und die für das Heranfahren der Wagen in Aussicht genommenen Wege ausbesserten. Doch schon am 9ten mußte die 3te Kompagnie zu den Arbeiten auf dem Angriffsfelde herangezogen werden, da die hier vorhandenen Kräfte nicht mehr ausreichten. Auch die 1ste Kompagnie wurde an diesem Tage aus dem Großen Holz zurückgezogen und nebst der ebenfalls bis jetzt zur Verfügung des General=Kommandos verbliebenen 1sten Kompagnie Pionier=Bataillons Nr. 7 dem Ingenieur=Depot zur Ausführung von Strauch=arbeiten und Anfertigung von Sturmgeräth überwiesen.

Ausheben der 2ten Parallele in der Nacht vom 10ten zum 11ten April.

Am Abend des 10ten April wurde nach näherer Anordnung des Obersten v. Mertens mit dem Ausheben der 2ten Parallele begonnen, welche auf 250 m vorwärts der Halb=Parallele angelegt werden sollte.

Das 3te Bataillon Füsilier=Regiments Nr. 35 war an diesem Abend in die vorderste Linie gerückt und hatte seine Posten längs der für die neue Parallele beabsichtigten Trace ausgestellt. Mit Rücksicht auf die gewohnte Unthätigkeit der Dänischen Deckungs=truppen hatte man von einem Zurückwerfen derselben Abstand ge=nommen und schob daher zum Schutze des Baues die eigenen Posten nur um 20 bis 30 m über die auszuhebende Linie vor, so daß sich dieselben, flach auf der Erde liegend, den feindlichen dicht gegenüber befanden.

Hauptmann Daun mit 3 Offizieren, 106 Mann der 4ten Kom=pagnie Pionier=Bataillons Nr. 3 und 16 Offizieren, 510 Mann des 2ten Bataillons Infanterie=Regiments Nr. 24 führte die durch starken Nebel begünstigte Arbeit in der Zeit von 7 Uhr Abends bis

6 Uhr Morgens aus. Zwar war zu dieser Stunde noch nicht die vorgeschriebene Tiefe von 1,3 m erreicht, aber doch überall genügende Deckung erzielt worden, wenn auch theilweise nur durch Aufstellung von Schanzkörben. Bedeutende Wasserzuflüsse machten auch diese Parallele an vielen Stellen ungangbar, so daß mehrfach der Graben flacher gehalten und die Sohle durch Strauchwerk trocken gelegt werden mußte.

Ganz ohne Störung war diese Arbeit jedoch nicht verlaufen. In dem Glauben, daß die Dänen ihre Stellung nur noch schwach besetzt hielten und vielleicht in der nächsten Zeit ganz räumen würden, unternahmen die Preußischen Vorposten zu jener Zeit öfters kleinere Vorstöße gegen die Schanzen. Ein solcher wurde in dieser Nacht auf Befehl des Oberst-Lieutenants v. d. Osten, welcher die Vor= posten nördlich der großen Straße befehligte, von der 7ten und 8ten Kompagnie 4ten Garde-Grenadier-Regiments unternommen. Zwischen 2 und 3 Uhr früh rückten dieselben nördlich der Straße vor und kehrten bald mit 5 Gefangenen zurück. Dieser Vorfall ver= ursachte eine allgemeine Alarmirung der Dänischen Truppen. Als der Angreifer nichts Weiteres unternahm, gingen um 5 Uhr Morgens südlich der großen Straße zwei Dänische Kompagnien in der Richtung gegen die im Bau befindliche zweite Parallele zur Auf= klärung vor. Hierbei geriethen sie mit Theilen des 3ten Bataillons Regiments Nr. 35 in ein leichtes Feuergefecht, an welchem sich auch die bei dem Ausheben der Parallele angestellten Arbeiter und das zur Ablösung eingetroffene Füsilier = Bataillon Infanterie = Regiments Nr. 24 vorübergehend betheiligten. Die Dänen zogen sich jedoch bald wieder zurück.

Bis zum Abend des 13ten schritten die Erweiterungs=Arbeiten so weit vor, daß der Graben bereits eine Sohlenbreite von 6 m und an sechs Stellen Ausfallstufen besaß, welche gestatteten, In= fanterie in Zugfront aus demselben vorzuführen. Der rechte Flügel der Parallele war etwa 470 m von Schanze III, der linke 380 m von Schanze V entfernt.

Ablösung der Garde-Division durch die 6te Division. 11ter April.

Am Abend des 11ten wurde die Garde-Division, bei welcher durch den langen Aufenthalt in den beinahe grundlosen Laufgräben zahlreiche Erkrankungen eingetreten waren, durch Truppen der 6ten Division*) abgelöst.

Südlich der großen Straße versahen nach wie vor drei Bataillone unter Befehl eines Regiments-Kommandeurs den Vorpostendienst, während nördlich derselben von jetzt an nur ein Bataillon den Raum bis zu den Vorposten der 13ten Division sicherte. Als Unter=stützung rückten zwei Bataillone nach dem nördlichen Theile von Düppel und ein drittes in die Büffelkoppel. Sämmtliche sieben Bataillone waren einem General unterstellt. Die Vorposten nördlich der Straße gab die 10te Brigade, von welcher ein Regiment für 48 Stunden das Dorf Düppel und den vorliegenden Abschnitt be=setzte, welches dann von dem in Nübel, Stenderup und der Büffel=koppel untergebrachten anderen Regiment abgelöst wurde.

In der Nacht zum 12ten fand ein unbedeutendes Gefecht auf dem linken Flügel der 13ten Division statt. Theile des Füsilier=Bataillons Infanterie=Regiments Nr. 15 rückten über die Posten=linie vor, um die Dänischen Vorposten zu überfallen. Der Gegner war jedoch wachsam und vereitelte die Unternehmung. Ein erneuter Versuch blieb ebenfalls erfolglos.

Mit dem Wechsel im Vorpostendienste war zugleich eine Aende=rung in den Quartier-Bezirken eingetreten. Von der 6ten Division blieb die 11te Brigade auf der Halbinsel Broacker, die 12te ging nach Gravenstein zurück und dehnte sich in nördlicher Richtung bis Kieding, in südöstlicher bis Schmöl aus. Die Garde-Division rückte in denjenigen Theil des Sundewitt, welcher sich in einem Bogen von Rinkenis über Quars und Laygaard bis Warnitz zieht. Nur das

---

*) Der Division standen zur Verfügung:

die 11te Brigade mit 7 Bataillonen (einschließlich Jäger = Bataillon Nr. 3,
die 12te = = 6 = welches am 11ten April von der 12ten
die Brigade Raven = 6 = zur 11ten Inf. Brig. übertrat und nach
Broacker rückte).

zusammen 19 Bataillone

Füsilier-Bataillon des 4ten Garde-Grenadier-Regiments*) wurde zur Besetzung von Apenrade entsandt.

Hier hatten in letzter Zeit einige Ueberfälle der zur Strand-Bewachung aufgestellten Preußischen Posten stattgefunden,**) so daß das General-Kommando sich veranlaßt sah, außer der Besetzung des für das Oesterreichische Korps wichtigen Ortes Apenrade, auch die Bewachung der Küstenstrecke von hier bis Blaukrug der Garde-Division zu übertragen. Der Schutz von letztgenanntem Orte bis Lillemölle war noch immer Aufgabe der 13ten Division. Von dieser war dem Jäger-Bataillon Nr. 7 und dem Dragoner-Regiment Nr. 7 die Strand-Bewachung von Blaukrug bis Ostermark, der 25sten Brigade diejenige von hier bis Sandberg***) zugewiesen worden; auch fuhren auf Veranlassung des General-Kommandos Nachts Jäger-Patrouillen zur See an der Küste entlang. Die Strecke von Kollund bis Alnoer wurde durch eine Husaren-Schwadron gesichert. Eine zweite befand sich zu demselben Zweck auf Broacker.

Nachdem der Bau der 2ten Parallele vollendet war, mußte die Frage in den Vordergrund treten, ob der Sturm aus dieser unternommen, oder ob noch eine 3te Parallele angelegt werden sollte. Prinz Friedrich Karl hielt daher am Abend des 11ten April eine Berathung ab, an welcher außer den Offizieren des Generalstabes der General Hinderfin und Oberst v. Mertens Theil nahmen. General Hinderfin und Oberst v. Blumenthal sprachen sich gegen einen aus der 2ten Parallele zu unternehmenden Sturm aus, da es unvortheilhaft sei, auf durchschnittlich 450 m Entfernung — bei Schanze IV sogar auf 550 m — zum Sturme, und noch dazu bergan, vorzugehen.

Festsetzung des Zeitpunktes für die Ausführung des Sturmes. Vorbereitungen für denselben.

Die Vertreter der entgegengesetzten Ansicht — es war dies die größere Anzahl der Anwesenden — machten geltend, daß die Dänen

---

*) Mit Ausnahme einer Kompagnie, welche im Sundewitt verblieb.

**) Vergl. Seite 452, 453.

***) Südlich von Sandberg wurde der Bezirk der Vorposten-Abtheilungen durch eine Kompagnie des Vorposten-Regiments gesichert, welche Strand-Wachen aussetzte und auf diese Weise auch für den Schutz der Batterien sorgte.

sich in letzter Zeit dem Angriffe gegenüber wenig thatkräftig ge=
zeigt hätten und ihre Artillerie gänzlich zum Schweigen gebracht
worden sei.

Der Prinz, welcher vor Kurzem über den Stand der politischen
Verhandlungen Nachrichten eingezogen hatte,*) entschied sich für den
Sturm aus der 2ten Parallele, und zwar hauptsächlich in Rücksicht
darauf, daß Preußen bei Beginn der Londoner Konferenz einen
großen Waffenerfolg aufzuweisen haben müsse. Der Sturm wurde
daher auf den 14ten um 10 Uhr Vormittags festgesetzt. Auf diese
Weise konnte demselben eine mehrstündige Beschießung vorausgehen.
Außerdem war eine Ueberraschung des Gegners wahrscheinlich, weil
verschiedene Anzeichen darauf schließen ließen, daß die Dänen den
Sturm nur bei Nacht erwarteten.

Um die zur Ausführung des Sturmes bestimmten Truppen
mit den Erfordernissen eines solchen Unternehmens bekannt zu machen,
hatte der Prinz bereits am 10ten die Divisionen beauftragt, 32 Kom=
pagnien für die Verwendung in erster Linie zu bezeichnen. Am
11ten begannen diese Abtheilungen, Angriffs=Uebungen gegen ein
Stück Befestigungs=Anlage vorzunehmen, welches von den Pionieren
in der Nähe von Schmöllehn nach dem Muster der Dänischen
Schanzen hergestellt worden war. Ebenso mußten drei Pionier=Kom=
pagnien täglich Uebungen in der Beseitigung von Hindernissen vor=
nehmen, welche den Dänischen nachgebildet worden waren.

Fortsetzung des artilleristischen Angriffs vom 10ten April an. Am 10ten April wurde mit Errichtung der für den nördlichen
Theil der Einschließung in Aussicht genommenen Batterien,**)
und zwar zunächst der südlich von Schnabek=Hage anzulegenden
Strand=Batterie Nr. 27, begonnen.***) Der Bau der vier übrigen
Batterien nahm erst in der Nacht vom 11ten zum 12ten seinen
Anfang. Nr. 23 und 24 erhielten die Front gegen die Schanzen IX
und X, nördlich davon wurden die für den Kampf gegen die Artillerie
auf Alsen bestimmten Batterien Nr. 25 und 26 errichtet.

---

*) Vergl. Seite 470.
**) Vergl. Seite 482.
***) Vergl. Plan 4.

Die schwierige Bodenbeschaffenheit verhinderte die Vollendung der Arbeit bis zum Morgen des 12ten. Die Fertigstellung und Ausrüstung fanden in der darauf folgenden Nacht ohne besondere Hemmnisse statt, obwohl gegen Batterie Nr. 26 ein beständiges Feuer von Alsen her unterhalten wurde.

Die Batterie Nr. 23 erhielt vier gezogene 24=Pfünder, Nr. 24, 25 und 26 je vier gezogene 12=Pfünder. Der Batterie Nr. 25 wurde noch eine rechte Flanke für zwei Geschütze angehängt, um auch die feindliche Artillerie bei Sonderburg unter Feuer nehmen zu können.

Auch die in der Nacht vom 7ten zum 8ten April errichtete Batterie Nr. 22*) wurde wieder mit vier gezogenen 6=Pfündern aus=gerüstet. Besondere Schwierigkeiten verursachte das Heranschaffen der vier gezogenen 24=Pfünder nach der Batterie Nr. 27, da der dorthin führende schmale Weg zwischen sumpfigen Gräben lief. Da man letztere Batterie für nicht ausreichend zum Schutz gegen feindliche Kriegsschiffe erachtete, so wurde schon in der Nacht vom 12ten zum 13ten April nördlich davon eine weitere — Nr. 29 — für vier ge=zogene 6=Pfünder eingerichtet.

Außerdem wurde hinter dem rechten Flügel der Halb=Parallele eine neue Strand=Batterie — Nr. 28 — erbaut, um „Rolf Krake" von nächster Nähe aus mit schwerem Geschütz beschießen zu können, falls derselbe während des Sturmes in den Wenningbund einlief; auch sollte diese Batterie gegen Schanze I und II zu wirken im Stande sein. Zu ihrer Ausrüstung wurden zwei gezogene 12=Pfünder und zwei gezogene 24=Pfünder aus den weiter rückwärts liegenden Strand=Batterien Nr. 5 und 15 herangezogen.

Es standen somit am Morgen des 13ten April auf der ge=sammten Angriffs=Front 118 Geschütze**) gefechtsbereit.

Seit dem 10ten Abends war das Feuer gegen die Schanzen auch Nachts, wenn auch weniger lebhaft als bei Tage, fortgesetzt

---

*) Vergl. Seite 478, 479.
**) 20 gezogene 24=Pfünder, 32 gezogene 12=Pfünder, 12 glatte 12=Pfünder, 26 gezogene 6=Pfünder, 12 7pfündige Haubitzen und 16 25pfündige Mörser.

worden. Dieses Verfahren erschwerte die Ausbesserungs=Arbeiten an den schon stark durch die Geschosse zerwühlten und abgekämmten Schanzen außerordentlich; doch ließ sich der Gegner dadurch nicht abschrecken, immer wieder, so viel wie möglich dem Zerstörungswerke Einhalt zu thun. Es gelang ihm sogar, an einzelnen Punkten die Stellung durch Neuanlagen zu verstärken. So entstand in der zweiten Linie dicht an der großen Straße hinter Schanze Nr. IV ein neues Werk, Lünette D, und bei Schanze I ein Stand für Espingolen, um den Strand zu bestreichen. Wenn diese Arbeiten auch den Widerstand nicht wesentlich verlängern konnten, so zeigten sie doch, daß der Gegner auf ein möglichst langes Festhalten der Stellung bedacht war und noch genug innere Kraft besaß, um deren Vertheidigung bis zum letzten Augenblicke fortzusetzen.

Die Batterien auf Alsen waren die einzigen, welche noch zeit= weise ein geregeltes Feuer unterhielten. Denselben trat besonders Batterie Nr. 13 entgegen, von welcher drei gezogene 6=Pfünder aus einer verdeckten Aufstellung nördlich derselben mit gutem Er= folge durch indirektes Feuer wirkten. Am 12ten wurden auf Alsen in einer Schlucht bei der Baadsagger=Batterie noch vier gezogene 12=Pfünder aufgestellt, um damit über die Schanzen hinweg die Angriffsarbeiten südlich der großen Straße zu stören.

Als die Preußische Artillerie vom 10ten an das Gelände hinter den Schanzen stärker als bisher unter Feuer nahm, unter welchem das Baracenlager sehr litt, räumte die daselbst stehende Reserve=Brigade dasselbe zwei Tage später und ging bis in die Nähe des Brückenkopfes zurück. Vom 10ten an mußten alle Bewegungen geschlossener Truppen= massen hinter den Schanzen im Feuer des Angreifers ausgeführt werden, so daß in der Nacht vom 10ten zum 11ten die Reserve= Brigade bei ihrem Vorrücken in die vordere Linie nicht unbedeutende Verluste erlitt.*)

---

*) Die Dänischen Verluste vom 10ten bis zum 12ten April Abends beliefen sich im Ganzen auf: 1 Offizier, 37 Mann todt, 6 Offiziere, 131 Mann verwundet, 17 Gefangene. Mehrere Geschütze und Laffeten waren unbrauchbar geworden. Die verhältnißmäßig geringen Preußischen Verluste siehe in der Verlustliste, Anlage Nr. 52.

Das Dänische Ober-Kommando hatte sich in einem am 9ten dem Kriegs-Ministerium erstatteten Berichte dahin ausgesprochen, daß, wenn die Widerstandskraft der Stellung auch noch nicht als gebrochen zu betrachten sei, doch die Hoffnung auf einen Erfolg immer mehr abnähme, je länger der Feind seinen Sturm hinaus-schöbe. Es sei daher eine genaue Weisung über das weitere Ver-halten erforderlich. Am 11ten antwortete der Kriegs-Minister: „Es ist die Ansicht der Regierung, daß die Düppel-Stellung bis aufs Aeußerste vertheidigt werden soll."

Zur Verstärkung der Besatzung von Düppel—Alsen ordnete General Gerlach die Ueberführung der 8ten Infanterie-Brigade von Fredericia nach Alsen an, wo dieselbe am 13ten April vollzählig versammelt war. Auch die in Fredericia befindlichen Espingolen wurden auf Befehl des Kriegs-Ministers nach Düppel geschafft.

Preußischer Seits wurde am eben genannten Tage in aller Frühe aus 104 Geschützen, einschließlich der Mörser, die Beschießung der Werke aufgenommen.*) Die Strand-Batterie Nr. 28 richtete ihr Feuer gegen die Schanzen I und II, da feindliche Schiffe im Wenningbunde nicht erschienen.

Die Batterien des linken Flügels Nr. 13, 22, 23 und 24 nahmen vor Allem diejenigen Linien der Schanzen VII, VIII, IX und X unter Feuer, auf welchen sich noch Geschütze in Thätigkeit befanden. Nachdem die Schanzen IX und X schnell zum Schweigen gebracht worden waren, gelang es der Batterie Nr. 23 Sonderburg in Brand zu schießen, während Batterie Nr. 24 die dortigen beiden Brücken bewarf. Da die nördliche derselben von den Preußischen Geschossen erreicht wurde, sah sich das Dänische Ober-Kommando veranlaßt, den Bau einer dritten, südlich der beiden anderen gelegenen

---

*) Von der auf Seite 491 nachgewiesenen Gesammtzahl von 118 Geschützen kommen an diesem Tage in Abrechnung: sechs glatte 12-Pfünder in den Geschütz-einschnitten Nr. 16 und 17, deren Bestimmung es war, nur gegen Ausfälle und Arbeiter zu feuern, und die acht Geschütze der Strand-Batterien Nr. 27 und 29 bei Schnabek-Hage, welche die Aufgabe hatten, etwa erscheinende Schiffe zu beschießen.

Brücke anzuordnen. Ein kleines Dampfschiff sollte die bei Höruphaff liegenden Fahrzeuge herbeischleppen, wurde aber durch das starke Feuer der Preußischen Batterien hieran gehindert, so daß diese Arbeit wieder eingestellt werden mußte.

Die Artillerie auf Alsen suchte besonders die beiden Batterien Nr. 23 und 24 zu bekämpfen, mußte jedoch um Mittag das Feuer wieder einstellen.

Auch bei Schnabek=Hage war am frühen Morgen die schwere Artillerie vorübergehend in Thätigkeit getreten, indem die Batterie Nr. 29 den in die Augustenburger Föhrde steuernden Kriegs=dampfer „Hertha" auf eine Entfernung von etwa 2500 m beschoß. Unter den 17 Schüssen, welche sie auf das Schiff abgab, waren zwei Treffer, durch welche drei Mann getödtet wurden.

Die Beschießung der feindlichen Werke dauerte bis zum Ein=bruche der Dunkelheit*) und verminderte deren Widerstandskraft beträchtlich. In Schanze I waren sämmtliche Geschütze kampfunfähig und die in der Kehle befindliche Zugangs=Brücke derart beschädigt worden, daß an diesem Tage weder Rohre noch Laffeten in das Werk geschafft werden konnten. In ähnlichem Zustande befand sich die Brücke der Schanze VI, in welchem Werke nur noch drei brauchbare Geschütze vorhanden waren. Das Innere dieses Werkes war von den Geschossen vollständig durchwühlt, so daß ein Wechsel der Geschütze nur nach langen Vorbereitungen ausführbar blieb. Andere Schanzen hatten, wenn auch weniger als jene, so doch erheblich gelitten.

Seitdem auch die Batterien auf Alsen regelmäßig beschossen wurden, stellte es sich heraus, daß die Brustwehren derselben zum Theil zu schwach angelegt waren. Die Surlücke=Batterie sah sich daher genöthigt, ihr Feuer einzustellen. Sie wurde jedoch in der Nacht vom 13ten zum 14ten ausgebessert und durch zwei 84pfündige Bomben=Kanonen verstärkt.

---

*) Vom Abend des 12ten bis zum Abend des 13ten April waren im Ganzen 7320 Schuß abgegeben worden.

Nördlich von dieser Batterie waren die Dänen schon seit dem 10ten April mit Anlage neuer Geschütz-Stände beschäftigt, welche dazu dienen sollten, einen etwaigen Uebergang über den Sund unter Feuer zu nehmen. In Folge des Feuers der Belagerungs-Artillerie mußten diese Arbeiten nunmehr auf die Nachtzeit beschränkt werden.

Einem Sturme hatte die Beschießung ausreichend vorgearbeitet, und auch die sonstigen Vorbereitungen waren dahin getroffen worden, daß derselbe der bisherigen Absicht gemäß am 14ten unternommen werden konnte; doch sollte er zunächst noch nicht zur Ausführung gelangen. Vertagung des Sturmes.

In der Nacht vom 12ten auf den 13ten April traf nämlich der Flügel-Adjutant, Oberst-Lieutenant v. Strubberg, mit einem Schreiben Sr. Majestät des Königs in Gravenstein ein, in welchem die Anlage einer 3ten Parallele empfohlen wurde. Der König sprach sich in diesem Briefe dahin aus, daß er die Entfernung der 2ten Parallele von den Schanzen noch für zu weit halte, da die Stürmenden zu lange der Einwirkung des feindlichen Feuers ausgesetzt sein würden und die feindlichen Reserven um so mehr Zeit behielten, zur Unterstützung heranzukommen. Außerdem wurde auf die Erfahrungen hingewiesen, welche der Herzog von Wellington in Bezug auf derartige Unternehmungen in den spanischen Feldzügen gemacht habe. Derselbe habe sich einstmals persönlich Seiner Majestät gegenüber dahin ausgesprochen, daß die von ihm unternommenen Angriffe auf verschanzte Stellungen immer nur dann geglückt seien, wenn sie von Hause aus mit bedeutender Ueberlegenheit unternommen worden wären. In Bezug auf die politischen Verhältnisse erwähnte der König, daß ein Aufschieben des Sturmes um wenige Tage keinen Einfluß habe.

Gerade aber mit Rücksicht hierauf hatte Prinz Friedrich Karl geglaubt, eine schnelle Entscheidung herbeiführen und die Uebelstände mit in den Kauf nehmen zu müssen, welche sich aus dem allerdings bedeutenden Abstande der 2ten Parallele von den feindlichen Werken ergaben. Da diese Rücksichten nun fortfielen, entschloß sich der Prinz, erst nach Aushebung der 3ten Parallele zum Sturme zu schreiten. Gleichzeitig erhöhte er die Zahl der zur Ausführung desselben bestimmten

Infanterie-Kompagnien von 32 auf 46. Dem entsprechend wurden auch die Angriffs-Uebungen bei Schmöllehn erweitert.*) Der Zeitpunkt für den Sturm konnte noch nicht endgültig bestimmt werden, da er von der Vollendung der neuen Parallele abhing.

Vorschieben der Vorposten auf dem Angriffs-felde in der Nacht vom 13ten zum 14ten April. Es ergingen sofort die nöthigen Anordnungen, um sich noch in der Nacht vom 13ten zum 14ten durch weiteres Vorschieben der Vor-posten den für die Anlage der 3ten Parallele nöthigen Raum zu sichern. Südlich der großen Straße hatten am Abend des 13ten das In-fanterie-Regiment Nr. 60**) und das Füsilier-Bataillon des Leib-Regiments die Vorposten übernommen. Der dieselben befehligende Oberst-Lieutenant v. Hartmann bestimmte das 1ste Bataillon Regiments Nr. 60***) für das Vorgehen. Zur Unterstützung des-selben sollte dessen 2tes Bataillon dienen, welches sich hinter der 2ten Parallele bereit hielt. Noch weiter rückwärts befanden sich das Füsilier-Bataillon des Leib-Regiments in der Halb-Parallele, die 9te und 10te Kompagnie Regiments Nr. 60 in der 1sten Parallele. Zum Eingraben der Posten und Feldwachen in der neuen Stellung standen die 2te und 3te Kompagnie Pionier-Bataillons Nr. 3 zur Verfügung.

Das 1ste Bataillon Regiments Nr. 60 hatte in Kompagnie-Ko-lonnen an den vier Ausfallstufen der 2ten Parallele Stellung genommen. Auf ein gegebenes Zeichen gingen die vordersten Züge um 9½ Uhr Abends im Laufschritt, lautlos und ohne zu schießen, über die Schützen-löcher der Dänischen Vorposten hinweg 250 m weit vor und warfen sich dann nieder, um die Ankunft der Pioniere abzuwarten. Der zweite Zug jeder Kompagnie folgte dem ersten geschlossen auf 50 m Abstand, mit dem Auftrage, die feindlichen Posten gefangen zu nehmen, was ohne Schwie-rigkeit gelang, da die überraschten Dänen kaum Widerstand leisteten.†) Die dritten Züge jeder Kompagnie folgten auf 100 m den zweiten.

Unmittelbar hinter der 1sten Staffel waren die Pioniere gefolgt,

---

*) Vergl. Seite 490.

**) Mit Ausnahme der 3ten und 12ten Kompagnie, welche den Wachtdienst auf Broacker versahen.

***) Diesem Bataillon wurde für die fehlende 3te die 11te Kompagnie überwiesen.

†) Auf diese Weise wurden 102 Mann gefangen genommen.

welche sogleich mit dem Eingraben der Posten begannen. Während diese Bewegungen in größter Ordnung ausgeführt wurden, hatten sich auf Dänischer Seite zwei Kompagnien vom 4ten und 6ten Regiment in Marsch gesetzt, um die vor den Schanzen I bis VI stehenden Vorposten abzulösen. Sie nahmen zurückeilende Mannschaften der bisherigen Vorposten auf, und eröffneten dann ein lebhaftes Feuer, während weiter rückwärts das 6te Regiment die Schanzen und Laufgräben besetzte. Auch die Dänische Artillerie begann mit Kar= tätschen zu feuern, so daß in dem Zeitraum von dreiviertel Stunden, welche das Eingraben in Anspruch nahm, das vorderste Bataillon zwei Offiziere und 20 Mann verlor, darunter seinen Kommandeur, den Major v. Jena, welcher durch eine Kartätschkugel tödtlich ver= wundet wurde.

Gegen Mitternacht war das Feuergefecht beendet, begann aber um 4 Uhr Morgens von Neuem, als die zur Ablösung der Vorposten bestimmten Dänischen Abtheilungen versuchten, die frühere Stellung wieder zu gewinnen. Zwischen den Schanzen I und III hindurchgehend, traf ihr Angriff vorzugsweise auf die 1ste Kompagnie des Infanterie= Regiments Nr. 60, welche gerade von der 5ten Kompagnie abgelöst werden sollte. Nach Zurückweisung*) des Dänischen Vorstoßes besetzte das 2te Bataillon der 60er die vorderste Linie.**)

Nördlich der Straße hatte kurz nach dem Vorgehen des 1sten Bataillons letztgenannten Regiments das 2te Bataillon des Infanterie = Regiments Nr. 18 die Dänischen Posten ebenfalls aus ihren Schützenlöchern vertrieben und etwa 30 m jenseits derselben für die eigenen Schildwachen solche hergestellt.

Der Gesammt=Verlust***) in dieser Nacht betrug Preußischer Seits 3 Offiziere und 38 Mann, während die Dänen 3 Offiziere,

---

*) Die $\frac{5te}{60.}$ verlor hierbei ihren Chef, Hauptmann v. Redern, welcher schwer verwundet wurde, und 18 Mann.

**) Nur die $\frac{1ste}{60.}$ verblieb bis zum Abend des 14ten in ihrer vorgeschobenen Stellung.

***) Vergl. Verlustliste in der Anlage Nr. 52.

32

157 Mann an Todten und Verwundeten sowie 102 Mann an Ge=
fangenen einbüßten.

In der folgenden Nacht begann der Bau der 3ten Parallele.
Da die größere Nähe des Feindes ein schnelles Eindecken mittelst
Schanzkörben und Faschinen nothwendig machte, so war im Freuden=
thaler Grunde ein Zwischen=Depot für diese Geräthe angelegt worden.

Die neue Trace lag ungefähr 170 m vor der 2ten Parallele;
ihr rechter Flügel war etwa 300 m von Schanze II, der linke kaum
220 m von Schanze V entfernt. Gegen 9 Uhr Abends begann die
Arbeit an der Parallele, etwas später diejenige an den beiden
Approchen und endete um 2 Uhr Morgens, ohne daß dieselbe trotz der
mondhellen Nacht vom Feinde gestört wurde. Die umfangreichen
Erweiterungsarbeiten konnten jedoch erst am 17ten Mittags vollendet
werden. Die Parallele besaß bei 1,3 m Tiefe eine Sohlenbreite von
6,5 m, so daß in derselben eine beträchtliche Anzahl von Truppen verdeckte
Aufstellung finden konnte. An sechs Stellen waren Ausfallstufen von
je 20 m Breite angelegt. Die Sohlenbreite der gedeckten Annäherungs=
wege betrug 3,2 m; zur Sicherung des linken Zuges derselben wurde
ein Geschützeinschnitt — Nr. 30 — für vier glatte 12=Pfünder erbaut.

Zurückwerfen
der nördlich der
großen Straße
stehenden
Dänischen Vor=
posten in die
Schanzenlinie
am 16ten
Abends.
Während in dem Abschnitt südlich der großen Straße die
Dänischen Vorposten schon in der Nacht vom 13ten zum 14ten
vollständig in die Schanzen zurückgedrängt worden waren, be=
haupteten sich dieselben nördlich der Straße noch immer auf dem
vorspringenden Höhenrücken vor Schanze V und VI. Da sie von
diesem überhöhenden Punkte aus die 3te Parallele einsehen und alle
in dieser stattfindenden Truppenbewegungen erkennen konnten, so war
es nothwendig, sie hier ebenfalls zurückzuwerfen. General v. Man=
stein beauftragte hiermit am 16ten April Abends das Leib=Regiment,
welches seit dem 15ten April in diesem Theile der Einschließungslinie
auf Vorposten stand.

Das 1ste Bataillon führte mit der 4ten Kompagnie den Auftrag
in der Weise aus, welche sich am 13ten so gut bewährt hatte.
Auch hier nahm die 2te Staffel einen Theil der überraschten Posten
und Unterstützungen, im Ganzen etwa 50 Mann, gefangen.

Als Rückhalt waren das Füsilier-Bataillon des Leib-Regiments und südlich davon das 2te Bataillon Infanterie-Regiments Nr. 64 aufgestellt worden; letzteres verlor einige Verwundete, als aus den Schanzen das Vorgehen mit Infanterie- und Kartätschfeuer beantwortet wurde.

Eine weitere Folge dieses Vorgehens, welchem Prinz Friedrich Karl beigewohnt hatte, war das Zurückweichen der Dänischen Vorposten aus den Trümmern von Oster-Düppel. Da hier jetzt die 3te Kompagnie des Leib-Regiments ihre Posten ebenfalls weiter vorschieben konnte, so bildeten nunmehr die Deckungstruppen der 6ten Division eine zusammenhängende Linie, welche, bei Schanze VI zurückgebogen, am Ostrande von Oster-Düppel entlang etwa halbwegs zwischen letzterem und Rackebüll an die Vorposten der 13ten Division anschloß. Bei diesen waren keine Veränderungen eingetreten. Dagegen fanden hier in den Tagen vom 14ten bis zum 18ten April weitere Vorbereitungen*) und Erkundungen für einen unter Umständen gleichzeitig mit dem Sturme auszuführenden Uebergang nach Alsen statt. In der Nacht vom 14ten zum 15ten April fuhr Premier-Lieutenant Weissich vom Infanterie-Regiment Nr. 15 in einem Boote von der Ziegelei bei Satrupholz nach der gegenüberliegenden Küste und stellte fest, daß dort das Wasser am Strande sehr tief und keine Verpfählung vorhanden sei. Am 15ten wurden in der Nähe des Großen Holzes die Wege gangbar gemacht, die Kolonnenwege vervollständigt und Brückenböcke für den Bau von Einschiffungsrampen hergestellt. Am 17ten Abends schaffte man von Blans aus die Pontons, Hackets und Boote nach den drei bei Satrupholz bestimmten Uebergangsstellen und traf alle noch erforderlichen Vorbereitungen für das Einschiffen, welche am 18ten Morgens beendet waren.

In der Nacht vom 15ten zum 16ten hatte Premier-Lieutenant Weissich eine abermalige Erkundung des Inselstrandes vorgenommen, und am 17ten um 4 Uhr Nachmittags führten Hauptmann v. Hoff-

Vorbereitungen
für einen
Uebergang bei
Satrupholz.

---

*) Vergl. Seite 486.

müller und Premier = Lieutenant Hassel von demselben Regiment eine eben solche Unternehmung aus. Mit 2 Unteroffizieren und 14 Mann ruderten sie in zwei Booten über den Sund, stiegen beim Holzvoigthaus ans Land und vernagelten, nachdem sie die wenigen Posten vertrieben hatten, einen 6= und einen 24=Pfünder. Als sie den Versuch machten, die Munitions=Kammer in Brand zu stecken, näherte sich eine feindliche Infanterie=Abtheilung, vor welcher die kleine Schaar sich zum Rückzuge genöthigt sah; letztere nahm noch einiges Ladezeug sowie etwas Munition mit sich fort und langte ohne Verlust wieder im Sundewitt an.

Da man am 16ten mit Sicherheit voraussehen konnte, daß die 3te Parallele am folgenden Tage ausgebaut sein werde, so wurde der Sturm auf den 18ten früh festgesetzt. In den beiden diesem voraufgehenden Tagen wurden in Folge dessen die 46 zur Aus= führung des Sturmes bestimmten Infanterie=Kompagnien in der Nähe der Büffelkoppel zusammengezogen, von wo sie in der Nacht vom 17ten zum 18ten den Vormarsch in die vorderste Parallele antreten sollten. Soweit es die Beschießung gestattete, wurde den Truppen am Tage vor dem Sturme Ruhe gewährt.

Fortführung des artilleristischen Angriffs bis zum Morgen des 18ten April. Während der Gürtel, mit welchem der Angreifer die Dänischen Verschanzungen umspannt hielt, im Laufe des 14ten, 15ten und 16ten noch enger geschlossen wurde, setzte die Artillerie ihr Zer= störungswerk fort. Bei der unerwarteten Verlängerung der Be= schießung reichte indessen der Munitionsvorrath nicht aus, um das Feuer mit gleicher Heftigkeit wie am 13ten, oder gar unter weiterer Steigerung der täglichen Schußzahl, fortführen zu können. Noch am 13ten Abends war daher dem Reserve=Munitions=Depot in Schleswig telegraphisch die Heranführung der gesammten dort vorhandenen 6= und 7pfündigen Munition aufgegeben und außer= dem beim Kriegs=Ministerium ein Nachschub von 12=, 24= und 25pfündiger Munition beantragt worden. Auch machte sich jetzt der Uebelstand geltend, daß die gezogenen 12= und 24=Pfünder=Rohre an= fingen unbrauchbar zu werden, indem namentlich die ersteren starke Ausbrennungen im Laderaum und an den Verschlußflächen zeigten.

Das General-Kommando ordnete daher an, daß das Feuer gegen die Schanzen zunächst in verringerter Weise zu unterhalten sei, und Oberst Colomier bestimmte dementsprechend, daß die gezogenen Batterien, die glatten 12-Pfünder von Batterie Nr. 8, sowie die Haubitz-Batterien täglich nicht mehr als 50 Schuß aus jedem Geschütz, die Mörser dagegen nur 40, und zwar auf Tag und Nacht gleichmäßig vertheilt, abgeben sollten.

Oberst-Lieutenant v. Scherbening übernahm die Feuerleitung in den Batterien des linken Flügels; bei denen des Hauptangriffs lag dieselbe einem Stabs-Offizier, dessen Dienst täglich wechselte, ob, während sie auf dem rechten Flügel bei Gammelmark dem Major Hendewerk verblieb. Hier hatten die Batterien, um den Truppen bei deren geringer Entfernung von den Schanzen keine Verluste zuzufügen, am 13ten den Befehl erhalten, des Nachts nicht mehr zu feuern.

Im weiteren Verlaufe der Beschießung waren es fast nur die Schanzen IX und X, sowie die Alsener Batterien, welche noch ab und zu einen längeren, wenn auch erfolglosen Geschützkampf aufnahmen und mehrfach auch die Angriffsarbeiten beschossen. Der linke Flügel der Schanzen schwieg fast ganz, und ein Versuch, von Schanze IV aus mit Handmörsern die Angriffsarbeiten zu stören, wurde bald wieder aufgegeben. Je mehr die artilleristische Thätigkeit des Gegners im Sundewitt erlahmte, um so regsamer zeigten sich dagegen die auf Alsen errichteten Batterien.

Hier versuchten die Dänen, auch ihre Feld-Artillerie zur Verwendung zu bringen. In überraschender Weise eröffneten am 14ten April um 8 Uhr Morgens acht gezogene 4-Pfünder aus Geschützeinschnitten bei Rönhof ein heftiges Flankenfeuer gegen die Batterien Nr. 25 und 26. In letzterer wurden binnen kurzer Zeit zwei Geschütze kampfunfähig gemacht, zwei Mann getödtet und ein Mann verwundet, bevor es gelang, die Geschütze nach der Seite zu wenden. Als jedoch zwei Geschütze nach dieser Richtung das Feuer eröffneten, ging die Dänische Batterie wieder zurück. Obwohl General Hindersin sofort die in Satrup liegende 1ste 12pfündige Batterie der Artillerie-Brigade Nr. 7 und den nicht in der Batterie Nr. 22

untergebrachten Zug der 1ſten 6pfündigen Batterie der 3ten
Artillerie = Brigade zur Unterſtützung heranzog, kamen die=
ſelben doch zu ſpät und konnten nur noch eine Zeit lang gegen
andere Batterien auf Alſen wirken. Der letztgenannte ſowie ein
Zug der erſteren Batterie blieben den folgenden Tag in einer
Stellung nördlich von Batterie Nr. 26 zurück. Die 4pfündige
Garde=Batterie und die 3te 6pfündige der Artillerie = Brigade
Nr. 3*) wurden angewieſen, ſich am nächſten Morgen in dieſer
Gegend bereit zu halten, um bei einem abermaligen Auftreten der
Däniſchen Feld=Artillerie in das Gefecht eingreifen zu können.

Auch auf dem äußerſten linken Flügel kam es am Nachmittage
des 14ten noch zu einem kurzen Geſchützkampfe. Bei Ballegaard
hielten Abtheilungen des 7ten Jäger=Bataillons Ruder-Uebungen
ab und zogen hierdurch ein lebhaftes Feuer auf ſich. Sofort ant=
wortete die 3te 6pfündige Garde=Batterie, welche einen Geſchütz=
ſtand bei Blaukrug beſetzt hielt, und auch die in Blans liegende
4pfündige Garde=Batterie erſchien, um noch für kurze Zeit an dem
Kampfe Theil zu nehmen, welcher auf 3300 m Entfernung ohne
Ergebniß geführt wurde.

Am Morgen des 15ten April erneuerte die Däniſche Feld=
Artillerie in der Gegend von Rönhof die Tags zuvor mit Glück
ausgeführte Beſchießung der Batterien Nr. 25 und 26, doch
nahmen ſofort die bei Batterie Nr. 26 zurückbehaltenen beiden
Züge, ſowie die herbeieilende 4pfündige Garde=Batterie das Gefecht
auf. Ohne Schwierigkeit gelang es dieſen 12 Geſchützen,**) die
feindliche Artillerie zum Abfahren zu zwingen. Abends 6 Uhr wieder=
holten die Dänen nochmals den Verſuch, und zwar diesmal aus
einer ſo geſchützten Stellung, daß es den Preußiſchen Geſchützen
nicht gelang, die Ueberhand zu gewinnen, und erſt die eintretende
Dunkelheit dem auf beiden Seiten wirkungsloſen Kampf ein Ende
machte. Auch eine am 16ten vom Gegner unternommene Be=

---

*) Dieſelbe mußte in Folge deſſen den von ihr bis jetzt beſetzt gehaltenen
Geſchützſtand bei Gammelmark abrüſten. Vergl. Seite 478.
**) Die Garde=Batterie hatte 8 Geſchütze.

schießung der auf dem linken Flügel der Preußischen Stellung be=
findlichen Batterien hatte keinen besseren Erfolg, als am Morgen
des 15ten.

Auf Veranlassung des Generals Hindersin, welcher es für
nothwendig erachtete, die frontale Bekämpfung der Schanzen,
namentlich der Werke V und VI, noch nachdrücklicher, besonders mit
Haubitzen, zu führen, wurden in der Nacht vom 16ten zum 17ten
zwei neue Batterien, Nr. 32 und 33, hinter der 2ten Parallele
erbaut und mit 8 Haubitzen der Batterien Nr. 6 und 7 ausgerüstet.
Um die Artillerie = Reserve*) zu verstärken, wurden die glatten
12=Pfünder aus Batterie Nr. 8, sowie die Haubitzen aus Batterie
Nr. 12 zurückgezogen. Auch erschien dem General die Bestreichung
des Wenningbundes noch nicht kräftig genug, weshalb 150 m hinter
dem rechten Flügel der 1sten Parallele noch eine vierte Strand=
Batterie, Nr. 31, für zwei gezogene 24=Pfünder erbaut wurde, von
welcher aus auch Schanze 1 beschossen werden konnte.

Während der letzten Zeit vor dem Sturme war das Bestreben
der Belagerungs=Artillerie besonders darauf gerichtet, die feindlichen
Werke und vor Allem die Brustwehren derselben in einen solchen
Zustand zu versetzen, daß sie nicht mehr mit Geschütz vertheidigt
werden konnten. Dabei gestattete das schwache feindliche Feuer
mehrfach, Geschütze seitwärts der Batterien aufzustellen, um einzelne
Ziele besser zu erreichen.

Am 17ten April gelang es der Batterie Nr. 1, das in Schanze II
befindliche Blockhaus, welches durch das Abkämmen der Brustwehr
zum größeren Theile bloßgelegt war, in Brand zu schießen. Die
Besatzung der Schanze vermochte das Feuer nicht zu löschen,
weil alle Kräfte zur Verdämmung des Pulvermagazins in An=
spruch genommen wurden. In Schanze IX waren zwei 84pfündige
Bombenkanonen beschädigt worden, aber noch so weit brauchbar ge=
blieben, daß sie, mit Kartätschen und Steinen geladen, für den Sturm
bereit gestellt werden konnten.

---

*) Dieselbe befand sich im Artillerie = Belagerungs = Park zu Rübelfeld
(vergl. Anlage Nr. 42) und sollte erst beim Sturme Verwendung finden.

Nach Eröffnung der 3ten Parallele hatte das Dänische Ober-
Kommando noch einmal einen großen Ausfall zur Zerstörung derselben
in Erwägung gezogen, aber bald wieder davon Abstand genommen;
nach Dänischen Angaben, weil es an der zum Vorbrechen der Truppen
erforderlichen Zahl von Oeffnungen in der verschanzten Linie gefehlt
und man Bedenken getragen habe, Angesichts des demnächst zu erwartenden Sturmes solche herzustellen.

Von Schanze III aus unternahmen die Dänen in den letzten
Tagen noch die Anlage eines Minenganges gegen die 3te Parallele,
kamen hiermit jedoch über den ersten Anfang nicht hinaus. Im
Uebrigen beschränkten sie sich darauf, die Arbeiten des Angreifers
durch nächtliches Geschützfeuer zu hindern, welches sich in der Nacht vom
16ten zum 17ten April noch einmal zu größerer Heftigkeit steigerte, aber
bereits gegen 3 Uhr Morgens wieder zum Schweigen gebracht war.
Das Feuer des Belagerers nahm auch am 17ten seinen regelmäßigen
Verlauf. Am Nachmittage verstärkten noch diejenigen Batterien ihr
Feuer, welche die Laufgräben und das Gelände hinter den Werken
beschießen sollten. In der Nacht vom 17ten zum 18ten wurde
noch die hinter dem linken Flügel der 3ten Parallele gelegene Batterie
Nr. 30 mit 4 Geschützen*) der 4ten 12pfündigen Batterie der
Artillerie-Brigade Nr. 7 ausgerüstet, sowie ein Geschützstand unmittelbar
südlich Oster-Düppel errichtet und mit den 6 Geschützen der 2ten 12pfün-
digen Batterie der Artillerie-Brigade Nr. 3 ausgerüstet. Letztere erhielten
als Ziel die Schanze VII, welche noch am wenigsten gelitten zu haben
schien. Außerdem benutzte man diese Nacht noch dazu, sämmtliche
Geschütze mit Munition für je 100 Schuß zu versehen. Das Feuer
wurde bis zum Anbruch des Tages in mäßiger Weise unterhalten.

Rückblick auf den Angriff bis zum Sturm.

Der Angriff auf die Düppel-Stellung war nunmehr bis zu
dem für den 18ten April beabsichtigten Sturme durchgeführt.

Von Anfang an hatte Prinz Friedrich Karl erkannt, daß ein
gewaltsamer Angriff auf die von Natur starke, durch sturmfreie Werke

---

*) Bisher in Batterie Nr. 17.

vertheidigte Stellung mit den vorhandenen Mitteln äußerst schwierig und nur unter den größten Opfern ausführbar sein werde. Ein förmlicher, wenn auch abgekürzter Angriff sollte daher dem entscheidenden Sturme den Weg bahnen.

Hierzu war es nöthig, Belagerungsgeschütz heranzuziehen, weil Feld-Artillerie nicht im Stande gewesen wäre, die Sturmfreiheit der Werke zu beseitigen und die feindliche Artillerie niederzukämpfen. Die erforderlichen schweren Geschütze sowie die dazu gehörige Munition konnten jedoch erst nach und nach vor Düppel eintreffen, während die Dänen ihre Werke täglich vermehrten und verbesserten. So entschloß man sich im Gegensatz zu der ursprünglichen Absicht dazu, nicht die Ankunft der gesammten Belagerungs-Geschütze abzuwarten, sondern schon die ersten eintreffenden acht gezogenen 24-Pfünder in Thätigkeit zu setzen. Ein derartiges Verfahren erschien in diesem Falle zulässig, weil die überlegene Schußweite der gezogenen Geschütze sowie die örtlichen Verhältnisse die seitliche Beschießung der Schanzen und die Bestreichung des hinter denselben gelegenen Geländes aus wenig gefährdeter Stellung zuließen.

Im Verein mit 18 gezogenen 6-Pfündern eröffneten diese Geschütze am 15ten März das Feuer von Gammelmark aus.*) Die Wirkung war eine verhältnißmäßig günstige, ohne daß der Angreifer dies jedoch zu erkennen vermochte. Allerdings gelang es dem Vertheidiger, indem er die Traversen vermehrte, sich gegen das bestreichende Feuer nothdürftig Deckung zu verschaffen, doch wurde hierdurch seine Vertheidigungskraft in der Front geschwächt.

Da man Preußischer Seits inzwischen zu der Ansicht gekommen war, daß auch ein glücklicher Sturm auf die Schanzen noch nicht zur Vernichtung der Dänischen Armee führen könne, so wurde ein anderer Plan in Erwägung gezogen. Man gedachte mittelst eines Ueberganges nach Alsen sich mit einem Schlage in den Besitz der gesammten Dänischen Flankenstellung zu setzen und gleichzeitig den feindlichen Streitkräften eine vollständige Niederlage zu bereiten.

---

*) Es waren allerdings schon am 13ten von hier aus einige Schüsse abgegeben worden, aber nur als Antwort auf das Feuer des Gegners.

So lange aber diese Absicht bestand, mußte der Angriff auf Düppel mehr als ein Scheinangriff angesehen werden. Diese Auffassung und das erst allmählich erfolgende Eintreffen der schweren Geschütze verursachten, daß die Belagerungs-Arbeiten Anfangs der nöthigen Planmäßigkeit entbehrten. Aus diesen Umständen erklärt es sich auch, daß man die 1ste Parallele auf etwa 900 m Entfernung von den feindlichen Werken anlegte, was für einen Scheinangriff zwar genügte, auf den weiteren Gang der Belagerung aber verzögernd einwirken mußte.

Die Beschießung der Dänischen Stellung aus den Gammelmark-Batterien war bis zum 2ten April in mäßiger Weise*) fortgesetzt worden. An diesem Tage wurde auch das Feuer in der Front eröffnet, jedoch nur aus Feldgeschützen, da die schweren zur Unterstützung des Ueberganges bei Ballegaard bestimmt waren. Auch sollte diese Verstärkung des Feuers nur dazu dienen, die Aufmerksamkeit des Gegners von dem entscheidenden Punkte abzulenken.

Nachdem die Ausführung des Ueberganges nach Alsen durch die Ungunst der Elemente verhindert worden war, wurde der Angriff auf die feindliche Stellung zur Hauptsache, welchen man von jetzt an unter Einsetzung aller Kräfte durchführte. Hierbei trat der aus der großen Entfernung der 1sten Parallele hervorgehende Uebelstand zu Tage, daß die hinter derselben liegenden Frontal-Batterien für glatte Geschütze zu weit zurück lagen. Auch die Anlage der nächsten Parallele, der sogenannten Halb-Parallele, wurde dadurch insofern beeinflußt, als diese nun erst denjenigen Abstand erhielt, welchen eigentlich schon die 1ste Parallele haben mußte, und der auch nach dem ersten Entwurf vom 14ten März dafür gefordert worden war. Für die Wirkung der Mörser-Batterien, zu deren Schutz die neue Parallele diente, genügte zwar diese Entfernung, sie war aber noch immer zu groß, um den Sturm von hier aus unternehmen zu können. Dieser Umstand führte bald zur Anlage der

---

*) Vergl. Anlage Nr. 53. Graphische Darstellung der täglich vor Düppel von den Preußischen Batterien verschossenen Munition.

2ten Parallele, und zwar nunmehr auf derjenigen Entfernung, auf welcher sie auch im Entwurf vom 14ten März vorgesehen war.

Da die artilleristische Vorbereitung für den Sturm — die Beschießung mittelst der Mörser-Batterien — erst am 10ten April ihren Anfang nahm und mindestens drei Tage fortgesetzt werden mußte, so erwuchs durch die Anlage dieser neuen Parallele kein weiterer Zeitverlust, weil nichts desto weniger an dem zur Ausführung des Sturmes ursprünglich festgesetzten Zeitpunkt, dem 14ten April, festgehalten werden konnte.

Am 13ten entfaltete der Angreifer, nach Herstellung von sechs weiteren Batterien mit im Ganzen 24 gezogenen Geschützen, seine volle Feuerkraft. Das feindliche Feuer wurde vollständig niedergehalten, so daß der Angreifer, frei auf der Brustwehr seiner Laufgräben stehend, an diesen arbeiten konnte.

Da jedoch auch die 2te Parallele, als für den Infanterie-Angriff zu weit von den Schanzen entfernt liegend erachtet wurde, trat am 13ten eine Vertagung des Sturmes ein, um noch eine, die 3te Parallele anzulegen. Dies nöthigte zwar die Artillerie zu einer sparsameren Verwendung ihrer Munition, doch reichte die bis zum 17ten Abends mit mäßiger Kraft fortgesetzte Beschießung vollständig aus, um das Feuer des Vertheidigers bis zur Vollendung der vordersten Parallele niederzuhalten. Auch in diesem Abschnitte des Angriffes war, wie bei dem ganzen Verlauf desselben, nur die Anwendung der flüchtigen Sappe erforderlich.

In der Nacht auf den 18ten unterhielt die Artillerie ein mäßiges Feuer, um schließlich am Tage der Entscheidung ihre größte Kraft zu entfalten. Der Sturm aus der nur 250 bis 300 m von den feindlichen Werken entfernten 3ten Parallele auf die vollständig erschütterte Stellung konnte nunmehr mit hinreichender Aussicht auf Erfolg unternommen werden.

Die Verhältnisse auf Dänischer Seite vor dem Sturm.

Zustand der
Werke und der
Truppen.

In Folge der Beschießung war bei dem größeren Theile der Schanzen die Vertheidigungsfähigkeit erheblich vermindert worden. Die Brustwehren hatten fast durchweg an Höhe und Stärke bedeutend verloren, die Scharten waren zusammengeschossen, die Pallisadirungen vielfach niedergelegt und einzelne Graben=Brücken derartig beschädigt, daß sie nicht mehr eingezogen werden konnten. Der Hof der Werke war von den Geschossen so aufgewühlt, daß ein Fortbewegen der Geschütze große Schwierigkeiten verursachte. In Schanze IX hatte ein starker Erdrutsch einen Theil des Grabens ganz ausgefüllt. Die auf der Grabensohle der Werke befindlichen Pallisaden sowie die an der Kontrescarpe angebrachten Sturmpfähle befanden sich ziemlich unbeschädigt und bildeten daher noch beträchtliche Hindernisse.

Die Kehlthore, welche die Schanzenzugänge absperrten, waren zum Theil zerschossen; in Schanze II fehlten sie ganz. Die Blockhäuser konnten sämmtlich nicht mehr zum Aufenthalt der Be=satzung benutzt werden, und die zur Deckung der Schanzen=Besatzung im Inneren angelegten Schutzwehren bildeten nach und nach eben so viele Hemmnisse der Vertheidigung. Sie verkürzten die Feuerlinie und trennten den inneren Raum in verschiedene Abtheilungen. Die hinter den Schanzen und den Verbindungsgräben entstandenen höhlenartigen Gruben, welche immer weiter ausgedehnt worden waren, hinderten ein rasches Erscheinen der Schützen an den Brust=wehren.

Bis zuletzt versuchten die Dänen auf das Eifrigste, das am Tage Zerstörte unter dem Schutze der Nacht wieder auszubessern.*) Vermochten diese Arbeiten auch nicht mit dem fortschreitenden Ver=

---

*) So war es ihnen unter Anderem gelungen, die Brücke in Schanze II am 15ten April wieder gangbar zu machen und in der folgenden Nacht das letzte in dieser Schanze befindliche unbeschädigte Geschütz nach Sonderburg zu retten.

nichtungswerke gleichen Schritt zu halten, so hatten dieselben doch
den Erfolg, daß die Schanzen im Augenblick, in welchem der Sturm
eintrat, immer noch die Infanterie=Vertheidigung begünstigten.*)
Weit weniger als die erste hatte die zweite Linie durch die Be=
schießung gelitten und erschien daher ganz geeignet, der Verthei=
digung einen neuen Halt zu geben. Der Brückenkopf war völlig
unversehrt geblieben.

Mit der Zerstörung der Schutz= und Hindernißmittel war im
Laufe der Zeit naturgemäß auch gleichzeitig eine Verminderung der
Artilleriekräfte eingetreten. Ein großer Theil der schweren Geschütze
lag unbrauchbar in den Schanzen, und die Kartätschlagen, welche meist
nur noch unter dem Schutze der Dunkelheit abgegeben wurden, ver=
mochten ebensowenig wie die Geschosse aus Handmörsern eine erheb=
liche Wirkung auszuüben. Die Führung des Artillerie=Kampfes war
daher in den letzten Tagen vorzugsweise den Batterien auf Alsen
zugefallen, welche aber auch ihrerseits nur geringe Erfolge erzielten,
da sie meistens nur den Raum hinter den Preußischen Angriffs=
arbeiten beschossen;**) auch wurden sie durch die Preußischen Batterien
des linken Flügels jedesmal bald niedergekämpft.

Am Tage des Sturmes besaßen die Dänen in der verschanzten
Stellung noch 85 brauchbare Geschütze, einschließlich der in den
Verbindungsgräben aufgestellten Feldgeschütze und der noch vor=
handenen 11 Mörser.***)

---

*) Der Bericht des Dänischen Ober=Kommandos sagt: „Nach früher fest=
gestellten Ergebnissen bei ähnlichem, wenn auch nicht so heftigem Feuer, kann
man annehmen (obgleich keine spätere Meldung über den Zustand der Werke
als zwischen 4 bis 5 Uhr Morgens vorliegt), daß der Vertheidigungszustand der
Linien in dem entscheidenden Augenblicke zwar äußerst mangelhaft gewesen ist,
aber doch so, daß eine Infanterie=Besatzung, welche mit ebenso frischen Kräften,
wie der Feind sie hatte, zum Empfang des Sturmes bereit stand, wenigstens
für einige Zeit einen an Zahl überlegenen Angreifer aufhalten konnte."

**) Dieses Feuer verursachte bei den Preußischen Truppen in der Nacht
vom 16ten zum 17ten noch einen Verlust von 10 Todten und 23 Verwundeten,
dagegen in der Nacht vom 17ten zum 18ten nur einen solchen von zwei Verwundeten.

***) Anlage Nr. 54 enthält die Vertheilung der Geschütze in den Werken
an diesem Tage. Die Zahl der Festungsgeschütze auf Alsen während desselben
läßt sich nicht nachweisen.

Die Truppen des Vertheidigers hatten im Laufe der Belagerung nicht unbeträchtliche Verluste erlitten. Allein in den Tagen vom 10ten bis zum 17ten April betrugen dieselben an Todten, Verwundeten und Gefangenen 753 Mann, darunter eine große Anzahl von Offizieren. Hierdurch, wie durch den Abgang an Kranken, waren die Truppentheile stark zusammengeschmolzen, so daß am 17ten April die in erster Linie befindlichen 4 Infanterie-Regimenter nur noch eine Gesammt-Stärke von etwa 4200 Mann aufwiesen,*) und viele Kompagnien von jungen Reserve-Offizieren geführt wurden. Der moralische Zustand der Truppen wird in den Dänischen Berichten als ein guter bezeichnet. In Folge des Eintreffens der 8ten Brigade**) auf Alsen war es möglich geworden, am 14ten April das bis dahin beim Wechsel der Besatzungen beobachtete Verfahren dahin zu ändern, daß jeden Abend eine Brigade nach dem Sundewitt rückte, wo dieselbe dann 4 Tage blieb, während sie früher daselbst 6 Tage den Dienst versehen mußte.

Entschließungen des Ober-Kommandos und der Regierung in Kopenhagen.

Am 13ten April ging dem General Gerlach ein Schreiben des Kriegs-Ministers zu, welches den früheren Befehl,***) die Düppel-Stellung bis auf's Aeußerste zu halten, wiederholte und zugleich Andeutungen über die hierzu erforderlichen Maßnahmen enthielt.

Mit dieser Auffassung des Kriegs-Ministeriums stimmte jedoch diejenige des Ober-Kommandos, welches an Ort und Stelle die Verhältnisse genauer übersehen konnte, keineswegs überein. Dasselbe hielt einen erfolgreichen Widerstand im Sundewitt nicht mehr für möglich. Zudem hatte es aus dem Gange des Preußischen Angriffes den Schluß gezogen, daß mit dem zu erwartenden Sturm auch ein Uebergang des Feindes nach Alsen verbunden sein werde.

So lag der Gedanke nahe, den Schwerpunkt der Vertheidigung nach der Insel zu verlegen, um wenigstens diese halten zu können. Es wurden daher die Verstärkungsarbeiten an der Küste von Alsen auf der Strecke von Arnkiels Ore bis Sonderburg mit größerem Nach-

---

*) Der Sollstand derselben betrug 6400 Mann.
**) Vergl. Seite 493.
***) Vergl. Seite 493.

drucke betrieben. Die Kirchbergs-Batterie wurde erweitert sowie mit
einer linken Flanke versehen, und am Schloß, in den Laufgräben
längs des Hafens von Sonderburg, auf den Hügeln gleich nördlich
des Ortes und an den wichtigsten Stellen längs des Alsen Sundes
versenkte Batterien und Geschützstände errichtet, von denen aus der
Meeresarm der Länge nach bestrichen werden konnte. Das Linienschiff „Frederic VI." wurde herangezogen, um erforderlichen Falles
die Fortschaffung der Truppen von Alsen sichern zu helfen, und am
14ten war auch die Panzer-Korvette „Danebrog" in der Alsener
Föhrde eingetroffen, um zum Schutz der Insel mitzuwirken. Die
Düppeler Schanzen betrachtete das Ober-Kommando nur noch als
einen vorgeschobenen Posten, dessen Vertheidigungsfähigkeit bereits
hinreichend ausgenutzt sei.

Dementsprechend ging die Absicht des Generals Gerlach dahin,
die Schanzen-Stellung nur noch mit einem Regiment besetzt zu halten
und durch die Art der Vertheilung desselben den Feind glauben zu
machen, daß noch die gesammte Besatzungsstärke in derselben bereit
gehalten werde. Bei einem Sturme sollte dieses Regiment nur noch
die Gewehre abfeuern und sich dann auf den Brückenkopf zurückziehen.
In diesem sollte ein zweites Regiment, unter Mitwirkung der daselbst
aufgestellten Geschütze und der Alsener Batterien, das Vordringen
des Angreifers so lange aufhalten, als zur Sicherung des Rückzuges
nöthig war. Durch ein solches Verfahren gedachte man, die Verluste
der Truppen möglichst zu verringern und eine entscheidende Niederlage zu vermeiden.

Am 14ten April ließ der Kriegs-Minister den Oberbefehlshaber
auffordern, sich nach Augustenburg zu begeben, um sich mit ihm
telegraphisch über die Sachlage benehmen zu können. Da General
Gerlach leidend war, so sandte er seinen Stabs-Chef, Oberst-
Lieutenant Stjernholm, dorthin. In Folge dieser Verhandlungen
erhielt das Ober-Kommando freie Hand in Bezug auf die zu
fassenden Entschlüsse.

Doch schon am Nachmittage desselben Tages traf eine Depesche
aus Kopenhagen ein, nach welcher die Regierung, welche durch den

Kriegs=Minister von dem Inhalte der stattgehabten telegraphischen Unterredung in Kenntniß gesetzt worden war, an der Ansicht festhielt, daß es in Rücksicht auf die politischen Verhältnisse*) von größter Bedeutung sei, die Düppel=Stellung bis auf das Aeußerste zu halten, selbst wenn dies mit bedeutenden Verlusten verbunden wäre.

Nach Empfang dieser Weisung versuchte das Ober=Kommando am 15ten nochmals, durch eine eingehende Darlegung der Verhält= nisse eine Aenderung des Regierungsbeschlusses herbeizuführen. Bis zum Eintreffen einer Antwort werde man jedoch an dem bisherigen Verfahren festhalten. Dieses Schreiben gelangte indessen erst nach dem Falle von Düppel in die Hände des Kriegs=Ministers.

In der Bedrängniß der letzten Tage hatte das Ober=Kommando noch den Versuch gemacht, eine Verstärkung der mehr und mehr erlahmenden Widerstandskraft durch Mitwirkung der Seestreitkräfte herbeizuführen. Mit dem Kapitän Muxoll**) war verabredet worden, daß „Rolf Krake" am 15ten früh in den Wenningbund einlaufen sollte, um im Verein mit den noch brauchbaren Geschützen der Befestigungen die in der Nähe des Wenningbundes liegenden Preußischen Batterien zu bekämpfen.

Kurz vor Ausführung dieses Planes ließ jedoch der Kommandant des Panzerschiffes mittheilen, daß er die Bewegung in Rücksicht auf die im Fahrwasser des Wenningbundes noch vorhandenen Netze nicht ausführen könne. Ein erneutes Ansuchen des Ober=Kommandos stieß ebenfalls auf Widerspruch, weil die stark bewegte See ein Manövriren nicht zulasse. Nun gedachte man den „Rolf Krake" im Alsen Sunde Stellung nehmen zu lassen, um bei einem Sturm auf die Schanzen einen etwaigen gleichzeitigen Uebergangsversuch zu verhindern, und an Stelle des Kuppelschiffes der Panzerfregatte „Danebrog"***) die Beschießung der Preußischen Batterien vom Wenningbunde aus zu

---

*) Der Zusammentritt der Londoner Konferenz sollte bekanntlich am 20sten April stattfinden.

**) Derselbe war dem Befehle des Ober=Kommandos nicht unterstellt.

***) Der „Danebrog" führte 14 Geschütze.

übertragen. Aber auch dieses ließ sich nicht ausführen, weil Kapitän Muxoll sich nicht für berechtigt hielt, in solcher Weise über den „Danebrog" auf längere Zeit zu verfügen.

Angesichts der Gesammtlage muß es überraschen, daß das Dänische Ober-Kommando nicht zu dem Entschluß gelangt ist, wenigstens durch kurze Ausfälle die in so große Nähe gerückten Belagerungs-Arbeiten des Angreifers zu stören und zu verzögern. Man hatte dies schon am 9ten April beabsichtigt,*) aber wieder aufgegeben, als der Kommandant des „Rolf Krake" seine Mitwirkung versagte. Damals war soeben die Halb-Parallele ausgehoben worden, welche 650 m von den Schanzen entfernt lag. Nun hatte sich der Abstand bis auf etwa 300 m verringert, und es wäre den Dänen daher um so leichter geworden, mit Uebermacht überraschend gegen die Belagerungs-Arbeiten vorzudringen, deren Deckungstruppen, den engen Raumverhältnissen entsprechend, wenig zahlreich sein konnten. Wenn in dem letzten Abschnitte der Belagerung nichts Derartiges versucht wurde, so kann der Dänischen Heeresleitung der Vorwurf nicht erspart bleiben, daß sie ein sehr wirksames Mittel zur Bekämpfung des Angreifers unversucht gelassen hat. Auch der bei einem Ausfalle schließlich fast unvermeidlich eintretende Rückschlag würde weit weniger Nachtheile im Gefolge gehabt haben, als deren mit einer bloßen Abwehr des Sturm-Angriffes verbunden sein mußten. Wie schon früher in der Dannewerk-Stellung, blieb jedoch die Vertheidigung auch hier eine völlig abwartende und begab sich damit der Vortheile, welche mit einem angriffsweisen Verhalten verbunden sind.

Die Besetzung der verschanzten Stellung war dahin geregelt, daß jetzt in der vordersten Schanzen- und Laufgraben-Linie zwei Brigaden nebeneinander standen. Eine dritte**) war zur Vertheidigung der zurückgezogenen Linie bestimmt, während eine vierte

Art der Besetzung der Düppel-Stellung am 18ten früh.

---

*) Vergl. Seite 481.
**) Dieselbe biwakirte zu beiden Seiten der großen Straße östlich von dem nicht mehr benutzbaren Barackenlager.

Brigade den Brückenkopf besetzt hielt.*) Der übrige, auf Alsen stehende Theil der Armee sollte bei einem feindlichen Angriffe größtentheils nach dem Festlande übergehen und hier zur Unterstützung der fechtenden Truppen Verwendung finden.**)

Wenn der Gegner zum Angriff überging, sollten sämmtliche Truppen durch Signale alarmirt werden; man nahm an, daß die vordere Schanzen-Linie***) so lange gehalten werde, bis die übrigen Abtheilungen dort in den Kampf eingreifen konnten.

Bei Tage standen einzelne Beobachtungsposten unmittelbar vor den Werken, und innerhalb der Schanzen befand sich dann nur die Artillerie-Besatzung, welche in den Pulverkammern Zuflucht suchte. Nur während der Nacht waren die Infanterie-Besatzungen an der Brustwehr befindlich.

Am 9ten April hatte das Ober-Kommando in Bezug auf die Verwendung der Reserven, in Abänderung des Befehles vom 28sten März, angeordnet, daß sich die Hauptmasse derselben im Falle eines Sturmes hinter den Schanzen II bis VI zu sammeln habe, da der Hauptangriff gegen diesen Abschnitt erwartet wurde. Dabei war der Gesichtspunkt aufgestellt, daß die Vertheidigung der Stellung nicht ausschließlich in dem Widerstande beruhen solle, welcher in der vordersten Linie geleistet werde, sondern daß die Vertheidigung ihre volle Kraft in dem Augenblicke zu entfalten habe, in welchem der Angreifer sich nach Durchbrechung der ersten auf die zweite Linie werfe. Zu dieser Zeit besitze die Vertheidigung eine erhöhte Stärke, da der vordringende Feind dann auch noch der Beschießung im Rücken durch die Schanzen-Besatzungen ausgesetzt sei.

---

*) Sie war größtentheils in einem Zeltlager im Brückenkopfe untergebracht worden; ein Bataillon biwakirte weiter vorwärts, an der Apenrader Straße.

**) Ein Erlaß des Oberbefehlshabers vom 28sten März regelte im Besonderen die Verwendung der Reserven und eine am 1sten April ausgegebene Weisung den Dienst in den Schanzen. Vergl. Anlagen Nr. 55 und 56.

***) Ueber das Verhalten der Schanzen-Besatzungen im Falle eines Angriffs hatte das Ober-Kommando schon am 19ten Februar einen eingehenden Befehl erlassen. Vergl. Anlage Nr. 57.

Am Morgen des 18ten April standen in der vorderſten Linie,*) auf dem linken Flügel die 1ſte Brigade, unter Oberſt Laſſon, vom Wenningbunde bis zur Schanze VII, während von da bis zum Alſen Sunde die 3te, unter Oberſt Wörishöffer, den rechten Flügel einnahm. Auf dieſe Linie waren auch die Geſchütze der 13ten Batterie vertheilt. Auch befand ſich je ein Zug der 2ten, 8ten, 10ten und 11ten Batterie in den für dieſe Batterien vorbereiteten Ständen. Zur Vertheidigung der zweiten Linie hielt ſich die 8te Brigade, unter Oberſt Scharffenberg, bereit. Der Brückenkopf war durch den größeren Theil der 2ten Brigade, unter Oberſt Kauffmann, beſetzt.**) Im Falle einer Alarmirung ſollte ein Regiment derſelben bis an den Gabelpunkt der Straßen nach Apenrade und Flensburg vorrücken und von Alſen aus die Leib-Garde zu Fuß zu ihm ſtoßen. General du Plat führte den Befehl über die Truppen des geſammten linken, General Steinmann über diejenigen des rechten Flügels.***)

Auf der Inſel ſtand, außer der Garde zu Fuß, die 2te Diviſion mit der 4ten Brigade, Faaborg, der 5ten Brigade, Vogt,†) und der 6ten Brigade, Bülow. Außerdem befanden ſich dort die 2te, 4te, 8te, 10te und 11te Batterie mit Ausnahme der vier oben bezeichneten Züge, ſowie endlich die dem Ober-Kommando unmittelbar unterſtellte 7te Brigade, unter Oberſt Müller, von welcher ein Theil die Küſtenſtellungen bei Kjär beſetzt hielt. Dieſer Brigade waren auch die 1ſte und 9te Batterie zugetheilt. Bei Meels befand ſich die mehrfach erwähnte Beobachtungs-Abtheilung.

---

*) Vergl. Textſkizze auf Seite 516 ſowie Plan 9.

**) Das $\frac{I.}{3.}$ biwakirte weiter vorwärts dicht hinter dem nicht mehr bewohnbaren Barackenlager am Apenrader Wege. Vergl. Anmerkung 1 auf Seite 514.

***) General Steinmann war, von ſeiner bei Oeverſee erhaltenen Wunde geneſen, am 14ten April wieder eingetroffen und hatte das Kommando der 1ſten Diviſion übernommen, während der bisherige Führer derſelben, General Vogt, die 5te Brigade erhielt.

†) Früher Oberſt Harbou.

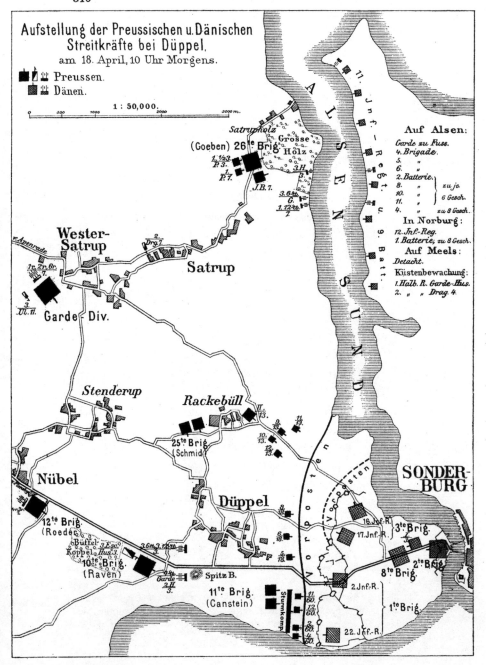

Aufstellung der Preussischen u. Dänischen
Streitkräfte bei Düppel,
am 18. April, 10 Uhr Morgens.

Preussen.
Dänen.

1 : 50,000.

Es standen mithin am 18ten April zur Verfügung:

in erster und zweiter Linie: 13 Bataillone,*) 16 Feld=Geschütze, 3 Festungs=Kompagnien,**) 54 brauchbare Festungs=Ge= schütze***) und 11 Mörser;

im Brückenkopf: 3 Bataillone, 4 brauchbare Festungs=Geschütze;

auf Alsen als Reserve: 13 Bataillone,†) 32 Feld=Geschütze;††)

auf Alsen zur Verfügung des Ober=Kommandos und zur Besatzung von Kjär und Meels: 5 Bataillone,†††) 16 Feld=Geschütze;

auf Alsen zur Küstenbewachung: 6 Eskadrons.

Im Ganzen: 34 Bataillone, 6 Eskadrons, 64 Feld=Geschütze,*†) 3 Festungs=Kompagnien, 58 brauchbare Festungs=Geschütze, 11 Mörser.

Die Stärke dieser Streitmacht wird auf etwa 23 000 Mann angegeben. An Seestreitkräften befanden sich „Rolf Krake" mit vier Geschützen bei Sonderburg, ferner „Hekla" mit sieben, „Hertha" mit zwei, und vier Kanonen=Schaluppen mit je einem Geschütz im Steg= wig, „Esbern Snare" mit drei Geschützen in der Augustenburger Föhrde, endlich „Danebrog" mit 14 und „Willemoës" mit 6 Ge= schützen in der Alsener Föhrde.

---

*) 8 Bataillone in der Schanzenlinie und fünf im zweiten Treffen hinter den Baradenlagern.

**) Die 3te, 4te, 6te Festungs=Kompagnie.

***) 42 in der ersten, 12 in der zurückgezogenen Linie.

†) Einschließlich der Garde zu Fuß.

††) Die Zahl der auf Alsen befindlichen Festungs=Geschütze läßt sich nicht nachweisen.

†††) Die Abtheilung auf Meels hatte ungefähr die Stärke eines Infanterie= Bataillons.

*†) 8 Batterien.

IV. Der Sturm auf die Düppeler Schanzen.

Die Anordnungen und letzten Vorbereitungen für den Sturm.

Nach den vom Prinzen Friedrich Karl getroffenen Anord=
nungen*) sollte der Sturm am 18ten April durch ein sechsstündiges
lebhaftes Geschützfeuer vorbereitet und um 10 Uhr Vormittags gegen
die Schanzen I bis VI durch ebenso viele einzelne Kolonnen gleichzeitig
ausgeführt werden. Vier derselben bestanden aus je 6, eine**)
aus 10, und eine***) aus 12 Infanterie=Kompagnien. Jeder
Kolonne waren im Verhältniß zu ihrer Stärke eine halbe oder
ganze Pionier=Kompagnie und eine kleine Abtheilung Festungs=
Artillerie zugetheilt. Eine besondere Pionier=Abtheilung stand für
Beseitigung der zwischen den Schanzen IV und V befindlichen
Straßensperren bereit.

Die Gesammtzahl dieser zum Sturme bestimmten Truppen betrug
46 Infanterie= und 5 Pionier=Kompagnien, sowie 7 Offiziere und
144 Mann Festungs=Artillerie. Dieselben sollten vor Tagesanbruch in
der 3ten Parallele an den Ausfallstufen bereit stehen. Falls es an
Raum mangelte, war ein Theil der Kompagnien in der 2ten Parallele
unterzubringen. Die Brigaden Canstein (11te) und Raven (10te)
bildeten nebst 4 Feld=Batterien die Haupt=Reserve.

In Bezug auf die Ausführung des Sturmes war vorgeschrieben
worden, daß die vorderste Kompagnie jeder Kolonnen, in Schützen=
linien aufgelöst, so schnell wie möglich gegen die ihnen als Angriffs=
punkt bezeichnete Schanze vorgehen und sich am Grabenrande der=
selben einnisten sollte, um das Feuer der Besatzung zu bekämpfen,

---

*) Die Anlage Nr. 58 enthält die ausgegebene „Instruktion für den
Sturm auf die Düppeler Schanzen", Anlage Nr. 59 die „Disposition für
den 18ten April".
**) Nr. 2.
***) Nr. 4.

während die nachfolgende Arbeiter-Kolonne, aus den Pionieren und je einer Infanterie-Kompagnie zusammengesetzt, zum Beseitigen der Hindernisse bestimmt war.

Die den Arbeiter-Abtheilungen auf etwa 80 m folgenden Kompagnien bildeten die eigentlichen Sturm-Kolonnen und sollten nach Beseitigung der Hindernisse die Brustwehr ersteigen. War dies gelungen, so hatten sich die Schützen-Kompagnien gegen die Kehle der Schanzen zu wenden, um der Besatzung den Rückweg abzuschneiden. Bei den stärker bemessenen Sturm-Kolonnen Nr. 2 und 4 waren je zwei Kompagnien, denen je eine Kompagnie als Reserve folgte, dazu bestimmt, gegen die neben den Schanzen II und IV befindlichen Verbindungsgräben vorzudringen.

Die noch übrigen Kompagnien jeder Kolonne hatten als Reserve auf etwa 120 m zu folgen.

Sämmtliche zum Sturm bestimmten Truppen traten bei Beginn desselben unter den Befehl des Generals v. Manstein.

Die Aufstellung sowie die ersten Bewegungen der Haupt-Reserve und der übrigen nicht unmittelbar am Sturme betheiligten Truppen war dahin geregelt worden, daß die Brigade Canstein*) um 10 Uhr hinter dem rechten Flügel am Spitz Berge eintreffen sollte; doch wurde ihr kurz vor der Ausführung dieses Befehls die Halb-Parallele als Aufstellungsort zugewiesen, um von hier aus bei Beginn des Sturmes in die 3te Parallele vorzurücken. Die Brigade Raven**) sollte von der Büffelkoppel aus, wo auch das Zieten-Husaren-Regiment***) Aufstellung nahm, um 10 Uhr auf der großen Straße bis in die Höhe der 2ten Parallele vorrücken, die vier Feld-Batterien†) hatten schon vor Tagesanbruch gedeckt in der Nähe des Spitz Berges bereit zu stehen.

---

*) 10 Infanterie-Kompagnien und 3 Kompagnien Jäger-Bataillons Nr. 3. Dazu sollten nach Einnahme der ersten Schanzen-Linie noch vier auf Vorposten befindliche Kompagnien der Brigade stoßen.

**) 15 Kompagnien.

***) Ausschließlich der 4ten Eskadron, welche auf Broacker verblieb.

†) Die 4pfündige Garde-Batterie, die 3te 6pfündige, 3te 12pfündige und 2te Haubitz-Batterie der Artillerie-Brigade Nr. 3.

520

Der Brigade Roeder*) wurde Nübel als Sammelpunkt an=
gewiesen, um von hier aus um 10 Uhr auf der großen Straße
nach dem Spitz Berge vorzugehen, während die Garde=Division**)
nebst der 3ten Eskadron Ulanen=Regiments Nr. 11 sich bei Wester=
Satrup zu sammeln und über Stenderup gegen Düppel zu wenden
hatte. Die 2te Eskadron Dragoner=Regiments Nr. 7 stand in Oster=
Satrup zum Ausrücken bereit.

Von den reitenden Batterien der Artillerie=Brigade Nr. 7 befanden
sich von 10 Uhr an drei bei Satrup und zwei bei Nübel zur Ver=
fügung des General=Kommandos.

Von der auf dem linken Flügel befindlichen 13ten Division sollte
die Brigade Schmid (25ste)***) um 10 Uhr die Vorposten der
Division verstärken und sich gesammelt bei Rackebüll, die Brigade
Goeben (26ste)†) sich zu derselben Zeit hinter dem Großen Holze auf=
stellen. Dieser letzteren war aufgetragen worden, zunächst durch den
Scheinversuch eines Uebersetzens nach Alsen Kräfte des Feindes von
dem Haupt=Kampfplatze abzuziehen und den Uebergang selbst wirklich
auszuführen, falls die Umstände dies zuließen. Da man sich die
Schwierigkeiten eines solchen Unternehmens nicht verhehlte, so war dem
General v. Goeben völlig freie Hand gelassen worden, nur sollte er
sich davor hüten, den etwaigen Erfolg des Tages durch einen Mißerfolg
seinerseits zu schmälern. Dagegen war ein Uebergang unter allen
Umständen zu versuchen, sobald es nach einem Mißlingen des ersten
Angriffs nöthig werden sollte, die Truppen vor Düppel zu entlasten.

Für die Thätigkeit der Artillerie hatte Oberst Colomier noch
eine besondere Weisung erlassen,††) nach welcher von allen Batterien
um 4 Uhr Morgens das Feuer aufgenommen und allmälig ge=
steigert werden sollte. Die Batterien des Hauptangriffes hatten um
10 Uhr, dem Augenblick des Vorbrechens der Sturm=Kolonnen, ihr
Feuer einzustellen, während die Gammelmark=Batterien sowie diejenigen

*) 18 Kompagnien.
**) 21 Kompagnien.
***) 12 Kompagnien.
†) 20 Infanterie=, 4 Jäger = Kompagnien, 3 Batterien 2½ Pionier=
Kompagnien..
††) Anlage Nr. 60 enthält den Wortlaut derselben.

des linken Flügels dasselbe gegen das Gelände hinter den Schanzen, gegen den Brückenkopf, auf die Stadt Sonderburg, die Brücken, die Batterien auf Alsen und die Schiffe fortsetzen sollten, und zwar auch dann noch, wenn es gelungen war, sich in den Besitz der Schanzen zu setzen. Den einzelnen Batterien wurden die Ziele genau vorgeschrieben. Den Schluß der Weisung bildeten Anordnungen für den Fall, daß das eroberte Gelände durch Aufstellung einer größeren Artilleriemasse festgehalten werden müsse.

In einer am 17ten Mittags beim Kruge von Wielhoi stattfindenden Besprechung, zu welcher Prinz Friedrich Karl die Generale, die Kommandeure der Sturm-Kolonnen und mehrere Offiziere der Artillerie und Ingenieure versammelt hatte, gab derselbe noch verschiedene mündliche Aufschlüsse und Weisungen.

Nach einer Schilderung des Vorgeländes der Schanzen sowie des Zustandes der letzteren äußerte der Prinz sich dahin, daß der Hauptkampf sich voraussichtlich weniger um die Schanzen, als die Verbindungsgräben drehen werde, weil sich hierhin die feindliche Infanterie während des Geschützfeuers stets zurückziehe. Einmal genommene Schanzen dürften nicht wieder verloren gehen. Die Kommandeure hätten zum Festhalten derselben einen Theil der Infanterie sowie die gesammte Artillerie und die Pioniere zurückzuhalten. Da die Kolonnen sehr stark seien, so solle man den überschießenden Theil ruhig vorwärts fluthen lassen, er werde auf diese Weise vielleicht gleichzeitig mit dem Feinde in die zweite Linie eindringen. Zur Unterstützung der siegreichen Truppen und zum Kampfe gegen die Dänischen Reserven würden die Brigaden Canstein und Raven vorrücken, über welche alsdann der General v. Manstein ebenfalls den Befehl zu übernehmen habe. Für einen Angriff auf die Schanzen VIII, IX und X waren zunächst keine Anordnungen getroffen worden. Man hoffte, deren Besatzungen durch das weitere Vordringen der Sturm-Kolonnen abzuschneiden. Ebenso wenig wurde schon jetzt eine Erstürmung des Brückenkopfes ins Auge gefaßt.

Den erlassenen Befehlen gemäß vollzogen sich die Bewegungen der Truppen in der Nacht und in der Frühe des 18ten April mit größter Ruhe. Um 10 Uhr Vormittags war Alles zur Ausführung

des Sturmes bereit. Die Sturm=Kolonnen lagerten bereits seit
2 Uhr Morgens in der 3ten Parallele.*) Vor ihnen befanden sich
die Vorposten in den bisherigen Stellungen; dieselben sollten im
Augenblicke des Vorbrechens der Kolonnen Schnellfeuer abgeben und
dasselbe möglichst lange unterhalten.

Die gesammten für den Kampf bestimmten Kräfte bestanden aus:
den Vorposten: 2³/₄ Bataillone,
den Sturm=Kolonnen: 11½ Bataillone, 5 Pionier=Kompagnien,
144 Mann Festungs=Artillerie,
der Haupt=Reserve, den Brigaden Caustein und Raven:
6¼ Bataillone, 3 Kompagnien Jäger, 4 Batterien
mit 27 Geschützen,**)
der Brigade Roeder: 4½ Bataillone,
der Brigade Schmid: 3 Bataillone,
der Garde=Division: 5¼ Bataillone,
5 Eskadrons,
einer Reitenden Abtheilung: 5 Batterien mit 20 Geschützen.
Somit standen gegen die Schanzen 33¼ Bataillone, 3 Kom=
pagnien Jäger, 5 Eskadrons, 47 Geschütze, 5 Pionier=
Kompagnien,
bei Satrupholz 5 Bataillone, 4 Kompagnien Jäger, 20 Ge=
schütze, 2½ Pionier=Kompagnien,
im Ganzen 38¼ Bataillone, 7 Kompagnien Jäger, 5 Eska=
drons, 67 Geschütze, 7½ Pionier=Kompagnien oder etwa
37 000 Mann***) zur Verfügung.

---

*) Ein Theil der Truppen mußte wegen Mangels an Raum hinter der
3ten Parallele auf freiem Felde liegen; das Uebrige war in der 2ten Parallele
und in den von dieser zur 3ten Parallele führenden Verbindungsgräben
untergebracht. Vergl. Plan 9 und Textskizze auf Seite 516.

**) Die Garde=Batterie zählte nur sieben Geschütze, da ein Geschütz un=
brauchbar geworden war.

***) Außer den oben angeführten Truppen sind bei dieser Zahl noch
eingerechnet: 1 Jäger = Kompagnie auf Broacker, 7½ Festungs = Artillerie=
Kompagnien (einschließlich der $\frac{7\text{ten Fest. Komp.}}{\text{Art. Brig. 4}}$, welche am 18ten April Vor=
mittags eintraf), ½ Preußische und 1¼ Oesterreichische Pionier=Kompagnien.
Letztere befanden sich während des Sturmes in der 3ten Parallele und bethei=
ligten sich an dem Fortschaffen der Verwundeten in rühmlichster Weise.

Um 9½ Uhr Vormittags hatte General v. Manstein folgen=
den Befehl erlassen:

„Auf die Energie der Truppen rechne ich mit Zuversicht;
Kartätschfeuer kann kein Anlaß sein, zu stutzen oder umzukehren.
Sollten Unfälle irgendwo eintreten, so versteht sich ganz von selbst,
daß die Reserve eintritt. Ich erwarte keine Meldung, sobald eine
Schanze genommen wird. Es bleibt dabei, unsere Fahnen wehen
von den Schanzen. Dagegen erwarte ich Meldung, sobald das
Festhalten der Schanze oder das Festhalten etwa vorwärts in den
Retranchements errungener Vortheile, sei es durch Offensiv=Be=
wegungen des Feindes, sei es durch Flankenfeuer, gefährdet würde.

Die Batterien in der Front werden schweigen; die Truppen
sollen sich aber nicht irre machen lassen durch das Feuer unserer
Flanken=Batterien, bis die Schanzen genommen sind.

Ich werde mich in der 3ten Parallele, am Ausfall 5, und, sind
die Schanzen genommen, in Schanze IV selbst aufhalten."*)

Inzwischen war von Morgens 4 Uhr an Seitens der Belage=
rungs=Artillerie die Beschießung wieder aufgenommen und nach und
nach gesteigert worden.

Im Ganzen standen gegen die Schanzen und gegen Alsen
102 Geschütze im Feuer, und zwar auf dem rechten Flügel bei
Gammelmark in den Batterien Nr. 1, 2 und 4 . 12 Geschütze,
auf der Front des Hauptangriffs: in den Batterien
Nr. 9, 10, 11, 14, 16, 18, 19, 20, 21, 28, 31,
32, 33,**) und dem Geschützstand bei Oster=Düppel   56   =
auf dem linken Flügel: in den Batterien Nr. 13, 22,
23, 24, 25, 26, 27, 29   34   =

im Ganzen 102 Geschütze,

*) Es wurden sechs Offiziere bestimmt, von denen jeder eine Schanze zu
beobachten und dem General v. Manstein zu melden hatte, sobald eine der
den Kolonnen mitgegebenen schwarz=weißen Fahnen auf derselben wehte.

**) Die Batterien des Hauptangriffs Nr. 5 und 15, mit im Ganzen
vier Geschützen, sollten nur gegen die feindlichen Schiffe wirken, kamen aber am
18ten April nicht zum Schuß. Auch die Geschütze des Standes Nr. 30,
welche nur gegen Ausfälle verwendet werden sollten, gelangten an diesem Tage
nicht zur Thätigkeit.

welche bis 10 Uhr Vormittags etwa 7900 Geschosse gegen die feind=
lichen Werke auf Düppel und Alsen schleuderten. Der Gegner ant=
wortete aus den Schanzen nur mit Wallbüchsen, außerdem führten
einige Geschütze auf Alsen etwa eine Stunde lang den Kampf gegen
Batterie Nr. 24.

Zwischen den Preußischen Vorposten und den Schanzenbesatzungen
hatte sich bei Tagesanbruch ein ziemlich lebhaftes, aber fast wirkungs=
loses Schützenfeuer entsponnen, welches nach dem Zurückziehen der
Dänischen Infanterie=Besatzung aus den Schanzen wieder verstummte.

Die Thätigkeit der Sturm-Kolonnen bis zur Eroberung der ersten Schanzenlinie.*)

Am 18ten April war der Himmel unbewölkt, und der Geschütz=
dampf stieg senkrecht in die Höhe, so daß die feindlichen Werke deutlich
zu erkennen waren. Der Erdboden war ziemlich fest und trocken.

Während Prinz Friedrich Karl mit seinem Stabe um 9 Uhr
auf dem Spitz Berge Aufstellung genommen hatte, begaben sich
Feldmarschall v. Wrangel und der Kronprinz, sowie die Prinzen
Karl und Albrecht (Vater) nach den Höhen von Dünth.

Punkt 10 Uhr verstummte das Artilleriefeuer auf der Angriffs=
front. Die Ausfallstufen der 3ten Parallele wurden von den sie
verdeckenden Schanzkörben befreit, und sofort warfen sich die Sturm=
Kolonnen, erst schweigend und dann mit lautem Hurrahruf, unter den
Klängen des York'schen Marsches,**) auf die feindlichen Schanzen.

Die Dänen hatten sich in den Frühstunden des 18ten auf einen
Sturm gerüstet, da bei dem Stande der Preußischen Angriffsarbeiten
ein längeres Aufschieben desselben nicht wahrscheinlich erschien. Die
Truppen der vorderen Linie waren daher, noch ehe es tagte,
in ihre Stellungen gerückt, die Reserven zur Besetzung der zweiten
Linie vorgezogen worden. Als aber bei Tagesanbruch eine länger
anhaltende Beschießung begann, kehrten die Infanterie=Besatzungen

---

*) Vergl. Plan 9.
**) Die Musikchöre der Regimenter Nr. 8, 18, 35 und 60 waren unter
Leitung des Musikdirektors Piefke in der zweiten Parallele aufgestellt worden.

der Schanzen in ihre rückwärtigen Deckungen und die Reserven in
ihre alten Stellungen zurück. Nur die in den Laufgräben befind=
liche Infanterie, sowie die Artillerie=Besatzung der vorderen Linie
harrten an ihren Plätzen aus. Auch blieb man hier wachsam, und
als die Sturm=Kolonnen vorbrachen, eröffneten die Schanzen=Geschütze,
die in den Verbindungsgräben befindliche Feldartillerie sowie die
Infanterie sofort ein heftiges Feuer.

Bei der Schilderung des nunmehr beginnenden Gefechtes erscheint
es unerläßlich, den vielfach verschlungenen Wegen zu folgen, welche
von den einzelnen, durch Trennung und Anschluß sich immer wieder
ändernden Kampfesgruppen eingeschlagen worden sind. Nur so ist es
möglich, ein treues Gesammtbild des Gefechtes zu gewinnen und die
Ursachen näher kennen zu lernen, welche hier vielfach das Zerreißen
der taktischen Verbände herbeiführten; eine Erscheinung, welche sich
beim Angriff auf befestigte Stellungen stets wiederholen dürfte.

Die Kolonne Nr. 1*) hatte einen etwa 550 m langen Weg Sturm=Kolonne
zurückzulegen; derselbe führte über eine sumpfige Niederung hinweg, Nr. 1.
in wirksamster Schußweite an Schanze II und dem südlich anschließen=
den Verbindungsgraben entlang. Gleich nach Verlassen der Parallele
schwärmte die Schützen=Kompagnie aus, überschritt den nassen Grund
und stürmte, von heftigem Kartätsch= und Gewehrfeuer empfangen,
unaufhaltsam gegen Schanze I vor.

---

*) Führer: Major v. Conta vom 4ten Garde=Regiment zu Fuß.

Schützen=Kompagnie: $\dfrac{\text{4te}}{\text{3ten G. R.}}$, Hauptmann v. Reinhardt,

Arbeiter=Kolonne: $\dfrac{\frac{1}{2}\ \text{2te}}{\text{Pion. B. 3.}}$, Premier=Lieutenant Fritze,

Sturm=Kompagnien: $\dfrac{\text{5te}}{\text{4ten G. R.}}$, Hauptmann v. Wolfradt,

$\dfrac{\text{4te}}{\text{4ten G. R.}}$, Hauptmann v. Stülpnagel,

$\dfrac{\text{5te}}{\text{3ten G. R.}}$, Hauptmann v. Petery,

Reserve=Kompagnien: $\dfrac{\text{1fte}}{\text{3ten G. R.}}$, Hauptmann v. Seegenberg,

$\dfrac{\text{5te}}{\text{3ten G. G. R.}}$, Hauptmann v. Hahnke,

Fest. Art. Abtheilung von der Art. Brigade Nr. 7: Sekond=
Lieutenant Schmölder.

526

Der feindlichen, aus der halben 8ten Kompagnie 22ften Regi=
ments beftehenden Infanterie=Befatzung war es gelungen, noch recht=
zeitig das Werk zu erreichen. Die Preußifchen Schützen überftiegen
ein vor der Schanze befindliches Drahthinderniß und sprangen
in den Graben. Wider Erwarten fand fich die Pallifadirung faft
unverfehrt. Da entdeckte Hauptmann v. Reinhardt in der linken
Face eine Lücke von der Breite einer Pallifade. Schnell wurde diefe
mit Hülfe der Pioniere, welche faft zugleich mit den Schützen den
Graben erreicht hatten, durch Auswuchten der Pfähle erweitert und
die Bruftwehr erftiegen.*) Im Inneren des Werkes enfpann fich
ein kurzer, aber erbitterter Kampf mit Kolben und Bajonnet, welcher
damit endete, daß ein Theil der Befatzung niedergemacht**) wurde
und die Uebrigen fich ergaben.

Um 10 Uhr 6 Minuten wehte die Preußifche Fahne auf der
Bruftwehr. Das einzige im Werk befindliche brauchbare Gefchütz
fiel unvernagelt in die Hände des Siegers.

Als die der Schützen=Kompagnie folgende Arbeiter=Kolonne die
Preußifchen Mannfchaften auf der Bruftwehr erfcheinen fah, warfen
die Leute ihre nunmehr unnöthig gewordenen Geräthfchaften fort und
ftürmten in Gemeinfchaft mit den vom Major v. Conta im Lauf=
fchritt vorgeführten Sturm=Kompagnien ebenfalls auf die Schanze
los. Während ein Theil derfelben von Süden her in das Werk
eindrang, gingen die Uebrigen gegen den nördlich anftoßenden Ver=
bindungsgraben vor.

Inzwifchen hatte fich Hauptmann v. Reinhardt mit dem
größten Theile feiner Kompagnie längs des von Schanze I am
Strande entlang zur zurückgezogenen Linie führenden Verbindungs=
grabens gegen Lünette A gewendet; die noch im Laufgraben zwifchen
Schanze I und II Widerftand leiftende 7te Kompagnie des 22ften
Dänifchen Regiments wurde durch Theile der Sturm=Kompagnien
überwältigt. Was entkam, flüchtete nach der zurückgezogenen Linie.

*) Zuerft durch Grenadier Zimmermann, dem Hauptmann v. Rein=
hardt und Grenadier Chrapkowski folgten.
**) Grenadier Chrapkowski tödtete einen Dänifchen Kanonier, als diefer,
obwohl er fich bereits gefangen gegeben hatte, mit brennender Lunte nach der
Pulverkammer eilte.

Etwas später als Hauptmann v. Reinhardt drang auch Haupt=
mann v. Wolfradt in der Richtung auf Lünette A vor, und als nun
auch Theile der Reserve=Kompagnien über die erste Linie hinaus weiter
stürmten, mußte an ein Festhalten der noch bei Schanze I befindlichen
Truppen gedacht werden, um das genommene Werk gegen einen feind=
lichen Gegenstoß zu sichern. Etwa zwei Kompagnien wurden zu diesem
Zweck gesammelt. Die Pioniere richteten die Schanze zur Verthei=
digung gegen Osten ein. Das vorgefundene Geschütz wurde wieder
in Stand gesetzt, um gegen „Rolf Krake", der in der Ferne auf=
tauchte, in Thätigkeit zu treten.*)

Die aus 11 Kompagnien bestehende Kolonne Nr. 2**) hatte Sturm=Kolonne Nr. 2.

---

*) Dieses Geschütz gab später 14 Schuß gegen das Panzerschiff ab.

**) Führer: Major v. Fragstein, vom Brandenburgischen Füsilier=
Regiment Nr. 35.

Schützen=Kompagnien: $\frac{2te}{35.}$, Hauptmann v. Spies, gegen Schanze II.

$\frac{3te}{60.}$, Hauptmann v. Leszczynski, gegen den
Laufgraben II zu III.

$\frac{6te}{60.}$, Hauptmann Krähe, gegen den Lauf=
graben II zu I.

Jede Kompagnie hatte einige mit Sturmgeräth versehene Pioniere bei sich.

Arbeiter=Kolonne: $\frac{4te}{\text{Pion. 3}}$, Hauptmann Daun,

$\frac{3te}{35.}$, Hauptmann Struensee,

Sturm=Kompagnien: $\frac{5te}{35.}$, Hauptmann Bachfeld,

$\frac{7te}{35.}$, Hauptmann v. Schütz.

Reserve=Kompagnien: Major v. Kettler vom Infanterie=Regiment
Nr. 60.

$\frac{11te}{35.}$, Premier=Lieutenant v. Treskow, gegen
Schanze II.

$\frac{12te}{35.}$, Hauptmann v. Kameke, gegen Schanze II.

$\frac{9te}{60.}$, Premier=Lieutenant v. Kaminietz, gegen
den Laufgraben II zu I.

$\frac{10te}{60.}$, Premier=Lieutenant Caspari, gegen den
Laufgraben II zu III.

Fest. Art. Abtheilung der Art. Brig. Nr. 7: Lieutenant Pohlmann.

nicht vollständig in der 3ten Parallele Platz gefunden. Von den eigentlichen Sturm-Kompagnien lag die eine dicht hinter der 3ten Parallele, während sich die Reserve-Kompagnien in dem von der 2ten zur 3ten Parallele führenden rechten Verbindungsgraben befanden. Der Weg dieser Kolonne war um etwa 250 m kürzer als derjenige der ersten und führte ebenfalls über den schon erwähnten nassen Grund.

Auch hier ging die Schützen-Kompagnie umfassend gegen Schanze II vor. In dieser war das Blockhaus Tags vorher in Brand geschossen worden, so daß die zur Besetzung des Werkes bestimmte halbe 5te Kompagnie 22sten Regiments in den benachbarten Laufgräben hatte untergebracht werden müssen. Gleichwohl glückte es auch hier den Dänen, noch rechtzeitig das Werk zu erreichen.

Unter dem Schutze des Feuers der Füsiliere sprengten die Pioniere eine Lücke in die Pallisaden.*) Durch diese drang Premier-Lieutenant v. Saß-Jaworski mit einem Zuge der Schützen-Kompagnie in den südlichen Theil des Werkes ein. Die Schanze war durch das noch brennende Blockhaus und mehrere Traversen in zwei fast völlig getrennte Abschnitte zerlegt, so daß nicht die gesammte Besatzung entwaffnet wurde, vielmehr eine Anzahl Dänen unbeachtet im nördlichen Abschnitt verblieben. Der größere Theil der Schützen-Kompagnie folgte im Kampfeseifer den aus der Schanze und den anliegenden Laufgräben flüchtenden Gegnern, während die noch im nördlichen Abschnitt befindlichen Vertheidiger unter Führung des Kommandeurs der Artillerie, Lieutenants Ancker, den Kampf gegen die der Schützen-Kompagnie folgende Arbeiter-Kolonne fortsetzten.

Unmittelbar hinter der gegen die Schanze vorstürmenden 2ten Kompagnie Regiments Nr. 35 war die 3te Kompagnie

---

*) Unteroffizier Lademann von den Pionieren entzündete den Granatzünder des 30 Pfund schweren Pulversackes. Pionier Kitto warf letzteren vom Glacis aus gegen den Fuß der Pallisaden. Durch die sofort erfolgende Sprengung wurden zwei Pallisaden umgeworfen. Pionier Klinke, welcher sich schon an der Pallisadenwand befand, wurde hierbei stark verbrannt und dann beim Herausklettern aus dem Graben von einer Kugel tödtlich getroffen. Lieutenant Diener wurde an der Hand verbrannt.

60ſten Regiments gegen den nördlichen Laufgraben vorgegangen.
Die hier ſtehenden Däniſchen Kompagnien ſetzten den die Bruſtwehr
erſteigenden Angreifern tapferen Widerſtand entgegen, doch gelang
es letzteren, nachdem eine große Anzahl Vertheidiger niedergemacht
worden war, noch 3 Offiziere und gegen 150 Mann gefangen zu
nehmen; die übrigen flohen, von einem Theile der genannten Kompagnie, dem linken Flügelzuge der 2ten Kompagnie der 35er
und einem noch hinzukommenden Zuge der 3ten Sturm-Kolonne*)
verfolgt, der zurückgezogenen Linie zu. Zwei Feld-Geſchütze und drei
Danebrogs**) wurden von den Siegern erbeutet.

Etwas ſpäter als die 3te Kompagnie Regiments Nr. 60 gegen
den nördlichen, ging die 6te Kompagnie deſſelben Regiments, unter
Hauptmann Krähe, gegen den ſüdlichen Laufgraben vor und warf
im Vereine mit Theilen der 1ſten Sturm-Kolonne die hier fechtenden
Kompagnien des 22ſten Däniſchen Regiments aus ihrer Stellung.
Die daſelbſt befindlichen beiden Feld-Geſchütze fielen dem Angreifer
in die Hände. Die Hälfte der Kompagnie verblieb in dem Laufgraben, mit der anderen Hälfte verfolgte Hauptmann Krähe den
weichenden Feind.

Während dieſer Vorgänge zu beiden Seiten der Schanze war
auch die Arbeiter-Kolonne bis an das Werk gelangt, deſſen Vertheidiger, wie oben erwähnt, den Kampf fortſetzten. Ein Theil der
Kolonne unterſtützte die am Glacis liegenden Schützen im Feuergefecht, während ein anderer die noch vor der Schanze befindlichen
Hinderniſſe beſeitigte und die Lücke in den Palliſaden erweiterte.

Inzwiſchen waren auch die Sturm-Kompagnien herangekommen,
von denen die 5te Kompagnie der 35er unter Hauptmann Bachfeld
von Süden, die 7te Kompagnie deſſelben Regiments unter Hauptmann
v. Schütz von Norden her durch eine dort ſich vorfindende Lücke,
im Verein mit Theilen der Arbeiter-Kolonne, in die Schanze eindrangen, deren Vertheidiger raſch überwältigten und um 10 Uhr

---

*) Premier-Lieutenant Stöckel mit einem Zuge der $\frac{9ten}{8.}$.

**) Däniſche Kompagnieflaggen.

10 Minuten die Preußische Fahne aufpflanzten. Lieutenant Schneider entwaffnete den Lieutenant Ancker.

Als die Reserve-Kompagnien erschienen, war der Kampf hier bereits entschieden, und so wendeten sich dieselben gegen die zurück= gezogene Linie.

In der Schanze wurden sofort Vertheidigungs=Einrichtungen getroffen, ohne daß das hierher gerichtete Feuer des „Rolf Krake" dies zu hindern vermochte. Die im Werk stehenden drei Geschütze hatte der Feind im letzten Augenblick vernagelt.

Der größere Theil der 2ten, 3ten und 5ten Kompagnie Regiments Nr. 35 wurde als Besatzung in der Schanze gesammelt, während der größte Theil der 3ten Kompagnie Regiments Nr. 60 im Laufgaben nördlich und die Hälfte der 6ten Kompagnie desselben Regiments, wie erwähnt, im südlich anstoßenden Laufgraben verblieben.

Sturm-Kolonne Nr. 3.

Der von der 3ten Sturm=Kolonne*) zurückzulegende Weg war nur etwa 270 m lang und somit der kürzeste von allen. Die Schützen= Kompagnie hatte sich, von Kartätsch= und Gewehrfeuer aus der Schanze III und den anstoßenden Laufgräben empfangen, in wenigen Minuten dem Werke bis auf etwa 12 m genähert.**) Hier legte sie

---

*) **Führer:** Major Girodz v. Gaudi vom Leib=Grenadier=Regiment Nr. 8.

Schützen=Kompagnie: $\frac{9te}{8.}$, Hauptmann v. Seydlitz.

Arbeiter=Kolonne: $\frac{11te}{18.}$, Hauptmann v. Hanstein,

Sturm=Kompagnien: $\frac{1/2\ 2te}{\text{Pion. 3'}}$ Premier=Lieutenant Bertram I.

$\frac{12te}{8.}$, Premier=Lieutenant Sack,

$\frac{10te}{18.}$, Hauptmann Graf Finckenstein.

Reserve=Kompagnien: $\frac{10te}{8.}$, Hauptmann Milson,

$\frac{12te}{18.}$, Hauptmann v. Freyburg.

Fest. Art. Abtheilung der Art. Brig. Nr. 3: Lieutenant Millies.

**) Ein Zug der Kompagnie hatte sich, wie erwähnt, gegen den Laufgraben südlich gewendet. Vergl. Seite 529, Anmerkung 1.

sich nieder und eröffnete ein kurzes Feuer auf die aus einem Theile der 4ten Kompagnie 22sten Regiments bestehende Besatzung.

Nach wenigen Augenblicken waren auch die Arbeiter-Kolonne und die vom Major v. Gaudi vorgeführten Sturm-Kompagnien herangekommen und unter lebhaftem feindlichen Feuer in den Graben gedrungen. Schnell wurden in die fast unversehrten Pallisaden Lücken gebrochen, die Pfähle zum Theil auch überklettert, und schon 5 Minuten nach 10 Uhr wehte die schwarz-weiße Fahne auf der Brustwehr des Werkes.*)

Die Besatzung setzte ihren Widerstand im Innern der Schanze, sogar noch in den Munitionsräumen und dem angefangenen Minengange fort. Auch hier wie an anderen Stellen kam es vor, daß einzelne Dänen, welche sich bereits ergeben hatten, wieder zu den Gewehren griffen und sie aus nächster Nähe abschossen.

Von der Brustwehr aus richteten die Angreifer ein heftiges Feuer gegen die Vertheidiger des zu Schanze IV führenden Verbindungsgrabens, welche hierdurch starke Verluste erlitten. Der Rest derselben suchte in den höhlenartigen Deckungen des Grabens Schutz und wurde bald darauf von gegen Schanze IV vorgehenden Mannschaften der 3ten Sturm-Kolonne gefangen genommen. Da dieser Angriff mit dem Stoße eines Theiles der 4ten Sturm-Kolonne gegen das genannte Werk zusammenfällt, so ist vor Schilderung desselben zunächst noch das Vorgehen dieser letzteren Kolonne ins Auge zu fassen.

Die 4te Kolonne**) hatte bei Lösung ihrer Aufgabe mit den Sturm-Kolonne Nr. 4.

---

*) Auch ein zur 4ten Sturm-Kolonne gehöriger Zug der $\frac{1\text{sten}}{53.}$ hatte sich, wie später zu zeigen, an der Einnahme des Werkes betheiligt.

**) Führer: Oberst v. Buddenbrock, Kommandeur des Infanterie-Regiments Nr. 53.

Schützen-Kompagnien: $\frac{1\text{ste}}{53.}$, Hauptmann Boettge, gegen Schanze IV, dabei Ingenieur-Lieutenant v. Brodowski, 1 Unteroffizier und 5 Pioniere.

34*

meiſten Schwierigkeiten zu kämpfen. Zunächſt war es ſchon ungünſtig, daß nur ein Theil der Kompagnien in der vorderſten Parallele Platz gefunden hatte, während die übrigen auf freiem Felde und in den Verbindungsgräben zur 3ten Parallele, ja noch in der 2ten Parallele lagen. Die Entfernung von den Ausfallſtufen bis zum Angriffsziele betrug 400 m, der Weg führte die Truppen in einen einſpringenden Winkel hinein und mußte deshalb unter dem Kreuzfeuer der ſehr

$\dfrac{3te}{55.}$, Premier = Lieutenant Rothenbücher, gegen Laufgraben IV zu V.

$\dfrac{4te}{55.}$, Premier=Lieutenant v. Sanitz, gegen Laufgraben III zu IV.

Arbeiter=Kolonne: $\dfrac{10te}{53.}$, Premier=Lieutenant Wienand, dabei Ingenieur=Premier=LieutenantKöhler.

$\dfrac{2te}{Pion. 7}$, Premier=Lieutenant Schotte.

Sturm=Kompagnien: Oberſt=Lieutenant v. Doering.

$\dfrac{4te}{53.}$, Premier=Lieutenant Senckel.

$\dfrac{2te}{53.}$, Hauptmann Wolter.

$\dfrac{3te}{53.}$, Hauptmann Schalle.

Reſerve=Kompagnien: Hauptmann v. Roſenzweig.

$\dfrac{9te}{53.}$, Premier=Lieutenant Benkendorf, gegen Schanze IV.

$\dfrac{11te}{53.}$, Hauptmann Chytraeus, gegen Schanze IV.

$\dfrac{12te}{53.}$, Hauptmann v. Henning, gegen Schanze IV.

$\dfrac{2te}{55.}$, Premier=Lieutenant Delius, gegen den Laufgraben III zu IV.

$\dfrac{1ſte}{55.}$, Hauptmann v. Arnim II., gegen den Laufgraben IV zu V.

Feſt. Art. Abtheilung der Garde=Art. Brig.: Premier=Lieutenant Stoephaſius von der 3ten Artillerie=Brigade.

starken Schanze IV und der anstoßenden Verbindungsgräben zurückgelegt werden. Um wenigstens das Feuer des nördlichen Laufgrabens
etwas abzulenken, war daher angeordnet worden, daß die zum
Angriff gegen denselben bestimmte 3te Kompagnie Regiments Nr. 55
der vordersten Kompagnie unmittelbar folgen sollte. Endlich trat
in Folge des ungestümen Herandrängens der Kompagnien an die
Ausfallstufen schon bei der ersten Entwickelung ein Durcheinander-
kommen der verschiedenen Kompagnien ein.

Die zuerst vorbrechende Schützen-Kompagnie erhielt sofort ein
so heftiges Kartätsch- und Gewehrfeuer, daß schon nach wenigen
Augenblicken Hauptmann Boettge todt und etwa 30 Mann todt oder
schwer verwundet niedersanken. Letzteres Schicksal traf kurz darauf
auch den zum Führen der Kolonne bestimmten Ingenieur-Offizier
v. Brodowski sowie den links von der vordersten Schützen-Kompagnie
mit der 3ten Kompagnie Regiments Nr. 55 vorstürmenden Premier-
Lieutenant Rothenbücher. Ein Theil der auf diese Weise ihrer
Führer beraubten Kompagnien wendete sich gegen die am nächsten
liegende und von der Mannschaft für das eigentliche Angriffsziel
gehaltene Schanze III.

Nur der linke Flügelzug der 1sten Kompagnie Regiments Nr. 53
unter Lieutenant Loebbecke, welcher trotz seiner Verwundung an
der Spitze seiner Leute geblieben war, hatte die Richtung auf
Schanze IV beibehalten, während sich ein zweiter Zug dieser Kompagnie gegen den dieses Werk mit Schanze III verbindenden Laufgraben wandte und der dritte, wie bereits erwähnt,*) fast gleichzeitig
mit der 3ten Sturm-Kolonne in Schanze III eindrang. Letzterem
Zuge folgte auch der größte Theil der 3ten Kompagnie Regiments
Nr. 55, von welcher nur ein Zug unter Lieutenant v. Mengden seine
ursprüngliche Richtung auf den Verbindungsgraben IV zu V festhielt.

Durch dieses Rechtsschieben der Hauptmasse der genannten
beiden Kompagnien wurde auch die gegen den Verbindungsgraben
zwischen Schanze III und IV bestimmte 4te Kompagnie Regiments

*) Vergl. Seite 531, Anmerkung 1.

534

Nr. 55, unter Premier-Lieutenant v. Sanitz, nach Schanze III ge=
drängt. Da dieses Werk aber bereits genommen war, schlug nunmehr
die Mehrzahl der eben genannten Abtheilungen den Weg nach der
Schanze IV ein. Gegen diese waren jedoch, wie erwähnt, bereits
Bruchstücke der 3ten Sturm-Kolonne, unter Major v. Gaudi, im
Vorgehen begriffen, welchen sich inzwischen auch noch der gegen
Schanze III, sowie der gegen den Verbindungsgraben zwischen
Schanze III und IV vorgegangene Zug der 1sten Kompagnie Regi=
ments Nr. 53 angeschlossen hatten.

Auch die eigentlichen Sturm-Kompagnien der 4ten Kolonne
waren durch die falsche Richtung der Schützen-Kompagnien irre=
geführt worden und hatten sich gegen Schanze III gewandt, von
wo aus sie nach kurzem Halt ebenfalls gegen Schanze IV vor=
drangen.

Gemeinsamer Angriff von Theilen der 3ten und 4ten Ko- lonne auf Schanze IV.
Die aus der halben 3ten Kompagnie des 2ten Dänischen
Regiments bestehende Besatzung der Schanze IV war rechtzeitig in
derselben eingetroffen, ebenso der Kommandeur des 2ten Bataillons
genannten Regiments, Hauptmann Lundbye, welcher hier persönlich
die Vertheidigung leitete. Die Geschütze feuerten bis zuletzt mit
Kartätschen, und auch aus den anschließenden Verbindungsgräben
wurden wirksame Kartätschlagen abgegeben.

Trotzdem gelang es den Bemühungen des Obersten v. Budden=
brock, die gegen die Schanze IV bestimmten drei Reserve-Kom=
pagnien, welche nach der Verwundung ihres Führers, Hauptmanns
v. Rosenzweig, im Begriff standen, ebenfalls eine falsche Richtung
einzuschlagen, auf dem ihnen vorgeschriebenen Wege zu erhalten. Ehe
dieselben jedoch ihr Ziel völlig erreicht hatten, drang bereits Lieutenant
Loebbecke in den nördlichen Graben der Schanze IV ein, während
fast gleichzeitig in deren südlichem Graben die vom Major v. Gaudi
geführten Abtheilungen der 3ten Kolonne*) erschienen.

---

*) Es war dies der größte Theil der $\frac{10\text{ten, }11\text{ten}}{18.}$, $\frac{2/3 \ 9\text{ter}}{8.}$, welchen sich
von den Reserve-Kompagnien der 3ten Kolonne noch Hauptmann Milson mit

Auch hier fanden die Stürmenden an den noch wenig beschä=
digten Pallisaden ein starkes Hinderniß. Einzelne Lücken wurden
jedoch schnell erweitert, und bald war die Brustwehr trotz des
heftigen feindlichen Feuers von allen Seiten erstiegen.*) Nach kurzem
erbitterten Kampfe im Innern, in welchem auch der feindliche Kom=
mandeur, Hauptmann Lundbye, fiel, war Schanze IV um 10 Uhr
13 Minuten in Preußischem Besitze.

Von den gegen die angrenzenden Laufgräben bestimmten Reserve=
Kompagnien der 4ten Kolonne war inzwischen die 1ste Kompagnie
Regiments Nr. 55 in der ihr zugewiesenen Richtung gegen den Ver=
bindungsgraben zwischen IV und V vorgegangen und verfolgte, über
diesen hinweg eilend, noch die zur zweiten Linie zurückströmenden
feindlichen Abtheilungen,**) während die 2te Kompagnie genannten
Regiments sich dem Vorgehen gegen Schanze III anschloß.

Nach der Einnahme von Schanze IV gingen von hier aus
noch einzelne Abtheilungen der 3ten und 4ten Kolonne weiter gegen
die zweite Linie vor, während Major v. Gaudi einen Theil
der von der 3ten Kolonne hierher geeilten Kompagnien nach
Schanze III zurückführte, so daß dieses Werk schließlich von der
12ten Kompagnie, dem größeren Theile der 9ten und 10ten Kom=
pagnie des Leib=Regiments und der halben 2ten Kompagnie Pionier=
Bataillons Nr. 3 besetzt blieb. In Schanze IV übernahmen die
2te und 4te Kompagnie Regiments Nr. 53 die Sicherung und zu=
gleich die Herstellung von Geschützbänken gegen Osten. Vier brauch=
bare Geschütze waren in diesem Werk den Angreifern in die Hände
gefallen. In den Munitionsräumen hatten die Dänen brennende
Lichte mit Zündschnur aufgestellt und die Munitionsbehältnisse geöffnet.

$\frac{^2/_3 \ 10\text{ter}}{8.}$ sowie Hauptmann v. Freyburg mit $\frac{^1/_3 \ 12\text{ter}}{18.}$ angeschlossen hatten.

Der $\frac{9\text{ten}}{8.}$ fielen in dem Laufgraben zwei Feld=Geschütze in die Hände, von denen
das eine sogleich gegen den weichenden Feind gewandt und abgefeuert wurde.

*) Unter den Ersten befand sich Lieutenant Loebbecke und der Pionier=
Unteroffizier Grote.

**) Theile der 7ten, 8ten und 1sten Kompagnie 2ten Regiments.

Diese Vorkehrungen wurden durch die Lieutenants Stoephasius von der 3ten Artillerie-Brigade und v. Schilgen II. vom Regiment Nr. 55 beseitigt.

Sturm-Kolonne Nr. 5. Die Schützen-Kompagnie der 5ten Kolonne*) war bereits kurz vor Beginn des Sturmes über die 3te Parallele hinaus bis in die Schützengräben der Vorposten geschoben worden, so daß sich die von den Ausfallstufen bis Schanze V etwa 320 m betragende Entfernung für den Anlauf noch etwas verkürzte. Auch diese Kolonne wurde während ihres Vorstürmens mit Gewehrfeuer aus den Verbindungsgräben empfangen; außerdem erhielt sie beim Ueberschreiten der Straße einige Kartätschlagen aus den Schanzen IV und VI.

Am Grabenrande angekommen, legten sich die Schützen nieder und eröffneten ein lebhaftes Feuer auf die Schanze, aus welcher nur schwach geantwortet wurde. Nach wenigen Augenblicken war auch die Arbeiter-Kolonne angelangt, und nun warf sich Alles in den Graben. Die Pallisadirungen wurden theils geöffnet, theils überklettert, die Brustwehren rasch erstiegen und die wenigen sich im Innern vor-

---

*) Führer: Major v. Krohn vom Infanterie-Regiment Nr. 24.

Schützen-Kompagnie: $\frac{11te}{64.}$, Hauptmann v. Salpius

Arbeiter-Kolonne: $\frac{1ste}{64.}$, Hauptmann v. Lobenthal,

$\frac{1/2\ 4te}{\text{Pion. Bat. }7}$, Premier-Lieutenant Lommatzsch.

Sturm-Kompagnien: $\frac{11te}{24.}$, Hauptmann Frhr. v. Meerscheidt-Hüllessem,

$\frac{12te}{24.}$, Hauptmann v. Sellin.

Reserve-Kompagnien: $\frac{12te}{64.}$, Hauptmann Windell,

$\frac{6te}{24.}$, Hauptmann v. Görschen.

Fest. Art. Abtheilung der Garde-Art. Brig: Lieutenant Gerwien.

Außerdem sollte dieser Kolonne die $\frac{1/2\ 3te}{\text{Pion. Bat. }3}$ unter Lieutenant Becker zum Forträumen des die große Straße sperrenden Verhaues folgen.

findenden Mannschaften überwältigt.*) Um 10 Uhr 5 Minuten
wehte die Preußische Fahne auf der Schanze, in welcher sich vier
Geschütze fanden, von denen aber nur noch eins in brauchbarem
Zustande war.

Von der Schützen-Kompagnie war ein Zug unter Lieutenant
Kleedehn von dem Schanzengraben aus gegen den in dem Ver=
bindungsgraben zwischen IV und V befindlichen Geschützstand vor=
gegangen, in welchem ihm nach kurzem Kampfe zwei Festungs=
Geschütze in die Hände fielen.

Stärkeren Widerstand leistete die auf der anderen Seite des
Werkes in dem nach Schanze VI führenden Verbindungsgraben
stehende 6te Kompagnie 2ten Regiments. Gegen diese wendete sich
von den inzwischen herangekommenen Sturm = Kompagnien die
11te Kompagnie Regiments Nr. 24, welche im Verein mit Theilen
der 6ten Sturm=Kolonne den Vertheidiger nach heftigem Hand=
gemenge zurückwarf. Die mit Herstellung von Deckungen in
Schanze V beschäftigte 12te Kompagnie letztgenannten Regiments
hatte dies Gefecht durch lebhaftes Feuer unterstützt; die nach Be=
endigung des Kampfes eintreffende Reserve wurde hier festgehalten.

Dem abziehenden Gegner war ein aus Mannschaften der ver=
schiedensten Kompagnien gemischter Schwarm gefolgt.

Bei der 6ten Kolonne**) lagen die Verhältnisse insofern ähnlich Sturm-Kolonne
Nr. 6.

---

*) Der Dänische Bericht sagt, daß die aus der $\frac{1/4 \ 1sten}{2.}$ bestehende Be=
satzung der Schanze V dieselbe nicht rechtzeitig erreicht habe. Er spricht dann
von einer Wiedereroberung des Werkes durch Theile der $\frac{1sten}{2.}$, was jedoch den
Thatsachen völlig widerspricht.

**) Führer: Major v. Beeren, vom 4ten Garde=Grenadier=Regiment
Königin.

Schützen=Kompagnie: $\frac{11te}{4te \ G. \ G. \ R.}$, Hauptmann v. Behr.

Arbeiter=Kolonne: $\frac{1ste}{3ten \ G. \ G. \ R.}$, Hauptmann v. Bançels,

$\frac{3te}{Pion. \ Bat. \ 7}$, Premier=Lieutenant v. Fedkowicz.

wie bei der 1ſten und 2ten, als auch hier der größere Theil des Weges unter dem wirkſamen Flankenfeuer der feindlichen Werke zurückgelegt werden mußte. Die Schützen-Kompagnie, welcher die Arbeiter-Kolonne auf dem Fuße folgte, legte den etwa 330 m langen Weg bis Schanze VI in vollem Laufe unter heftigem Kartätſchfeuer aus Schanze VIII und VI und wirkſamem Infanteriefeuer aus den anſtoßenden Verbindungsgräben zurück.

Ungeachtet der Drahthinderniſſe und der an der Kontreſkarpe befindlichen unverſehrten Sturmpfähle ſprangen die Grenadiere in den Graben, welchen faſt gleichzeitig auch die Sturm-Kompagnien erreichten. Ohne Zögern wurde von allen Seiten die Bruſtwehr erſtiegen,*) ſo daß ſchon 4½ Minuten nach 10 Uhr Major v. Beeren die Sturmfahne aufpflanzen laſſen konnte.

Die zur Vertheidigung der Schanze beſtimmte halbe 2te Kom-pagnie 2ten Regiments war im Laufſchritt herbeigeeilt, langte aber erſt an, als die Angreifer bereits die Bruſtwehr erſtiegen hatten, und wurde faſt ohne Widerſtand gefangen genommen.

Nach Erſtürmung des Werkes eilte Major v. Beeren den beiden im Vorgehen gegen den zur Schanze V führenden Laufgraben begriffenen Reſerve-Kompagnien ſeiner Kolonne entgegen, um dieſelben nunmehr gegen Schanze VII vorzuführen; hierbei traf ihn eine tödtliche Kugel.

Nach Eroberung des Laufgrabens**) ſammelten ſich die Reſerve-Kompagnien der 6ten Kolonne in dem Raum zwiſchen den Schanzen V,

---

Sturm-Kompagnien: $\dfrac{1\text{ſte}}{4\text{ten G. G. R.}}$, Hauptmann v. Roſenberg,

$\dfrac{4\text{te}}{4\text{ten G. G. R.}}$, Hauptmann v. d. Hardt.

Reſerve-Kompagnien: $\dfrac{3\text{te}}{3\text{ten G. G. R.}}$, Hauptmann v. Stwolinſki,

$\dfrac{5\text{te}}{4\text{ten G. G. R.}}$, Hauptmann v. Gliszczynſki.

Feſt. Art. Abtheilung der Art. Brig. Nr. 4: Lieutenant Hübler.

*) Einer der Erſten war der Lieutenant Bendemann von der Pionier-Kompagnie.

**) Auch die zur 5ten Kolonne gehörige $\dfrac{11\text{te}}{24.}$ hatte ſich, wie bereits auf Seite 537 erwähnt, hieran betheiligt.

VI und VII, um dann von hier aus weiter gegen dieses letztere Werk vorzugehen.*)

Von den in Schanze VI vorgefundenen Geschützen wurden sofort drei 84=Pfünder zur Beschießung der Schanzen VII, VIII und IX in Thätigkeit gesetzt und vier 12=Pfünder zur Abwehr eines feindlichen Gegenstoßes bereitgehalten.**)

Während des Angriffs der Infanterie war auch die Belagerungs=Artillerie nicht müßig gewesen. Das gegen Schanze I bis VI gerichtete Feuer war im Augenblicke des Vorbrechens eingestellt worden, aber die Gammelmark=Batterien setzten die Beschießung der zweiten Linie fort.

Thätigkeit der Belagerungs=Artillerie während dieses Zeitraumes.

In der Front setzte nur noch Batterie Nr. 11, und zwar gegen Schanze VIII, ihr Feuer fort, weil letztere die an der großen Straße vorrückenden Reserven von der Seite bestrich. Ferner beschoß die in der Nacht vom 17ten zum 18ten südlich von Oster=Düppel erbaute und mit sechs glatten 12=Pfündern ausgerüstete Batterie***) von 10 Uhr an ebenfalls die Schanze VIII, nachdem ihr Feuer bis dahin gegen Nr. VII gerichtet gewesen war.

Von den Batterien des linken Flügels setzten Nr. 13, 23 und 24 die Beschießung der Düppel=Stellung von Schanze IX bis zum Alsen Sunde fort, während Nr. 25, 26, 27 und 29 die Artillerie auf Alsen bekämpften.

Eroberung der zweiten Linie und Verfolgung des Feindes über diese hinaus.†)

Den mündlich ertheilten Weisungen des Prinzen Friedrich Karl entsprechend, waren, während ein Theil der Sturm=Kolonnen

---

*) Auf diesem stark vom feindlichen Feuer bestrichenen Raume fielen Hauptmann v. Stwolinski und Lieutenant v. Regelein vom 3ten Garde=Grenadier=Regiment Königin Elisabeth.

**) Schöller und Sörensen führen nur sechs in Schanze VI vorhandene brauchbare Kanonen auf, es sind aber thatsächlich deren sieben darin vorgefunden worden.

***) Vergl. Seite 504.

†) Vergl. Plan 10. Der von Schanze IV bis zum Strande reichende Theil der zweiten Linie führte noch die besondere Bezeichnung „zurückgezogene Linie".

den aus der ersten Schanzenlinie fliehenden feindlichen Abtheilungen folgte, gleichzeitig die zur Sicherstellung der eroberten Schanzen erforderlichen Maßregeln getroffen worden. Der Angriff auf die zweite Linie wurde, wie es die Art der vorangegangenen Kämpfe mit sich brachte, von einer Anzahl zusammengewürfelter Gefechts= Gruppen unternommen, deren Gesammtstärke etwa den dritten Theil des Bestandes aller 6 Sturm=Kolonnen ausmachte. Dieses Vorgehen fand auch keineswegs gleichzeitig statt. Dasselbe begann vielmehr auf dem rechten Flügel schon etwa 10 Minuten nach 10 Uhr, also zu einer Zeit, wo noch um Schanze IV gekämpft wurde, und setzte sich dann allmählich weiter nach dem linken Flügel hin fort.

Dänischer Seits versuchten die hinter der vorderen Linie stehenden Reserve=Kompagnien vergeblich, die aus den Schanzen und Laufgräben zurückfluthenden Besatzungen zum Stehen zu bringen; sie wurden viel= mehr bald selbst in den allgemeinen Rückzug mit fortgerissen. Hierbei bildeten sich drei größere Gruppen, von denen eine gegen Lünette C zurückging, während südlich davon eine zweite unter Führung des Kom= mandeurs des 22sten Regiments, Oberst=Lieutenants Falkenskjold, auf Lünette B zurückwich und eine dritte unter dem Kommandeur des 2ten Bataillons Regiments Nr. 22, Hauptmann Jensen, die Richtung auf Lünette A einschlug.

Vorgehen gegen Lünette A.

Dieser letzteren Gruppe war gleich nach dem Falle von Schanze I Hauptmann v. Reinhardt mit dem größten Theile seiner Kompagnie gefolgt. Nach Erstürmung der noch mit drei brauchbaren Geschützen versehenen Lünette A*) wurden die zurückweichenden Dänen, welche viele Gefangene verloren, einige Hundert Meter über dieses Werk hinaus verfolgt.

Wenig später als Hauptmann v. Reinhardt war auch Haupt= mann v. Wolfradt mit einem Theile seiner Kompagnie gegen Lünette A vorgegangen, während sich andere Theile derselben Kom= pagnie unter den Lieutenants v. Möller und The Losen nach dem von Schanze I am Strande entlang zur zweiten Linie führenden Lauf=

*) Um 10 Uhr 15 Minuten.

graben wandten, wo sie noch zahlreiche Dänen in ihren Deckungen, manche sogar schlafend, überraschten. Nach deren Gefangennahme drangen sie noch einige Hundert Meter über den von Lünette A zum Strande führenden Abschnitt vor. Inzwischen suchte Hauptmann v. Wolfradt das genannte Werk in Vertheidigungszustand zu setzen, während Major v. Conta die 1ste Kolonne, soweit es anging, sammelte und hinter den Verschanzungen der zweiten Linie zur Abwehr eines feindlichen Gegenstoßes bereitstellte. Auch von der 2ten Sturm-Kolonne war eine Abtheilung unter Hauptmann Krähe*) gegen die mehr genannte Lünette vorgegangen, hatte die in dem nördlich anstoßenden Laufgraben befindlichen Dänischen Abtheilungen vertrieben und dann hier festen Fuß gefaßt.

Nördlich davon hatte sich eine zweite, aus Theilen der 2ten Vorgehen gegen Lünette B. und das Gehöft Jensen. und 3ten Sturm-Kolonne zusammengefügte Gruppe gebildet. Von der 2ten Kolonne drang die als Reserve folgende 9te Kompagnie Regiments Nr. 60 über den Laufgraben zwischen Schanze I und II gegen Lünette B vor. Diese wurde nach kurzem Kampfe genommen und die Verfolgung des Feindes noch bis zu dem etwa 150 m weiter östlich liegenden Gehöfte Jensen fortgesetzt, wo man neuen Widerstand fand. Von der 3ten Sturm-Kolonne schlossen sich dem Angriffe gegen dasselbe zwei Züge der 12ten Kompagnie Regiments Nr. 18 an,**) welche zuvor Lünette C erobert hatten. Auch die zu der 2ten Sturm-Kolonne gehörige 10te Kompagnie Regiments Nr. 60 hatte, über die bereits genommenen Lünetten C und B voreilend, dieselbe Richtung eingeschlagen.

Dem vereinten Ansturme dieser drei Kompagnien gelang es, das Gehöft zu erobern und dem Gegner zahlreiche Gefangene abzunehmen, darunter den Führer dieser Abtheilung, Oberst-Lieutenant Falkenskjold. Als jedoch bald darauf stärkere Dänische Kräfte

---

*) $\dfrac{1/2 \ 6\text{te}}{60.}$. Vergl. Seite 529.

Von der $\dfrac{12\text{ten}}{18.}$ hatte sich ein Zug, unter Hauptmann v. Freyburg, wie auf Seite 534, Anmerkung, erwähnt, dem Vorgehen von Schanze III gegen Schanze IV angeschlossen.

anrückten und „Rolf Krake" das Gelände mit Granaten bewarf, gingen die 9te und 10te Kompagnie der 60er wieder nach Lünette B und dem südlich anstoßenden Laufgraben, die beiden Züge der 12ten Kompagnie Regiments Nr. 18 nach Lünette C zurück und richteten sich daselbst zur Vertheidigung ein. An dem gleich darauf hier entbrennenden Feuergefechte gegen die vorrückenden Dänischen Reserven konnte sich auch noch eine aus Mannschaften der 2ten Sturm=Kolonne*) gemischte Gruppe betheiligen.

Vorgehen über Lünette C hinaus gegen den Erlenbusch und die Düppeler Mühle.

Noch weiter nördlich hiervon war ein anderer Theil der 2ten Sturm=Kolonne, nämlich die zur Reserve für Schanze II bestimmte 12te Kompagnie Regiments Nr. 35, welcher sich noch ein auf Vorposten befindlicher Zug der 2ten Kompagnie Regiments Nr. 60 angeschlossen hatte, von Lünette C aus den von diesem Werke auf das Barackenlager zurückweichenden Dänen gefolgt. Vergeblich hatte der im letzten Augenblicke des Widerstandes bei der zweiten Linie eintreffende Kommandeur der 1sten Brigade, Oberst Lasson, versucht, die Truppen wieder zum Stehen zu bringen, als ihn eine Preußische Kugel niederstreckte.

Die Verfolger, deren Reihen bereits stark gelichtet waren, gelangten bis in die Nähe des Barackenlagers, mußten sich aber vor stärkeren Dänischen Abtheilungen wieder bis zu einem Knick nordwestlich des Erlenbusches zurückziehen, nachdem kurz vorher Hauptmann v. Kameke gefallen war.

Ebenso war links neben der 12ten auch die 11te Kompagnie der 35er über den von Lünette C nach Norden führenden Laufgraben gegen die Düppeler Mühle vorgegangen, von wo sie sich jedoch nach kurzem Feuergefechte mit dem größeren Theile an die 12te Kompagnie heranzog, während der kleinere weiter südlich hinter einem Knick Stellung nahm.

---

*) Dieselben gehörten größtentheils der $\frac{2\text{ten, } 3\text{ten, } 5\text{ten}}{35.}$ an. Die übrigen Theile dieser Kompagnien waren in Schanze II als Besatzung zurückgehalten worden. Vergl. Seite 530.

Die 7te Kompagnie letztgenannten Regiments war, nachdem sie sich an der Einnahme der Schanze II betheiligt hatte, über Lünette C hinaus bis zu dem bereits erwähnten Erlenbusche vorgedrungen.

Eine vierte, noch weiter nördlich sich bildende Gefechtsgruppe wandte sich von der Schanze IV aus gegen die nahe liegende Lünette D und den südlich angrenzenden Laufgraben. Ueber diesen hinaus war bereits gleich nach der Eroberung von Schanze III Lieutenant v. Rabenau mit einem Zuge der 10ten Kompagnie des Leib-Regiments gegen die Düppeler Mühle vorgegangen und hatte den dort stehenden Feind vertrieben. Beim weiteren Vorgehen wurde der genannte Offizier tödtlich verwundet, und die Trümmer des Zuges zogen sich nach dem Laufgraben bei Lünette D sowie nach der Mühle zurück. An beiden Punkten trafen sie auf Theile der 10ten, 11ten und 12ten Kompagnie Regiments Nr. 18, welche nach Eroberung von Schanze IV die Verfolgung in dieser Richtung fort-gesetzt hatten.

Vorgehen gegen Lünette D.

Die Lünette D wurde durch einen aus Mannschaften der 4ten Kolonne bestehenden Schwarm unter Lieutenant Kerlen in Besitz genommen, während eine andere Gruppe der 4ten Kolonne*) den Verbindungsgraben nördlich davon besetzte, wo derselben zahlreiche Versprengte in die Hände fielen. Hier hatte nämlich der Kommandeur des 2ten Dänischen Regiments,**) Oberst-Lieutenant Dreyer, mit zwei Kompagnien seines 2ten Bataillons versucht, die Fortschritte der über Schanze V und den zwischen IV und V befindlichen Lauf-graben vordringenden Preußen zu hemmen, wurde jedoch sehr bald zurückgeworfen und mit dem größten Theile seiner Leute gefangen

---

*) Ein Theil der $\frac{1\text{sten}}{53}$ unter Lieutenant Loebbecke, der bei diesem Vor-gehen durch eine dritte Verwundung außer Gefecht gesetzt wurde, sowie ein anderer Theil derselben Kompagnie unter Lieutenant v. Bönninghausen, sowie ein Theil der $\frac{9\text{ten}}{53}$, gemischt mit anderen, von Premier-Lieutenant Benkendorf geführten Mannschaften.

**) Dasselbe hatte die Stellung von Schanze IV bis VI vertheidigt.

genommen. Nur in dem von Schanze VI zu VII führenden Lauf=
graben behaupteten sich noch schwache feindliche Kräfte;*) im Uebrigen
war auch auf diesem Theile des Gefechtsfeldes der Gegner überall
im Weichen.

Einnahme von Schanze VII. Mit den Reserve=Kompagnien der 6ten Sturm=Kolonne**) griff
Hauptmann v. Gliszczynski die Schanze VII an und nahm dieselbe
im ersten Ansturme. Ihm hatten sich von der 5ten Sturm=Kolonne
noch Mannschaften der 11ten Kompagnie Regiments Nr. 24, unter
Lieutenant Becher, angeschlossen, ferner von der 4ten Sturm=Kolonne
die bereits erwähnte gemischte Abtheilung, unter Lieutenant Kerlen,
welche im Laufgraben von Lünette D aus gegen die Schanze vordrang,
und endlich von der 3ten Sturm=Kolonne Mannschaften der 9ten Kom=
pagnie des Leib=Regiments, unter Lieutenant Karstedt, welche über die
zurückgezogene Linie gegen die Düppeler Mühle und von dort gegen die
Kehle der Schanze VII vorgeeilt waren. Um 10 Uhr 30 Minuten
wehte auch auf diesem Werk die Preußische Fahne, und damit war die
Eroberung der zweiten Linie vollendet. Etwa die Hälfte der 5ten
Kompagnie 4ten Garde=Grenadier=Regiments wurde als Besatzung
in der Schanze zurückgelassen. Von den übrigen in dieses Werk
eingedrungenen Abtheilungen wandte sich der größere Theil gegen
Schanze VIII, der kleinere gegen die nördlich der großen Straße
anrückenden Reserven, deren Angriff er durch Schnellfeuer abwies.
Die noch zwischen Schanze VI und VII befindlichen Dänischen
Truppen gingen über die südlich von Schanze VIII befindliche
Schlucht zurück***) und schlossen sich den dort stehenden Abtheilungen
des 17ten Regiments an.

Nachdem ein gleich nach dem Falle von Schanze VII von dem
Kommandeur des Dänischen 17ten Regiments, Obersten Bernstorff,

---

*) $\frac{5te}{2.}$ und die Reste der Besatzung von Schanze VI.

**) Vergl. Seite 538, 539.

***) Die $\frac{\frac{1}{2} 2te}{2.}$ unter dem Schwedischen Lieutenant Holmertz, welche
sich zu lange aufgehalten hatte, fiel an dieser Schlucht den vordringenden
Preußischen Abtheilungen in die Hände.

unternommener Versuch zur Wiedereroberung des Werkes gescheitert war,[*]) entspann sich an diesem Abschnitt gegen die inzwischen an dem Nordrand entwickelten Theile des Dänischen 17ten Regiments ein stehendes Feuergefecht,[**]) welches bald dahin führte, daß die feind= lichen Abtheilungen bis zu einem östlich von Schanze VIII be= findlichen Knick zurückgingen, von wo aus sie ihr Feuer fortsetzten.

Das 2te Bataillon des 17ten Dänischen Regiments, welches den Laufgraben von Schanze VIII zu IX besetzt hielt, verblieb noch in seiner Stellung; nur die zunächst an Schanze VIII befindliche Kompagnie desselben wandte sich gegen Süden, um sich am Feuer= gefechte zu betheiligen.

Von den Dänischen Vorposten war die 2te Kompagnie 17ten Regiments zur Verstärkung der Laufgrabenbesatzung zwischen Schanze VIII und IX zurückgezogen worden, während weiter nördlich die 3te Kompagnie 16ten Regiments nur ihren linken Flügelzug zurück= nahm, im Uebrigen jedoch in ihrer Stellung verblieb.

Während der Eroberung der zweiten Linie und der sich hieran schließenden einzelnen Kämpfe vorwärts derselben hatten die Be= lagerungs=Batterien in ähnlicher Weise ihr Feuer fortgesetzt, wie dies während der Erstürmung der ersten Linie geschehen war. Die Batterien auf Gammelmark richteten in dem Maße, wie die Preußischen Abtheilungen gegen und über die zweite Linie vor= drangen, ihr Feuer auf das Gelände zwischen dieser und dem Brückenkopfe, sowie auf die von dort aus anrückenden Dänischen Reserven. Von den Frontal=Batterien betheiligten sich, da das Feuer von Schanze VIII den an der großen Straße vorrückenden Preußischen Reserven immer fühlbarer wurde, außer Batterie Nr. 11 auch Nr. 10 und zwei Haubitzen von Nr. 32 an dem Kampfe gegen dieses Werk. Ebenso setzten die sechs glatten 12=Pfünder

Thätigkeit der Belagerungs= u. Feld=Artillerie während dieses Zeitraumes. Auftreten des „Rolf Krake".

---

[*]) Dieser Vorstoß erfolgte vom Nordrande der Schlucht aus. Oberst Bernstorff bezahlte den kühnen Versuch mit seinem Leben.

[**]) Hier wurde Hauptmann v. Gliszczynski schwer verwundet.

südlich Oster = Düppel ihr Feuer gegen dasselbe fort, während die Batterien Nr. 13, 23 und 24 die Befestigungen von Schanze IX bis zum Sunde beschossen.

Auch zwei Batterien der Feld=Artillerie waren schon während der eben geschilderten Kämpfe in Thätigkeit getreten, und zwar die 4pfündige Garde=Batterie*) sowie die 3te 6pfündige Batterie der Artillerie=Brigade Nr. 3. Beide hatten sich von ihrer verdeckten Stellung am Spitz Berge der um 10 Uhr von der Büffelkoppel vorrückenden Brigade Raven angeschlossen und nahmen dann etwa 150 m östlich Alt=Freudenthal hinter einem Knick Stellung, von wo sie um 10¼ Uhr das Feuer gegen die Schanze VIII eröffneten. Es gelang ihnen bald, das Feuer des genannten Werkes wesentlich abzuschwächen.

In diesen Zeitraum fällt auch das Eingreifen des „Rolf Krake". Derselbe hatte um 10 Uhr 28 Minuten Dampf aufgemacht, erschien kaum sechs Minuten später — also nachdem der Besitz der zweiten Linie bereits gesichert war, aber einzelne Gruppen noch zwischen der Düppeler Mühle und dem Gehöft Jensen kämpften — südlich der zurückgezogenen Linie und richtete sein Feuer gegen die Schanzen 1 bis IV, die zurückgezogene Linie und die Batterien Nr. 28 und 31.

Sofort wurde dieser neue Gegner von den Gammelmark=Batterien und von den Batterien Nr. 28 und 31 aus gezogenen 12= und 24=Pfündern beschossen. Obwohl das Fahrzeug beständig in Be= wegung blieb und somit ein schwer zu erreichendes Ziel bot, wurden doch viele Treffer beobachtet.

Das Panzerschiff erlitt bedeutende Beschädigungen und verlor 20 Mann an Todten und Verwundeten, also beinahe den dritten Theil seiner Mannschaft. Die Wirkung seines eigenen Feuers war dagegen eine geringe, weil das Schiff aus Furcht vor den im Wenning= bunde ausgespannten Netzen nicht nahe genug an die Küste heran= ging. In der That gerieth es auch mit seiner Schraube in diese Netze,

---

*) Dieselbe zählte nur 7 Geschütze. Vergl. Seite 522, Anm. 2.

und es kostete Mühe, sich freizumachen. Um 11 Uhr 34 Minuten dampfte „Rolf Krake" wieder nach Höruphaff ab.

So waren in Folge des rücksichtslosen Draufgehens der Preußischen Sturm-Kolonnen in einem Zuge die erste und die zweite Linie erobert worden. Um 10¼ Uhr war mit Lünette A bereits der linke Flügel dieser letzteren Linie genommen und um 10½ Uhr durch Eroberung von Schanze VII auch der Besitz des rechten Flügels derselben gesichert. Aber auch über die zweite Linie hinaus hatte der Kampfeseifer einzelne Preußische Abtheilungen geführt. Wenn dies auch eine weitere Lockerung der taktischen Verbände hervorrief, so hatte es doch bewirkt, daß das gleich näher ins Auge zu fassende Vorgehen der Dänischen Reserven an verschiedenen Punkten schon früh auf Widerstand traf und von seiner Kraft einbüßte, bevor es noch zu einem entscheidenden Zusammenstoße mit den gleichfalls im Anmarsche begriffenen Preußischen Reserven gekommen war. Auch „Rolf Krake" hatte den Besitz der einmal genommenen Verschanzungen nicht mehr in Frage zu stellen vermocht.

Von der Dänischen Besatzung des zunächst angegriffenen linken Flügels — der 1sten Brigade — waren nur noch Trümmer vorhanden, welche in zusammenhangslosen Gruppen zurückwichen, um sich dann theilweise wieder den vorgehenden Reserven anzuhängen. Von der auf dem rechten Flügel der Stellung befindlichen 3ten Brigade standen Abtheilungen des 17ten Regiments mit zurückgebogenem linken Flügel an der Schlucht südlich Schanze VIII im Feuer gegen die von Schanze VII aus gegen sie vordringenden Angreifer; der rechte Flügel der Brigade war noch unberührt.

Eingreifen der Dänischen und Preußischen Reserven. Eroberung der Schanzen des rechten Flügels.*)

Es ist bereits bei Angabe der Wege, welche die verschiedenen über die zweite Linie hinausgehenden Preußischen Gefechts- Vorrücken der Dänischen Reserven.

---

*) Vergl. hierzu Plan 10 und 11.

Gruppen genommen hatten, wiederholt das Anrücken Dänischer Reserven erwähnt worden, welches nunmehr im Zusammenhange geschildert werden soll.

Bei Beginn des Sturmes war das Alarmzeichen nach rückwärts weitergegeben worden, aber aus unaufgeklärt gebliebenen Ursachen nicht bis zu den Reserven gedrungen; auch das Gewehrfeuer war, durch den Schall der auf beiden Flügeln von den Preußischen Batterien fortgesetzten Beschießung gedämpft, nur undeutlich vernehmbar gewesen. So hatte General du Plat, welcher an diesem Tage bis zum Eintreffen des Oberkommandirenden den Befehl führte, erst gegen 10½ Uhr im Brückenkopfe die Nachricht von dem Angriff erhalten. Ungefähr zu derselben Zeit ertheilte General Gerlach, in Folge des in Ulkebüll hörbaren Gewehrfeuers, den auf Alsen befindlichen Truppen telegraphisch den Befehl zum Ausrücken, während er selbst sich nach der Düppel-Stellung begab. Als der General du Plat beim Baracenlager anlangte, fand er bereits den ganzen südlichen Theil der ersten und zweiten Linie in Preußischer Hand. Auch die Vertheidigung der südlich von Schanze VIII liegenden Schlucht war schon im Erlahmen begriffen. Er beschloß daher, die verschanzte Stellung zu räumen und alle Anstrengungen darauf zu richten, den stark gefährdeten Rückzug der auf dem rechten Flügel befindlichen 3ten Brigade sicherzustellen und einen geordneten Abzug der noch im Gefecht befindlichen Truppen nach Alsen zu ermöglichen. Dem entsprechend beließ er die bei dem Brückenkopfe stehende 2te Brigade daselbst und schickte der 3ten die Weisung, sofort den Rückzug anzutreten. Die vom Baracenlager aus schon im Vorrücken begriffene 8te Brigade erhielt Befehl, durch einen Gegenangriff den Preußischen rechten Flügel zum Stehen zu bringen und den Gegner — wie es in dem Dänischen Bericht heißt — „wenn auch nur für kurze Zeit, zu verhindern, sich auf dem beherrschenden Höhenpunkt um die Düppeler Mühle festzusetzen".

Bald nach 10½ Uhr ging in Folge dessen die 8te Brigade zum Angriff vor, und zwar das 9te Regiment mit seinem 2ten Bataillon nördlich der großen Straße gegen den Düppelstein, mit seinem 1sten südlich derselben gegen die Düppeler Mühle und den Erlenbusch. Das 20ste Regiment rückte in breiter Front mit dem 1sten Bataillon gegen das Gehöft Jensen und Lünette C, mit dem 2ten Bataillon auf Lünette A vor. Längs der ganzen Linie wurden beide Regimenter von dem heftigen Feuer der über die zweite Schanzenreihe vorgedrungenen Preußischen Abtheilungen empfangen, und nur an einzelnen Punkten glückte es ihnen, die gegenüberstehenden Gruppen wieder bis an die Befestigungen zurückzudrängen.*)

Auf dem südlichsten Theile des Gefechtsfeldes vermochte sich das 2te Bataillon 20sten Regiments bis auf wenige Hundert Meter der Lünette A zu nähern; doch verhinderten die am Strande östlich der zurückgezogenen Linie befindlichen Abtheilungen des 3ten und 4ten Garde-Regiments**) durch ihr Flankenfeuer ein weiteres Vorgehen.

Etwas weiter nördlich warf das 1ste Bataillon 20sten Regiments die nach dem Gehöfte Jensen vorgedrungenen Preußischen Abtheilungen***) wieder auf die zurückgezogene Linie zurück, während der Angriff auf die beim Erlenbusch befindlichen Kompagnien des Füsilier-Regiments Nr. 35†) bald zum Stillstande kam.

Ebenso bemühte sich das 1ste Bataillon 9ten Regiments vergeblich, die Düppeler Mühle wiederzunehmen. Die hier eingenisteten, schwachen Preußischen Abtheilungen††) wiesen alle Angriffe durch Schnellfeuer ab. Auch das 2te Bataillon desselben Regiments vermochte nördlich der großen Straße nur bis zum Düppelstein vorzudringen.†††)

---

*) Das 20ste Dänische Regiment verlor bei diesem Vorgehen seinen Kommandeur, Oberst-Lieutenant Scholten, beide Bataillons- und drei Kompagnie-Führer, sowie eine Anzahl jüngerer Offiziere.

**) Vergl. Seite 540, 541.

***) Vergl. Seite 541, 542.

†) Vergl. Seite 542, 543.

††) Vergl. Seite 513.

†††) Diesem Bataillon traten Theile der 5ten und 4ten Sturm-Kolonne entgegen und wiesen durch Schnellfeuer alle feindlichen Vorstöße ab. Vergl. Seite 544.

So ging nach und nach auf der ganzen Linie der Kampf in ein stehendes Feuergefecht über, in welches aber schon nach kurzer Zeit die Preußischen Reserven entscheidend eingriffen.

Um 10 Uhr 20 Minuten hatte General v. Manstein, nachdem die Meldung von der Eroberung der Schanzen I bis VI eingetroffen war,*) der bei Beginn des Sturmes aus der Halb-Parallele bis zur 3ten Parallele nachgerückten Brigade Canstein**) den Befehl ertheilt, die zweite Schanzenlinie zu nehmen und die errungenen Vortheile, so weit es die Umstände gestatteten, zu vervollständigen.

In Folge dessen ging Oberst-Lieutenant v. Hartmann mit dem rechten Flügel zwischen den Schanzen I, II und III hindurch in der Richtung auf das Gehöft Jensen vor. Der linke Flügel, bei welchem sich der Brigade-Kommandeur befand, rückte bis zur Schanze IV, wo er zunächst Halt machte, um den anderen Flügel, der einen weiteren Weg zurückzulegen hatte, auf gleiche Höhe kommen zu lassen. Gleich nach dem Ueberschreiten der ersten Linie waren beide Kolonnen in das Feuer des „Rolf Krake" gerathen.

---

*) Der General hatte sich nach Empfang dieser Meldung zur Schanze IV begeben, in deren Nähe er durch eine Gewehrkugel am Unterschenkel verwundet wurde.

**) Die Eintheilung der Brigade Canstein war folgende:

1) Rechte Flügel-Kolonne unter Oberst-Lieutenant v. Hartmann,

$\dfrac{\text{1ste, 5te, 7te, 8te}}{60.}$ und $\dfrac{\text{2te}}{\text{Jäg. 3}}$, Oberst-Lieutenant v. Blumenthal,

und $\dfrac{\text{2te, 4te, 11te, 12te}}{60.}$, Major v. Stülpnagel.

Diese letzteren vier Kompagnien befanden sich auf Vorposten und waren angewiesen, sich bei dieser Kolonne zu sammeln, wenn die vordersten Schanzen genommen seien.

2) Linke Flügel-Kolonne unter Oberst Baron v. Puttkamer,

1stes Halb-Bataillon: $\dfrac{\text{1te, 4te}}{35.}$, Oberst-Lieutenant v. Tippelskirch,

2tes = $\dfrac{\text{6te, 8te}}{35.}$, Major v. Baehr,

3tes = $\dfrac{\text{9te, 10te}}{35.}$, Major v. d. Lund,

und $\dfrac{\text{3te, 4te}}{\text{Jäg. 3}}$, welche dem 1sten Halb-Bataillon zugetheilt wurden.

Die linke Kolonne wurde, nachdem sie wieder angetreten war, sehr bald in den um die Düppeler Mühle geführten Kampf hineingezogen. Als nämlich Oberst v. Puttkamer die in Folge des Angriffs der Dänischen Reserven eingetretene Gefährdung der dort stehenden, schwachen Preußischen Abtheilungen bemerkte, führte er das 2te Halb=Bataillon*) an Lünette D vorüber zur Unterstützung vor. Die 8te Kompagnie Regiments Nr. 35 warf die gegen die Mühle andringenden Dänischen Abtheilungen zurück, während die 6te Kompagnie Theilen der 11ten und 12ten Kompagnie desselben Regiments zu Hülfe eilte. Das 3te Halb=Bataillon, welches dem 2ten gefolgt war, führte bei der Windmühle, wo bereits der Kampf eine günstige Wendung genommen hatte, eine Rechtsschwenkung aus, um auf diese Weise ebenfalls die zuletzt genannten Kompagnien zu unterstützen; zwei Züge der 10ten und ein Zug der 9ten Kompagnie blieben als Rückhalt beim Mühlengehöfte zurück. Nach kurzem Feuergefechte trat der Gegner hier den Rückzug an und wurde in der Richtung auf das Barackenlager verfolgt.

Gleichzeitig mit dem eben erwähnten Vorrücken des 2ten und 3ten Halb=Bataillons gegen die Mühle hatte General v. Canstein an der Spitze des etwas weiter südlich vorgegangenen 1sten Halb=Bataillons,**) die Lünette D erreicht. Von diesem hochgelegenen Punkte aus erkannte der General, daß nicht nur bei der Düppeler Mühle und dicht südlich derselben das Gefecht noch stand, sondern daß auch weiter südlich, besonders bei dem Gehöfte Jensen, der Feind stark drängte. Er beschloß daher, durch einen Vorstoß in der Richtung auf Sney einen Umschwung herbeizuführen. Oberst=Lieutenant v. Tippelskirch erhielt den Befehl, so schnell wie möglich von Lünette D aus, südlich am Erlengebüsch vorbei, gegen

---

*) Ein zu den Vorposten gehöriger Zug der $\frac{11\text{ten}}{60.}$ schloß sich diesem Halb=Bataillon an, welches außerdem bei seinem weiteren Vorgehen noch durch zur 3ten und 4ten Sturm=Kolonne gehörige Abtheilungen verstärkt wurde.

**) Die demselben zugetheilten beiden Jäger=Kompagnien waren zurückbehalten und wurden später zur Besetzung der zurückgezogenen Linie verwendet.

das genannte Gehöft vorzugehen. Dieser Bewegung schlossen sich die südwestlich des Busches befindlichen Abtheilungen der 2ten Sturm= Kolonne*) an. Der Stoß traf auf die schwächste Stelle der Dänischen Gefechtslinie, wo sich zwischen dem rechten Flügel des 20sten und dem linken des 9ten Regiments eine Lücke befand. Es gelang daher den Preußischen Abtheilungen, rasch Fortschritte zu machen. In Folge dessen sah sich das bei dem Gehöft Jensen kämpfende Dänische 1ste Bataillon 20sten Regiments in seinem Rückzuge bedroht und ging, noch ehe die auf Lünette B vorrückende rechte Flügel=Kolonne der Brigade Canstein, unter Oberst=Lieutenant v. Hartmann, zum Eingreifen kam, nach Sney zurück. Letzteres wurde von dem Halb=Bataillon Tippelskirch gestürmt, wobei demselben zahlreiche Gefangene in die Hände fielen.

Mit diesem Durchbruch der Dänischen Gefechtslinie war der Ausgang des von der 8ten Brigade unternommenen Gegenstoßes entschieden. Auf dem linken Flügel derselben wich das 2te Bataillon 20sten Regiments zurück, verfolgt von einzelnen Abtheilungen der ersten Sturm=Kolonne.**) An der großen Straße bemühte sich General du Plat, welcher an dem Schnittpunkte dieser und des Apenrader Weges hielt, vergebens, dem Zurückströmen des 9ten Regiments Einhalt zu thun. Er fand hier seinen Tod, und fast zu gleicher Zeit fielen sein Stabschef, Major Schau, und der Souschef, Major Rosen. Das 1ste Bataillon 9ten Regiments ging von der Düppeler Mühle aus südlich der großen Straße auf das Barackenlager zurück, und diese Bewegung riß auch das nördlich der Straße fechtende 2te Bataillon des Regiments, dem sich die Trümmer

---

*) Zwei Züge der $\frac{7\text{ten}}{35.}$, ein Zug der $\frac{11\text{ten}}{35.}$. Vergl. Seite 542, 543.

**) Abtheilungen des 3ten und 4ten Garde=Regiments unter den Haupt= leuten v. Reinhardt und v. Wolfradt sowie den Lieutenants v. Möller und The Losen; denselben schlossen sich die $\frac{2\text{te, }11\text{te}}{8.}$ an, die von der Brigade Raven zur Verstärkung der Besatzung von Schanze II abgeschickt wurden und, da sie hier nicht mehr erforderlich waren, weiter vordrangen.

einzelner Kompagnien der 1sten Brigade angeschlossen hatten, mit sich fort.

Den weichenden Dänen folgte das bis auf drei seiner Kom= pagnien*) vereinigte 35ste Regiment von Knick zu Knick, bis sein linker Flügel etwa 100 m östlich des Baracfenlagers an der großen Straße zum Halten kam, während der rechte östlich Snen Stellung nahm.

Die rechte Flügel=Kolonne der Brigade Canstein, unter Oberst=Lieutenant v. Hartmann, war in dem Gelände östlich der zurückgezogenen Linie verblieben. Ihr hatten sich ein Zug der 6ten, zwei Züge der 9ten und die 10te Kompagnie der 60er angeschlossen, so daß auch dieses Regiment nun bis auf drei Kompagnien**) vereinigt war; dasselbe wurde als Unterstützung für die 35er hinter diesen aufgestellt und verblieb hier bis zum Ende des Gefechts.

Während die Belagerungs=Artillerie ihr Feuer auch nach Er= oberung der zweiten Linie in bisheriger Weise fortsetzte, hatte die Feld=Artillerie ebenfalls in den Kampf der Reserven einzugreifen ver= mocht.

Thätigkeit der Feld=Artillerie während des Vorgehens der Brigade Can= stein.

Zu derselben Zeit, als die Brigade Canstein den Befehl zum Vorrücken erhalten hatte, war auch an den Oberst=Lieutenant v. Berg= mann die Weisung ergangen, Artillerie nach der verschanzten Linie vorzuschieben, um von hier aus den Kampf der Infanterie wirksamer unterstützen zu können. Zunächst rückten um $10^3/_4$ Uhr von der bei Alt=Freudenthal im Feuer stehenden 4pfündigen Garde=Batterie zwei Züge unter dem heftigen Feuer der Schanze VIII auf der großen Straße vor, wo jedoch der nördlich von Schanze IV befindliche Durchstich***) der Bewegung Einhalt gebot. Um nicht unthätig zu bleiben, ging ein Zug bis an den zwischen Schanze III und IV be=

---

*) Dieselben hielten Schanze II besetzt. Vergl. Seite 530.

**) Die 3te Kompagnie war im Laufgraben nördlich, die $^1/_2$ 6te im Laufgraben südlich von Schanze II zurückgeblieben. Vergl. Seite 530. Die $\frac{7te}{60.}$ und $\frac{^1/_3 \ 9te}{60.}$ drangen noch weiter vor.

***) Den südlich von Schanze V gelegenen Verhau hatte die hierfür be= stimmte Pionier=Abtheilung der 5ten Sturm=Kolonne bereits beseitigt.

findlichen Laufgraben vor und eröffnete von hier aus das Feuer auf
„Rolf Krake", der zu dieser Zeit noch das Gelände zwischen den
Schanzen mit Granaten und Kartätschen beschoß. Der 2te Zug protzte
an der Straße nördlich von Schanze IV ab und wollte eben das Feuer
gegen Schanze VIII aufnehmen, als ihm mitgetheilt wurde, daß letztere
jetzt gestürmt werden solle.*) Etwas später als die 4pfündige Garde=
Batterie erhielt die ebenfalls bei Alt=Freudenthal im Gefecht stehende 3te
6pfündige Batterie Artillerie=Brigade Nr. 3 den Befehl zum Vorrücken.

Dieselbe nahm eine Aufstellung etwa 100 m nördlich der Düppeler
Mühle. Ihr folgte die zweite halbe Garde=Batterie, welche etwa
250 m weiter nach Norden zu abprotzte.

Es mochte kurz nach 11 Uhr sein, als diese 1½ Batterien ihr
Feuer gegen den Brückenkopf eröffneten. Nur wenig später fuhren
noch die 2te 6pfündige Batterie Artillerie=Brigade Nr. 3**) dicht
nördlich der 3ten 6pfündigen, und die 3te 12pfündige derselben
Brigade südlich der halben Garde=Batterie auf.

Eingreifen der
Reserve=Brigade
Raven und
Eroberung der
Schanzen des
rechten Flügels.
11 Uhr 20 Min.
bis 12 Uhr.***)

Wie bereits gezeigt, war der Vorstoß der Dänischen 8ten Bri=
gade durch die Brigade Canstein zurückgewiesen worden und hatte
sich bald in einen fluchtartigen Rückzug nach dem Baracken=Lager
und dem Brückenkopfe verwandelt. Noch aber behaupteten sich die
Schanzen des Dänischen rechten Flügels, Nr. VIII,†) IX und X.

Die Eroberung auch dieses Theiles der Düppel=Stellung mußte
das nächste Ziel des Angreifers sein. Kurz nach 11 Uhr wurde die
Brigade Raven††) vom General v. Manstein hiermit beauftragt.

---

*) Thatsächlich wurde das Werk erst später angegriffen.

**) Die Geschütze dieser Batterie hatten bisher in Batterie Nr. 9 und 14
gestanden.

***) Vergl. Plan 11.

†) In Folge der Wirkung der Batterien Nr. 10, 11, 32 und der glatten
12=Pfünder südlich Oster=Düppel war dieses Werk jetzt fast gänzlich verstummt.

††) Dieselbe bestand aus $\dfrac{\text{I., II. u. 11ter}}{8.}$, $\dfrac{\text{I, 7ter, 9ter}}{18.}$; von diesen
waren jedoch die 2te und 11te Kompagnie des Leib=Regiments bereits gegen
11 Uhr zur Verstärkung der Besatzung von Schanze II vorgeschickt. Als ihre
Unterstützung dort nicht mehr nothwendig erschien, hatten sie sich den zur
Verfolgung des weichenden Feindes vorgehenden Abtheilungen der ersten Sturm=
Kolonne angeschlossen. Vergl. Seite 552, Anmerkung 2.

Dieselbe war bei Beginn des Sturmes von der Büffelkoppel aus längs der großen Straße bis in die Höhe der 2ten Parallele vorgerückt und hatte in einer Senkung nördlich der Straße Stellung genommen. Das Regiment Nr. 18 ging nunmehr auf und an der großen Straße vor, das Leib-Regiment folgte demselben. Südlich von Schanze V angekommen, erhielt ersteres den Auftrag, die Schanzen VII und VIII zu nehmen. Dasselbe schwenkte links ab und überschritt den von Schanze V nach IV führenden Laufgraben. Als sich beim weiteren Vorrücken ergab, daß Schanze VII bereits gefallen sei, ließ Oberst v. Kettler das Regiment in Höhe derselben Halt machen und ertheilte der 1sten und 2ten Kompagnie den Befehl, Schanze VIII anzugreifen. Beide überschritten die südlich derselben befindliche Schlucht, nachdem das 17te Dänische Regiment kurz vorher den Rückzug angetreten hatte. Hauptmann v. Treskow stürmte mit der 1sten Kompagnie gegen die Südseite, Premier-Lieutenant v. Gersdorff mit der 2ten gegen die Kehle des Werkes vor. Die mit vollem Gepäck versehenen Musketiere*) sprangen über die an der Kontreskarpe befindlichen, unversehrten Sturmpfähle hinweg in den Graben, erstiegen die Brustwehr und nahmen die bis zuletzt von der Brustwehr und aus dem Blockhause feuernde Besatzung gefangen. Die in der Schanze befindlichen acht Geschütze fielen ihnen unvernagelt in die Hände. Um 11½ Uhr war das Werk erobert.

Von den übrigen Kompagnien des Regiments Nr. 18, welche sich in Höhe von Schanze VII befanden, gingen nach Eroberung der Schanze VIII die 3te, 4te und 7te gegen das etwa 250 m weiter östlich liegende, von den Dänen besetzte Gehöft Düppelfeld vor, während die 9te bei Schanze VIII als Reserve verblieb.

Vom Leib-Regiment, welches im Vormarsch auf Schanze VIII geblieben war, wurde den gegen das eben genannte Gehöft vorrückenden Achtzehnern auf Befehl des Generals v. Raven noch die 1ste Kompagnie zur Deckung der linken Flanke nachgeschickt. Mit den übrigen sechs Kompagnien setzte das Regiment seinen Weg östlich

---

*) Die Reserve-Brigade hatte das Gepäck nicht abgelegt.

des Schanze VIII und IX verbindenden Laufgrabens in der Richtung auf letzteres Werk fort.*)

Dänischer Seits war während des Kampfes der 8ten Brigade mit den Truppen des Generals v. Canstein auch der Oberbefehls=haber auf dem Gefechtsfelde eingetroffen; ebenso der Kommandeur der 1sten Division, General Steinmann, welcher das Gefecht des rechten Flügels leitete. Bei der allgemeinen Gefechtslage konnte es sich jetzt nur noch darum handeln, den Rückzug des bedrohten rechten Flügels zu sichern und zu beschleunigen. Zur Deckung desselben war zunächst nur noch das 1ste Bataillon 3ten Regiments**) verfügbar. Eine Kompagnie desselben besetzte das Gehöft Düppelfeld, während zwei andere auf etwa 500 m hinter Schanze IX und die vierte etwas südlich von Steinhöft, zu beiden Seiten des Apenrader Weges, hinter dort befindlichen Knicks, Stellung nahmen.

Der Kommandeur der 3ten Brigade, Oberst Wörishöffer, wies das auf dem linken Flügel stehende 17te Regiment an, seinen Rückzug nach dem nördlichen Theile des Brückenkopfes zu nehmen, was auch ohne wesentliche Verluste gelang.

Schwieriger als für das 17te sollte sich der Rückzug für das auf dem rechten Flügel, von Schanze IX bis zum Alsen Sunde stehende 16te Regiment gestalten. Diesem Werke gegenüber hatten sich während des Sturmes die dort befindlichen Vorposten der Brigade Raven***) zusammengezogen. Einzelne etwas weiter vorgeschobene Abtheilungen derselben unterhielten ein langsames Feuer gegen dasselbe. Auch die Vorposten der 13ten Division hatten seit Beginn des Sturmes ein schwaches Feuergefecht gegen die in Schanze X und den anstoßenden Laufgräben stehenden Dänischen Truppen geführt.

---

*) Hierbei schloß sich auch Lieutenant Karstedt mit seinem Zuge der $\frac{9\text{ten}}{8.}$ wieder dem Regimente an, nachdem er sich zuvor an der Eroberung von Schanze VII und an dem Feuergefecht gegen den rechten Flügel der Dänischen 8ten Brigade betheiligt hatte. Vergl. Seite 544.

**) Vergl. Seite 515, Anmerkung 2.

***) $\frac{5\text{te, 6te, 8te}}{18.}$ unter Major Meden.

Ehe noch das 1ste Bataillon des 16ten Dänischen Regiments, welches die Schanzen IX und X nebst dem dazwischen liegenden Laufgraben besetzt hielt, den Befehl, kompagnieweise vom linken Flügel abzuziehen, hatte ausführen können, rückte von Süden her das Leib= Regiment gegen dasselbe an.

Oberst v. Berger drang mit der an der Spitze seines Regi= ments befindlichen 3ten Kompagnie*), östlich des Verbindungsgrabens gegen die südliche Seite und Kehle des Werkes vor, aus welchem ihm heftiges Gewehrfeuer entgegenschlug. Ohne sich durch die Sturmpfähle aufhalten zu lassen, sprangen die Grenadiere in den Graben und erkletterten die Brustwehr.**) Die bis zuletzt feuernde Besatzung wurde gefangen genommen. Von Süden her war dieser Angriff durch das Feuer der 4ten Kompagnie des Leib=Regiments und von Westen durch das eines Zuges 8ter Kompagnie Infanterie= Regiments Nr. 18 unterstützt worden.

Schon während dieses Vorganges waren die in und hinter dem Laufgraben von Schanze IX zu X stehende 1ste und 5te Kompagnie des 16ten Dänischen Regiments in der Richtung nach dem Strande abgezogen, wodurch der Angriff auf Schanze X wesentlich erleichtert wurde. Auf Veranlassung des Generals v. Schmid hatte sich das 2te Bataillon Infanterie=Regiments Nr. 13 dieser Schanze genähert; die vorderste Kompagnie, die 6te, unter Hauptmann v. Cranach, nahm dieselbe im ersten Anlaufe***) und machte einen Theil der Besatzung zu Gefangenen.

Es war 12 Uhr, als die letzte Schanze dem Sieger in die Hände fiel.

Das auf dem äußersten rechten Dänischen Flügel stehende 2te Bataillon 16ten Regiments trat noch etwas später als die eben genannten Abtheilungen des 1sten Bataillons seinen Rückzug an, doch gelang es ihm, noch rechtzeitig den Brückenkopf zu erreichen.

Vordringen der Preußischen Ab= theilungen nörd= lich der großen Straße bis zum Brückenkopf.

---

*) Die 1ste Kompagnie war, wie erwähnt, zur Deckung der linken Flanke des 18ten Regiments in östlicher Richtung entsendet. Vergl. Seite 555.

**) Lieutenant Bekuhrs drang als Erster in das Innere des Werkes und nahm dem feindlichen Kommandeur den Säbel ab.

***) Lieutenant v. Devivere war der Erste in der Schanze.

Am schwierigsten wurde der Rückzug für das 1ste Bataillon 3ten Regiments. Die auf dem linken Flügel bei Düppelfeld stehende Abtheilung desselben hatte noch den Abzug der hier kämpfenden Theile des 17ten Regiments sichern können, mußte dann aber vor der an= stürmenden 3ten und 4ten Kompagnie*) Infanterie=Regiments Nr. 18 weichen. Nördlich hiervon war eine andere Dänische Abtheilung, nachdem sich das 2te Bataillon 17ten Regiments in der Richtung auf die Baracken abgezogen hatte und Schanze IX gefallen war, ebenfalls in südöstlicher Richtung zurückgegangen. Auf diese stieß Preußischer Seits die 7te Kompagnie**) Infanterie=Regiments Nr. 18, welche ihren Vormarsch gegen Schanze IX aufgegeben hatte, als sie sah, daß dieselbe bereits vom Leib=Regiment genommen war, und nun die gegenüberstehenden feindlichen Abtheilungen nach der Apen= rader Straße drängte.

Die 3te und 4te Kompagnie Infanterie=Regiments Nr. 18 hatten inzwischen, unterstützt von der 1sten Kompagnie des Leib= Regiments,***) ihre Vorwärtsbewegung ebenfalls gegen die Apen= rader Straße fortgesetzt. Das an derselben liegende ausgebrannte Gehöft wurde von ihnen im ersten Anlaufe genommen.

Der Besatzung desselben gelang es jedoch noch, wenn auch unter bedeutenden Verlusten, den Brückenkopf zu erreichen; nur eine Abthei= lung von etwa 300 Mann des 1sten Bataillons 16ten Regiments mußte sich in der Nähe von Steinhöft den Preußen nach längerem Widerstande ergeben.

Während dieser Kämpfe nördlich der großen Straße waren auch die schon vorher gegen die Dänische 8te Brigade in Thätigkeit ge= tretenen Feld=Batterien†) verstärkt worden.

Nördlich von Düppelfeld trat die 2te Haubitz=Batterie der Artillerie=Brigade Nr. 3 und links daneben die andere Hälfte der

---

*) Vergl. Seite 555.

**) Dieselbe war der $\frac{3\text{ten u. 4ten}}{18.}$ als Reserve gefolgt und wurde nach Eroberung des Gehöftes Düppelfeld vom Kommmandeur des $\frac{\text{I.}}{18.}$ gegen Schanze IX vorgeschickt.

***) Vergl. Seite 555.

†) Vergl. Seite 554.

4pfündigen Garde-Batterie ins Gefecht. Bald nach Eroberung der Schanzen IX und X fuhren hier die 1ste 6pfündige Batterie der Artillerie-Brigade Nr. 7*) sowie die 1ste 6pfündige der Artillerie-Brigade Nr. 3**) auf.

Diese 45 Feld-Geschütze nahmen, im Verein mit den Gammelmark-Batterien,***) die feindliche Artillerie auf Alsen sowie den Brückenkopf unter Feuer und erleichterten so das Vordringen der Preußischen Infanterie gegen letzteren.

Die Belagerungs-Batterien des linken Flügels, Nr. 23 und 24, hatten nach dem Falle der Schanzen IX und X zunächst ebenfalls das Gelände an der Apenrader Straße unter Feuer genommen, dann aber, als die Preußischen Abtheilungen sich auch nördlich der Flensburg-Sonderburger Straße dem Brückenkopfe näherten, sich gegen die Batterien auf Alsen gewandt.

Nachdem das Gehöft an der Apenrader Straße genommen war, hatten die Preußischen Abtheilungen dort zunächst einen kurzen Halt gemacht, um die taktischen Verbände wieder herzustellen.

Hier war es, wo dem General v. Raven, welcher stets in der vordersten Linie die Bewegungen seiner Brigade geleitet hatte, um $12^{1}/_{2}$ Uhr Nachmittags der rechte Unterschenkel durch einen Granatsplitter zerschmettert wurde.†) Trotz seiner schweren Verwundung ertheilte der General den hier versammelten Kompagnien noch den Befehl zum weiteren Vorrücken gegen den Brückenkopf. In Folge dessen traten die 3te, 4te und 7te Kompagnie Infanterie-Regiments Nr. 18, von der 1sten Kompagnie des Leib-Regiments in der linken Flanke begleitet, von Neuem an, während das 2te Bataillon Infanterie-Regiments Nr. 13 vorläufig zurückgehalten wurde. Die drei Kompagnien

---

*) Aus der Belagerungs-Batterie Nr. 13.

**) Aus der Belagerungs-Batterie Nr. 22.

***) „Rolf Krake" war um 11 Uhr 34 Minuten wieder abgedampft. Vergl. Seite 547.

†) „Es ist doch schön, daß auch ein General für seinen König bluten kann", äußerte der General kurze Zeit nach seiner Verwundung. Derselbe verschied am 27sten April im Johanniter-Hospital zu Nübel, nachdem er zuvor noch seinen König gesehen hatte, welcher den tapferen General aufsuchte und mit dem Orden pour le mérite auszeichnete.

der Achtzehner gingen nördlich der Straße bis auf etwa 600 m an den Brückenkopf heran und griffen hier in das Feuergefecht ein, welches weiter südlich bereits von der Brigade Canstein gegen diese Verschanzung geführt wurde. Inzwischen waren auch die auf Vorposten befindliche 5te, 6te und 8te Kompagnie desselben Regiments von ihrem Sammelpunkte westlich von Schanze IX gegen die Apenrader Straße vorgegangen und später der Brigade Canstein gefolgt.

Die von Nübel vorgezogene Brigade Roeder wurde bei Düppel angehalten. Ueber diesen Punkt hinaus waren die Regimenter der Garde bis vor die Schanzen VI und VIII gerückt. Dieselben verblieben daselbst, mit Ausnahme der Grenadier-Bataillone des 4ten Garde-Regiments,*) welche den Auftrag erhalten hatten, den Angriff der Brigade Schmid auf die Schanze X**) zu unterstützen. Als sich dann herausstellte, daß diese Schanze bereits genommen war, folgten die Bataillone den Abtheilungen des 18ten Regiments nördlich der großen Straße in der Richtung auf den Brückenkopf. Es mochte 1½ Uhr sein, als dieselben hinter den gegen dieses Werk bereits im Feuer stehenden drei Kompagnien des 18ten Regiments eintrafen und südlich davon mit der 2ten und 3ten Kompagnie sich an diesem Gefechte betheiligten, während die 1ste Kompagnie und das 2te Bataillon weiter rückwärts Halt machten.

Feuergefecht gegen den Brückenkopf. So hatte sich um diese Zeit auch dem rechten Flügel der letzten Dänischen Stellung im Sundewitt gegenüber die Feuerkette geschlossen, welche bereits etwas früher deren linken Flügel umspannt hielt. Südlich an die eben genannten Kompagnien der Brigade Raven und des 4ten Garde-Regiments schloß sich der linke Flügel des Füsilier-Regiments Nr. 35 an. Derselbe war schon während des Vorgehens der Brigade Raven gegen die Apenrader Straße der weichenden 8ten Dänischen Brigade durch das Barackenlager gefolgt***) und stand nun mit den größten Theilen der 12ten, 11ten und 9ten Kompagnie dicht nördlich, mit der 8ten südlich der großen Straße im Feuer gegen den Brückenkopf. Der rechte Flügel des Regiments war bei

---

*) Ohne die bei den Sturm-Kolonnen befindliche 4te und 5te Kompagnie.

**) Vergl. Seite 557.

***) Vergl. Seite 553.

Sney verblieben und betheiligte sich nur mit kleineren vorgeschobenen Abtheilungen an diesem Schützengefecht.

Auf dem äußersten rechten Flügel waren die 2te und 11te Kompagnie des Leib-Regiments,*) sowie Abtheilungen der 1sten Sturm-Kolonne**) bei der Verfolgung des weichenden Gegners bis zu dem letzten vor dem Brückenkopf liegenden Knick gelangt und richteten von hier aus ihr Feuer gegen diesen, gegen die südliche Brücke, die Batterien auf Alsen und das in allen Stockwerken besetzte Sonderburger Schloß. Etwas weiter rückwärts betheiligten sich an dem Gefecht noch die 7te sowie ein Zug der 9ten Kompagnie Infanterie-Regiments Nr. 60, welche der Befehl zum Sammeln***) nicht erreicht hatte. Die 5te, 6te und 8te Kompagnie Infanterie-Regiments Nr. 18†) waren um 1½ Uhr noch im Anrücken begriffen, doch hatte sich die an der Spitze befindliche 5te Kompagnie bereits bis auf wenige Hundert Meter dem Brückenkopf genähert.

Dänischer Seits hatten sich inzwischen die Trümmer der 1sten sowie die zurückgehenden Theile der 3ten und 8ten Brigade durch den von der 2ten Brigade††) besetzten Brückenkopf nach Alsen zurückgezogen, wohin sich auch der Oberbefehlshaber begab. Fortsetzung des Dänischen Rück-zuges nach Alsen u. Maßnahmen beim Brücken-kopf.

Bei Sonderburg besetzte die Garde zu Fuß die an den Brücken belegenen Laufgräben sowie das Schloß, während die Reste der 1sten und 8ten Brigade nordöstlich der Stadt Stellung nahmen. Die 3te Brigade besetzte die Küste von der Kirchbergs- bis zur Flanken-Batterie, wo sich die 6te Brigade anschloß, deren rechter Flügel bis zum Kjärwig reichte. Noch weiter nördlich in den bis Arnkiels Öre reichenden Laufgräben befand sich seit dem Morgen das 11te Regiment. Die 4te Brigade, welche mit einem Regiment nach Ulkebüll,

---

*) Vergl. Seite 552, Anmerkung 2.
**) Unter den Hauptleuten v. Reinhardt und v. Wolfradt, sowie der Lieutenants v. Möller und The Losen. Vergl. Seite 552.
***) Vergl. Seite 553, Anmerkung 2.
†) Vergl. Seite 560.
††) Vergl. Seite 548. Die Besatzung des Brückenkopfes wurde noch durch die hier zurückbehaltenen $\frac{5te, 1ste, 2te}{3.}$ verstärkt.

mit dem andern nach Augustenburg marschiren sollte, wurde bei ersterem Orte versammelt, während die am weitesten rückwärts befind= liche 5te Brigade den Befehl erhalten hatte, nach dem nördlichen Theile von Sonderburg zu rücken.*)

Die 2te, 8te, 10te und 11te Batterie**) fuhren dem Brücken= kopf gegenüber auf und betheiligten sich an dem Feuer, welches von den vier Geschützen dieses Werkes und den Alsener Batterien gegen die Angreifer gerichtet wurde.

An leitender Stelle hatte man sich inzwischen für die Räumung des Brückenkopfes entschieden, da derselbe seine Bestimmung erfüllt hatte und es noch möglich war, den Abzug ohne besondere Schwierig= keiten auszuführen. Zunächst sollte mit dem Abbrechen der nörd= lichen Brücke begonnen und die Besatzung des Werkes nach und nach verringert werden. Der Abzug begann bereits gegen 1 Uhr Nachmittags.

Der Angriff auf den Brückenkopf.

Nach dreistündigem Kampfe war der ganze Raum von den Schanzen bis zum Brückenkopf den Dänen entrissen worden. Beim Vordringen gegen dieses Werk waren die Preußischen Abtheilungen auf dem sich allmählich zum Alsen Sunde abdachenden Gelände immer mehr in den Bereich der auf Alsen befindlichen Batterien gekommen und hatten dann wenige Hundert Meter vor den zum Schutz der Brücken errichteten Verschanzungen Halt gemacht.

Es entstand nun die Frage, ob der Angreifer sich mit diesem Erfolge begnügen, oder ob der den Preußischen Truppen innewohnende Drang nach vorwärts dazu führen werde, auch noch dieses letzte feind= liche Bollwerk auf Schleswigschem Festlande in Besitz zu nehmen.

Prinz Friedrich Karl, welcher den Gang des Gefechtes vom Spitz Berge aus verfolgte, hatte gegen 12½ Uhr dem General

---

*) Sie traf erst gegen 4 Uhr Nachmittags dort ein und ging dann sogleich wieder in ihre Quartiere zurück.

**) Jede zu sechs Geschützen, da je ein Zug in der Schanzenstellung verloren gegangen war.

v. Manſtein, der von Schanze IV aus den Kampf leitete, den Befehl geſchickt, den Brückenkopf nur dann anzugreifen, wenn die Umſtände hierfür beſonders günſtig ſeien, ſonſt aber ſich mit der gewonnenen Stellung zu begnügen und in derſelben einzurichten. Zu dieſer Zeit waren die Preußiſchen Truppen aber bereits über die Schanzen hinaus in ſiegreichem Vorſchreiten gegen den Brückenkopf begriffen, und es bedurfte keines weiteren Antriebes für ſie, um deſſen Wegnahme zu verſuchen.

Den erſten Anſtoß hierzu gab der vor dem nördlichen Theile der Verſchanzung auf etwa 150 m Entfernung eingeniſtete Schützen= zug der 9ten Kompagnie Füſilier=Regiments Nr. 35. Bald nach 1½ Uhr bemerkte der Führer deſſelben, Lieutenant Graf v. d. Schulen= burg, daß das feindliche Gewehrfeuer ſchwächer wurde. Ohne zu zögern, eilte er mit ſeiner kleinen Schaar vorwärts und drang in den nördlichen Theil des Werkes ein. Als der mit einem Zuge der 8ten Kompagnie deſſelben Regiments etwas weiter ſüdlich vor der Verſchanzung liegende Lieutenant Steinhardt dieſe Bewegung wahrnahm, führte er ſeine Leute ebenfalls vor und erſtieg nur um einige Augenblicke ſpäter, als Graf v. d. Schulenburg, die feindliche Bruſtwehr. Die an den beiden Einbruchsſtellen befind= lichen Dänen gingen eiligſt zurück. Ein Aufenthalt im Innern des nach Sonderburg völlig offenen Werkes wurde in Folge des von Alſen dorthin gerichteten Feuers unmöglich, ſo daß die beiden Preußiſchen Züge im Graben Schutz ſuchten. Auch das Feuer der eigenen Truppen war noch hierher gerichtet, ſo daß dieſe durch Hochhalten an Gewehren und Stangen befeſtigter Tücher von der Anweſenheit Preußiſcher Abtheilungen in der Verſchanzung benachrichtigt werden mußten.*)

Auch die nördlich der Brigade Canſtein im Feuergefechte gegen den Brückenkopf ſtehende 3te, 4te und 7te Kompagnie Infanterie=Regi=

---

*) Als Lieutenant Graf v. d. Schulenburg zu dieſem Zweck die Bruſt= wehr beſtieg, wurde er von zwei Däniſchen Kugeln durchbohrt.

ments Nr. 18 unter Oberst-Lieutenant v. Wietersheim,*) und die vom Obersten v. Korth vorgeführte 2te und 3te Kompagnie 4ten Garde-Regiments,**) unter Major v. Oesfeld, gingen jetzt trotz heftigem, von Alsen her auf sie gerichtetem Flankenfeuer der Batterien und des 16ten Regiments mit schlagenden Tambours gegen den Brückenkopf vor und nisteten sich am Glacis neben den beiden Zügen der 35er ein. Die 1ste Kompagnie des Leib-Regiments hatte diese Bewegung am Alsen Sund entlang begleitet und nahm in der Nähe des feind-lichen Werkes hinter einem Knick Stellung.

Während dieser Vorgänge bei dem nördlichen Theile des Brücken-kopfes war auch der südliche Theil desselben genommen. Hier war Hauptmann Pohlmann, mit einem Zuge der 2ten Kompagnie des Leib-Regiments, fast zu derselben Zeit in die südliche Flesche ein-gedrungen wie Lieutenant Graf v. d. Schulenburg in den nördlichen Theil der Verschanzungen. Das Forträumen eines an der Kontreskarpe befindlichen Verhaus verursachte so viel Aufenthalt, daß auch hier die Vertheidiger zum größten Theil noch rechtzeitig zu entkommen ver-mochten. Kurze Zeit darauf traf auch der Hauptmann v. Schkopp mit der 5ten Kompagnie Infanterie-Regiments Nr. 18, welche sich an der Spitze der drei vom Major Meden vorgeführten Vorposten-Kompagnien genannten Regiments befand, hier ein.***)

Als der Angriff auf den Brückenkopf begann, hatte bereits der größte Theil der 2ten Dänischen Brigade denselben verlassen, so daß sich nur noch das 1ste Bataillon des 18ten, sowie kleine Theile

---

*) Vergl. Seite 559, 560.

**) Die $\frac{\text{1ste u. II.}}{\text{4ten G. R.}}$ waren weiter rückwärts als Reserve an der großen Straße verblieben. (Vergl. Seite 560.) Oberst v. Korth wurde auf der Brustwehr des Brückenkopfes durch einen Granatsplitter schwer am Oberschenkel verwundet.

***) Vergl. Seite 560. Die beiden übrigen Kompagnien des Regiments Nr. 18 machten weiter rückwärts Halt, während der Rest der $\frac{\text{2ten}}{8.}$ in die Verschanzung nachfolgte und die $\frac{\text{11te}}{8.}$ nahe an dem Werke Deckung gegen das besonders vom Schloß hierher gerichtete heftige Feuer zu gewinnen suchte.

des 1sten Bataillons 3ten Regiments in demselben befanden. Diese benutzten zu ihrem Rückzuge die südliche Brücke, welche dann ebenfalls abgebrochen wurde*); die feindliche Artillerie setzte unterdessen das Feuer gegen den Brückenkopf in heftigster Weise fort. Preußischer Seits versuchten die auf der Hochfläche östlich der Schanzen befindlichen Feld = Batterien längere Zeit vergeblich, dasselbe zum Schweigen zu bringen. Sie wurden hierin von 2 Uhr an noch durch vier gezogene 12=Pfünder unterstützt, welche in Folge der Bemühungen des Hauptmanns v. Lewinski aus der Batterie Nr. 10 in die Schanze IV geschafft worden waren. Bis gegen 4 Uhr dauerte das beiderseitige Feuer mit ungeminderter Heftigkeit fort, dann wurde es allmählich schwächer und erlosch völlig bei Einbruch der Dunkelheit.

Die Thätigkeit der Brigade Goeben am Großen Holz.

Ganz außerhalb des Bereiches der geschilderten Kämpfe war weiter nördlich die Brigade Goeben**) am Großen Holz vorübergehend zur Thätigkeit gelangt.

Dänischer Seits hatte man gleichzeitig mit dem Sturme auch einen Uebergangsversuch erwartet und sich auf die Abwehr eines solchen vorbereitet. Von der 7ten Brigade stand das 11te Regiment auf der Halbinsel Kjär, und zwar mit fünf Kompagnien in den Laufgräben längs des Strandes vom Kjärwig bis Arnkiels Öre, während dahinter drei weitere Kompagnien als Reserve zurückgehalten waren. Das 12te Regiment und die 1ste Batterie wurden zur Unterstützung der auf Meels befindlichen Abtheilung nach Norburg gezogen. In den Strand=Batterien zu Rönhof, Arnkiels Öre und südlich der Fohlen=Koppel standen die acht gezogenen 4=Pfünder der 9ten Batterie.

---

*) Mit dem letzten ausschwingenden Brückengliede ging der Kommandant des Brückenkopfes, Oberst=Lieutenant Dreyer, nach Alsen über.

**) Infanterie=Regiment Nr. 15, $\dfrac{\text{II., F.}}{55.}$, Jäger = Bataillon Nr. 7, 3te 6pfündige Garde=Batterie, $\dfrac{\text{3te Haub.}}{\text{Art. Brig. 3}}$, $\dfrac{\text{1ste 12pfdge}}{\text{Art. Brig. 7}}$, $\dfrac{\text{1ste u. }^{1}/_{2}\text{3te}}{\text{Pion. 3}}$, $\dfrac{\text{1ste}}{\text{Pion. 7}}$. Vergleiche über den Auftrag derselben Seite 520.

Die General v. Goeben unterstellten Truppen waren um 9³/₄ Uhr Morgens hinter dem Großen Holz versammelt, nachdem schon um 8¹/₂ Uhr die zugetheilten drei Batterien südlich des Waldes und in diesem selbst, gegenüber der Fohlen=Koppel, mit der Herstellung von Geschützeinschnitten begonnen hatten. Diese Arbeit war noch nicht beendet, als kurz vor 9 Uhr die feindlichen Batterien ihr Feuer hierher richteten. Dasselbe wurde sofort erwidert; auch die Be= lagerungs=Batterie Nr. 27 betheiligte sich an diesem Geschützkampfe, während die Batterien Nr. 25 und 26 die südlich des Kjärwig liegenden feindlichen zum Ziel nahmen und Batterie Nr. 29 die an dem Strande der Halbinsel Meels erscheinenden feindlichen Truppen beschoß. Nach Verlauf einer Stunde war die Dänische Artillerie zum Schweigen gebracht, doch setzte die Preußische ihr Feuer noch einige Zeit fort, um den Feind an einer Wiedereröffnung des seinigen zu hindern.

Gleich nach dem Eintreffen seiner Truppen hatte General v. Goeben durch Infanterie in möglichst auffälliger Weise Vorbereitungen zu einem Uebergange treffen lassen. Die 3te Kompagnie Regiments Nr. 15 schwärmte am Strande auf der Strecke von Schnabek=Hage bis zur Ziegelei, die 4te und 7te desselben Regiments im Großen Holz aus und beschossen auf das Lebhafteste die jenseitigen Laufgräben. Zu= gleich wurden die während der Nacht an das Ufer geschafften Pontons durch die Pioniere ins Wasser geschoben. Für die wirkliche Aus= führung des Ueberganges schienen jedoch dem General v. Goeben die Umstände wenig günstig zu liegen. Mit den vorhandenen Mitteln konnten höchstens 1¹/₂ Bataillone auf einmal übergesetzt werden, die keinenfalls stark genug waren, um sich am feindlichen Ufer bis zur Ankunft der zweiten Staffel zu behaupten. Der General begnügte sich daher damit, die verhältnißmäßig starken Kräfte des Feindes hier zu fesseln und von dem Orte, wo die Entscheidung lag, fern zu halten. Als um 12¹/₂ Uhr Nachmittags die Nachricht eintraf, daß bereits alle Schanzen bis auf Nr. X erobert seien und gegen diese jetzt die Brigade Schmid vorgehe, entsandte General v. Goeben zur Unterstützung derselben das 2te und Füsilier=Bataillon Regiments Nr. 55 auf Rackebüll.

Schon bei Oster=Satrup erfuhren die beiden Bataillone, daß auch der Brückenkopf bereits gefallen sei und ihre Brigade in die Quar= tiere abrücken solle. Um 3½ Uhr entließ General v. Goeben auch die noch beim Großen Holz verbliebenen Abtheilungen.

Besetzung der Düppel=Stellung nach Beendigung des Kampfes.

Um 2¾ Uhr Nachmittags, also eine Stunde nach der Einnahme des Brückenkopfes, hatte Prinz Friedrich Karl die Ablösung der vorderen Truppen durch 5¼ Bataillone der Garde=Division und 4 Bataillone der Brigade Schmid unter Leitung des Generals v. d. Mülbe angeordnet. Ersteren wurde die von Schanze I bis VI reichende Linie und das vorliegende Gelände einschließlich des süd= lichen Theils des Brückenkopfes, letzteren der Raum nördlich dieses Abschnittes bis zum Alsen Sunde zugewiesen. Wenngleich die Ab= lösung schon um 3½ Uhr begann, so konnte sie im Brückenkopfe des feindlichen Feuers wegen doch erst bei eintretender Dunkelheit durchgeführt werden.

Von der Feld=Artillerie verblieben drei Batterien*) in der er= oberten Stellung. Auch wurden acht gezogene 12=Pfünder,**) welche noch im Laufe des Nachmittags bei dem Gehöft Düppelfeld auf= gefahren waren, daselbst belassen. Während der Nacht wurde bei Lünette B eine Batterie — Nr. 34 — erbaut und mit fünf gezogenen 24=Pfündern***) ausgerüstet, welche dazu bestimmt war, das Ein= laufen feindlicher Schiffe in den Alsen Sund und Wenningbund zu

---

*) $\frac{\text{2te 6pfdge}}{\text{Art. Brig. 3}}$ nördlich der Düppeler Mühle, $\frac{\text{1ste 6pfdge}}{\text{Art. Brig. 7}}$ und $\frac{\text{1ste 6pfdge}}{\text{Art. Brig. 3}}$ bei Schanze IX und X.

**) Aus den Batterien 9 und 11.

***) Davon drei aus den Gammelmark=Batterien und zwei aus Batterie Nr. 15.

verhindern, sowie die Batterien von Sonderburg zu bekämpfen. Es standen somit im Ganzen 18 Feld- und 17 Belagerungs-Geschütze zur Abwehr eines feindlichen Angriffes bereit.

Das beiderseitige Verfahren; die Verluste und Erfolge des Tages.

Durch die Kämpfe des 18ten April war eine fünfwöchentliche Belagerung, welcher eine gleich lange Einschließung vorausgegangen war, zum glücklichen Abschluß gebracht worden.

Dieser Erfolg war ebenso sehr den sorgsamen Vorbereitungen und der klaren, der Sachlage in jeder Beziehung angepaßten Angriffs-Disposition, wie ihrer musterhaften Ausführung zu verdanken, bei welcher die unvergleichliche Tapferkeit der Sturm-Kolonnen, die sich weder durch das Feuer, noch durch die zahlreichen Hindernisse aufhalten ließen, vor allem Anderen den Ausschlag gab. Hierin liegt auch der Grund, weshalb der am 18ten April erfochtene Sieg im Vaterlande eine solche Begeisterung hervorrief. Erblickte man doch in dieser Waffenthat die Gewähr, daß sich die Armee trotz der langen Friedensjahre die altpreußischen Ueberlieferungen treu bewahrt habe!

Im Einzelnen sei noch darauf hingewiesen, daß sich bei diesem Angriff der vom Könige empfohlene Grundsatz bewährt hatte, die Sturm-Kolonnen so stark als irgend zulässig zu machen. Nur so war es möglich geworden, auf dem zunächst angegriffenen Theile der ersten Linie den feindlichen Widerstand überall rasch zu brechen und doch noch Kräfte genug zu behalten, um auch die zweite Linie vor Eintreffen der feindlichen Reserven in Besitz zu nehmen. Auch die von Sr. Majestät angeregte Anlage der 3ten Parallele hatte sich als günstig erwiesen. Es waren dadurch nicht nur die Verluste verringert worden, sondern es wurde in Folge dessen auch eine schnellere Entscheidung herbeigeführt.

Die rasche Ausnutzung der auf solche Weise erleichterten ersten Erfolge beruhte, neben dem rechtzeitigen Eingreifen der Reserven und dem frühen Auftreten der Feld=Artillerie, vorzugsweise auf dem allen einzelnen Gefechtsgruppen innewohnenden Drange nach vorwärts.

Die Dänischer Seits zur Behauptung der Stellung getroffenen Maßregeln können nicht durchweg als zweckentsprechend angesehen werden.

Wenn auch die Rücksicht auf die nothwendige Schonung der Truppen und auf einen etwaigen Uebergang des Gegners nach Alsen es verbot, alle verfügbaren Truppen nach dem Sundewitt zu ziehen, so würde es doch ausführbar gewesen sein, noch eine Brigade hinter der Stellung, und zwar in der Schlucht, welche von dem abgebrannten Gehöft an der Apenrader Straße nach dem Alsen Sunde hinabführte, bereit zu halten. Hatte man sich einmal dafür entschieden, in der Düppel= Stellung den Kampf anzunehmen, so mußte man so stark wie irgend möglich in denselben eintreten. Aber auch mit den im Sunde= witt befindlichen vier Brigaden hätte eine zweckmäßigere Besetzung der Werke vorgenommen werden können. Die Besatzung der Schanzen wäre bei Tage, statt rückwärts derselben, besser in den Verbindungs= gräben dicht bei den Schanzen unterzubringen gewesen. Da die in den Laufgräben stehenden Truppen daselbst im feindlichen Feuer aushielten, so konnte dies auch den Schanzen=Besatzungen zugemuthet werden.

Es erwies sich ferner als sehr ungünstig, daß die zweite Linie nicht von Hause aus mit Infanterie besetzt war. Diese Verschanzung hatte die Bestimmung, den von der ersten Linie zurückweichenden Vertheidigern neuen Halt zu geben, um wo möglich von hier aus den Feind durch einen Gegenstoß wieder zurückzuwerfen, oder, wenn dies nicht thunlich war, doch den Rückzug nach den Brückenköpfen zu sichern. Keines dieser Ziele wurde erreicht. Wären in der zweiten Linie ausreichende Kräfte bereit gehalten und den Besatzungen der ersten Linie bestimmte Punkte für ihren Rückzug angewiesen worden, um so der Aufnahmestellung ein freies Schußfeld zu sichern, so würde den über die erste Linie nachdringenden Preußischen Abtheilungen die Eroberung der zweiten erheblich erschwert worden sein. Auch hätten die Dänischen Reserven soviel Zeit gewonnen, um schon hier in den Kampf eingreifen zu können.

Nachtheilig war es ferner, daß die höheren Führer sich zu weit rückwärts befanden. Nur wenn diese im Falle eines Angriffs rasch das Gefechtsfeld erreichen konnten, war auf eine zweckentsprechende Leitung zu rechnen.

Auch die Verwendung der Reserve erscheint als keine zweckmäßige. Wäre Oberst Scharffenberg mit der Hauptmasse derselben längs der großen Straße gegen die Hochfläche der Düppeler Mühle vor= gegangen, so konnte es gelingen, die dort befindlichen schwachen Preußischen Abtheilungen wieder zurückzuwerfen. Von diesem be= herrschenden Punkte aus war es dann auch möglich, dem südlich desselben vorgedrungenen Angreifer wirksam in die Seite zu stoßen und auf diese Weise den eigenen Rückzug zu erleichtern. Statt dessen wurde der Vorstoß dieser vier frischen Bataillone gleichmäßig gegen die ganze, 1300 m lange Front des Preußischen Angriffs gerichtet, so daß nirgends ein erheblicher Erfolg erzielt werden konnte.

Die weiteren Maßregeln zur Sicherung des Ueberganges nach Alsen waren durchaus sachgemäß und wurden von den Truppen mit Ruhe und Festigkeit ausgeführt.

Das Dänische Heer hatte 108 Offiziere, 2 Aerzte und 4706 Mann verloren,*) darunter 56 Offiziere und 3549 Mann an unverwundeten Gefangenen. Außerdem büßte es eine große Anzahl von Geschützen, Espingolen, Wallbüchsen und Gewehren, sowie eine nicht unbedeutende Zahl Danebrogs und große Munitions=Vorräthe ein.

Aber auch der Sieg war nicht ohne erhebliche Opfer erkauft worden. Der Gesammtverlust betrug Preußischer Seits 71 Offiziere und 1130 Mann, wovon 17 Offiziere und 246 Mann gefallen waren.**) Bedenkt man indessen, daß die Einbuße des Angreifers meistens größer ist als die des Vertheidigers, so erscheint dieselbe hier im Verhältniß zu dem errungenen Erfolge nur gering. Dieser Erfolg bestand nicht nur darin, daß dem Gegner das letzte Stück des Schleswigschen Festlandes entrissen worden war, sondern

---

*) Nach dem amtlichen Dänischen Bericht.
**) Vergl. Anlage Nr. 61. Verlustliste für den 18ten April.

daß der Feind mit den Düppeler Schanzen zugleich sein Aus=
fallthor aus der Stellung von Alsen verloren hatte, daß er die
erlittenen Verluste sobald nicht wieder ersetzen konnte und nun unter
weit ungünstigeren Aussichten in die bevorstehenden Konferenz=Ver=
handlungen eintreten mußte, als dies vor der Niederlage der Fall
gewesen wäre.

Fünfter Abschnitt.

Vom Falle von Düppel bis zum Ablaufe der ersten Waffenruhe. 19ter April bis 26ster Juni.

———

I. Ereignisse beim I. Korps bis zum Eintritt der Waffenruhe.

In Folge der Waffenthat vom 18ten April hatte sich die allgemeine Kriegslage wesentlich verändert. Es erschien keineswegs ausgeschlossen, daß der Feind unter dem Drucke der erlittenen Niederlage sich geneigt zeigen werde, die Forderungen der Deutschen Großmächte zu erfüllen. Ebenso möglich war es freilich, daß sich Dänemark, durch die wohlwollende Haltung der neutralen Staaten in seinem Starrsinn bestärkt, zur Fortsetzung des durch die Eigenthümlichkeiten des Kriegsschauplatzes so außerordentlich begünstigten Vertheidigungskampfes entschloß. Für die Verbündeten kam es dann darauf an, durch kräftige Fortführung des Krieges einen weiteren Druck auf den Gegner auszuüben.

Hierzu erschien dem Ober-Kommando die sofort ins Werk zu setzende Vertreibung der noch im nördlichen Jütland stehenden feindlichen Kräfte und die völlige Besitzergreifung dieser Provinz, wozu auch die Einnahme von Fredericia gehörte, am geeignetsten. Im Sundewitt fiel dann dem I. Korps die Aufgabe zu, die auf Alsen befindlichen feindlichen Streitkräfte möglichst zu fesseln und den Angriff auf diese Insel so vorzubereiten, daß derselbe im günstigen Augenblick ausgeführt werden konnte.

Von einem Uebergange dorthin noch in der auf den Sturm folgenden Nacht oder in den nächsten Tagen hatte man abgesehen, obwohl eine derartige Ausnutzung des Sieges in der Absicht des Prinzen Friedrich Karl gelegen hatte. Noch am Nachmittage des 18ten fand hierüber eine Besprechung desselben mit dem Kronprinzen statt, welcher ebenfalls diese Unternehmung wünschte. Der Besitz von Alsen hatte an sich einen beschränkten militärischen Werth, und es konnte sich daher nur darum handeln, ob es möglich sein werde, die Niederlage des feindlichen Heeres durch einen Kampf auf der Insel zu vervollständigen. Ein Gelingen war aber keineswegs wahrscheinlich. Auf eine Ueberraschung des Gegners konnte nach dem Scheinangriff der Brigade Goeben zur Zeit nicht mehr gerechnet werden. Der Gegner war wachsam und stand mit starken Kräften am jenseitigen Ufer versammelt. Mißglückte aber das Unternehmen, so mußte dies den am 18ten errungenen Erfolg wesentlich abschwächen.

Nach dem Falle von Düppel konnten die in den letzten Wochen nach dem Sundewitt abgezweigten Verstärkungen wieder nach Jütland zurückgeschickt werden. Auch ein Theil der vor der Düppel-Stellung zur Verwendung gelangten, sowie einige in diesen Tagen aus Preußen nach dem Kriegsschauplatze beförderte schwere Geschütze standen jetzt für das Vorgehen gegen Fredericia zur Verfügung.

Die Belagerung dieser Festung sollte dem II. Korps übertragen werden, während zum Schutze derselben das wieder vereinigte III. Korps bei Veile Stellung zu nehmen hatte. Hier konnte dasselbe zugleich als Rückhalt für die zur Besetzung von Nord-Jütland bestimmten Kräfte des Grafen Münster dienen, welche noch durch eine Anfangs April mobil gemachte und bereits am Tage vor dem Düppelsturme bei Apenrade ausgeschiffte Preußische Infanterie-Brigade*) verstärkt werden sollten.

---

*) Die 21ste Infanterie-Brigade. Siehe weiter unten Seite 582.

Nach dieser Darlegung der bei den Verbündeten aus der ver=
änderten Kriegslage hervorgegangenen allgemeinen Absichten soll nun
im Einzelnen verfolgt werden, in welcher Weise dieselben auf den
verschiedenen Theilen des Kriegsschauplatzes zur Ausführung gebracht
wurden.

Nach Erstürmung der Schanzen und des Brückenkopfes hatten,
wie bereits erwähnt,*) 9¼ Bataillone und drei Feld=Batterien die
Besetzung der eroberten Stellung übernommen, während die übrigen
Truppentheile weiter rückwärts gelegene Quartiere bezogen. Neben
den 18 Feld= standen noch 17 Belagerungs=Geschütze zur Abwehr
eines etwaigen Angriffes bereit. Die Nacht verlief jedoch ohne
Störung.

Am 19ten April beschränkte sich die Preußische Artillerie**)
darauf, Arbeiterabtheilungen, die sich in den Strandbefestigungen von
Alsen zeigten, zu beschießen. Die Dänen warfen am Vormittage
einige Granaten nach dem linken Flügel der diesseitigen Vorposten=
stellung. Um Mittag trat auf Ansuchen des Dänischen Ober=
Kommandos eine sechsstündige, später um zwei Stunden verlängerte
Waffenruhe zur Beerdigung der Gefallenen ein.

Von dem bei Gammelmark befindlichen Beobachtungsposten aus
bemerkte man an diesem und den folgenden Tagen einen sehr regen
Schiffsverkehr beim Feinde. Kriegsfahrzeuge und Transportschiffe, auf
denen mehrfach Truppen zu erkennen waren, liefen fast täglich
vom Hörup Haff aus, so daß kein Zweifel darüber bestehen konnte,
daß der Gegner einen Theil seiner Streitkräfte von Alsen fort=
führte.

In der That hatte man auf Dänischer Seite, da der Verlust
der Düppel=Stellung ein Vorgehen von Alsen aus fernerhin un=

---

*) Vergl. Seite 567.

**) Die drei Feld=Batterien rückten an diesem Tage in ihre alten Quartiere
und wurden durch zwei andere (3te 6pfündige der Artillerie=Brigade Nr. 3 und
4pfündige Garde=Batterie) ersetzt. Von da an trat eine regelmäßige Ab=
lösung ein.

thunlich erscheinen ließ, schon in der Nacht vom 18ten auf den 19ten April die Ueberführung der 1sten und 8ten Infanterie-Brigade nach Fünen eingeleitet, welchen am 19ten und 20sten noch die 3te Infanterie-Brigade und die Garde zu Fuß folgten.*)

Das Dänische Ober-Kommando begab sich am 23sten April nach Assens auf Fünen. Den Befehl auf Alsen übernahm General Steinmann, welchem am 22sten April nähere Weisungen in Bezug auf die Vertheidigung der Insel zugingen. Es hieß in denselben:

„Nach der Weisung, welche das Ober-Kommando von der Regierung erhalten hat, legt diese den größten Werth auf eine möglichst lange Behauptung von Alsen. Es muß daher Alles daran gesetzt werden, die Arbeiten, welche der Feind zur Vorbereitung und Sicherung eines Ueberganges vornimmt, zu verhindern oder mindestens zu verlangsamen, einem Uebergangsversuch aber auf das Kräftigste zu begegnen. Selbst wenn es dem Feinde gelingen sollte, auf der Insel festen Fuß zu fassen, darf der Widerstand nicht aufgegeben werden, so lange irgend die Möglichkeit vorhanden ist, den Feind zurückzuwerfen."

In Bezug auf die Mitwirkung der Seestreitkräfte sollte General Steinmann sich unmittelbar mit dem Befehlshaber des Geschwaders in Einvernehmen setzen.**) Der General verfügte auf Alsen über die

---

*) Die genannten Truppen traten zur 2ten Division über, deren Kommando General Vogt übernahm. Die 1ste Brigade wurde mit der 8ten zu einer Brigade verschmolzen, indem jedes der vier Regimenter je ein Bataillon bildete.

**) Es befanden sich zu jener Zeit nach den Angaben von Sörensen folgende Schiffe bei Alsen:

       Panzer-Kuppelschiff „Rolf Krake" 4 Geschütze,
       Panzer-Schooner „Esbern Snare" 3 Geschütze,
       Schrauben-Schooner „Falken" (Flaggschiff) 3 Geschütze,
       Schrauben-Kanonen-Boot „Buhl" 6 Geschütze,
       Schrauben-Kanonen-Boot „Willemoës" 6 Geschütze,
       Linienschiff „Frederic VI" 84 Geschütze,
       Fregatte „Thetis" 48 Geschütze.

2te, 4te, 5te, 6te, 7te Infanterie-Brigade, ein Halb-Regiment Garde-Husaren, das 2te Halb-Regiment Dragoner Nr. 4, die 1ste, 2te, 4te, 8te, 9te, 10te, 11te Feld-Batterie,*) 3te, 4te, 6te Festungs-Artillerie-Kompagnie, eine Espingolen-Batterie, 1ste, 5te Ingenieur-Kompagnie, die Brücken-Kompagnie mit Brückentrain. Am 26sten und 27sten April wurden die 4te und 11te Batterie nach Fünen übergeführt. Diesen folgten auf Befehl des Ober-Kommandos am 2ten Mai die 10te Feld-Batterie, am 3ten die 5te Infanterie-Brigade und am 4ten Mai das Halb-Regiment Dragoner Nr. 4. Von den die 1ste Division bildenden Truppen waren drei Infanterie-Brigaden auf der Strecke von Sonderburg bis Kjär und eine Brigade als Rückhalt in Wollerup, Klintinge, Lamberg und Lambergholz aufgestellt. Der letzteren Brigade und einer kleinen Infanterie-Abtheilung war außerdem die Küstensicherung von der Landspitze von Stollbroe nach Norden bis Hellesögaard übertragen. Die Beobachtung des übrigen Theiles der Küste fiel der Kavallerie zu. 48 Geschütze standen am 23sten April längs des Alsen Sundes in Bereitschaft.

Prinz Friedrich Karl hatte am Tage nach dem Sturm ein Schreiben des Feldmarschalls erhalten, in welchem ausgesprochen war, daß für die Unternehmungen gegen Alsen sowie für die Sicherung der Schleswigschen Ostküste das I. Korps und ein Theil der Belagerungs-Artillerie ausreichen würde. Da die Absicht vorliege, nunmehr eine vollständige Besetzung von Jütland und die Belagerung von Fredericia eintreten zu lassen, so seien die Garde-Division, das 1ste Posensche Infanterie-Regiment Nr. 18, das Jäger-Bataillon Nr. 7 und ein vom General-Kommando zu bestimmendes Kavallerie-Regiment **) am 20sten, 21sten und 22sten April über Apenrade nach Jütland in Marsch zu setzen, um dort unter den Befehl des

---

*) Die 1ste, 4te, 9te Batterie zu acht, die 2te, 8te, 10te, 11te zu je sechs Geschützen, da von letzteren je zwei Geschütze — und außerdem die ganze 13te Batterie — bei Düppel verloren gegangen waren.

**) Es wurde das Dragoner-Regiment Nr. 7 bestimmt.

Generals v. d. Mülbe zu treten.*) Ferner sei das Leib-Grenadier-Regiment Nr. 8 am 20ften nach Flensburg**) zu schicken, welches von hier aus über Schleswig zur Brigade Schlegell zurückzukehren und das ebenfalls nach Jütland bestimmte 6te Brandenburgische Infanterie-Regiment Nr. 52 in dessen gegenwärtigen Standorten abzulösen habe. Endlich sollten aus dem Belagerungs-Park 16 25pfündige Mörser sowie das nöthige Batterie-Baugeräth unter Begleitung von drei Festungs-Artillerie-Kompagnien***) nach Fredericia und vier gezogene 24-Pfünder sowie vier gezogene 12-Pfünder zum Schutze der Apenrader Föhrde entsandt werden. Am 20ften April begann der Abmarsch der für Jütland bestimmten Truppen und des nach Holstein gehenden Leib-Regiments.

Der Königliche Kriegsherr, welcher in ununterbrochenem Verkehr mit dem Hauptquartier der Leitung des Krieges seine lebhafteste Fürsorge zugewandt hatte, fühlte Angesichts der ersten glorreichen Waffenthat des durch ihn neugeordneten Heeres das Bedürfniß, den Truppen auch persönlich seine Anerkennung auszusprechen, nachdem er dem Prinzen Friedrich Karl schon am Abend des 18ten April durch folgende Depesche gedankt hatte:

„Nächst dem Herrn der Heerschaaren verdanke Ich Meiner herrlichen Armee und Deiner Führung den glorreichen Sieg des heutigen Tages. Sprich den Truppen Meine höchste Anerkennung aus und Meinen Königlichen Dank für ihre Leistungen.

Wilhelm."

Am 21ften April traf Se. Majestät auf dem Kriegsschauplatze ein und nahm Nachmittags zwischen Gravenstein und Atzbüll Parade

---

*) Dem unter General v. d. Mülbe wieder zusammentretenden III. Korps war auch das Pionier-Bataillon Nr. 7 zugetheilt worden, welches aber auf dem Marsche bis Apenrade sich dem für Fredericia bestimmten Belagerungstrain anzuschließen hatte.

**) Ebendahin ging außerdem am folgenden Tage das $\frac{II.}{60.}$ zur Ablösung der bisherigen, aus 400 Mann verschiedener Truppentheile bestehenden Besatzung.

***) Von der Garde-, 4ten und 7ten Artillerie-Brigade.

Feldzug 1864.   37

über die Sturm-Kolonnen*) sowie über die Brigade Goeben ab.
Bewegten Herzens hielt der König hierbei eine Ansprache, in
welcher er seiner hohen Freude sowie seinem Dank über den er-
rungenen Erfolg und den in der Armee herrschenden guten Geist
Ausdruck gab. Auch verkündete er die Absicht, ein besonderes Denk-
zeichen · für alle an dem Sturme Betheiligten zu stiften.**) Am
22sten April fand für die übrigen im Sundewitt versammelten
Truppen Parade statt, ebenso bei Feldstedt über die bereits nach
Apenrade abmarschirten Theile des III. Korps, dessen 1ste Marsch-
Staffel zu diesem Zweck angehalten worden war. Dem Prinzen
Friedrich Karl verlieh der König an diesem Tage die Schwerter
zum Groß-Komthurkreuz sowie den Stern mit Schwertern der Groß-
Komthure des Haus-Ordens von Hohenzollern. Das Regiment des
Kronprinzen sollte fortan den Namen seines Chefs führen und
demgemäß die Benennung: 1stes Ostpreußisches Grenadier-Regiment
Nr. 1 „Kronprinz" erhalten. Nachdem der König am 23sten April
noch die in Flensburg stehenden Truppen, das · 2te Bataillon In-
fanterie-Regiments Nr. 60 und die 2te Eskadron Ulanen-Regiments
Nr. 11, sowie die Lazarethe besichtigt hatte, kehrte er nach Berlin
zurück.

Seine Majestät der Kaiser von Oesterreich verlieh, um
auch Seinerseits die Bedeutung des errungenen Sieges anzuerkennen,
dem Feldmarschall v. Wrangel und dem Prinzen Friedrich Karl
das Kommandeurkreuz, dem Kronprinzen das Ritterkreuz des
Maria-Theresien-Ordens.

Zwischen den durch den Alsen Sund von einander getrennten
Preußischen und Dänischen Truppen trat nunmehr ohne besondere
Uebereinkunft eine Art Waffenruhe ein. Die Preußischen Batterien
hatten Anweisung, das Feuer nur bei Ansammlung größerer feindlicher

---

*) Die drei am Sturme betheiligten Kompagnien des bereits bei Flensburg
eingetroffenen Leib-Grenadier-Regiments Nr. 8 wurden auf Wagen herangeschafft.
Den übrigen Theil dieses Regiments hatte der König schon bei seiner Ankunft
in Flensburg beim Bahnhofe besichtigt.
**) Die Stiftung des Düppeler Sturmkreuzes erfolgte am 18ten Oktober 1864.

Truppen= und Arbeiter=Massen oder in dem Falle aufzunehmen, daß der Gegner dasselbe eröffnete. Letzterer unternahm jedoch nichts, was zu einer Beschießung Veranlassung gegeben hätte. So konnte die Abführung des eroberten Geschützes, die Einebnung der Schanzen und die allmähliche Abrüstung der Preußischen Belagerungs= Batterien*) ohne nennenswerthe Störung vor sich gehen, während die Dänen fortfuhren, sich auf Alsen zur Vertheidigung einzurichten und insbesondere die Verschanzungen am Strande auszubauen.

Mit dem Fortschreiten der Entfestigungs = Arbeiten in der Düppel=Stellung konnte die täglich wechselnde Besatzung derselben mehr und mehr verringert und den Truppen größere Ruhe gewährt werden, welche bei dem ziemlich hohen Krankenstande sehr erwünscht war. Vom 26sten April an zogen nur vier Bataillone, ein Zug Kavallerie und zwei Batterien auf Vorposten.

Außer den von Düppel am 26sten und 27sten April abgehenden Mörsern**) wurden von Flensburg acht gezogene 24=Pfünder und 16 gezogene 12=Pfünder, welche dort in diesen Tagen aus Preußen mit der Eisenbahn eintrafen, nach Fredericia in Bewegung gesetzt.

Nach dem Abmarsche der zum III. Korps zurücktretenden Truppen= theile konnte sich am 26sten April das I. Korps in seinen Quar= tieren mehr ausdehnen. Das 1ste Bataillon Infanterie=Regiments

---

*) Die Abrüstung der Schanzen war am 28sten April beendet. Am 29sten begann die Einebnung, von der zunächst die Schanzen IX und X sowie die Alsen zugekehrten Linien der übrigen Werke ausgeschlossen blieben. Später wurden auch diese Reste und die Pulvermagazine beseitigt. Der unter dem feindlichen Gewehrfeuer liegende Brückenkopf wurde am 4ten Mai gesprengt. Von den Preußischer Seits errichteten Batterien blieben erhalten: die Batterien Nr. 5, 15, 28, 31, 33, 34; die Stände für acht gezogene 12=Pfünder und für Feld= geschütz auf der Höhe östlich der Schanzen; Batterie Nr. 25, 26, 27, 29 am Alsen Sund; die Strand=Batterien an der Alsener Föhrde, am Westerholz, bei Ballegaard und beim Lachsfang. Zur Aufnahme von vier gezogenen 12=Pfündern, welche nach dem Sturme in Schanze IV aufgestellt worden waren, wurde bei Einebnung dieses Werkes am 6ten Mai südwestlich der Düppeler Mühle noch eine neue Batterie — Nr. 35 — errichtet.

**) Vergl. Seite 577.

Nr. 15 ging zur Sicherung der bereits erwähnten Küsten-Batterien nach Apenrade. Die in Feldstedt und Hostrup liegenden Pioniere des II. Korps*) erhielten an demselben Tage Befehl, den noch bei Satrup stehenden Theil ihres Geräthes heranzuziehen und dann nach Jütland abzumarschiren. Am 2ten Mai schaffte die Pontonnier-Kompagnie des Pionier-Bataillons Nr. 3 das seit dem 18ten April beim Großen Holze liegende Brücken-Geräth nach Oster-Schnabek. Die Dänen suchten das Verladen durch Feuer zu stören und be-schossen den Wagenzug auch während der Fahrt, ohne jedoch wesentlichen Schaden anzurichten. Da die Batterien Nr. 25 und 26 inzwischen abgerüstet waren, so konnte nur die nördlich des Großen Holzes ge-legene Batterie Nr. 27 das Dänische Artilleriefeuer erwidern.**)

Die Nachrichten über die Vertheilung der Dänischen Streit-kräfte und die weiteren Absichten des Gegners lauteten widersprechend. Am 1sten und 2ten Mai erhielt man Mittheilungen über eine an-geblich von Alsen aus beabsichtigte Landung im Sundewitt, eine Nachricht, welche durch das Anlaufen von Schiffen im Hörup Haff bestätigt zu werden schien. Das General-Kommando ordnete daher am 3ten Mai wieder eine stärkere Besetzung der Düppel-Stellung an und bestimmte, daß eine Brigade der 13ten Division den Küsten-schutz vom Westerholz über Schnabek-Hage und Sandberg bis Lille-mölle zu übernehmen habe, während den drei übrigen Brigaden ab-wechselnd der Dienst in der Düppel-Stellung zufiel. Die Bewachung vom Westerholz bis Warnitzhoved verblieb dem Jäger-Bataillon Nr. 3, die Kavallerie behielt ihre bisherigen Bezirke.***) Als

---

*) Es waren dies die 4te und ¼ 3te Kompagnie des Oesterreichischen 1sten Pionier-Bataillons mit 1³/₄ Brücken-Equipagen und den Bespannungs-Eskadrons Nr. 39 und 40. Vergl. Seite 422.

**) Batterie Nr. 25 wurde in der Nacht vom 2ten zum 3ten Mai wieder mit Geschütz ausgerüstet.

***) Dieselbe war zur Zeit folgendermaßen vertheilt: Ulanen-Regiment Nr. 11: 1ste Esk. Munkbrarup, Grundhof, Esgrus; 2te Flensburg; 3te Feld-stedt; 4te Apenrade. Husaren-Regiment Nr. 3: 1ste Esk. Fischbek; 2te Blans; 3te Dünth, Gammelgab, Schelde; 4te Rinkenis. Husaren-Regiment Nr. 8: 1ste Esk. Loit, Gjenner, Hoptrup, Wilstrup.

Alarmplätze wurden für die 13te Division Satrupholz, für die 6te Düppel und der Spitz Berg bestimmt.

Die im Laufe der nächsten Tage eingehenden Nachrichten und Meldungen ließen jedoch erkennen, daß der Gegner schwerlich einen Landungsversuch unternehmen werde, zumal derselbe auch jetzt wieder Truppen nach Fünen abgehen ließ.*) Zur Schonung der Truppen wurde daher am 8ten Mai eine Verringerung der im Tagesdienste verwendeten Infanterie um ein Bataillon angeordnet und gleichzeitig die Bewachung der Küste bei Tage ausschließlich der Kavallerie**) übertragen.

Am 11ten Mai Morgens ging dem Prinzen eine telegraphische Benachrichtigung des Ober-Kommandos zu, daß eine vierwöchentliche Waffenruhe***) abgeschlossen sei, welche am 12ten beginnen sollte. Die militärischen Stellungen seien festzuhalten, alle Feindseligkeiten zu Lande und zu Wasser aber einzustellen.

---

*) In der That war am 3ten Mai die 5te Infanterie-Brigade, am 4ten Mai das Halb-Regiment Dragoner Nr. 4 dorthin abgegangen. Vergl. Seite 576.

**) Zwei Husaren-Eskadrons in Rinkenis und Fischbek, die 3te Eskadron Ulanen in Feldstedt und die 2te Eskadron Ulanen, welche von Flensburg nach Broacker herangezogen wurde.

***) Das Nähere über die dem Abschluß der Waffenruhe vorausgegangenen Konferenz-Verhandlungen siehe weiter unten Seite 619 ff.

II. Besetzung des nördlichen Jütland sowie die Ereignisse beim II. Korps. Plan zum Uebergange nach Fünen.

Um die Anfangs März beabsichtigte Besetzung von Jütland voll=
ständig durchführen zu können, war schon Anfangs April die Her=
anziehung weiterer Verstärkungen angeordnet worden.

Am 6ten war die Mobilmachung der 21sten Infanterie=Brigade*)
und der 3ten 6pfündigen Batterie der Schlesischen Artillerie=Brigade
Nr. 6 befohlen worden; diese Truppentheile sollten schleunigst nach
dem Kriegsschauplatze befördert und den Befehlen des Generals
Grafen Münster unterstellt werden. Nachdem das Ober=Kommando
hiervon benachrichtigt worden war, bestimmte es, daß der General
nach Eintreffen der bis zum 20sten bei Veile versammelten Ver=
stärkungen mit seiner dann 9 Bataillone, 12 Eskadrons und 16 Ge=
schütze starken Division**) selbstständig in Nord=Jütland operiren
solle. Süd=Jütland bis einschließlich Veile behielt das II. Korps
besetzt.

General Graf Münster wurde darauf hingewiesen, daß der
Zweck der Besetzung von Jütland nach Vertreibung der dort befind=
lichen feindlichen Streitkräfte darin bestehe, den Gegner an der Nutzbar=
machung der Hülfsmittel dieser Provinz zur Fortsetzung des Krieges
zu verhindern und außerdem der Bevölkerung durch Auflegung be=
sonderer Steuern den Druck des Krieges mehr als bisher fühlbar zu
machen. Die Ausschiffung der vorerwähnten Verstärkungen erfolgte
am 16ten und 17ten April auf dem Endpunkte der Schleswigschen
Eisenbahn, Rothenkrug. Von hier aus erreichten dieselben nach und
nach bis zum 20sten April Veile und die südlich davon gelegenen
Ortschaften.

---

*) Die Brigade war in Folge Allerhöchster Ordre vom 1sten März in die
Garnisonen der nach Holstein herangezogenen 9ten Brigade (Frankfurt a. d. O.,
Cüstrin, Guben, Sorau) gerückt.

**) Vergl. auch I, Seite 374. Anlage Nr. 62 enthält die Ordre de bataille
der kombinirten Division Münster vom 20sten April.

Es bleibt noch zu erwähnen, daß beim Anmarsch der Verstärkungen das 2te Bataillon Grenadier-Regiments Nr. 10 in den Marsch-Quartieren, die es am 17ten April bezogen hatte, am 18ten Morgens durch eine Landung feindlicher Truppen unter Führung des Schwedischen Premier-Lieutenants Freiherrn v. Raab*) alarmirt worden war. Dieser Offizier hatte zwischen Apenrade und Habers-leben etwa 200 Mann und bei Süderballig eine Dragoner-Abthei-lung, sowie weitere 100 Mann bei Hauft ans Land gesetzt, welche die hier befindlichen Ulanenposten**) verdrängten, sich aber vor den anrückenden Abtheilungen des Bataillons nach kurzem Feuergefecht auf ihre Schiffe zurückzogen.***)

Als der Befehl über die dem General Grafen Münster zu-fallende neue Aufgabe einging, hatten die an und über die Jütische Grenze vorgeschobenen Truppen der Verbündeten folgende Stellungen inne. Zur Einschließung der Festung standen hinter dem Elbodal vom Kolding- bis zum Rands Fjord die Brigaden Gondrecourt, Tomas und Nostitz des II. Korps, denen je eine beziehungsweise zwei Eskadrons Liechtenstein-Husaren zugetheilt waren. Die Vorposten hielten vorwärts dieses Abschnitts die Linie Damgaard—Taarup—Kjaersgaard—Ödstedgaard besetzt und befanden sich somit durch-schnittlich 5000 m von den Wällen der Festung entfernt. Vor den Uebergangspunkten über das Elbodal bei Gudsö, Kongsted und Bred-strup waren Brückenköpfe angelegt.

Kolding war von einem Infanterie-Bataillon besetzt; ein Jäger-Bataillon sicherte die Küste von dort bis Hadersleben. Das Dragoner-Regiment Windischgrätz lag nordwestlich von Kolding bis Bäkke hin in Quartieren, die Korps-Geschütz-Reserve und die Pioniere†) be-fanden sich in Bramdrup und Sönder-Bilstrup, die Korps-Reserve-

---

*) Vergl. Seite 452.

**) Von der $\frac{4\text{ten}}{\text{Ul. 11}}$.

***) Der Preußische Verlust belief sich auf zwei von den Dänen aufgehobene Ulanen.

†) Mit Ausschluß der im Sundewitt befindlichen Abtheilungen. Vergl. Seite 580, Anmerkung 1.

Anstalten*) in Kolding und Umgegend, soweit sie sich nicht in den Städten Schleswig und Rendsburg in Thätigkeit befanden.

In und bei Veile lagen unter dem General Grafen Münster die Oesterreichische Brigade Dormus mit einer Schwadron Liechtenstein-Husaren und von Preußischen Truppen das aus den Füsilier-Bataillonen der Garde**) gebildete Regiment, die kombinirte Kavallerie-Brigade Flies,***) sowie die 4te 12pfündige Brandenburgische Batterie.

Die Vorposten dieser Truppen standen in einem Halbkreise von etwa einer halben Meile nördlich der Stadt, mit dem rechten Flügel an den Veile Fjord, mit dem linken an die Grejs-Aa gelehnt. Die Quartiere dehnten sich bis auf eine Meile südlich von Veile aus, eine gemischte Abtheilung Oesterreichischer Infanterie hielt zur Sicherung der linken Flanke Egtved besetzt, eine Kompagnie des Oesterreichischen Infanterie-Regiments Khevenhüller Overhöl am Rands Fjord.

Die aus dem Sundewitt herangezogenen Truppen sollten nebst dem am 26sten April in Apenrade eintreffenden Infanterie-Regiment Nr. 52 als kombinirtes III. Korps†) wieder unter den Befehl des Generals v. d. Mülbe treten.

Die Versammlung des III. Korps vollzog sich in drei Marsch-Staffeln, von denen die aus den Gardetruppen bestehende 1ste und 2te am 22sten April bis in die Gegend von Hadersleben rückten. Die Truppen der 3ten Staffel, das Infanterie-Regiment Nr. 18, das Jäger-Bataillon Nr. 7 und Dragoner-Regiment Nr. 7, erreichten am 22sten April Apenrade. Am 24sten April traf die 1ste Staffel in der Gegend von Veile ein und löste die noch daselbst stehenden

---

*) 1³/₄ Kriegsbrücken-Equipagen mit den Bespannungs-Eskadrons Nr. 39 und 40 befanden sich zur Zeit mit den Oesterreichischen Pionieren noch im Sundewitt.

**) Ausschließlich des $\dfrac{\text{F.}}{\text{4ten G. G. R.}}$

***) Die 1ste Eskadron des mit 5 Eskadrons ausgerückten 8ten Husaren-Regiments stand zur Strandbewachung an der Ostküste des nördlichen Schleswig.

†) Anlage Nr. 63 enthält die Ordre de bataille des kombinirten III. Korps am 26sten April.

Truppen der Brigade Dormus ab. Letztere bezogen demnächst als
Rückhalt für die Einschließungstruppen vor Fredericia bei Smidstrup
Quartiere. Die 2te und 3te Staffel trafen am 25sten und 26sten
bei Veile ein.

Dem General Graf Münster, dessen Stabe am 16ten April der
Major Graf v. Wartensleben vom großen Generalstabe zugetheilt
worden war, ging am 19ten eine vom König gebilligte Denkschrift*)
des Chefs des Generalstabes der Preußischen Armee, Frhrn. v. Moltke,
zu, in welcher die bei der Besetzung von Jütland in Betracht kommen=
den Gesichtspunkte entwickelt waren. In derselben wurde ausgeführt,
daß zur vollständigen Besetzung und Unterwerfung von Jütland ein
Angriff der Division Münster auf die Truppen des Generals Heger=
mann nothwendig und bei der diesseitigen Ueberlegenheit eine Ent=
scheidung in wenigen Tagen zu erreichen sei. Ein wirksames Vor=
gehen von Seiten des Gegners könne nur von Fredericia ausgehen,
wo derselbe nicht stärker aufzutreten im Stande sei, als das vor dieser
Festung in verschanzter Stellung stehende II. Korps. Wenn sonach
ein schnelles Vorgehen im Hinblick auf die rückwärtigen Verbindungen
unbedenklich erscheine, so sei dasselbe in Anbetracht der politischen
Verhältnisse dringend erwünscht.

Nachdem am 20sten April auch die 21ste Infanterie=Brigade
bei Veile eingetroffen war, trat die Division Münster den Weisungen
des Ober=Kommandos gemäß am 22sten April den Marsch nach
Norden an und erreichte an diesem Tage Horsens.**)

Die Brücken bei Bygholm und Horsens waren abgebrochen,
so daß die Avantgarde mittelst des selbstbeschafften und auf Vorspann=
wagen mitgenommenen Brückengeräthes Uebergänge herstellen mußte.

---

*) Anlage Nr. 64 enthält den Wortlaut der am 17ten April eingereichten
Denkschrift.

**) Während des Vormarsches war in der Nähe von Torsted eine Pa=
trouille der 5ten Eskadron des Westfälischen Husaren=Regiments Nr. 8, unter
Lieutenant Graf Galen, mit einer Dänischen Dragoner=Patrouille ins Hand=
gemenge gerathen, bei welchem der genannte Offizier sowie zwei Mann ver=
wundet und ein feindlicher Dragoner erstochen wurden. Stärkere Abtheilungen
des Gegners traf man an diesem Tage nicht.

Auf welcher der nach Norden führenden Straßen die bei Beginn des Vormarsches noch bei Silkeborg, Skanderborg und Horsens stehenden Dänischen Kräfte zurückgegangen waren, ließ sich in Horsens nicht ermitteln. General Graf Münster schlug daher, um sich demnächst sowohl nach Aarhuus wie nach Viborg wenden zu können, am 23sten April die Richtung auf Skanderborg ein. Die südwestlich dieser Stadt gelegenen, aber vom Feinde zerstörten Uebergänge wurden schnell wieder hergestellt, so daß die Division zur Mittagszeit in und bei Skanderborg Quartiere beziehen konnte.

Die Meldungen der vorgeschickten Kavallerie=Patrouillen sowie die sonstigen Nachrichten ergaben, daß bis zum Morgen des 23sten feindliche Infanterie= und Kavallerie = Abtheilungen in den nunmehr von der Division belegten Ortschaften gestanden hatten und mit dem größeren Theile in der Richtung auf Silkeborg, mit dem kleineren auf Aarhuus abgezogen waren.

Auf Grund dieser Nachrichten wurde für den 24sten der Vormarsch auf Viborg angeordnet. Die Division ging zunächst bis Linäa vor, woselbst eine Theilung eintrat, indem die bisherige, aus 3 Bataillonen, 4 Eskadrons und einer reitenden Batterie bestehende Avantgarde an die Guden=Aa bei Resenbro Kro rückte, während die aus den 3 Garde=Bataillonen, 4 Eskadrons und einer Batterie bestehende vordere Hälfte des Gros auf Silkeborg vorging. Der übrige Theil bezog in und bei Linäa Quartiere, um den vorgeschobenen Truppen als Rückhalt zu dienen und dieselben nach Aarhuus hin zu sichern. Vom Feinde wurde auch an diesem Tage nichts bemerkt. Die Vorposten standen an der Guden=Aa und an den südwestlich und südlich Silkeborg liegenden Engwegen.

Am 25sten April setzte die Division ihren Marsch in der Richtung auf Viborg fort und gelangte bis in die Gegend von Kjellerup, woselbst sie zu beiden Seiten der Straße Biwaks bezog. Die bisherige Avantgarde war vom Resenbro Kro aus über Ebstrup und Astrup gefolgt. Nachmittags ging eine gemischte Abtheilung unter Führung des Majors v. Stedingk nach Höibjerg und zerstörte daselbst die von Viborg nach Aarhuus führende Eisenbahn und

Telegraphenleitung, um diese noch in der Hand des Feindes be=
findliche Verbindung zwischen der Ost= und West=Küste Jütlands
zu unterbrechen. Aus den Aussagen der Landleute entnahm man,
daß noch Tags zuvor feindliche Truppen aller Waffen bei Kjellerup
biwakirt hatten und über Viborg nach Skive und Hobro zurück=
gegangen waren.

Am 26sten April besetzte die Division Viborg, woselbst die
Avantgarde schon um 10½ Uhr Vormittags anlangte und die
Sicherung der Stadt nach Osten übernahm.

Graf Münster erließ von hier aus an die Behörden und
Einwohner Nord=Jütlands eine Aufforderung, den nöthig werdenden
Eintreibungen willig Folge zu leisten.

Am 27sten April ruhte die Division. Westlich Viborg wurde die
nach Skive führende Eisenbahn unterbrochen. Ueber die Richtung, in
welcher der Feind zurückgegangen war, herrschte insofern Unklarheit,
als man nach den eingegangenen Nachrichten hatte annehmen müssen,
daß sich derselbe mit seinen Hauptkräften über Skive wieder nach
der Insel Mors gewendet habe, während thatsächlich General
Hegermann diesmal mit der Masse seiner Truppen nach Norden
auf Aalborg und Lögstör zurückgewichen war.

Am Morgen des 28sten gingen Erkundungs=Abtheilungen auf
den Straßen nach Randers, Hobro, Lögstör und Skive vor. Auf
letzterer wurde die Brücke bei Fiskbaek zerstört gefunden, jedoch rasch
wieder hergestellt. Jenseits derselben stieß man auf Dänische Dra=
goner=Patrouillen und eine schwache Infanterie=Abtheilung, welche
eiligst über Dommerby abzogen.

General Graf Münster erhielt an diesem Tage die zu=
verlässige Nachricht, daß die Dänischen Hauptkräfte nicht auf
Mors, sondern über Hobro auf Aalborg zurückgegangen seien,
und daß man das Geräth der nordjütischen Eisenbahn nach Skive
geschafft habe. Ferner traf ein Befehl des Ober=Kommandos vom
27sten ein, nach welchem sich die Division, unter Zurücklassung
einer Abtheilung bei Viborg, auf Hobro wenden und das Gebiet bis
Aalborg in Besitz nehmen solle. Die in Viborg befindliche Ab=

theilung hatte die Gegend nördlich Skive zu beobachten und das um=
liegende Land in Gehorsam zu halten. Als Rückhalt für die Division
war am 28sten April früh das III. Korps in Marsch gesetzt
worden, dessen Avantgarde am 30sten April bei Randers eintreffen
sollte.

Am 29sten April trat die Division wieder ihre Bewegung an.
In Viborg blieb eine aus dem Grenadier=Regiment Nr. 10, dem
Kürassier=Regiment Nr. 6 und der 4ten 12pfündigen Batterie der
Artillerie=Brigade Nr. 3 bestehende Abtheilung unter General
v. Bornstedt mit der Weisung zurück, über Skive hinaus gegen
den Salling Sund aufzuklären und diese Gegend ebenfalls zur
Lieferung von Verpflegungs=Bedürfnissen heranzuziehen.

Nach einem 3½stündigen Halt bei Hvornum, während dessen
die Nachricht eintraf, daß Hobro unbesetzt sei, erreichte die Division
letzteren Ort im Laufe des Abends.

Eine am 30sten auf der Straße nach Aalborg vorgenommene
Erkundung blieb ohne Ergebniß, obgleich sich nach Aussagen von
Landes=Einwohnern noch an demselben Morgen Dänische Kavallerie=
Patrouillen in dem Gelände nördlich Hobro gezeigt haben sollten.
An demselben Tage ging ein Befehl des Ober=Kommandos ein, in
den Städten Jütlands Kriegssteuern in der Gesammthöhe von
650 000 Thalern zur Deckung des dem Deutschen Handel Dänischer
Seits zugefügten Schadens zu erheben. Die Division sollte die
Hälfte dieser Steuer in Viborg, Hobro, Skive und Holstebro
einziehen, während die gleiche Aufgabe hinsichtlich der anderen
Städte Jütlands dem II. und III. Korps zufiel. In der
Nacht vom 30sten April zum 1sten Mai traf die Nachricht von
der am 28sten April stattgehabten Räumung Fredericias*) sowie
der Befehl des Ober=Kommandos ein, daß sich die Division
Münster bei Randers versammeln solle, um in Gemeinschaft mit
dem Korps des Generals v. d. Mülbe einer etwaigen Landung
der durch das Aufgeben von Fredericia freigewordenen Dänischen
Truppen entgegentreten zu können.

---

*) Das Nähere vergl. Seite 596 ff.

Inzwischen hatte dieses bei Veile eingetroffene Korps schon am 26sten April, in Folge einer Weisung des Ober-Kommandos, seine aus der kombinirten Garde-Grenadier-Brigade bestehende Avantgarde auf Horsens vorgeschoben, von wo aus Oberst v. Bentheim am 27sten April die beiden Grenadier-Bataillone des Elisabeth-Regiments mit der halben 1sten Eskadron Dragoner-Regiments Nr. 7 unter Oberst v. Winterfeld Skanderborg besetzen ließ. In Betreff der ferneren Unternehmungen des III. Korps wurde von dem am 27sten April in Veile eintreffenden Ober-Kommando angeordnet, daß der Weitermarsch am 28sten fortzusetzen und am 30sten April mit der Avantgarde Randers, mit dem Gros*) Aarhuus zu erreichen sei; Skanderborg, Horsens und Veile sollten besetzt bleiben. In Folge dessen rückte am 28sten April die Abtheilung Winterfeld auf Aarhuus, Oberst v. Bentheim auf Skanderborg, das Gros nach Horsens und die Reserve-Brigade**) nach Veile, wo an diesem Tage das Hauptquartier des III. Korps verblieb.

Am 29sten ging die Abtheilung Winterfeld nach Spörring vor und entsandte von dort aus eine gemischte Abtheilung nach Randers. Die übrigen Theile der Avantgarde erreichten Aarhuus. Das Gros des Korps marschirte, unter Zurücklassung des 2ten Bataillons***) 4ten Garde-Regiments und eines Zuges der 4ten Eskadron Dragoner-Regiments Nr. 7 in Horsens, nach Skanderborg. Das Korps-Hauptquartier begab sich nach Horsens.

Da das Ober-Kommando einen Landungsversuch an der Ostküste erwartete,†) wurde General v. d. Mülbe angewiesen, sogleich eine starke Erkundungs-Abtheilung nach Helgenaes, als dem wahr-

---

*) Kombinirte Garde-Infanterie-Brigade.

**) Infanterie-Regiment Nr. 18, Jäger-Bataillon Nr. 7, $\frac{2te}{Drag. 7}$, $\frac{1ste\ 6pfdge}{Art.\ Brig.\ 3}$.

***) Ausschließlich 8ter Kompagnie, welche mit der 4ten Eskadron Kürassier-Regiments Nr. 4 die Bedeckung des Armee-Hauptquartiers in Veile bildete.

†) Thatsächlich war Dänischer Seits am 29sten eine Alarmirung an der Ostküste durch ein Bataillon der von Fünen nach dem Vendsyssel an diesem Tage abgehenden 9ten Brigade geplant.

scheinlichsten Ausschiffungspunkte des Gegners, zu entsenden und sein Korps bei Aarhuus zu versammeln.

Das Gros des III. Korps marschirte demgemäß am 30sten April auf Aarhuus ab, unter Zurücklassung des 1sten Bataillons 4ten Garde= Regiments und eines Zuges der 3ten Eskadron Dragoner=Regiments Nr. 7 in Skanderborg. Die Avantgarde blieb in und bei Aarhuus, dagegen erreichte ein Befehl, welcher die Abtheilung Winterfeld bei Spörring festhalten sollte, diese erst, als sie auch mit dem Rest ihrer Truppen bereits in Randers eingetroffen war. Dieselbe wurde daher zunächst in dieser Stadt belassen, von wo sie die Ver= bindung mit der inzwischen auf ihrem Marsche nach Randers in Hobro eingetroffenen Division Münster aufnahm. Die Erkundung gegen Helgenaes führte ein Theil der Avantgarde*) aus, ohne hierbei etwas Bestimmtes ermitteln zu können.

Unterstellung des kombinirten III. Korps und der Division Münster unter General Vogel v. Falcken= stein. Weitere Bewegungen dieser Truppen.

Beim Ober=Kommando traf in der Nacht vom 30sten April zum 1sten Mai ein Befehl des Königs ein, wonach die Division Münster und das bisherige kombinirte III. Korps als III. Korps unter dem Befehl des Generals Vogel v. Falckenstein vereinigt werden sollten, um Angesichts der durch die Räumung von Fredericia herbeigeführten Ungewißheit der Kriegslage Einheit des Befehls im nördlichen Jütland herbeizuführen. Die Geschäfte als Chef des Stabes beim Ober=Kommando sollte der Chef des Generalstabes der Preußischen Armee, General=Lieutenant Freiherr v. Moltke, über= nehmen, welcher bereits am 2ten Mai im Hauptquartier zu Beile eintraf. General v. Falckenstein ging am 1sten Mai von Beile nach Aarhuus ab.**)

Am 1sten Mai verblieben die Truppen des III. Korps im

---

*) $\dfrac{\text{F. u. 1ste, 4te}}{\text{4ten G. G. R.'}}$ $\dfrac{1/2 \text{ 1ste}}{\text{Drag. 7}}$

**) Seinem Stabe wurden überwiesen: als Chef der Major Graf v. Wartens= leben, bis dahin Generalstabsoffizier bei der Division Münster, ferner Hauptmann Graf v. Hardenberg vom Generalstabe, der Sekond=Lieutenant Vogel v. Falckenstein von der Adjutantur des Ober=Kommandos und als Kommandeur der Artillerie Oberst=Lieutenant v. Scherbening, bisher im Stabe des Generals v. d. Mülbe.

Allgemeinen an den Tags vorher eingenommenen Punkten. Die vom Ober-Kommando befohlene Vereinigung der Division Münster*) wurde in folgender Weise ausgeführt. General v. Bornstedt erhielt die Weisung, seine Abtheilung**) am 2ten bei Viborg zu versammeln, um, wenn nöthig, von dort aus in einem Gewaltmarsche nach Randers herangezogen werden zu können. Die übrigen Theile der Division Münster marschirten, unter Zurücklassung der Füsilier-Bataillone des 3ten Garde-Regiments und des 3ten Garde-Grenadier-Regiments sowie der 3ten Eskadron Garde-Husaren in Hobro, nach Randers. Von der Division Mülbe verblieben die Garden bei Aarhuus, die 10te Infanterie-Brigade bei Veile.***)

Am 3ten Mai marschirte Oberst Flies auf Befehl des Generals v. Falckenstein, welcher nunmehr das nördliche Jütland wieder bis zum Liim Fjord zu besetzen beabsichtigte, mit dem Füsilier-Bataillon 4ten Garde-Regiments, der 2ten Eskadron Garde-Husaren, der 3ten und 4ten Eskadron des Husaren-Regiments Nr. 8 und der 3ten 6pfündigen Batterie der Artillerie-Brigade Nr. 6 nach Hobro ab. Am folgenden Tage ging er in Gemeinschaft mit der hier stehenden Abtheilung nach Aalborg, um zunächst die dortigen Verhältnisse zu erkunden. Ohne in irgend welche Berührung mit dem Feinde gekommen zu sein, bezog die Abtheilung an diesem Tage Biwaks bei Störring, während Graf Münster mit seinen übrigen Truppen zur Unterstützung der vorgesandten Abtheilung auf Hobro vorging.

Am 5ten Mai rückte Oberst Flies nach Aalborg. Die beiden vorausgehenden Eskadrons der Garde-Husaren bemerkten auf dem jenseitigen Ufer des Liim Fjord feindliche Kavallerie-Patrouillen sowie

---

*) Siehe Seite 588.

**) Grenadier-Regiment Nr. 10, Kürassier-Regiment Nr. 6, $\frac{\text{4te 12pfdge}}{\text{Art. Brig. 3}}$. Diese Abtheilung war in der Nacht vom 29sten zum 30sten April von Viborg nach Skive gerückt, um dort Eintreibungen vorzunehmen.

***) Es trafen vom Infanterie-Regiment Nr. 52, welches den Belagerungspark nach Viuf zu begleiten hatte, das Füsilier-Bataillon am 29sten und 30sten April, das 1ste Bataillon am 1sten, das 2te Bataillon am 2ten Mai bei Veile ein, so daß die 10te Infanterie-Brigade am Abend des 2ten Mai hier wieder ganz vereinigt war.

Infanterie-Abtheilungen in der Nähe einiger bei Nörre-Sundby er=
richteter Feldschanzen. Die 6pfündige Batterie wurde daher nach dem
südlich von Aalborg belegenen Windmühlenberge vorgezogen, von wo
aus sie einige Granatschüsse gegen die Verschanzungen abgab. Die
Schanzen schienen jedoch nicht besetzt zu sein, dagegen sah man nach
einiger Zeit nördlich Nörre-Sundby eine längere, im Marsche begriffene
Infanterie-Kolonne, auf welche die Batterie ebenfalls einige Schüsse
richtete. Oberst Flies bezog in und bei Aalborg Quartiere und setzte
am südlichen Ufer des Liim Fjord Beobachtungsposten aus. Nach den
Aussagen von Einwohnern sollten Dänische Dragoner-Abtheilungen
und das 1ste Infanterie-Regiment in der Nacht vom 4ten zum 5ten
Mai nach Nörre-Sundby übergesetzt sein. Ferner wurde angegeben,
daß am 4ten Mai die Dänische 9te Infanterie-Brigade an der
Ostküste nördlich des Liim Fjord ausgeschifft worden sei.*)

Zur Verbindung mit den auf Aalborg vorgegangenen Truppen
schob General Graf Münster am 5ten zwei Kompagnien und eine
halbe Eskadron**) unter Oberst-Lieutenant v. Rothmaler und am
folgenden Tage noch zwei Kompagnien***) mit dem Rest der Eskadron
nach Gravlev vor. Am 7ten und 8ten Mai rückten auch die noch in
Hobro befindlichen Truppen des Grafen Münster nach Aalborg†) und
die Grenadier-Bataillone des 3ten Garde-Grenadier-Regiments von
Randers nach Hobro. Ein Bataillon††) aus Aarhuus marschirte nach
Randers; die Abtheilung des Generals v. Bornstedt sollte vorläufig
zur Deckung der linken Flanke Viborg und Skive besetzt halten. Da
dieser General letzteren Ort inzwischen aufgegeben hatte,†††) so ent=

---

*) Dies war thatsächlich schon am 30sten April geschehen.

**) $\frac{6te, 8te}{50.}$, $\frac{1/2 \ 4te}{Garde-Hus.}$

***) $\frac{4te, 7te}{50.}$.

†) Die bei Aalborg versammelten Truppen (jetzt 5 Bataillone, 7 Eskadrons,
10 Geschütze) dehnten sich mit ihren Quartieren bis auf eine Meile östlich und
südwestlich der Stadt aus. Die Abtheilung Rothmaler ging behufs besserer
Unterkunft am 8ten Mai von Gravlev nach Ellitshöi.

††) $\frac{II.}{4ten \ G. \ G. \ R.}$

†††) Vergl. Seite 591.

sandte er noch am 6ten von Neuem eine gemischte Abtheilung dorthin, welche die Arbeiten zur Fortschaffung des Eisenbahngeräthes wieder aufnahm. General v. Falckenstein traf am 8ten in Aalborg ein.

Derselbe ließ am 10ten Mai um 2½ Uhr früh von vier am Strande östlich des letzteren Ortes auf dem Windmühlenberge aufgestellten Geschützen einige Schüsse nach den Schanzen bei Nörre-Sundby abgeben, um durch eine Alarmirung Einsicht in die Verhältnisse beim Feinde zu erlangen. Es zeigten sich indessen nur einige Infanteristen in und vor den Schanzen. Der Korps-Kommandeur begab sich hierauf mit seinem Stabe nach Hobro, wo an diesem Tage ein Telegramm des Preußischen Gesandten in Hamburg mit der Benachrichtigung über die am 12ten Mai in Kraft tretende Waffenruhe einging.

General v. Falckenstein sandte sogleich an Oberst-Lieutenant v. Rothmaler in Ellitshöi den Befehl, seine Abtheilung noch an demselben Tage nach Ribe am Liim Fjord vorzuführen, und begab sich mit seinem Stabe über Viborg und Randers nach Aarhuus zurück, woselbst kurz vor seiner am 11ten erfolgenden Ankunft die amtliche Mittheilung über den Abschluß einer einmonatlichen Waffenruhe eingegangen war.

Bei Eintritt derselben hielten die Verbündeten alle wichtigeren Orte im mittleren und östlichen Theile Jütlands bis zum Liim Fjord hin besetzt. Außer einigen Unterbrechungen der Drahtleitungen waren den Truppen Seitens der Einwohner keine Schwierigkeiten bereitet worden. Die Verpflegung hatte man durch Ausschreibungen und durch Errichtung von Magazinen in den besetzten Städten sichergestellt.

Was das Verhalten der Dänischen 4ten (Kavallerie-) Division während des eben geschilderten Zeitraumes anbelangt, so hatte General Hegermann aus seiner Aufstellung bei Silkeborg*) am 21sten April den Rückzug angetreten, indem er die 1ste und 2te Kavallerie-Brigade sowie die Artillerie an dem genannten Tage zwischen diesem Orte und

Die Dänischen Truppen in Nord-Jütland.

---

*) Vergl. I, Seite 383, Anmerkung 1.

38

Paarup sammelte und am 22sten bis Seiling zurückführte. Hier traf er die Bestimmung, daß die 1ste Kavallerie-Brigade, die 3te und 4te Kompagnie 1sten Regiments, die 5te Batterie und die westlichen Streif-Abtheilungen*) über den Otte- und Salling Sund nach Mors zurückgehen sollten, während er selbst die 2te Kavallerie-Brigade über Aalborg nach dem Vendsyssel überzuführen beabsichtigte. In dieser Richtung sollten auch der Rest der Artillerie sowie die zwischen Laasby und Skanderborg stehenden kleineren Abtheilungen folgen. Letztere bezogen, durch drei Eskadrons der 2ten Kavallerie-Brigade und vier Geschütze verstärkt, am 23sten April Bivaks bei Kalbygaard, Laasby und Framlev mit gegen Skanderborg und Aarhuus vorgeschobenen Posten. Aus diesen Stellungen gingen die einzelnen Theile der Division beim Vorrücken der Preußischen Truppen über den Liim Fjord, Salling- und Otte Sund zurück. Bei Aalborg blieb zunächst noch eine Nachhut von 4 Kompagnien, 3 Eskadrons und einer halben Batterie stehen, welche sich gegen Hobro sicherte. Für Bereithaltung reichlicher Uebersetzmittel am Fjord war überall rechtzeitig Sorge getragen worden, so daß nirgends ein Aufenthalt beim Uebersetzen der Truppen entstand, welche am 1sten Mai beendigt war. Um dieselbe Zeit erhielt General Hegermann bedeutende Verstärkungen von Fünen aus.

Zugleich mit dem Plane der Räumung Fredericias hatte nämlich das Dänische Kriegs-Ministerium eine Verstärkung der 4ten Division ins Auge gefaßt**) und dem Ober-Kommando eine hierauf bezügliche Weisung zugehen lassen. In Folge dessen wurde bereits am 29sten April die 9te Infanterie-Brigade im nördlichen Fünen eingeschifft. Die von einem Bataillon derselben noch am Abend dieses Tages im Sandbjergvig versuchte Landung mißlang in Folge heftigen Sturmes. Eine ebensolche, die am nächsten Tage in der Gegend von Helgenaes unternommen werden sollte, unterblieb, als man den Abmarsch der

---

*) Von diesen Abtheilungen wurde später ein Theil noch nach dem Vendsyssel herangezogen. Vergl. Seite 595, Anmerkung 2.
**) Vergl. weiter unten Seite 599.

dorthin zur Erkundung vorgegangenen Preußischen Truppen*) erfuhr. Am 30sten April landete die Brigade bei Hals am östlichen Eingange des Liim Fjord. In den Tagen vom 5ten bis 7ten Mai wurden an demselben Orte weitere von Fünen aus gesandte Verstärkungen ausgeschifft, nämlich die Garde zu Fuß, das 7te und 14te Infanterie= Regiment, die 3te Batterie und die 4te Ingenieur=Kompagnie, so daß General Hegermann nunmehr über ein etwa 12 000 Mann starkes Korps**) verfügte.

Nach Eintreffen dieser Verstärkungen trug sich General Heger= mann mit dem Gedanken einer Angriffsbewegung, den jedoch der Eintritt der Waffenruhe nicht zur Ausführung kommen ließ.

Bei dem vor Fredericia stehenden II. Korps war während des Vormarsches des III. Korps in das nördliche Jütland zunächst nichts Bemerkenswerthes vorgefallen. Die Dänischen Vortruppen hielten sich am östlichen, der Festung zugekehrten Rande des Ueberschwemmungs= gebietes, und die zwischen den beiderseitigen Vorpostenlinien liegenden

Die Ereignisse beim II. Korps.

---

*) Vergl. Seite 590.

**) Das Korps erhielt folgende Eintheilung:

2te Division: General=Major Wilster,

    1ste Infanterie=Brigade: Oberst=Lieutenant Nielsen,
        1stes, 7tes, 14tes Regiment, Garde zu Fuß;

    2te Kavallerie=Brigade: Oberst Scharffenberg,
        2tes, 6tes Dragoner=Regiment,
        7te Batterie,
        4te Ingenieur=Kompagnie.

4te Division: General=Major Honnens, zugleich Kommandeur der 1sten Kavallerie=Brigade,

    9te Infanterie=Brigade: Oberst Neergard,
        19tes, 21stes Infanterie=Regiment,

    1ste Kavallerie=Brigade,
        3tes, 5tes Dragoner=Regiment,
        1stes Halb=Regiment Garde=Husaren,
        3te, 5te Batterie,
        3te Ingenieur=Kompagnie.

Von diesen Truppen befanden sich beim Eintritt der Waffenruhe auf der Insel Mors und der Halbinsel Thyholm das 5te Dragoner=Regiment, die 3te und 4te Kompagnie des 1sten Infanterie=Regiments und $\frac{1}{2}$ 5te Batterie, alles Uebrige im Vendsyssel.

Oertlichkeiten wurden von Oesterreichischen wie Dänischen Patrouillen betreten, ohne daß dies zu ernsthaften Zusammenstößen führte. Seit dem Falle von Düppel arbeiteten die Dänen eifrig an der Vervoll= ständigung der Werke des verschanzten Lagers und an der Anlage neuer Verschanzungen östlich der Ueberschwemmung zu beiden Seiten der aus der Mitte der Stadtbefestigung nach Westen führenden Straße.

Am Vormittage des 29sten April fand beim Feldmarschall im Hauptquartier zu Veile eine Besprechung über das bei einem Angriff auf Fredericia einzuhaltende Verfahren statt, an welcher General v. Gablenz sowie die Generalstabs=Chefs und die ersten Artillerie= und Ingenieur=Offiziere des Ober=Kommandos und des II. Korps theilnahmen. Nachdem das Bedürfniß an Artilleriemitteln festgestellt und die zweckmäßigste Art ihrer Verwendung erörtert worden war, kam man dahin überein, daß zunächst die Heranziehung eines ausreichenden Belagerungsparkes abzuwarten sei. Zur Zeit, als diese Berathungen stattfanden, hatten die Dänen jedoch bereits die Festung geräumt.

Räumung von Fredericia und Besetzung der Festung durch das II. Korps. Als die am Vormittage des 29sten April vorgehenden Oester= reichischen Patrouillen weder die sonst beobachteten Arbeiter wahr= nahmen, noch feindliche Vorposten bemerkten und einige aus der Stadt kommende Einwohner aussagten, daß die Festung sowie das verschanzte Lager von den Dänischen Truppen geräumt seien, wurden das bei Bredstrup auf Vorposten befindliche 2te Bataillon Infanterie= Regiments Großherzog von Hessen mit zwei Geschützen und bald darauf das Gros der Brigade Nostitz gegen die Werke in Bewegung gesetzt. Von Kongstedt aus ging gleichzeitig eine Abtheilung des Infanterie= Regiments Holstein vor, an deren Spitze der Kommandeur Oberst Graf Auersperg gegen 1 Uhr Nachmittags durch das Koldinger Thor in die vom Feinde verlassene Festung einrückte. Der inzwischen eingetroffene Befehlshaber der Einschließungstruppen, Feldmarschall=Lieutenant Graf Neipperg, ordnete noch den Ein= marsch der Brigade Nostitz an und ließ das zu derselben gehörige 9te Feld=Jäger=Bataillon in das verschanzte Lager rücken. Das In=

fanterie-Regiment Großherzog von Hessen übernahm die Besetzung der Seeseite und der Citadelle, das Infanterie-Regiment König der Belgier diejenige der übrigen Theile des Platzes. Die Brigade Tomas rückte bis Sönderbygaard heran. Der Brigade Goudre= court wurde vorläufig die Ueberwachung der Küste von Fredericia bis Kolding übertragen, und nur die Brigade Dormus verblieb in ihren bisherigen Quartieren bei Smidstrup.

Bald traf auch General v. Gablenz, welcher sich nach Schluß der erwähnten Besprechung gerade zu den Einschließungstruppen begeben wollte und in Pjedsted die erste Nachricht von der Räumung erhielt, in Fredericia ein. General Graf Nostitz wurde zum Kom= mandanten der Festung ernannt und mit der Zerstörung der Werke beauftragt.

Die Dänen hatten, mit Ausnahme der gezogenen Geschütze, das gesammte Kriegsgeräth des Platzes, nämlich 219, meist vernagelte Kanonen nebst bedeutenden Munitionsvorräthen in Fredericia zurück= gelassen. Die Stadt zeigte die Spuren der am 20sten und 21sten März stattgehabten Beschießung, in Folge deren 24 Gebäude nieder= gebrannt und ein größere Anzahl beschädigt worden waren. Der größte Theil der Einwohner hatte sich nach Fünen in Sicherheit gebracht.

Die Anschauungen, welche für den Entschluß zur Räumung Fredericias maßgebend waren, sind in einem Schreiben des Dänischen Kriegs=Ministers vom 26sten April an den Oberbefehlshaber der Armee, General Gerlach, in folgender Weise entwickelt:*)

---

*) Dieses Schreiben war die Antwort auf eine Vorstellung des Generals Gerlach vom 24sten April, in welcher derselbe sich gegen die bereits ins Auge ge= faßte Räumung der Festung ausgesprochen hatte. Er hatte darin hervorgehoben, daß, seines Erachtens nach, Fredericia als letztes Ausfallsthor auf dem Festlande gerade nach dem Falle von Düppel an Bedeutung gewonnen habe und daher gehalten werden müsse. Es hindere den Feind, sich weiter in Jütland aus= zubreiten, und fessele einen Theil seiner Kräfte. Nichts desto weniger erhielt General Gerlach am 25sten April Nachmittags 6 Uhr zunächst telegraphischen Befehl, die Räumung der Festung einzuleiten, und am 26sten ging dann das hier wiedergegebene Schreiben von Kopenhagen ab. An demselben Tage befahl der Kriegs=Minister dem Kommandanten telegraphisch, die Räumung von Fredericia zu beschleunigen, und ermächtigte ihn gleichzeitig zur Uebergabe, wenn während der Räumung ein feindlicher Angriff erfolgen sollte.

„Nachdem das Ministerium die Folgen der Ereignisse der letzten Tage und ihren Einfluß auf die weitere Vertheidigung des Landes erwogen hat, ist sich dasselbe darüber klar geworden, daß die beiden Flankenstellungen (Alsen und Fredericia) ihren Werth nunmehr größtentheils verloren haben. Weder von Alsen noch von Fredericia aus wird sich dem Dänischen Heer die Möglichkeit bieten, hervorzubrechen und den Feind anzugreifen, da dieser so stark ist, daß er Alsen mittelst der Stellung auf den Düppeler Höhen sicher abschließen und ebenso Fredericia durch die Stellung hinter dem Elbodal eingeschlossen halten kann.

Was Fredericia betrifft, so hat dieser Platz keine politische Bedeutung, da das Land, in welchem derselbe liegt, unzweifelhaft Dänisch ist. In militärischer Hinsicht ist diese Festung, wie schon bemerkt, von keinerlei Wichtigkeit, so daß der Kriegs-Minister es für unrichtig halten muß, ein starkes Truppenkorps an diesen Platz zu binden, während es doch noch nicht einmal sicher ist, ob der Feind denselben angreift; ebenso hält er es für unrichtig, eine anstrengende und kostspielige Vertheidigung durchzuführen, welche möglicherweise den größten Theil unserer Streitkräfte in Anspruch nehmen könnte. Dabei ist ferner zu bedenken, daß die Festung die für eine Besatzung nothwendigen gedeckten Räume nicht besitzt, sowie, daß der Feind mit seinen weittragenden Geschützen nach den Erfahrungen von Düppel im Stande sein wird, den Zugang zu der Festung so vollständig zu beherrschen und zu unterbrechen, daß es unmöglich sein wird, die Besatzung in Sicherheit zu bringen, wenn der Platz unhaltbar geworden ist. Auf Grund dieser Betrachtungen muß es dem Kriegs-Minister am richtigsten erscheinen, einerseits die Vertheidigung von Alsen mit einer möglichst kleinen Truppenzahl durchzuführen, während die übrigen Truppen und alle nicht erforderlichen Vertheidigungsmittel nach Fünen überzuführen wären, andererseits die Festung Fredericia schleunigst zu räumen. Hierbei kommt es auf einiges Kriegsgeräth, welches vielleicht in dem Platz zurückgelassen werden muß, nicht an. Fredericia hat während der Belagerung von Düppel seine Dienste gethan, und im Vergleich zu der Wichtigkeit, welche der Erhaltung der Truppen und namentlich des Offizier= und Unteroffizier=Personals gegenwärtig beigelegt werden muß, kann der Verlust von einigem Kriegsgeräth nur von untergeordneter Bedeutung sein.

Es wäre nur noch zu untersuchen, ob sich Mittel und Wege finden lassen, um einerseits die Armee für spätere Ereignisse zu erhalten, andererseits doch den Feind zu beunruhigen und Jütland so viel als immer möglich zu decken.

Dazu werden sich besonders Operationen empfehlen, welche von dem nördlichsten Theile Jütlands auszugehen hätten, zu welchem Zweck die 4te Division bedeutend verstärkt werden müßte. Gleich=zeitig sollten wir aber auch im Stande sein, zur Beunruhigung des Feindes kleinere und größere Landungen an beliebigen Punkten der Küste vorzunehmen. Im Uebrigen wird auf Fünen derjenige Theil der Armee zusammengezogen werden, welcher in den Flanken=stellungen entbehrlich wird, und glaubt der Kriegs=Minister die Vortheile des Staates am besten wahrzunehmen, wenn demselben, abgesehen von den in Nord=Jütland befindlichen Truppen, eine 35 000 Mann starke, wohlgeordnete Feld=Armee auf Fünen zu Gebote steht."

Von den in diesem Schreiben enthaltenen Gründen war ohne Zweifel derjenige, daß die in Fredericia befindlichen Truppen an anderen Orten für nothwendiger erachtet wurden, der ausschlag=gebende gewesen. Man hielt es für wichtig, bei den beginnenden Konferenz=Verhandlungen nicht allein einen Theil des Herzogthums Schleswig, die Insel Alsen, noch zu besitzen, sondern auch für alle Fälle ein starkes und völlig schlagfertiges Truppenkorps auf Fünen nachweisen zu können, während gleichzeitig eine Division den nördlichsten Theil von Jütland besetzt hielt. Die Gefahr, daß die in Fredericia befindlichen Truppen vernichtet und so den vorgedachten Zwecken ent=zogen werden könnten, scheint jedoch überschätzt worden zu sein, denn bis zur Aufstellung ausreichender Belagerungs=Artillerie mußte immer noch einige Zeit vergehen. Ueberdies trug die Entfernung des größten Theiles der Einwohner aus der Stadt und die Unmöglichkeit, der

Festung die Zufuhr an Lebensmitteln und Kriegsgeräth abzuschneiden, wesentlich zu deren Vertheidigungsfähigkeit bei. Man hätte immerhin die weiteren Maßnahmen der Verbündeten abwarten können, was in militärischer wie politischer Hinsicht schon deshalb zweckmäßiger gewesen wäre, weil die freiwillige Preisgabe des Platzes auf die eigene Armee niederdrückend wirken mußte, während sie den Verbündeten einen neuen Beweis für die Schwäche des Gegners und die bei ihm herrschende Unsicherheit lieferte. Hielt man es aber einmal aus den oben erwähnten, wesentlich doch politischen Rücksichten für angezeigt, das letzte gesicherte Ausfallsthor auf dem Festlande aufzugeben, so hätte eine besonnene Würdigung der militärischen Verhältnisse mindestens dahin führen müssen, wegen Uebergabe des Platzes mit dem Gegner in Unterhandlung zu treten und Be= dingungen dafür zu stellen. Es war doch immerhin möglich, daß das Ober=Kommando der Verbündeten dann die Abführung alles Kriegsgeräthes bewilligt sowie die Erhaltung und spätere Rückgabe der Werke zugestanden haben würde. Der Versuch, dies zu erlangen, hätte jedenfalls nicht unterlassen werden dürfen.

Was die Vorgänge bei der Räumung der Festung selbst an= betrifft, so hatte General Lunding, nachdem ihm am 26sten der Befehl zum sofortigen Aufgeben des Platzes zugegangen war, schon an diesem Tage mit Ueberführung der Truppen nach Fünen be= gonnen. Am 28sten Abends 11½ Uhr wurde die letzte, aus 3¼ Kompagnien bestehende Dänische Abtheilung eingeschifft.

Am 30sten April besichtigten der Feldmarschall und der Kron= prinz die verlassene Festung. Am 2ten Mai begannen die Zer= störungsarbeiten, wobei die technischen Truppen des II. Korps*) sowie die Pionier=Abtheilungen der Infanterie=Brigaden, und von Preußischen Truppen die 4te Kompagnie des Pionier=Bataillons Nr. 7 und die 2te Festungs=Kompagnie der Garde=Artillerie Ver= wendung fanden.

---

*) Die seiner Zeit nach dem Sundewitt entsandten Theile der technischen Truppen (vergl. Seite 422) waren am 29sten April wieder beim II. Korps eingetroffen.

Der Zustand des Platzes ließ erkennen, daß die Dänen die Zeit der Einschließung zur Vervollständigung und Verbesserung der Werke gut benutzt hatten. Immerhin boten aber die gesammten Festungsanlagen nur für etwa 400 Mann bombensichere Unterkunfts= räume.*) Die Anstauung vor der Westfront und in den Gräben war durchgeführt, und es würde für die Artillerie des Angreifers eine schwierige Aufgabe gewesen sein, die gut gedeckten Staudämme zu zerstören.

Der in Aussicht stehende Abschluß eines Waffenstillstandes machte eine Beschleunigung der Zerstörungs=Arbeiten nothwendig. Es wurden daher zu denselben außer den technischen Truppen täglich noch 2000 Mann Oesterreichischer Infanterie und gegen 1000 Landarbeiter herangezogen. Das gesammte, aus 210 Kanonen und 9 Mörsern bestehende Artillerie=Geräth der Festung fiel dem Oesterreichischen Korps als Kriegsbeute zu, welches dasselbe zunächst in den Belage= rungspark bei Biuf zurückschaffte. Das verschanzte Lager wurde durch Abtragen der Wälle und Ausfüllen der Gräben geschleift, während man sich bei dem starken Querschnitt der Werke der Stadtbefestigungen auf Beseitigung der Grabenpallisadirung, Zerstörung der inneren Brust= wehrbekleidung, Abtragen der Wälle bis zur Auftritthöhe und Sprengen der unterirdischen Verbindungsgänge, gedeckten Geschützstände und Block= häuser beschränken mußte. Die Gräben wurden durch Zerstörung der Staudämme und Oeffnen der Schleusen möglichst trocken gelegt, ebenso das Ueberschwemmungs=Becken vor der Westseite. Die nach der See zu gelegenen, für eine etwaige Vertheidigung gegen Fünen in Betracht kommenden Bastione und deren Verbindungslinien, sowie die Citadelle blieben von der Zerstörung ausgeschlossen. Dieselben wurden mit schweren Dänischen Geschützen und gezogenen 8=Pfündern aus der Oesterreichischen Korps=Geschütz=Reserve ausgerüstet.

Die gegenüberliegende Küste von Fünen schien auf der Linie Strib—Middelfart nur schwach von Dänischen Truppen besetzt zu

---

*) Außerdem war nur noch das in der Citadelle gelegene Lazareth bombensicher eingedeckt.

sein. Auf der Landspitze von Strib lag eine mit Geschütz versehene Schanze, auch waren westlich Middelfart Batterien zu erkennen, welche die schmalste Stelle des Kleinen Beltes, bei Snoghöj, beherrschten. Später wurde noch mit dem Bau eines neuen Werkes, halbwegs Middelfart und Strib, auf der Smaahöi, begonnen und ein älteres dort befindliches Werk ausgebessert.

Den Truppen des II. Korps konnten nach der Räumung von Fredericia ausgedehnte Unterkunftsbezirke angewiesen werden. General Graf Neipperg behielt die Brigaden Dormus, Nostitz und Tomas unter seinem besonderen Befehl. Erstere bezog nördlich der Straße Fredericia—Havreballegaard zu beiden Seiten der Spang-Aa Quartiere und übernahm die Küstenbewachung bis gegen Veile hin. Die Brigade Tomas dehnte sich südlich der bezeichneten Straße zwischen Fredericia und Gudsö aus und bewachte die Küste des Kleinen Beltes; die Brigade Nostitz verblieb in Fredericia. Von der Brigade Gondrecourt belegten der Stab, das Feld-Jäger-Bataillon Nr. 18 und die Batterie Kolding; das Infanterie-Regiment Martini wurde nach Christiansfeld zur Bewachung der Küste zwischen dem Kolding Fjord und der Haderslebener Föhrde entsandt, eine Kompagnie desselben besetzte Ösby, östlich Hadersleben, zur Sicherung dieser Stadt gegen Landungsversuche von der Insel Aarö aus. Das Infanterie-Regiment König von Preußen behielt zur Beobachtung des Kolding Fjords Quartiere zwischen Gudsö und Kolding. Die Kavallerie-Brigade blieb mit dem Stabe in Kolding, die Windischgrätz-Dragoner bei Leierskov; das Husaren-Regiment Liechtenstein war bei den Infanterie-Brigaden vertheilt. Die Korps-Geschütz-Reserve wurde in Fredericia untergebracht, wo sich auch die technischen Truppen befanden.

Plan zum Uebergang nach Fünen. Schon vor der Räumung von Fredericia war das Ober-Kommando dem Plane nähergetreten, Truppen nach der Insel Fünen zu werfen, um hier den Gegner an seiner verwundbarsten Stelle zu fassen. Der Chef des Preußischen Generalstabes, General v. Moltke, hatte bereits bei den in Berlin stattgehabten Besprechungen von einer Belagerung Fredericias, die immerhin längere Zeit in An-

spruch) genommen haben würde, abgerathen und sich für eine vollständige Besetzung des nördlichen Jütlands, sowie für einen Uebergang nach der Insel Fünen ausgesprochen.*) Da das wirksamste
Mittel zu einer schnellen Beendigung des Krieges, die Einnahme
der feindlichen Hauptstadt, zur Zeit nicht anwendbar erschien, so war
seiner Ansicht nach die Besetzung eines möglichst großen Theils des
Dänischen Gebiets und insbesondere diejenige von Fünen am meisten
geeignet, einen Druck auf die Dänische Regierung auszuüben und sie
zur Räumung von Alsen sowie zum Friedensschluß geneigt zu machen.
Daß diese Anschauungen auch vom Gegner getheilt wurden, beweist
unter Anderem ein Schreiben des Dänischen Oberbefehlshabers an
den Kommandanten von Alsen vom 5ten Juni, in welchem es heißt:
„Das Ober-Kommando sieht sich außer Stande, ein Infanterie-
Regiment nach Alsen abzugeben, ohne Fünen bloßzustellen, welche
Insel beim Wiederbeginn der Feindseligkeiten aller Wahrscheinlichkeit
nach angegriffen werden wird, da hierdurch Dänemark am ehesten
zum Frieden gezwungen werden könnte."

Ein Unternehmen gegen Fünen erschien kaum schwieriger als ein
solches gegen Alsen, denn wenn auch der bei ersterer Insel zu über-
schreitende Wasserarm breiter ist und eine ziemlich starke Strömung auf-
weist, so stand doch bei der schwachen Besatzung ein nahezu sicherer Erfolg in Aussicht, namentlich, wenn es gelang, den Gegner zu überraschen.

Das Ober-Kommando hatte in einer am 24sten April dem
Könige eingereichten Denkschrift über die Fortsetzung der Operationen
dem Gedanken einer Landung auf Fünen Ausdruck verliehen. Nachdem General v. Moltke am 26sten April in einem ausführlichen Gutachten diese Frage nochmals beleuchtet hatte, war durch Allerhöchste
Ordre vom 27sten dem Feldmarschall die Genehmigung zu diesem
Unternehmen ertheilt worden, sofern die Besetzung Jütlands daneben durchgeführt werden könne und die Truppen des Generals
v. d. Mülbe zur Unterstützung des Ueberganges nach Fünen

---

*) In Anlage Nr. 65 ist die Entwickelung des Planes zum Uebergange
nach Fünen dargelegt, wobei die wesentlichsten Aeußerungen des Generals
v. Moltke über diese Angelegenheit wörtlich wiedergegeben sind.

verfügbar blieben. Die am Abend vor Eingang dieses Erlasses erfolgte Räumung Fredericias verschob nun aber die Lage insofern zu Ungunsten der Verbündeten, als hierdurch stärkere feindliche Kräfte zur Vertheidigung von Fünen verfügbar wurden. Der Plan schien jedoch noch immer Erfolg versprechend, da anzunehmen war, daß die Dänen die bisherige Besatzung von Fredericia nicht dauernd auf Fünen belassen, sondern nach Alsen und dem nördlichen Jütland schicken würden. Der inzwischen zum Chef des Generalstabes der Verbündeten Armee ernannte General v. Moltke und der Kronprinz nahmen daher gleich nach der Ankunft des Ersteren*) am 3ten und 4ten Mai Erkundungen des Belt=Ufers vor, und zwar auf der Strecke von Fredericia über Snoghöj bis zum Kolding Fjord und, südlich desselben, der Insel Fänö gegenüber.

Man gewann hierbei die Ueberzeugung, daß es möglich sein werde, in aller Stille Batterien bei Snoghöj anzulegen, welche, mit dem von Düppel herangeschafften Belagerungsgeschütz und mit Feld=Artillerie ausgerüstet, selbst gepanzerte Schiffe verhindern konnten, in das enggewundene Fahrwasser des auf der gedachten Strecke etwa 1000 bis 1200 m breiten Kleinen Beltes einzulaufen. Der Insel Fänö gegenüber begünstigte der bewaldete Strand die Heranführung und Aufstellung von schwerem Geschütz und die Vorbereitungen zum Uebergange; auf diesem Eilande angelangt, würde nur noch der etwa 400 m breite Fänö Sund zu überschreiten gewesen sein.

Bei der Rückkehr von der Erkundung begab sich General v. Moltke noch am 4ten Mai zum General v. Gablenz und theilte diesem den Landungsplan sowie die Absicht des Ober=Kommandos mit, dem General die Ausführung des Unternehmens, für welches zwei Oesterreichische und zwei Preußische Brigaden verwendet werden sollten, zu übertragen. Obgleich der Oesterreichische Korps=Befehls= haber die Bedeutung des Planes anerkannte, so erhob er doch bei einer in Begleitung des Preußischen Generalstabs=Chefs vorge= nommenen Erkundung gegen die Ausführbarkeit desselben mancherlei

---

*) Vergl. Seite 590.

Bedenken, denen er bei einer zwei Tage später im Hauptquartier zu Veile stattfindenden Besprechung von Neuem Ausdruck gab. Im Hinblick auf die jetzt auf der Insel befindlichen größeren Streitkräfte,*) die in der Nähe derselben kreuzenden Dänischen Kriegsschiffe und die Unwahrscheinlichkeit einer Ueberraschung hielt General v. Gablenz das Unternehmen für äußerst schwierig. Aber auch im Falle des Gelingens glaubte er sich keinen weitergehenden Erfolg davon versprechen zu dürfen, da er voraussetzte, daß die Dänen Zeit finden würden, sich durch Einschiffung rechtzeitig einer Vernichtung zu entziehen. Auch auf den moralischen Druck, den die Besitznahme der Insel auf Regierung und Volk hervorbringen würde, war seiner Meinung nach nicht allzu viel Werth zu legen. Zudem hielt sich der Oesterreichische General nicht für befugt, ohne ausdrückliche Genehmigung seiner Regierung das Unternehmen auszuführen. Er erbat sich daher, unter Darlegung seiner Bedenken, Verhaltungsbefehle aus Wien. So blieb es zunächst bei Berathungen, bis die am 11ten Mai eintretende Waffenruhe weitere Unternehmungen ausschloß.

Dänischer Seits waren auf Fünen nach dem Falle von Düppel mannigfache Veränderungen eingetreten. Der unmittelbar nach dem Verluste der Stellung hierher gesandten 8ten und der mit ihr verschmolzenen 1sten Brigade**) folgten in den nächsten Tagen die 3te Brigade und die Garde zu Fuß, sowie bald darauf die 4te und 11te Batterie, welche sämmtlich in dem nordwestlichen Theile der Insel untergebracht wurden. Von den aus Fredericia eingetroffenen Truppen ging die 9te Brigade alsbald zur 4ten Division ab.***) Hierfür ließ das Ober-Kommando von Alsen aus in den Tagen vom 2ten bis 5ten Mai die 5te Brigade, das 2te Halb-Regiment Dragoner Nr. 4, sowie die 10te Batterie nach Fünen übersetzen†) und erhob zugleich gegen eine weitere, von Seiten des Kriegs-Ministeriums beabsichtigte Schwächung der Besatzung der letztgenannten Insel Einspruch. Gleichwohl verblieb das Kriegs-Ministerium bei seinem Entschluß, und

---

*) Vergl. über die Stärke des Feindes auf Fünen S. 606, Anmerkung 2.
**) Vergl. Seite 575.
***) Vergl. Seite 594.
†) Vergl. Seite 576.

so gingen in den Tagen vom 5ten bis 7ten Mai noch die Garde zu Fuß, das 7te und 14te Regiment, sowie die 3te Batterie und die 4te Ingenieur-Kompagnie nach dem Vendsyssel*) zum General Hegermann ab. Es verblieben somit auf Fünen: 12 Bataillone, 3 Eskadrons, 4 Batterien.**)

Diese Truppentheile waren im nordwestlichen Theile der Insel untergebracht. Die Bewachung der besonders bedrohten Küstenstrecke von Strib bis Assens war der 3ten und 8ten Brigade übertragen. Bei Hindsgavl und auf der Halbinsel Fönskov wurde mit der Anlage von Befestigungen begonnen.

III. Die Vorgänge zur See und die rückwärtigen Verbindungen von Mitte April bis zum Abschluß der ersten Waffenruhe.

Vorgänge in
der Ostsee.

Gleich nach dem Falle von Düppel hatten die Dänen in der Ostsee den Versuch unternommen, der Blockade der Preußischen Häfen eine weitere Ausdehnung in östlicher Richtung zu geben. Am 19ten April wurde durch die Fregatte „Jylland" und die Avisos „Holger Danske" und „Geyser" die Blockade von Pillau angekündigt. Vor Danzig erschienen am 20sten eine feindliche Fregatte und ein Raddampfer, letzterer unter Parlamentär-Flagge, wahr

-----

*) Vergl. Seite 595.
**) Die 3te Brigade: 16tes und 17tes Regiment,
die 8te Brigade: 2tes, 22stes, 9tes, 20stes Regiment,
die 5te Brigade: 8tes, 15tes Regiment,
das 13te Infanterie-Regiment,
das 2te Halb-Regiment Dragoner Nr. 4,
die 4te, 10te, 11te, 12te Batterie,
die 2te Ingenieur-Kompagnie,
die 1ste und 2te Festungs-Artillerie-Kompagnie.
Die Infanterie war damals nur 12 Bataillone stark, da die Regimenter der 3ten und 8ten Brigade in Folge der bei Düppel erlittenen Verluste auf ein Bataillon zusammengeschmolzen waren. Nur die Regimenter Nr. 16 und 17 erreichten später wieder den Stand von je zwei Bataillonen.

scheinlich, um ebenfalls die Blockade=Erklärung abzugeben. Als der Dampfer sich der Küste näherte, gab die Strand=Batterie einen Schuß ab, worauf sich beide Schiffe nordwärts wandten. Eine Verfolgung durch die „Vineta" war nicht möglich, da dieses Schiff, welches 6 m Tiefgang hatte, den Hafen wegen des niedrigen Wasserstandes bei Neufahrwasser nicht verlassen konnte.*) Die Blockade=Erklärung für Danzig wurde dann am 24sten in Pillau abgegeben. Als an dem= selben Tage die Fregatte „Tordenskjold" bei Dornbusch in Sicht kam, ging der Prinz=Admiral ihr mit der „Grille" und den vier Kanonen= booten I. Klasse von Stralsund aus entgegen, worauf das feindliche Fahrzeug nach Norden steuerte, anscheinend, um die Preußischen Schiffe weiter in See zu locken. Während die Kanonenboote auf 6 bis 8 See= meilen vom Lande zurückblieben, folgte die „Grille" bis halbwegs nach Moen, wobei sich ein erfolgloses Feuergefecht auf große Entfernung entspann, das nach 1½ Stunden Seitens der „Grille" abgebrochen wurde, da die Dänische Fregatte nicht näher kam und es nicht angängig erschien, die Kanonenboote sich weiter vom Lande entfernen zu lassen. Auch am 25sten und 26sten wurden Preußischer Seits Erkundungen unternommen, ohne daß dieselben zu einem Zusammen= stoße mit dem Feinde führten. Am 27sten gingen „Grille" und die Kanonenboote I. Klasse durch die Peene nach Swinemünde.

Dänischer Seits wurde „Jylland" am 26sten vor Danzig durch „Skjold" abgelöst und Ende des Monats bei Rügen durch „Dane= brog" ersetzt.

Am 30sten April konnte „Vineta" den Hafen von Neufahrwasser verlassen und gegen den „Skjold" und zwei Raddampfer vorgehen, welche auf zwei bis drei Seemeilen vor dem Hafen lagen. Der Ver= such, die dem Lande zunächst befindlichen Raddampfer abzuschneiden, mußte aufgegeben werden, da diese sich schnell nach dem „Skjold" zurückzogen. Die Schiffe beschossen sich dann auf 3000 bis 5000 m Entfernung ohne jeden Erfolg. Als „Skjold" vorging und für die

---

*) Der mittlere Wasserstand bei Neufahrwasser betrug 5,7 m, so daß die „Vineta" nur auslaufen konnte, wenn durch Nordwind ein Steigen des Wassers bewirkt war.

„Vineta" die Gefahr eintrat, vom Hafen abgeschnitten zu werden, ging diese zurück.

Die wiederholten Erkundungsfahrten, welche einzelne, in den Gewässern bei Swinemünde und Rügen liegende Preußische Schiffe in den letzten Tagen des April und den ersten des Mai unternahmen, führten zu keinem Gefecht, obwohl es ihnen am Willen dazu nicht fehlte. So gingen unter Anderem am 6ten Mai die „Grille" und die Kanonenboote I. Klasse von Swinemünde aus in See; ihnen folgte „Nymphe" mit der I. Flottillen-Division. Die „Nymphe" machte Jagd auf den Dampfer „Freja", während die „Grille" ihren Kurs Nord zu West behielt, um das Dänische Schiff abzu- schneiden. Gegen 11 Uhr Vormittags wurde dieser Versuch auf- gegeben, da vier größere feindliche Schiffe im Norden in Sicht kamen und auf die „Grille" zuhielten. Um 1 Uhr ging die „Nymphe" in den Hafen und dafür „Arcona" hinaus. Gegen 3 Uhr befanden sich „Danebrog" und „Själland" etwa 10 Seemeilen vom Hafen in Sicht. Dies veranlaßte „Nymphe", um 3 Uhr 15 Minuten wieder auszulaufen. „Grille" war inzwischen mit den Kanonen- booten I. Klasse bis nördlich der Greifswalder Oie vorgegangen, wo letztere Halt machten. Als die Dänischen Schiffe auf „Grille" zuhielten, ging diese auf Swinemünde zurück, während die Kanonenboote in den Greifswalder Bodden dampften. Die Dänen wendeten auf 6 bis 8 Seemeilen Entfernung von Swinemünde nach Norden, worauf „Arcona" und „Nymphe" in den Hafen zurückkehrten, während „Grille" und die I. Flottillen-Division in See blieben.

Von dem Dänischen Ostsee-Geschwader war die Fregatte „Jyl- land", nachdem sie einige Tage bei Dornbusch gekreuzt hatte, am 2ten Mai nach Kopenhagen abgegangen, um zum Nordsee-Geschwader zu stoßen.

Vorgänge in der Nordsee. Von den für die Nordsee bestimmten Streitkräften*) der Ver- bündeten waren die Oesterreichischen Fregatten „Schwarzenberg",

---

*) Vergl. Seite 468.

„Radetzky" und das Kanonenboot „Seehund" unter Kommodore
v. Tegetthoff am 14ten beziehungsweise 16ten April in Brest
angelangt, woselbst sie die unter dem Eskadre = Kommandanten,
Kontre=Admiral Freiherrn v. Wüllerstorff, nachfolgenden und zu
dieser Zeit zwischen Gibraltar und Lissabon, ja theilweise noch
weiter rückwärts befindlichen Schiffe*) erwarten sollten. Jedoch
schon vor Eintreffen derselben erhielt Kommodore v. Tegetthoff
am 23sten April den Befehl**) zum Auslaufen nach dem Texel.
Er verließ am 24sten den Hafen von Brest und kam am 26sten
mit „Schwarzenberg" und „Radetzky" nach Deal,***) um hier
Lebensmittel und Kohlen einzunehmen. „Seehund", welcher zu
gleichem Zwecke Ramsgate†) anlief, wurde dort durch Schuld
des Lootsen gegen die Hafenmole getrieben und mußte zur Aus=
besserung in Sheerneß††) zurückgelassen werden. Die beiden Fre=
gatten liefen am 30sten April Abends wieder aus und erreichten am
1sten Mai Nieuwediep, wo sie sich mit den drei Preußischen Schiffen,
dem Aviso „Preußischer Adler" und den Kanonenbooten I. Klasse
„Blitz" und „Basilisk", unter Korvetten=Kapitän Klatt, vereinigten.
Diese waren schon am 14ten März aus dem Mittelmeer hier ein=

---

*) Schrauben=Linienschiff „Kaiser", Raddampfer „Elisabeth", Panzer=
Fregatte „Don Juan d'Austria", Schrauben=Korvette „Erzherzog Friedrich"
(letztere beide am 20sten April bei Gibraltar) und Kanonenboot „Wall",
welches sich erst im Laufe des Mai bei Brest mit den vorgenannten Schiffen
vereinigte.

**) Am 30sten April telegraphirte Graf Apponyi aus London nach Wien,
Lord Russell habe die schriftliche Erklärung verlangt, daß die Oesterreichischen
Schiffe nicht nach der Ostsee gehen würden, worauf der Gesandte angewiesen
wurde, die schon im März gegebene Erklärung zu wiederholen, daß die Oester=
reichischen Schiffe die Bestimmung hätten, den Deutschen Handel in der Nordsee
zu schützen und die Blockade der Weser und Elbe zu verhindern. Die aus=
drückliche Versicherung, daß die Oesterreichischen Schiffe nicht nach der Ostsee
gehen würden, wurde verweigert, doch beruhigte sich England zunächst, wenn=
gleich Lord Palmerston dem Oesterreichischen Gesandten erklärte, England
werde das Einlaufen der Oesterreichischen Schiffe in die Ostsee nicht dulden.

***) Ein Hafen an der Südostspitze von England.

†) Drei Meilen nördlich des eben genannten Ortes gelegen.

††) An der Mündung der Themse. „Seehund" traf nach beendeter Aus=
besserung erst am 17ten Mai wieder bei Nieuwediep ein.

getroffen*) und hatten Anweisung erhalten, sich unter den Befehl des Oesterreichischen Eskadre-Kommandanten zu stellen. Das nunmehr aus 5 Schiffen bestehende Geschwader verließ Nieuwediep am 3ten Mai, begab sich zunächst in die Elbmündung bei Curhaven und von dort am 6ten Mai Abends nach Helgoland.

Als am folgenden Tage nordöstlich der Insel ein Kriegsschiff mit beigesetzten Marssegeln bemerkt wurde, ging das Geschwader gegen dasselbe vor. Das Schiff machte Dampf auf und entfernte sich in nördlicher Richtung. Nach dreistündiger Jagd vom „Schwarzenberg" eingeholt, zeigte es die Flagge und erwies sich als die Englische Fregatte „Aurora", welche · nebst einem Aviso zur Aufrechthaltung der Neutralität von Helgoland hier kreuzte. Abends ging das verbündete Geschwader in die Elbmündung zurück.

Seegefecht bei Helgoland am 9ten Mai.**)

Kommodore v. Tegetthoff erhielt am Vormittage des 9ten Mai, als er im Begriff stand, nach Curhaven zu gehen, um die Kohlenvorräthe der Preußischen Kanonenboote zu ergänzen, durch den Oesterreichischen Konsular-Agenten in Curhaven die Nachricht, daß drei, anscheinend Dänische Kriegsschiffe bei dieser Insel erschienen seien. Sofort — es war 11 Uhr — wendete das Geschwader und steuerte seewärts.

Auf Dänischer Seite hatten sich, wie bereits erwähnt,***) am 12ten April die von Kopenhagen kommende Fregatte „Niels Juel" und die Korvette „Heimdal" mit der Korvette „Dagmar" vereinigt, welche sich seit Mitte März in der Nordsee befand. Diese Schiffe bildeten jetzt das Nordsee-Geschwader unter dem Linienschiffs-Kapitän Suenson. „Dagmar" war am 19ten April nach dem Helder†)

---

*) Vergl. Seite 467.
**) Hierzu Skizze 8.
***) Vergl. Seite 463.
†) Ein an der Nordspitze von Holland gelegener Hafen.

gegangen, um dort Kohlen einzunehmen, als der Dänische Offizier die Nachricht von dem Eintreffen des Oesterreichischen Geschwaders im Kanal erhielt und deshalb mit „Niels Juel" und „Heimdal" sofort der „Dagmar" folgte. Am 20sten April vereinigten sich die drei Schiffe wieder beim Texel, gingen von hier nach Helgoland und später nach Christiansand*) zurück, da dem Kapitän Suenson aus England mitgetheilt worden war, daß die Oesterreichischen Schiffe sich bereits im nördlichen Theil der Nordsee befänden, und es ihm daher nothwendig erschien, sich im Skageral bereit zu stellen. Nach= dem die Dänen in Christiansand Kohlen eingenommen hatten, kreuzten sie in jener Gegend. Die „Dagmar" ging nach der Ostsee ab und wurde durch die Fregatte „Jylland"**) erseßt, welche am 5ten Mai von Kopenhagen aus zu Kapitän Suenson stieß. Dieselbe brachte die Nachricht, daß 5 Schiffe der Verbündeten auf der Fahrt von dem Texel nach Cuxhaven begriffen seien. Dem inzwischen ein= getroffenen Befehle des Ministeriums gemäß fuhr nun das Dänische Geschwader nach Süden und traf am 8ten Mai in der Höhe der Lister Tiefe das bereits erwähnte Englische Schiff „Aurora", welches den Dänischen Befehlshaber von dem Zurückbleiben des „Seehund" im Kanal und der Anwesenheit der anderen 5 Schiffe der Verbündeten in der Elbmündung benachrichtigte. Kapitän Suenson nahm darauf Kurs nach den Schleswigschen Nordsee= Inseln, wo nach Meinung des Engländers die verbündeten Schiffe jetzt kreuzen sollten, und erfuhr am 9ten früh vor der Schmal=Tiefe von dem bei den Inseln befindlichen Kapitän Hammer, daß letztere noch in Dänischem Besitz seien. Kapitän Suenson wendete sich darauf gegen Helgoland.

Bei dem ruhigen klaren Wetter bekamen sich die beiden Ge= schwader***) sehr bald in Sicht†) und setzten sich sofort in Gefechts=

---

*) An der Südspitze von Norwegen gelegen.

**) Vergl. Seite 608.

***) Die Verbündeten führten 89, die Dänen 102 Geschütze.

†) Die Verbündeten bemerkten die Rauchsäulen der Dänischen Schiffe schon bald nach 11 Uhr Vormittags, erkannten jedoch erst etwa um 1 Uhr Nachmittags die Schiffe als feindliche; die Dänen scheinen die Schiffe der Verbündeten ungefähr zu

bereitschaft. Die Schiffe folgten einander in Kiellinie, die der Ver=
bündeten mit zwei Kabellängen*) Abstand, der demnächst durch Auf=
schließen auf ein halbes Kabel verkürzt wurde.

Während Kommodore v. Tegetthoff zuerst die Richtung auf
Helgoland einschlug, um den Dänen den Weg zu dem neutralen Wasser
zu verlegen, zeigte der Dänische Geschwader=Chef bald das Be=
streben, den Verbündeten den Rückweg nach der Elbe abzu=
schneiden, indem er den Kurs nach Südost nahm. Auf etwa 3000
bis 4000 m**) an die Dänen herangekommen, eröffnete um 2 Uhr
„Schwarzenberg" mit den beiden Bug=Geschützen, später aus der
Steuerbord=Batterie das Feuer,***) in welches auch die übrigen
4 Schiffe nach und nach eintraten, und das vom Feinde bald
kräftig erwidert wurde. Die Geschwader näherten sich während
des Feuerns stetig. Als die Dänen, ihren Kurs nach Südost bei=
behaltend, an dem verbündeten Geschwader vorbeigefahren waren, ließ
Kommodore v. Tegetthoff, um noch näher an den Feind zu kommen,
über Steuerbord wenden und ging in schräger Richtung gegen den
Kurs der Dänen vor,†) wodurch sich die Entfernung zwischen den
an der Spitze befindlichen Oesterreichischen Schiffen und den Dänen
eine Zeit lang bis auf 650 m verkürzte.††) Während sich dann

---

gleicher Zeit entdeckt zu haben. Der Dänische Kapitän Lütken in seiner Schrift
„Seegefecht bei Helgoland" sagt: „zwischen 10 und 11 Uhr", was allerdings
nicht wohl möglich ist, da Kapitän Tegetthoff erst um 11 Uhr nach der
See wendete.

*) Ein Kabel = 185,5 m. Der erwähnte Abstand konnte von den
Preußischen Schiffen nicht dauernd festgehalten werden, da die beiden Oester=
reichischen Fregatten schneller liefen. Der „Adler" ging beim Aufschließen links=
seitwärts aus der Kiellinie heraus, „Blitz" lief über „Basilisk" hinaus und
gewann dadurch die 3te Stelle in der Kiellinie hinter „Radetzky".

**) Die Angaben lauten verschieden:

Bericht des Kommodore v. Tegetthoff:	18½ Kabel	= rund 3400 m
= = Kapitäns Klatt:	2500 Schritt	= = 2000 =
Lütken, „Seegefecht b. Helgoland":	6000 Ellen	= = 3700 =

***) Lage Nr. 2 der Skizze.

†) Lage Nr. 3 der Skizze.

††) Bei den Dänen erweckte diese Bewegung den Eindruck, als wollte
Tegetthoff die Dänische Linie durchbrechen. Die Entfernung zwischen den
kämpfenden Schiffen, als sie nach Ausführung des Kontremarsches der Verbündeten

die beiden Geschwader in südlicher Richtung weiterbewegten, litt das Oesterreichische Flaggschiff besonders schwer unter dem feindlichen Feuer, welches sich vornehmlich gegen dieses richtete. Eine der ersten Granaten, welche den „Schwarzenberg" trafen, zersprang in der Batterie und machte fast die gesammte Bedienungsmannschaft eines Geschützes kampfunfähig. Zweimal brach Feuer an Bord aus, doch gelang es, dasselbe, ohne Unterbrechung des Kampfes, zu löschen. Gegen 3½ Uhr fing das Vormarssegel der Fregatte durch eine feindliche Granate Feuer, welches mit großer Schnelligkeit um sich griff. Obgleich man dem Brande nicht beikommen konnte, da der einzige Spritzenschlauch von genügender Länge zerschossen war und die übrigen nicht bis zur Höhe des Segels reichten, wurde der Geschützkampf zunächst kraftvoll fortgesetzt. Bald aber wurde es nothwendig, den Kurs zu ändern, da der Wind, von Ost-Süd-Ost kommend, das Feuer über das Deck des „Schwarzenberg" hinweg nach hinten trieb, wodurch die Gefahr einer weiteren Ausbreitung des Brandes auf die anderen Theile des Schiffes immer größer wurde. Kommodore v. Tegetthoff gab daher das Zeichen, vom Winde abzufallen,*) und wandte sich dann mit Kurs nach Nord-West gegen Helgoland, wobei „Radetzky", der während des ganzen Gefechtes mit „Schwarzenberg" dicht zusammengeblieben war und das gefährdete Flaggschiff in thatkräftigster Weise unterstützt hatte, den Rückzug deckte. Um den brennenden „Schwarzenberg" in dem Augenblicke, wo er vom Winde abfiel, zu schützen, ließ Kapitän Jeremiasch den „Radetzky" zunächst noch geradeaus laufen und warf sich so zwischen das Flaggschiff und den Feind.

Während des Rückzuges wurde das Feuer mit den Heckgeschützen fortgesetzt. Die Dänen verfolgten noch eine Strecke weit, nahmen dann Kurs nach Nord-Ost und kamen bald außer Sicht.

nebeneinander nach Südost weiter fuhren, wird Dänischer Seits auf etwa 1500 Ellen (950 m) geschätzt. Der Bericht des Kapitäns Tegetthoff giebt die Entfernung geringer an und sagt, sie habe sich allmählich bis auf 2 Kabel (370 m) verkürzt. Suenson giebt 2—3 Kabellängen (370—550 m) an.

*) Stellung 4 der Skizze.

Das verbündete Geschwader ging bei Helgoland vor Anker; nur „Schwarzenberg" hielt sich östlich der Insel in Bewegung, um vor dem Winde zu bleiben, bis das Feuer gelöscht war. Die Preußischen Schiffe entsandten sofort Aerzte und Hülfsmannschaften an Bord der Oesterreichischen. Die Seitens der Englischen Schiffe, welche bei Helgoland Zuschauer des Kampfes gewesen waren, angebotene Hülfe wurde abgelehnt.

Da der ganze Vordermast der Fregatte in Flammen stand und fortwährend brennende Theile der Takelung auf das Deck niederfielen, so war das mit großen Schwierigkeiten verknüpfte Kappen des Mastes erst um 10½ Uhr Abends ausgeführt. Dann lichtete das Geschwader wieder die Anker und kam am 10ten Mai Morgens 4 Uhr in Cuxhaven an. Während der Fahrt mußte auf dem „Schwarzenberg" auch noch die Vormarsstänge, welche beim Herabstürzen im Deck stecken geblieben war und am oberen Ende weiter brannte, abgesägt werden.

Der Verlust bei den Oesterreichern belief sich im Ganzen auf 130,*) bei den Dänen auf 68 Mann. Die Preußischen Schiffe hatten weder Verluste noch Beschädigungen erlitten. Die im Kampfe gefallenen Oesterreichischen Seeleute wurden in Cuxhaven bestattet, die Verwundeten nach Altona und Hamburg gebracht.

Die Fregatte „Schwarzenberg", welche an der Backbordseite am stärksten mitgenommen war, hatte 80 Schüsse im Rumpf, davon zwei in der Wasserlinie. Mehrere Granaten waren im Innern des Schiffes zersprungen, darunter eine am Eingang der vorderen Pulverkammer. Bemastung, Takelung und Tauwerk mußten fast ganz erneuert werden, auch waren die 14 Boote des Schiffes zertrümmert worden. Schlot und Dampfrohr zeigten Durchlöcherungen. Der „Radetzky" wies außer Beschädigungen an Bemastung und Takelung zwei Schüsse in der Wasserlinie auf; zwei Granaten waren im Innern des Schiffes zersprungen.

---

*) Verlustliste siehe Anlage Nr. 66.

Die Dänen bezeichnen ihre erlittenen Beschädigungen als wenig erheblich und geben an, daß sie, nachdem ihre Schiffe während der Nacht vor der Schmal=Tiefe bei Sylt ausgebessert worden wären, am 10ten Mai wieder völlig kampffähig gewesen seien. Das Dänische Geschwader, welches durch seine Regierung in der Nacht vom 9ten zum 10ten von der bevorstehenden Waffenruhe benachrichtigt war, segelte am letztgenannten Tage nach Christiansand.

Von beiden Seiten war der Kampf mit Kraft und Hingebung geführt worden. Die Oesterreichischen Seeleute hatten sich unter den schwierigsten Umständen durch Unerschrockenheit und Kaltblütigkeit ausgezeichnet. Den Dänen war ihre Ueberlegenheit hinsichtlich der Zahl der eigentlichen Schlachtschiffe und der Geschütze, aber auch der Ausbruch des Feuers auf dem Oesterreichischen Flaggschiff wesentlich zu Statten gekommen. Hatte letzterer Umstand den Eskadre=Kommandanten der Verbündeten auch verhindert, das Gefecht fortzusetzen, so war sein kühnes Auftreten dem überlegenen Feinde gegenüber, kurz vor Beginn der Waffenruhe, doch von wesentlicher Bedeutung für die Stellung der Verbündeten. Se. Majestät der Kaiser Franz Joseph ehrte die verdienstvolle That des Kommodore v. Tegetthoff durch Ernennung desselben zum Kontre=Admiral, und König Wilhelm durch Verleihung eines Ordens.

———

Weder an der Preußischen, noch an der Schleswig=Holsteinschen Küste fanden in der Zeit vom Falle von Düppel bis zum Eintritt der Waffenruhe irgend welche Ereignisse von Bedeutung statt. In den zum Schutze der Preußischen Gestade getroffenen Anordnungen traten keinerlei Veränderungen ein. Die geringfügigen Beunruhigungen, denen die Strandbesatzungen durch kleinere Dänische Landungen ausgesetzt waren, und die in diesem Zeitraum eingetretenen Stellungs=änderungen müssen jedoch der Vollständigkeit halber hier noch kurz angeführt werden. Ereignisse an den Küsten und auf Fehmarn.

Von dem südlichen Theile der Schleswigschen Ostküste war am

616

25ften April die 1fte Eskadron Husaren-Regiments Nr. 8 abgerückt, um die 4te Eskadron Ulanen-Regiments Nr. 11 in der Bewachung der Küfte von Elsholm bis Hadersleben*) abzulösen, fo daß der 1ften Eskadron letztgenannten Regiments wieder die Bewachung der ganzen Strecke von Cappeln bis Flensburg zufiel. Das in diefer Stadt befindliche Wachtkommando wurde am 22ften April durch das 2te Bataillon Infanterie-Regiments Nr. 60 abgelöft.**)

An dem nördlichen Theile der Ostküfte folgten der am Morgen des 18ten April unternommenen Landung bei Süderballig***) in den nächften Tagen ähnliche Verfuche, jedoch in kleinerem Maßftabe; fo in der Nacht zum 19ten April wiederum bei Süderballig, am 20ften und 21ften April bei Wilftruphof und am 22ften bei Süder-ballighoved. Diefelben wurden fämmtlich mit leichter Mühe von den zunächft befindlichen Abtheilungen zurückgewiefen.

Am 29ften April fand die Ablöfung der 4ten Eskadron Ulanen-Regiments Nr. 11 durch die 1fte Eskadron Husaren-Regiments Nr. 8 ftatt. Erftere bezog Ruhequartiere in Feldftedt. In gleicher Weife wurde am 23ften April die 1fte Eskadron Dragoner-Regiments Nr. 7 durch die 3te Eskadron Ulanen-Regiments Nr. 11 erfetzt und kehrte zu ihrem Regiment zurück, welches unter den Befehl des Generals v. d. Mülbe trat.†) Der letztgenannten Eskadron wurde die Löfung ihrer Aufgabe durch das am 26ften April in Apenrade ein-treffende 1fte Bataillon Regiments Nr. 15††) erleichtert.

Im Uebrigen hatte auch hier die Unternehmungsluft der Dänen feit dem Falle von Düppel wefentlich abgenommen, fo daß bis zum 11ten Mai keine Beunruhigungen mehr ftattfanden. An diefem Tage fetzte ein Dänifcher Dampfer Abends 7½ Uhr bei Bröde drei Boote mit Bewaffneten aus, die aber von der herbeieilenden Husaren-Abtheilung durch Feuer am Landen verhindert wurden. Während

*) Vergl. Seite 451.
**) Vergl. Seite 577, Anmerkung 2.
***) Vergl. Seite 583.
†) Vergl. Seite 576 und Anlage Nr. 63.
††) Ueber die eigentliche Aufgabe diefes Bataillons vergl. Seite 579, 580.

von Apenrade die 2te Kompagnie Regiments Nr. 15 herbeieilte, gingen die Dänen bereits wieder in See.

An der Westküste von Schleswig war am 26sten März die dort stehende Infanterie und am 2ten April auch die daselbst befind= liche Kavallerie zurückgezogen worden. Erst am 7ten Mai wurden dorthin wieder Truppen gelegt, als Tondern eine Oesterreichische Besatzung*) erhielt, welche von hier aus die Küste beobachtete und das Ausheben von Dänischen Rekruten verhinderte.

Auf der Insel Fehmarn waren am 23sten April**) die beiden Batterien gerade auf Uebungsmärschen begriffen, als ein feindliches, in Schußweite längs der Küste hinfahrendes Kanonenboot bemerkt wurde. Die halbe Haubitz=Batterie fuhr bei Puttgarden, die 12pfündige bei Clausdorf auf. Erstere gab 12, letztere 5 Schüsse auf das Dänische Fahrzeug ab, welches dieses Feuer nur mit zwei wirkungslosen Schüssen erwiderte und sich dann der hohen See zu= wandte. Nachdem die Besatzung der Insel noch in der Nacht vom 10ten zum 11ten Mai in Folge einer Nachricht von der Annäherung feindlicher Schiffe von Alsen her unter Waffen gehalten worden war, traf an letzterem Tage eine Mittheilung über den Beginn der Waffen= ruhe ein, worauf die Truppen weitläufige Quartiere bezogen.***)

Auch im Bereiche der rückwärtigen Verbindungen der Verbündeten und im Gebiet der Bundes=Exekutions=Truppen war in diesem Zeitraum nichts Erhebliches vorgefallen. Im Laufe der zweiten

Etappen= und Bundes=Exeku= tions=Truppen.

---

*) König v. Preußen I. und Liechtenst. Huf. 2te.

**) Die damalige Besatzung der Insel bestand aus: 48. L., II., Kür. 4. 2ter 1sten 12pfdgen, ½ 1sten Haub. Art. Brig. 3. Vergl. Seite 449, 450.

***) Es fanden, wie Seite 455 ff. näher erwähnt ist, in dieser Zeit Ver= handlungen statt, welche eine Besetzung dieser Insel von Seiten der Bundes= Exekutions=Truppen herbeizuführen bezweckten. Wenn diese Verhandlungen auch nicht zu dem gewünschten Erfolg führten, so hatte sich General v. Hake doch am 19ten April bereit erklärt, Sächsische Truppen nach Fehmarn überzusetzen, falls die dort stehenden Preußischen Abtheilungen bei einem Dänischen Angriff der Unterstützung bedürften.

Hälfte des April waren in Hamburg, Altona, Kiel, Rendsburg, Flensburg und Rothenkrug Etappen-Kommandanturen eingerichtet worden, die unter dem unmittelbaren Befehle des Ober-Kommandos standen. Von dem nach dem Falle von Düppel wieder in den Verband der 5ten Division zurücktretenden Leib-Regiment*) belegte das 1ste Bataillon Schleswig und Altona, das 2te Bataillon Rendsburg, das Füsilier-Bataillon und der Regimentsstab Kiel. Vom Füsilier-Bataillon des Infanterie-Regiments Nr. 48, welches bis dahin in Kiel gestanden hatte, rückte eine Kompagnie nach Friedrichsort und eine nach Holtenau, während die beiden anderen am 24sten nach Eckernförde gingen. Im Uebrigen blieb die Unterbringung der 9ten Brigade unverändert. Zur Sicherung des Kieler Hafens wurden in dieser Zeit daselbst 8 erbeutete schwere Dänische Geschütze aufgestellt.

Bei den Bundes-Exekutions-Truppen traten Anfang Mai einige Stellungs-Aenderungen ein. General v. Hake glaubte auf Grund ihm zugegangener Nachrichten eine Dänische Landung an der Küste des Fehmarn Sundes erwarten zu sollen. Er zog daher die bei Neustadt liegenden Sächsischen Truppen nach Oldenburg, und an deren Stelle zwei Bataillone, drei Schwadronen sowie eine Batterie der Hannoverschen Brigade nach Neustadt, so daß am 3ten Mai 7½ Bataillone, 9 Schwadronen und 4 Batterien zur Vertheidigung der Nord- und Ostküste der Halbinsel Wagrien bereit standen.

---

*) Vergl. Seite 577.

IV. Die Verhandlungen auf der Londoner Konferenz und die Karlsbader Abmachungen.

Schon vor Beginn der Londoner Konferenzen hatten Oesterreich und Preußen sich über das von ihren Bevollmächtigten zu beobachtende Verhalten im Wesentlichen verständigt. Man war übereingekommen, die Vorschläge der neutralen Mächte an sich herankommen zu lassen und nicht mit einem fertigen Programm vor die Konferenz zu treten. Von Dänemark stand zu erwarten, daß es am Londoner Vertrage als Grundlage der Verhandlungen festhalten werde, von England durfte man unbedingtes Eintreten für die Aufrechthaltung des Bestandes der Dänischen Monarchie voraussetzen, und Frankreich hatte schon wiederholt angedeutet, daß den Wünschen der Bevölkerung bei der Regelung der streitigen Fragen Einfluß gewährt werden müsse. Dem gegenüber sahen die Verbündeten es als die Aufgabe der Konferenz an, in freier Berathung diejenige Lösung zu vereinbaren, welche den allseitigen Rechten und Interessen am besten entspräche. War es einstweilen auch noch nicht die Absicht, die Lostrennung der Herzogthümer von Dänemark zu fordern, so durfte doch diese Möglichkeit nicht von Anfang an ausgeschlossen sein. Die Stellung Dänemarks bei den Verhandlungen würde eine viel zu günstige geworden sein, wenn es von vornherein der Furcht vor einer solchen Aussicht enthoben war. In diesem Sinne wurden für das erste Auftreten der Bevollmächtigten folgende von denselben anzustrebende Ziele vereinbart: Staatliche Selbstständigkeit der unter sich vereinigten Herzogthümer, gemeinschaftliche Landes-Vertretung derselben, Erhebung Rendsburgs zur Bundesfestung, Erbauung eines Schiffahrt-Kanals zwischen Nord- und Ostsee und Einrichtung einer Deutschen Flotten-Station an der Ostsee. Ueber die Regelung der Erbfolgefrage sollte eine weitere Verständigung vorbehalten bleiben.

Die Bevollmächtigten Dänemarks, Großbritanniens, Schwedens, Rußlands und Frankreichs traten bereits am 20sten April zu einer

Die Konferenz-verhandlungen.

Sitzung zusammen. Als jedoch Lord Russell mittheilte, daß der Vertreter des Deutschen Bundes noch nicht eingetroffen sei, und aus diesem Grunde auch die Bevollmächtigten Oesterreichs und Preußens nicht erschienen wären, vertagte sich die Konferenz bis zum 25sten. In der an diesem Tage — eine Woche nach der Eroberung der Düppel-Stellung — zusammentretenden ersten allgemeinen Sitzung*) äußerten zunächst die Vertreter der neutralen Mächte den dringenden Wunsch, daß die Feindseligkeiten sogleich auf vier Wochen eingestellt würden, um während dieser Zeit die Bedingungen eines förmlichen Waffenstillstandes zu vereinbaren. Die Bevollmächtigten der Verbündeten erklärten sich bereit, über diesen Wunsch an ihre Regierungen zu berichten. Dänischer Seits wurde jedoch an den Vorschlag die Forderung geknüpft, die Blockade der Deutschen Häfen fortbestehen zu lassen, eine Forderung, die für die Verbündeten völlig unannehmbar war, da deren Erfüllung für Dänemark zur See thatsächlich eine günstigere Lage geschaffen hätte, als dieselbe bisher war. Die Blockade der Deutschen Häfen bestand nur dem Namen nach und trug im Grunde genommen mehr das Gepräge der Kaperei, da sich die Dänische Flotte durch die Preußische, so klein letztere auch war, verhindert sah, vor jeden Hafen ein Schiff zu legen. Sie mußte nördlich Rügen versammelt bleiben, um von dort aus Jagd auf die einzelnen Schiffe zu machen, die nach den als blockirt

---

*) Die Bevollmächtigten waren:

Preußen:	Oesterreich:
Graf Bernstorff.	Graf Apponyi.
Geh. Rath v. Balan.	Geh. Rath v. Biegeleben.

Deutscher Bund:
Sächsischer Minister Frhr. v. Beust.

Dänemark:
Minister des Auswärtigen v. Quaade.
Staatsrath A. F. Krieger.
Kammerherr Bille.

England:	Frankreich:
Minister des Auswärt. Lord Russell.	Fürst La Tour d'Auvergne.
Lord Clarendon.	

Rußland:	Schweden:
Baron Brunnow.	Graf Wachtmeister.

bezeichneten Häfen fuhren. So war thatsächlich der Verkehr dieser Häfen bis zu einem gewissen Umfange frei. Eine Einstellung der Feindseligkeiten unter Fortdauer der Blockade hätte mithin Dänemark in den Stand gesetzt, letztere in eine thatsächliche zu verwandeln, indem es seine gesammten Kriegsschiffe nach Belieben an der Deutschen Küste vertheilte. Die Verbündeten lehnten daher ein solches Verlangen auf das Bestimmteste ab. Da dasselbe von dem Französischen Bevollmächtigten lebhaft unterstützt wurde, so ließ die Preußische Regierung in Paris Vorstellungen erheben und erklären, daß ein Vorschlag auf Waffenruhe, ohne gleichzeitige Aufhebung der Dänischen Blockade, von Preußen zurückgewiesen werden müsse, gleichviel, welche Gefahren auch mit dieser Ablehnung verknüpft sein möchten.

In der am 4ten Mai stattfindenden zweiten Sitzung der Konferenz wurde in Rücksicht auf diese Verhältnisse von England die Vereinbarung einer Waffenruhe unter Aufhebung der Blockade, Räumung aller Theile von Schleswig durch die Dänen und gleichzeitiger Räumung Jütlands durch die Verbündeten in Vorschlag gebracht. Die Deutschen Bevollmächtigten hatten schon vorher erklärt, daß man im Fall einer Aufhebung der Blockade den regelmäßigen Gang der Verwaltung in Jütland bestehen lassen, keine Kriegssteuern auferlegen und die nothwendigen Lieferungen für die Truppen bezahlen wolle. Als selbstverständlich wurde hierbei eine längere Dauer des Waffenstillstandes vorausgesetzt, damit der Schiffahrt aus der Aufhebung der Blockade auch ein wirklicher Nutzen erwachsen könne. Unter dieser Bedingung waren die Verbündeten daher auch bereit, den Englischen Vorschlag anzunehmen.

Durch die wohlwollende Haltung der neutralen Mächte ermuthigt, setzte Dänemark diesem wohlbegründeten Verlangen in der am 9ten Mai stattfindenden Sitzung lebhaften Widerstand entgegen, indem es — offenbar in der Hoffnung auf eine weitere Verwickelung der politischen Verhältnisse und eine daraus sich ergebende günstigere Gestaltung der eigenen Lage — eine nur einmonatliche Einstellung der Feindseligkeiten unter Beibehaltung des augenblicklichen militärischen Besitzstandes begehrte, ohne aber auf die verbündeter

Seits für den Fall einer Aufhebung der Blockade zugestandenen Vortheile hinsichtlich der Verwaltung Jütlands verzichten zu wollen. Obwohl die von Dänemark gewünschte kurze Dauer der Waffenruhe einen vollgültigen Grund für Zurückziehung der früher unter der entgegengesetzten Voraussetzung angebotenen Zugeständnisse abgab, so entschlossen sich die Bevollmächtigten der Verbündeten dennoch dazu, dem Vorschlage beizustimmen. So kam in derselben Sitzung eine Uebereinkunft zu Stande, nach welcher die Feindseligkeiten am 12ten Mai auf einen Monat eingestellt und die Blockade während dieser Zeit aufgehoben werden sollten. Die beiderseitigen militärischen Stellungen seien innezuhalten, dürften aber nicht verstärkt werden. Für Jütland wurde verbündeter Seits noch das Zugeständniß gemacht, daß die Verwaltung des Landes ganz in den Händen der Dänischen Behörden bleiben und die Lieferungen für die Truppen bezahlt werden sollten.

Ohne Zweifel waren diese Bedingungen in Anbetracht der erkämpften militärischen Erfolge für die Verbündeten wenig günstig, da der einzige ihnen zufallende Vortheil, die Aufhebung der Blockade, insofern von sehr zweifelhaftem Werthe blieb, als deren kurze Dauer den entfernter liegenden Seeplätzen doch keine Sicherheit des Verkehrs mit den bis dahin angeblich blockirten Häfen bot. Das in der Bewilligung solcher Bedingungen zu Tage tretende Eingehen auf die Wünsche der Neutralen war jedoch, wie sich bald herausstellen sollte, wenig geeignet, die maßgebenden Kreise in Kopenhagen nachgiebiger zu stimmen.

Nach Vereinbarung der Waffenruhe begannen auf der Konferenz die Verhandlungen zur Wiederherstellung des Friedens. Die Deutschen Vertreter forderten zunächst die politische Selbstständigkeit und Realunion der Herzogthümer, unter Offenhaltung der dynastischen Frage. Sofort erklärten aber die Dänen die Unzulässigkeit dieses Vorschlages, selbst unter der Voraussetzung, daß dann die Herzogthümer durch eine Personalunion unter Christian IX. mit der Dänischen Monarchie verbunden blieben. Darauf verlangten die Deutschen die Einsetzung des Prinzen von Augustenburg als Souverän der Herzogthümer.

Aber sowohl die Dänen als die Neutralen wiesen diesen Gedanken einstimmig und energisch zurück. Dagegen entwickelten in derselben Sitzung die Engländer, daß alle bisherigen Rathschläge sich als erfolglos erwiesen hätten, weil es unmöglich sei, in den Herzogthümern die beiden streitenden Nationalitäten in einem Staatskörper zusammen zu halten. Sie beantragten daher, Holstein und einen Theil von Süd-Schleswig von der Dänischen Monarchie abzutrennen und an Deutschland abzutreten. Die Deutschen Vertreter waren bereit, einen Ausgleich auf dem Boden dieses Vorschlages zu versuchen, und nach einigem Sträuben erklärten auch die Dänen am 2ten Juni die Zustimmung ihrer Regierung zu dem Prinzip des Englischen Vorschlages. Aber die Hoffnung, hier zu einem Einverständniß zu gelangen, verschwand auf der Stelle, als die Grenze zwischen den beiderseitigen Antheilen an dem Herzogthum Schleswig gezogen werden sollte; denn jede der beiden Parteien wollte dem Gegner nur etwa ein Sechstel des Landes überlassen. Ein Ende dieser Erörterungen war nicht abzusehen, und so kam in dieser Sitzung auch eine Verlängerung der demnächst ablaufenden Waffenruhe zur Sprache, worüber die Dänischen Unterhändler, nachdem sie dieselbe zunächst abgelehnt hatten, auf Veranlassung der Neutralen eine Anfrage an ihre Regierung zu richten versprachen.

Graf Bernstorff wurde in dieser Beziehung vom Preußischen Minister-Präsidenten dahin verständigt, daß eine Verlängerung mit kurzer Dauer oder kurzer Kündigung in keinem Falle angenommen werden dürfe. Indessen entschloß man sich gleich nachher in Berlin, in Rücksicht auf die Stimmung der Neutralen in dieser Frage ein gewisses Entgegenkommen zu bethätigen.

Nachdem die Dänen am 6ten Juni die fernere Dauer des Waffenstillstandes auf 14 Tage bemessen hatten, konnten am 9ten die Deutschen Gesandten, um einen neuen Beweis ihrer Friedensliebe zu geben, ihre Zustimmung zu der Verlängerung der Waffenruhe um 14 Tage ertheilen, erklärten jedoch, daß die Wiedereröffnung der Feindseligkeiten nach Ablauf derselben nur dadurch vermieden werden könne, daß bis dahin der Friede gesichert oder ein längerer

Waffenstillstand unter Bedingungen abgeschlossen sei, deren Fassung keinen Spielraum für willkürliche Auslegung von Seiten Dänemarks biete. Zugleich brachte der Preußische Bevollmächtigte eine Reihe von Beschwerden zur Sprache, welche durch das rücksichtslose Verfahren der Dänischen Behörden*) den in Jütland stehenden Truppen gegenüber hervorgerufen waren.

Allein auch hiermit war für den Friedensschluß nichts gewonnen. Die Schleswigsche Grenzfrage blieb ungelöst, und ein neuer Vermittelungsvorschlag Englands, dieselbe einer schiedsrichterlichen Entscheidung zu unterwerfen, wurde von Dänemark abgelehnt. Man war in Kopenhagen der Meinung, die feindliche Besetzung Jütlands könne noch eine gute Weile ertragen werden, während man auf den Inseln durch das Meer gegen Deutsche Feindseligkeiten vollkommen gesichert sei.

Die Dänische Regierung wies daher auch jede weitere Ausdehnung des Waffenstillstandes, wenn nicht vorher annehmbare Friedens=Bedingungen erlangt wären, auf das Entschiedenste zurück.

Somit war jede Aussicht auf Verständigung geschwunden, und mit dem 25sten Juni ging die Zeit der Waffenruhe zu Ende.

Die Karlsbader Abmachungen.

Inzwischen waren in Karlsbad, wohin sich die verbündeten Herrscher in Begleitung ihrer ersten Minister begeben hatten,**) neue Abmachungen über die weitere Kriegführung vereinbart worden. Oesterreich war trotz des Wunsches, England nicht durch zu hohe Ansprüche zu einer bewaffneten Unterstützung Dänemarks zu veranlassen, und obgleich ihm im Hinblick auf den Stand seiner Finanzen eine baldige Beendigung des Krieges erwünscht sein mußte, der Auffassung Preußens in Bezug auf die an Dänemark zu stellenden Forderungen beigetreten. Preußen, welches fest entschlossen war, das in dieser Beziehung als gerecht und nothwendig Erkannte unter allen Umständen aufrecht zu erhalten, und demgemäß sich

---

*) Vergl. Seite 628.
**) König Wilhelm traf am 18ten Juni dort ein, Tags darauf der Minister v. Bismarck und Graf Rechberg. Die Ankunft des Kaisers Franz Joseph erfolgte am 22sten Juni.

auch bereit erklärt hatte, wenn nöthig, den Kampf allein weiter zu führen, erwiderte das von seinem Verbündeten bewiesene Entgegen= kommen dadurch, daß es sich dessen Auffassung in Bezug auf die den weiteren Operationen zu gebende Ausdehnung anschloß.

In den am 24sten Juni abgeschlossenen Abmachungen*) wurde daher von einem Uebergange nach Fünen Abstand genommen und zunächst die Besitzergreifung von Alsen und ganz Jütland als Ziel der Operationen bezeichnet. Zur Unterstützung des Angriffes auf Alsen sollte ein Scheinangriff gegen Fünen gestattet sein, um die dort befindlichen Dänischen Kräfte zu fesseln, während die wirkliche Landung ausgeschlossen und eine weitere Ausdehnung der Operationen vorbehalten blieb.

Jütland sollte als Unterhandlungs=Pfand festgehalten, in eigene Verwaltung genommen und durch Einwirkung auf den Bund die Einsetzung einer gemeinsamen Verwaltung von Schleswig=Holstein nebst Lauenburg herbeigeführt werden, um deren Hülfsquellen für den Krieg nutzbar zu machen.

Ferner wurde die Lostrennung der Herzogthümer von Dänemark in der günstigsten, den Umständen nach erreichbaren Ausdehnung als der nunmehrige Zweck des Krieges bezeichnet. Die in der Konferenz gemachten Anerbietungen in Bezug auf eine Theilung von Schleswig sollten bei künftigen Verhandlungen nicht mehr bindend sein und hierüber den übrigen Mächten eine Erklärung zugestellt werden, welche noch in London am 25sten Juni mit dem Hinzufügen erfolgte, daß den Verbündeten jeder Gedanke an Eroberungen jenseits der Königs Au und des Kleinen Beltes fernliege.

---

*) Anlage Nr. 67 enthält den Wortlaut derselben.

V. Die Verhältnisse auf dem Kriegsschauplatze während der Waffenruhe.

Die Verhältnisse bei den Verbündeten. Beim Verbündeten Heere traten während der Waffenruhe mehrfache Veränderungen in den höheren Befehlshaberstellen ein. Der Feldmarschall Frhr. v. Wrangel wurde am 18ten Mai, mit Rücksicht auf sein hohes Alter, unter Allerhöchster Anerkennung seiner Verdienste durch Erhebung in den Grafenstand, vom Kriegsschauplatz abberufen. An seiner Stelle erhielt Prinz Friedrich Karl zunächst vorläufig, und am 24sten Juni endgültig, den Oberbefehl über die Verbündete Armee, während der bisherige Kommandeur des VII. Preußischen Armee-Korps, General der Infanterie Herwarth v. Bittenfeld, die Führung des I. Korps übernahm. Der Kronprinz wurde am 18ten Mai zum kommandirenden General des II. Preußischen Armee-Korps ernannt, General v. d. Mülbe zur Herstellung seiner Gesundheit beurlaubt und durch den General-Lieutenant v. Plonski ersetzt.

Der Befehl über die Oesterreichische Brigade Dormus ging an den General-Major Kalik über. An Stelle des als Militär-Gouverneur zu Seiner Kaiserlichen Hoheit dem Kronprinzen Rudolph berufenen Generals Grafen Gondrecourt übernahm General-Major v. Piret am 2ten Juli das Kommando über die 1ste Oesterreichische Brigade.

Bei Eintritt der Waffenruhe ging das Ober-Kommando nach Horsens.

Das 1. Korps bezog weitläufige Quartiere, für welche ihm das ganze Festland von Schleswig, mit Ausschluß der Aemter Hadersleben, Tondern und Lygumkloster überwiesen war. Das bis dahin stark in Anspruch genommene Sundewitt wurde nur durch ein Infanterie-Bataillon*), ein Pionier-Bataillon**) und die

---

*) $\dfrac{\text{II.}}{15.}$

**) Nr. 3.

Festungs-Artillerie besetzt gehalten; der Belagerungs-Park blieb bei Atzbüll.

Dem II. Korps waren für die Dauer der Waffenruhe in Jüt-land die Aemter Ringkjöbing, Veile und Ribe, sowie in Schleswig die Aemter Hadersleben, Tondern und Lygumkloster überwiesen. Soweit die Bedingungen der Waffenruhe es zuließen, wurden Seitens des II. Korps auch während derselben die Vorbereitungen zu einem Uebergange nach Fünen fortgesetzt.

Beim III. Korps erfolgte mit Beginn der Waffenruhe eine neue Truppen-Eintheilung,*) wonach die Avantgarde unter General Graf Münster aus den Brigaden Bornstedt und Flies**) sowie drei Batterien, das Gros aus der Division Mülbe, die Reserve aus der Brigade Kamienski mit dem Dragoner-Regiment Nr. 7 und einer Batterie bestanden.

Von den dem Korps überwiesenen Aemtern belegte die Avant-garde Aalborg und Viborg, das Gros Randers und die Reserve

---

*) Die Ordre de bataille des Korps war folgendermaßen festgestellt worden:
Division Mülbe, demnächst Plonski.

Brigade Goltz:	3tes Garde-Regiment z. F.,
	4tes = =
Brigade Bentheim:	3tes Garde-Grenadier-Regiment,
	4tes = =
	Garde-Husaren-Regiment,
	3te 6pfdge, 4pfdge
	Garde.

Division Münster.

Brigade Bornstedt (21ste):	Infanterie-Regiment Nr. 10,
	= = Nr. 50,
	Jäger-Bataillon Nr. 7.
Brigade Kamienski (10te):	Infanterie-Regiment Nr. 18,
	= = Nr. 52.
Kavallerie-Brigade Flies:	Küraissier-Regiment Nr. 6,
	Husaren- = Nr. 8,
	Dragoner- = Nr. 7,
4te 12pfdge Batterie	
1ste 6pfdge =	Artillerie-Brigade 3,
3te 6pfdge =	= = 6,
5te reitende =	= = 7.

**) Ausschließlich Dragoner-Regiment Nr. 7.

Aarhuus und Skanderborg. Das General=Kommando blieb in
Aarhuus. Es sei hier gleich bemerkt, daß, als Anfang Juni eine
Verlängerung der Waffenruhe noch nicht in Aussicht stand, das
Ober=Kommando Anordnungen traf, um am 11ten Juni die Korps
so zu versammeln, daß das I. bei Gravenstein, das II. bei Kolding
und das III. bei Randers zur Wiederaufnahme der Operationen
bereit ständen. Einzelne Truppentheile hatten auch bereits die hier=
zu erforderlichen Märsche angetreten, als dieselben am 10ten in
ihre Quartiere zurückberufen wurden.

Für die in Jütland stehenden Deutschen Truppen ergaben sich aus
der für die Dauer des Waffenstillstandes Dänemark zugesicherten
schonungsvollen Behandlung der Provinz mancherlei Unbequemlich=
keiten. Die Behörden wie die Bevölkerung fühlten sich durch die
ihnen gewährten Zugeständnisse umsomehr zur Widersetzlichkeit gegen
die Deutschen Truppen ermuntert, als der Wortlaut der in London
getroffenen Abmachungen mancherlei Zweifel in Bezug auf die beider=
seitigen Rechte und Pflichten zuließ.*)

Zur Ausgleichung des hierdurch hervorgerufenen Zwiespalts wurde
Anfang Juni Preußischer Seits der Oberst=Lieutenant v. Stiehle
nach London gesandt. Gleichwohl kam es in der folgenden Zeit
noch zu zahlreichen, von Dänischer Seite hervorgerufenen Reibungen.
Die Dänischen Behörden versuchten sogar, eine Rekruten=Aushebung
ins Werk zu setzen, und es bedurfte erst des entschiedenen Einschreitens
Seitens der Verbündeten, um solche und ähnliche Uebergriffe zu
verhindern. Der Verpflegung der Truppen durch die Quartierwirthe
stellten sich so zahlreiche Schwierigkeiten entgegen, daß man dieses
Verfahren bald aufgab und Magazine anlegte, aus denen vom
22sten Mai an der Bedarf empfangen wurde. Diese Art der Ver=
pflegung bedingte ein engeres Zusammenziehen der Truppen in der
Umgebung der Empfangsstellen.

---

*) So herrschte z. B. keine Gewißheit darüber, ob den Dänen die Aus=
fuhr von Kriegsgeräth aus Jütland gestattet und was unter solchem zu ver=
stehen sei.

Da Deutſcher Seits beabſichtigt war, nach Ablauf des Waffen=
ſtillſtandes in Jütland alle nach Kriegsgebrauch zuläſſigen Maßregeln
in Anwendung zu bringen, welche geeignet erſchienen, die Kriegs=
koſten der Verbündeten zu vermindern und einen kräftigeren Druck
auf Dänemark auszuüben, ſo wurde die Verwaltung der Provinz
am 24ſten Juni dem General=Kommando des III. Korps über=
tragen.*)

Die 5te Diviſion nahm, da dem I. Korps der ſüdliche Theil
von Schleswig überwieſen war, nach Eintritt der Waffenruhe die
bis dahin in Schleswig ſtehenden Kompagnien des Leib=Regiments**)
am 15ten Mai mittelſt der Bahn nach Altona zurück, wo ſomit das
1ſte Bataillon dieſes Regiments vereinigt war. Ferner rückten am
16ten Mai zwei Kompagnien ſowie der Stab des Füſilier=Bataillons
Infanterie=Regiments Nr. 48 von Eckernförde nach Kiel, wohin am
17ten Mai auch die übrigen Kompagnien dieſes Bataillons verlegt
wurden. In Friedrichsort verblieb nur ein Wachtkommando und
eine kleine Artillerie=Abtheilung.

Das im Kronwerk Rendsburg liegende 2te Bataillon des Leib=
Regiments, welches zu ſeiner Erleichterung während des erſten Theiles
der Waffenruhe die ſüdlich Rendsburg befindlichen Dörfer belegt
hatte, wurde Mitte Juni durch das 1ſte Bataillon deſſelben Regiments
abgelöſt und rückte nach Altona. Die auf der Inſel Fehmarn ſtehende
2te Eskadron Küraſſier=Regiments Nr. 4 wurde am 8ten Juni auf
das Feſtland gezogen und in den Dörfern weſtlich Kiel untergebracht.
Gelegentlich der Befehle für die Verſammlung der Korps beim Wieder=
beginn der Feindſeligkeiten***) war Seitens des Ober=Kommandos
noch beſtimmt worden, daß von den in Holſtein ſtehenden Preußiſchen

*) Dem General=Kommando wurden Preußiſcher Seits der Landrath
des Kreiſes Lublinitz, Prinz Karl zu Hohenlohe=Ingelfingen, und Oeſter=
reichiſcher Seits der Geheimrath Baron v. Halbhübel und Oberſt Ritter
v. Abele zugetheilt.
**) Vergl. Seite 618.
***) Vergl. weiter unten Seite 635.

Truppen eine Eskadron an das I. Korps abzugeben und je zwei Kompagnien nach Schleswig und Eckernförde zu verlegen seien, was einige Truppenverschiebungen bei der 5ten Division nöthig machte.

Die Bundes-Exekutions-Truppen bezogen während der Waffenruhe ebenfalls weitläufigere Quartiere und stellten die Küstenbewachung für diese Zeit ein. Die Sächsische Brigade belegte die Gegend von Heiligenhafen und dehnte sich in südwestlicher Richtung bis Preetz und Segeberg aus, die Hannoversche Brigade bezog Quartiere von Altona Elbe abwärts, sowie längs der Nordseeküste bis Heide. Ein Hannoversches Kavallerie-Regiment rückte nach Ahrensbök und Neustadt. Bei Ablauf des Waffenstillstandes hatten die Bundes-Exekutions-Truppen im Wesentlichen ihre alten Stellungen wieder eingenommen.

Die zur Bewachung der Preußischen Küste nach Rügen, Peenemünde, Rügenwalde, Stolpmünde, Swinemünde vorgeschobenen Truppentheile*) des II. Preußischen Armee-Korps kehrten bei Beginn der Waffenruhe in ihre Garnisonen zurück; dagegen verblieben die im Bereich des I. Preußischen Armee-Korps nach Pillau und Memel gelegten Abtheilungen, ebenso wie das zum Schutz des Jade-Hafens entsandte Füsilier-Bataillon Infanterie-Regiments Nr. 67 und die 6te Festungs-Kompagnie der Artillerie-Brigade Nr. 4 an diesen Punkten. Außerdem wurde bei den nicht mobilen Truppentheilen des Garde-Korps der älteste Jahrgang der über den Friedensstand eingezogenen Reserven entlassen.

In der Ostsee wurde mit Beginn der Waffenruhe die Blockade der Häfen aufgehoben. Die „Vineta" benutzte diese Zeit zur Vereinigung mit dem Geschwader und verließ Danzig am 21sten Mai. Am 31sten wurde die Außerdienststellung der IV. Flottillen-Division verfügt, da die Erwerbung der Korvette „Augusta" eine anderweitige Vertheilung der Bemannung nöthig machte.**) Das eine

---

*) Vergl. I, Seite 281.
**) Durch die Außerdienststellung der aus 12 Kanonen-Schaluppen und 4 Kanonen-Jollen bestehenden IV. Flottillen-Division wurden verfügbar:

Bugsirboot dieser Division wurde am 9ten Juni aus dem Marine=
Dienst entlassen, das andere als Tender für die Reserve=Division*)
verwandt, welche bisher einen solchen nicht gehabt hatte.

Nachdem Se. Majestät der König am 6ten Juni die in der
Ostsee befindlichen Seestreitkräfte besichtigt hatte, kreuzte das Ge=
schwader während der letzten beiden Wochen der Waffenruhe vor
der Rhede von Danzig, befand sich aber beim Wiederausbruch der
Feindseligkeiten bei Swinemünde, während die Flottille ihren Standort
in den Gewässern von Stralsund nahm.

In der Nordsee blieben während der Waffenruhe von den Oester=
reichischen Schiffen „Schwarzenberg" in Bremerhaven und „Radetzky"
in Cuxhaven, um dort ihre Beschädigungen auszubessern. Admiral
Frhr. v. Wüllerstorff lief mit „Elisabeth", „Kaiser", „Don Juan
d'Austria", „Erzherzog Friedrich" und „Wall" am 11ten Mai von
Brest aus und traf am 16ten beim Texel ein. Der inzwischen
wieder seetüchtig gewordene „Seehund" legte am 17ten Mai in
Nieuwediep an. Von den zum Geschwader gehörigen Preußischen
Schiffen erhielt der Aviso „Adler", dessen Schornstein und Kessel
Mängel zeigten, am 9ten Juni den Befehl, abzurüsten, was in
Hamburg geschah.**)

Am 26sten und 27sten Juni vereinigten sich „Schwarzenberg",
„Radetzky", „Blitz" und „Basilisk" mit dem Gros des Geschwaders
in Nieuwediep, und am 1sten Juli traf das gesammte Geschwader in
Cuxhaven ein.

---

1 Lieutenant zur See, 16 Hülfs=Fähnriche der Seewehr, 203 Unteroffiziere
und Matrosen, welche gemeinschaftlich mit der Besatzung des „Adler" zur Be=
mannung der Korvette „Augusta" dienten. Diese Korvette wurde Ende Mai
von der Preußischen Regierung in Bordeaux gekauft. Sie traf, da ihre Bereit=
stellung sich verzögerte, erst Ende Juni in Bremerhaven ein, wurde dort am
3ten Juli übernommen und unter Befehl des Kapitäns Klatt gestellt. Mit
14 Geschützen ausgerüstet, stieß sie am 20sten Juli zu dem Geschwader des
Admirals v. Wüllerstorff.

*) Vergl. Seite 466.

**) Die Besatzung des „Adler" wurde, wie erwähnt, an die „Augusta"
abgegeben.

632

Den Dänischen Truppen wurden bei Eintritt der Waffen=
ruhe ebenfalls weitläufigere Quartiere angewiesen. Bald darauf
ordnete das Kriegs = Ministerium die Entlassung der Jahrgänge
1853, 1854 und 1855 an, welche zum Theil durch Rekruten ersetzt
wurden.

Die Leibgarde zu Fuß und die beiden Husaren=Halb=Regimenter,
von denen die eine im Vendsyssel, die andere auf Alsen stand, wurden
nach Kopenhagen herangezogen. Da somit auf Alsen gar keine
Reiterei verblieb, so wurden noch vor Ablauf der Waffenruhe wieder
zwei Eskadrons des 2ten Halb=Regiments Dragoner=Regiments Nr. 4
von Fünen aus dorthin gesandt.

Kurz nach Beginn der Waffenruhe trat ein Wechsel im Kriegs=
Ministerium ein, indem am 16ten Mai der Oberst = Lieutenant
Reich*) mit der Leitung desselben beauftragt wurde. Dieser knüpfte
bald nach seinem Amtsantritte Verhandlungen mit dem Ober=Kom=
mando an, die zu einer weiteren Schwächung der auf Alsen stehenden
Truppen führten.

Unter der Annahme, daß diese Insel nach dem Falle von
Düppel nicht mehr die gleiche strategische Bedeutung habe wie bis=
her, hatte man, wie bereits erwähnt,**) schon Ende April und
Anfang Mai stärkere Truppenabtheilungen von dort nach Fünen
übergeführt. Jetzt wurden noch die 7te Infanterie = Brigade, die
8te Feld=Batterie, eine Espingolen=Batterie, eine Pionier= und
die Brücken=Kompagnie nebst Brücken=Train nach Fünen verlegt.
Der hier bereits stehenden 5ten Infanterie=Brigade, welche die
Bezeichnung „Landungs = Brigade" ***) erhielt, wurden die 8te
Feld=Batterie und eine Eskadron des 4ten Dragoner=Regiments

---

*) Derselbe war bei Beginn des Krieges „Direktor für das Kommando"
im Kriegs=Ministerium, wurde dann Stabschef beim General Lunding, Kom=
mandanten von Fredericia, und später Befehlshaber der Seeforts von Kopen=
hagen.

**) Vergl. Seite 575.

***) Den Befehl über die Landungs=Brigade übernahm der bisherige Kom=
mandeur der 7ten Brigade, Oberst Müller. Der Kommandeur der 5ten,
Oberst Hein, erhielt den Befehl über die 7te Brigade.

zugetheilt und ihr überdies sechs Dampfschiffe sowie acht Transport=
Fahrzeuge bei Nyborg zur Verfügung gestellt. Man gedachte diese
Brigade zu Angriffs=Unternehmungen auf dem Festlande zu verwenden,
um hierdurch die Vertheidigung von Fünen zu unterstützen.

Da die von Seiten der Verbündeten betriebenen Vorbereitungen
zu einem Uebergange nach dieser Insel nicht verborgen blieben, so
wurden daselbst umfassende Gegenmaßregeln getroffen. Rings um die
Küste wurden, außer der Anlage von Seeminen, noch starke Balken
derart verankert, daß sie frei auf dem Wasser schwammen, also eine
Sperre für Boote bildeten. Am Strande selbst, auf der Insel Fänö
und auf der Halbinsel Fönskov entstand allmählich eine große Zahl
von Batterien, die zum Theil durch Laufgräben miteinander in Ver=
bindung gebracht, aber wohl nicht sämmtlich mit Geschütz ausgerüstet
wurden.

Zu einer Schwächung der im Vendsyssel befindlichen Truppen
wollte das Kriegs=Ministerium sich vor Ablauf der Waffenruhe nicht
entschließen.

Von den Seestreitkräften gingen während der Waffenruhe das
Geschwader im östlichen Theile der Ostsee nach der Kjöge=Bucht,*) das
Nordsee=Geschwader nach Kopenhagen. Von dem Geschwader im
westlichen Theile der Ostsee begaben sich nur „Rolf Krake", „Esbern
Snare" und „Najaden" nach Kopenhagen; die übrigen Schiffe ver=
blieben in der Nähe des Kriegsschauplatzes.

---

*) Südlich Kopenhagen.

Sechster Abschnitt.

Von der Wiedereröffnung der Feindseligkeiten bis zum Wiener Frieden.

I. Die Kriegslage bei Ablauf der Waffenruhe.

Während der Waffenruhe waren beim Ober=Kommando des
Verbündeten Heeres die in Rücksicht auf den Wiederbeginn der Feind=
seligkeiten zu treffenden Maßnahmen eingehend in Erwägung gezogen
worden.

Schon am 23sten Mai hatte General v. Moltke dem neuen
Oberbefehlshaber eine Denkschrift*) vorgelegt, in welcher die für die
weiteren Unternehmungen in Betracht kommenden Gesichtspunkte
entwickelt waren. Dieser mit den Ansichten des Prinzen überein=
stimmende Feldzugsplan ging im Wesentlichen darauf hinaus, durch
einen gleichzeitigen Uebergang nach Alsen und nach Fünen den Krieg
mit einem Schlage zu beenden.

Die Dänen — so war darin ausgeführt — würden sich jeden=
falls auf das Abwarten beschränken, und bei der Zähigkeit derselben
werde auch die bloße Eroberung eines weiteren Theiles ihres Gebietes
nicht ausreichen, um sie zum Nachgeben zu zwingen. Hierzu sei viel=
mehr die vollständige Niederwerfung ihrer Streitkräfte erforderlich. Die
feindliche Hauptmacht werde voraussichtlich bei Ablauf des Waffen=
stillstandes auf Alsen und Fünen zum Schutze dieser beiden Inseln
vereinigt sein. Ein gleichzeitiges Vorgehen gegen beide Punkte ver=
hindere die Dänen, ihre Truppen auf dem einen oder dem andern
zu vereinigen, und habe den Vortheil, gleich die volle Ent=
scheidung zu bringen.

---

*) In Anlage Nr. 68 ist der Wortlaut derselben wiedergegeben.

Die zu einer doppelten Landung erforderlichen Mittel seien vorhanden, aber da auch politische Erwägungen mitsprächen, müsse zuvor die Allerhöchste Entscheidung eingeholt werden, ob dieses Verfahren zulässig sei, oder ob man sich auf einen Uebergang nach Alsen zu beschränken habe.

Da bis zum Eingang einer solchen Entscheidung, welche wesentlich durch die mit Oesterreich zu treffende Vereinbarung bedingt war, das Ober-Kommando die weiteren Vorbereitungen so treffen mußte, daß man sowohl einem feindlichen Angriff sogleich entgegentreten, als auch selbst zum Angriff schreiten konnte, so wurden für die Versammlung der Armee folgende Punkte ins Auge gefaßt: für das I. Korps Gravenstein, für das II. Kolding, für das III. Randers, unter leichter Besetzthaltung von Viborg und Hobro und Belassung der Reserve-Brigade zwischen Aarhuus und Horsens.

Das I. und II. Korps gebrauchten vier Tage zur Versammlung, das III. Korps deren zwei zur Zurückziehung seiner Avantgarde. In der Voraussetzung, daß die Waffenruhe am 11ten Juni ablaufen werde, waren daher am 5ten Juni von Glienicke*) aus die Befehle für die Zusammenziehung an den oben genannten Punkten erlassen worden. Die Ausführung wurde jedoch unterbrochen, als am 8ten Juni die telegraphische Benachrichtigung des Preußischen Kriegs-Ministers von der bevorstehenden Verlängerung der Waffenruhe im Hauptquartier einging.

Sieben Tage vor Ablauf der verlängerten Waffenruhe — am 19ten Juni — erging dann der Befehl an die Korps, die ihnen früher bezeichneten Sammelpunkte am 25sten Mittags zu erreichen; außerdem erhielt das II. Korps Weisung, zum Schutze der Westküste eine Abtheilung bei Tondern zurückzulassen, während die in Schleswig-Holstein verbleibende 5te Division beauftragt wurde, Schleswig und Eckernförde besetzen zu lassen und eine Eskadron des Kürassier-Regiments Nr. 4 an das I. Korps abzugeben.

---

*) Prinz Friedrich Karl befand sich seit dem 24sten Mai in Glienicke, kehrte am 6ten Juni zur Armee zurück, begab sich am 8ten von Neuem in die Heimath und traf am 15ten wieder auf dem Kriegsschauplatze ein.

Am 22sten Juni Abends brachte ein Telegramm des Oberst=
Lieutenants v. Stiehle die Nachricht vom Scheitern der Konferenz,
und am folgenden Tage traf der telegraphische Befehl des Königs ein,
daß in Gemäßheit der mit dem Kaiser von Oesterreich in Karlsbad
getroffenen Vereinbarung von dem Uebergange nach Fünen Abstand
zu nehmen, dagegen Alsen und der noch nicht besetzte Theil von
Jütland anzugreifen seien.

Am 25sten Juni standen die Korps in den ihnen vorgeschriebenen
Quartierbezirken zur Wiederaufnahme der Feindseligkeiten bereit; das
Ober=Kommando begab sich nach Apenrade.

Absichten des
Dänischen
Ober-Kom-
mandos und
allgemeine Ver-
theilung der
Truppen.

Das Dänische Ober=Kommando hatte bereits am 31sten Mai dem
Kriegs=Ministerium seine Ansichten über die Kriegslage und die aus
derselben für die Heeresleitung hervorgehenden Aufgaben entwickelt.*)

Es ging dabei von dem Gesichtspunkte aus, daß der nördliche
Theil von Jütland für die Verbündeten keine wesentliche Bedeutung
habe, während die Einnahme von Fünen denselben sehr erhebliche
Vortheile bringen würde. Da der Gegner bereits vor Eintritt der
Waffenruhe die für einen Uebergang nach dieser Insel in Frage
kommende Küstenstrecke erkundet habe und den Kleinen Belt von Strib
bis Fönskov beherrsche, so sei eine derartige Unternehmung sehr
wahrscheinlich und werde dann voraussichtlich vom Kolding Fjord
oder von Fredericia aus mit Booten bewerkstelligt werden. Es
komme daher vor Allem darauf an, Fünen zu schützen. Das Ober=
Kommando halte demgemäß die Verlegung der Hauptkräfte nach dieser
Insel für erforderlich, um so mehr, als von hier aus jeder Angriff
seinen Ausgang nehmen müsse, da dergleichen Unternehmungen vom
Liim Fjord aus wegen der Stärke der in Jütland stehenden feindlichen
Kräfte aussichtslos seien. Ebensowenig wie Nord=Jütland, besitze Alsen
noch einen besonderen militärischen Werth. Diese Insel habe nach
dem Falle von Düppel ihre strategische Bedeutung eingebüßt, doch
könne man sie aus politischen Gründen nicht aufgeben. Eine
schwächere Abtheilung sei aber vollkommen ausreichend, den Gegner

*) Das Folgende nach dem Werke von Sörensen.

hier im Schach zu halten. Demgemäß sei Nord-Jütland durch 6 Bataillone, 24 Eskadrons, 3 Batterien, Alsen durch 12 Bataillone, 2 Eskadrons, 3 Batterien besetzt zu halten, alles Uebrige aber auf Fünen zu versammeln.

Der Kriegs-Minister hatte sich trotz dieser Ausführungen nicht sofort entschließen können, die Truppen im Vendsyssel wesentlich zu schwächen, und ertheilte erst gegen Ablauf der Waffenruhe die Genehmigung zur Ueberführung einer Brigade von dort nach Fünen. Das Ober-Kommando ordnete in Folge dessen an, daß General Wilster sich mit seinem Stabe und der 1sten Infanterie-Brigade, ausschließlich des 1sten Infanterie-Regiments, in Frederikshavn so zeitig einschiffen solle, daß er am 25sten Juni auf Fünen eintreffen könne. Ungünstiges Wetter zwang indessen dazu, den Beginn der Ueberführung bis zu genanntem Tage zu verschieben.

So standen bei Ablauf der Waffenruhe auf Alsen 3 Infanterie-Brigaden, 2 Eskadrons, 3 Feld-Batterien, 3 Festungs-Artillerie-Kompagnien und 1 Ingenieur-Kompagnie, auf Fünen 4 Infanterie-Brigaden*) sowie das als Arbeitertruppe verwendete 13te Infanterie-Regiment, ferner 4 Eskadrons, 7 Feldbatterien, 3 Festungs-Artillerie-Kompagnien und 2 Ingenieur-Kompagnien, während sich im nördlichen Jütland 2 Infanterie-Brigaden, von denen eine in der Einschiffung nach Fünen begriffen war, 2 Kavallerie-Brigaden, 3 Feldbatterien und 2 Ingenieur-Kompagnien befanden.**)

Am 25sten Juni bezeichnete der Kriegs-Minister dem Ober-Kommando die Aufgaben, welche dasselbe nach Wiederbeginn der Feindseligkeiten mit den ihm zur Verfügung gestellten Kräften zu lösen habe, folgendermaßen:

„Es kommt darauf an,

I. den Besitz zu behaupten:

1) zuerst und vornehmlich von Fünen, beziehungsweise von Seeland,
2) von Alsen, und

---

*) Ohne die von Fünen im Uebersetzen begriffene Brigade.
**) Das Nähere ergiebt Anlage Nr. 69.

3) von dem nördlich des Liim Fjords gelegenen Theile von
  Jütland,

theils unmittelbar durch Vertheidigung der angegriffenen Punkte
selbst, theils mittelbar durch offensive Operationen, welche
namentlich mit Hülfe der Transportflotte auszuführen sind;

II. durch die oben erwähnten offensiven Operationen, wenn thunlich,
den Feind zu zwingen, uns so viel wie möglich von dem durch
ihn besetzten Gebiet zu überlassen und daselbst so wenig wie
möglich Eintreibungen vorzunehmen."

Im weiteren Verfolg des Schreibens wurde aber dem Ober=
Kommando freigestellt, „wenn es nicht länger möglich erscheinen
sollte, die sämmtlichen oben angeführten Theile des Landes festzu=
halten, das eine oder die beiden der unter I, Punkt 2 und 3
genannten Gebiete zu räumen. Sollte die Räumung nur eines
derselben mit Rücksicht auf eine Gefahr für Fünen beziehungs=
weise Seeland erfolgen, so ist es wünschenswerth, lieber das ganze
nördliche Jütland als Alsen aufzugeben, sofern dies mit der allge=
meinen Kriegslage in Uebereinstimmung gebracht werden kann."

Offenbar gingen die Ziele, welche man anstrebte, über das
Maß dessen hinaus, was mit den verfügbaren schwachen Streit=
kräften überhaupt durchzuführen war. Da die Nothwendigkeit, sowohl
Fünen wie Alsen zu sichern, ohnehin zu einer Theilung der Armee
zwang, so erschien es wenig zweckmäßig, durch die Besetzthaltung des
Vendsyssel mit verhältnißmäßig starken Kräften, deren Zurücknahme
später leicht mißlingen konnte, eine weitere Zersplitterung herbeizu=
führen. Für die politischen Ziele des Krieges kam dieser Landstrich nicht
in Betracht, und eine strategische Bedeutung hätte er nur dann ge=
winnen können, wenn man in der Lage gewesen wäre, von dort aus
überraschend und mit gesammter Macht nach Süden vorzudringen,
um eine Waffenentscheidung im freien Felde zu suchen.

Ebenso entsprach der Gedanke, mit einer gemischten Brigade
Landungen zu unternehmen, nicht der allgemeinen Lage, denn eine
so geringe Truppenmacht hätte, selbst eine ungestörte Ausschiffung vor=
ausgesetzt, bei der Ueberlegenheit der Verbündeten niemals einen

nennenswerthen Erfolg zu erringen vermocht, sondern wäre wahrschein=
lich zum größten Theil gefangen genommen oder aufgerieben worden.

Der auf Alsen kommandirende General Steinmann hatte das
Ober-Kommando wiederholt, zuletzt noch am 18ten Juni, um Ver=
stärkung seiner Truppen ersucht, war indessen vom General Gerlach
abschlägig beschieden worden.*) Dieser wollte sich auf Fünen nicht
schwächen und hielt in Anbetracht der auf Alsen hergerichteten
Befestigungen 12 Bataillone zu einer wirksamen Vertheidigung dieser
Insel für ausreichend.**)

II. Der Uebergang nach Alsen.

Die Vorbereitungen für den Uebergang.

Schon am 22sten Juni hatte Prinz Friedrich Karl folgen=
den Befehl an den General v. Herwarth erlassen:

„Nachdem ich mit Euerer Excellenz bereits mündlich über die
nächsten Operationen Rücksprache genommen und Ihnen meine all=
gemeinen Dispositionen mitgetheilt habe, kann ich nach Lage der
allgemeinen Verhältnisse dies nur noch dahin ergänzen, daß ich
Ihnen den bestimmten Befehl ertheile, den Uebergang nach Alsen
ohne Verzug sogleich nach Aufhören der Waffenruhe auszuführen.

Die Anordnungen zum Uebergang überlasse ich vertrauensvoll
Euerer Excellenz Einsicht."

---

*) Nur die Ueberweisung zweier Eskadrons Dragoner vor Ablauf der
Waffenruhe wurde zugesagt. Dieselben trafen auch noch rechtzeitig ein. Vergl.
Seite 632.

**) Die Gesammtstärke der auf Alsen stehenden Truppen belief sich nach
Sörensen auf etwa 10 000 Streitbare; nach dem Werke des Dänischen Obersten
Ravn „Die Kriegsbegebenheiten auf Alsen" auf etwa 12 000 Mann, darunter
9600 Mann Infanterie.

Von dem für den Uebergang bestimmten I. Korps lag die 6te Division, welcher die Zieten-Husaren zugetheilt waren, im östlichen Sundewitt und auf der Halbinsel Broacker bis zur Linie Schnabek-Hage—Satrup—Mühlen-Schnei; drei Bataillone dieser Division standen im Zeltlager in der Büffelkoppel, ein Bataillon befand sich in Flensburg.*) Zwei dem Korps überwiesene Eskadrons des Kürassier-Regiments Nr. 4**) bewachten die Küste von Angeln. Die 13te Division mit dem Ulanen-Regiment Nr. 11 und dem Jäger-Bataillon Nr. 3 lag längs der Alsener und Apenrader Föhrde, so daß sie sich nach Süden bis zur Linie Hostrup—Feldstedt—Kieding—Benschau—Kasmoos ausdehnte. In demselben Raume sollten noch bei Blans das Pionier-Bataillon Nr. 3, die aus der Heimath erwarteten Pontonnier-Kompagnien***) und die Ponton-Kolonne Nr. 3 untergebracht werden. Drei Bataillone lagen in einem Zeltlager zwischen Ulderup und dem Blanser Holz. Das Jäger-Bataillon Nr. 3 übernahm im Besonderen die Küstenbewachung von Schnabek-Hage bis Warnitzhoved, ein In-fanterie-Bataillon†) mit der noch beim Korps befindlichen 1sten Eska-dron des Husaren-Regiments Nr. 8 sorgte für den Küstenschutz von Apenrade bis Wilstrup, ein anderes††) lag in erstgenannter Stadt. Die Korps-Artillerie, welche auf Befehl des Ober-Kommandos am 20sten Juni zwei reitende Batterien†††) an das III. Korps ab-gegeben hatte, belegte die übrigen Theile des Sundewitt bis zur

---

*) $\frac{III.}{35.}$ wurde später herangezogen. Vergl. Seite 646.

**) Es waren dies die 3te Eskadron, welche von der 5ten Division zurück-gegeben war (vergl. Seite 635), und die 4te, welche bis dahin beim Ober-Kommando als Stabs-Wache gedient hatte. Die Bedeckung des Hauptquartiers wurde von jetzt an aus je 10 Pferden des Kürassier-Regiments Nr. 4, des Husaren-Regiments Nr. 3 und der beiden Oesterreichischen Kavallerie-Regimenter zusammengesetzt.

***) Vergl. weiter unten Seite 642.

†) $\frac{II.}{13.}$ später herangezogen. Vergl. Seite 646.

††) $\frac{I.}{15.}$

†††) $\frac{\text{2te u. 3te reit.}}{\text{Art. Brig. 7}}$

großen Straße Flensburg — Apenrade. Das Hauptquartier des 1. Korps befand sich seit dem 24sten Juni in Gravenstein.

Mit den Vorbereitungen für das Uebersetzen der Truppen nach Alsen war schon während der Waffenruhe in so weit begonnen worden, als die Bedingungen derselben dies gestatteten. Eine wesentliche Erleichterung gewährten die bereits in Folge des früheren Planes zum Uebergang bei Ballegaard gemachten Versuche und die bei Einleitung dieses Unternehmens, sowie bei dem Scheinangriff am 18ten April gesammelten Erfahrungen. Man hatte sich dafür entschieden, diesmal, neben den Pontons und den wenigen noch vorhandenen Kielbooten, nur flache Kähne zu verwenden, die zu Lande bequemer zu befördern und auf dem seichten Strande leichter flott zu machen waren. Der Schiffs-Kapitän Bartelsen und der Schiffs-Baumeister Tamm hatten 150 solcher Kähne ermittelt. Diese Fahrzeuge vermochten je 10—40 Mann aufzunehmen, so daß mittelst derselben ungefähr drei Bataillone gleichzeitig übergesetzt werden konnten.

Die Maßregeln für die Ueberführung von Pferden und Geschütz bereitete der Kommandeur der Pontonnier-Kompagnie des Pionier-Bataillons Nr. 3, Hauptmann Schütze, vor. Da ihm zu diesem Zwecke nur die Ponton-Kolonne Nr. 3 mit 32 Pontons und die 4 Halbpontons des leichten Feld-Brückentrains zur Verfügung standen,*) so versuchte er, die erforderlichen Uebersetzmaschinen nicht wie früher aus drei, sondern nur aus zwei Pontons zusammenzusetzen. Auf diese Weise konnten, wenn man den leichten Feld-Brückentrain für den Bau von Landungsbrücken zurückbehielt, aus den vorhandenen Mitteln 16 Maschinen hergestellt werden. Die Pontons wurden mit 3,8 m Spannung verkoppelt, die Balken behufs größerer Tragfähigkeit doppelt gelegt und die Endbretter des Belages auf den Balken festgenagelt. Eine auf solche Weise hergestellte Maschine mit 4 Rudern und 2 Steuern erforderte eine Bedienung von 12 Mann, einschließlich zweier Ersatzleute. Bei einem Flächenraum von etwa $20\frac{1}{2}$ qm konnte sie 8 bis 9 Pferde und ebenso viel

---

*) Die Ponton-Kolonne Nr. 7 und die Oesterreichischen Brücken-Equipagen wurden in Jütland verwendet.

Reiter oder ein Feldgeschütz mit einer beladenen Protze, der Be=
dienungsmannschaft und 4 Pferden aufnehmen. Auf drei Seiten war
sie mit einem festen Lattengeländer versehen, welches auf der vierten
zum Oeffnen und Schließen eingerichtet war. Da die Ufer des
Alsen Sundes und der Alsener Föhrde so seicht waren, daß die be=
ladenen Maschinen erst etwa 50 bis 80 m vom Ufer die erforder=
liche Wassertiefe fanden und nur eine Landungsbrücke — bei Balle=
gaard — zur Verfügung stand, so mußte auf die Herstellung einer
Anzahl solcher Brücken mittelst Böcken*) Bedacht genommen werden.

Schon am 16ten Juni war in Gegenwart des Prinzen Friedrich
Karl und des Generals v. Herwarth ein Probe=Uebergang bei
Schleswig über die dort 760 m breite Schlei mit derartigen Mitteln
ausgeführt worden, welcher durchaus günstig verlief.

Was die zur Bedienung der gesammten Fahrzeuge erforderlichen
Mannschaften betraf, so hatte man berechnet, daß außer den im Pionier=
Bataillon Nr. 3 verfügbaren Kräften noch etwa 600 Mann nöthig
sein würden. Da aber nach den angestellten Erhebungen bei den
Truppen des I. Korps nicht mehr als 300 zum Rudern geeignete
Leute vorhanden waren, so wurden in Folge eines Antrages des Ober=
Kommandos am 23sten und 24sten Juni die Pontonnier=Kompagnien
der Preußischen Pionier=Bataillone Nr. 2, 4 und 5 mittelst der Eisen=
bahn nach dem Kriegsschauplatze befördert. Dieselben trafen bis zum
26sten Juni Abends in der Stärke von je 120 Mann im Sundewitt
ein, wohin inzwischen auch die Pontonnier=Kompagnie des Pionier=
Bataillons Nr. 7 von Aitrup bei Kolding herangezogen worden war.**)

Aus den gemietheten, auf großen Erntewagen verladenen und
mit dem nöthigen Geräthe versehenen Eider= und Schlei=Kähnen
wurden drei Kolonnen gebildet, und zwar eine von 68 Kähnen unter

---

*) Da es an Mitteln für Brücken in solcher Länge fehlte, so wurden
kürzere rampenartige Brücken im Wasser an der Stelle hergestellt, wo die be=
ladenen Maschinen die nöthige Wassertiefe fanden. Pferde und Geschütze mußten
beim Ein= und Ausschiffen eine Strecke im Wasser zurücklegen.

**) Durch Zutheilung einer Anzahl im Rudern geübter Leute aus den
übrigen Kompagnien des Bataillons war dieselbe auf eine Stärke von 165 Mann
gebracht worden.

Premier=Lieutenant Würmeling vom Infanterie=Regiment Nr. 13 bei Cappeln, eine zweite von 25 Kähnen unter Führung des Schiffs= Kapitäns Bartelsen bei Schleswig und die dritte unter Schiffs= Baumeister Tamm bei Rendsburg. Diese Kolonnen setzten sich am 23sten Juni in Bewegung und gingen, die ersteren beiden über Flensburg nach Blans und Satrupholz, die letztere mittelst der Eisenbahn bis nach Rothenkrug, von wo aus die Kähne am 26sten Juni ebenfalls nach Blans gebracht wurden.

Um sich den Vortheil der Ueberraschung zu sichern und mit größeren Truppenmassen auf der Insel festen Fuß fassen zu können, ehe der Feind solche an die Landungsstelle zu bringen vermochte, wurden für den Uebergang die schon am 3ten April hierfür in Aussicht ge= nommenen drei Punkte bei Ballegaard bestimmt. Derselbe sollte durch die 13te Division ausgeführt werden, während die 6te bei Satrupholz gleichzeitig eine Scheinbewegung auszuführen hatte. Da die neuerdings in Marsch gesetzten Pontonnier=Kompagnien noch nicht vollständig eingetroffen waren und außerdem ein Theil der artilleristischen Vorbereitungen erst nach Ablauf des Waffenstillstandes ins Werk gesetzt werden konnte, so wurde die Nacht vom 27sten zum 28sten Juni zur Ausführung des Unternehmens bestimmt.

Zur artilleristischen Unterstützung*) desselben verfügte man nach Abrechnung der bei Apenrade und Alnoer in Batterie stehenden sechs gezogenen 24=Pfünder und acht gezogenen 12=Pfünder noch über 18 Geschütze des ersteren sowie 24 des letzteren Kalibers und über die gesammte Feld=Artillerie des 1. Korps. Da beim Eintritte der Waffenruhe die gegen Alsen gerichteten Batterien Nr. 25, 27, 34, 35 noch mit Geschütz versehen gewesen waren,**) so konnten diese Batterien schon vor Beginn der Feindseligkeiten, am 24sten Juni, wieder auf ihre frühere Geschützzahl gebracht werden. Mit dem Bau neuer Batterien mußte bis zum Ablauf der Waffenruhe gewartet werden.

---

*) Siehe Plan 12.

**) Erst am 13ten Mai waren die Geschütze herausgezogen worden; sie hatten geführt:

Nr. 25 und 35 je 4 gezogene 12=Pfünder,

Nr. 27 = 34 je 4 = 24 =

In dieser Hinsicht waren für das Ufer des Alsen Sundes der Bau einer Batterie südlich von Sandberg*) für vier gezogene 12=Pfünder und die Herrichtung der früher nur mit Feldgeschütz ausgerüsteten Batterie Nr. 29 für zwei gezogene 12=Pfünder in Aussicht genommen, so daß am Sunde acht gezogene 24=Pfünder und 14 gezogene 12=Pfünder in Thätigkeit gesetzt werden konnten.

Oestlich und nordwestlich von Ballegaard sollten im Ganzen acht gezogene 24=Pfünder und 10 gezogene 12=Pfünder,**) und bei Nailtang, gegenüber dem Stegwig, vier gezogene 24=Pfünder in einer neu zu erbauenden Batterie aufgestellt werden.

Der Gesammtbedarf betrug somit 20 gezogene 24=Pfünder und 24 gezogene 12=Pfünder, so daß noch zwei Geschütze des ersteren Kalibers aus den Batterien bei Alnoer entnommen werden mußten.

Der Bau, beziehungsweise Umbau der Batterien bei Sandberg und der Batterie Nr. 29, sowie deren Ausrüstung wurde schon in der Nacht zum 26sten Juni vorgenommen, weil man am Sunde an diesem Tage das Feuer eröffnen wollte, um den Gegner zur Er= widerung desselben und dadurch zur Kenntlichmachung seiner Geschütz= Aufstellungen zu veranlassen. Die Batterien bei Ballegaard dagegen sollten, um den Gegner nicht vorzeitig aufmerksam zu machen, erst in der Nacht des Ueberganges selbst fertiggestellt werden.

Zum Rudern wurden von der 6ten Division für den 26sten Juni früh 170 Mann nach Satrupholz und 130 nach Blans entsendet, wohin auch die 13te Division 340 Mann schickte.***)

An demselben Tage früh 6 Uhr eröffneten die Batterien Nr. 25, 27 und 29 sowie die Batterie südlich Sandberg das Feuer gegen Alsen,†) stellten dasselbe indessen schon nach etwa drei Stunden wieder

---

*) Siehe a auf Plan 12.
**) Die 24=Pfünder sollten in den dort bereits vorhandenen Batterien aufgestellt werden.
***) Vergl. Seite 612. Die Truppen stellten also weit mehr Ruderer, als ursprünglich als vorhanden angemeldet waren. Wahrscheinlich war bei den ersten Nachforschungen nur auf gewerbsmäßige Schiffer Rücksicht genommen worden.
†) Die Batterien Nr. 34 und 35, welche der sehr starken Sonderburger Artillerie gegenüber standen, wollte man nicht in einen ungleichen Kampf ver= wickeln.

ein, da bei dem Schweigen der feindlichen Artillerie das gewünschte Ergebniß nicht erzielt wurde. An demselben Tage war auch die Batterie bei Nailtang errichtet worden, um etwa im Stegwig liegende Schiffe am Einlaufen in die Alsener Föhrde zu hindern. Die Feld-Telegraphen-Abtheilung Nr. 1 richtete die Linien Gravenstein—Beuschau und Nübel—Broacker, und folgenden Tages die Linien Beuschau—Ballegaard und Ballegaard—Satrupholz ein.

Für den von der 6ten Division bei Satrupholz vorzunehmenden Scheinübergang ertheilte der kommandirende General dem General v. Manstein am 26sten Juni Vormittags in Nübel persönlich die näheren Weisungen. Letzterer äußerte sich bei dieser Gelegenheit dahin, daß er die ihm zufallende Aufgabe, möglichst viel Kräfte von der Uebergangsstelle bei Ballegaard abzulenken, am besten dadurch lösen zu können glaube, daß er bei Satrupholz wirklich übergehe. In diesem Sinne ertheilte er auch Nachmittags den um ihn versammelten Generalen und Stabs-Offizieren die nöthigen Befehle.*)

Am 27sten änderte aber General v. Herwarth den gesammten Angriffsplan, indem er beschloß, nicht bei Ballegaard, sondern bei Satrupholz überzugehen, was wegen der noch zu treffenden Vorbereitungen eine Verschiebung des Unternehmens auf den 29sten früh nöthig machte. Es lagen nämlich verschiedene Anzeichen vor, daß der Feind eine Landung bei Hardeshoi erwarte, wodurch der wesentlichste Vortheil des ersten Plans verloren ging, während alle mit demselben verbundenen Nachtheile, die sich aus der größeren Breite

---

*) Der wesentlichste Inhalt derselben war:

Ein Bataillon der 12ten Infanterie-Brigade mit einer Husaren-Eskadron bleibt in der Schanzen-Stellung gegenüber Sonderburg zurück, um die Aufmerksamkeit des Feindes dorthin zu lenken und unter Umständen auch überzugehen, wofür ihm 20 auf der Halbinsel Broacker zusammen zu bringende Boote zur Verfügung gestellt werden. Die übrigen 5 Bataillone der 12ten Infanterie-Brigade gehen bei Satrupholz als erste, die 11te Infanterie-Brigade als zweite Staffel über. Hierzu sind 50 Boote mit einem Fassungsvermögen von je 15 bis 20 Mann verfügbar, so daß gleichzeitig stets etwa ein Bataillon übergehen kann. Versammlung der Truppen am Abend vorher bei Satrup. Auf der Insel rasches energisches Vorgehen, Richtungspunkte: Ulkebüll, Wollerup, Hörup. In Betreff des Uebergangs von Artillerie und Kavallerie bleibt nähere Bestimmung vorbehalten.

des Meeresarmes und der Wahrscheinlichkeit einer Störung des Uebergangs durch das Panzerschiff „Rolf Krake" ergaben, bestehen blieben. Vom Jäger=Bataillon Nr. 3 war am 26sten Nachmittags gemeldet worden, daß in der Nähe von Hardeshoi mehrere feindliche Batterien, zum Theil noch im Bau begriffen, sowie Schützengräben zu erkennen seien, auch glaubte man einen lebhafteren Patrouillengang an diesem Theil des Inselstrandes zu bemerken, wodurch die fernere Nachricht von der Ansammlung feindlicher Truppen in Norburg und der Verschanzung von Meels und Braballig bestätigt zu werden schien.*) Thatsächlich ging „Rolf Krake" Abends am Nordausgange der Alsener Föhrde vor Anker. Waren alle diese Umstände neben demjenigen, daß am 26sten und 27sten eine etwas unruhige See herrschte, geeignet, die schon früher gegen einen Uebergang bei Ballegaard geltend gemachten Bedenken zu unterstützen, so hatte zur Aenderung des ersten Entschlusses nicht unwesentlich auch die Zuversicht beigetragen, mit welcher General v. Manstein, obgleich nur mit einer Scheinbewegung beauftragt, sich zu einem wirklichen Uebergange bei Satrupholz bereit erklärt hatte.

Am 27sten Juni Nachmittags wurden die mit der Leitung des Uebersetzens betrauten Ingenieur=Offiziere von den veränderten Absichten in Kenntniß gesetzt,**) und zugleich wurde über die artilleristischen Vorbereitungen, welche der neue Plan bedingte, Beschluß gefaßt. Ferner rückte von Flensburg aus noch das 3te Bataillon des Füsilier=Regiments Nr. 35 zur Theilnahme am Uebergange nach Treppe und Alnoer sowie das 2te Bataillon Infanterie=Regiments Nr. 13 zu gleichem Zwecke von Gjenner nach Hostrup.***)

---

*) In der That arbeiteten die Dänen auf der genannten Küstenstrecke an Geschützständen für 8 schwere Geschütze. Ueber die Stärke der Dänischen Truppen an dieser Stelle vergl. weiter unten Seite 651. Nach Sörensen hat der daselbst befehligende Oberst=Lieutenant Caroc Abtheilungen am Strande in der Vertheidigung desselben üben lassen. Hierauf bezog sich wohl die Meldung des Jäger=Bataillons Nr. 3.

**) Ueber die veränderte Verwendung der Uebersetzmittel siehe das Nähere Seite 656.

***) Für den Wachtdienst ließ das $\frac{III.}{35.}$ 100 Mann in Flensburg zurück. An

Am Morgen des 27ften Juni zwischen 2 und 3 Uhr war „Rolf Krake" nach der Augustenburger Föhrde gedampft, ohne das Feuer der Nailtanger Batterie und der Batterie Nr. 29 zu erwidern. Auch die von den Batterien am Sunde in den Morgenstunden dieses Tages von 6 bis 8½ Uhr wieder aufgenommene Beschießung des Inselstrandes hatte den Feind nicht veranlaßt, seine Artillerie in Thätigkeit zu setzen.

In der Nacht zum 28ften Juni wurden die in Folge der neuen Entschließungen vorzunehmenden Batterie=Bauten ausgeführt. Die schweren Geschütze, welche nach dem ersten Plane bei Ballegaard Verwendung finden sollten, konnten nunmehr zur Verstärkung der Artillerie am Alfen Sund aufgestellt werden. Hier wurden noch erbaut:*)

Eine Batterie für 4 24=Pfünder nördlich Sandberg (b),

   =   =   = 4 12=Pfünder an der Ziegelei östlich Satrup=
                           holz (c),

   =   =   = 4 12=Pfünder, unter Benutzung eines bereits vor=
                           handenen Standes, südwestlich von
                           Batterie Nr. 27 (d),

   =   =   = 2 12=Pfünder zwischen Batterie Nr. 27 und
                           Nr. 29 (e),

   =   =   = 4 24=Pfünder bei Schnabek=Hage (f).

Die Arbeiten konnten ohne erhebliche Störung bis Morgens 6 Uhr beendet werden, da eine der bei Rönhof befindlichen feindlichen Batterien, welche Morgens um 3 Uhr das Feuer eröffnete, durch die Geschütze bei Sandberg bald zum Schweigen gebracht wurde.**)

In Betreff der Verwendung der Feld=Artillerie war Folgendes bestimmt worden.***) Die Divisions=Artillerie sollte zur Verfügung

Stelle des $\frac{\mathrm{II.}}{13.}$ übernahm eine Kompagnie des in Apenrade liegenden $\frac{\mathrm{I.}}{15.}$ den Küstenschutz.

    *) Vergl. Plan 12.

    **) In Betreff der weiteren Verstärkung der Artillerie an der Alsener Föhrde siehe auch weiter unten Seite 658.

    ***) Vergl. auch weiter unten den Befehl des Generals v. Herwarth. S. 655.

der beiden Divisions-Kommandeure bleiben, mit Ausnahme der 1sten 6pfündigen Batterie der Westfälischen Brigade, welche nach dem Lachsfang bei Blankrug entsandt wurde. Von der Reserve-Artillerie sollten die beiden glatten Batterien der Fuß-Abtheilung, die 2te 12pfündige und die 2te Haubitz-Batterie der Brandenburgischen Brigade, südlich des Großen Holzes und in demselben Aufstellung nehmen, woselbst noch von dem Scheinübergange am 18ten April her Stände für Feldgeschütz vorhanden waren. Von den beiden gezogenen Batterien dieser Abtheilung wurde die 2te 6pfündige dem General v. Manstein zur Verfügung gestellt,*) die 4te 6pfündige sollte östlich des Westerholzes auffahren. Die noch vorhandenen drei reitenden Batterien erhielten Anweisung, sich bei Rackebüll bereit zu halten.

In einer zu Gravenstein am 28sten Juni Vormittags statt-findenden Besprechung, an welcher die Generale v. Manstein und v. Goeben, sowie mehrere Ingenieur-Offiziere Theil nahmen, wurden alle Einzelheiten des neuen Plans für den in den Frühstunden des 29sten Juni auszuführenden Uebergang endgültig festgesetzt.

Die Verhältnisse bei den Dänen bis zum Uebergange.

Die Vertheidigungs-Anlagen an der Küste von Alsen.

Unmittelbar nach Ablauf des Waffenstillstandes hatten die Dänen mit der Vervollständigung der Befestigungs-Anlagen längs des Alsen Sundes begonnen und dieselbe namentlich durch nächtliche Arbeit ge-fördert, da die Preußische Artillerie am Tage sich zeigende Arbeiter unter Feuer nahm. Auch auf der Ballegaard gegenüberliegenden Küste der Alsener Föhrde wurde, wie schon bemerkt,**) an der Herstellung von Ständen für sechs 84-Pfünder und zwei 24pfündige Granat-Kanonen zur Bestreichung des Fahrwassers gearbeitet, jedoch waren diese Anlagen am 29sten Juni noch nicht vollendet. Zur Zeit des Ueber-ganges boten die Dänischen Vertheidigungs-Anlagen folgendes Bild.***)

---

*) General v. Manstein verfügte somit über zwei gezogene Batterien, da sich in der Divisions-Artillerie die 3te 6pfündige befand.

**) Vergl. Seite 646.

***) Siehe Plan 12.

Im Sunde lagen, von dessen Südende bis in die Höhe von Fiskebekgaard, nahe am Ufer 70 Ramstedtsche Seeminen.*) Längs des Sundes von Sonderburg bis Arnkiels Öre lief, größtentheils dicht am Uferrande, der fast überall steil abfällt und stellenweise 6 bis 10 m über dem Wasserspiegel liegt, ein nur durch das Kjärwig unterbrochener Schützengraben, aus welchem gedeckte Verbindungen nach rückwärts in einen zweiten Laufgraben führten.

35 Geschützeinschnitte und Batterien mit im Ganzen 64 Geschützen**) waren längs des Strandes errichtet worden, wovon diejenigen beim Holzvoigthaus, die Skov=Batterie, die beiden Batterien

---

*) Große, mit Pulver geladene Glasflaschen, deren Entzündung dadurch bewirkt werden sollte, daß mit Kalium gefüllte, die Hälse der Flaschen bildende Glasröhren durch den Stoß eines darüber hinfahrenden Bootes abgebrochen wurden, worauf das einströmende Wasser das Kalium zur Entzündung brachte. Die Legung weiterer Seeminen bis Arnkiels Öre hin war in Aussicht genommen. Auf Preußischer Seite wußte man vom Vorhandensein der Minen, welche erst am 27sten Juni gelegt worden waren, nichts. Sie wurden erst nach dem Uebergange entdeckt und unschädlich gemacht.

**) Die Angaben über Zahl und Vertheilung der Geschütze stimmen nicht ganz miteinander überein. Der Bericht der Dänischen I. Division spricht von

7 Kontre=Batterien mit	23 Geschützen	
25 Einschnitten	= 44	=
im Ganzen: 32 Ständen	mit 67 Geschützen.	

Ravn, in seinem schon angeführten Werke, berechnet im Text für den 28sten Juni:

8 Kontre=Batterien mit	25 Geschützen,	
25 Einschnitte	= 44	=
im Ganzen: 33 Stände	mit 69 Geschützen.	

In dem dazugehörigen Nachweise (Beilage 7, Seite 197 ff.) führt Ravn dagegen nur 64 Geschütze in 35 verschiedenen Ständen auf. Hiervon nördlich des Kjärwig:

Einschnitt Nr. 1	1 Geschütz,			
= = 2	2 =			
= = 2b	1 =			
= = 3	1 =			
= = 4	1 =	Holzvoigt = Batterie	2 Geschütze,	
= = 5	1 =	Skov=	= 2	=
= = 6	2 =	Nord=Rönhof=	= 2	=
= = 6b	1 =	Süd=Rönhof=	= 2	=
	10 Geschütze		8 Geschütze	

18 Geschütze.

650

bei Rönhof, diejenigen westlich Möllestedtgaard und Baadsagger, sowie die Mühlen=Batterie und zum Theil auch die Kirchbergs= Batterie bei Sonderburg, zur Beschießung des Sundewitt=Ufers und zur Bekämpfung der Preußischen Artillerie bestimmt waren, während die übrigen zur Bestreichung des Sundes selbst dienen sollten. Die Mehrzahl der Geschütze, nämlich 46, darunter die schweren Kaliber, befand sich südlich des Kjärwig, weil man Dänischer Seits ver= muthete, daß an jenem schmalsten Theile des Sundes ein Uebergang mittelst Brückenschlages versucht werden würde. Nördlich des Kjärwig, also auf der beim wirklichen Uebergange vornehmlich in Betracht kommenden Küstenstrecke standen 10 Geschütze in den Geschützeinschnitten zur Bestreichung des Sundes und acht in den 4 Kontre=Batterien. Außerdem waren 21 Espingolen und 50 Wallbüchsen an der Küste des Sundes vertheilt.

Durch Aufstellen von Feuerzeichen und Anlage einer tele= graphischen Verbindung zwischen den Hauptorten der Insel war eine Alarmirung vorbereitet, auch das Wegenetz durch Kolonnenwege vervollständigt worden, die sowohl das Heranrücken der Reserven an den Strand, wie den Abzug nach der Halbinsel Kekenis erleichtern sollten. Zur Sicherung dieses Abzuges hatte man die Landenge „Drei", unter Freilassung des Weges, durch Spanische Reiter und eine Pallisadirung, welche sich nach beiden Seiten auf einige Hundert Meter weit in die See erstreckte, gesperrt. Eine vor der

---

Ravn giebt aber zu, daß bis zum 29sten Juni die eine oder andere Veränderung vorgenommen sein könne.

Sörensen zählt im Ganzen ebenfalls nur 64 Geschütze auf. Im Ein= zelnen berechnet er nur die nördlich des Kjärwig aufgestellten, und zwar giebt er die in den Einschnitten befindlichen, ebenso wie Ravn, auf 10 an, die in den Batterien stehenden aber folgendermaßen:

Holzvoigt=Batterie	2	Geschütze,
Skov=Batterie	3	=
Beide Rönhof=Batterien	5	=
	10	Geschütze,

so daß er also 2 Geschütze mehr als Ravn zählt, von welchen dann eins in der Skov=Batterie und das andere in einer der Rönhof=Batterien gestanden haben müßte. In Betreff der Skov=Batterie vergleiche auch Anmerkung 1 zu Seite 663. Die in Anlage Nr. 71 gegebene Uebersicht giebt die Vertheilung auf Dänischer Seite nach Ravn.

Sperre angelegte Mine und acht Marine-Geschütze sollten zur Vertheidigung dieses Engweges dienen.

In Bezug auf die Bodengestaltung desjenigen Theiles der Insel, welchen die übergehenden Truppen zunächst betreten mußten, sei noch bemerkt, daß der dem Großen Holz gegenüber liegende Uferrand des hier 500 bis 700 m breiten Sundes sich fast überall steil aus dem Meere erhebt und stellenweise 6 bis 10 m über dem Wasserspiegel liegt. In dem leicht gewellten Gelände, in welchem der Angreifer dann vorrücken mußte, erschweren die Knicks in hohem Grade Uebersicht und Bewegung. Die höchste Erhebung, welche um 44,4 m den Meeresspiegel überragt, liegt etwa 600 m nördlich Sonderburg. Von dieser Höhe aus ist der ganze nördliche Theil der Halbinsel Kjär sowie der südliche Theil von Alsen bis zum Süder Holze hin zu übersehen.

Ein Vertheidigungsabschnitt von besonderer Stärke gegen einen von Arnkiels Öre her vordringenden Angreifer war nicht vorhanden; als verwerthbare Stützpunkte bieten sich jedoch die zusammenhängenden Orte Kjär und Vagmoose, die Höhen von Sonderburg und die Linie Ulkebüll—Sundsmark—Süder Holz. Letzteres Gehölz ist wegen seines dichten Unterholzes nur auf den Wegen zu durchschreiten. Ein Vordringen des Angreifers auf Ulkebüll—Sundsmark gefährdet naturgemäß den Rückzug etwa bei Sonderburg stehen gebliebener Abtheilungen nach dem Hörup Haff.

Die Truppen der I. Division waren am 29sten Juni in folgender Weise auf der Insel vertheilt.

Vertheilung der I. Division auf Alsen.

Nördlich der Augustenburger Föhrde*) standen zur Sicherung gegen einen Uebergang von Ballegaard aus, unter Oberst-Lieutenant Caroc, das zur 4ten Brigade, Faaborg, gehörende 6te Infanterie-Regiment, von welchem nach Fertigstellung der Küsten-Batterien ein Bataillon nach dem südlichen Theile der Insel abgehen sollte, eine Eskadron Dragoner, die halbe 1ste Feld-Batterie und eine Abtheilung Fuß-Artillerie. Von diesen Truppen war ein Bataillon mit der Bewachung des Strandes zwischen Norderlücke und Stollbroe beauf-

---

*) Vergl. Skizze 9.

tragt, das andere stand in Reserve bei Meels und Braballig. Zwei Geschütze der halben Feld=Batterie befanden sich bei Stahlbygger=gaard, die beiden andern bei Hardeshoi. Die Eskadron lag in Oxbüll und hatte Posten an der dem Festlande abgewandten Seite der Insel ausgesetzt. Im Fall eines nur gegen die Stellung am Sunde gerichteten Angriffs sollte das im Strandbdienste befindliche Bataillon zunächst stehen bleiben, um später in Norderlücke eingeschifft zu werden, während die übrigen Truppen sofort nach Hörup abzumarschiren hatten.

Den südlichen Theil der Insel hielt das Gros der Division folgendermaßen besetzt:*)

Zwischen Arnkiels Öre und dem Kjärwig stand das andere zur Brigade Faaborg gehörige Infanterie=Regiment, das 4te, nebst der 9ten Feld=Batterie. Die beiden Bataillone hatten je eine Kom=pagnie in den Schützengraben vorgeschoben, und je eine Kompagnie stand am Westrande des Arnkiels Friede beziehungsweise vorwärts Rönhof. Außerdem waren zwei Kompagnien als Reserve in den Baracken an der Fohlen=Koppel, zwei andere hinter Rönhof zurückgehalten. Ueberdies befanden sich zur Zeit des Angriffs im Bereiche des Regiments noch etwa 100 Mann des 18ten Regiments, die zu Schanzarbeiten be=stimmt waren, ihre Gewehre aber weit hinter ihren Arbeitsplätzen zurückgelassen hatten und daher zunächst keinen Widerstand zu leisten vermochten. Von der Batterie waren zwei Geschütze bei den Baracken an der Fohlen=Koppel, sechs in der Nähe von Bagmoose bereit=gestellt.

Den vom Kjärwig bis Sonderburg reichenden linken Flügel bildete die 6te Brigade, Bülow, nebst der halben gezogenen 2ten Feld=Batterie. Die vier Bataillone derselben hatten je zwei Kompagnien in die Gräben am Strande vorgeschoben, während die beiden anderen am Tage Alarmquartiere am Westende von Kjär und in den Sundsmarker Baracken bezogen, Nachts aber in die Laufgräben rückten. Das auf dem äußersten linken Flügel befindliche Bataillon hatte seine Feld=

---

*) Vergl. Plan 12.

wachen beim Sonderburger Schloß, das Gros dicht hinter demselben aufgestellt. Von der halben Feld=Batterie standen zwei Geschütze am Westrande von Kjär, zwei südlich Engelshoi.

Als Hauptreserve blieben somit die 2te Brigade, Kauffmann,*) eine Eskadron und acht Feldgeschütze**) übrig. Die Infanterie und Feld=Artillerie lagen in den Dörfern Wollerup, Ulkebüll und Sundsmark, sowie in den bei denselben errichteten Baracken;***) die Eskadron stand in Augustenburg und Lamberg. Der Divisionsstab befand sich in Ulkebüll.

Von der Dänischen Flotte†) ankerten in der Augustenburger Föhrde, etwa eine halbe Meile von Arnkiels Öre entfernt, das Panzer=Kuppelschiff „Rolf Krake", im Sandwig eine Kanonen= Schaluppe und im Stegwig der Raddampfer „Hertha", das Kanonen= boot „Willemoës" und zwei Kanonen=Schaluppen. Bei Hardeshoi war eine Kanonenjolle aus Land gezogen und so eingegraben worden, daß ihre Geschütze gegen Ballegaard gebraucht werden konnten. Südlich der Insel lagen am Süder=Holz die Kanonenboote „Thura" und „Buhl" nebst zwei Kanonen=Schaluppen, und bei Höruphaff der Schrauben=Schooner „Falken", Flaggschiff des Kapitän Muxoll, welcher den Befehl über die bei Alsen versammelten Fahrzeuge führte. Die Transportflotte befand sich im Hörup Haff und sollte bei einem feindlichen Angriff bei den Einschiffungsbrücken am Südufer von Kekenis vor Anker gehen, gleichzeitig aber zur Aufnahme etwa ver= sprengter Abtheilungen einzelne Fahrzeuge bei Bosterhoved, Fühnens= haff und Mummark bereit stellen. ††)

---

*) Die Brigade Kauffmann sollte mit der vor ihr stehenden Brigade Bülow jeden fünften Tag in der Besetzung der Küste wechseln. Am 29sten Juni würde dieser Wechsel zum ersten Mal eingetreten sein.

**) Je vier von der 1sten und 2ten Feld=Batterie.

***) Von der Infanterie war das $\frac{\text{I.}}{18.}$ in der Nacht zum 29sten Juni zu den Schanzarbeiten am Strande kommandirt und hatte seinen Alarmplatz östlich von Fiskebekgaard.

Plan 12 zeigt die Truppen der Dänischen Hauptreserve auf ihren Alarmplätzen.

†) Vergl. Skizze 9.

††) Für solche Einschiffungsbrücken war an verschiedenen Punkten der Insel Vorsorge getroffen. Am Südstrande von Kekenis bei Osterby waren deren allein 20 erbaut.

Die letzten Anordnungen für den Uebergang.

Auf Preußischer Seite war man durch die Angaben Schleswig-scher Ueberläufer, welche den Sund durchschwommen hatten, über Zahl und Vertheilung der auf der Insel stehenden Truppen und über die dortigen Befestigungsanlagen gut unterrichtet. Am 26sten Juni ging dem General-Kommando überdies eine die feindliche Truppenstärke betreffende Mittheilung zu, welche mit den thatsächlichen Verhältnissen genau übereinstimmte.

Die vom General v. Herwarth am 28sten Juni Nachmittags ausgegebenen Anordnungen für den Uebergang lauteten:

„Morgen vor Tagesanbruch werde ich mit dem Armee-Korps den Uebergang über den Alsen Sund bei Satrupholz forciren und den Feind in der Richtung auf Hörup verfolgen.

Der Uebergang geschieht mittelst 160 Kähnen und durch den Ponton-Train, von vier, den Führern mündlich bezeichneten Punkten aus, zwischen der südlichen Lisiere des Großen Holzes und Schnabel-Hage. Es tritt dabei nachstehende und für das morgende Gefecht gültig bleibende Aenderung der Ordre de bataille in Kraft:*)

1) Die 12te (v. Roeder) und 26ste (v. Goeben) Infanterie-Brigade stehen unter Befehl des General-Lieutenants v. Manstein. Außer der Divisions-Artillerie und Kavallerie wird dieser Division noch die 2te 6pfündige Batterie aus der Reserve-Artillerie zugetheilt.

2) Die 25ste (v. Schmid) und die 11te (v. Canstein) Infanterie-Brigade treten unter Befehl des General-Lieutenants v. Winzingerode. Die 1ste 6pfündige Batterie wird bei Blaukrug**) in Position fahren.

Die Division Manstein wird zuerst übergesetzt und sucht sich nach Erstürmung der Batterien in den Besitz der Fohlen-Koppel, des Vorwerkes Rönhof und des naheliegenden Terrains zu setzen;

---

*) Diese Aenderung war aus dem Wunsche hervorgegangen, sowohl von der Brandenburgischen wie von der Westfälischen Division einen Theil in der ersten, zunächst in den Kampf tretenden Staffel übergehen zu lassen.
**) Genauer am Lachsfang. Vergl. Skizze 9.

sie dringt dann später gegen Ulkebüll und Hörup vor, um den Feind am Einschiffen zu hindern.

Die Division Wintzingerode folgt unmittelbar, und zwar so, daß die 25ste Brigade zuerst übergesetzt wird und sich dann auf Ulkebüll dirigirt, die 11te Brigade folgt ihr als Reserve.

Das Herunterlassen der Kähne in das Wasser und das erste Einsteigen der Mannschaften beginnt um 2 Uhr Morgens, und findet das Uebersetzen in ununterbrochener Folge statt. Die Artillerie beginnt erst dann zu feuern, wenn der Feind in seinen Batterien Geschütz zeigt und zu feuern anfängt.

Die Reserve-Artillerie nimmt bereits um 1 Uhr die ihr an= gewiesenen Positionen ein. Die reitende Artillerie wird bei Rackebüll bereitgestellt, um jeden Augenblick von dort abfahren zu können. Die Divisions=Artillerie der 13ten Division wird am östlichen Aus= gange von Blans aufgestellt und bleibt zur Disposition des Divisions= Kommandeurs.

Der General=Lieutenant v. Wintzingerode hat die erforderlichen Anordnungen zur Bewachung der Küste der Alsener Föhrde durch das Ulanen=Regiment zu treffen und dafür zu sorgen, daß der Brückenbau bei Sonderburg durch den Ponton=Train des Hauptmanns Schütze so schnell ausgeführt wird, als Pontons dazu disponibel sind.*) Beim Aufstellen der Truppen, sowie bei allen Bewegungen und Hantierungen mit den Booten ist die allerpeinlichste Stille zu beobachten, und darf kein lautes Sprechen und Befehlen stattfinden.

Ich werde mich beim Uebersetzen der Division Manstein östlich von Oster=Schnabek beim Gehöft von Peter Nissen aufhalten und dann der Division folgen. Anzug: ohne Gepäck, aber mit Koch= geschirren und in Mützen."

Bei der Wahl des Zeitpunktes für den Uebergang war einerseits in Betracht gezogen worden, daß es vortheilhaft sei, das

---

*) Hauptmann Schütze hatte den mündlichen Auftrag erhalten, unmittelbar nach Beendigung des Ueberganges eine Brücke bei Sonderburg zu schlagen. Der Brückenschlag konnte aber erst am 30sten Juni in Angriff genommen werden.

Uebersetzen der ersten Truppen noch unter dem Schutze der Dunkelheit zu bewerkstelligen, während es andererseits nothwendig erschien, bald nach Gewinnung des feindlichen Ufers so viel Tageslicht*) zu haben, daß die an der Küste des Sundewitt aufgestellte Artillerie ihre Ziele auf der Insel unterscheiden und wirksam in den dort zu erwartenden Kampf eingreifen konnte.

Die mit A, B, C und D bezeichneten vier Uebergangs= punkte waren dieselben, die man schon bei der am 6ten April vorgenommenen Erkundung**) als geeignet befunden hatte, da hier die Bedeckung des Ufergeländes die Versammlung der Truppen in der Nähe des Strandes begünstigte und auch einige Wege zum Ufer führten, auf denen die Uebergangsmittel dorthin geschafft werden konnten. Der südlichste Punkt, A, lag am Ostrande des Großen Holzes, B bei der Ziegelei am Nordsaume desselben, C 400 m weiter nördlich und D gerade Arnkiels Öre gegenüber. Während bei den erstgenannten drei Punkten das Große Holz eine verdeckte Aufstellung der Boote nahe am Ufer ermöglichte, fehlte es bei D an einem solchen Schutze. Es war daher auf Vorschlag des Premier=Lieutenants Mantey, welcher hier das Uebersetzen zu leiten hatte, angeordnet worden, die für diesen Punkt bestimmten Boote bei Ballegaard am Abend des 28sten Juni mit Einbruch der Dunkelheit in's Wasser zu lassen, sie nach einem 200 m westlich Schnabek=Hage gelegenen Punkt D^1 zu führen, dort die 1ste Staffel einzuschiffen und nach dem 1700 bis 1800 m von der Abfahrtstelle entfernten Arnkiels Öre überzusetzen, dann aber die leeren Boote nach dem Punkt D zu rudern, um von hier aus die folgenden Staffeln folgen zu lassen. Die Abfahrt bei D^1 sollte des weiteren Weges halber bereits um $1\frac{3}{4}$ Uhr stattfinden. Die Ueberführung der von Ballegaard für die Punkte A, B und C bestimmten Boote war in der Nacht vom 27sten zum 28sten ohne Störung bewirkt worden. Kavallerie und Artillerie konnten wegen der örtlichen Verhältnisse nur bei Punkt B übergesetzt werden, wo daher am 28sten, Abends $8\frac{1}{2}$ Uhr, die Ponton=Kolonne Nr. 3

---

*) Sonnenaufgang am 29sten Juni um 3 Uhr 24 Minuten. Man hatte also bald nach 2 Uhr genügendes Tageslicht.

**) Vergl. Seite 472.

und der leichte Feld-Brückentrain aufmarschirten. Infanterie sollte hier nur in der ersten Staffel übergesetzt werden, die leeren Boote wurden alsdann gemäß dem Vorschlage des Hauptmanns Schütze, welcher hier das Uebersetzen zu leiten hatte, nach einem 40 m südlich von B gelegenen Punkte B¹ geführt, um dort die weitere Ueberführung von Infanterie zu bewirken.

Im Uebrigen geht die Vertheilung der Ueberfahrtmittel und deren Leistungsfähigkeit, sowie die Verwendung der zum Uebersetzen der Truppen bestimmten Abtheilungen aus nachstehender Uebersicht hervor:

	Uebergangspunkte			
	A	B und B¹	C	D¹ bezw. D
Sundbreite	520	900	900	1120 m.
Ueberfahrtmittel	50 Boote	42 Boote, Ponton-Kolonne Nr. 3, Leichter Feld-Brückentrain	29 Boote	42 Boote.
Fassungsvermögen der Ueberfahrtmittel	750 Mann	600 bis 700 Mann Infanterie und 130 bis 140 Mann Kavallerie, oder statt letzterer: 16 Geschütze mit Bespannung und Bedienung	400 Mann	750 Mann.
Zum Uebersetzen der Truppen bestimmte Abtheilungen	Ingenieur-Hauptm. Adler (Kapitän Bartelsen): 1) Die Pontonnier-Komp. des Pion. Bats. Nr. 2 ... 95 Mann 2) Von der 3ten Komp. Pion. Bats. Nr. 3 ... 60 = 3) Infanterie-Schiffer 170 = ——— 325 Mann	Ingenieur-Hauptm. Schütze: 1) Pontonnier-Komp. des Pion. Bats. Nr. 3 100 Mann 2) Pontonnier-Komp. des Pion. Bats. Nr. 4 95 = 3) 2te und 4te Komp. Pion. Bats. Nr. 3 ... 165 = 4) Infanterie-Schiffer 340 = ——— 700 Mann	Ingenieur-Hauptm. Thelemann: 1) Von der 3ten Komp. Pion. Bats. Nr. 3 ... 40 Mann 2) Infanterie-Schiffer 170 = 3) Freiwillige Civil-Schiffer .. 8 = ——— 218 Mann	Ingenieur-Pr.-Lt. Mantey: 1) Pontonnier-Komp. des Pion. Bats. Nr. 5 95 Mann 2) Verstärkte Pontonnier-Komp. des Pion. Bats. Nr. 7 ... 160 = 3) Infanterie-Schiffer 185 = ——— 440 Mann.

Es konnten somit gleichzeitig etwa 2500 Mann oder $3\frac{1}{2}$ Bataillone damaliger Stärke übergesetzt werden.

Die artilleristischen Vorbereitungen waren am 28sten Abends 11 Uhr beendet. Auf Befehl des Ober-Kommandos rückten am 28sten aus den Batterien bei Apenrade noch zwei gezogene 24-Pfünder und vier gezogene 12-Pfünder nach der Alsener Föhrde*) und nahmen Aufstellung bei Lillemark und Blaukrug. Die Festungs-geschütze wurden mit je 100 Schuß ausgerüstet.

Von der Feld-Artillerie gingen um 1 Uhr früh in Stellung:

die 1ste 6pfündige Batterie am Lachsfang,

die 4te =   =   östlich des Wester Holzes,**)

die 2te Haubitz-Batterie im Großen Holz,

die 2te 12pfündige Batterie zwischen diesem und Sandberg.

Eine Munitions-Kolonne wurde um 2 Uhr an der von Oster-Satrup nach dem Großen Holz führenden Straße bereitgestellt, während die übrigen im Belagerungspark verblieben.

Versammlung der Truppen und der Uebergangsmittel.

Die für den Uebergang bestimmten Truppen rückten so zeitig aus ihren Quartieren, daß sie früh 1 Uhr ausgeruht hinter den Uebergangspunkten bereit standen. Jeder Mann führte 80 Patronen und einen dreitägigen Lebensmittelvorrath mit sich.

Auf Anordnung des Generals v. Manstein nahm zu dieser Zeit ein Bataillon der 11ten Infanterie-Brigade***) im Großen Holz Stellung, um den Uebergang bei den Punkten B und C nöthigenfalls durch Feuer zu decken. Ein Bataillon der 12ten Infanterie-Brigade†) sowie ein Zug Husaren waren in der Düppel-Stellung verblieben, um den Strand von Ekensund bis Sandberg zu beobachten, die Strand-Batterien zu sichern, die Aufmerksamkeit des Feindes auf Sonder-

---

*) Vergl. Skizze 9.

**) Dieselbe wurde zugleich der 6ten Division überwiesen, um später übergesetzt zu werden.

***) $\dfrac{\text{I.}}{60.}$

†) $\dfrac{\text{F.}}{24.}$

burg zu lenken und mit einigen bei der ehemaligen Schanze V niedergelegten Booten bei Sonderburg überzugehen, sobald die Umstände dies gestatteten. Von Schnabek-Hage bis Sandberg hatte das Zieten-Husaren-Regiment eine Postenkette stehen lassen.

Die für die Ueberführung der Brigaden Roeder und Goeben festgesetzte Reihenfolge und die Vertheilung dieser Truppen auf die verschiedenen Uebergangspunkte war folgende:*)

Staffel	Uebergangspunkte					Im Ganzen	Bemerkungen
	A	B	B¹	C	D		
I.	Regiments= stab und $\frac{\text{I.}}{24.}$	$\frac{\text{II.}}{24.}$		Bataillons= stab und 2te und 4te $\frac{}{64.}$	$\frac{\text{F.}}{64.}$	3½ Bataillone	$\frac{\text{F.}}{64.}$ fuhr von D¹ ab.
II.	Regiments= stab und 1ste und 3te $\frac{}{64.}$ Stab der 6ten Division	Ar= tillerie und Ka= vallerie.	$\frac{\text{II.}}{64.}$	Bataillons= stab und 10te u. 11te $\frac{}{15.}$	$\frac{\text{II.}}{15.}$	3 Bataillone	Bei B wurde nur in der I. Staffel Infanterie überge= setzt. Die Boote gingen dann nach B¹, 40 m südlich von B, zurück, um von hier aus das Ueber= setzen der Infanterie fortzusetzen, während bei B die Ueberfüh= rung von Artillerie und Kavallerie ein= schließlich des Stabes des I. Korps auf den dazu erbauten Maschinen bewirkt wurde.
III.	$\frac{\text{II.}}{55.}$	Stab des	$\frac{\text{F.}}{55.}$	9te und 12te $\frac{}{15.}$	Jäger= Bataillon Nr. 3	3½ Bataillone	
IV.	Die Brigaden Schmid und Canstein	I. Korps		Die Brigaden Schmid und Canstein	$\frac{\text{I.}}{55.}$	3½ Bataillone	

In Betreff der Feld-Artillerie und der Kavallerie war bestimmt, daß zuerst die 2te und 3te 6pfdge Batterie, dann das Zieten-Husaren-Regiment und zuletzt die 3te 12pfdge, die 3te Haubitz= und die 4te 6pfdge Batterie überzugehen hatten. Von den Sanitäts-Anstalten sollte die fahrende Abtheilung des leichten Feldlazareths der 13ten Division bei B übersetzen, was jedoch nicht zur Ausführung

*) Die Divisionen hatten nur die Zahl der Truppen, die Brigaden diese im Einzelnen bestimmt.

kam, da die bald anlangenden Verwundeten die Einrichtung des Lazareths am Strande bei Satrupholz nothwendig machten.

Hinsichtlich des Verfahrens nach dem Landen hatte General v. Manstein befohlen, daß die erste Staffel der Brigade Roeder nach Wegnahme der Befestigungen am Strande sofort bis zum Südrande der Fohlen-Koppel vorzugehen und dort die Ankunft der zweiten und dritten Staffel abzuwarten habe. Für das weitere Vorgehen nach Süden sollte sich die Brigade Goeben rechts neben die Brigade Roeder setzen.

Um 11½ Uhr Nachts war General v. Manstein in der Nähe des Uebergangspunktes B, und zu gleicher Zeit der kommandirende General bei Oster-Schnabek eingetroffen.

Das Wetter war dem Unternehmen günstig, der Sund völlig ruhig und die Nacht so hell, daß man den Wasserspiegel überblicken und die Küste der Insel erkennen konnte. Trotz aller Vorsicht bei den Vorbereitungen für den Uebergang und trotz des Schutzes, den das Große Holz theilweise gewährte, durfte man aber doch nicht mit Sicherheit darauf rechnen, den Feind völlig zu überraschen. Derselbe konnte bereits Nachricht von dem Unternehmen erhalten haben, und bei dem herrschenden leichten Westwinde mußte der Schall jedes bei der Versammlung und Einschiffung der Truppen entstehenden Geräusches nach der Insel hinübergetragen werden.

In der That sandten auch die feindlichen Batterien von Rönhof und der Fohlen-Koppel her beim Anfahren der Ponton-Kolonnen und der Reserve-Artillerie einige Granaten in die Gegend des Großen Holzes, ohne indessen dadurch Schaden zu verursachen. Nach Aussage später gefangener Dänischer Offiziere hatte man Geräusch vernommen, glaubte jedoch, daß es von einem Baracken- oder Batteriebau herrühre.

Während die Truppen sich auf den ihnen angewiesenen Versammlungsplätzen bereit stellten, gingen am Strande die Vorbereitungen für das kühne Unternehmen in musterhafter Ordnung vor sich. Der rastlosen Thätigkeit der Ingenieur-Offiziere und der ihnen unterstellten Mannschaften gelang es, alle Schwierigkeiten zu überwinden, welche einer derartigen nächtlichen Arbeit, die am Tage nur in beschränkter Weise eingeleitet werden kann, entgegenzutreten pflegen. Am umfangreichsten waren die Vorbereitungen am Uebergangspunkte B, wo außer der Infanterie auch Pferde, Geschütze und Fahrzeuge überführt werden sollten. Wegen der beim Feinde herrschenden Ruhe ließ Hauptmann Schütze daselbst schon eine Stunde vor der bestimmten Zeit — also um 1 Uhr — mit dem Abladen des Geräthes und dem Bau der Maschinen beginnen, um einige der letzteren womöglich gleich nach dem Uebergehen der ersten Infanterie-Staffel zur Verfügung zu haben. Wirklich befanden sich um 2 Uhr auch bereits sechs Maschinen im Wasser. Demnächst wurde mit dem Bau zweier Landungsbrücken begonnen und bald darauf das Geräth für zwei andere, zum Landen auf Alsen bestimmte an den Strand geschafft.

Das Einlassen der Boote war namentlich bei den Punkten B und C sehr schwierig. Bei ersterem mußten dieselben durch einen engen Hohlweg heruntergeschafft werden, und bei letzterem war der Strand so flach, daß die bemannten Boote erst auf etwa 240 m Entfernung vom Ufer flott wurden. Die Boote, welche beim Punkte D¹ und später bei D zur Verwendung kamen und, wie erwähnt, von Ballegaard abgingen, gaben, als sie an der Küste entlang fuhren, zu einem Mißverständniß Veranlassung, welches verhängnißvolle Folgen hätte haben können. Da es versäumt worden war, die Strandbewachung von der Ueberführung der Boote von Ballegaard nach dem Punkte D¹ zu Wasser zu benachrichtigen, so gaben Preußische Strandpatrouillen, welche diese Boote bemerkten und einen Landungsversuch des Feindes zu erkennen glaubten, auf dieselben Feuer. Wenn auch der Irrthum sich schnell aufklärte, so hatten die Schüsse doch die Aufmerksamkeit des gerade unterwegs befindlichen Patrouillenbootes des „Rolf Krake" erregt, welches deshalb die Richtung nach jener Gegend einschlug. Zufällig begegnete es einem Dänischen Lootsenboot, welches aus dem Stegwig kam und dessen Bemannung glaubte, das Schießen habe ihm gegolten. So beruhigte man sich wieder und ruderte nicht weiter dem Festlande zu. Auch auf Alsen hatte man die Schüsse gehört; da aber sonst Alles ruhig blieb und keine Meldungen von der See her eingingen, so war denselben keine weitere Beachtung geschenkt worden.

Die Landung und der Kampf auf der Insel.

Der Uebergang der Truppen vollzog sich an den einzelnen Uebergangsstellen in folgender Weise.

Nachdem auf dem rechten Flügel, bei Punkt A, die Kompagnien des 1sten Bataillons Infanterie-Regiments Nr. 24, unter Hauptmann v. Papstein, auf die 50 am Strande niedergelegten Boote vertheilt waren, wurden letztere um 2 Uhr auf Kommando gleichzeitig zu Wasser gebracht, 40 bis 60 m weit in demselben vorgeschoben, bis die nöthige Tiefe erreicht war, und dann bestiegen.

In breiter Linie ruderten die Fahrzeuge dem anderen Ufer zu. Sie waren etwa 80 bis 100 m weit gekommen, als die ersten Schüsse Seitens der Dänischen Posten fielen. In wenigen Augenblicken entwickelte sich längs der ganzen Küste ein heftiges Gewehr- und Geschützfeuer, welches von den Preußischen Batterien, dem am Strande aufgestellten 1sten Bataillon Infanterie-Regiments Nr. 60 und auch von den Booten aus, deren vorderer Theil von den besten Schützen besetzt war, lebhaft erwidert wurde. Um 2 Uhr 15 Minuten erreichte das 1ste Bataillon der 24er unter ganz unerheblichen Verlusten die Insel, und der Regiments-Kommandeur, Oberst Graf Hacke, sowie Ingenieur-Lieutenant Petri, welche im vordersten Boote übergesetzt waren, pflanzten die erste Preußische Fahne am Strande auf. Ohne wesentlichen Widerstand zu finden, besetzte das Bataillon den auf der Höhe des Uferrandes befindlichen Schützengraben, ging dann — die 3te und 4te Kompagnie vorauf — gegen das Holzvoigthaus und die daselbst gelegene, aus zwei Geschützen mit Kartätschen feuernde Batterie*) vor und nahm dieselbe. Was von der feindlichen Feldwache und dem zur Unterstützung herbeigeeilten Piket nicht gefangen genommen wurde, zog fechtend nach der Fohlen-Koppel ab. Ein aus diesem Gehölze eilig vorgeführtes Feldgeschütz**) wurde von dem Schützenzuge der 1sten Kompagnie, die als Rückhalt hinter dem linken Flügel des Bataillons gefolgt war, in raschem Anlaufe

---

*) Nach Dänischen Angaben hat die Batterie etwa zehn Schüsse abgegeben, ehe sie erobert wurde.

**) Der Dänischen 9ten Feld-Batterie, vergl. Seite 652.

erobert. Das Bataillon wandte sich dann gegen die Fohlen=
Koppel, vertrieb den Gegner aus dem Westrande derselben und
ging an diesem entlang weiter nach Süden vor, wobei ein Theil
der auf dem rechten Flügel befindlichen 3ten Kompagnie, unter
Hauptmann v. Lettow, die noch südlich des Uebergangspunktes in
dem Ufer=Schützengraben befindlichen Dänen vertrieb, während der
andere Theil die Skov=Batterie, welche noch nach dem Sunde
hinausfeuerte, eroberte*) und deren Mannschaft gefangen nahm.
Es war etwa 3¼ Uhr, als diese Kompagnie sich am Süd=
rande der Fohlen=Koppel wieder an die übrigen, inzwischen bis
dorthin vorgedrungenen Kompagnien des Bataillons anschloß. Nach
links hin hatte dasselbe Verbindung mit dem 2ten Bataillon des
Infanterie=Regiments Nr. 24 genommen, nach rechts mit dem 2ten
Bataillon Infanterie=Regiments Nr. 64, welches mit der zweiten
Staffel übergegangen war und die 3te Kompagnie der 24er bereits
bei der Säuberung des Schützengrabens unterstützt hatte.

Beim Punkte B, wo General v. Roeder mit der ersten
Staffel überging, entstand dadurch eine kleine Verzögerung, daß in
Folge der bereits geschilderten örtlichen Verhältnisse nicht alle Boote
gleichzeitig flott gemacht werden konnten. Die Kompagnien des
2ten Bataillons Infanterie=Regiments Nr. 24 stießen daher nicht
gleichzeitig, sondern nach und nach ab, und zwar zuerst die 5te kurz nach
2 Uhr, als das Feuer schon begonnen hatte. Eins der Boote wurde
von einem Granatsplitter getroffen und zum Sinken gebracht, ein
anderes schlug wegen Ueberfüllung um, indessen retteten sich die Mann=
schaften, bis auf fünf Mann, welche ertranken, in die anderen Boote.**)

---

*) Die zwischen der Skov=Batterie und dem Holzvoigthaus gelegene und
mit einem 4=Pfünder besetzte Batterie Nr. 3 scheint schon vorher verlassen
worden zu sein. Nach Ravn hätte nur ein Kanonier ausgehalten und noch
6 bis 8 Schüsse abgegeben. Nach derselben Quelle und nach Sörensen soll die
Skov=Batterie vor ihrer Wegnahme noch etwa 20 Schüsse abgegeben haben.
Der Bericht des Lieutenants Ziegener von der $\frac{3ten}{24}$, der die Skov=Batterie
nahm, spricht — in Uebereinstimmung mit Ravn — nur von zwei Geschützen,
während Sörensen deren drei berechnet. Vergl. Seite 649, Anmerkung 2.

**) Die leeren Boote gingen alsdann nach B¹ zurück. Vergl. Seite 657
und die Uebersicht auf Seite 659.

Das Bataillon überwältigte schnell die schwachen Posten am Strande nördlich des Holzvoigthauses, nahm die beiden dort gelegenen Batterien Nr. 2 und 2b*) und ging dann gegen die Südwestecke der Fohlen-Koppel vor. Hier fanden sich bald nach 3 Uhr die ein= zeln gelandeten Kompagnien zusammen, bis auf die 8te, welche der Brigade-Kommandeur zum Schutz der linken Flanke auf dem nach dem Ulkebüller Holz führenden Wege aufgestellt hatte. Außerdem fehlten Theile der 5ten und 7ten, unter den Lieutenants Struensee und v. Brockhusen, welche den auf Rönhof abziehenden Dänen gefolgt waren und sich erst später bei Kjär wieder an das Bataillon an= schlossen.

Auch beim Punkte C hatten die 2te und 4te Kompagnie des Infanterie-Regiments Nr. 64, unter Führung des Majors v. Hüner, kurz nach 2 Uhr die Boote bestiegen und waren ohne erhebliche Verluste an das feindliche Ufer gelangt. Nach Wegnahme der dem Uebergangspunkte gegenübergelegenen Batterie Nr. 1**) drangen beide Kompagnien unter lebhaftem, auch für die Angreifer ziemlich ver= lustreichem Gefechte gegen den Wald von Arnkiels Friede vor, machten in demselben, wo bereits das Vorgehen des weiter nördlich übergegangenen Bataillons fühlbar wurde, eine größere Anzahl Gefangener und durchschritten in südlicher Richtung das Gehölz, um mit den 24ern die Verbindung aufzunehmen.

Auf dem äußersten linken Flügel, westlich Schnabek-Hage, beim Punkte D¹, hatte sich das Füsilier-Bataillon des Regiments Nr. 64 unter Major v. Unruh, dem Befehle gemäß,***) bereits kurz nach 1³⁄₄ Uhr eingeschifft. In zwei Abtheilungen erreichten die Boote, die Spitze von Arnkiels Öre umrudernd, das jenseitige Ufer.†) Von hier aus drangen die Kompagnien in der Weise vor, daß die 9te am west= lichen, die 12te am östlichen Saume von Arnkiels Friede entlang rückte,

---

*) Nach Dänischen Angaben soll Batterie Nr. 2 vorher noch 50, Batterie Nr. 2b noch 16 Schüsse abgegeben haben.

**) Nach Dänischen Quellen ist dieselbe gar nicht zum Schuß gekommen.

***) Vergl. Seite 656.

†) Die Boote scheinen hier einige Minuten früher gelandet zu sein, als an den anderen drei Uebergangspunkten.

während die beiden anderen geschlossen folgten. Das Vorgehen dieses Bataillons war besonders wirksam, weil dadurch die Dänische Auf=stellung von ihrem rechten Flügel aus aufgerollt und die dem Strande zueilenden Abtheilungen in den Rücken genommen wurden. Die im Gehölz befindlichen Dänischen Abtheilungen wichen, von allen Seiten gedrängt, unter Zurücklassung vieler Gefangenen zurück und mußten auch das zweite Geschütz der 9ten Feld=Batterie im Stiche lassen. Dasselbe wurde nach tapferer Gegenwehr der Bedienung von Mann=schaften der 9ten Kompagnie des Infanterie=Regiments Nr. 64 unter Lieutenant v. Klösterlein II. genommen. Am Südrande von Arnkiels Friede machte das Bataillon zunächst Halt.

Während die zuerst übergegangenen Truppen auf der Insel Fuß faßten, folgten die nächsten Staffeln auf den schnell nach dem Sunde=witt zurückgeruderten Booten. Da es sich vor Allem darum han=delte, den zuerst gelandeten Abtheilungen möglichst rasch Unterstützung zuzuführen, ehe die Dänischen Reserven und Kriegsschiffe in Wirk=samkeit zu treten vermochten, die geleerten Boote aber nicht alle gleichzeitig zurückkehren konnten, so mußte die Rücksicht auf das regelmäßige Zusammenhalten der taktischen Verbände und auf die festgesetzte Reihenfolge beim Uebersetzen der einzelnen Abtheilungen in den Hintergrund treten. Hieraus entstand im weiteren Verlaufe des Gefechtes auf Alsen mehrfach ein Vermischen der Truppentheile. Außerdem erschwerten dort die Gehölze und zahlreichen Knicks in hohem Grade das Aufrechterhalten der taktischen Verbände.

Uebergang der zweiten und dritten Staffel. Aufmarsch der Preußischen Truppen am Südrande der Fohlen=Koppel und von Arn=kiels Friede bis 3¼ Uhr.

Der in der zweiten Staffel bei A und B¹ übergehende Rest der Brigade Roeder, die 1ste und 3te Kompagnie und das 2te Bataillon Infanterie=Regiments Nr. 64 erreichten etwa um 2½ Uhr das feindliche Ufer. Sie drangen zunächst nördlich des Holzvoigthauses in das dortige Gehölz ein, säuberten es vollends vom Feinde und ordneten sich dann derart, daß das 2te Bataillon am Südrande von Arnkiels Friede zurückblieb, während die 1ste und 3te Kompagnie weiter bis in die Höhe des Südrandes der Fohlen=Koppel vorrückten, wo sich bereits die beiden anderen Kompagnien des 1sten Bataillons befanden. Ein

Theil der 6ten Kompagnie war in der Richtung auf Ulkebüll vor= gegangen und fand sich erst nach Beendigung des Kampfes wieder beim Bataillon ein.

Um 3 Uhr konnten auch die ersten mit Pferden*) beladenen Uebersetzmaschinen beim Punkte B abstoßen, und zu derselben Zeit wurde das Geräth für die Landungsbrücken übergesetzt.

Um 3¼ Uhr standen die fünf Bataillone der Brigade Roeder am Südrande der Fohlen=Koppel und des Gehölzes Arnkiels Friede zum weiteren Vormarsche bereit,**) und zwar auf dem rechten Flügel das 1ste und 2te Bataillon des Infanterie=Regiments Nr. 24,***) daneben östlich der Fohlen=Koppel die 2te und 4te Kompagnie In= fanterie=Regiments Nr. 64 und dahinter, größtentheils noch im Arn= kiels Friede, der Rest dieses Regiments. Ein etwa 150 m vor dem Südrande der Fohlen=Koppel gelegener Knick wurde bald darauf durch die 3te und 4te Kompagnie der 24er besetzt.

Die Brigade Goeben hatte ihren Uebergang im Großen und Ganzen um 3 Uhr beendigt, aber sich noch nicht gesammelt. Un= gefähr auf gleicher Höhe mit der Brigade Roeder standen rechts von dieser um 3¼ Uhr das 2te Bataillon sowie die 10te und 11te Kompagnie Regiments Nr. 15 und das 2te Bataillon Regiments Nr. 55. Diese Truppen waren beim Uebergehen durch das Feuer der Rönhof=Batterien und des aus der Augustenburger Föhrde heraus= dampfenden „Rolf Krake" belästigt, aber nicht aufgehalten worden.

Thätigkeit des „Rolf Krake" 3 bis 3½ Uhr.

Die Thätigkeit des „Rolf Krake" entsprach keineswegs den Er= wartungen, welche man Dänischer Seits darauf gesetzt hatte. Das Panzerschiff lag in der Augustenburger Föhrde mit dem Auftrage, eine Landung, besonders in der Alsener Föhrde, zu verhindern. Wie an jedem Abend sandte es auch am 28sten Juni ein Patrouillenboot†) nach dem nördlichen Ausgange der Augustenburger Föhrde ab, und dieses war

---

*) Die Pferde der Stäbe und berittenen Infanterie=Offiziere.
**) Siehe Textskizze auf Seite 667.
***) Mit Ausnahme der 8ten Kompagnie. Vergl. Seite 664.
†) Eine 7,5 m lange Schaluppe, mit einer Haubitze ausgerüstet und mit 19 Mann besetzt. Vergleiche auch Seite 661.

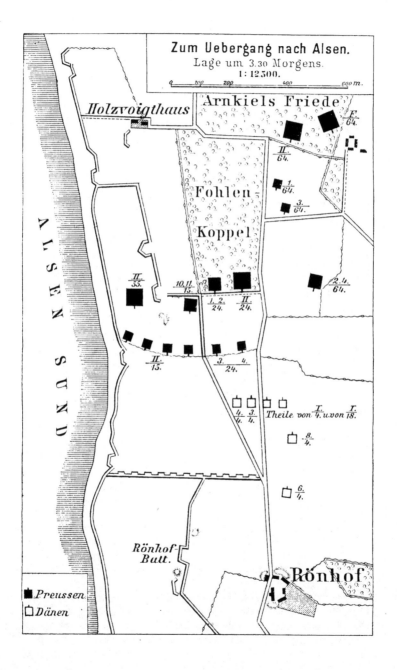

Zum Uebergang nach Alsen.
Lage um 3.30 Morgens.
1 : 12500.

soeben zurückgekehrt, als das Feuer am Alſen Sunde begann. Erſt kurz vor 3 Uhr*) — als das Jäger=Bataillon Nr. 3 beim Punkte D überging — erſchien das Panzerſchiff am Nordausgange des Alſen Sundes. Da aber der Befehlshaber deſſelben befürchtete, bei einem Einlaufen in den Sund in die hier Preußiſcher Seits gelegten Netze zu gerathen,**) ſo beſchränkte er ſich darauf, die Boote auf etwa 1200 m Entfernung zu beſchießen und das Feuer der Preußiſchen Batterien an der Küſte des Sundewitt zu erwidern. Nachdem „Rolf Krake" unter fortwährender Aenderung ſeines Standpunktes etwa 25 Minuten ohne nennenswerthe Wirkung gefeuert und man an Bord erkannt hatte, daß die Däniſchen Truppen bereits vom Strande der Inſel zurückgewichen waren, dampfte das Schiff in die Auguſtenburger Föhrde zurück, um an der Oſtküſte der Halbinſel Kjär Verſprengte auf= zunehmen. Eine ernſthafte Störung, wenn auch keine völlige Unter= brechung, des Ueberganges hätte „Rolf Krake" nur dann zu bewirken vermocht, wenn er früher erſchienen und ſofort rückſichtslos in die Preußiſchen Boots=Kolonnen hineingefahren wäre.

Vorſtoß von Theilen des 4ten Däniſchen Regi= ments gegen die Fohlen-Koppel. 3½ Uhr.

Während ſich die Preußiſchen Truppen am Südrande der Fohlen= Koppel und des Gehölzes von Arnkiels Friede ordneten, verſuchte der Kommandeur der Däniſchen rechten Flügel=Brigade, Oberſt Faaborg, einen Umſchwung des Gefechtes zu bewirken. Er führte zunächſt zwei Kompagnien des 4ten und Abtheilungen des 18ten Regiments,***)

---

*) Obgleich das Schiff unter Dampf lag, ſcheint doch einige Zeit ver= gangen zu ſein, bevor es ſich in Bewegung ſetzen konnte. Es ſoll dies jedoch ſchon erfolgt ſein, ehe die Feuerzeichen auf der Inſel brannten.

**) Die Schrift des Däniſchen Seeoffiziers Duntzfeld „Bericht über die Wirkſamkeit Rolf Krakes" legt die Gründe ausführlich dar, welche den Komman= danten beſtimmten, nicht in den Sund einzulaufen. Es geht daraus hervor, daß man auf dem „Rolf Krake" auch über die Däniſchen Vertheidigungsanſtalten, die Lage der Seeminen, die Vertheilung der Truppen nur unvollſtändig unter= richtet war und darauf rechnete, Preußiſcher Seits werde ein Uebergang durch Beſchießung des Inſelſtrandes eingeleitet und ſomit rechtzeitig von den Dänen erkannt werden.

***) Dieſe Theile des 4ten und 18ten Regiments waren bereits ſelbſt= ſtändig zur Unterſtützung des zunächſt angegriffenen rechten Flügels vorgegangen und in deſſen Rückzug verwickelt worden. Dieſelben wurden nun aufs Neue vorgeführt. Vergleiche Textſkizze auf Seite 667.

welchen sich noch Abtheilungen des geworfenen rechten Flügels*) an=
geschlossen hatten, gegen die Fohlen=Koppel vor. Dieselben traten
mit der 3ten und 4ten Kompagnie des Regiments Nr. 24 und der
2ten Kompagnie der 64er ins Gefecht, welche an der Südostecke der
Fohlen=Koppel in erster Linie standen; Hauptmann Graf Maltzan,
Chef der letztgenannten Kompagnie, fiel bei dieser Gelegenheit. Auch
Oberst Faaborg wurde am Schenkel verwundet, blieb aber bei
seinen Truppen und versuchte um 3½ Uhr einen abermaligen Vor=
stoß, welcher durch eine von Rönhof vorgehende Kompagnie des
4ten Regiments unterstützt wurde. Dieser Angriff wurde aber von
der 2ten, 4ten und der inzwischen eingetroffenen 3ten Kompagnie
Infanterie=Regiments Nr. 64, welche den linken Flügel des Feindes
längs des Weges umging, zurückgeworfen. Die 3te und 4te Kom=
pagnie der 24er beschossen dabei den Gegner von der Seite her. Auch
die in diesem Augenblick von Rönhof anrückende letzte Kompagnie des
Dänischen 4ten Regiments wurde mit in den Rückzug verwickelt.
Unter großen Verlusten an Gefangenen wichen die feindlichen Ab=
theilungen theils auf Rönhof, theils auf dem Wege zurück, der sich
an der Augustenburger Föhrde entlang zieht.

So war etwa 1½ Stunden nach dem Landen der ersten
Preußischen Abtheilungen der größte Theil des Dänischen 4ten Re=
giments versprengt oder aufgerieben. Dasselbe verlor nach Dänischen
Angaben 19 Offiziere und 652 Mann an Todten, Verwundeten
und Gefangenen. Die Trümmer sammelten sich auf Befehl des
Obersten Faaborg bei Hörup Kirche.

General v. Manstein, der gegen 3 Uhr bei dem südlichsten
Einschiffungspunkte übergegangen war, sich und seinen Stab durch
erbeutete Artilleriepferde beritten gemacht und dann dem letzt=
erwähnten Gefechte mit den Dänischen Reserven nördlich von Rönhof
beigewohnt hatte, ordnete nach Beendigung desselben, kurz nach
3½ Uhr, ein allgemeines Vorgehen an, bei welchem der von
Arnkiels Friede nach Rönhof führende Weg die Grenze zwischen seinen
beiden Brigaden bilden sollte. In vorderster Linie befand sich auf

Marginal note: Weiteres Vor=
dringen der
Preußischen
Abtheilungen
gegen Kjär.
3½ Uhr.

---

*) Des $\frac{\text{I.}}{4.}$

dem rechten Flügel das 2te Bataillon Infanterie=Regiments Nr. 15,*) welchem die anderen Theile der Brigade Goeben, und zwar zunächst das Füsilier=Bataillon des eben genannten Regiments, folgten. Die 10te und 11te Kompagnie desselben schoben sich bald rechts von dem 2ten Bataillon in die erste Linie ein. Links neben der Brigade Goeben gingen die beiden Musketier=Bataillone des Regiments Nr. 24, von welchen jetzt das 2te an die Spitze trat, gegen Rönhof vor, und neben diesen das Regiment Nr. 64 mit dem 1sten und 2ten Bataillon in erster Linie, welchen das Füsilier= Bataillon auf dem Wege nach Rönhof folgte. Bei diesem Gehöft, in welches die 7te Kompagnie der 24er und von Osten her das 1ste Bataillon der 64er zuerst eindrangen, wurde noch eine Anzahl Dänen gefangen genommen.

Langsam schritten die beiden Brigaden, vielfach durch Knicks und Getreidefelder aufgehalten, gegen Kjär vor, wobei sich die Brandenburgische etwas links schieben mußte, damit die Westfälische, deren zuletzt übergesetzte Truppen erst nach und nach aufschlossen, mehr Raum zur Entwickelung erhielt. Das 2te Bataillon Regiments Nr. 64 erhielt, als es südlich von Rönhof angelangt war, Befehl, die Front nach Südosten zu nehmen.**)

Bei Kjär und an der Südseite der Großen Moose stieß man auf kräftigeren Widerstand; es wurde fühlbar, daß der Feind frische Truppen ins Gefecht brachte.

Entwickelung der Dänischen Reserve-Brigade Kauffmann und der Brigade Bülow.

Der Kommandeur der Dänischen Reserve = Brigade, Oberst Kauffmann, hatte sich gleich nach Beginn des Alarms behufs Einholung von Befehlen zum Divisions=Kommandeur nach Ulkebüll begeben,***) und auf dessen Anordnung zunächst das 2te Bataillon des 18ten Regiments vom Alarmplatz an der Nordwestecke des Dorfes zur Unterstützung des rechten Flügels in der Richtung

---

*) Die 8te Kompagnie ging getrennt von den übrigen am Strande vor.
**) Hierbei trennte sich auch der Rest der 6ten Kompagnie von seinem Bataillon. Vergl. Seite 666 und 674.
***) Nach Dänischen Quellen war es 3 Uhr, als Oberst Kauffmann beim Divisions=Kommandeur eintraf, welcher um diese Zeit noch keine Meldung von der Landung erhalten hatte.

auf die Große Moose in Marsch gesetzt, während er dem 1ften Bataillon dieses Regiments, welches in der Nacht die Mannschaft zur Schanz= arbeit am Strande gestellt hatte und sich östlich Fiskebekgaard sammelte, Befehl zum Vorgehen auf Rönhof schickte.

Das dem angegriffenen Dänischen Flügel zunächst stehende, zur Brigade Bülow gehörige 5te Regiment, welches gerade zur Zeit des Ueberganges die als Pikets vorgeschobenen Kompagnien ein= ziehen wollte, war in seinen Stellungen verblieben. Der Kommandeur des Regiments begab sich nach dem rechten Flügel desselben; der Brigade=Kommandeur traf in Folge des ersten Alarms bei Engelshoi ein. Beide glaubten, es sei im nördlichen Theil des Sundes ein Brückenschlag versucht, Dänischer Seits aber vereitelt worden, eine Annahme, in der sie durch die Meldung, daß Theile einer zerschossenen Brücke im Sunde trieben,*) bestärkt wurden. Auch der Umstand, daß das Anfangs lebhafte Feuer nach dem Verluste der Fohlen= Koppel eine Zeit lang schwächer wurde, sowie, daß man nördlich des Kjärwig die nächststehenden Abtheilungen noch in ihren Stellungen sah, schien diese Auffassung zu bestätigen.

General Steinmann hatte die Absicht gehabt, im Falle einer feindlichen Landung an der nördlichen Spitze der Halbinsel Kjär, das Gefecht durch eine vom Kjärwig nach der Großen Moose sich hinziehende Vertheidigungs=Stellung zum Stehen zu bringen und dann die übergegangenen Truppen gegen den Sund zurückzuwerfen. Nachdem sich der General selbst von dem Stande der Dinge überzeugt hatte, befahl er um 4 Uhr, daß auch das andere Regiment der Reserve=Brigade Kauffmann, das 3te, welches sich unterdessen auf seinem Alarmplatz, etwa 800 m westlich der Kirche von Ulkebüll, gesammelt hatte, dem 2ten Bataillon des 18ten Regiments folgen solle. Gleichzeitig erging an die Brigade Bülow der Befehl, mit dem 5ten Regiment und dem diesem zunächst stehenden 2ten Bataillon des 10ten Regiments in nördlicher Richtung vorzurücken, während das

---

*) Wahrscheinlich hatte man die aus zwei Pontons zusammengekoppelten Preußischen Maschinen, auf denen die Ueberführung der Geschütze und Pferde erfolgte, für Theile einer Brücke gehalten.

weiter südlich befindliche 1ste Bataillon desselben zur Deckung von Sonderburg stehen bleiben sollte. Mit Ausnahme dieses Bataillons wurde somit die gesammte noch verfügbare Dänische Infanterie in Bewegung gesetzt.

Gegen den rechten Flügel und die Mitte der Preußischen Gefechts= linie ging zunächst das 1ste Bataillon des 18ten Regiments,*) etwa eine halbe Stunde später das 5te Regiment und das 2te Bataillon des 10ten, gegen den linken Preußischen Flügel das 2te Bataillon 18ten Regiments und, etwa eine Stunde später, das 3te Regiment vor. Schon die räumliche Trennung dieser Truppentheile machte eine ein= heitliche Gefechtsleitung und eine einigermaßen gleichzeitige Wirkung der an sich geringen Kräfte unmöglich. Es mußte sich das weitere Gefecht auf Dänischer Seite daher in einzelne, nach Zeit und Raum außer Uebereinstimmung stehende Vorstöße schwacher Abtheilungen zersplittern, welche der überlegenen Preußischen Feuerwaffe gegenüber nirgends dauernde Erfolge zu erringen vermochten.

Vordringen der Brigade Goeben, Fest= setzen derselben am westlichen Theile von Kjär. 4 Uhr.

Dem durch den westlichsten Theil von Kjär in der Richtung auf Rönhof auf dem Dänischen linken Flügel vorgehenden 1sten Ba= taillon**) 18ten Regiments trat zunächst das 2te Bataillon Infanterie= Regiments Nr. 15,***) östlich des von Rönhof nach Kjär führenden Weges, und somit den rechten Flügel der Dänen umfassend, entgegen. Da bald auch das Füsilier=Bataillon dieses sowie Theile des Regiments Nr. 55 von der Strandseite her in das Gefecht eingriffen, so ver= mochte der Feind, auf beiden Flügeln gedrängt, nicht lange Stand zu halten. Er zog sich theils in der Richtung auf Sonderburg, theils längs der Dorfstraße nach dem östlichen Theile von Kjär zurück, kam aber hier wieder zum Stehen, da die Brigade Goeben auf Befehl des Divisions=Kommandeurs zunächst nicht weiter vorging, sondern etwa dreiviertel Stunden lang am nordwestlichen Rande

---

*) Nebst der 3ten, der einzigen noch einigermaßen geschlossen gebliebenen Kompagnie des 4ten Regiments.

**) 1ste, 2te, 5te, 6te Kompagnie.

***) Nur drei Kompagnien stark, da die 8te am Strande vorging. Vergl. Seite 670, Anmerkung 1.

dieſes Ortes halten blieb. Es ſollte nämlich das Eintreffen der Feld=Artillerie abgewartet werden, ehe der Angriff auf die Sonder=burger Höhen begann, woſelbſt man einen ernſteren Widerſtand erwartete.

Als die Brigade ſich geſammelt hatte, ſtanden die einzelnen Theile derſelben folgendermaßen:

In erſter Linie, auf dem linken Flügel, bis zu dem von Tombüll=gaard kommenden Wege, die 5te, 6te, 7te Kompagnie Regiments Nr. 15 und das Jäger=Bataillon Nr. 3,*) dahinter die 9te und 12te Kompagnie deſſelben Regiments; in der Mitte, ſüdweſtlich von Kjär, das 2te Bataillon und die 9te und 10te Kompagnie Regiments Nr. 55; endlich auf dem äußerſten rechten Flügel, am Strande, die 8te, 10te und 11te Kompagnie Regiments Nr. 15. Nördlich des Weſtendes von Kjär ſtanden das 1ſte Bataillon, ſowie die 11te und 12te Kompagnie Regiments Nr. 55.

Die Brigade Roeder befand ſich zu der Zeit, als das Gefecht der Brigade Goeben am weſtlichen Theile von Kjär zum Stehen kam, noch weiter rückwärts. Auch ſie war mit den anrückenden Däniſchen Verſtärkungen ins Gefecht gerathen.

Gefechte des linken Flügels der Brigade Roeder bei der Großen Moose und nördlich Bagmoose. 4—5 Uhr.

Vom 2ten Bataillon des Däniſchen 18ten Regiments waren die 4te und 8te Kompagnie vom Sammelplatze nordweſtlich Ulkebüll aus auf den Weg geſetzt worden, welcher, die Küſte der Auguſten=burger Föhrde begleitend, nach der Südoſtecke von Arnkiels Friede führt, während die 3te und 6te Kompagnie zunächſt den nach Kjär und dann den nach dem öſtlichſten Theile der Großen Moose führenden Weg verfolgten. Letztere verließen denſelben auf Befehl des Oberſten Faaborg, indem ſie, links abbiegend, die Richtung auf die Südſpitze der Großen Moose nahmen, welche von der einen Kompagnie durch=ſchritten, von der anderen ſüdlich umgangen wurde. Dieſen beiden Däniſchen Kompagnien traten zunächſt die von Rönhof im Vordringen gegen Südoſten begriffene 1ſte und 3te Kompagnie, ſowie das

---

*) Ausgenommen ½ 1ſte Kompagnie, welche beim Vormarſche des Ba=taillons nach dem äußerſten linken Flügel der Brigade Roeder entſendet worden war.

2te Bataillon*) des Regiments Nr. 64 unter Führung des Generals v. Roeder entgegen.

Während das letztgenannte Bataillon und die 1ste Kompagnie den Feind in der Front angriffen, ging die 3te gegen seine rechte Flanke vor. Die Dänen mußten bald in südöstlicher Richtung weichen und eine große Anzahl Gefangener, darunter auch den Führer des Bataillons, Major Weihe, in den Händen der Preußen zurücklassen.

Der linke Flügel der nachdrängenden Preußischen Abtheilungen, die 3te, zwei Züge der 1sten und ebenso viel von der 8ten Kompagnie Regiments Nr. 64,**) war bis Tombüllgaard ge= kommen, als — etwa um 4½ Uhr — von Norden her eine feindliche Kolonne aus der Großen Moose hervortrat. Die 4te Kompagnie des Dänischen 18ten Regiments war nämlich bereits bei Wranglandhof und die 8te bei Frost angelangt,***) als man hier das Gewehrfeuer von der Südspitze der Großen Moose her ver= nahm und somit erkannte, daß das Gefecht bereits weiter nach Süden fortgeschritten war. Oberst Faaborg, der zu dieser Zeit sich ebenfalls bei Frost befand, rückte sofort mit dem zunächst zur Hand be= findlichen Theile der 8ten Kompagnie — zwei Züge derselben waren bereits über das Gehöft Frost hinaus der 4ten Kompagnie nachgerückt — auf dem Wege nach Tombüllgaard ab, in dem Glauben, daß dieser Weg noch frei sei. Der 4ten Kompagnie und dem Rest der 8ten sandte er den Befehl, zu folgen. Die Dänen marschirten geschlossen auf dem von Knicks eingefaßten Wege auf die Preußischen Abtheilungen zu, und da letztere aus dem Schwenken von Tüchern und Kopf= bedeckungen die Absicht des Gegners, sich gefangen zu geben, zu

---

*) Ohne die 6te Kompagnie, welche sich vom Bataillon getrennt hatte. Vergl. Seite 666 und 670.

**) Die 4te Kompagnie hielt um diese Zeit auf Befehl des Generals v. Roeder noch Rönhof besetzt. Die 2te hatte sich theils der 3ten, theils der 6ten angeschlossen. Die oben erwähnten zwei Züge der 8ten Kompagnie waren vom Kommandeur des 2ten Bataillons nach Osten hin entsandt worden, auf die Meldung, daß der Feind sich auch an der Augustenburger Föhrde zeige.

***) Vergl. Seite 673.

erkennen glaubten,*) so wurde anfänglich nicht gefeuert, sondern die 1ste und 3te Kompagnie Regiments Nr. 64 stellten sich nur an und auf dem Wege, die beiden etwas später anlangenden Züge der 8ten Kompagnie als Unterstützung dahinter, zum Empfange des Gegners bereit. Erst als die Dänen, nachdem sie ziemlich nahe herangekommen waren, das Gewehr zum Angriff fällten, wurde Preußischer Seits das Feuer eröffnet, vor welchem die zwischen die Knicks eingezwängte und an der Entwickelung gehinderte Dänische Kolonne unter erheblichen Verlusten in den Wald zurückwich. Oberst Faaborg wurde bei dieser Gelegenheit zum zweiten Male und zwar nunmehr tödtlich verwundet.**) Die Trümmer des 2ten Bataillons 18ten Regiments sammelten sich bei dem kleinen Gehölz nördlich Bagmoose.

Um dieselbe Zeit trat auch das 2te Bataillon des Dänischen 3ten Regiments***) von Osten her in's Gefecht. Dieses Regiment war, nachdem es gegen 4 Uhr auf dem Alarmplatz westlich Ulkebüll gesammelt worden, in zwei Kolonnen, das 1ste Bataillon über Ulkebüll gegen Kjär, das 2te auf dem an der Augustenburger Föhrde entlang führenden Wege vorgegangen. Das letzterwähnte Bataillon entwickelte sich in der Höhe des Waldstückes nördlich Bagmoose mit der Front nach Westen, wobei sich ihm Reste des soeben zurückgeworfenen 2ten Bataillons 18ten Regiments anschlossen.†) Die auf dem linken Flügel des Bataillons vorgehende 3te Kompagnie verlor sehr bald die Verbindung mit den übrigen und drang am Nordrande von Kjär vor, wo sie sich an den weiter unten††) zu schildernden Kämpfen gegen den rechten Flügel der Brigade Roeder betheiligte. Die übrigen drei Kompagnien setzten, mit Theilen des 2ten Bataillons 18ten Regiments vermischt, ihr Vorrücken gegen Westen fort.

---

*) Derselbe Irrthum soll bei den Dänen entstanden sein, als die Preußischen Abtheilungen nicht sogleich Feuer gaben.
**) Er starb nach zwei Tagen im Johanniter-Hospital zu Wester-Satrup.
***) Nummerfolge der Kompagnien des 3ten Regiments:
I.: 1ste, 2te, 5te, 6te; II.: 3te, 4te, 7te, 8te.
†) Vergl. Textskizze auf Seite 676.
††) Vergl. Seite 678 ff.

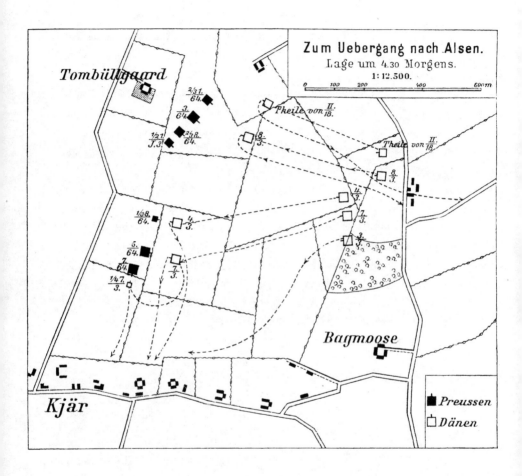

Zum Uebergang nach Alsen.
Lage um 4.30 Morgens.
1 : 12.500.

Ungefähr 700 m nordwestlich Bagmoose stießen zwei Kompagnien des Dänischen 3ten Regiments auf Theile des 2ten Bataillons Regiments Nr. 64. Dasselbe gehörte, wie oben erwähnt,*) zu dem linken Flügel der Brigade Roeder, welcher an dem Südrand der Großen Moose das Dänische 2te Bataillon 18ten Regiments geworfen hatte. Während eine aus verschiedenen Kompagnien der 64er zusammengewürfelte Abtheilung**) unter Major v. Hüner gegen Tombüllgaard weiter vorgedrungen war, hatte Major Cramer mit dem größeren Theile***) des 2ten Bataillons desselben Regiments sein Vorrücken nach Südosten fortgesetzt. Es entspann sich nun zwischen den letztgenannten Abtheilungen und den beiden Dänischen Kompagnien ein Feuergefecht, welches an den dicht bewachsenen Knicks zum Theil auf ganz nahe Entfernung geführt wurde. Unbemerkt gelangte ein starker Dänischer Schützenschwarm im hohen Getreide an die nach Kjär sich hinziehende Verlängerung des von den 64ern besetzten Knicks, überkletterte das Hinderniß und ging dann auf der anstoßenden Koppel gegen die rechte Flanke des Bataillons vor. Lieutenant v. Harbou von der 7ten Kompagnie Regiments Nr. 64 bemerkte diese Bewegung noch rechtzeitig, warf seinen Zug dem Feinde schnell entgegen und besetzte einen senkrecht zu der Feuerlinie des Bataillons laufenden Knick, von dem aus er dann seinerseits zum Angriff überging. Auch Major Cramer entsandte noch weitere zwei Züge nach der bedrohten Seite, so daß die Dänische Abtheilung unter großen Verlusten in südlicher Richtung nach demjenigen Theile von Kjär zurückweichen mußte, wo der von Tombüllgaard kommende Weg in den Ort hineinführt, und wo die zersprengte Mannschaft von den unterdessen dorthin vorgedrungenen Preußischen Abtheilungen des 2ten Bataillons Regiments Nr. 24†) gefangen genommen wurde.

Inzwischen hatte sich die den 64ern in der Front gegenüberstehende Dänische Kompagnie, gedeckt durch die hohen Knicks,

---

*) Vergl. Seite 674.
**) 2/3 1ster, 3te, 2/3 8ter Kompagnie.
***) 5te, 7te, 1/3 8ter Kompagnie. Vergl. auch Seite 674 Anmerkung 2.
†) Vergl. Seite 678.

unbemerkt auf Kjär abgezogen, wo sie sich den dort kämpfenden Abtheilungen anschloß. So konnten jetzt die 64er unter Major Cramer, ohne weiteren Widerstand zu finden, ihr Vorgehen gegen Bagmoose fortsetzen.

Die hinter dem rechten Dänischen Flügel folgende 8te Kompagnie des 3ten Regiments hatte sich, mit Theilen des 2ten Bataillons 18ten Regiments vermischt, beim weiteren Vorrücken mehr gegen Nordwesten gewendet und stieß, kurz nachdem sich der eben geschilderte Kampf mit dem 2ten Bataillon Regiments Nr. 64 entsponnen hatte, auf die von Tombüllgaard vorrückende Abtheilung des Majors v. Hüner.*) Auch hier mußten die Dänen bald weichen und zogen sich unter bedeutenden Verlusten durch das Gehölz und durch Bagmoose zurück, verfolgt von der Preußischen Abtheilung, welche aber bei Bagmoose Halt machte, wo sich zu dieser Zeit auch die Abtheilung des Majors Cramer sammelte.

Während der eben geschilderten Kämpfe des linken Flügels der Brigade Roeder war auch deren rechter Flügel aufs Neue ins Gefecht getreten. Die Brigade Goeben war, wie schon angegeben,**) in den westlichen Theil von Kjär eingedrungen und hatte dann auf Befehl des Divisions-Kommandeurs am Westrande dieses Dorfes Halt gemacht. Links von ihr ging der rechte Flügel der Brigade Roeder — aus den beiden Musketier-Bataillonen des 24sten und dem Füsilier-Bataillon des 64sten Regiments bestehend — gegen denjenigen Theil des Dorfes vor, wo der von Tombüllgaard kommende Weg in dasselbe mündet. Hier trat dem an der Spitze befindlichen 2ten Bataillon der 24er***) der Feind in größerer Masse entgegen. Der Kommandeur des Dänischen 18ten Regiments, Major Lundbye, hatte nämlich die von Abtheilungen der Brigade Goeben zurückgeworfenen Kompagnien des 1sten Bataillons 18ten Regiments†)

---

*) $\dfrac{2/3\ 1\text{ster, 3te, }2/3\ 8\text{ter}}{64.}$ (vergl. Seite 674) und $\dfrac{1/2\ 1\text{ster}}{\text{Jäg. 3}}$ (vergl. Seite 673, Anmerkung).

**) Vergl. Seite 672, 673.

***) Nur drei Kompagnien (5te, 6te, 7te). Vergl. Seite 664.

†) Vergl. Seite 672.

im östlichen Theile von Kjär geordnet und sie dann, nebst Trümmern des 4ten Regiments, zu beiden Seiten der Dorfstraße in westlicher Richtung vorgeführt. Es schlossen sich ihm außerdem noch das 1ste Bataillon und die 3te Kompagnie des 3ten Regiments*) an.

Das 2te Bataillon Regiments Nr. 24 war etwa 200 m östlich der Stelle, wo der Weg von Tombüllgaard in das Dorf einmündet, zum Stehen gekommen, und zwar mit der 5ten Kompagnie südlich, der 6ten nördlich der Straße und mit der 7ten auf dieser selbst. Auf dem linken Flügel schloß sich der 6ten Kompagnie noch der Lieutenant v. Brockhusen an, der, wie erwähnt,**) gleich nach dem Uebergang über den Sund nach Süden vorgegangen war. Das 1ste Bataillon des Regiments stellte sich hinter dem linken Flügel bereit und ließ seine 2te Kompagnie hier ebenfalls in die Gefechtslinie einrücken.

Es mochte 5 Uhr sein, als in Kjär der gleich näher ins Auge zu fassende Kampf des rechten Flügels der Brigade Roeder gegen die genannten Dänischen Abtheilungen aufs Heftigste entbrannte.***) Der linke Flügel der Brigade war zu dieser Zeit, nach Zurückwerfen des von Bagmoose her erfolgten Vorstoßes des Dänischen 2ten Bataillons 3ten Regiments, im Vorschreiten auf diese Oertlichkeit begriffen. Auch die Brigade Goeben hatte sich aus ihrer Aufstellung südwestlich Kjär†) bereits wieder in Bewegung gesetzt, um einem aus südlicher Richtung erfolgenden, weiter unten††) zu schildernden Angriff des größten Theiles der Brigade Bülow entgegenzutreten. Von der Division Wintzingerode war zu dieser Zeit erst ein Bataillon†††) vollständig versammelt und im Vormarsch, alles Uebrige noch im Uebersetzen begriffen. Die Division Manstein war daher

---

*) Vergl. Seite 675. Später griffen auch noch andere Theile des 2ten Bataillons 3ten Regiments ein. Vergl. Seite 677.

**) Vergl. Seite 664.

***) Plan 13 giebt einen Ueberblick über den Stand des Gefechts um 5 Uhr Morgens.

†) Vergl. Seite 673.

††) Vergl. Seite 681 ff.

†††) $\frac{II.}{35.}$

zunächst noch auf ihre eigenen Kräfte angewiesen und konnte vor
6 Uhr keinenfalls auf Unterstützung rechnen.

Der Kampf in und bei Kjär nahm nun folgenden Verlauf. Die
Dänen hatten vor dem Feuer der 24er schon in Höhe des von Lyse-
moose kommenden Weges Halt gemacht, gingen aber bald, namentlich
nördlich der Straße, von Neuem vor und kamen ziemlich dicht an die
Preußische Schützenlinie heran, aus der einzelne Abtheilungen vor-
stießen, um den Feind aufzuhalten.*) Dieser litt schwer unter
dem überlegenen Feuer des Zündnadelgewehrs, und als auf dem
Preußischen linken Flügel noch Theile der 8ten und 5ten Kompagnie**)
eintrafen und ihr Feuer gegen die rechte Flanke der Dänen richteten,
außerdem auch der Lieutenant v. Brockhusen, obgleich schwer verwundet, seine Schützen in raschem Anlaufe gegen die auf dem rechten
feindlichen Flügel befindlichen Baulichkeiten vorführte, begann dieser —
etwa um 5½ Uhr — in der Richtung auf Ulkebüll zu weichen. Südlich
der Straße hatte sich inzwischen ein Zug der 5ten Kompagnie unter
Lieutenant v. Rheinbaben und eine Abtheilung des Jäger-Bataillons
Nr. 3, welches der Brigade Roeder auf dem rechten Flügel gefolgt
und von der Dorfstraße von Kjär aus nach Süden abgebogen war,***)
gegen die linke Flanke der Dänen gewendet und dieselbe zum Rückzuge genöthigt. Die Einbuße des Gegners in diesem Dorfgefecht
war sehr erheblich; aber auch die 24er hatten empfindliche Verluste.
Es wurden hier allein acht Offiziere dieses Regiments verwundet.

Die Preußischen Abtheilungen ordneten sich einigermaßen und
folgten dann dem Gegner. Da inzwischen auch das 2te und der größte
Theil des 1sten Bataillons der 64er sich bei Bagmoose gesammelt

---

*) Nach Dänischen Berichten wäre die Preußische Linie bis zur Ein-
mündung des von Tombüllgaard kommenden Weges zurückgedrängt worden.
Die diesseitigen Berichte enthalten darüber nichts, und es erscheint die Dänische
Angabe schon mit Rücksicht auf die kurze Dauer des ganzen Gefechts wenig
wahrscheinlich. Möglich ist es, daß einzelne vorausgeeilte Gruppen beim Vorgehen der Dänen wieder zurückweichen mußten.

**) Diese Abtheilungen hatten sich kurz nach dem Uebergange von ihrem
Bataillon getrennt. Vergl. Seite 664.

***) Vergl. Seite 673.

hatten, so war hier, nach Zurückweisung des Gegenstoßes der Dänen, die Brigade Roeder größtentheils wieder vereinigt.*)

Nur zwei Züge der 1sten und die 3te Kompagnie des Regiments Nr. 64 sowie die Hälfte der 1sten Kompagnie des Jäger=Bataillons Nr. 3 gingen unter Major v. Hüner nach kurzer Rast weiter auf Ulkebüll vor; im Uebrigen wurde dem Befehle des Divisions=Kommandeurs gemäß Halt gemacht, da letzterer vom General v. Herwarth inzwischen die Weisung erhalten hatte, das Herankommen der Division Wintzingerode, welche sich um diese Zeit bei der Fohlen=Koppel sammelte, abzuwarten. General v. Herwarth war zwischen 3 und 4 Uhr mit dem größten Theil seines Stabes übergesetzt und hatte sich sofort in die vorderste Gefechtslinie zum General v. Manstein begeben.

Die Dänische Feld=Artillerie war während der eben geschilderten Vorgänge nur wenig in Wirksamkeit getreten. Die bei Bagmoose**) aufgestellte 9te Batterie, von welcher zwei Geschütze beim Arnkiels Friede verloren gegangen waren,***) rückte, ohne einen Schuß zu thun, nach Lambergholz, von wo sie sich später nach Kekenis abzog. Die beim Westende von Kjär und bei Engelshoi bereitgestellte halbe 2te Feld=Batterie war bei Beginn des Gefechtes in der Richtung auf Rönhof vorgegangen, hatte aber, durch das vom Sundewitt=Ufer aus gegen sie gerichtete Feuer bedroht, sehr bald Kehrt gemacht und wurde dann bis Wollerup zurückgenommen, woselbst auch die in Reserve gehaltenen Geschütze während des Gefechts um Kjär verblieben zu sein scheinen.

Während der Kämpfe im östlichen Theile von Kjär hatte sich auch auf dem rechten Flügel der Preußischen Gefechtslinie bei der

Gefecht der Brigade Goeben gegen die Brigade Bülow.

---

*) Es fehlten noch die $\frac{4te}{64.}$, welche Rönhof besetzt hielt, später mit dem $\frac{II.}{60.}$ vorging und sich bei Höruphaff an die $\frac{3te}{64.}$ anschloß, ferner Theile der $\frac{6ten}{64.}$, $\frac{2ten}{64.}$ und $\frac{8ten}{24.}$.

**) Vergl. Plan 12.

***) Vergl. Seite 662 und 665.

682

Brigade Goeben das Gefecht erneuert,*) nachdem kurz vorher von
Rönhof aus die zuerst übergeführte 2te 6pfündige Batterie der
Artillerie-Brigade Nr. 3**) südlich des Westendes von Kjär Stellung
genommen hatte.

Die Brigade schickte sich gerade an, aus der früher beschriebenen
Aufstellung***) zum Angriff gegen die Sonderburger Höhen vorzu=
gehen, als aus dieser Richtung geschlossene feindliche Massen vorrückten.
Es war die Brigade Bülow, welche hier zum Angriff schritt.†)

Der Kommandeur derselben hatte auf die Meldung, daß der
Feind nördlich des Großen Holzes eine Brücke schlage, das
Sammeln der Unterstützungs=Abtheilungen des 5ten Regiments an
dem Wege Sonderburg—Kjär befohlen und das 2te Bataillon
10ten Regiments bei Baadsagger, das 1ste Bataillon südlich Sonder=
burg††) aufgestellt. Das 2te Bataillon 5ten Regiments, welches den
betreffenden Befehl nicht erhielt, ging auf Engelshoi zurück und wurde
dort angehalten. Vom 1sten Bataillon dieses Regiments sammelte sich
der größte Theil bei Lyckegaard. Aus diesen Stellungen ging
Oberst Bülow, welcher um 4¼ Uhr den Befehl des Generals
Steinmann, in das Gefecht einzugreifen, erhalten hatte, zu
beiden Seiten der von Sonderburg über Engelshoi nach Kjär
führenden Straße vor.

Das 2te Bataillon des 10ten Regiments, welches sich etwas später
als das 5te Regiment in Bewegung setzte, kam schon in Höhe von
Lindegaard zum Stehen. Der Dänische Angriff, der sich somit vor=

---

*) Ganz hatte das Feuer überhaupt dort nicht geschwiegen, da der rechte
Flügel mit den Dänischen Abtheilungen am Strande in Berührung stand, der
linke aber zum Theil in das Gefecht der 24er eingriff.

**) Von dieser Batterie waren die beiden zuerst übergegangenen Geschütze
zunächst nach der Augustenburger Föhrde abgeschickt worden, um den „Rolf
Krake" zu beschießen. Im Gefecht mit der Panzer=Batterie verlor das eine
Geschütz ein Rad und mußte vorläufig stehen bleiben, während das andere der
Batterie nachgeführt wurde, als „Rolf Krake" die Augustenburger Föhrde
verließ.

***) Siehe Seite 673.

†) Vergl. Plan 13.

††) Nach seinem Bericht hielt er dies Bataillon nicht für zuverlässig und
stellte es deshalb nicht auf der Westseite von Sonderburg auf.

nehmlich gegen das 2te Bataillon sowie die 9te und 10te Kompagnie
Regiments Nr. 55 richtete, veranlaßte den General v. Goeben, die
noch hinter Kjär befindlichen 1½ Bataillone — das 1ste Bataillon
und die 11te und 12te Kompagnie dieses Regiments — ebenfalls vor-
zuziehen. Das 1ste Bataillon wurde rechts neben dem 2ten, die 11te
und 12te Kompagnie hinter diesem eingeschoben, während das Jäger-
Bataillon Nr. 3 Befehl erhielt, sich gegen die rechte Flanke des
Gegners zu wenden. Den Jägern folgten noch das 2te Bataillon*)
sowie die 9te und 12te Kompagnie Regiments Nr. 15.

Durch dieses Vorgehen kam die Bewegung der Dänen bald ins
Stocken. Das Jäger-Bataillon, welches zum Theil auch mit den gegen
die Brigade Roeder vorgegangenen Dänischen Abtheilungen**) im
Gefecht stand, drang lebhaft gegen die feindliche rechte Flanke vor —
wobei der Kommandeur, Major v. Witzleben, verwundet wurde —
und trieb den rechten Flügel der vom Obersten Bülow vorgeführten
Abtheilungen allmählich in der Richtung auf Engelshoi zurück. Noch
weiter links griffen das 2te Bataillon sowie die 9te und 12te Kompagnie Regiments Nr. 15 ein, welche dann im Vorschreiten gegen die
Nordostseite von Sonderburg blieben.

Auch in der Mitte und auf dem linken Flügel sah sich die Brigade
Bülow zum Zurückgehen genöthigt, als das 1ste Bataillon Regiments
Nr. 55***) und die längs des Strandes vorgedrungenen Abtheilungen,†)
unter Benutzung der Laufgräben, sie nun auch in der linken Flanke
umfaßten. Bald war die ganze Preußische Linie in siegreichem Vorschreiten. Die einzelnen Gehöfte, in welchen der Feind noch hie
und da Widerstand zu leisten versuchte, wurden sämmtlich genommen,
wobei dem Angreifer zahlreiche Gefangene in die Hände fielen.

Zu einem etwas heftigeren Zusammenstoß kam es noch bei Möllestedtgaard, als der Kommandeur des Dänischen 5ten Regiments die

---

*) 5te, 6te, 7te Kompagnie. Vergl. Seite 672, Anmerkung 3.

**) Vergleiche Seite 680.

***) Drei Kompagnien; die 4te war noch nicht herangekommen.

†) $\frac{\text{8te, 10te, 11te}}{15.}$, $\frac{\text{2/3 6ter}}{55.}$; Letztere hatte sich südlich Kjär vom Bataillon
getrennt.

bei Ringbek und Lindegaard gesammelten Theile desselben gegen das genannte Gehöft und die westlich davon stehenden Preußischen Truppen zum Angriff vorführte. Das Regiment Nr. 55, von welchem das 2te Bataillon und die 11te Kompagnie in der Front anfaßten, während das 1ste Bataillon sich gegen die Dänische linke Flanke wendete, überwältigte diese Abtheilungen jedoch bald, unter Abnahme vieler Gefangener, und nöthigte den Gegner zum Rückzuge auf Sonderburg und Engelshoi.

Bei letzterem Gehöft stießen die vorgehenden Preußischen Abtheilungen von Neuem auf Widerstand. Es hatte sich hier das 1ste Bataillon des 5ten Dänischen Regiments gesammelt und Aufstellung östlich des Sonderburger Weges, Front gegen diesen, genommen, auch war das 2te Bataillon des 10ten Regiments bis Lindegaard vorgeführt*) worden, so daß die Dänen hier einen nach Nordwesten geöffneten Haken bildeten. Auch diese Stellung, welche Anfangs hartnäckig vertheidigt wurde, mußte geräumt werden, als das 1ste Bataillon Regiments Nr. 55 und die Abtheilungen am Strande weitere Fortschritte machten.

Erst bei Sonderburg kam das Gefecht zum Stehen, nachdem die 6te Kompagnie Regiments Nr. 55 bei Baadsagger noch einen großen Theil der 6ten Kompagnie des Dänischen 10ten Regiments gefangen genommen hatte.

Anordnungen des Generals Steinmann für den Rückzug. General Steinmann hatte schon um 4 Uhr 20 Minuten, in der Ueberzeugung, daß die Ueberführung weiterer Preußischer Truppen nach Alsen doch nicht mehr zu verhindern sei, das Ober-Kommando auf Fünen telegraphisch um schleunige Absendung von Beförderungsmitteln nach Kekenis ersucht. Als dann in Folge der Entscheidung bei Kjär auch die Hoffnung auf ein Wiederherstellen des Gleichgewichts durch das Eingreifen der Reserven geschwunden war, meldete der General um 5 Uhr 53 Minuten dem Ober-Kommando, daß er die Truppen zwischen Ulkebüll und dem Süder Holze sammeln und den Rückzug nach Kekenis fortsetzen

---

*) Vergl. Seite 682.

werde. In Folge dieser Nachricht unterließ General Gerlach die Absendung von Verstärkungen nach Alsen, was insofern leicht zu ermöglichen gewesen wäre, als gerade am Morgen des 29sten Juni Truppen*) und Schiffe bei Nyborg zu einer Unternehmung gegen die Insel Fehmarn versammelt worden waren.

Der auf dem Rückzuge aus der Linie Kjär—Bagmoose nach Ulfebüll begriffenen Brigade Kauffmann ertheilte General Steinmann den Befehl, auf dem rechten Flügel eine Stellung zwischen der Augustenburger Föhrde und Sundsmark zu nehmen und dieselbe so lange zu halten, bis die Brigade Bülow dieses Dorf und das Süder Holz erreicht habe, worauf der gemeinschaftliche Rückzug auf Kekenis fortzusetzen sei. In Folge dieser Anordnungen ging nach dem allmählichen Abzuge des 5ten Infanterie-Regiments auf Sundsmark und das nördliche Ende des Süder Holzes das 2te Bataillon des 10ten Regiments, welches den Preußischen Abtheilungen bei Engelshoi und Baadsagger entgegengestellt worden war, gegen 6 Uhr bis zu den Mühlen dicht nordöstlich Sonderburg zurück.

Das 1ste Bataillon 10ten Regiments, von welchem einzelne Theile schon früher nach dem Süder Holz abmarschirt waren, erhielt den Befehl zum Rückzuge um 5½ Uhr, als es diesen bereits angetreten hatte. Theile desselben nahmen am Westrande des Süder Holzes bei dem von Ladegaard kommenden Wege eine Aufnahmestellung, das Uebrige sollte sich an der Westseite von Sonderburg noch einige Zeit halten, um den an der Sundewitt-Küste befindlichen Preußischen Truppen den Abmarsch zu verbergen, doch scheinen auch diese Dänischen Abtheilungen noch vor dem Eindringen des Angreifers in die Stadt abgezogen zu sein.

Der Angriff der Brigade Goeben auf die in und bei Sonderburg stehenden Dänischen Kräfte erfolgte in derselben Gliederung, in welcher sie bisher die einzelnen feindlichen Gefechtsgruppen zurückgedrängt hatte. Nur an der Straße von Engelshoi trat ein kurzes

Einnahme von Sonderburg; gegen 6 Uhr.

---

*) 8tes und 14tes Infanterie-Regiment, zwei Eskadrons und eine Batterie. Das Unternehmen gegen Fehmarn unterblieb, und die Transportschiffe gingen nach Alsen.

Stocken ein, als das hier vorgehende 2te Bataillon Infanterie-
Regiments Nr. 55 in das Feuer der auf der Windmühlenhöhe stehenden
Dänischen Infanterie gerieth. Aber auch an dieser Stelle kam die
Bewegung bald wieder in Fluß, als das 2te und halbe Füsilier-
Bataillon Regiments Nr. 15*) von links, das 1ste Bataillon
Regiments Nr. 55 von rechts her eingriffen. Die 5te Kompagnie
letzteren Regiments nahm die Höhe nördlich der Kirchbergs-Batterie,
während gegen diese letztere selbst die 4te und 9te Kompagnie**)
vorgeführt wurden. Die Dänen leisteten nur geringen Widerstand, und die einzelnen Abtheilungen des 2ten Bataillons
10ten Regiments wichen, soweit sie nicht in Gefangenschaft fielen,
in südöstlicher Richtung zurück. Während noch an den nördlichen
Eingängen von Sonderburg gefochten wurde, war Major v. Böcking,
Kommandeur des 1sten Bataillons Regiments Nr. 55 mit der 1sten,
2ten und 3ten Kompagnie seines Bataillons und einem Theil der
7ten Kompagnie des Regiments Nr. 15 auf der westlichsten, dem
Strande zunächst liegenden Straße in die Stadt eingedrungen. Er
besetzte sogleich den ganzen westlichen Theil der Stadt, einschließlich
des Schlosses. Andere, am Strande entlang vorgegangene Kompagnien
— die 8te des 55sten und die 8te, 10te, 11te des 15ten Regiments —
drangen ebenfalls von dieser Seite in Sonderburg ein, während die
übrigen Theile der Brigade Goeben die nördlichen und nordöstlichen
Eingänge gewannen.

Auf diese schnelle Entscheidung des Kampfes bei Sonderburg war
die Thätigkeit des in der Düppel-Stellung zurückgebliebenen Füsilier-
Bataillons Regiments Nr. 24 und der bei Rackebüll bereitgestellten
Artillerie nicht ohne Einfluß gewesen. Von der letzteren war die
1ste reitende Batterie der Artillerie-Brigade Nr. 7 auf Befehl des

---

*) Diese Truppentheile, welche, wie früher erwähnt, mit dem Jäger-
Bataillon Nr. 3 den linken Flügel der Brigade Goeben bildeten, waren über
Steengaard herangekommen. Das Jäger-Bataillon hatte dort einige Zeit
gerastet, sich dann noch weiter nach links geschoben und kam erst später nach
Sonderburg heran.

**) Letztere Kompagnie hatte sich beim Vorgehen der Brigade Goeben
dem 1sten Bataillon angeschlossen.

Prinzen Friedrich Karl bei Schanze X aufgefahren und hatte die feindliche Infanterie nördlich Sonderburg beschossen, während die Füsiliere sehr bald das Feuergefecht gegen das 1ste Bataillon des Dänischen 10ten Regiments aufgenommen hatten und mittelst der verfügbaren sechs Boote den Sund zu überschreiten begannen, als die Westfälischen Bataillone sich der Stadt näherten. Auch die Sonderburg gegenüber gelegenen Batterien Nr. 34 und 35 hatten bald nach Beginn des Ueberganges das Feuer gegen die Kirchbergs- und Schloß-Batterie eröffnet, welches von diesen sowie später von den am Ausgange des Hörup Haffs ankernden Kriegsfahrzeugen lebhaft erwidert wurde.

Nach der Wegnahme von Sonderburg machte die Brigade Goeben auf Befehl des Generals v. Manstein, welcher dem General v. Roeder Zeit lassen wollte, die Dänen womöglich von ihren Einschiffungspunkten abzuschneiden, um etwa 6½ Uhr Halt und verfolgte den Feind zunächst nur durch das Feuer der inzwischen herangekommenen Feld-Artillerie. Von dieser hatte die 2te 6pfündige Batterie der Artillerie-Brigade Nr. 3 das eben geschilderte Vorgehen der Infanterie auf Sonderburg bis in eine Stellung bei Strohberg begleitet; ebendahin war die um 5½ Uhr gelandete 3te 6pfündige Batterie gefolgt, welche hier gleichfalls noch in Thätigkeit treten konnte.

Der in der Linie Kjär — Bagmoose angehaltenen Brigade Roeder*) gab General v. Manstein, als er sah, daß die Brigade Goeben in Sonderburg eindrang, um 6¼ Uhr den Befehl, auf Ulkebüll und Wollerup vorzugehen, in welcher Richtung die Abtheilungen unter Major v. Hüner bereits vorausgeeilt waren.**)

Die Verfolgung der Dänen in der Richtung auf Hörup.

Nunmehr trat auf dem linken Flügel auch die Division Wintzingerode in Thätigkeit, welche vom General v. Herwarth um 5 Uhr den Befehl erhalten hatte, sich mit den am Südrande der Fohlen-Koppel versammelten Theilen gegen Ulkebüll und Wollerup

---

*) Vergl. Seite 681.

**) Vergl. Seite 681. Es waren $\frac{2/3 \text{ 1ster u. 3te}}{64.}$; $\frac{1/2 \text{ 1ster}}{\text{Jäg. 3}}$, die $\frac{8te}{64.}$ war bei Bagmoose wieder zu ihrem Bataillon gestoßen.

in Marsch zu setzen und von dort gegen Höruphaff vorzustoßen. Die Division hatte um 4 Uhr ihren Uebergang beginnen können, außerdem war zu dieser Zeit bei Punkt D, abweichend von der festgesetzten Reihenfolge, das 2te Bataillon Füsilier-Regiments Nr. 35 übergegangen.

Es war gegen 5³/4 Uhr, als die zuerst gelandeten Truppen — das ebengenannte Bataillon der 35er, das 1ste Bataillon des Regiments Nr. 13 und das 2te des Regiments Nr. 53 — unter Führung des Obersten v. Witzleben, dem oben erwähnten Befehle gemäß vom Südrande der Fohlen-Koppel aus auf Rönhof in Marsch gesetzt wurden, von wo sie den nach dem Ostrande von Kjär führenden Kolonnenweg benutzten. General v. Schmid schloß sich diesen, ihren Marsch nach Möglichkeit beschleunigenden Abtheilungen, an deren Spitze sich das 1ste Bataillon Infanterie-Regiments Nr. 13 befand, an. Bei der Brigade Roeder, welche im Begriffe stand, sich von Kjär und Bagmoose aus ebenfalls wieder in Bewegung zu setzen, vorbeimarschirend, trafen dieselben bei Ulkebüll ein, als dort bereits die vorausgeeilten Abtheilungen unter Major v. Hüner im Gefecht standen. Von diesen rückte soeben die 3te Kompagnie Regiments Nr. 64 in der Front gegen den dortigen Kirchhof vor, während die 1ste Kompagnie und die Jäger das Dorf nördlich umgingen. Hauptsächlich gegen die rechte Flanke des Feindes entwickelten sich nun auch die beiden Westfälischen Bataillone.

Dem Befehle des Generals Steinmann gemäß*) hatte hier die Brigade Kauffmann in der Weise Stellung genommen, daß das 3te Regiment von der Föhrde bis zur Kirche von Ulkebüll, das 18te links daneben stand. Bei der Brigade befanden sich noch zwei Halb-Batterien.**)

Den Angriff der Preußischen Abtheilungen wartete der Gegner indessen nicht mehr ab. Als er bemerkte, daß der rechte Flügel des

---

*) Vergl. Seite 685.
**) Es waren die zuerst der Brigade Bülow zugetheilte ½ 2te (vergl. Seite 652) und die der Brigade Kauffmann überwiesene ½ 1ste Batterie. Die andere Hälfte der 2ten Batterie, welche von Anfang an in Reserve stand, scheint schon vorher zurückgegangen zu sein.

5ten Regiments über Sundsmark hinaus gelangt war, und voraus=
setzen konnte, daß auch das 10te Regiment bereits das Süder Holz
durchschreite, trat die Brigade etwa um 7½ Uhr auch ihrerseits den
Rückzug an. Das 3te Regiment und eine Halb=Batterie gingen über
Wollerup auf Hörup Kirche, das 18te Regiment und die andere
Halb=Batterie über Lambergholz auf Hörup zurück.

Die Truppen unter Oberst v. Witzleben, denen sich der kom=
mandirende General anschloß, folgten den abziehenden Dänen.*) An
der Spitze befanden sich das 1ste Bataillon Regiments Nr. 13, die 6te
und ein Zug der 5ten Kompagnie Regiments Nr. 53; weiter rückwärts
folgten der Rest der 5ten, die 7te und 8te Kompagnie dieses Regi=
ments, sowie das 2te Bataillon der Brandenburgischen Füsiliere.
Nachdem diese Abtheilungen zuerst dem Wege nach Wollerup gefolgt
und die vorderen, nebst der 3ten Kompagnie Regiments Nr. 64 der
Abtheilung des Majors v. Hüner, von dort aus weiter gegen
Hörup Kirche vorgegangen waren, gab General v. Schmid den
übrigen die Richtung auf Lambergholz, um die Dänen womöglich
noch bei Höruphaff an der Einschiffung zu hindern.

Die 2te und 3te 6pfündige Batterie hatten auf Befehl des
Generals v. Manstein ihre Stellung bei Strohberg verlassen**)
und waren über Ultebüll gefolgt. Sie gingen jetzt in schneller
Gangart an der auf Lambergholz in Marsch befindlichen Infanterie=
Kolonne vorbei, mußten aber jenseits der letztgenannten Oertlichkeit
zunächst Halt machen, da das südöstlich derselben liegende Gehölz
noch von feindlichen Abtheilungen besetzt war. Diese wichen bei
Annäherung der Preußischen Infanterie, welche schnell durch das
Wäldchen vordrang und erst jenseits desselben aus den Häusern am
Strande und von dem Nordostrande des Lamberg Intügt wieder
Feuer erhielt. Während die 7te und 8te Kompagnie Regiments Nr. 53
an dem von Lambergholz nach Höruphaff führenden Wege weiter
vorgingen, wobei der Adjutant des Regiments, Premier=Lieutenant
Baer, unmittelbar neben dem General v. Herwarth eine tödt=

*) Vergleiche Plan 14.
**) Vergl. Seite 687.

Feldzug 1864. 44

liche Wunde erhielt, drang das 2te Bataillon Regiments Nr. 35 in
das Lamberg Jntügt ein.   So wurden die letzten hierher zurückge=
gangenen Dänen gegen die See gedrängt und — mit Ausnahme eines
kleinen Theils, der, am Strande hinwegziehend, entkam — zum
Strecken der Waffen gezwungen.   Es war gegen 9 Uhr Morgens.

Bei dieser Verfolgung fielen dem Sieger 13 Offiziere und
329 Mann in die Hände.

Die nach Säuberung der Waldstücke sogleich vorgezogenen beiden
Preußischen Batterien traten nicht mehr in Thätigkeit, da die
Dänischen Transportschiffe bereits außer Sicht waren.

Die gegen Hörup Kirche vorgegangenen Abtheilungen des Obersten
v. Witzleben waren dort noch auf Theile der Brigade Kauffmann
gestoßen, welche indessen den Rückzug antraten, als die Preußen sich
gegen den Ort entwickelten.   Ebenso zogen mehrere in der Gegend von
Maibüllgaard noch im Feuer begriffene feindliche Feldgeschütze und
zu deren Schutz aufgestellte Infanterie=Abtheilungen ab, als von
Hörup Kirche einige Kompagnien dorthin in Bewegung gesetzt wurden.
Die Truppen des Obersten v. Witzleben sammelten sich, auf Befehl
des hier anwesenden Generals v. Herwarth, bei Höruphaff, da eine
weitere Verfolgung der Dänen wegen des von diesen bereits ge=
wonnenen Vorsprungs und in Anbetracht der Erschöpfung der eigenen
Mannschaft dem Führer unthunlich erschien.

Die Brigade Roeder war durch den kommandirenden General
schon bei Wollerup angehalten worden, wo sich auch die Abtheilungen
des Majors v. Hüner wieder mit derselben vereinigten.

Die Brigade Goeben hatte sich von Sonderburg aus von Neuem
in Bewegung gesetzt, als die Spitze der Brigade Roeder Ulkebüll
erreichte.   Eine Abtheilung der ersteren, unter Major v. Böcking,*)
ging auf Ladegaard vor, und die 3te Kompagnie Regiments Nr. 55
folgte in derselben Richtung, während der übrige Theil dieser Brigade
und die Brandenburgischen Jäger gegen Klintinge vorrückten.   Im
Süder Holze wurde noch eine Anzahl Dänen gefangen genommen,

*) $\dfrac{\text{1ste, 2te, 8te}}{55.}$ und Theile von $\dfrac{\text{6ter u. 7ter}}{15.}$.

auch fand ein Zug der 2ten Kompagnie Regiments Nr. 55 Ge=
legenheit, am Strande mehrere Kähne zu beschießen, in denen ver=
sprengte Dänen sich nach einigen Kriegsschiffen übersetzen ließen, welche
sich hier der Insel genähert hatten und ein wirkungsloses Feuer
gegen die Preußischen Abtheilungen richteten. Gegen 9 Uhr war die
Brigade Goeben bei Höruphaff versammelt, wo inzwischen auch
Prinz Friedrich Karl eingetroffen war. Dieser hatte bei Beginn
des Kampfes bei der ehemaligen Schanze X Aufstellung genommen
und sich durch Offiziere seines Stabes, die theilweise mit den Truppen
nach der Insel übergesetzt waren,*) über den Fortgang des Unter=
nehmens in Kenntniß erhalten, auch insofern persönlich eingegriffen,
als er, wie erwähnt,**) die 1ste reitende Batterie der Artillerie=Bri=
gade Nr. 7 in die Nähe seines Aufstellungspunktes zog, um von dort
aus bei dem Kampf um Sonderburg mitzuwirken. Gegen 8 Uhr
war der Prinz, begleitet vom Prinzen Albrecht (Vater) und dem
General v. Moltke, nach Sonderburg übergegangen, hatte sich nebst
seinen Begleitern beritten gemacht und war den Truppen nachgeeilt,
welche er einholte, als der Kampf in der Nähe von Hörup endigte.

Die Dänischen Abtheilungen zogen sich von Maibüll über Minte=
berg und Maibüllgaard auf Schaubn ab, wo das zur Brigade
Kauffmann gehörige 3te Regiment und die beiden auf der Insel
befindlichen Dragoner=Eskadrons eine Aufnahmestellung genommen
hatten. Von hier wurde der Rückzug nach der Halbinsel Kekenis
fortgesetzt, wo die Einschiffung nach Fünen stattfand.

Der im nördlichen Theile der Insel befehligende Oberst=Lieutenant
Caroc ***) hatte um 3½ Uhr früh eine telegraphische Mit=
theilung des Divisions=Kommandeurs über den Preußischen Angriff
erhalten und sich alsbald mit der aus 4 Kompagnien bestehenden
Reserve,†) der Eskadron und der Halb=Batterie in südlicher Richtung

Uebergang der Dänen nach der Halbinsel Kekenis.

---

*) Einer derselben, Hauptmann Graf Haeseler, wurde bei Kjär ver=
wundet.

**) Vergl. Seite 686, 687.

***) Vergl. Seite 651.

†) $\dfrac{\text{1ste, 2te, 4te, 8te}}{6.}$.

44*

in Marsch gesetzt. Bei Eken erhielt er den Befehl des Generals Steinmann, über Tandslet auf Kekenis weiter zu rücken. Mit Hülfe von Wagen wurde der Marsch nach Möglichkeit beschleunigt, und so kam diese Abtheilung, als erste, um 11 Uhr bei der Land=enge „Drei" an und besetzte diese, sowie den nördlichen Strand der Halbinsel Kekenis. Die zunächst noch an der Ostküste zurückgelassenen Truppen*) erhielten um 8¹/₂ Uhr Morgens Befehl, sich einzuschiffen, was auch bis gegen Mittag bei Norderlücke unter Mithülfe des „Rolf Krake" zur Ausführung gelangte. Das Panzerschiff hatte die „Hertha", den „Willemoes" und zwei Kanonen=Schaluppen unter dem Feuer der Preußischen Artillerie aus dem Stegwig hinausgeleitet, indem es sich den Schiffen nach der Landseite vorlegte. Die bei Hardeshoi eingegrabene Kanonenjolle**) und die im Stegwig befind=liche Kanonen=Schaluppe sprengten die Dänen in die Luft.

Maßnahmen des I. Korps nach Beendigung des Gefechtes. Verluste.

Als gegen 9 Uhr die Brigade Goeben und ein Theil der Brigade Schmid***) in der Gegend von Hörup, und die Bri=gade Roeder bei Wollerup versammelt waren, während der Rest der Division Wintzingerode sich im Anmarsch befand, konnte der Besitz der Insel als vollkommen gesichert gelten. Es handelte sich nur noch darum, ob es möglich und rathsam sei, die auf der Halb=insel Kekenis in der Einschiffung begriffenen feindlichen Abtheilungen von Neuem anzugreifen, um sie gefangen zu nehmen und sich des dorthin abgeführten Kriegsgeräthes zu bemächtigen. Ein Angriff zu Wasser vom Nordstrande des Hörup Haffs aus war unausführbar, weil die im Alsen Sunde gebrauchten Boote schon wegen der völligen Erschöpfung der Rudermannschaft nicht schnell genug heranzuschaffen, andere aber überhaupt nicht verfügbar waren. Außerdem hatte man Kenntniß von der Befestigung der Landenge „Drei", deren gewalt=same Wegnahme voraussichtlich Opfer gefordert hätte, die vermuthlich außer Verhältniß zu dem etwaigen Erfolge gestanden haben würden.

---

*) $\frac{3\text{te, }5\text{te, }6\text{te, }7\text{te}}{6.}$ und eine Festungs=Artillerie=Abtheilung.

**) Vergl. Seite 653.

***) Mit $\frac{\text{II.}}{35.}$.

Angesichts dieser Umstände und bei der großen Ermüdung der Truppen wurde von einem weiteren Vorgehen Abstand genommen und angeordnet, daß die 13te Division in der Gegend von Hörup Kirche stehen bleiben, die 6te Division nach dem Sundewitt zurückgehen solle. Die Divisionsverbände wurden zuvor wieder hergestellt, indem die 11te Infanterie-Brigade zur 6ten, die 26ste zur 13ten Division zurücktraten. Das Husaren-Regiment Nr. 3 und die beiden östlich Höruphaff befindlichen Batterien verblieben bei der 13ten Division. Das 2te und Füsilier-Bataillon Regiments Nr. 13 sowie das 1ste und Füsilier-Bataillon Regiments Nr. 53 waren erst nach eingetretener Entscheidung auf Alsen angelangt; von der 7ten Artillerie-Brigade landeten die 1ste und 4te 12pfündige Batterie zur Mittagszeit auf der Insel.

Die 13te Division bezog mit der 25sten Infanterie-Brigade zu beiden Seiten der Straße Ulkebüll—Hörup, mit der 26sten in Sonderburg, Ulkebüll und den nördlich davon gelegenen Ortschaften Quartiere und setzte Vorposten in der Linie Maibüllgaard—Broe, sowie längs des Nordstrandes des Hörup Haffs aus. Bei der Erschöpfung der Ruderkräfte nahm die Rückbeförderung der 6ten Division nach dem Sundewitt viel Zeit in Anspruch, so daß ein Theil der Truppen erst spät in der Nacht seine Quartiere erreichte und die übrigen auf der Insel biwakirten, um am folgenden Tage die inzwischen bei Sonderburg geschlagene Pontonbrücke zu benutzen. Zur Herstellung derselben waren nach Beendigung des Uebersetzens der Truppen die Pontons um 1 Uhr Nachmittags verfügbar geworden, doch mußte zunächst den in Folge des elfstündigen Dienstes aufs Aeußerste ermüdeten Pionieren einige Ruhe gewährt werden. Um 5 Uhr Nachmittags wurden die Fahrzeuge wieder besetzt und nach Sonderburg gerudert,*) wo man noch am Abend die Vorbereitungen zum Brückenschlage traf. Dieser begann am Morgen des 30sten Juni um 4 Uhr

---

*) Hierbei brachte ein leeres, einer Uebersetzmaschine angehängtes Boot etwa in Höhe der früheren Schanze X nahe dem Strande der Insel eine Seemine zur Entzündung, ohne daß dadurch Schaden angerichtet wurde. Die übrigen Minen wurden später gehoben und unschädlich gemacht. Vergl. Seite 649.

gegenüber dem Sonderburger Schloß, woselbst sich am Sundewitt-Ufer eine ziemlich lange Landungsbrücke befand. Obgleich die Arbeit durch Sturm und Regen nicht unerheblich erschwert wurde, war die 125 m lange Brücke doch bereits um 7½ Uhr Morgens benutzbar.

Die Dänen konnten auf der Halbinsel Kekenis die Einschiffung ungestört fortsetzen. Die Infanterie wurde beim Leuchtthurme süd-lich der Landenge „Drei" verladen, während die berittenen Waffen mittelst der großen Landungsbrücke bei Osterby an Bord der Trans-portschiffe gingen. Abends um 8 Uhr waren bereits die Trümmer des 4ten Regiments, die 6te Brigade, drei Bataillone der 2ten Brigade, die beiden Eskadrons, 1½ Batterien, sowie die Festungs-Artillerie-Kompagnien und die Artillerie- und Ingenieur-Depot-Abtheilungen abgesegelt. Die am 30sten Juni und am 1sten Juli früh gegen die Landenge vorgeschickten Preußischen Erkundungs-Abtheilungen fanden die dortigen Verschanzungen noch besetzt. Von einem Angriff auf dieselben wurde auch an diesem Tage Abstand genommen, da über die Absicht des Gegners, die Insel ganz zu räumen, kein Zweifel bestand. Am 1sten Juli Nachmittags 3 Uhr verließen die letzten Dänen die Halbinsel Kekenis.

Im Ganzen wurden 99 schwere und 2 Feldgeschütze auf der Insel erbeutet, außerdem eine Menge Kriegsgeräth aller Art, darunter die versenkten Theile der Sonderburger Schiffbrücke, welche von den Pionieren gehoben wurden.

Die Verluste der Preußischen Truppen waren im Verhältniß zu dem erlangten Erfolge*) gering. Dieselben betrugen 33 Offi-ziere und 339 Mann.**) Die am Ufer des Sundewitt aufgestellte Artillerie, welche das Unternehmen namentlich zu Anfang durch leb-haftes Feuer unterstützte, hatte keinerlei Einbuße erlitten.

Der Verlust der Dänen bezifferte sich auf 37 Offiziere,

---

*) Als Anerkennung für die hervorragenden Leistungen der Truppen wurde von Sr. Majestät dem Könige am 7ten Dezember 1864 das Alsen-Kreuz gestiftet.
**) Anlage Nr. 72 enthält die Verlustliste für den 29sten Juni.

637 Mann an Todten und Verwundeten; 37 Offiziere, 2437 Mann
geriethen in Gefangenschaft.*)

Die bereits drei Tage nach Wiederbeginn der Feindseligkeiten ausgeführte Ueberschreitung des Alsen Sundes ist eine ebenso hervorragende und ihrer Art nach in der Kriegsgeschichte vereinzelt dastehende Waffenthat**) wie der Düppel=Sturm.

Betrachtungen über den Uebergang nach Alsen.

Ohne Zweifel wurde das Uebersetzen über den breiten Meeresarm insofern vom Glücke begünstigt, als der Feind trotz der erforderlichen, umfangreichen Vorbereitungen von den Absichten des Angreifers bis zuletzt keine Kenntniß erhielt. Selbst noch in der Nacht zum 29sten hätte ein einzelner Schwimmer die Nachricht von der Bereitstellung der Uebergangsmittel und der Ansammlung der Truppen früh genug nach der Insel bringen können. Die Dänen wären dann in der Lage gewesen, ihre Hauptkräfte rechtzeitig im nördlichen Theile der Halbinsel Kjär bereit zu stellen und den zuerst übergegangenen Abtheilungen mit Ueberlegenheit entgegen zu treten. Außerdem hätte der in der Augustenburger Föhrde, eine halbe Meile hinter Arnkiels Öre vor Anker liegende „Rolf Krake" dann Zeit genug gehabt, sich unmittelbar hinter dieser Landspitze bereit zu legen, um in die ersten Bootskolonnen hineinzufahren.***) Als ein glücklicher Zufall muß es ferner bezeichnet werden, daß das Patrouillenboot des Panzerschiffes abgehalten wurde, seine bisherige Richtung zu verfolgen, in welcher es wahrscheinlich die von Ballegaard nach

---

*) Nach Sörensen. Ravn beziffert den Verlust um 111 Mann höher.

**) Allerdings sind schon einmal, am 14ten Dezember 1658, Brandenburger und Kaiserliche Truppen unter dem Befehle des großen Kurfürsten über den Alsen Sund gegangen. Doch betrug die damalige Besatzung der Insel nur 2000 Schwedische Reiter.

***) Diese Bewegung hätte allerdings nur einmal ausgeführt werden können, da „Rolf Krake" in dem schmalen Fahrwasser des Sundes nicht zu wenden vermochte. Das Panzerschiff hätte also den Meeresarm seiner ganzen Länge nach unter den Preußischen Batterien durchfahren müssen, um dann nach Arnkiels Öre zurückzukehren, was nach Dänischer Berechnung erst nach drei Stunden möglich gewesen wäre. Daß „Rolf Krake" nicht unmittelbar hinter Arnkiels Öre vor Anker lag, wird Dänischer Seits durch die ungenügende Wassertiefe erklärt. (Duntzfeld, „Thätigkeit Rolf Krakes", S. 20 u. 16.)

Schnabek-Hage in der Fahrt begriffenen Preußischen Boote entdeckt hätte. Dann aber wäre es im Stande gewesen, auf Alsen noch vor Beginn des Ueberganges zu alarmiren. Wenn die in Folge dessen vom Vertheidiger getroffenen Maßregeln wohl auch den Ueber= gang selbst nicht mehr vereiteln konnten, so würden sie ihn doch er= schwert und wesentlich verlustreicher gestaltet haben.

Als in Folge der Ueberraschung die Landung der ersten Truppenstaffel, die Niederwerfung der am Inselstrande aufgestellten Dänischen Vortruppen und die Wegnahme der nächsten Batterien ge= glückt war, hätte die Nachführung weiterer Truppen bis zur Er= langung einer entscheidenden Ueberlegenheit nur durch ein schnelles Erscheinen des Dänischen Panzerschiffes oder durch sofortiges Eingreifen der Reserven gestört werden können.

Die bei der Ausführung des Preußischen Angriffes sich zeigende starke Vermischung der taktischen Verbände und das vielfach vor= kommende, selbstständige Abzweigen einzelner Abtheilungen war eine natürliche Folge der eigenthümlichen Verhältnisse, unter welchen der= selbe unternommen und durchgeführt werden mußte. Diese Uebel= stände, welche schon dadurch, daß die Boote nur bei der ersten Fahrt einigermaßen gleichzeitig landen konnten, hervorgerufen waren, wurden noch durch den Thatendrang der Truppen und das Bestreben verstärkt, trotz des durchschnittenen und unübersichtlichen Geländes möglichst schnell nach vorwärts Raum zu gewinnen. Aber wenn auch alles dies eine Lockerung der Befehlsverbände ungemein begünstigte, so wurde es doch den höheren Führern möglich, von Zeit zu Zeit die Bewegung anzuhalten, um die durcheinander gekommenen Abtheilungen von Neuem zu ordnen und den Nebenkolonnen Zeit zum Eingreifen zu gewähren.

Die Maßnahmen der Dänen waren vor Allem durch den Ge= danken beeinflußt, daß der Uebergang nach der Insel mittelst eines Brückenschlages zur Ausführung gelangen werde, den man im süd= lichen, schmalsten Theil des Sundes um so mehr erwarten zu müssen glaubte, als dadurch sogleich die Rückzugslinie nach Hörup bedroht worden wäre.

Dieser Auffassung entsprach auch die Vertheilung der Dänischen

Vertheidigungsmittel. Auf dem für vorzugsweise bedroht gehaltenen Theile der Küste waren etwa zwei Drittel der schweren Artillerie und zwei Infanterie=Regimenter, also der dritte Theil des überhaupt verfügbaren Fußvolkes, aufgestellt, während an der ebenso langen nördlichen Strecke nur 18 *) Stellungsgeschütze und ein Regiment standen und noch ein weiteres zur Sicherung des nördlichsten Theiles der Insel gegen einen Uebergang über die Föhrde aus= geschieden war. Blieb die ungleiche Vertheilung des schweren Ge= schützes auch schließlich ohne wesentlichen Einfluß auf den Gang der Ereignisse, so erwies sich das Bestreben, die ganze Strandlinie und im Besonderen den südlichsten Theil derselben durch stärkere Infanteriekräfte zu sichern, und die hieraus sich ergebende Verzettelung der Truppen höchst verderblich. Auf diese Weise war eine einheit= liche Leitung des Kampfes von vornherein unmöglich gemacht und nirgends auch nur vorübergehend eine eigentliche Ueberlegenheit zu erzielen. Die Aufstellung der Dänischen Truppen kann aber auch nicht einmal für denjenigen Fall als zweckmäßig angesehen werden, welcher als der wahrscheinlichste ins Auge gefaßt war, denn gerade bei Ausführung eines Brückenschlages blieb unter allen Umständen noch Zeit genug übrig, weiter rückwärts bereit gehaltene Kräfte heran= zuführen.

Ohne Zweifel hätte daher das Dänische Ober=Kommando besser gethan, die Masse der Infanterie und Feld=Artillerie bei Ulkebüll bereit zu stellen und den ausgedehnten Strand nur durch kleinere Abtheilungen beobachten zu lassen. Dies war auch für den Fall zu= treffend, daß der Angreifer nicht im Sunde sondern bei Ballegaard überging, da dann Zeit genug blieb, die Reserven von Ulkebüll über Ketting vorzuführen oder mit denselben auf den nördlich der Linie Miang—Tandslet gelegenen Höhen Stellung zu nehmen.

Aber auch noch nach erfolgtem Angriff wäre ein kräftigerer Wider= stand möglich gewesen, wenn die südlich des Kjärwig aufgestellten Dänischen Abtheilungen sich sofort in nördlicher Richtung in Marsch

*) Nach Sörensen 20.

gesetzt hätten. Das 5te Infanterie-Regiment wenigstens konnte um 3 Uhr, also zu der Zeit, wo die zuerst gelandeten Preußischen Ab= theilungen sich am Südrande der Fohlen-Koppel ordneten, bis in die Höhe von Rönhof gelangt sein. Die ganze Brigade Bülow blieb aber stehen, ja ihr rechter Flügel räumte freiwillig seine Stellung, ohne daß man sich auch nur über den Stand der Dinge genaue Kenntniß zu verschaffen suchte oder eine Versammlung der getrennten Theile an= ordnete, bis zu dem Augenblick, wo sie der Befehl des Divisions-Kom= mandeurs nach Norden in Bewegung setzte.*) Als dann die Kom= pagnien und Bataillone einzeln in der Richtung auf Kjär vorgeführt wurden, stießen sie bereits auf eine Ueberlegenheit, gegen welche auch bei der größten Hingebung dauernde Erfolge nicht mehr zu erringen waren.

Sehr unzweckmäßig erscheint auch das Verhalten der Dänischen Feld-Artillerie. Abgesehen von den beiden Geschützen, welche den zuerst gelandeten Preußischen Abtheilungen nach tapferer Gegenwehr in die Hände fielen, machte diese Waffe sich kaum bemerkbar. Sie hätte durch schnelles Vorgehen versuchen können, der zurückströmenden Dänischen Infanterie eine Stütze zu bieten, ehe der Angreifer selbst Artillerie nach der Insel zu bringen vermochte; spätestens aber hätte sie bei dem Kampfe um Kjär eingreifen müssen, was ganz unter= blieb. Erst als der Widerstand der Infanterie gebrochen und diese im vollen Rückzuge nach Höruphaff und der Halbinsel Kekenis begriffen war, versuchten die Feld-Geschütze, aus weit zurückgelegenen Stellungen der Verfolgung Einhalt zu thun. Im Uebrigen muß hervorgehoben werden, daß die Dänischen Offiziere, vielfach unter Aufopferung der eigenen Person, in anerkennenswerthester Weise die Widerstandskraft ihrer Truppen zu beleben und zu steigern wußten.

Der Gesammteindruck, welcher sich bei unbefangener Betrachtung der Vertheidigung von Alsen ergiebt, ist der, daß man nicht genügend von der Nothwendigkeit durchdrungen war, die Insel mit

---

*) Es dürfte hier ein um so auffallenderes Versäumniß vorliegen, als die der Brigade Bülow zugetheilten Feld-Geschütze allein und ohne Befehl in der Richtung auf Rönhof vorgegangen sein sollen, allerdings nur, um alsbald wieder zurück zu gehen.

Aufbietung aller Kräfte behaupten zu müssen, daß die mit dieser
Aufgabe betrauten Truppen nicht zweckmäßig aufgestellt und geführt
wurden, und daß der Gedanke, dieselben noch durch rechtzeitige Ein=
schiffung der Gefangennahme zu entziehen, einen lähmenden Einfluß
auf die Gefechtsleitung ausgeübt hat.

III. Die Verhältnisse in Schleswig nach der Eroberung von Alsen.

Nachdem in Folge der Besitznahme von Alsen die Gefährdung
der über Flensburg und Apenrade nach dem Norden führenden
Operationslinie ausgeschlossen erschien, war ein großer Theil des
I. Korps und der schweren Artillerie für weitere Aufgaben verfügbar
geworden. Es handelte sich hier nunmehr neben angemessener Be=
setzung der Insel und Sicherung des Ueberganges bei Sonderburg
nur noch darum, den Wasserarm, welcher Alsen vom Festlande trennt,
an seinen beiden Endpunkten durch schweres Geschütz zu sperren. Man
konnte somit einen Theil der im Sundewitt freigewordenen Kräfte
nach Norden schieben, um während der Operationen in Jütland
einem etwaigen Ausfalle der Dänen von Fünen her entgegenzutreten.
Andererseits erschien es nothwendig, Kiel und die Insel Fehmarn
durch stärkere als die bisherigen Kräfte gegen feindliche Unter=
nehmungen zu sichern.

Am 30sten Juni verfügte daher das Ober=Kommando, daß
die 6te Division mit dem Husaren=Regiment Nr. 3 am folgen=
den Tage nach der Gegend von Apenrade abmarschiren und sich
dort so einquartieren solle, daß sie binnen 48 Stunden bei Kol=
ding versammelt sein könne. Der 13ten Division wurde die
Besetzung von Alsen und Süd=Schleswig übertragen. Zu letzterem
Zwecke sollte sie die bisher von der 9ten Infanterie=Brigade gestellte
Besatzung der Stadt Schleswig und des Kronwerkes von Rendsburg

ablösen lassen, so daß diese Brigade*) zur Sicherung von Kiel und Fehmarn verfügbar wurde. Das zur Verstärkung des III. Korps bestimmte Jäger-Bataillon Nr. 3 erhielt Befehl, nach Kolding abzu= rücken und dort bis auf Weiteres zu verbleiben. Für Alsen wurde die schleunige Einebnung der Dänischen Werke und die Anlage eines Brückenkopfes befohlen.

In Folge dieser Anordnungen hatte sich die Vertheilung des I. Korps nach Ablauf der nächsten Tage folgendermaßen gestaltet:

Die 6te Division, zu deren Stabsquartier Hadersleben bestimmt war, dehnte sich zwischen Kolding und Apenrade**) in der Weise aus, daß die 11te Infanterie=Brigade in und südlich Hadersleben, die 12te nördlich dieser Stadt lag. Die Batterien und Eskadrons waren auf die Brigaden vertheilt.***)

Von der 13ten Division, deren Stab nach Sonderburg ging, befanden sich 5 Bataillone, 2 Schwadronen und 4 Batterien†) auf Alsen; 4 Bataillone, 2 Schwadronen, 2 Batterien††) und die Reserve= Artillerie im Sundewitt. In das Kronwerk von Rendsburg, sowie nach

---

*) Mit Ausnahme zweier nach Altona entsandter und dort verbleibender Kompagnien.

**) Die Oesterreichische Brigade Piret bezog neue Kantonnirungen weiter westlich an den von Kolding nach Egtved und St. Andst führenden Straßen.

***) Am 9ten Juli früh 1½ Uhr wurde die 8te und 10te Kompagnie des Füsilier=Regiments Nr. 35 vom Fährhaus Bröde aus nach der vor der Gjenner= Bucht liegenden Insel Barsö übergesetzt, welche bis dahin der Botmäßigkeit der von den Verbündeten eingesetzten Regierung noch nicht unterworfen war, den Hauptsitz der Dänischen Kundschafter bildete und den kleinen Landungen des Feindes an jenem Theil der Küste als Stützpunkt diente. Die 35er fanden auf der Insel nichts vom Feinde, trieben die rückständigen Steuern ein und führten bei der Rückkehr 6 Boote mit sich fort, um den Einwohnern den Ver= kehr mit dem Gegner zu erschweren.

†) $\dfrac{\text{Stab, I. u. F.}}{13.}$, $\dfrac{\text{Stab, II. u. F.}}{53.}$, $\dfrac{\text{F.}}{55.}$; letzteres Bataillon ging später

nach dem Sundewitt. Ferner $\dfrac{\text{1ste, 2te}}{\text{Ulan. 11.}}$; $\dfrac{\text{1ste 12pfdge, 4te 12pfdge, 1ste 6pfdge,}}{\text{Art. Brig. 7.}}$

$\dfrac{\text{1ste Haub.}}{\text{Art. Brig. 7.}}$

††) $\dfrac{\text{II. F.}}{15.}$, $\dfrac{\text{I. II.}}{55.}$ $\left(\dfrac{\text{I.}}{55.} \text{ später nach Flensburg}\right)$, $\dfrac{\text{3te, 4te}}{\text{Ulan. 11.}}$, $\dfrac{\text{2te 12pfdge}}{\text{Art. Brig. 3.}}$

$\dfrac{\text{4te 6pfdge}}{\text{Art. Brig. 3.}}$

Schleswig, Flensburg und Eckernförde wurden im Ganzen 3 Ba=
taillone*) gelegt.

Die kombinirte Artillerie=Brigade erhielt am 30sten Juni
Befehl, die Batterien am Alsen Sund und der Alsener Föhrde ab=
zurüsten. Es sollten nur bestehen bleiben

die Railtang=Batterie mit 4 gezogenen 24=Pfündern,
Batterie Nr. 27 mit der gleichen Geschützausrüstung,
die Batterie bei Schnabek=Hage mit 4 gezogenen 12=Pfündern,
die Batterien Nr. 34**) und 35 zu je 4 gezogenen 24=Pfündern,
eine Batterie bei Alnoer zu 6 gezogenen 12=Pfündern.

Neu erbaut wurde unmittelbar an der früheren Dänischen Mühlen=
Batterie südlich Sonderburg eine Batterie für 4 gezogene 24=Pfünder,
welche gemeinsam mit Batterie Nr. 35 den Süd=Eingang des Alsen
Sundes sperren sollte.

Zum Schutze des Hafens von Eckernförde wurden dort zwei
Strand = Batterien***) angelegt und mit acht auf Alsen erbeuteten
schweren Geschützen ausgerüstet. Alle nicht zur unmittelbaren Ergän=
zung der noch mit Geschützen ausgerüsteten Strand=Batterien er=
forderlichen Bestände des Artillerie = Parkes sollten nach Flensburg
geschafft werden. Derjenige Theil der Belagerungs=Geschütze, für
welchen eine Verwendung nicht mehr vorauszusehen war, wurde nach
der Heimath zurückgesandt.†)

Die Thätigkeit der Pioniere richtete sich in den Tagen nach der
Eroberung von Alsen vornehmlich auf die Wiederherstellung der
Dänischen Schiffbrücken bei Sonderburg und die Umwandlung dieses
Ortes in einen Brückenkopf. Zur Ausführung dieser Arbeiten wurde
das Pionier=Bataillon Nr. 3 am 1sten Juli bei Sonderburg ver=

---

*) Rendsburg und Schleswig $\frac{\text{I.}}{15.}$; Flensburg $\frac{\text{II.}}{13.}$ (später nach Rends=
burg); Eckernförde $\frac{\text{I.}}{53.}$.

**) Nr. 34 wurde am 11ten Juli umgebaut und weiter gegen den Alsen
Sund vorgeschoben.

***) Dieselben waren am 14ten Juli fertiggestellt; die Besatzung bestand
aus der ½ 1sten Festungs=Kompagnie der Garde=Artillerie.

†) Es waren dies 7 50pfdge Mörser.

einigt; außerdem standen hierfür die Pontonnier=Kompagnien der Bataillone Nr. 4 und 5 zur Verfügung. Am 3ten Juli wurde der bei Sonderburg eingebaute Ponton=Train aufgenommen und nach dem nördlichen Jütland in Marsch gesetzt. Da die Dänische Schiffbrücke erst am 7ten Juli dem Verkehr übergeben werden konnte, so wurde bis zu diesem Tage die Verbindung durch Uebersetzmaschinen unterhalten. Am 11ten Juli wurde mit Wiederherstellung der zweiten, früher städtischen Brücke begonnen, eine Arbeit, welche große Schwierigkeiten verursachte, da sämmtliche Dänische Pontons angebohrt und theilweise auch durch Geschützfeuer beschädigt waren. Außerdem wurde zur besseren Verbindung zwischen den einzelnen Theilen der 6ten Division südlich von Aastrup eine Brücke über die Hadersleber Föhrde geschlagen und am 17ten Juli dem Verkehr übergeben.

IV. Ereignisse in Jütland nach Ablauf der Waffenruhe.*)

Vertheilung der Truppen bei Ablauf der Waffenruhe.

In Jütland war bei Ablauf der Waffenruhe die Versammlung des III. und II. Korps im Sinne der Befehle des Ober=Kommandos vom 5ten Juni**) bewirkt worden. Vom III. Korps, dessen Hauptquartier am 24sten Juni von Aarhuus nach Randers verlegt wurde, stand die aus der Division Münster bestehende Avantgarde***) bei Hobro, mit Vorposten nördlich der Stadt. Das Füsilier=Bataillon Infanterie=Regiments Nr. 50 sicherte nach Osten

------

*) Vergl. hierzu Uebersichtskarte 1.

**) Siehe Seite 635.

***) 21ste Infanterie=Brigade, Bornstedt:

  Infanterie=Regimenter Nr. 10 und 50,

  Jäger=Bataillon Nr. 7;

Kavallerie=Brigade Flies:

  Kürassier=Regiment Nr. 6,

  Husaren=Regiment Nr. 8 (ohne 1ste Eskadron, welche sich noch beim I. Korps befand);

$\dfrac{\text{3te 6pfdge}}{\text{Art. Brig. 3}}$ $\dfrac{\text{4te 12pfdge}}{\text{Art. Brig. 7}}$; diese beiden Batterien marschirten später in den Bezirk der Garde, um mit der 3ten reitenden die „Reserve= Artillerie" zu bilden; dafür rückte die vom I. Korps abgegebene 2te reitende am 27sten Juni in Horsens ein.

bei Mariager, das Jäger-Bataillon Nr. 7 und die aus der Reserve herangezogene 3te Eskadron Dragoner-Regiments Nr. 7 bei Vammen gegen Viborg. Das aus den Garde-Truppen bestehende Gros war bei Randers versammelt und hatte zur Beobachtung des Strandes der Halbinsel von Grenaa gemischte Abtheilungen nach Kalö,*) Örum**) und Auning***) entsandt. Zur Aufrechthaltung der Verbindung mit der Reserve wurde Spörring†) besetzt gehalten. Von der die Reserve bildenden Brigade Kamienski standen das Regiment Nr. 18, die 1ste Eskadron Dragoner-Regiments Nr. 7 und die 1ste 6pfdge Batterie in Aarhuus, das 1ste Bataillon Regiments Nr. 52 und die 4te Eskadron in Skanderborg, das Füsilier-Bataillon in Veilby,††) das 2te Bataillon und die 2te Eskadron Dragoner-Regiments Nr. 7 in Horsens.

Das II. Korps, dessen Hauptquartier sich in Kolding befand, lag mit der Brigade Piret zwischen Hadersleben und Kolding, mit den Brigaden Nostitz und Tomas in dem durch den Veile- und Kolding Fjord begrenzten Landestheile. Die Brigade Kalik stand bei Veile, die Windischgrätz-Dragoner lagen in den Ortschaften südwestlich dieser Stadt, die Korps-Geschütz-Reserve in Kolding. Von der Brigade Piret war das 1ste Bataillon König von Preußen und eine halbe 2te Eskadron Liechtenstein-Husaren an der Westküste bei Tondern, Mögeltondern und Ribe zurückgelassen worden. Zur Verstärkung dieser Truppen ging am 26sten Juni von der Brigade Nostitz noch das 9te Feldjäger-Bataillon mit einer halben 4pfündigen Batterie nach Ribe und Varde. Der Kommandeur der Jäger,

---

*) $\dfrac{1.}{\text{3ten G. R.}}$; $\dfrac{\frac{1}{2}\ 3\text{te}}{\text{Garde-Huf.}}$; zwei Geschütze der 4pfdgen Garde-Batterie.

**) $\dfrac{10\text{te}}{\text{3ten G. R.}}$; $\dfrac{\frac{1}{2}\ 2\text{te}}{\text{Garde-Huf.}}$

***) $\dfrac{11\text{te}}{\text{3ten G. R.}}$; $\dfrac{\frac{1}{2}\ 2\text{te}}{\text{Garde-Huf.}}$ In der Vertheilung dieser verschiedenen Abtheilungen traten in den nächsten Tagen noch einige Aenderungen ein.

†) Von der $\dfrac{12\text{ten}}{\text{3ten G. R.}}$ nebst einigen Pferden.

††) 3 km nördlich Aarhuus.

Oberst-Lieutenant Schiblach, erhielt den Befehl über sämmtliche an der Westküste stehende Abtheilungen.

General v. Gablenz hatte nach Ablauf des Waffenstillstandes Fünen gegenüber durch auffällige Bewegungen von Wagen- und Truppen-Kolonnen am Strande, durch Zuwasserbringen von Pontons und dergleichen die Aufmerksamkeit des Gegners möglichst von dem gegen Alsen beabsichtigten Unternehmen abzulenken gesucht. Auch waren im Laufe des 27sten und 28sten Juni westlich von Snoghöj, bei Skjaerbaek, und bei Stenderup Hage je zwei Batterien für schweres Geschütz fertiggestellt worden. Die Dänen hatten sich diesen Maßregeln gegenüber auf Beobachtung der Küste und Vervollständigung der Befestigungen des Inselstrandes beschränkt.

Beim III. Korps, welchem in Folge eines am 17ten Juni erlassenen Befehles des Ober-Kommandos die 2te und 3te reitende Batterie der Artillerie-Brigade Nr. 7 überwiesen worden waren, begann nach Wiederbeginn der Feindseligkeiten die Absendung gemischter Patrouillen nach den nicht besetzten Theilen des Landes. Die Gewißheit, daß feindliche Vortruppen südlich des Liim Fjords standen,*) erhielt man am 28sten Juni, als ein mit Briefen an den Stifts-Amtmann von Aalborg entsandter Unteroffizier dreiviertel Meilen südlich der Stadt auf eine Dänische Abtheilung stieß.

Dem Befehle Sr. Majestät des Königs vom 23sten Juni**) entsprechend traf das Ober-Kommando nach dem Falle von Alsen sofort Anordnungen zum Ueberschreiten des Liim Fjords auf der Strecke zwischen Lögstör und der Ostmündung, wobei, um das Geheimniß möglichst zu wahren, das Gerücht verbreitet wurde, daß diese Vorbereitungen einem Uebergange nach Fünen gälten. Da aus den von der Küste über Schiffsbewegungen einlaufenden Meldungen auf die Ueberführung Dänischer Truppen aus dem nördlichen Jütland nach jener Insel zu schließen war, so erschien besondere Eile für das Unternehmen geboten, wenn man jenseits des Liim Fjords noch nennenswerthe feindliche Kräfte antreffen wollte. Prinz Friedrich Karl

---

*) Vergl. Seite 708, Anmerkung 2.
**) Vergl. Seite 636.

beabsichtigte, die Einnahme des nördlich dieses Wasserarmes gelegenen Theiles von Jütland dem III. Korps zu übertragen und den Ueber= gang desselben bei Aalborg durch ein Vorgehen von zwei Brigaden des II. Korps gegen den Salling= und Otte Sund zu unterstützen.

Zunächst kam es darauf an, so rasch wie möglich die erforder= lichen Uebergangsmittel herbeizuschaffen und durch Vorschieben von Ab= theilungen gegen den zu überschreitenden Meeresarm Einblick in die bevorstehenden Schwierigkeiten zu gewinnen. Am 30sten Juni wurde daher befohlen, daß die technischen Truppen, das Brückengeräth und das schwere Geschütz so rasch wie möglich, unter ausgedehnter Anwendung von Vorspann, nach Norden in Bewegung zu setzen seien. Es waren dies das Pionier=Bataillon Nr. 7 und die Pontonnier=Kompagnien der Pionier=Bataillone Nr. 2 und 3,*) die Ponton=Trains Nr. 3 und Nr. 7 sowie 30 der bei Alsen vorhandenen Boote, ferner vier gezogene 24=Pfünder und acht gezogene 12=Pfünder. Außerdem wurden dem III. Korps die schon früher von ihm bei Aarhuus, Horsens und Skanderborg gesammelten Boote zur Verfügung gestellt und der Rest der bei Alsen gebrauchten Fahrzeuge zunächst nach Kolding in Marsch gesetzt.

Zur Aufklärung über die Verhältnisse am Liim Fjord wurden am 1sten Juli von der Division Münster drei gemischte Abtheilungen gegen denselben vorgeschoben.

Absendung ge= mischter Ab= theilungen des III. Korps gegen den Liim Fjord. 1ster bis 3ter Juli.

Major Krug v. Nidda sollte mit der 1sten und 2ten Kom= pagnie des Infanterie=Regiments Nr. 50 und der 5ten Eskadron Husaren=Regiments Nr. 8 über Lindenborg, Hauptmann Freiherr v. Dyherrn mit der 6ten und 7ten Kompagnie Grenadier=Regiments Nr. 10 und einer halben 2ten Eskadron Kürassier=Regiments Nr. 6 auf der Hauptstraße über Gravlev gegen Aalborg und Hauptmann Schor mit der 11ten und 12ten Kompagnie des Grenadier=Regiments und der 3ten Eskadron der Kürassiere gegen Lögstör vorrücken.

Diese Abtheilungen erreichten am 1sten Juli Store=Bröndum, Gravlev und Tisted, ohne etwas vom Feinde zu entdecken. Am

---

*) Die Pontonniere der Pionier=Bataillone Nr. 4 und 5 blieben bei Sonderburg.

Feldzug 1864.   45

folgenden Tage gelangte Major v. Krug, unter Zurücklassung von zwei Zügen der 2ten Kompagnie und einigen Husaren in Lindenborg, Abends nach Gunderup, Hauptmann Schor bis in die Gegend von Gatten. Hauptmann v. Dyherrn war bis Ellitshöi gekommen, von wo sich bei seiner Annäherung eine feindliche, aus drei Zügen Kavallerie und vier mit Infanterie besetzten Wagen bestehende Abtheilung zurückzog. Als der Führer Nachmittags die Meldung erhielt, daß sich auf beiden Flanken Dänische Dragoner zeigten, trat er, in der Befürchtung umgangen zu werden, den Rückmarsch nach Gravlev an. Diese Maßregel veranlaßte den Divisions-Kommandeur, eine inzwischen dem Hauptmann v. Dyherrn als Rückhalt nachgeschickte Kompagnie*) am 3ten Juli zur Unterstützung der Abtheilung Krug nach Villestrup zu entsenden. Hauptmann v. Dyherrn wurde angewiesen, zur Aufnahme des Hauptmanns Schor nach Store-Binderup und Aars zu rücken.

Am 3ten Juli um 2½ Uhr früh marschirte die Abtheilung Krug auf Lundby, woselbst 2½ Züge der 1sten Kompagnie und ein Zug der 2ten Kompagnie unter Hauptmann v. Schlutterbach zurückblieben, während Major v. Krug die Schwadron und einen Halbzug der 1sten Kompagnie auf Wagen schnell gegen Aalborg vorführte.**) Vor Sönder-Tranders stieß er auf feindliche Infanterie, die sich eiligst durch das Dorf nach dem Gehöft Hedegaarde zurückzog, woselbst sie in dem westlich der Straße liegenden bedeckten Gelände Schutz vor den verfolgenden Husaren fand, dann aber durch die heranrückende Infanterie zum Weichen genöthigt und größtentheils gefangen genommen wurde.***) In Folge der in diesem Augenblick

Gefecht bei Lundby am 3ten Juli.

---

*) $\dfrac{4te}{50}$ nebst einem Zuge Kürassiere unter Hauptmann v. Auer.

**) Die Fortsetzung des Marsches mit der ganzen Abtheilung in der befohlenen Richtung hielt Major v. Krug aus Besorgniß für seine linke Flanke nicht für angängig, nachdem er den Rückmarsch der Abtheilung Dyherrn erfahren hatte.

***) 1 Offizier, 17 Mann, darunter 3 Verwundete wurden gefangen. 4 Dänen waren geblieben. Der Preußische Verlust betrug: 1 Husar todt, 1 Musketier tödtlich verwundet.

eingehenden Meldung, daß Hauptmann v. Schlutterbach bei Lundby von feindlicher Kavallerie bedroht werde, kehrte Major v. Krug sofort nach letzterem Orte zurück, wo man inzwischen ebenfalls mit dem Feinde in Berührung getreten war.

Die Abtheilung des Hauptmanns v. Schlutterbach*) hatte zuerst am nördlichen Ausgang von Lundby, welches in einer von Westen nach Osten streichenden Senkung liegt, eine Bereitschafts= Stellung genommen, war aber gegen 4 Uhr, als auf der südlich des Dorfes gelegenen Höhe einige feindliche Reiter erschienen, nach dem Südausgange zurückgegangen. Um 4½ Uhr Morgens näherte sich von Süden her eine Dänische Reiter=Abtheilung und bald darauf auf der Straße von Lindenborg feindliche Infanterie. Hauptmann v. Schlutterbach ordnete an, daß nicht eher gefeuert werden sollte, als bis er den Befehl hierzu ertheilt habe.

Nachdem sie bis auf etwa 300 m herangekommen war, entwickelte die feindliche Kolonne eine schwache Schützenlinie und ging im Lauf= schritte mit Hurrahruf gegen die Preußische Stellung vor. Erst nachdem sie weitere 100 m zurückgelegt hatte, eröffneten die beiden Preußischen Schützenzüge ein äußerst wirksames Feuer, welches in Folge des ruhigen, gleichmäßigen Ladens salvenartig abgegeben wurde. Noch etwa 80 m vermochten die Dänen ihre Bewegung fortzusetzen, dann aber wichen sie, nachdem sie im Ganzen drei Salven ausgehalten hatten, in Unordnung zurück, wobei die Mannschaften in dem hohen Getreide zu beiden Seiten der Straße Schutz suchten. Einer kleinen Abtheilung gelang es noch, östlich der Straße bis auf etwa 60 m an das Dorf heranzukommen, auch sie mußte dann in Folge des auf sie gerichteten Feuers eines Halbzuges aus dem Unterstützungszuge eben= falls zurückweichen. Eine Verfolgung des auf Oppelstrup und von dort nach Aalborg abziehenden Gegners unterblieb, da Kavallerie nicht zur Hand war und der Unterstützungszug sich inzwischen in Folge einer falschen Meldung, daß sich auch dem Nordausgange des Dorfes eine feindliche Abtheilung nähere, dorthin gewendet hatte. Der

---

*) 124 Mann Infanterie; davon befanden sich zur Zeit des Gefechtes 15 Mann zum Beschaffen von Wagen im Dorfe.

Verlust der Dänen in diesem Gefechte, welches kaum 20 Minuten gedauert hatte, betrug 3 Offiziere und 85 Mann an Todten und Verwundeten; 12 Mann wurden gefangen genommen.*) Die Preußische Abtheilung hatte 3 Verwundete.

Die eben geschilderten Zusammenstöße waren dadurch herbeigeführt worden, daß die Dänen am Abend des 2ten Juli auf die Nachricht von den Preußischen Erkundungen zwei Kompagnien und eine Abtheilung Dragoner von Nörre-Sundby nach Aalborg übergesetzt hatten,**) mit dem Auftrage, die bis Ellitshöi vorgegangene Preußische Abtheilung zu überfallen. Die Dänen rückten Abends 11 Uhr auf der Straße nach Hobro vor, indem sie gleichzeitig auf der Straße nach Lindenborg eine linke Seitendeckung vorschoben, welche dann, wie bereits geschildert, bei Sönder-Tranders gefangen genommen wurde. Die Hauptkolonne fand Ellitshöi, wo sie um 1 Uhr früh ankam, unbesetzt und marschirte, in Folge der ihr durch die Einwohner zugegangenen Nachricht von der Anwesenheit einer Preußischen Abtheilung in Gunderup, nach diesem Orte. Da die Dänen aber auch hier die Preußen nicht antrafen, jedoch deren Abmarsch auf Lundby erfuhren, wandten sie sich dorthin und griffen in der geschilderten Weise die hier stehende Abtheilung an.

Das Gefecht bei Lundby hat insofern damals eine gewisse Bedeutung gewonnen, als es das einzige des Feldzuges war, in welchem der Preußische Hinterlader in der reinen Vertheidigung zur Anwendung gelangte. Der hier erreichte Erfolg ließ bereits erkennen,

---

*) Sörensen giebt den Gesammtverlust nur zu 97 Mann an, darunter 20 Todte. Nach dem amtlichen Dänischen Bericht soll der Verlust in beiden Gefechten betragen haben:

Todt	— Offiziere,	28 Mann,	
Verwundet	3 =	53 =	
Gefangen und vermißt .	1 =	34 =	

im Ganzen 4 Offiziere, 115 Mann.

**) Eine halbe Kompagnie und 16 Dragoner waren gleich nach Ablauf des Waffenstillstandes nach Aalborg vorgeschoben worden. Sie wurden täglich abgelöst. Am 2ten Juli hatte die 2te Kompagnie des 1sten Infanterie-Regiments den Dienst; der Führer behielt zunächst die zur Ablösung erscheinende Hälfte bei der Stadt zurück, und Abends wurde noch die 5te Kompagnie des Regiments dorthin nachgeschoben.

zu welcher Bedeutung diese Waffe in der Hand gut geschulter und sicher geleiteter Truppen in einem großen Kriege gelangen mußte

Nachdem um 5½ Uhr Morgens Major v. Krug wieder bei Lundby eingetroffen war, wurde der Rückmarsch auf Lindenborg angetreten. Nach einem längeren Aufenthalte daselbst erreichte er um 1 Uhr Nachmittags Villestrup und rückte um 7½ Uhr Abends wieder in Hobro ein.

Die Abtheilung des Hauptmanns Schor ging am 3ten von Gatten gegen Lögstör vor, ohne auf den Feind zu stoßen, am folgenden Tage über Vilsted nach Vester-Hornum und Hvanstrupgaard und kehrte am 5ten nach Hobro zurück, woselbst Hauptmann v. Dyherrn schon am 4ten wieder eingetroffen war.

An demselben Tage, an welchem die Preußischen Streif-Abtheilungen ihren Vormarsch gegen den Liim Fjord antraten, hatte Prinz Friedrich Karl mit dem General v. Gablenz zu Hadersleben eine Besprechung über die Betheiligung des II. Korps an dem geplanten Uebergange. Es wurde beschlossen, von einem Unternehmen gegen die nordfriesischen Inseln so lange Abstand zu nehmen, bis die Mitwirkung des bei Cuxhaven versammelten Oesterreichischen Geschwaders gesichert erschien. Dagegen sollte das II. Korps als Vorbereitung zu einem Uebergange über den westlichen Theil des Liim Fjords zunächst kleinere Abtheilungen gegen denselben vorschieben. General v. Gablenz ließ daher am 3ten Juli den Obersten Graf Bellegarde, Kommandeur der Windischgrätz-Dragoner, von welchen die 5te und 6te Eskadron schon am 29sten Juni zum Oberst-Lieutenant Schidlach nach der Westküste*) abgerückt waren, mit den noch verfügbaren drei Eskadrons des Regiments in der Richtung auf Ringkjöbing vorstoßen. Der Oberst sollte am 5ten in Stjern eintreffen und sich dort mit dem inzwischen noch von Veile nach Varde entsandten 2ten Bataillon Infanterie-Regiments Ramming und der wieder heranzuziehenden 6ten Eskadron Windischgrätz-Dragoner vereinigen, um dann auf Holstebro vorzugehen. Die weitere Aufgabe dieser Abtheilung bestand darin, unter Aufrechterhaltung

Marginal note: Entsendungen beim II. Korps Ende Juni und Anfang Juli.

---

*) Vergl. Seite 704.

710

der Verbindung mit dem III. Korps, gegen den Liim Fjord zu streifen und die ganze Küstenstrecke bis Varde hin zu beobachten.

Vorbereitungen zum Uebergang über den Liim Fjord. Nach Eingang der Befehle des Ober=Kommandos zum Ueber=schreiten des Liim Fjords hatte General v. Falckenstein am 1sten Juli telegraphisch um Ueberweisung von 60 der bei Alsen verwendeten Boote an Stelle der zugesagten 30 gebeten. In einem Bericht an das Ober=Kommando bezeichnete der General eine etwa 700 m breite Stelle des Fjords östlich Aalborg sowie den Agger Sund als die für den Ueber=gang geeignetsten Strecken. Er hob gleichzeitig hervor, daß wegen der Strömung in dem Wasserarm und wegen des zeitweise hohen Wellen=schlages vom Bau einer Brücke zunächst Abstand zu nehmen und das Uebersetzen der Truppen mittelst Fahrzeugen bewerkstelligt werden müsse. Das Ober=Kommando ordnete in Folge dessen sofort die Nachsendung von weiteren 30 Booten an und theilte dem III. Korps am 2ten Juli mit, daß diese Uebergangsmittel, sowie die zugewiesenen schweren Geschütze mit der 7ten Festungs=Kompagnie der Artillerie=Brigade Nr. 4 am 10ten Juli in Randers zur Verfügung stehen würden, wo sich auch die in den letzten Tagen in der Umgegend zu=sammengebrachten Boote sammelten. Im Ganzen trafen am 4ten Juli 106 Fahrzeuge in Hammerhöi ein.*) Tags zuvor hatte das Ober=Kommando den General v. Falckenstein benachrichtigt, daß zwei Oester=reichische Brigaden von Holstebro aus gegen den Otte Sund und die Insel Mors vorrücken würden, und gleichzeitig befohlen, nunmehr alle Vorbereitungen so zu treffen, daß der Uebergang am 14ten Juli statt=finden könne.

Dem General v. Gablenz wurden zur Deckung des Uebersetzens von der Preußischen Belagerungs=Artillerie vier 24=Pfünder und acht 12=Pfünder, und für dieses selbst 47 von den in Jütland gesammelten Booten zur Verfügung gestellt. Die beiden in Süd=Jütland zurück=bleibenden Oesterreichischen Brigaden wurden angewiesen, im Fall eines

---

*) Für die Wahl dieses Sammelpunktes war einerseits die Rücksicht auf die an das II. Korps zu leistende Abgabe von Booten maßgebend, andererseits der Wunsch, den Gegner über die in Aussicht genommene Uebergangsstelle möglichst lange in Ungewißheit zu erhalten.

Ueberganges der Dänen von Fünen aus sich nach erfolgter Benach=
richtigung der 6ten Division mit dieser zu vereinigen.

In der durch die eingehenden Nachrichten gesteigerten Besorgniß,
daß sämmtliche Dänischen Streitkräfte schon jetzt aus dem nördlichen
Jütland zurückgezogen werden möchten, und in der Befürchtung, daß bei
der Beförderung der Uebergangsmittel und der schweren Artillerie, aus
Mangel an ausreichendem Vorspann, Verzögerungen eintreten könnten,
bezeichnete das Ober=Kommando es dem General v. Falckenstein am
4ten Juli als wünschenswerth, den Uebergang schon vor Ankunft
sämmtlicher in Bewegung gesetzter Hülfsmittel zu unternehmen.

Zur Deckung der Verbindungslinie bestimmte General v. Falcken=
stein am 4ten Juli das Infanterie=Regiment Nr. 18*) nebst einer
Eskadron des Dragoner=Regiments Nr. 7, welche unter Befehl des
Obersten v. Kettler Horsens, Skanderborg, Aarhuus und Randers
besetzt halten sollten. General v. Kamienski, dem die Reserve des
Korps unterstellt war, wurde angewiesen, mit dem andern Regimente
seiner Brigade, den beiden noch verfügbaren Dragoner=Eskadrons
und der ihm zugetheilten Batterie am 7ten Juli in Viborg einzutreffen,
woselbst auch das Jäger=Bataillon Nr. 7 und die 3te Eskadron der
Dragoner**) unter seinen Befehl treten sollten.

Ueber den Feind erfuhr man, daß im Vendsyssel nur noch das
1ste und 21ste Infanterie=Regiment und etwas Kavallerie stehe,
während alle übrigen Truppen nach Fünen übergeführt seien, eine
Nachricht, welche auch durch andere Mittheilungen bestätigt wurde.

Thatsächlich hatte das Dänische Ober=Kommando in der
Besorgniß für Fünen am 28sten Juni Befehl gegeben, daß die noch
im Vendsyssel stehenden Truppen bis auf ein Infanterie=, ein Kavallerie=
Regiment, vier Geschütze und eine Ingenieur=Kompagnie nach der erst=
genannten Insel übergeführt werden sollten. Der Abmarsch nach
Frederikshavn hatte schon am 1sten Juli begonnen.

Bereits vor dem Eintreffen der oben erwähnten Aufforderung
des Prinzen Friedrich Karl zur Beschleunigung des Ueberganges

---

*) Zur Zeit in Aarhuus, vergl. Seite 703.
**) Diese Truppentheile standen bereits bei Lammen. Vergl. Seite 703.

waren am 5ten Juli Seitens des Generals v. Falckenstein die
Weisungen für den am 14ten beabsichtigten Uebergang über den Liim
Fjord ertheilt worden.*) Danach sollte die Reserve am 8ten von
Viborg gegen Skive eine Scheinbewegung ausführen und dann, unter

*) Truppeneintheilung des III. Korps am 8ten Juli.

Avantgarde, General-Lieutenant Graf v. Münster.

21ste Infanterie-Brigade,

Kavallerie-Brigade Flies,

$\dfrac{\text{3te 6pfdge}}{\text{Art. Brig. 6}}$'

$\dfrac{\text{2te und 5te reit.}}{\text{Art. Brig. 7}}$.

Gros, General-Lieutenant v. Plonski.

Kombinirte Garde-Grenadier-Brigade:

3tes Garde-Grenadier-Regiment Königin Elisabeth,

4tes   =   =   =   ,

Garde-Husaren-Regiment,

$\dfrac{\text{6pfdge}}{\text{Garde}}$ und $\dfrac{\text{3te reit.}}{\text{Art. Brig. 7}}$.

Kombinirte Garde-Infanterie-Brigade:

3tes Garde-Regiment z. F.,

4tes   =   =   =,

$\dfrac{\text{4pfdge}}{\text{Garde}}$ und $\dfrac{\text{4te 12pfdge}}{\text{Art. Brig. 3}}$'

Jäger-Bataillon Nr. 3 } von Schleswig her im Anmarsch begriffen.
1 Eskadron Husaren Nr. 8

Reserve, General-Major v. Kamienski.

Infanterie-Regiment Nr. 52,

Jäger-Bataillon Nr. 7,

$\dfrac{\text{1ste, 3te, 4te}}{\text{Drag. 7}}$'

$\dfrac{\text{1ste 6pfdge}}{\text{Art. Brig. 3}}$

Außerdem aus Schleswig:

7te Festungs-Kompagnie der Artillerie-Brigade Nr. 4 mit 12 schweren
Geschützen,

Pionier-Bataillon Nr. 7,

Pontonnier-Kompagnien der Pionier-Bataillone Nr. 2 und 3,

2 Ponton-Trains (Nr. 3 und 7),

60 Boote aus Schleswig,

88 Boote aus Jütland (38 Boote werden an das II. Korps abgegeben).

Etappendeckung, Oberst v. Kettler:

Infanterie-Regiment Nr. 18 und

2 Eskadrons Dragoner-Regiments Nr. 7.

Zurücklassung einer Schwadron zur Aufrechthaltung der Verbindung mit dem II. Korps, den Vormarsch auf Lögstör antreten, während die bei Hobro stehende Avantgarde am 9ten von hier aus über Store=Binderup und Estrup auf Nibe und Aalborg vorzugehen hatte. Am 11ten sollten letztere beiden Städte von der Avantgarde, Lögstör von der Reserve besetzt werden; das Gros*) hatte an diesem Tage mit einer Brigade die Linie Svenstrup—Lundby, mit der anderen Gravlev zu erreichen. Am 12ten Juli sollten die am Liim Fjord bereits angelangten Truppen stehen bleiben, das Gros auf= schließen. Am 13ten wollte man auch die Reserve, bis auf ein bei Nibe zu belassendes Bataillon, von Lögstör nach Aalborg heranziehen und dann den Uebergang in der Nacht vom 13ten auf den 14ten beginnen.

Das II. Korps hatte zur Theilnahme an dieser Unternehmung die Brigaden Piret und Kalik, die Kavallerie=Brigade**), die Korps= Geschütz=Reserve und die beiden Pionier=Kompagnien mit den Brücken= Equipagen bestimmt. Von den Preußischen Belagerungsgeschützen wollte der Korps=Kommandeur zur Verminderung des Trains 6 12=Pfünder zurücklassen.***) Nach den ebenfalls am 5ten Juli vom General v. Gablenz getroffenen Anordnungen hatten die bei Veile und Bresten Kro versammelten Brigaden Kalik und Piret am 7ten auf Nörre=Snede und Brande zu marschiren und am 10ten einen Tagemarsch südöstlich Holstebro einzutreffen. Oberst Graf Pejacse= vich, Kommandeur der Liechtenstein=Husaren, sollte mit der 3ten und

---

*) Das in Randers stehende Gros sollte am 9ten eine Brigade nach Hobro vorschieben, am 10ten mit dieser Brigade Gravlev und einen auf gleicher Höhe hiermit gelegenen Punkt an der Lindenborger Straße erreichen, mit der anderen bis Hobro nachrücken.

**) Mit Ausnahme der 5ten Eskadron Windischgrätz=Dragoner, welche unter Befehl des Oberst=Lieutenants Schidlach an der Westküste verblieb. Vergl. S. 703 u. 709.

***) Zwei davon befanden sich am Hafen von Kolding in Batterie, vier bei Viuf in Reserve. Die übrigen Geschütze marschirten am 8ten Juli nach Nörre=Snede und am 9ten Juli nach Sinding, von wo aus sie am 12ten Juli wieder den Rückmarsch antraten.

2ten Eskadron*) seines Regiments den Infanterie-Brigaden voraus=
gehen und die Verbindung sowohl mit dem Obersten Grafen Belle=
garde als nach Viborg hin unterhalten. Am 9ten beabsichtigte General
v. Gablenz in Ikast zu den Truppen zu stoßen, diese am 11ten bei
Holstebro zu versammeln und nach einem Ruhetage am 13ten gegen
den Liim Fjord vorzuführen.

Das am 6ten eingehende Schreiben des Ober=Kommandos vom
4ten Juli**) veranlaßte jedoch eine Abänderung der von den beiden
Korpsführern getroffenen Anordnungen.

General v. Falckenstein erklärte sich telegraphisch sofort bereit,
den Uebergang schon am 10ten auszuführen, und theilte seinen in
Randers versammelten Unterführern die hierdurch bedingte Aenderung
des früheren Befehles mit. Da das Ober=Kommando gegen die ihm
vom III. Korps mitgetheilten Anordnungen insofern Bedenken er=
hoben hatte, als es die zum Schutz der Etappenstraße bestimmten
Truppen für zu schwach hielt, so wurde noch das 4te Garde=Regiment
für diesen Zweck ausgeschieden und im Uebrigen Folgendes bestimmt.
Die Avantgarde mit den am 7ten von Hammerhöi nach Hobro
heranzuziehenden Booten***) sollte schon am 8ten Juli einen halben
Tagemarsch nördlich Hobro in drei Kolonnen an den Straßen nach
Lindenborg, Aalborg und Lögstör Stellung nehmen,†) und das Gros
mit der Garde=Grenadier=Brigade bei Hobro, mit der Garde=Infanterie=
Brigade zwischen dieser Stadt und Randers Halt machen. Am 9ten
hatte die am 7ten bei Viborg versammelte Reserve bis Simested zu
folgen, die Avantgarde bis auf eine Meile an Aalborg heranzugehen,
und die vordere Brigade des Gros bis Gravlev,††) die andere bis

---

*) Die 3te Eskadron war der Brigade Dormus zugetheilt, von der 2ten
befand sich die eine Hälfte bei der Brigade Piret, die andere an der Westküste
von Schleswig beim Oberst=Lieutenant Schidlach (vergl. S. 703), von wo sie
jetzt über Varde und Ikast zum Obersten Grafen Pejacsevich stoßen sollte.

**) Vergl. S. 711.

***) Vergl. S. 710.

†) An der Straße nach Lögstör ein Bataillon, eine Eskadron, zwei Ge=
schütze; an der Straße nach Lindenborg zwei Bataillone, eine Eskadron, zwei
Geschütze; an der Straße nach Aalborg der übrige Theil der Avantgarde.

††) Mit einer Abtheilung von zwei Bataillonen, zwei Eskadrons und einer
Batterie auf der Lindenborger Straße.

Hobro zu rücken. Am 10ten früh sollte die Avantgarde Aalborg, und mit der an der Straße nach Lögstör befindlichen Kolonne letzteren Ort erreichen, das Gros bis auf eine Meile gegen Aalborg und mit der zweiten Staffel nach Gravlev aufschließen, die Reserve bis auf gleiche Höhe mit letzterem Orte auf der Straße Store-Binderup—Aalborg vorgehen.

Die Beförderung der Uebergangsmittel und der schweren Artillerie wurde den neuen Anordnungen entsprechend beschleunigt und vor Allem eine wesentliche Verstärkung des Fuhrparkes in Horsens und Randers veranlaßt. Zur besseren Sicherung der Etappen belegte das 4te Garde-Regiment mit je einem Bataillon Aarhuus, Randers und Hobro, während das Regiment Nr. 18 mit einem Bataillon ebenfalls in Aarhuus, mit den beiden anderen in Skanderborg und Horsens Quartier nahm.

Die Anordnungen des Generals v. Gablenz erlitten in Folge einer Mittheilung des Ober-Kommandos über die geringe Stärke des Gegners im Vendsyssel und das schnellere Vorgehen des III. Korps am 6ten insofern eine Aenderung, als die Brigade Piret zwischen Veile und Brande zurückgelassen, für die übrigen Truppen aber eine Beschleunigung des Marsches angeordnet wurde.

Zur Verstärkung der an der Ostküste stehenden Oesterreichischen Truppen rückte von den unter Oberst-Lieutenant Schiblach an der Westküste stehenden Abtheilungen das 1ste Bataillon König von Preußen und ein Zug der 4pfündigen Batterie Nr. 4 des 1sten Artillerie-Regiments nach Veile ab.*)

Das General-Kommando des „Preußischen II. kombinirten Armee-Korps", — eine Bezeichnung, welche das bisherige III. Korps durch Aller-höchste Kabinets-Ordre vom 5ten Juli erhalten hatte,**) — verließ am

---

*) Es verblieben somit noch unter Oberst-Lieutenant Schiblach an der Westküste: 9tes Feldjäger-Bataillon, 1/4 4pfündige Batterie Nr. 4 des 1sten Artillerie-Regiments, 5te Eskadron Windischgrätz-Dragoner, (1/2 2te Eskadron Liechtenstein-Husaren war am 6ten Juli nach Norden abgegangen; vergl. Seite 714, Anmerkung 1).

**) Es wurde in Folge dessen vom Ober-Kommando am 9ten Juli ange-ordnet, daß das Oesterreichische Korps nicht mehr als „II. Korps", sondern als „K. K. VI. Oesterreichisches Armee-Korps" zu bezeichnen sei.

8ten Juli Randers und begab sich nach Bebbestrup. In den Marsch=
Anordnungen wurde noch insofern eine Aenderung getroffen, als die
Garde=Grenadier=Brigade an diesem Tage schon Lindenborg und
Stövring erreichen sollte, um von hier aus am 10ten früh 5 Uhr
gegen Aalborg vorzugehen.

Die befohlenen Bewegungen vollzogen sich ohne erwähnens=
werthe Zwischenfälle. Am 8ten Juli wurde von der Reserve die
Verbindung mit den Oesterreichischen Abtheilungen aufgenommen und
Skive unbesetzt gefunden. Oberst Graf Bellegarde ließ am 9ten
den Liim Fjord von seinem Westausgang bis zum Otte Sund er=
kunden, ohne etwas vom Feinde zu bemerken; man erfuhr, daß sich
auf der Insel Mors wahrscheinlich nur unbedeutende Niederlagen
Dänischer Heeresbedürfnisse befänden.

Uebergang über den Liim Fjord am 10ten Juli. Einnahme des Vendsyssel.

Nach dem am 9ten Juli Nachmittags vom General v. Falcken=
stein zu Ellitshöi für das II. Preußische kombinirte Armee=Korps
erlassenen Befehle sollte der Feind am 10ten über die eigentlichen
Absichten in Zweifel gehalten, zur Annahme eines Gefechts bei Aalborg
veranlaßt und so an einer rechtzeitigen Räumung der Stadt ver=
hindert werden.

Nach Abgang des Befehles brachte Abends 6¾ Uhr ein Offizier
des Husaren=Regiments Nr. 8 die Meldung, daß Aalborg vom Feinde
frei sei und die letzten Dänischen Abtheilungen schon Vormittags nach
Nörre=Sundby übergesetzt worden wären. In Folge dessen wurde die
Stadt noch um Mitternacht von einem Theile der Avantgarde*) besetzt;
am nächsten Morgen rückten die übrigen Truppen nach. Frühzeitig
erschien auch General v. Falckenstein in der Stadt und besichtigte
die Ufer des Liim Fjords. Als Mittags drei Offiziere**) mit

---

*) $\dfrac{\text{II.}}{\text{10.}}$ und $\dfrac{\text{4te}}{\text{Huf. 8}}$.

**) Premier=Lieutenant v. Boguslawski und Sekond=Lieutenant
v. Wulffen vom Regiment Nr. 50, Sekond=Lieutenant v. Lorck vom Garde=
Husaren=Regiment.

20 Mann der 12ten Kompagnie des Infanterie-Regiments Nr. 50 in 4 Booten über den Wasserarm ruderten, fanden sie auch die Schanzen von Nörre-Sundby verlassen, so daß sofort mit dem Uebersetzen weiterer Theile der Avantgarde*) begonnen werden konnte. Man wählte hierzu die gewöhnliche Fährstelle an der Stadt sowie zwei zu beiden Seiten derselben liegende Punkte.**)

Die Reserve erhielt Befehl, am 11ten in den Quartierbezirk der Avantgarde bei Aalborg einzurücken, während alle übrigen Truppen des Korps angehalten wurden.

Mittelst der bei der Avantgarde befindlichen Boots-Kolonne setzte am Abend des 10ten noch das Infanterie-Regiment Nr. 50 und ein Zug Husaren über den Liim Fjord. Nachdem schon im Laufe des Tages Prinz Albrecht (Vater) in Aalborg eingetroffen war, kam Abends 8 Uhr auch der Ober-Befehlshaber, Prinz Friedrich Karl, dort an und begab sich mit dem General v. Falckenstein nach Nörre-Sundby.

Machte sich auch die Befürchtung geltend, daß der gewonnene Vorsprung dem Feinde die Einschiffung bei Frederitshavn ermöglichen werde, so wollte man doch wenigstens versuchen, ihn noch mit einer größeren Kavalleriemasse zu erreichen. Es wurde daher nachträglich befohlen, außer dem Husaren-Regiment Nr. 8 auch das Kürassier-Regiment Nr. 6 so bald wie möglich überzusetzen. Das Pionier-Bataillon Nr. 7 erhielt den Auftrag, Morgens 2 Uhr mit dem Bau einer Landungsbrücke am Nordufer des Fjords zu beginnen, und die Pontonnier-Kompagnien der Pionier-Bataillone Nr. 2 und 3 wurden angewiesen, unter Zuhülfenahme zusammengebrachter Fuhrwerke am 11ten Vormittags

---

*) Von der Avantgarde sollten das Kürassier-Regiment Nr. 6, die 2te reitende Batterie, sowie das in Lögstör befindliche $\frac{F.}{10.}$ nebst zwei Geschützen der $\frac{3\text{ten 6pfdgen}}{\text{Art. Brig. 6}}$ zunächst noch nicht übergesetzt werden.

**) Von Benutzung der ursprünglich wegen der dort geringeren Breite des Fjords ins Auge gefaßten Uebergangsstelle (vergl. Seite 710) konnte jetzt Abstand genommen werden, da ein feindlicher Widerstand nicht mehr zu besorgen, die größere Breite des Wasserarmes also gleichgültig war.

in Aalborg einzutreffen.*) Das bereits auf dem nördlichen Ufer versammelte Infanterie-Regiment Nr. 50 sollte eine möglichst starke Abtheilung zu Wagen nach Hjallerup vorschieben, und dorthin auch das Husaren-Regiment Nr. 8 unmittelbar nach dem Uebersetzen folgen. Die übrigen zu dem Unternehmen bestimmten Truppen hatten unter General v. Flies bis nach Attrupgaard vorzugehen.

Am 10ten erreichte auch die gegen Lögstör entsandte Abtheilung diesen Ort und führte von da eine Erkundung auf dem jenseitigen Ufer aus, ohne dabei auf den Feind zu stoßen.

Von den Oesterreichischen Truppen hatten sich am gleichen Tage Oberst Graf Bellegarde und Oberst Graf Pejacsevich bei Skive vereinigt. Das Gros der Brigade Kalik, die Brücken-Equipagen, die Korps-Geschütz-Reserve und die Ruderer-Abtheilung rückten in Holstebro ein, wo sich auch General v. Gablenz befand. Derselbe befahl, daß eine aus dem 2ten Bataillon Regiments Ramming,**) einer Eskadron Windischgrätz-Dragoner und zwei Geschützen der 3ten 4pfündigen Batterie zu bildende Abtheilung unter Major Baron Elliatschek gegen den Otte Sund vorgehen und diesen sperren sollte. Von diesen Truppen schlugen zwei Kompagnien und ein Zug Dragoner mit 10 Booten noch am 10ten die bezeichnete Richtung ein, während das Uebrige vorläufig in Holstebro verblieb. Da zu übersehen war, daß man auf keinen ernstlichen Widerstand stoßen werde, ordnete der Oesterreichische Korpsführer die Rückbeförderung der bereits bis Sinding, nordwestlich Silkeborg gelangten schweren Preußischen Geschütze und eines Theils der Korps-Geschütz-Reserve und Sanitäts-Anstalten an.

Bei Aalborg waren am Morgen des 11ten Juli um 6½ Uhr alle zum Uebersetzen, auch der berittenen Truppen erforderlichen Vorbereitungen, das Koppeln von 14 aus den Pontons der Kolonne Nr. 7 zusammengesetzten Maschinen, der Bau der Landungsbrücke auf

---

*) Dieselben waren am 10ten bis Störing gelangt und trafen am 11ten früh in Aalborg ein.

**) Dasselbe schied somit aus dem Streif-Kommando des Grafen Bellegarde aus.

dem Nord-Ufer und das Spannen zweier Taue zwischen beiden Ufern zur Führung der Maschinen, beendet. Nach einer ruhigen Nacht hatte sich am Morgen ein Weststurm erhoben, der die Ueberfahrt ungemein erschwerte, so daß die je 6 Pferde tragenden Maschinen hierzu drei viertel und zur Rückfahrt eine halbe Stunde brauchten.

Die Ueberführung der beiden Grenadier-Bataillone des Regiments Nr. 10 auf Booten war um 11½ Uhr Vormittags beendet.*) Nachmittags wurde noch das 2te Bataillon Regiments Nr. 52 übergesetzt, da General v. Falckenstein angeordnet hatte, daß von der im Laufe des Tages bei Aalborg einrückenden Reserve ein Bataillon mit einer Eskadron und zwei Geschützen spätestens am 12ten Juli auf Hjörring vorrücken solle, um die linke Flanke der auf Frederikshavn sich wendenden Truppen zu decken. Das Husaren-Regiment Nr. 8 war dagegen erst Abends um 10 Uhr auf dem nördlichen Ufer versammelt; ihm folgte noch die 3te 6pfündige Batterie, während das Kürassier-Regiment auf dem südlichen Ufer verbleiben mußte.

Von den bereits am 10ten übergesetzten Truppen gingen am Morgen des 11ten das Füsilier-Bataillon Regiments Nr. 50 auf Wagen und ein Zug des Husaren-Regiments Nr. 8 nach Hjallerup vor. Zu dieser Avantgarde stießen im Laufe des Tages noch die 3te und 5te Eskadron Husaren, während sich das Gros bei Attrupgaard sammelte. Das General-Kommando ging ebenfalls nach letzterem Orte, der Ober-Befehlshaber, Prinz Friedrich Karl, kehrte nach Apenrade zurück, wo er am 12ten Abends anlangte.

Am Otte Sund war Major v. Elliatschek schon in der Nacht zum 11ten mit 61 Mann übergegangen. Er fand die dortige Dänische Verschanzung verlassen, führte eine Anzahl daselbst liegender Segelboote**) auf das südliche Ufer zurück und sandte einen Theil derselben nach dem Salling Sund, damit sie dort beim Uebergange nach der Insel Mors Verwendung fänden.

Am 12ten Juli war das Wetter dem Uebersetzen der noch über

---

*) Alle Truppen-Fahrzeuge waren zurückgeblieben.
**) Zwei größere, 15 kleinere.

den Liim Fjord zu ziehenden Truppen günstiger.*) Die bei Hjallerup und Attrupgaard stehenden Abtheilungen rückten im Verein mit den inzwischen übergesetzten Kürassieren und der 5ten reitenden Batterie gegen Säby vor, wo die Avantgarde zunächst Halt machte, während General v. Falckenstein, dem sich Prinz Albrecht (Vater) anschloß, gegen Abend mit der auf Wagen gesetzten 2ten Kompagnie 4ten Garde=Grenadier=Regiments und einem Zuge der 5ten Eskadron Husaren=Regiments Nr. 8 noch bis Frederikshavn vorging. Man erfuhr dort, daß der Feind die letzten Abtheilungen bereits vor 24 Stunden eingeschifft habe. Das Avantgarden=Bataillon**) und der Rest der 5ten Eskadron des Husaren=Regiments wurden nach Frederikshavn herangezogen.

Die nach Hjörring bestimmte Abtheilung gelangte an diesem Tage bis Buurholt, die in Lögstör befindliche zerstörte die daselbst nördlich des Sundes gelegenen Dänischen Batterien.

Nachdem die Brigade Kalik am 11ten Juli einen Ruhetag ge=halten, erreichte sie am 12ten Volling; das 22ste Feldjäger=Bataillon besetzte Skive, während das 2te Bataillon Regiments Ramming bei Holstebro verblieb.

Am 13ten Juli zog General v. Falckenstein noch die 10te Kom=pagnie des Regiments Nr. 50 und die 3te Eskadron Husaren Nr. 8 nach Frederikshavn vor; auch folgte dorthin die 4te Kompagnie Infanterie=Regiments Nr. 50, welche mit zwei Geschützen der 3ten 6pfündigen Batterie der Artillerie=Brigade Nr. 6 die dortige Citadelle besetzen sollte. Die nach Hjörring bestimmte Abtheilung traf an diesem Tage daselbst ein.

---

*) Es gingen am 12ten Juli bei Aalborg über:

1) $\Big\{$ 3 Eskadrons Kürassiere Nr. 6 und $\dfrac{\text{5te reit.}}{\text{Art. Brig. 7}}$, welche den Truppen auf Säby folgten.

2) $\Big\{$ 1 Eskadron Dragoner Nr. 7 und 2 Geschütze der $\dfrac{\text{1sten 6pfdgen}}{\text{Art. Brig. 3}}$ von der Reserve nach Hjörring bestimmt.

3) $\Big\{$ $\dfrac{\text{4te}}{\text{Jäg 7}}$ und $\dfrac{\text{Pont. Komp.}}{\text{Pion. 2}}$, als Besatzung für Nörre=Sundby.

**) $\dfrac{\text{F.}}{50}$, ausschließlich der 10ten Kompagnie.

Die Brigade Kalik erreichte an demselben Tage Otting. Sie beließ das 22ste Feldjäger=Bataillon in Skive und schob das 1ste Bataillon Regiments Ramming mit der halben Batterie Nr. 9 nach Harre vor, wo es sich mit dem am Salling Sund streifenden Obersten Grafen Bellegarde vereinigte. Auch die beiden Pionier=Kompagnien mit den Booten und den Brücken=Equipagen sowie die Ruderer=Abtheilung wurden diesem Offizier zugewiesen und bei Nantrup am Salling Sund versammelt. Hier setzten um 11 Uhr Nachts die ersten Abtheilungen des 1sten Bataillons Ramming mittelst Pontons und unter Zuhülfenahme der im Otte Sund vorgefundenen Fahrzeuge über. In den Frühstunden des 14ten war der Uebergang des Bataillons beendet. Dasselbe besetzte Nykjöbing, wo Nachmittags auch General v. Gablenz eintraf. Der Otte Sund wurde am 13ten Juli vom Major v. Elliatschek mit vier Kompagnien*) des 2ten Bataillons Ramming und einer Abtheilung unberittener Windischgrätz=Dragoner überschritten; auch besetzte an demselben Tage eine auf Wagen beförderte Abtheilung Thisted und nahm dort 18 mit Heeresbedürfnissen beladene Schiffe in Beschlag. Am nächsten Tage folgten noch drei Kompagnien nach diesem Orte; die Verbindung mit den nach der Insel Mors übergegangenen Truppen über den Vils Sund wurde durch eine Anzahl bemannter Boote hergestellt. Auf die bereits befohlene Ueberführung weiterer Theile der Brigade Kalik über den Salling Sund mußte wegen des stürmischen Wetters zunächst verzichtet werden.**) General v. Gablenz kehrte am 14ten nach Skive und demnächst nach Kolding zurück, nachdem er den Befehl über die am Liim Fjord stehenden Truppen dem General v. Dobrzensky übergeben hatte.

General v. Falckenstein brach, begleitet vom Prinzen Albrecht (Vater) und den meisten Offizieren seines Stabes, am 14ten Morgens 2 Uhr mit einer kleinen Bedeckung nach der äußersten Spitze des

---

*) Zwei Kompagnien blieben in Holstebro zurück.

**) Erst am 16ten wurden das II. Khevenhüller und eine Division des 22ften Feldjäger=Bataillons übergesetzt.

Bendsyssel auf. In der Nähe des Leuchtthurmes von Skagen wurden am Strande zum Zeichen der Besitznahme von ganz Jütland eine Preußische und eine Oesterreichische Flagge aufgezogen. Bei Aalbät hatte inzwischen ein Dänischer Dampfer ein bemanntes Boot auszusetzen versucht, welches jedoch nach einigen Schüssen einer daselbst zurückgelassenen Patrouille zurückging. Ebenso war ein feindliches Kriegsschiff, welches sich bei Frederikshavn der Küste genähert hatte, durch das Feuer der dort aufgestellten 6=Pfünder vertrieben worden.

Die Einschiffung der Dänischen Truppen in Frederikshavn*) war, da dieselben meist aus Reiterei bestanden, nur langsam von Statten gegangen. Um die Räumung des bedrohten Landstriches zu beschleunigen, hatte man sich genöthigt gesehen, einen Theil der Truppen zunächst nach den nahe der Küste gelegenen kleinen Inseln Hirtsholmen und Laesö überzuführen, von wo sie später abgeholt wurden. Es gelang bis zum 9ten Juli alle Truppen fortzuführen, mit Ausnahme des 1sten Infanterie=Regiments, des 2ten Dragoner=Regiments, von 4 Geschützen und der 4ten Ingenieur=Kompagnie, welche vorläufig am Liim Fjord stehen geblieben waren. Als sich dann die Spitzen der Verbündeten diesem Wasserarme näherten, gingen am 8ten Juli die am Agger Sunde belassenen kleinen Abtheilungen zurück, und am 9ten traten auch die weiter östlich stehenden Truppen den Abmarsch nach dem Einschiffungspunkte an, um nach Fünen übergeführt zu werden.

Zum Verbleiben im Bendsyssel bestimmte General v. Falckenstein außer der in Hjörring befindlichen Abtheilung nur das Infanterie=Regiment Nr. 50, das Husaren=Regiment Nr. 8 und die 3te 6pfündige Batterie. Diese dem Befehle des Generals v. Flies unterstellten Abtheilungen sollten, unter Besetzthaltung von Säby, bei Frederikshavn versammelt bleiben, während die übrigen Truppen Befehl erhielten, am 15ten den Abmarsch anzutreten und am 16ten und 17ten wieder über den Liim Fjord zurückzugehen.

---

*) Siehe Seite 711.

V. Vorgänge zur See und an den Küsten. Einnahme der Nord= friesischen Inseln.*) Die Verhältnisse im Rücken des Heeres.

Dänischer Seits befürchtete man, daß nach dem Ablaufe des **Vorgänge in der Nordsee.** Waffenstillstandes das Oesterreichisch=Preußische Nordsee=Geschwader in das Kattegat einlaufen werde, um eine Unternehmung gegen Fünen zu unterstützen. Seit dem 27sten Juni kreuzte daher „Niels Juel" am Vorgebirge Skagen und wurde in den nächsten Tagen noch durch „Danebrog", „Slesvig" und „Hermod" verstärkt. Nach dem Falle von Alsen gingen diese Schiffe nach dem nördlichen Ausgange des Großen Beltes, um nöthigenfalls bei der Vertheidigung von Fünen mitzuwirken und die Ueberführung der dortigen Truppen nach See= land zu decken.

Für die Verbündeten war somit jetzt der Augenblick gekommen, sich unter Beihülfe des in Cuxhaven liegenden Oesterreichisch=Preußischen Geschwaders der Nordfriesischen Inseln zu bemächtigen.

Schon seit Beginn des Krieges befand sich hier eine kleine Dänische Flottille.**) Der daselbst kommandirende Kapitän Hammer verfügte bei Wiedereröffnung der Feindseligkeiten über zwei Dampfer, 8 Kanonenjollen und eine Anzahl Zollkreuzer.***) Während der Krieg

---

*) Hierzu Skizze 10.
**) Vergl. I, Seite 222 und 316.
***) Kapitän Hammer giebt in seiner Schrift „Vertheidigung der Nordsee= Inseln" die eigene Stärke wie folgt an:

1) Dampfboot „Augusta" | waren nicht mit Geschütz versehen.
    = „Liim Fjord" |

2) Kanonenjolle „Aarösund" |
    = „Hörup" | führten je eine 60pfündige Bombenkanone
    = „Eckernsund" | und 22 Mann Besatzung.
    = „Barsö" |

3) Kanonenjolle „Aerö" |
    = „Facus" | führten je eine 30pfündige Bombenkanone
    = „Middelfart" | und 22 Mann Besatzung.
    = „Snoghöj" |

4) 15 Zollkreuzer mit je 3 bis 5 Mann Besatzung.
5) 160 Mann Infanterie.
6) 6 24=Pfünder mit 24 Mann auf Fanö.

auf dem Festlande seinen Fortgang nahm, legte Kapitän Hammer Kohlen= und Proviant=Niederlagen an und verübte mancherlei Bedrückungen gegen die Deutsch gesinnten Bewohner der Inseln.

An der den Friesischen Inseln gegenüberliegenden Küste stand, auf etwa 6 Meilen ausgebreitet, die erwähnte Oesterreichische Beobachtungs= abtheilung*) unter Oberst=Lieutenant Schidlach, welcher sein Quartier in Tondern genommen hatte. Derselbe verfügte vom 6ten Juli an über das 9te Feldjäger=Bataillon, die 5te Eskadron Windischgrätz= Dragoner und zwei Geschütze. Von den Jägern befanden sich drei Kompagnien in Hoyer, ein und eine halbe in Emmelsbüll, Südwest= hörn und Dagebüll, eine Kompagnie in Rickelsbüll und eine halbe in Ballum; die Dragoner standen in Tondern, Mögeltondern und Hoyer, die beiden Geschütze bei Marienkog. Bei Hoyer, Rickelsbüll, Südwesthörn und Dagebüll hatten die Jäger eine Anzahl flachgehender Boote zusammengebracht.

Nachdem zwischen dem Eskadre=Kommandanten, Kontre=Admiral Frhrn. v. Wüllerstorff, und dem General v. Gablenz die nöthigen Verabredungen getroffen worden waren, verließ das durch widrige Winde bis dahin am Auslaufen behinderte Oesterreichisch=Preußische Geschwader am 9ten Juli Cuxhaven. Nur das Kanonenboot „Seehund" war noch zurückgeblieben, um zwei zum Oberst=Lieutenant Schidlach entsandte Offiziere, den Fregatten=Kapitän Lindner, welcher dem Hauptquartier der verbündeten Armee zugetheilt war, und den Haupt= mann im Generalstabe Wieser, nach ihrem Eintreffen in Cuxhaven, dem Geschwader nachzuführen. Die genannten Offiziere trafen am 10ten beim Admiral v. Wüllerstorff ein und vereinbarten mit dem= selben, daß das Geschwader die Schmal= und Lister Tiefen sperren und die Kanonenboote gegen den Hafen von List vorsenden sollte, während die Abtheilung Schidlach mittelst flacher Boote nach Sylt übersetzte. Der Eskadre=Kommandant befahl nun dem Kontre=Admiral v. Tegetthoff, mit „Schwarzenberg", „Radetzky" und „Elisabeth" die Ausgänge des Fahrwassers südlich von Sylt zu sperren, während das Gros des Geschwaders nach der Nordspitze dieser

*) Vergl. Seite 703, 715 Anmerkung 1.

Insel fuhr. Hier traf dasselbe am 11ten Juli ein, und an demselben Tage ließ Admiral v. Wüllerstorff die Kanonenboote „Basilisk", „Blitz", „Wall" und „Seehund", unter Befehl des Fregatten-Kapitäns Kronnowetter, in die Lister Rhede einlaufen, nachdem zwei Dänische Jollen sich bei Annäherung des Geschwaders von dort zurückgezogen hatten. Der Abrede gemäß wurden die Oesterreichischen Truppen an der Küste durch drei Kanonenschüsse von dem Eintreffen der Flotte in Kenntniß gesetzt.

In Folge der Beschaffenheit des von dem Dänischen Kapitän besetzt gehaltenen Meerestheiles sahen sich die Verbündeten in ihren Bewegungen äußerst beschränkt. Zwischen den Inseln und dem Festlande dehnen sich die Watten aus, Sandbänke, die zur Ebbezeit größtentheils trocken liegen, und zwischen denen sich nur schmale Wasserrinnen hinziehen. Für tiefgehende Schiffe ist das Wattenmeer ganz unzugänglich, aber auch Fahrzeuge von geringerem Tiefgange bedürfen vorsichtiger und ortskundiger Führer, wenn sie nicht auf den Grund gerathen sollen. Um den Schiffen der Verbündeten die Bewegungen noch mehr zu erschweren, hatte Kapitän Hammer alle zur Kenntlichmachung des Fahrwassers dienenden Seezeichen entfernen lassen.

Ein vom Oberst-Lieutenant Schidlach am 12ten Juli unter= nommener Versuch, mit einigen Kompagnien von Hoyer, Nickels= büll und Südwesthörn aus auf Sylt und Föhr zu landen, mißglückte, da die Boote durch das Feuer herbeieilender Dänischer Fahrzeuge zur Umkehr genöthigt wurden.

Man erkannte jetzt, daß, so lange die Kriegsschiffe der Ver= bündeten in ihrer Stellung bei List und vor den Schmal-Tiefen ver= blieben, Kapitän Hammer im Stande war, jeden Uebergangsversuch zu verhindern, und daß es daher erforderlich sei, die Kanonenboote in den Watten vorgehen zu lassen. Um in dieser Beziehung neue Verabredungen zu treffen, suchten die oben erwähnten beiden Oester= reichischen Offiziere, welche inzwischen durch die „Elisabeth" nach Curhaven zurückgebracht worden und von dort wieder beim Oberst= Lieutenant Schidlach eingetroffen waren, am 12ten Juli Vormittags, in Begleitung des Oesterreichischen Rittmeisters Grafen Waldburg und des Kapitäns Andersen, zu Fuß von Jerpstedt während der Ebbe über Jordsand den Lister Hafen zu erreichen. Mit genauer Noth vermochten sie noch vor der bereits wieder beginnenden Fluth an Bord des „Seehund" zu gelangen.*)

In Folge der nunmehr mit dem Eskadre-Kommandanten getroffenen Vereinbarung wurden von den in die Lister Rhede eingelaufenen Kanonen-booten die beiden Preußischen, welche einen geringeren Tiefgang hatten, als die Oesterreichischen, nach Süden vorgeschickt, und zwar „Basilisk" mit drei bemannten Oesterreichischen Booten im Schlepp in die Lister Ley, „Blitz" in die Hoyer Tiefe.**) Wenn sie in dem seichten Wasser die nach Süden ausgewichenen Dänischen Fahrzeuge auch nicht zu erreichen vermochten, so verhinderten sie doch eine Rückkehr der-selben in das Wester-Ley, so daß am 13ten Juli zwei und eine halbe Kompagnie Jäger***) es unternehmen konnten, von Hoyer und Rickels-büll aus nach der Insel Sylt, und zwar nach Keitum und Morsum, überzusetzen. Die von Rickelsbüll abgehenden Boote wurden aller-dings durch Dänische Fahrzeuge bedroht, entzogen sich indessen der Gefahr, indem sie außer feindlicher Schußweite auf den Sand liefen und ihre Fahrt erst fortsetzten, als die Ebbe den Gegner nöthigte, in tieferes Fahrwasser zurückzugehen.†) Ein gleichzeitig unter-nommener Uebergangsversuch nach Föhr mißglückte.

An demselben Tage übernahm „Blitz" von „Schwarzenberg" und „Kaiser" drei gezogene 4pfdge Geschütze, die auf Sylt gelandet und bei Näs Odde aufgestellt wurden, um das Wester-Ley zu sperren. Eine vom Oberst-Lieutenant Schidlach an Kapitän Hammer ge-schickte Aufforderung zur Uebergabe blieb ohne Erfolg, da der Dänische Offizier freien Abzug verlangte. Admiral v. Wüllerstorff ging am Abend dieses Tages mit den großen Schiffen und „Adler" nach Cuxhaven, um Kohlen einzunehmen und einen kleinen Dampfer zu

---

*) Die Offiziere trafen am 13ten Juli wieder in Hoyer ein.
**) A auf Skizze 10.
***) 5te, 6te, 1/23te.
†) Den Rath zu diesem zweckmäßigen Verfahren hatte der erwähnte Schiffs-Kapitän Andersen gegeben.

miethen. Außer den vier Kanonenbooten bei Lift blieb nur die „Elisabeth" bei der Neuen Schmal=Tiefe zurück.

Am 14ten, 15ten und 16ten hinderte stürmisches Wetter jede weitere Unternehmung gegen die Dänen;*) auch die nach Cuxhaven zurückgegangenen Schiffe konnten erst am 17ten von dort wieder aus= laufen und am Abend dieses Tages nördlich von Sylt vor Anker gehen.

Um sich auch in den Besitz von Föhr zu setzen, hatte inzwischen Oberst=Lieutenant Schidlach, dem schon am 13ten die Nachricht von dem bevorstehenden Waffenstillstande mit der Aufforderung zur Beschleunigung des Unternehmens gegen die Inseln zugegangen war, den Entschluß gefaßt, mit den bei Lift liegenden Kanonenbooten an der Westküste von Sylt entlang zu fahren und dann durch die Schmal= Tiefe und Norder Aue gegen Wyk vorzudringen. In Folge dessen gingen am 17ten Juli früh, nachdem sich der bis dahin herrschende Sturm im Laufe der Nacht gelegt hatte, „Blitz", „Seehund" und „Wall", welche eine Abtheilung der nach Sylt übergesetzten Jäger**) unter Oberst=Lieutenant Schidlach an Bord genommen hatten, in See, während „Basilisk" zur Sperrung des nördlichen Ausweges aus den Watten in der Hoyer Tiefe zurückblieb. Die vor der Schmal=Tiefe liegende „Elisabeth" schloß sich den Kanonenbooten an, und um 10½ Uhr Morgens lief das kleine Geschwader in die Norder Aue ein.***) In der Höhe von Nieblum kam den Schiffen der Dänische Dampfer „Liim Fjord" unter Parlamentärflagge, mit dem Kapitän Hammer an Bord, entgegen. Nachdem Letzterer an Bord des „Seehund" gebracht war, theilte er mit, daß er durch den Dänischen General= Konsul in Hamburg Nachricht von dem Abschlusse eines Waffen= stillstandes erhalten habe. Kapitän Kronnowetter ging daher mit seinen Schiffen zunächst vor Anker, während Oberst = Lieutenant Schidlach sich mit dem Dänischen Offizier an Land nach Dagebüll begab, um die Richtigkeit jener Nachricht festzustellen.

---

*) Nur die außerhalb des Wirkungsbereichs der Dänischen Flottille ge= legene Insel Romö wurde am 14ten früh durch eine Abtheilung Jäger besetzt.

**) ½ 3te und drei Züge der 6ten Kompagnie, im Ganzen 150 Mann.

***) B auf Skizze 10.

Ein zu diesem Zwecke nach Hoyer entsandter Bote kehrte unver= richteter Dinge zurück, so daß erst nach Tondern geschickt werden mußte, um von hier aus eine telegraphische Anfrage nach Apenrade zu richten. Die beiden Befehlshaber begaben sich inzwischen wieder auf ihre Posten. Noch vor der Antwort aus Apenrade traf eine Depesche des Admirals v. Wüllerstorff ein, worin dieser sein Wiederauslaufen aus Cuxhaven mittheilte, und außerdem langte um 2 Uhr Nachts ein Ordonnanz=Offizier aus dem Hauptquartier an,*) von dem man erfuhr, daß der Waffenstillstand noch nicht ab= geschlossen sei. Sofort wurden die auf den Oesterreichischen Kanonen= booten eingeschifften Jäger durch den „Blitz" bei Nieblum gelandet. „Seehund", „Wall" und „Elisabeth" schifften außerdem 100 Matrosen aus. Diese Abtheilungen marschirten am 18ten früh nach Wyk, besetzten den Hafen und belegten einen dort liegenden Dänischen Zollkutter sowie ein Kohlenschiff mit Beschlag.

Um 6 Uhr früh lichteten „Elisabeth", „Seehund", „Wall" und „Blitz" die Anker und steuerten auf Wyk, um die feindlichen Fahrzeuge anzugreifen. Als sie sich diesem Orte näherten, war die Dänische Flottille schon in nördlicher Richtung zurückgegangen und konnte, des dortigen seichten Fahrwassers wegen, von den tiefer gehenden Oesterreichischen Schiffen nur noch auf weite Entfernung beschossen werden. „Blitz" vermochte bis Näshörn zu folgen und von dort die abziehenden Dänen noch einige Zeit zu beschießen. Außerdem wurde hier eine auf den Grund gerathene und von den Dänen in Brand gesteckte Kanonenjolle, sowie ein festgefahrener Zollkutter genommen und darauf die Inseln Gröde, Langeneß und Amrum, unter theilweiser Heranziehung der noch bei Dagebüll stehenden Jäger=Kompagnie, besetzt. Dem Kapitän Hammer war es inzwischen gelungen, seine übrigen Fahrzeuge in

---

*) Dieser Offizier, der ein Schreiben des Prinzen Friedrich Karl an den Oberst=Lieutenant Schidlach zu überbringen hatte und von Dagebüll aus übersetzte, wurde vom Kapitän Hammer selbst an Bord des „Seehund" geführt, weil er glaubte, derselbe bringe die Nachricht von dem Abschluß des Waffenstillstandes. Die Aufforderung zur Uebergabe lehnte der Dänische Befehlshaber auch bei dieser Gelegenheit ab, ebenso aber Kapitän Kronno= wetter dessen Antrag auf noch längere Unterbrechung der Feindseligkeiten.

den Watten zwischen Föhr und Föhrer Schulter vor Anker zu bringen, wohin ihm keins der Deutschen Kriegsschiffe zu folgen vermochte.

Am 18ten Abends kam der Kommandant des Englischen Kriegs= schiffes „Salamis" mit einem Boote nach Wyk, um dem Oberst= Lieutenant Schidlach im Auftrage des Gouverneurs von Helgoland mitzutheilen, daß der Waffenstillstand abgeschlossen sei. Der Oberst= Lieutenant erwiderte, daß er mit seiner vorgesetzten Kommandobehörde in Verbindung stehe und nur von letzterer Nachricht über einen Waffenstillstand annehmen könne; auch müsse er jeden Verkehr mit dem Kapitän Hammer untersagen.

Am 19ten Vormittags entsandte Kapitän Kronnowetter den „Blitz" nach der Fahrtrapp=Tiefe, um der Dänischen Flottille auch diesen Ausweg zu verlegen.*) Das ungünstige Wetter und das schwierige Fahrwasser machten die größte Vorsicht nöthig, so daß die Fahrt des „Blitz" ungemein verlangsamt wurde. Obgleich sich zwei kundige Lootsen an Bord befanden, kam das Kanonenboot dennoch Nachmittags 6½ Uhr, etwa 2 bis 3 Seemeilen von den Dänen ent= fernt, auf den Grund.

Oberst=Lieutenant Schidlach hatte inzwischen Nachmittags 1 Uhr den Kapitän Hammer von Neuem zur Uebergabe auffordern lassen, nachdem kurz zuvor ein Offizier aus dem Hauptquartier mit der Nachricht über die am folgenden Tage beginnende Waffenruhe eingetroffen war. Der Dänische Befehlshaber lehnte zunächst diese Aufforderung ab, versammelte dann aber seine Offiziere zu einem Kriegsrath, in welchem die Uebergabe beschlossen wurde. Die Kanonen= jollen wurden versenkt. Bald nach Ankunft des „Blitz" in der Nähe der Dänen heißte „Liim Fjord" die Parlamentärflagge und holte den Danebrog und das Kommandozeichen Hammers nieder. Nachdem der Kommandant des „Blitz" vergebens versucht hatte, durch das seichte Fahrwasser zum „Liim Fjord" zu gelangen, erschien Abends 9 Uhr Kapitän Hammer in Begleitung eines seiner Offiziere an Bord des Preußischen Schiffes und erklärte sich zur Uebergabe bereit.

---

*) C auf Skizze 10.

Heftiger Sturm verhinderte eine sofortige Besetzung der Däni=
schen Fahrzeuge, und erst am Morgen des 20sten um 3 Uhr steuerten
bei noch immer hochgehender See die beiden Kutter des „Blitz" unter
Führung des Lieutenants zur See v. Kall zu deren Ankerplatz ab.
Der mit Kapitän Hammer an Bord des „Blitz" gelangte Dänische
Lieutenant begleitete den Lieutenant v. Kall, um dem auf dem „Liim
Fjord" befehligenden Offizier die schriftliche Weisung des Kapitäns
Hammer zur Uebergabe zu überbringen. Bei Ankunft der Preußischen
Kutter hatte aber „Liim Fjord" den Danebrog wieder geheißt, steuerte
zu den Oesterreichischen Schiffen und übergab sich dort dem Kapitän
Kronnowetter. Dem vereinigten Geschwader waren 9 Offiziere,
2 Beamte, 236 Mann, 2 Dampfer, 2 Zollkutter, 1 eisernes Feuer=
schiff und 5 mit Proviant und Kohlen beladene Fahrzeuge in die
Hände gefallen.

Das Gros der Oesterreichischen Schiffe unter Admiral v. Wüller=
storff war, als es am 17ten bei seiner Rückkehr von Cuxhaven vor
der Schmal=Tiefe die mit den Kanonenbooten in die Norder Aue ein=
gelaufene „Elisabeth" nicht mehr antraf,*) nach der Nordspitze der Insel
Sylt gesegelt, um die mitgebrachten Kohlenschiffe und den in Hamburg
gemietheten kleinen Dampfer „Düppel" in die Lister Tiefe zu bringen.
Dann hatte sie des hohen Seeganges wegen am 18ten die Küste ver=
lassen und war unter Helgoland vor Anker gegangen. Nachdem der
Oesterreichische Admiral von der Uebergabe des Kapitäns Hammer
Kenntniß erhalten hatte, ging er nach Cuxhaven zurück. Dort war am
18ten Juli noch die Oesterreichische Panzerfregatte „Kaiser Max" in
Begleitung des Raddampfers „Lucia" angelangt.

Vorgänge an
der Ostseeküste. An der Preußischen Ostseeküste waren beim Ablaufe der Waffen=
ruhe wiederum die zum Schutze derselben erforderlichen Maßregeln
getroffen worden. Peenemünde erhielt am 1sten Juli die 4te Kom=
pagnie Jäger=Bataillons Nr. 2, Rügenwalde am 5ten die 2te Kom=
pagnie Regiments Nr. 54 und Stolpmünde am 8ten Juli die
4te Kompagnie desselben Regiments als Besatzung. Nach der Insel
Rügen, die man durch eine feindliche Landung besonders bedroht

*) Vergl. Seite 727.

glaubte,*) wurden am 29ſten Juni das Garde=Füſilier=Regiment, das Garde=Jäger=Bataillon, die 1ſte 6pfdge und 2te 12pfdge Garde= Batterie entſandt. Dieſelben bildeten mit den vom II. Preußiſchen Armee = Korps entſendeten Truppentheilen, dem 1ſten und Füſilier= Bataillon Regiments Nr. 14,**) der 2ten und 3ten Kompagnie Regiments Nr. 42, der 1ſten und 3ten Eskadron Ulanen=Regiments Nr. 9, ſowie der 3ten 6pfdgen Batterie der Artillerie=Brigade Nr. 2 eine Abtheilung, welche unter Befehl des Kommandeurs der 5ten Infanterie=Brigade, Generals v. Alvensleben, den Schutz der Inſel übernahm. Außerdem befanden ſich auf derſelben noch die 1ſte und 4te Kompagnie Regiments Nr. 42, welche die Schanzen bei Drigge, Prosnitz und Altefähr beſetzt hielten und dem Kommandanten von Stralſund unterſtellt waren.

Am 27ſten Juni hatten Däniſche Schiffe die Blockadeerklärung für Danzig, Pillau und Memel abgegeben, nach welcher neutralen Fahrzeugen eine 20tägige Friſt zum Auslaufen gewährt war. Die III. Flottillen=Diviſion***) führte am 2ten Juli 9 Seemeilen nördlich von Dornbuſch einen etwa einſtündigen Geſchützkampf gegen „Torden= ſkjold“ und „Hekla“ auf eine Entfernung von 2500 bis 3000 m, wobei keine Verluſte eintraten. Nach Abbruch des Gefechts gingen die Kanonenboote nach Wittow Poſthaus zurück. Wichtige Ereigniſſe fielen in der Oſtſee weiter nicht vor.

Bei Wiederbeginn der Feindſeligkeiten hielt die 5te Diviſion die Die Verhältniſſe im Rücken des Heeres. Inſel Fehmarn mit zwei Bataillonen, Kiel und Rendsburg mit je einem Bataillon, Altona, Schleswig und Eckernförde mit je zwei Kompag= nien, Friedrichsort und Däniſchenhagen mit je einer Kompagnie beſetzt. Von der Kavallerie ſtand eine Eskadron in Kiel und Umgegend, die

---

*) Nach Sörenſen ſoll es in der That im Plan des Däniſchen Ober= Kommandos gelegen haben, die Inſel zu beſetzen, um hierdurch beim Friedens= ſchluß Zugeſtändniſſe zu erlangen.

**) Beide Bataillone traten ſchon am 18ten Juli den Rückmarſch nach ihrer Garniſon Stettin an.

***) Die Kanonenboote II. Klaſſe „Habicht“, „Jäger“, „Salamander“, „Sperber“ und „Wolf“, unter Lieutenant zur See Arendt.

zweite war auf Fehmarn, in Eckernförde, Dänischenhagen und Neu Heikendorf vertheilt.*)

Als nach der Eroberung von Alsen die 13te Division Süd-Schleswig besetzte,**) wurde von der 5ten Division die Besatzung von Fehmarn um ein Bataillon, diejenige von Friedrichsort um zwei Kompagnien verstärkt. Die gegenüber von Friedrichsort befind-liche Schanze von Möltenort wurde von einem Bataillon, dem bis dahin in Eckernförde befindlichen Kürassierzuge und der halben 4ten Festungs-Kompagnie der Artillerie-Brigade Nr. 7 mit vier gezogenen 24-Pfündern besetzt.

Auf Fehmarn war am 30sten Juni die Nachricht eingegangen, daß Dänischer Seits eine größere Landung auf der Insel beabsichtigt sei,***) und man hatte daher alle Vorbereitungen getroffen, um einer solchen entgegenzutreten. Der Gegner beschränkte sich jedoch darauf, die Insel durch die Kanonenboote „Marstrand" und „Krieger" beobachten zu lassen.

Die Bundes-Exekutions-Truppen hatten bei Ablauf des Waffen-stillstandes im Wesentlichen ihre früheren Stellungen wieder ein-genommen. Die Sachsen hielten Heiligenhafen, Clausdorf, Seegalen-dorf, Lütjenburg und Farve mit je einem Bataillon, Oldenburg und Rendsburg mit je zwei Kompagnien besetzt. Die Kavallerie stand in Görtz, Emkendorf, Schmoel, Kaköhl, Wangels und Umgegend, die Artillerie in Großenbrode, Heiligenhafen, Lütjenbrode und Lübbers-dorf; die Pioniere befanden sich in Glückstadt. Von den Hanno-veranern stand je ein Bataillon in Cismar, Rendsburg, Altona, Neustadt, Itzehoe und Heide. Die Kavallerie lag in Ahrensböf und Eddelak, die Artillerie in Glückstadt, Neustadt und Heide. Die Pioniere standen in Collmar.

Die politischen Meinungsverschiedenheiten zwischen der Mehrheit des Bundestages und den beiden Großmächten dauerten ungemindert

---

*) Eine Eskadron war zum I. Korps abgegeben worden. Vergl. Seite 635.

**) Vergl. Seite 699.

***) Vergl. Seite 685.

fort und hatten auch eine gewisse Spannung zwischen den Truppen der Bundes-Exekution und denen des verbündeten Heeres zur Folge.

In Rendsburg ließ der Hannoversche Kommandant die bei einer patriotischen Feier aufgezogenen Oesterreichischen und Preußischen Fahnen wegnehmen. Am 17ten Juli kam es zu Händeln zwischen Hannoverschen und Preußischen Soldaten, die sich bei ungenügendem Einschreiten des Kommandanten zu Aufläufen und Schlägereien steigerten.

Am Abend des 19ten Juli erhielt das Ober-Kommando in Folge der über diese Vorgänge an den König erstatteten Meldung den telegraphischen Befehl, sich unverzüglich zum Herrn des Platzes zu machen und bei Ausführung dieses Befehls nur militärische Rücksichten walten zu lassen. In Folge dessen wurden am 21sten Juli Vormittags vom I. kombinirten Armee-Korps vier Bataillone, eine Eskadron, eine gezogene Batterie, ferner von der 5ten Division zwei Bataillone, eine Eskadron, eine halbe Batterie bei Bovenau und Sorgbrück nordöstlich und nordwestlich von Rendsburg bereitgestellt. Der mit dem Befehl über diese Truppen beauftragte General v. Goeben traf für seine Person schon am 20sten Juli in Rendsburg ein, woselbst sich auch der Seitens der Bundestruppen mit Untersuchung der Vorgänge betraute Hannoversche General v. d. Knesebeck eingefunden hatte. Diesem theilte General v. Goeben am 21sten früh mit, daß er Mittags 12 Uhr mit 6000 Mann in Rendsburg einrücken und die Wachen nöthigenfalls mit Gewalt besetzen lassen werde, im Uebrigen aber keine Räumung der Stadt durch die Bundestruppen verlange, vielmehr deren Unterbringung in einem besonderen Stadttheil anheimstelle. In Folge einer gleichlautenden, an den Kommandirenden der Bundestruppen gerichteten Mittheilung erhob dieser gegen die getroffenen Maßregeln Einspruch, sandte aber dem General v. d. Knesebeck den telegraphischen Befehl, den Platz ganz zu räumen. Demgemäß rückte die Hannoversch-Sächsische Besatzung noch vor dem Eintreffen der Preußischen Truppen nach den südlich Rendsburg gelegenen Ortschaften und am folgenden Tage nach der Ostküste von Holstein ab. General v. Goeben ließ die Stadt selbst durch das 1ste und Füsilier-Bataillon Infanterie-Regiments Nr. 15

und das 1ste Bataillon Infanterie-Regiments Nr. 53 besetzen und wies den übrigen Abtheilungen der 13ten Division auf dem rechten, denjenigen der 5ten Division auf dem linken Eider-Ufer Quartiere an.

Am 24sten Juli wurden in Rendsburg die Preußischen und Oesterreichischen Flaggen unter militärischen Feierlichkeiten wieder aufgezogen. An demselben Tage erfolgte auf Befehl des Ober-Kommandos die Auflösung der kombinirten Brigade Goeben, und die Truppen kehrten, mit Ausnahme des 1sten und Füsilier-Bataillons Regiments Nr. 15, wieder in ihre früheren Garnisonen zurück.

Während der nun folgenden Untersuchung der geschilderten Vorgänge und der auf dieselben bezüglichen diplomatischen Verhandlungen machte sich die Nothwendigkeit einer stärkeren Besetzung von Holstein durch Preußische Truppen geltend. Es wurden daher am 13ten August noch das 2te Bataillon Infanterie-Regiments Nr. 15 in die Gegend von Jevenstedt und die 6te und 8te Kompagnie des Leib-Grenadier-Regiments aus Friedrichsort und Dänischenhagen nach Altona verlegt, wo am 16ten August das ganze 2te Bataillon letztgenannten Regiments vereinigt war.

Die Verhandlungen über die Rendsburger Vorgänge erreichten am 15ten November dadurch ihren Abschluß, daß eine aus höheren Offizieren der betheiligten Mächte gebildete Kommission die Bestimmungen feststellte, nach welchen fortan die Besetzung von Rendsburg erfolgen sollte.

Auf Grund dieser Vereinbarungen fand am 27sten November der Einmarsch des 2ten Bataillons 5ten Hannoverschen Infanterie-Regiments und zweier Kompagnien des 3ten Sächsischen Infanterie-Bataillons in Rendsburg unter Ehrenbezeugungen Seitens der Preußischen Garnison statt. An demselben Tage trafen noch das 1ste und 2te Bataillon 3ten Garde-Grenadier-Regiments Königin Elisabeth daselbst ein, und der Kommandeur dieses Regiments, Oberst-Lieutenant v. Pritzelwitz, übernahm die Geschäfte der Kommandantur.

Es ist mit der Angabe, in welcher Weise diese Angelegenheit schließlich ihre Erledigung fand, bereits weit über den Zeitpunkt

hinausgegriffen worden, bis zu welchem die Ereignisse bei den sich
gegenüberstehenden Feld=Armeen geschildert waren. Die Darstellung
wendet sich daher nunmehr zu diesen zurück, um zunächst zu zeigen,
wie sich die Verhältnisse auf Dänischer Seite nach der Räumung
von Alsen gestaltet hatten.

VI. Die Kriegslage auf Dänischer Seite nach der Räumung von Alsen. Die Dänischen Friedensanerbietungen und die weiteren Absichten der Verbündeten. Abschluß einer Waffenruhe. Friedens= verhandlungen und der Wiener Friede.

Vom Dänischen Heer standen bei Ablauf der Waffenruhe auf Fünen
zwei Brigaden an der Westküste und zwei weiter östlich bei Odense, wäh=
rend die vom Vendsyssel übergeführte 1ste Brigade*) in Nyborg aus=
geschifft wurde und in der dortigen Gegend verblieb. Als man nach
dem Verluste von Alsen einen baldigen Uebergang der Verbündeten nach
Fünen erwarten zu müssen glaubte, wurden die Truppen=Aufstellungen
an der Westküste dieser Insel noch verstärkt. Die 5te, bisherige Landungs=
Brigade nahm an der Fredericia gegenüber liegenden Küste nördlich
Veilby Stellung. Südlich schloß sich hieran die 3te Division, welche
mit der 3ten Brigade die Strecke von Middelfart bis zum Gamborg
Fjord deckte und dahinter ihre von Odense herangezogene 7te Brigade
aufstellte. Von der 2ten Division legte die 1ste Brigade**) ein
Regiment nach Ronaes, ein zweites nach Eiby, während die 8te Bri=
gade in dem Raum Tybring, Gjelstedt, Wedelsborg untergebracht wurde.
Die von Alsen ankommende 1ste Division***) hatte den südlichsten Ab=

---

*) Vergl. Seite 637 und Anlage Nr. 69.

**) Das zu derselben gehörige und erst später (vergl. Seite 722) nach
Fünen übergeführte 1ste Infanterie=Regiment wurde der 6ten Brigade zugetheilt.

***) Bei dieser wurde aus dem 4ten und 10ten Regiment wegen der
großen Verluste, welche sie auf Alsen erlitten hatten, je ein Bataillon zu=
sammengestellt. Das aus dem 10ten Regiment gebildete Bataillon wurde
alsdann der 3ten Division zugetheilt und nach der Insel Fänö gelegt, welche
noch ein zweites Bataillon als Besatzung erhielt.

schnitt, von der Brende-Aa bis Faaborg, zu decken. Die aus dem Bendsyssel später noch nach Fünen herangezogenen Truppen des Generals Hegermann*) wurden an den Baaring Vig verlegt, weil man einen Uebergang von Rosenvold her vermuthete. Zur Verstärkung dieser Abtheilungen wurde auch noch die 4te Brigade, nach der Gegend östlich Veilby herangezogen und der 4ten Division unterstellt. Die Abtheilung des Kapitäns Aarö lag in Bogense und auf der Insel Äbelö.

Das Ober-Kommando des nunmehr ganz auf Fünen versammelten Dänischen Heeres, welches am 5ten dem General Steinmann übertragen worden war, befand sich seit dem 7ten Juli in Eiby. Die Küstenbefestigungen waren soweit vollendet, daß man hoffen durfte, einer Landung der Verbündeten kräftigen Widerstand entgegensetzen zu können. Für den Fall, daß derselbe aufgegeben werden mußte, beabsichtigte man, bei Aagaard und dann am unteren Lauf der Odense-Aa dem Verfolger von Neuem Aufenthalt zu bereiten. Die Einschiffung nach Seeland sollte dann von der Halbinsel Hindsholm aus und zwar in der Bucht von Korshavn bewirkt werden, da die von der kleinen Festung Nyborg geschützte Halbinsel Österöen zu wenig Truppen zu fassen vermochte. Hindsholm steht mit dem übrigen Theil von Fünen außer durch die Brücke von Kjerteminde nur durch die Landenge von Munkebo in Verbindung, welche von einer Anhöhe beherrscht wird, die man befestigte. Auch bei Svendborg und Agernäs wurden Vorbereitungen für die Ueberschiffung der Trains und etwa versprengter Abtheilungen nach den Inseln Thorseng und Helnäsland getroffen. Die Transport-Flotte war auf die eben genannten Küstenpunkte vertheilt und sollte im Fall eines feindlichen Angriffes auf die Insel einen Theil ihrer Schiffe nach Klintebjerg und der Halbinsel Hals Overdrev entsenden, um dorthin abgedrängte Abtheilungen aufzunehmen.

Nach beendeter Ueberführung der Truppen aus dem Bendsyssel nach Fünen, zu deren Deckung Ende Juni drei Schiffe bei dem Vorgebirge

---

*) Vergl. Seite 711 u. 722.

Stagen kreuzten,*) war das gesammte Dänische Nordsee-Geschwader nach der Nordküste von Seeland in die Nähe von Själlands Odde zurückgegangen. Das Geschwader im östlichen Theile der Ostsee sollte sich, falls das Nordsee-Geschwader der Verbündeten in das Kattegat einlief, nach dem Großen Belt begeben. Das Geschwader im westlichen Theile der Ostsee, dessen Hauptstandort Faaborg war, hatte die Aufgabe, die Vertheidigung von Fünen bei Hindsgavl-Odde und Fänö zu unterstützen. Von demselben lagen „Schrödersee" und „Hekla" nördlich Strib, „Rolf Krake" und „Esbern Snare" im Fänö Sund, „Hauch" mit zwei Kanonen-Schaluppen vor dem Föns Vig; die anderen Schiffe waren an dem übrigen Theil der Küste von Fünen und der von Schleswig vertheilt.

In der Dänischen Hauptstadt hatte sich während des Vordringens der verbündeten Truppen nach dem nördlichsten Theile von Jütland ein völliger Umschwung der Meinungen vollzogen. Der Uebergang der Preußischen Truppen nach Alsen und die Niederlage der Besatzung hatte bei der Bevölkerung großen Schrecken hervorgerufen. Man sah dem Erscheinen feindlicher Kriegsschiffe im Kattegat entgegen und fühlte sich auch auf Seeland nicht mehr sicher. Dieselbe Presse, welche bis dahin stets auf das Heftigste für Ablehnung der angeblich demüthigenden Friedens-Anerbietungen der Verbündeten und für Fortsetzung des Widerstandes eingetreten war, verlangte jetzt, wo Kopenhagen selbst bedroht erschien, mit gleichem Eifer die Räumung von Fünen und die sofortige Versammlung aller Streitkräfte auf Seeland, Aufhebung der Blockade und Heranziehung der Flotte zum Schutz der Hauptstadt und überdies einen baldigen Friedensschluß. Der Kommandant von Kopenhagen mußte die etwa 5000 Mann starke Bürgerwehr zu den Waffen rufen, während in der bei Helsingör gelegenen Veste Kronborg der vormalige Kommandant von Fredericia, General Lunding, Anstalten zur Vertheidigung des nördlichen Einganges des Sundes traf.

Zu dem Eindruck, welchen der Verlust von Alsen hervorgerufen

---

*) Vergl. Seite 723.

Feldzug 1864.   47

hatte, kam noch die Erkenntniß, daß jede Hoffnung auf eine thätige Beihülfe des Auslandes geschwunden sei. Schon am 6ten Juli erklärte Lord Russell der Dänischen Regierung aus Veranlassung einer von Kopenhagen am 28sten Juni ergangenen Vorstellung ausdrücklich, daß Englands Regierung sich nicht für verpflichtet erachte, die Sache Dänemarks mit den Waffen zu unterstützen. Ebenso rieth die Französische Regierung zum Nachgeben. Auch auf ein Eingreifen Schwedens konnte man nicht mehr rechnen, nachdem diese Macht von der beabsichtigten Versammlung eines Geschwaders bei Gothenburg wieder Abstand genommen hatte. Angesichts dieser Verhältnisse war König Christian zu der Ueberzeugung gelangt, daß der durch die radikale Partei immer aufs Neue geschürte Kampf ein völlig aussichtsloser sei, dessen Fortsetzung Dänemark ins Verderben stürzen müsse. Er beschloß, sich mit neuen Ministern zu umgeben und die Verbündeten zu benachrichtigen, daß er den Wunsch hege, Friedens-Verhandlungen anzuknüpfen. Am 8ten Juli nahm der Minister-Präsident Monrad seine Entlassung, und Tags darauf wurde unter dem Vorsitz des Konferenz-Rathes Bluhme ein neues Ministerium gebildet.

Als die ersten Eröffnungen über die Absicht des Königs Christian, mit den Verbündeten in Unterhandlungen zu treten, durch Vermittelung des Königs der Belgier nach Berlin gelangten, setzte sich die Preußische Regierung sofort mit dem Wiener Hofe ins Einvernehmen, um die Bedingungen festzustellen, unter denen man zum Frieden mit Dänemark gelangen könne. Vor Allem sei, wie am 11ten dem Preußischen Gesandten in Wien mitgetheilt wurde, nach Ansicht des Königs Wilhelm, die völlige Abtretung der Herzogthümer bis zur Königs-Au zu verlangen. Von einem Eintritt der ganzen Dänischen Monarchie in den Bund, wie dies durch den König Leopold angedeutet worden war, könne keine Rede sein, denn damit würde nicht der alte Streit zwischen Deutschland und Dänemark geschlichtet, sondern nur eine Quelle neuer Mißhelligkeiten geschaffen werden. Bei der jetzt in Kopenhagen zu Tage getretenen Friedensliebe erscheine es rathsam, den militärischen Druck zunächst noch zu verstärken, um sicher und schnell zu einem befriedigenden Abschluß zu gelangen. Es empfehle sich daher, die Operation gegen Fünen mit aller Energie zu betreiben, jedenfalls aber, bis die Ausführung dieses Unternehmens gesichert sei, dort Scheinbewegungen vorzunehmen. Durch die Verlängerung des jetzigen Zustandes der Ungewißheit würden weit größere politische Gefahren heraufbeschworen werden, als durch eine kräftige Fortsetzung des Krieges. Letzteres sei um so weniger bedenklich, als die Besetzung Fünens von den außerdeutschen Mächten nicht wohl als eine dauernde Eroberung, sondern nur als ein durchaus gebotenes Mittel der Kriegführung angesehen werden könne. Ein Unterlassen der Unternehmung werde dagegen als Schwäche und Unsicherheit gelten.

Oesterreich erklärte sich mit der als Grundlage des Friedens bezeichneten völligen Abtrennung der Herzogthümer von Dänemark einverstanden; ebenso damit, daß die Friedensunterhandlungen in Wien stattfänden, und daß die Feindseligkeiten nur so lange als durchaus erforderlich — also auf etwa 14 Tage — eingestellt würden, um Dänemark auf diese Weise jede Hoffnung auf etwaige Europäische Verwickelungen abzuschneiden. Eine Ausdehnung der Operationen auf Fünen und selbst eine kräftigere Demonstration gegen diese Insel sollte jedoch, den Karlsbader Verabredungen gemäß, vorläufig nicht stattfinden. Ein Auftreten des Oesterreichischen Geschwaders in der Ostsee wurde ebenfalls abgelehnt, jedoch die Mitwirkung desselben an der bereits geschilderten Eroberung der an der Schleswigschen Westküste gelegenen Inseln zugestanden.

Am 15ten Juli gingen in Wien und Berlin gleichlautende Schreiben des Dänischen Minister-Präsidenten Bluhme ein, in welchen derselbe amtlich zur Mittheilung brachte, daß sein König sich mit neuen Rathgebern umgeben habe und den Wunsch hege, Frieden zu schließen. Zunächst werde vorgeschlagen, um die Bedingungen eines Waffenstillstandes zur Einleitung der Friedens-Verhandlungen ermitteln zu können, die Feindseligkeiten zu Wasser und zu Lande einzustellen.

Da in diesem Schreiben nichts enthalten war, was gegen die unter den Verbündeten getroffenen Vereinbarungen verstieß, so wurde das Ober-Kommando zum Abschluß eines Uebereinkommens auf Einstellung der Feindseligkeiten bis zum 31sten Juli ermächtigt.

Inzwischen hatte Prinz Friedrich Karl bereits eine thatkräftige Fortsetzung der Operationen ins Auge gefaßt und dem Könige am 13ten Juli gemeldet, daß die erforderlichen Fahrzeuge und schweren Geschütze am 18ten zu einer Landung auf Fünen, am Kleinen Belt zwischen Binf und Beile, bereit stehen würden. Dieser Meldung folgte am nächsten Tage eine Denkschrift, in welcher die Unternehmung in folgender Weise erörtert wurde:

„Das Euerer Königlichen Majestät gestern telegraphisch mitgetheilte Schreiben des Generals Steinmann*) sucht eine einstweilige Einstellung der Feindseligkeiten nach und stellt unmittelbare Friedens-Unterhandlungen in Berlin und Wien in Aussicht.

Was die ersteren betrifft, so liegt die Waffenruhe durchaus nicht im militärischen Interesse oder Bedürfniß der Armee und ist nur dann ohne Nachtheil für unsere weiteren Operationen, wenn sie auf eine kurze Dauer beschränkt bleibt.

Ich habe Grund anzunehmen, daß ein nicht unbeträchtlicher Theil der Dänischen Armee augenblicklich nach Seeland gegen eine in Kopenhagen drohende Revolution herangezogen ist.**) Würden die Friedens-Verhandlungen nur geführt, um Zeit für die Ueberwindung einer inneren Krisis zu gewinnen, so würde jener Theil der feindlichen Streitmacht uns demnächst wieder entgegentreten.

Es erscheint mir daher von Wichtigkeit, sich in kürzester Frist davon zu überzeugen, ob die Anerbietungen des Dänischen Kabinets zu einem befriedigenden Resultate zu führen vermögen, anderenfalls aber die unverkennbare Erschütterung des Gegners und die momentane Schwächung seines Widerstands-Vermögens thätig zu benutzen.

---

*) Derselbe hatte am 12ten dem Prinzen durch einen Parlamentär ein Schreiben überreichen lassen, in welchem unter Mittheilung des von Kopenhagen aus in Bezug auf die Beendigung des Krieges gethanen Schrittes eine vorläufige Einstellung der Feindseligkeiten beantragt worden war.

**) Thatsächlich waren keine Truppen nach Seeland befördert worden.

Gebieten politische Rücksichten, sich auf die passive Behauptung des Dänischen Kontinents zu beschränken, so läßt sich dies ohne sonderliche Schwierigkeit bewirken, wenn der nördlichste, wenig werthvolle Theil Jütlands nach erfolgter Invasion und Ausnutzung wieder geräumt wird.

Bei der großen Ausdehnung der zu bewachenden Küste werden auch dann noch kleine partielle See-Unternehmungen des Gegners nicht überall zu verhindern sein. Dagegen werden alle größeren Landungs-Versuche des Feindes zu seinem Nachtheil ausschlagen, indem die diesseitigen Truppen divisionsweise in sich geschlossen erhalten bleiben.

Die dauernde Ernährung selbst einer sehr bedeutenden Truppenzahl auf Kosten Jütlands läßt sich bei ordnungsmäßig und schonend geregelter Verwaltung des Landes, aber auch nur unter dieser Bedingung, erreichen.

Die Wehrbarmachung der Herzogthümer aus eigenen Kräften würde, nach Verlauf einiger Monate, selbst eine Verminderung der Oesterreichischen und Preußischen Streitkräfte gestatten.

Muß dagegen der Krieg offensiv weiter geführt werden, was bei der Zähigkeit des Kopenhagener Kabinets leicht zur Nothwendigkeit werden kann, so bleibt dafür, wenn nicht bedeutende Erfolge zur See vorausgesetzt werden dürfen, nur die Landung auf Fünen.

Die artilleristischen Mittel sind vorhanden, um durch Festungsund gezogenes Feldgeschütz den schmalen, gewundenen und daher auch der Länge nach zu bestreichenden Lauf des Kleinen Beltes der feindlichen Flotte zu verschließen und das jenseitige Ufer bis über Middelfart hinaus unter ein höchst wirksames Feuer zu nehmen.

Die zum Uebersetzen nöthigen Schiffsgefäße sind in ausreichender Zahl im Lande zu beschaffen, doch müßten sämmtliche noch in der Heimath befindlichen Pontonnier-Kompagnien mit dazu herangezogen werden.

Die Stärke der Alliirten Armee reicht aus, um die Dänen jedenfalls auch auf Fünen mit überlegener Macht anzugreifen. Eine kräftige Offensive dort verbietet alle größeren Unternehmungen ihrerseits gegen Jütland oder Schleswig.

Die Landung auf Fünen ist daher ausführbar, die Niederlage der Dänen in darauf folgender Schlacht oder sehr große Verluste bei Räumung der Insel kaum zweifelhaft, besonders wenn das Unternehmen früher ins Werk gesetzt wird, als die jetzt auf Seeland stehenden Truppen wieder verfügbar werden.

Allerdings bleibt dabei in Erwägung zu ziehen, daß wir einen bedeutenden Theil unserer Streitmacht in einer Unternehmung engagiren, deren Gelingen niemals mit voller Gewißheit sich verbürgen läßt, und deren Scheitern die politische Stellung benachtheiligt. Wir gewinnen glücklichen Falls eine Insel, die wir im Frieden nicht werden behalten können und vernichten eine Armee, welche die letzte Stütze des Königthums in Dänemark sein dürfte.

Andererseits aber ist die Wegnahme von Fünen der einzige wirklich tödtliche Stoß, der, so lange wir nicht das Meer beherrschen, gegen Dänemark geführt werden kann.

Ob nun die mit dieser Operation voraussichtlich verknüpften Opfer durch höhere Rücksichten gefordert werden, läßt sich nur vom politischen Standpunkt entscheiden. Ich gestatte mir daher in tiefster Ehrfurcht die vorstehende Darlegung der augenblicklichen militärischen Sachlage Euerer Königlichen Majestät schon jetzt Behufs einer Beschlußfassung zu unterbreiten, welche seiner Zeit dem Ober-Kommando zur Richtschnur für sein ferneres Handeln nothwendig sein wird.

Einstweilen lasse ich alle Vorbereitungen treffen, um das Unternehmen gegen Fünen ausführen zu können, sobald Euere Königliche Majestät die Allerhöchste Genehmigung dazu ertheilen. Die gegen den Liim Fjord dirigirten schweren Geschütze, Pontons und Kähne befinden sich bereits auf dem Rückmarsch nach der Gegend von Veile und Kolding. Sie werden bis zum 20sten dort wieder eingetroffen sein, und bitte ich für den Fall der Ausführung allerunterthänigst, daß bis zu dem genannten Zeitpunkt auch die noch in der Heimath verfügbaren Pontonnier-Kompagnien abgeschickt werden.

Die ohnehin nicht mehr zu verheimlichenden Vorbereitungen für Erzwingung des Ueberganges werden, selbst wenn dieser nicht zur

Ausführung gelangt, jedenfalls einen sehr fühlbaren Druck auf die
gegenwärtige Krisis in Kopenhagen üben und auf die Gefügigkeit
des neuen Ministeriums nicht ohne Einfluß bleiben."

Am Nachmittag desselben Tages, an welchem dem Könige diese
Vorschläge für die weiteren Operationen übersandt wurden, ging, wie
bereits erwähnt,*) das Telegramm ein, welches das Ober=Kommando
zur Einstellung der Feindseligkeiten bis zum 31sten Juli einschließlich
ermächtigte. Während dieser Waffenruhe sollte in den bisherigen
Verhältnissen der Truppen in den Herzogthümern wie in Jütland
nichts geändert werden. Gleichzeitig wurde das Ober=Kommando
angewiesen, von dem Abschluß der Waffenruhe das Flotten=Kommando
in der Nordsee und den Prinzen Adalbert in Swinemünde zu
benachrichtigen und außerdem alle Maßregeln zu treffen, um die
Feindseligkeiten rechtzeitig wieder aufnehmen zu können, falls keine
Verlängerung der Waffenruhe eintreten sollte.

In Folge dieser Weisungen wurde der bei Fredericia befehligende
Feldmarschall=Lieutenant Graf Neipperg beauftragt, mit dem
Dänischen Ober=Kommando auf Fünen in Verbindung zu treten und
dasselbe zur Absendung eines Bevollmächtigten nach Snoghöj zu ver=
anlassen, wohin Oberst=Lieutenant v. Stiehle vom Ober=Kommando
am 16ten Juli entsandt wurde. Die daselbst an diesem Tage auf=
genommenen Verhandlungen mußten jedoch zunächst wieder abgebrochen
werden, da der Dänische Bevollmächtigte, Oberst Kauffmann, in
Betreff der Einstellung der Feindseligkeiten zur See ohne Anweisung
war. Am 17ten Juli früh theilte aber das Dänische Ober=Kom=
mando mit, daß es zum Abschluß einer zu Lande und zur See
geltenden Waffenruhe ermächtigt sei. Hierauf wurden noch an dem=
selben Tage die Verhandlungen, und zwar in Christiansfeld, wieder
aufgenommen und am 18ten zum Abschluß gebracht. Die Verein=
barungen lauteten auf Einstellung der Feindseligkeiten, einschließlich der
Blockade, vom 20sten Juli Mittags 12 Uhr an, und Wiederaufnahme
derselben am 31sten desselben Monats, 12 Uhr Nachts, ohne vorherige

*) Vergl. Seite 739, 740.

Kündigung. Der augenblickliche militärische Besitzstand der Kriegführen=
den sollte unverändert, der Verkehr zwischen den beiderseits besetzten
Gebietstheilen unterbrochen bleiben. Die Trennungslinie zur See lief
auf Kanonenschußweite von den besetzten Küsten; Meeresarme von ge=
ringerer Breite galten als für Kriegs= und Transportschiffe geschlossen.

Mit Eintritt der Waffenruhe blieben die verbündeten Truppen
zunächst im Allgemeinen in den von ihnen besetzten Bezirken stehen.
Am 22sten Juli erließ jedoch das Ober=Kommando einen Befehl, in
welcher Weise die Korps am 1sten August zur Wiederaufnahme der
Operationen bereitgestellt werden sollten, falls die Waffenruhe nicht
verlängert werden würde. Demgemäß hatte das II. Preußische
kombinirte Armee=Korps den nördlichen Theil von Jütland zu
räumen, zwei Brigaden zwischen Aarhuus und Horsens zur besonderen
Verfügung des Ober = Kommandos bereitzustellen und das Jäger=
Bataillon Nr. 3 und Dragoner=Regiment Nr. 7 an das I. Preußische
Korps zurückzugeben. Das Oesterreichische Armee=Korps hatte
sich zwischen Aarhuus und Kolding zu sammeln und die Inseln der
Westküste dem Schutz der Flotte zu überlassen. Vom I. kombinirten
Preußischen Armee=Korps sollte die 6te Division in ihren Auf=
stellungen verbleiben, die 13te Division eine Brigade im Sundewitt
und auf Alsen behalten, mit der anderen, nach Belassung von zwei
Bataillonen in Rendsburg, Süd=Schleswig besetzen. Die 5te Division
war bei Kiel zu versammeln, Altona und Fehmarn aber wie bisher
besetzt zu halten.

Am 24sten Juli hatte der König das Ober=Kommando für den
Fall der Wiedereröffnung der Feindseligkeiten zur Ausführung des
Ueberganges mit Preußischen Truppen nach Fünen ermächtigt. Da das
Ueberschreiten des Kleinen Beltes nicht, wie dasjenige des Alsen Sundes,
auf Ueberraschung begründet werden konnte, sondern unter allen Um=
ständen erzwungen werden mußte, so glaubte das Ober=Kommando die
sehr umfangreichen Vorbereitungen erst am 6ten August völlig beenden
zu können. Außer dem nothwendigen Belagerungsgeschütz waren zahl=
reiche Uebergangs=Mittel heranzuführen. Die nach dem Norden von
Jütland in Bewegung gesetzten Fahrzeuge wurden nach Kolding

geschafft. Außerdem begaben sich, die Pontonnier-Kompagnien des Preußischen Garde-, I., VI. und VIII. Armee-Korps in Friedensstärke nach dem Kriegsschauplatze, so daß Ende Juli alle neun Preußischen Pontonnier-Kompagnien bei Kolding vereinigt waren.

Am 1sten August standen die Truppen in den vom Ober-Kommando am 22sten Juli angeordneten Stellungen bereit, als bei diesem die Nachricht von einer Verlängerung der Waffenruhe einging. In Folge dessen bezogen die Korps in den von ihnen besetzten Gebietstheilen, der Bequemlichkeit der Truppen entsprechend, weitläufigere Quartiere. Das II. Preußische kombinirte Armee-Korps dehnte sich vom Liim Fjord nach Süden bis in die Höhe von Horsens aus, das Oesterreichische blieb zwischen Horsens und Kolding, unter Belassung einiger Truppen an der Westküste Schleswigs, während das I. Preußische Korps den übrigen Theil von Schleswig belegte. Die 5te Division wurde in und bei Kiel, auf Fehmarn und in Altona belassen. Von den Bundes-Exekutions-Truppen behielten, wie bisher, die Sachsen den östlichen und die Hannoveraner den westlichen Theil von Holstein besetzt. Das Ober-Kommando blieb vorläufig in Apenrade.

Auf Dänischer Seite hielt man, um beim Scheitern der Verhandlungen auf den mit Sicherheit erwarteten Angriff gegen Fünen vorbereitet zu sein, die Truppen wie bisher auf dieser Insel versammelt und erweiterte nur zur Bequemlichkeit derselben ihre Quartierbezirke. Das Dänische Nordsee-Geschwader und die Blockadeschiffe an der Ostküste von Holstein gingen nach Kopenhagen, das Geschwader im östlichen Theil der Ostsee nach dem Oere-Sund.

Die Friedensverhandlungen und der Wiener Friede.

Die Absicht der Verbündeten, nur bei vollkommener Lostrennung der Herzogthümer von Dänemark Frieden zu schließen, war bei den neutralen Mächten bald bekannt geworden, rief aber dort weder Ueberraschung noch Befremden hervor, da man nach allem Vorausgegangenen kein anderes Ergebniß des Krieges erwartet hatte. Das Feld für die Friedens-Verhandlungen konnte somit nach außen hin als gesichert angesehen werden.

Dänemark gegenüber hielt man es Preußischer Seits gerade bei Beginn der Verhandlungen für nothwendig, bemerkbar zu machen, daß im Falle eines Scheiterns derselben die Verbündeten noch nicht an der Grenze ihres Wirkungsbereiches angekommen seien. Die Preußische Diplomatie hatte es sich daher zur Aufgabe gestellt, womöglich doch noch in Wien die Zustimmung zu einer Ausdehnung der Operationen auf Fünen zu erlangen. Oesterreich beharrte indessen bei seiner Auffassung, daß ein solches Vorgehen zu einem Zerwürfniß mit England führen werde. Auch ein Erscheinen seiner Flotte in der Ostsee, um auf diese Weise das dortige Dänische Geschwader in Schach zu halten und so die Landung zu erleichtern, wurde abgelehnt. Andererseits zeigte man sich nicht abgeneigt, Preußen die Unternehmung allein zu überlassen.

König Wilhelm war fest entschlossen, falls es nicht zu einer Verständigung kam, sich nicht auf die Behauptung des Gewonnenen zu beschränken, sondern weitere Erfolge anzustreben. In diesem Sinne war das Ober=Kommando, welches wegen der zu treffenden Vorbereitungen um eine bestimmte Entscheidung gebeten hatte, ermächtigt worden, den Uebergang nach Fünen bei Wiederausbruch der Feindseligkeiten auszuführen.*) Auch wurde in Berlin die Frage erwogen, ob nicht durch Ankauf und Ausrüstung von Schiffen eine derartige Verstärkung der Preußischen Seestreitkräfte zu erreichen sei, daß diese auch ohne Mitwirkung der Oesterreichischen Flotte der Dänischen die Spitze bieten könnten, um dann den Krieg nach Seeland zu tragen und in der feindlichen Hauptstadt den Frieden vorzuschreiben.

Die Verhandlungen zur Feststellung der Friedens=Präliminarien begannen in Wien am 25sten Juli. Die Verbündeten waren dabei durch ihre beiderseitigen Minister der auswärtigen Angelegenheiten, v. Bismarck und Graf Rechberg, Dänemark durch den Minister v. Quaade vertreten. Außerdem nahmen an den Berathungen noch Freiherr v. Werther für Preußen, Baron Brenner für Oesterreich und Oberst v. Kauffmann für Dänemark Theil.

---

*) Vergl. Seite 744.

Obwohl in Kopenhagen kein Zweifel darüber bestehen konnte, daß die Verhandlungen nur auf der Grundlage vollkommener Lostrennung der Herzogthümer zu einem Ergebniß führen würden, machte der Dänische Bevollmächtigte doch gleich in den ersten Sitzungen, am 25sten und 26sten Juli, einen Versuch, den unverletzten Bestand der Monarchie, wenn nicht anders so doch durch Eintritt von ganz Dänemark in den Deutschen Bund, zu retten. Diese Anträge, sowie alle rechtlichen Erörterungen über die Ansprüche des Königs von Dänemark auf die Herzogthümer wurden zurückgewiesen, ebenso der weitere Versuch des Dänischen Unterhändlers, zunächst zu einem längeren Waffenstillstande zu gelangen, ein Bestreben, welches deutlich erkennen ließ, daß Dänemark, seiner bisherigen Politik getreu, vor Allem eine Verschleppung der Verhandlungen beabsichtigte. Bestärkt wurde dieser Staat in seiner Haltung durch die in Wien befindlichen Vertreter der neutralen Mächte. So war bei der ausgesprochenen Absicht Oesterreichs, sich an einer Ausdehnung des Krieges auf die großen Dänischen Inseln nicht zu betheiligen, und dem lebhaften Wunsche Preußens, eine Lösung des Bündnisses wenn irgend möglich zu vermeiden, die Stellung des Ministers v. Bismarck in Wien eine überaus schwierige.

Um den Dänischen Zögerungen ein Ende zu machen, erklärten die Verbündeten, nur dann auf eine Verlängerung der Waffenruhe eingehen zu können, wenn jeder Zweifel beseitigt sei, daß man auch wirklich zum Frieden gelangen werde. Dies wirkte; und am 27sten Juli wurde, nachdem der Minister-Präsident v. Bismarck bereits mit seiner Abreise gedroht hatte, insoweit eine Verständigung erzielt, als Dänemark die Abtretung der Herzogthümer Schleswig, Holstein und Lauenburg an die Verbündeten ausdrücklich zugestand. Für Lauenburg wollte es die zu Schleswig gehörige, zwischen Alsen und Langeland gelegene Insel Arrö*) und für die in Schleswig**) liegen-

---

*) Nicht zu verwechseln mit der an der Schleswigschen Küste in der Höhe von Hadersleben gelegenen Insel Alarö.

**) Das Festland von Schleswig enthielt zwei größere Jütische Einschlußgebiete, das Amt Ribe, welches, mit Jütland in Verbindung gebracht, bei Dänemark verbleiben sollte, und den Bezirk von Mögeltondern, sowie einige kleinere bei

den Jütischen Gebietstheile einen entsprechenden Landstrich bei Ribe und Kolding sowie den Dänischen Theil der Schleswigschen Inseln eintauschen. Diese Erklärung erschien den Verbündeten im Allgemeinen annehmbar, nicht aber die weitere Forderung, daß Jütland schon vor dem endgültigen Friedensschluß geräumt werde. Dieses Verlangen hätte Dänemark die Hinausschiebung des Friedensschlusses und das Abwarten etwaiger Verwickelungen wesentlich erleichtert und mußte daher nach den bisherigen Erfahrungen entschieden abgelehnt werden.

„Wir glaubten — berichtete noch am 27sten der Minister-Präsident v. Bismarck an Se. Majestät den König — aus der ganzen Diskussion zu entnehmen, daß man von Seiten Dänemarks einen längeren Zwischenzustand zwischen den Präliminarien und dem Frieden herbeizuführen wünschte, welchen Dänemark für sich so erträglich wie möglich zu machen suchte, um recht lange abwarten zu können, ob während desselben durch Europäische Komplikationen sich nicht günstige Chancen darböten, um auch von den Präliminarien wieder los zu kommen. Diesem Bestreben gegenüber liegt die einzig mögliche Pression auf die Dänische Regierung in dem Festhalten von Jütland, auf dessen Wiedererlangung offenbar von Dänischer Seite großer Werth gelegt wurde."

Schließlich erklärten sich die Dänischen Bevollmächtigten bereit, wegen der Besetzung von Jütland die erforderlichen Weisungen telegraphisch von Kopenhagen einzuholen, und als sich die Antwort durch Zufälligkeiten verzögerte, wurde die Waffenruhe vorläufig bis zum 3ten August verlängert.

Nachdem die Dänische Regierung auf die Räumung von Jütland verzichtet hatte, entstand eine abermalige Verzögerung in Folge der schließlich geltend gemachten Forderung, diese von den Verbündeten besetzte Provinz während des Waffenstillstandes in eigene

---

Schottburg an der Mitte der Nordgrenze liegende Gebietstheile. Von den Inseln an der Westküste gehörten die südliche Hälfte von Romö, der nördlichste, etwa eine Meile lange Theil von Sylt und die westliche Hälfte von Föhr zu Dänemark. Fanö, Manö und Amrum waren ganz in Dänischem Besitz. Vergl. Ueberstichtskarte 1.

Verwaltung zu nehmen, und es bedurfte Seitens der Verbündeten noch der Drohung, die Verhandlungen abzubrechen, um endlich am 1sten August zur Unterzeichnung des Präliminar=Friedens auf folgen= den Grundlagen zu gelangen:

Abtretung der drei Herzogthümer an den Kaiser von Oester= reich und den König von Preußen; Ueberlassung der zu Schleswig gehörigen Insel Arrö*) und eines entsprechenden Theils von Nord= schleswig bei Ribe und Kolbing an Dänemark für die in Schleswig liegenden Jütischen Gebiete; Vertheilung der Staatsschulden auf die Herzogthümer und Dänemark nach Ursprung und Bevölkerungsziffer; Verzichtleistung der Verbündeten auf ihre anfängliche Forderung, daß Dänemark die gesammten Kriegskosten zu tragen habe; Ab= schluß eines Waffenstillstandes**) unter Beibehalt des augenblicklichen militärischen Besitzstandes bis zum endgültigen Frieden. Beim Nichtzustandekommen des letzteren bis zum 15ten September sechs= wöchentliche Kündigungsfrist; Aufhebung der Dänischen Blockade am 2ten August; Unterhalt der Truppen in Jütland auf Dänische Kosten; Auswechselung der Kriegs = Gefangenen unter der Be= dingung, daß sie bis zum Abschluß des Friedens nicht in Dienst treten.

Während somit die Grundlagen für eine endgültige Entscheidung über die Stellung der Herzogthümer gewonnen waren, hatte die schon vor Ausbruch des Krieges vom Deutschen Bunde beabsichtigte Regelung der Erbfolgefrage noch keine erheblichen Fortschritte gemacht. Auch beim Abschluß des Friedens war Seitens des Bundestages hierüber noch keine Entscheidung getroffen worden.

---

*) Auf besonderen Wunsch des Königs Wilhelm wurde diese Insel nicht als Ersatz für Lauenburg (vergl. S. 747) sondern für die Jütischen Ein= schlußgebiete bewilligt.

**) Anlage Nr. 72 enthält den Wortlaut des über den Waffenstillstand abgeschlossenen Protokolls.

Die Verhandlungen über den endgültigen Friedensschluß*) wurden am 25sten August zu Wien eröffnet, zogen sich jedoch in Folge der Dänischen Bestrebungen, über die Festsetzungen des Präliminar-Friedens hinaus noch einen Theil von Nord-Schleswig wieder zu gewinnen und in den ohnehin sehr verwickelten Verwaltungs- und Geldfragen übertriebene Forderungen durchzusetzen, ungemein in die Länge.

Zur Erhöhung des Druckes auf die Kopenhagener Regierung wurde daher Verbündeter Seits zu Anfang Oktober eine stärkere Belegung der Jütischen Städte angeordnet; auch faßte man verschärfte Vorschriften hinsichtlich der Verwaltung dieser Provinz ins Auge, die am 1sten November zur Ausführung gelangen sollten.**) Mit dem Herannahen dieses Zeitpunktes schwand indessen allmählich der Dänische Widerstand, so daß am 30sten Oktober zu Wien die Unterzeichnung des Friedens und am 16ten November der Austausch der Vollzugsurkunden erfolgen konnte.

Dänemark trat an die Verbündeten die drei Herzogthümer ab, einschließlich der in Schleswig liegenden Jütischen Gebietstheile von

---

*) Die Bevollmächtigten waren:

Oesterreich.
Graf Rechberg, Minister-Präsident,
Baron Brenner-Felsach.

Preußen.
Frhr. v. Werther, Gesandter in Wien,
Geh. Rath v. Balan.

Dänemark.
Minister v. Quaade.
Oberst v. Kauffmann.

Außerdem waren von den Verbündeten der Oesterreichische Oberst-Lieutenant v. Schönfeld und der Preußische Oberst-Lieutenant v. Stiehle als militärische Sachverständige abgeordnet worden.

**) Auch die bei Wiederaufnahme der Feindseligkeiten zu ergreifenden Maßregeln wurden zu dieser Zeit im Hauptquartier von Neuem in Erwägung gezogen. In einem am 7ten Oktober von Glienicke aus an den Chef seines Generalstabes gerichteten Schreiben wies der Oberbefehlshaber darauf hin, daß wenn das geringe Fortschreiten des Friedenswerkes eine Aufkündigung des Waffenstillstandes erforderlich machen sollte, sofort „etwas Eklatantes“ geschehen müsse, und ihm in dieser Beziehung eine Landung auf Seeland als das Zweckmäßigste erscheine. General v. Moltke antwortete am 12ten mit einer Denkschrift, in welcher der Uebergang des II. Preußischen Armee-Korps von Stralsund nach Seeland in Vorschlag gebracht wurde. Der Wortlaut dieser Denkschrift ist in Anlage Nr. 73 wiedergegeben.

Schottburg und Mögeltondern, der Insel Amrum und der Dänischen
Theile der Inseln Föhr, Sylt und Romö. Als Ersatz für diese
letzteren Gebiete fiel die Schleswigsche Insel Arrö an Dänemark; auch
fand zu dessen Gunsten eine Aenderung der Nordgrenze des Schles=
wigschen Festlandes statt, indem das Amt Ribe vergrößert und mit
dem Dänischen Gebiet in Verbindung gebracht und ein etwa 4 Quadrat=
meilen großer Gebietstheil südlich und südöstlich Kolding von Schles=
wig abgetrennt wurde, so daß die Königs=Au nur in der Mitte des
Landes die Grenze bildete.*)

Auf Zahlung der Kriegskosten verzichteten die Verbündeten. Von
den gemeinsamen Staatsschulden wurden 29 Millionen Dänische Thaler
auf die Herzogthümer übertragen. Die Räumung Jütlands sollte drei
Wochen nach Austausch der Friedens=Urkunden vollzogen sein.**)

VII. Räumung von Jütland, Rückmarsch der Bundes=Exekutions= Truppen. Besetzung der Herzogthümer durch Preußisch= Oesterreichische Truppen.

Die Räumung von Jütland, welche den getroffenen Vereinbarungen
entsprechend drei Wochen nach dem Friedensschlusse durchgeführt sein
mußte, begann Seitens der dort befindlichen Oesterreichischen und
Preußischen Truppen am 16ten November.

Bereits am 12ten war Preußischer Seits bestimmt worden, daß
sämmtliche Truppen, welche am Feldzuge Theil genommen hatten,***)

---

*) Vergl. Uebersichtskarte 1.
**) Ueber die weiteren Einzelheiten giebt der in Anlage Nr. 74 mitgetheilte
Wortlaut des Friedensschlusses und der Protokolle nähere Auskunft.
***) Mit Ausnahme der 3ten 6pfdgen Batterie des Schlesischen Feld=
Artillerie=Regiments Nr. 6, welche zu der 3ten Fuß=Abtheilung gehörte (vergl.
Seite 752, Anmerkung 1). Es sei hier noch bemerkt, daß am 16ten Juni vom Könige
der Plan zu einer Neuordnung der gesammten Artillerie genehmigt worden

in die Heimath zurückkehren und dafür aus dieser 18 Bataillone, 8 Es=
kadrons und eine Feld=Artillerie=Abtheilung*) zur ferneren Besetzung
der Herzogthümer herangezogen werden sollten. Bis zum Eintreffen
dieser Abtheilungen mußte eine ungefähr gleiche Zahl Truppen der Feld=
Armee stehen bleiben. Hierzu wurden vorzugsweise Theile des aus
Jütland zurückkehrenden Korps bestimmt, nämlich die 10te und 21ste
Infanterie=Brigade, das Husaren=Regiment Nr. 8, das Kürassier=
Regiment Nr. 6 und die 1ste 6pfdge Brandenburgische Batterie, sowie
ferner von der 5ten Division das Infanterie=Regiment Nr. 48 und
die 1ste 12pfdge Brandenburgische Batterie, endlich vom I. kom=
binirten Armee = Korps das Jäger = Bataillon Nr. 3. Das Oester=
reichische Armee=Korps hatte nur die zur Theilnahme an der Besetzung
bestimmte Brigade Kalik**) zurückzulassen.

Der am 16ten beginnende Rückmarsch der in Jütland befind=
lichen Preußischen Abtheilungen war in sechs Staffeln angeordnet
worden. Von diesen trafen die ersten drei***) am 18ten November

---

war. Hiermit im Zusammenhang wurde am 12ten August auch eine Aenderung
in Bezug auf die Bezeichnung der Batterien, Kompagnien u. s. w. verfügt,
welche von nun an nicht mehr nach den Brigaden, sondern nach den be=
treffenden Feld= oder Festungs=Regimentern beziehungsweise Festungs=
Abtheilungen benannt wurden.

*) Es waren dies folgende Truppentheile:
1ste komb. Infanterie=Brigade.
Infanterie=Regimenter Nr. 43, 61 und 36.
2te komb. Infanterie=Brigade.
Infanterie=Regimenter Nr. 59, 11 und 25.
Komb. Kavallerie=Brigade.
Dragoner=Regimenter Nr. 5 und 6.
3te Fuß=Abtheilung des Schlesischen Feld=Artillerie=Regiments
Nr. 6.
3te 12pfdge und 3te Haubitz=Batterie sowie 3te 6pfdge Batterie.
**) Infanterie=Regiment Ramming,
Khevenhüller,
22stes Feld=Jäger=Bataillon,
4pfdge Batterie Nr. 3,
zwei Eskadrons Windischgrätz=Dragoner,
Feld=Spital Nr. 9.
***) 4 Garde=Bataillone, Garde=Husaren=Regiment,
4   =   Kürassier=Regiment Nr. 6,
4   =   Husaren=Regiment Nr. 8.

bei Kolding, Veile und Horsens ein, um am 19ten, 20ften und 22ften die Gegend von Christiansfeld und Hadersleben zu erreichen. Die letzten drei Staffeln*) standen am 18ten, 19ten und 20ften November bei Skanderborg und gelangten am 23ften, 24ften und 25ften bis in die Gegend von Christiansfeld und Hadersleben. Von dort setzten sie den Marsch nach Süden fort, und es wurden dann in den Tagen vom 27ften an die Gardetruppen von Flensburg und Schleswig aus mittelst der Eisenbahn nach Altona befördert, während diejenigen Abtheilungen, welche die Ankunft der zur Besetzung bestimmten Truppen abwarten sollten, nach den ihnen zu diesem Zwecke angewiesenen Orten rückten.

Das Oesterreichische Armee-Korps, welches sich mit Ausnahme der Brigade Kalif**) ebenfalls am 16ten November in Bewegung setzte, benutzte die Eisenbahn von Woyens und Husum aus vom 18ten bis 25ften November mit täglich vier Zügen bis Hamburg, von wo die Infanterie und Artillerie vom 21ften bis 26ften November mit je sechs Zügen täglich der Heimath zufuhren. Die übrigen Theile des Korps folgten wegen der am 27ften beginnenden Beförderung der Preußischen Garde erst am 30ften November, 1ften und 2ten Dezember. Am 30ften November hielten die Brigaden Nostitz und Tomas feierlichen Einzug in Wien, wobei ihnen Seine Majestät der Kaiser Franz Joseph seine Allerhöchste Anerkennung aussprach.

Das Preußische kombinirte I. Armee-Korps, von welchem, wie erwähnt, nur das Jäger-Bataillon Nr. 3 noch zurückblieb, hatte den Abmarsch aus Schleswig schon am 14ten November begonnen und so den von Norden kommenden Truppen Platz gemacht. Die 13te Division mit dem Küraffier-Regiment Nr. 4 richtete ihren Marsch auf Harburg und wurde von dort mittelst der Eisenbahn nach Minden befördert, woselbst sie am 25ften November zu einer Parade vor dem

---

*) Regiment Nr. 52, ein Bataillon Regiments Nr. 18, vier Batterien,
zwei Bataillone Regiments Nr. 10, zwei Bataillone Regiments Nr. 18,
ein Theil der Trains,
ein Bataillon Regiments Nr. 10, Regiment Nr. 50, Rest der Trains.
**) Diese trat in den nächsten Tagen den Fußmarsch nach Schleswig an.

Könige versammelt war. Die 6te Division, sowie die anderen, dem Friedensverbande des III. Armee-Korps angehörenden Truppen waren auf den Fußmarsch bis in die Heimath angewiesen.*) Der größte Theil dieser Brandenburgischen Truppen**) hatte am 7. Dezember Parade bei Berlin. An demselben Tage ernannte Se. Majestät den Prinzen Friedrich Karl zum Chef des 8ten Brandenburgischen Infanterie-Regiments Nr. 64 und den Kronprinzen zum Chef des 5ten Westfälischen Infanterie-Regiments Nr. 53, um beiden Prinzen hierdurch seine Anerkennung für ihre während des Feldzuges geleisteten erfolgreichen Dienste auszudrücken.

In den letzten Tagen des November erlitt der Abmarsch der Truppen noch eine kurze Verzögerung durch Schwierigkeiten, welche sich hinsichtlich des Abrückens der Bundes-Exekutions-Truppen ergaben. Nachdem die verbündeten Großmächte den rechtmäßigen Besitz der Herzogthümer angetreten hatten, war die vom Deutschen Bunde durch seine Beschlüsse vom 1sten Oktober und 7ten Dezember 1863 angeordnete Bundes-Exekution gegen Dänemark gegenstandslos geworden, und die Zurückziehung der hierzu verwendeten Truppen aus Holstein hätte gemäß Artikel 13 der Bundes-Exekutions-Ordnung vom Jahre 1820 ohne Weiteres erfolgen müssen, sofern nicht ein neuer Bundesbeschluß die Exekution gegen die jetzigen Besitzer, die Verbündeten, verfügte. Da das Oesterreichische Kabinet, an dessen Spitze am 27sten Oktober Graf Mensdorff getreten war, für ein gemeinsames, auf Räumung Holsteins gerichtetes Vorgehen bei den

---

*) Mit Ausnahme der vorläufig in den Herzogthümern festgehaltenen Infanterie-Regimenter Nr. 18 und 48, des Jäger-Bataillons Nr. 3, Kürassier-Regiments Nr. 6. (Vergl. Seite 755.) Diese Abtheilungen wurden Mitte Dezember mittelst der Eisenbahn zurückbefördert.

**) Es waren dies: die kombinirte 11te Infanterie-Brigade (Regimenter Nr. 35, Nr. 60 und Leib-Grenadier-Regiment Nr. 8); 12te Infanterie-Brigade (Regimenter Nr. 24 und 64); je eine kombinirte Eskadron Husaren Nr. 3 und Ulanen Nr. 11 (die beiden letztgenannten Regimenter hatten in den letzten Tagen des November ihre Garnisonen Rathenow, Friesack und Perleberg erreicht); drei Kompagnien Pionier-Bataillons Nr. 3.

beiden Exekutions-Staaten anfänglich nicht zu gewinnen war, dasselbe sich vielmehr geneigt zeigte, die fernere Besetzung Holsteins aus bundes=freundlichen Rücksichten zu dulden, so richtete Preußen allein an Sachsen und Hannover die Aufforderung, ihre Truppen zurückzuziehen. Dieselbe fand bei Letzterem auch entgegenkommende Aufnahme, in Dresden aber, wo die Ansicht herrschte, daß der vom Bunde ertheilte Auftrag noch nicht erloschen sei, entschiedenen Widerstand. Dies hatte dann zur Folge, daß ungefähr 20 000 Mann Preußischer Truppen für alle Fälle vorläufig noch in Holstein zurückbehalten wurden.

Als indessen die verbündeten Regierungen den Wiener Friedens=vertrag der Bundesversammlung am 29sten November vorlegten und am 1sten Dezember den Antrag auf Zurückziehung der Exekutions=Truppen durch den Bund stellten, wurde dieser am 5ten Dezember mit 9 gegen 6 Stimmen angenommen, wovon General v. Hake sofort telegraphisch Kenntniß erhielt. Da somit alle Schwierigkeiten hinsichtlich des Bundes=Exekutions=Korps beseitigt waren, konnte die Rückführung der Preußischen Truppen am 7ten Dezember ihren Fort=gang nehmen.

Am 16ten Dezember traf das Hauptquartier, welches am 28sten November nach Altona verlegt worden war, in Berlin ein, und Tags darauf hielten die Gardetruppen, die Infanterie=Regimenter Nr. 18 und 48, das Jäger=Bataillon Nr. 3 sowie das Kürassier=Regiment Nr. 6 vor dem Könige ihren feierlichen Einzug in die Hauptstadt. Das Einrücken der Infanterie=Regimenter Nr. 10, 50, 52, der 1sten 6pfündigen und der 4ten 12pfündigen Batterie der Brandenburgischen Feld=Artillerie in Berlin erfolgte am 20sten Dezember. Von Hamburg und Harburg aus fanden die letzten Truppenbeförderungen nach der Heimath am 22sten Dezember statt. Mit Beginn des neuen Jahres waren alle während des Feld=zuges zur Verwendung gelangten Abtheilungen, mit Ausnahme der Oesterreichischen Brigade Kalik und der Preußischen 3ten 6pfündigen Batterie Feld=Artillerie=Regiments Nr. 6, wieder in die heimath=lichen Garnisonen zurückgekehrt und auf Friedensfuß gesetzt.

48*

Die Sachsen waren auf Harburg abmarschirt und wurden von hier aus in der Zeit vom 15ten bis 19ten Dezember in ihre Heimath zurückbefördert; die Hannoveraner erreichten, theils mittelst Fuß= marsches, theils mittelst der Bahn, zwischen dem 11ten und 19ten Dezember ihre Garnisonen.

Die Regierungsgewalt in Holstein und Lauenburg ging bei Räumung des Landes durch die Bundestruppen ebenfalls auf die Preußisch = Oesterreichischen Civilkommissare für Schleswig über. General Herwarth v. Bittenfeld erhielt den Befehl über die zur Besetzung der Herzogthümer bestimmten Truppen, welche am 15ten Dezember daselbst vollständig eingetroffen waren. Die 1ste kombinirte Infanterie=Brigade mit dem Dragoner=Regiment Nr. 6 belegte das östliche Holstein und das Herzogthum Lauenburg, die 2te nebst dem Dragoner=Regiment Nr. 5 das östliche Schleswig, während die Oesterreichische Brigade Kalik im westlichen Theile der Herzogthümer Quartiere bezog. Die Preußische Artillerie kam nach Rendsburg.

Abrüstung der Flotte. Zurückziehen der Küsten= besatzungen. Bei der Preußischen Flotte traten schon im August*) Verrin= gerungen in der Bemannung eines Theils der in Dienst gestellten Fahrzeuge sowie bei dem See=Bataillon und der See=Artillerie durch Urlaubsertheilung ein. So beschränkte man unter Anderem die Be= satzung der Kanonenboote II. Klasse — die I., II. und III. Flottillen= Division — auf bloße Wachtkommandos. Am 31sten August wurden das Flottillen=Kommando aufgelöst und die Signal=Stationen auf= gehoben.

Das aus „Arcona", „Vineta", „Nymphe" und „Grille" bestehende Geschwader erhielt am 15ten August den Auftrag, mit den vier Kanonenbooten I. Klasse sofort eine Uebungsfahrt an der Ostküste von Holstein und Schleswig anzutreten. Die Schiffe liefen während der folgenden Zeit Travemünde, Kiel, Eckernförde, Flensburg,

---

*) Am 25sten Juli war bereits die Außerdienststellung der V. Flottillen= Division verfügt worden, um derselben die Bemannung der in Bordeaux an= gekauften Korvette „Victoria" zu entnehmen, welche Ende Juli zur Ueber= führung nach Bremerhaven bereit sein sollte.

Apenrade an und befanden sich am 21sten September wieder bei Kiel. Aus Veranlassung des Planes zur Anlage eines die Ost- und Nord-See verbindenden Kanals wurden demnächst von den Kanonenbooten Messungen an den Küsten vorgenommen, und zwar vom „Camäleon" und „Cyclop" im Hörup Haff, vom „Basilisk" und „Blitz" an der Lister Tiefe, vom „Comet" an der Schleimündung und vom „Delphin" bei Eckernförde.

Die Segelschiffe „Niobe", „Rover" und „Musquito" gingen im August bei Danzig an die Werft und trafen Einrichtungen für Uebungsfahrten mit Kadetten und Schiffsjungen.

Am 23sten September erfolgte die völlige Außerdienststellung der 14 Kanonenboote II. Klasse, auch traten weitere Beurlaubungen der eingezogenen Offiziere und Mannschaften wie der angeworbenen Heizer und Maschinisten ein.

Die neuerworbene Glattdeck-Korvette „Victoria", welche inzwischen in Geestemünde angelangt war, stieß am 4ten Oktober in Kiel zu dem Geschwader, welches dort überwinterte; bei demselben traf am 22sten November auch die „Augusta" von Cuxhaven aus ein. „Grille", „Blitz" und „Basilisk" wurden Anfangs Dezember außer Dienst gestellt. Am 18ten Februar 1865 wurde die Entlassung der eingezogenen Offiziere und Mannschaften und am 24sten März die Auflösung des Geschwaders angeordnet.

Die Oesterreichische Flotten-Abtheilung hatte Anfangs Oktober die Rückfahrt nach der Heimath angetreten und zunächst nur „Kaiser Max" und „Erzherzog Friedrich" in der Nordsee zurückgelassen. Ende Oktober lag das Geschwader bei Cadix, und im Lauf des Dezember trafen die Schiffe nach und nach im Hafen von Pola ein.

Am 4ten August erhielten die Besatzungen*) von Rügenwalde, Stolpmünde und der Peenemünder Schanze Befehl, in ihre Garnisonen zurückzukehren, am 5ten August empfingen die zum Schutze der

*) Vergl. Seite 730.

758

Insel Rügen entsandten Truppen des Garde-Korps*) die gleiche
Weisung, und um Mitte August wurden auch die noch auf Rügen
stehenden Truppen des II. Preußischen Armee-Korps*) zurückgezogen.
Die Rückkehr der im Bereich des I. Preußischen Armee-Korps auf-
gestellten Küsten-Besatzungen**) in ihre Garnisonen wurde am 16ten
August verfügt. Der Abmarsch der im Jade-Gebiet stehenden Ab-
theilung***) erfolgte am 19ten; die 3te Kompagnie Garde-Festungs-
Artillerie-Regiments†) verließ Danzig am 25sten August. Am
2ten November wurde die Abrüstung der See-Seiten von Stralsund,
Swinemünde, Colberg, Danzig und Pillau befohlen.

VIII. Rückblicke.

Eisenbahnen. Einheitliche Bestimmungen über die Beförderung von Truppen
auf Eisenbahnen gab es bei Ausbruch des Krieges innerhalb des
Deutschen Bundes nicht. Es mußten daher mit den einzelnen Regierungen und Eisenbahn-Gesellschaften Vereinbarungen über die Heranführung der Truppen an die Süd-Grenze der Herzogthümer abgeschlossen werden, bei welchen auf einen ungestörten Fortgang des
Privatverkehrs der betreffenden Bahnen Rücksicht zu nehmen war.
Trotz der großen Zahl der in Betracht kommenden Verwaltungen
gelangten die durch Linien-Kommissionen gepflogenen Verhandlungen
verhältnißmäßig schnell zum Abschluß, so daß die Truppen-Beförde-
rungen von Mitte Dezember 1863 an ohne Stockung vor sich gingen.

---

*) Vergl. Seite 731.

**) $\frac{\text{10te u. 11te}}{1.}$ in Pillau, $\frac{\text{F.}}{4.}$, $\frac{\text{I.}}{43.}$, $\frac{\text{2te u. 3te}}{\text{Drag. 1}}$, $\frac{\text{1 6pfdge}}{\text{Feld-Art. Regts. 1}}$ in Memel.

***) $\frac{\text{F.}}{67.}$ und $\frac{\text{.te}}{\text{Fest. Art. Regts. Nr. 4}}$. Vergl. I, Seite 72.

†) Vergl. I, Seite 72.

Abgesehen von der Sächsischen Brigade, welche zwischen dem 15ten und 18ten Dezember mit 16 Zügen über Magdeburg und mit 4 Zügen über Berlin nach Boitzenburg gelangte, wurden bis Ende März allein an Truppen des verbündeten Heeres befördert:

Aus Preußen: 1481 Offiziere, 46 007 Mann, 10 112 Pferde, 146 zweiräbrige, 1001 vierräbrige Fahrzeuge in 110 Zügen.

Aus Oesterreich: 693 Offiziere, 19 785 Mann, 5079 Pferde, 673 vierräbrige Fahrzeuge in 46 Zügen.

Dazu kamen noch zahlreiche Transporte von Belagerungs=Geräth und Heeres=Bedürfnissen aller Art. Es fanden dabei keinerlei Unglücks=fälle und nur unwesentliche Verspätungen statt.

Weniger günstig gestalteten sich die Eisenbahnverhältnisse in den Herzogthümern selbst.*) Bei Beginn der Feindseligkeiten standen dort nur folgende Linien zur Verfügung:

1) Die Holsteinsche Bahn Altona—Kiel**) mit einem Zweig Elmshorn—Glückstadt—Itzehoe und einem zweiten von Neumünster nach Rendsburg;

2) die Süd=Schleswigsche Bahn, welche in Rendsburg an die Holsteinsche anschloß und über Klosterkrug und Ohrstedt nach Tönning und Flensburg führte. Schleswig war durch eine Zweigbahn mit Klosterkrug verbunden.

Weiterhin war die Nord=Schleswigsche Bahn zur Jütischen Grenze hin im Bau begriffen. Sie schloß 3 km südwestlich Flensburg an die vorerwähnte Linie an, konnte aber erst am 15ten April 1864 bis Rothenkrug und am 1sten Oktober bis Woyens in Betrieb gesetzt werden.

Sämmtliche Bahnlinien waren eingeleisig und sehr dürftig mit Betriebsmitteln ausgestattet. Der Verkehr, welcher ohnehin durch die getrennte Verwaltung erschwert war, litt unter Anderem auch darunter, daß auf den Schleswigschen Bahnen ein anderes Signalsystem als auf den Holsteinschen angewendet wurde. Zur möglichsten Verminde=rung der sich aus diesen Verhältnissen ergebenden Unzuträglichkeiten

---

*) Vergl. Uebersichtskarte 1 und 2.
**) Zwischen Hamburg und Altona bestand keine Schienenverbindung.

erließ das Ober=Kommando nach Vereinbarung mit den Verwaltungen am 15ten Februar Bestimmungen über die zwischen Altona und Flensburg laufenden Armee=Transporte. Danach waren die Kommando=Behörden verpflichtet, alle Transporte den Kommandanten der Ein=schiffungsorte vorher anzumelden, welche dann das Weitere mit den Eisenbahn=Behörden und den Kommandanten der Ausschiffungsorte vereinbarten. Letztere wurden für sofortige Entleerung und Rück=sendung der Betriebsmittel verantwortlich gemacht. Ein den erwähnten Bestimmungen beigegebener Fahrplan regelte den Betrieb dahin, daß täglich an regelmäßigen Zügen zwei von Altona bis Flensburg mit Anschluß nach Schleswig durchliefen, während außerdem von Altona aus eine einmalige Verbindung mit Rendsburg und eine dreimalige mit Kiel unterhalten wurde. Ferner stand täglich je ein Extrazug für die ganze Strecke Altona—Neumünster—Rendsburg—Flensburg, sowie einer für die Strecke Altona—Neumünster—Kiel beziehungsweise Rendsburg, und umgekehrt, für Militärzwecke zur Verfügung.

Am 5ten März wurde zur Leitung der Armee=Transporte auf den Holsteinschen und Schleswigschen Bahnen eine besondere ständige Linien=Kommission in Altona eingesetzt;*) ferner erhielten die Bahnhöfe Altona, Rendsburg, Flensburg, Kiel und später auch Rothenkrug Etappen=Kommandanturen, welche aus je zwei Offizieren und zwei Beamten gebildet wurden. Die Etappen=Kommandantur Rothenkrug verlegte man bei Inbetriebsetzung der Strecke Rothenkrug—Woyens nach letzterem Ort.

Durch diese Einrichtungen wurde der militärische Verkehr in den Herzogthümern wesentlich erleichtert, wenngleich mancherlei Schwierig=keiten sich erst nach längerer Zeit ganz aus dem Wege räumen ließen.

Nachdem es während der ersten Waffenruhe gelungen war, die Bahnverwaltungen zur Vermehrung ihrer Betriebsmittel zu veranlassen, konnten von der zweiten Hälfte des Juni an täglich sechs Militärzüge und ein Postzug auf der Strecke Altona—Rothenkrug abgelassen werden.

---

*) Bis dahin waren die Verhandlungen von der Kommission für die Linie Breslau—Berlin—Hamburg geführt worden, welche sich zu diesem Zweck nach Hamburg begeben hatte.

Bei der Beförderung der Armee nach der Heimath verursachte die Rücksendung der leeren Wagen auf der eingeleisigen Bahn einige Verzögerung, doch wurden in der Zeit vom 14ten bis zum 30sten November außer den Stäben 30 Bataillone, 4 Eskadrons, 6 Batterien und 16 Züge mit Heeresgeräth nach Altona befördert, so daß im Durchschnitt täglich etwa 400 Achsen für militärische Zwecke verfügbar gemacht waren.

Der Transport der nicht auf den Fußmarsch angewiesenen Truppen nach der Heimath von Hamburg, Harburg, Büchen und Lübeck aus ging ohne jeden Aufenthalt vor sich.

Bei Ausbruch des Krieges verfügte man in Preußen über die im Jahre 1857 beschaffte Ausrüstung für zwei Feld-Telegraphen-Abtheilungen, die auch bereits im Jahre 1859 mobil gemacht worden waren. Am 18ten Januar 1864 wurde die Mobilmachung der Feld-Telegraphen-Abtheilung Nr. 1 befohlen, und am 8ten Februar konnte dieselbe unter Hauptmann Billroth vom Ingenieur-Korps mittelst der Eisenbahn nach Hamburg befördert werden.*) Als Telegraphisten waren 12 Beamte der Staats-Telegraphie eingestellt. _Telegraphenwesen._

Da die besonderen Verhältnisse dieses Krieges es gestatteten, die Hauptthätigkeit des Telegraphen der Staats-Telegraphie zu überlassen, so beschränkte sich die Thätigkeit der Feld-Telegraphie im Allgemeinen

---

*) Stärke der Feld-Telegraphen-Abtheilung:
   3 Offiziere,
   1 Arzt,
   12 Beamte,
   79 Unteroffiziere und Mannschaften der Pionier-Waffe,
   46 Unteroffiziere und Mannschaften vom Train,
   25 Reitpferde,
   50 Zugpferde.
                         Mittel:
   3 Stationswagen,
   6 Requisitenwagen,
   2 Packwagen,
   5 Apparate,
   45 860 m Leitungsdraht,
   1 910 m Kupferdraht,
   2 Flußleitungstaue à 160 m,
   1 200 Stangen.

auf Wiederherstellung der zerstörten Dänischen Staats-Leitungen und den Betrieb der dicht hinter der Armee angelegten Feld-Telegraphen bis zum Anschluß an die Staats-Leitungen. Außerdem wurde es hier und da nothwendig, durch Abgabe von Beamten das Personal der Staats-Telegraphen zu verstärken.

Im Einzelnen ist noch zu bemerken, daß die am 12ten Februar in Flensburg ausgeschiffte Feld-Telegraphen-Abtheilung Nr. 1 es sich zunächst zur Aufgabe machte, die Verbindung auf der Straße Apen-rade—Hadersleben—Christiansfeld—Kolding herzustellen, was bei der von den Dänen vorgenommenen, unvollkommenen Zerstörung bis zum 22sten Februar geschehen konnte.

Anfangs März wurde die Preußische Feld-Telegraphen-Ab-theilung Nr. 1 nach dem Sundewitt herangezogen, während die Staats-Telegraphie die Stationen Apenrade, Hadersleben und Kolding übernahm. Im Sundewitt wurde ein Netz von Feld-Telegraphen-Leitungen gespannt, welches die Quartiere der wichtigsten Kommandobehörden und eine Anzahl von Beobachtungs-Stationen umfaßte. Für den Gebrauch der nicht vor Düppel stehenden Heerestheile wurde daher die Heranziehung der Feld-Telegraphen-Abtheilung Nr. 2 nothwendig, die unter Hauptmann v. Owstien vom Garde-Pionier-Bataillon am 31sten März in Flensburg eintraf. Derselben fiel zunächst die Wiederherstellung der Staats-Leitung bis Veile und von dort in der Richtung auf Horsens zu. Bei der späteren weiteren Besitznahme von Jütland folgte die Abtheilung den dorthin vorrückenden Truppen und legte allmählich Stationen in Horsens, Skanderborg, Aarhuus, Randers, Hobro, Viborg, Aalborg, Kalö, Hjörring und Frederikshavn an.

Im Ganzen haben die beiden mit je 45 Kilometer Leitung aus-gestatteten Preußischen Feld-Telegraphen-Abtheilungen im Laufe des Krieges 300 Kilometer Leitung auf- und abgebaut und 30 Stationen eingerichtet.

Die Oesterreichische Feld-Telegraphen-Abtheilung,*) welche am

---

*) Dieselbe bestand aus 7 Beamten, 29 Mann, 42 Pferden, 14 Fahrzeugen und führte die Mittel für drei Stationen und für 45 Kilometer Leitung mit sich.

9ten Februar in Hamburg ausgeschifft wurde, traf gegen Mitte dieses Monats in Flensburg ein; sie trat vornehmlich an der Westküste und in dem engeren Operationsgebiet des II. Korps bei Kolding, Fredericia und Veile in Thätigkeit und setzte im Ganzen 20 Stationen in Betrieb, wovon die nördlichste in Nykjöbing angelegt wurde.

Die Einrichtungen der Feld=Telegraphie bewährten sich im Allgemeinen, und die Schwierigkeiten, welche das Gelände der Anlage der Leitungen vielfach entgegenstellte, wurden überall ohne wesentlichen Aufenthalt überwunden.

Im Anschluß an die Feld=Telegraphie trat die Staats=Telegraphie in Wirksamkeit. Ihre Aufgabe war es, einerseits die früheren Dänischen Staats=Telegraphen in Betrieb zu halten und andererseits eine gesicherte ununterbrochene Verbindung der verbündeten Armeen mit ihren Staaten herzustellen, da dieselbe durch die vorhandenen Anstalten mit zum Theil Dänischen Beamten keineswegs als gesichert erschien. Am 6ten Februar traf daher der mit Herstellung telegraphischer Verbindungen für die verbündete Armee beauftragte Oberst=Lieutenant Chauvin mit den Bundeskommissaren für Holstein ein Abkommen, nach welchem der Preußischen Telegraphen=Verwaltung für die Dauer des Krieges nicht nur drei Drähte der Hamburg—Rendsburger Linie zur alleinigen Benutzung überlassen, sondern auch die Anlage einer telegraphischen Verbindung von Eckernförde über Kiel, Neumünster und Segeberg nach Lübeck unter Benutzung der auf diesem Wege vorhandenen Stangen, sowie die Einrichtung von Telegraphen=Stationen in Kiel und Segeberg zugestanden wurden. Ebenso führten die Verhandlungen mit den Senaten von Hamburg und Lübeck, an welchen Punkten man Anschluß an das Preußische Staats=Telegraphen=netz hatte, zu einem befriedigenden Ergebniß. Von hier aus wurden zunächst die Hauptlinien über Altona und Rendsburg, beziehungsweise über Kiel, Eckernförde und Schleswig nach Flensburg hergestellt und alsdann das Telegraphennetz mit dem Fortschreiten der Operationen über den ganzen Kriegsschauplatz derartig entwickelt, daß alle wichtigeren Orte in unmittelbare Verbindung mit einander traten.

Die Leitungen der Staats-Telegraphie schlossen sich den beweg-
lichen Feld-Telegraphen in der Weise an, daß die nächste Staats-
Telegraphenstation den Mittelpunkt der angeschlossenen Feldstationen
bildete, so z. B. Gravenstein für die vor Düppel eingerichteten Stationen
der Feld-Telegraphen-Abtheilung Nr. 1. Das von der Preußischen
Staats-Telegraphie, theils unter Benutzung der ehemals Dänischen
Telegraphen, theils mittelst Anlage neuer Stangen-Linien und Drahtleitungen ausgebildete ständige Telegraphennetz hatte eine Gesammt-
länge von 1140 Kilometer mit 3045 Kilometer Drahtleitung und
25 Stationen.

Feldpost. Bei der Mobilmachung wurden an Preußischen Feldpost-Anstalten
ein Feldpostamt für das General-Kommando des I. Korps und je
eine Feldpost-Expedition für die 6te und 13te Division und die Reserve-
Artillerie gebildet. Im Laufe des Krieges traten in Folge der
Verstärkung der Armee hierzu noch ein Armee-Postamt im Hauptquartier des kombinirten II. Armee-Korps — des vormaligen
III. Korps — und 3 Feldpost-Expeditionen, nämlich für die 5te Division,
die kombinirte Garde-Infanterie-Division und die kombinirte Kavallerie-
Division.

Das Oesterreichische Armee-Korps führte ebenfalls eine Feldpost-
Abtheilung mit sich. Sie war stets mit dem Korps-Hauptquartier
vereint und versah den Dienst im Anschluß an die ständigen Post-
anstalten.

Die Leitung des Armee-Postamts und zugleich die Beaufsichtigung
des Dienstbetriebes bei den Preußischen Feldpost-Anstalten war dem
Armee-Postmeister Schiffmann übertragen.

Die für die Armee bestimmten Postsendungen wurden nach in-
ländischen Sammelstellen geleitet und von dort an die einzelnen
Feldpost-Anstalten weitergesandt. Zum vorläufigen Ordnen der
Sendungen nach Truppentheilen wurde zwischen Berlin und Hamburg
und demnächst auch zwischen Altona und Flensburg beziehungsweise
Woyens eine wandernde Feldpost eingerichtet.

Da sich bald herausstellte, daß die auf Schleswig-Holsteinschem
Gebiet vorhandenen Landes-Postanstalten nicht dazu geeignet waren,

für die Bedürfnisse des Feldpost=Dienstes herangezogen zu werden, so erschien es nothwendig, hinter der Armee Feldpost=Relais mit Preußischen Beamten zu errichten, welche die Verbindung mit den mobilen Feld=post=Anstalten und den Anschluß an die heimathlichen Postämter zu unterhalten hatten. Die mannigfach verzweigte Linie dieser Feldpost=Relais, deren im Ganzen 34 errichtet wurden, dehnte sich allmählich bis in den Norden Jütlands sowie nach den Inseln Alsen und Fehmarn aus. Die Leitung und Beaufsichtigung dieser Anstalten, bei denen außer 40 kommandirten Unteroffizieren und Mannschaften 147 Ober= und Unter=Beamte der Post beschäftigt waren, lag in Händen des Ober=Postdirektors Albinus.

Die Leistungen der Feldpost=Anstalten entsprachen völlig dem vorhandenen Bedürfniß. Sie beschränkten sich nicht allein auf die Versendung von Briefen und Geldbeträgen, sondern von Ende Februar an wurden auch Packete bis zum Gewicht von 15 Pfund befördert und späterhin der Zeitungsvertrieb eingerichtet, so daß der Postverkehr der Feldarmee dem im Frieden gewohnten fast völlig gleich kam.

Bis zum Schluß des Jahres 1864 wurden durch die Preußischen Feldpost=Anstalten aus der Heimath nach dem Kriegsschauplatz allein 314 200 Geldsendungen und 197 000 Packete befördert. Aus dem Felde nach der Heimath gingen 67 000 Geldsendungen und 19 400 Packete.

An Preußischen Verpflegungs=Behörden und Anstalten waren zunächst mobil gemacht: Verpflegungs=
wesen.

1 Feld=Intendantur des I. Korps,

3 Feld=Intendantur=Abtheilungen der Divisionen,

1 Feld=Intendantur=Abtheilung der Reserve=Artillerie,

1 Feld=Haupt=Proviantamt,

4 Feld=Proviantämter,

1 Feld=Bäckereiamt,

5 Proviant=Kolonnen und eine Bäckerei=Kolonne des Train=Bataillon Nr. 3.

Hierzu traten in Folge Mobilmachung der kombinirten Garde=Division und der 5ten Division noch 2 Feld=Intendantur=Abtheilungen und 2 Feld=Proviantämter, und schließlich wurde kurz vor Einstellung

der Feindseligkeiten, am 3ten Juli, noch die Aufstellung einer Feld=
Intendantur, eines Feld=Haupt=Proviantamts und eines Feld=Bäckerei=
amts für das Korps des Generals v. Falckenstein angeordnet.

Bei dem Oesterreichischen Armee-Korps befanden sich ein Korps=
Kolonnen=Magazin mit den Kriegs=Transport=Eskadrons Nr. 2, 35
und 53, welches im Ganzen 159 Fahrzeuge führte, und ein Schlachtvieh=
Vertheilungs= und Einlieferungs=Depot. Zum Verkehr mit dem
Kolonnen=Magazin, welches den Bewegungen des Korps folgte und
am 10ten März in Veile eintraf, hatten die Truppen besondere,
theils eigene, theils im Lande aufgebrachte Fahrzeuge.

Während der Versammlung der Armee an der Nordgrenze
von Holstein fand grundsätzlich Verpflegung durch die Quartiergeber
gegen Empfangsbescheinigungen statt. Demnächst wurden Haupt=
Magazine für das I. Korps in Kiel und Voorde, sowie für das II. in
Neumünster vorbereitet, deren Füllung wegen der vorhergegangenen
Ausnutzung der Hülfsquellen des Landes durch die Dänen und die
Bundes=Exekutions=Truppen Anfangs einige Schwierigkeiten bereitete.
Die Armee = Intendantur schloß mit drei Unternehmern Lieferungs=
Kontrakte ab und bildete aus Landesmitteln einen Fuhrpark, der
den Truppen die Verpflegungs=Bedürfnisse zuzuführen hatte. Nach
dem Uebergang über die Schlei wurden nach und nach Magazine in
Rendsburg, Schleswig, Flensburg, Gravenstein, Apenrade, Haders=
leben und Christiansfeld eingerichtet. In Jütland entstanden eine
Anzahl Magazine, in welchen die dem Lande entnommenen Vorräthe
gesammelt wurden.

Während der ersten Waffenruhe sollte in Jütland und Schleswig
Quartier=Verpflegung eintreten, die in Schleswig im Allgemeinen auch
ohne Schwierigkeiten durchgeführt wurde, während in Jütland bei
der Widerwilligkeit der Bevölkerung bald wieder zur Magazin=Ver=
pflegung übergegangen werden mußte. Während der zweiten Waffen=
ruhe trat wieder Quartier=Verpflegung ein, und zur Ergänzung der=
selben wurde den Truppen ein Zuschuß an Fleisch aus Magazinen
geliefert. Bei der Rückkehr in die Heimath kamen beide Arten
der Verpflegung zur Anwendung.

Im Ganzen zeigten sich während des Feldzuges erhebliche Verpflegungsschwierigkeiten nicht, da die gesicherte Verbindung mit der Heimath und die verhältnißmäßig geringe Ausdehnung des Kriegsschauplatzes jederzeit einen regelmäßigen Nachschub gestatteten.

Mit dem zuerst aufgestellten Preußischen Korps*) wurden zwei leichte Feld-Lazarethe der Infanterie-Divisionen, ein leichtes Feld-Lazareth der Kavallerie-Division, drei schwere Korps-Lazarethe des Armee-Korps und eine Krankenträger-Kompagnie mobil gemacht. Hierzu traten bei Mobilmachung der kombinirten Garde-Division und der 5ten Division noch zwei leichte Feld-Lazarethe. Anfangs März wurden ferner ein schweres Korps-Lazareth und Anfangs April die Krankenträger-Kompagnie des Garde-Korps auf den Kriegsschauplatz nachgesandt, so daß dort im Ganzen an Preußischen Sanitätsanstalten fünf leichte Feld-Lazarethe, vier schwere Korps-Lazarethe und zwei Krankenträger-Kompagnien zur Verfügung standen. Zum Oesterreichischen Armee-Korps gehörten eine Sanitäts-Kompagnie mit der Bespannungs-Eskadron Nr. 31, die Korps-Ambulance Nr. 5 und die Feldspitäler Nr. 9, 12 und 16.

Mit der obersten Leitung des Sanitätsdienstes auf dem Kriegsschauplatz war Preußischer Seits der Generalarzt Dr. Loeffler betraut worden.

Jedes Preußische leichte Feld-Lazareth theilte sich in eine fahrende Abtheilung und ein Depot. Erstere richtete möglichst dicht hinter der Gefechtslinie die Verbandplätze ein, wohin die Verwundeten durch die Krankenträger-Kompagnie gebracht wurden, während das Depot sich weiter rückwärts zur Aufnahme der bereits Verbundenen bereitstellte. Hier wurden die Verbände vervollständigt, die nothwendigsten Operationen vorgenommen und die Verwundeten für die weitere Beförderung nach dem schweren Korps-Lazareth vorbereitet, dem die eigentliche Pflege derselben oblag. Die Transportwagen eines leichten Feld-Lazareths konnten 32 Verwundete gleichzeitig

Das Sanitätswesen und die Seelsorge.

---

*) Für die Preußische Armee war der Sanitätsdienst durch das „Reglement über den Dienst der Krankenpflege im Felde" vom 17ten April 1863 neu geregelt worden.

zurückschaffen. Zur vorläufigen Aufnahme von Verwundeten verfügte ein leichtes Feld=Lazareth über 200 Lagerstellen, ein schweres Korps= Lazareth hatte deren 600.

Aus den Korps=Lazarethen gingen diejenigen Kranken und Ver= wundeten, deren völlige Heilung längere Zeit in Anspruch nahm, in die stehenden Lazarethe über, welche in den rückwärts gelegenen Städten Eckernförde, Kiel, Rendsburg, Neumünster, Oldenburg und Hamburg, sowie in einer größeren Zahl von Garnisonstädten im Bereiche des III., IV. und VII. Preußischen Armee=Korps errichtet waren.

Beim Oesterreichischen Korps hatte die Korps=Ambulance in Verbindung mit der Sanitäts=Kompagnie und der Bespannungs= Eskadron im Allgemeinen dieselbe Bestimmung wie die Preußischen leichten Feld=Lazarethe. Die Korps=Ambulance konnte 150 Ver= wundete aufnehmen. Die Feldspitäler, welche für je 500 Lagerstellen eingerichtet waren, entsprachen den Preußischen schweren Korps=Laza= rethen. Das Feldspital Nr. 16 wurde in Rendsburg, Nr. 12 in Schleswig und Nr. 9 in Flensburg aufgestellt. Die Leitung des Oesterreichischen Sanitätsdienstes übte der Stabsarzt Dr. Ebner aus.

Die Rückbeförderung und die Zerstreuung der vom Kriegsschau= platz kommenden Kranken und Verwundeten leitete unter dem Chef des Preußischen Militär=Medizinalwesens eine besonders zu diesem Zweck eingesetzte „Militär=Krankentransport=Kommission". Durch dieselbe waren bis zum 20sten Dezember 1864 10 065 Kranke und Verwundete nach den inländischen Lazarethen geschafft worden.

Wenngleich die Zahl der Kranken in Folge der Witterungsein= flüsse und der besonderen Verhältnisse des Belagerungskrieges im Sundewitt keine geringe war, so wurde doch durch die regelmäßige Verpflegung und die Lieferung von Pelzen, wollenen Decken, Leib= binden und ähnlichen Gegenständen die Entstehung von Krankheiten größeren Umfanges verhindert.

Sowohl die heimische Bevölkerung wie diejenige der Herzog= thümer und der Hansestädte nahm lebhaften Antheil an der Pflege der Verwundeten und Kranken, indem sie Lazarethe errichtete, Aerzte und Pfleger absandte, sowie reichlich für Verbandmittel und Er=

frischungen sorgte. Eine besonders anerkennenswerthe Thätigkeit ent=
faltete der Johanniter=Orden, welcher unter Leitung des Grafen
Eberhard zu Stolberg=Wernigerode ein Hospital mit 55 Betten
in Altona und zwei solche mit im Ganzen 77 Betten in Flensburg,
sowie je ein kleines Lazareth in Nübel und Wester=Satrup errichtete.
Die vorzüglich ausgestatteten Anstalten des Ordens nahmen im
Ganzen 218 Verwundete und Kranke auf.

Rühmliche Erwähnung verdient auch die aufopfernde Thätigkeit
von Mitgliedern religiöser Orden und Genossenschaften, die aus den
verschiedensten Gegenden auf den Kriegsschauplatz eilten und bei der
Pflege von Kranken und Verwundeten vorzügliche Dienste leisteten.*)

In der Heimath waren von Privatpersonen und Ordens=
Krankenhäusern eine größere Zahl sogenannter Pflegestationen ein=
gerichtet, in welchen vornehmlich solchen Verwundeten und Kranken
Aufnahme gewährt wurde, die nicht mehr Gegenstand ärztlicher Be=
handlung waren, sondern nur noch der Kräftigung bedurften. In
Oesterreich bildete sich zu diesem Zweck ein „patriotischer Hilfs=
verein". Verschiedene Bade=Verwaltungen stellten ihre Anstalten zur
Aufnahme von Verwundeten und Kranken unentgeltlich zur Ver=
fügung.

Bei den Preußischen Truppen**) betrug die Gesammtzahl der
auf dem Schlachtfelde Gebliebenen oder später an ihren Wunden Ge=
storbenen 738, die der übrigen Verwundeten 1705.

Außerdem traten bis zum 31sten Ottober 26 717 Kranke in
Lazarethbehandlung, von denen 280 starben. In Folge von Unglücks=
fällen und dergleichen verschieden 30, so daß die Zahl der Todten sich
im Ganzen auf 1048 beläuft.

Durch Verwundung wurden von der Preußischen Armee
3,8 Prozent ihrer höchsten Kopfstärke außer Kampf gesetzt, die
Gesammtzahl aller Todesfälle durch Verwundung beziffert sich auf

---

*) Während des Krieges waren allein in Flensburg 105 Mitglieder
religiöser Genossenschaften in den Lazarethen in Thätigkeit.

**) Das Folgende nach Loeffler, „Generalbericht über den Gesundheits=
dienst im Feldzuge 1864".

1,2 Prozent der höchsten Kopfstärke. Der Verlust an Offizieren stellte sich zu dem an Mannschaften wie 1 : 15 bei den Verwundeten, wie 1 : 18 bei den Gefallenen.

Auf Oesterreichischer Seite betrug die Zahl der Todten 1,5 Prozent, die der Verwundeten 2,2 Prozent der Gesammtstärke, während sich das Verhältniß des Verlustes an Offizieren zu dem an Mannschaften wie 1 : 11 bei den Gebliebenen und wie 1 : 8 bei den Verwundeten stellte. Der höchste Krankenstand betrug bei dem Oesterreichischen Armee-Korps 6 Prozent des Gesammtstandes.

Von der Dänischen Armee fanden 1222 Verwundete in Preußischen Lazarethen Aufnahme. Die Zahl der Kranken bei der feindlichen Armee wird auf 31575 angegeben, von denen 756 starben.*)

Die Militärgeistlichen beider Bekenntnisse walteten auf dem Gefechtsfelde wie in den Lazarethen ihres Berufes mit aufopfernder Pflichttreue; der katholische Divisions-Pfarrer Simon wurde am 18ten April beim Infanterie-Regiment Nr. 18 in Ausübung seines Amtes verwundet. Außer ihnen begab sich noch eine größere Zahl von Pfarrern heimathlicher Ortsgemeinden nach dem Kriegsschauplatze, um den Kranken und Verwundeten Zuspruch zu bringen; auch waren mehrere Schleswig-Holsteinische Geistliche in der Militär-Seelsorge in hervorragender Weise thätig.

Rückblick auf den Gesammtverlauf des Krieges.

Der zielbewußten politischen und militärischen Leitung des Krieges war es schließlich gelungen, den von Dänemark hervorgerufenen und mit kurzsichtiger Zähigkeit fortgesetzten Kampf so zu Ende zu führen, daß er den Verbündeten das volle Recht gab, über die Deutschen Herzogthümer in Gemäßheit der Waffenentscheidung zu verfügen und sie für immer vor Dänischer Vergewaltigung sicher zu stellen.

---

*) Nach dem Bericht des Dänischen Armee-Chefarztes Djoerup. Vergl. Loeffler, Seite 14.

Nur langsam und gleichsam tastend hatte man sich diesem Ziele zu nähern vermocht! Trotz der Gerechtigkeit der Sache und der unabweislichen Pflicht, mit den Waffen für dieselbe einzutreten, war es erst nach langen diplomatischen Verhandlungen und Ueberwindung vielfacher innerer und äußerer Schwierigkeiten ermöglicht worden, die Streitmacht der Verbündeten der zur Behauptung von Schleswig aufgestellten feindlichen Armee entgegenzuführen, ohne daß es zu einem Gegen=Bündniß der Dänemark befreundeten Mächte gekommen war.

Es galt nun, dem Feinde eine entscheidende Niederlage beizubringen. Ehe jedoch die zu diesem Zweck eingeleitete Umfassungsbewegung zur Durchführung kam, gelang es dem Gegner, sich durch rechtzeitigen Rückzug dem Kampfe zu entziehen. Nachdem der Haupttheil seines Heeres, unter verlustreichem Nachhut=Gefecht gegen die Oesterreicher, in die Flankenstellung am Alsen Sunde zurückgegangen und der andere nach Jütland ausgewichen war, legte sich ein Korps der Verbündeten vor Düppel, während die beiden übrigen bis an die Nordgrenze von Schleswig vorrückten.

Da man die Ueberzeugung gewonnen hatte, daß die stark verschanzte Düppel=Stellung nur mittelst des förmlichen Angriffes zu nehmen sei, die hierzu erforderlichen Mittel aber noch aus der Heimath herangeführt werden mußten, so gedachte man den Feind zunächst in Jütland aufzusuchen. Inzwischen sollten die Vorbereitungen zur Belagerung so getroffen werden, daß, wenn der Verlust der Dänischen Provinz den Gegner noch nicht zum Frieden geneigt machte, bei Düppel der entscheidende Schlag fallen konnte. Vorerst kam es aber darauf an, die Schranken zu beseitigen, welche im Hinblick auf eine Gegenwirkung der neutralen Mächte einer weiteren Ausdehnung der Operationen entgegenstanden.

Als dies erreicht war und die Verbündeten mit bedeutender Ueberlegenheit in Jütland einrückten, zeigte es sich, daß auch hier eine baldige Entscheidung nicht zu erlangen sei. Vor der Festung Fredericia kam das Preußische Korps zum Stehen, während das Oesterreichische die feindlichen Streitkräfte in glücklichem Gefecht nach Norden zurückwarf. Auch diesmal kam den Dänen die Eigenthümlich=

keit des Kriegsschauplatzes zu statten, indem sie sich durch Ueber=
schreitung des Liim Fjord der weiteren Einwirkung des Angreifers zu
entziehen vermochten.

Vor Düppel trug man sich mit dem Plane, durch einen Ueber=
gang nach Alsen die langwierige Belagerung zu umgehen und die
Stellungen diesseits wie jenseits des Sundes mit einem Schlage zu
Fall zu bringen. Die Ausführung des sorgfältig vorbereiteten Unter=
nehmens wurde durch die Ungunst der Elemente verhindert, trotzdem
aber nicht ganz aufgegeben, so daß dasselbe auch jetzt noch eine ver=
zögernde Einwirkung auf das artilleristische Vorgehen gegen die
Schanzen ausübte. Auch als die Belagerung erfolgreich vorschritt,
traten Umstände ein, welche leicht dazu führen konnten, die angestrebte
Waffenentscheidung in Frage zu stellen.

Die Verbündeten hatten in die Beschickung einer Konferenz ge=
willigt, in welcher unter Mitwirkung der Neutralen die Schleswig=
Holsteinsche Frage gelöst werden sollte. Doch gelang es, die Er=
öffnung derselben so weit hinaus zu schieben, daß noch kurz vor Beginn
der Verhandlungen zum Sturm auf die Düppel=Stellung geschritten
werden konnte, durch welchen Dänemark den letzten Theil des Schles=
wigschen Festlandes verlor.

Um einen noch kräftigeren Druck auf den Gegner auszuüben,
wurde die Besetzung Nord=Jütlands unternommen und gleichzeitig
ein Theil der vor Düppel frei gewordenen Festungs=Artillerie zur
Belagerung von Fredericia herangeführt. Nachdem der Gegner, um
seine Kräfte enger zusammen zu halten, diesen Platz geräumt hatte,
faßte das Ober=Kommando einen Uebergang nach Fünen ins Auge,
dessen Ausführung sich jedoch politische Hindernisse entgegenstellten.
Unmittelbar vor Eintritt der inzwischen auf der Londoner Konferenz
vereinbarten Waffenruhe zeigte der Angriff des Oesterreichisch=
Preußischen Geschwaders auf die bis dahin die Nordsee beherrschende
Dänische Flotten=Abtheilung, daß auch zur See ein Umschwung ein=
getreten war.

Trotzdem glaubte Dänemark, welches sich durch das Meer gegen weitere Unfälle gesichert wähnte, die auf der Konferenz gestellten mäßigen Forderungen der Verbündeten ablehnen zu sollen.

Vier Tage nach Wiedereröffnung der im Laufe der Verhand= lungen eingestellten Feindseligkeiten war Alsen erobert. Bald darauf wurde auch der nördlichste Theil von Jütland besetzt, und das an der Westküste von Schleswig gelegene Insel=Gebiet unter Mitwirkung der Flotte von den Dänen gesäubert.

Der Eindruck, welchen der Verlust von Alsen hervorrief und die nicht länger abzuweisende Ueberzeugung, daß von den übrigen Mächten doch keine Hülfe mehr zu erwarten sei, hatten in Kopenhagen den Wunsch zum Durchbruch gebracht, mit den Verbündeten in Friedens=Unter= handlungen zu treten. Auch das Gefühl, daß man selbst auf seinen Inseln nicht mehr sicher sei, trug zur Befestigung der Ansicht bei, den weiteren Widerstand aufgeben zu müssen.

In der That war man Preußischer Seits entschlossen, falls es nicht zu einer Verständigung kommen sollte, nach Fünen überzugehen und, wenn es sein mußte, die feindliche Armee auch auf Seeland auf= zusuchen. Die getroffenen Vorbereitungen lassen erkennen, daß es bei kräftigem Wollen nicht schwer fallen kann, auch einem Inselstaate gegenüber die letzten Folgerungen des Krieges zu ziehen. Der in Folge des umsichtigen und entschlossenen politischen Vorgehens der beiden Deutschen Großmächte ohne sonstige Vermittelung mit Däne= mark abgeschlossene Friede machte indessen eine Erweiterung des Kriegsschauplatzes unnöthig.

Will man zu einer unbefangenen Würdigung der Kriegführung der Verbündeten gelangen, so wird man sich jederzeit die zahlreichen Hemmnisse und Schwierigkeiten zu vergegenwärtigen haben, welche fast in jedem einzelnen Falle beseitigt werden mußten, bevor eine Waffenentscheidung herbeigeführt werden konnte, die dann trotz der Ungunst der örtlichen Verhältnisse jedesmal von glänzendem Erfolge begleitet war.

Doch auch dem Gegner wird man die Anerkennung nicht ver= sagen dürfen, daß, wenn er sich auch nicht dazu aufzuschwingen ver= mochte, zeitweilig mit Entschiedenheit aus der reinen Abwehr hervor=

zutreten, er doch innerhalb derselben dasjenige erreicht hat, was auf diesem Wege, der Uebermacht gegenüber, günstigsten Falles erreicht werden kann: ein möglichst langes Hinausschieben der endlichen Entscheidung.

Schließlich darf noch auf den inneren Zusammenhang hingewiesen werden, in welchem der hier zur Darstellung gelangte Feldzug mit den bereits früher von uns geschilderten Kämpfen von 1866 und 1870/71 steht.

In militärischer Beziehung kamen die Erfahrungen, welche in dem Dänischen Kriege gemacht wurden, ebenso dem Böhmischen, wie die in diesem gesammelten wieder dem Französischen Kriege zu Gute. Bei genauerem Zusehen erkennt man aber auch, daß schon in dem ersten Feldzuge, trotz der beengenden Verhältnisse, jener große Zug der Kriegführung hervortritt und mehr und mehr sich Bahn bricht, welcher später zu so mächtiger Entfaltung gelangte und allen drei von König Wilhelm geführten Kriegen, ungeachtet ihrer Verschiedenheiten, doch ein gleichartiges Gepräge verleiht.

Anlage Nr. 40.

Uebersicht

über die am 3ten März zur Nachsendung nach dem Kriegsschauplatz bestimmten und die daselbst bereits vorhandenen Festungs-Geschütze und Kompagnien.

A. Es sind bereits nach Schleswig abgesandt:

1) die 2te Festungs-Kompagnie der Artillerie-Brigade Nr. 4 mit 12 gezogenen 12-Pfündern und 200 Granatschuß pro Geschütz (dieselben befinden sich in den Batterien bei Sandacker und Allnoer);

2) die 4te Festungs-Kompagnie der Artillerie-Brigade Nr. 7 mit 8 gezogenen 24-Pfündern und 200 Granatschuß pro Geschütz (dieselben sind zur Hälfte in Friedrichsort, zur Hälfte in der Batterie bei Iller).

B. Es werden am 8ten d. Mts. nach dem Herzogthum Schleswig abgehen und sind zum Angriff auf die Düppeler Schanzen bestimmt:

1) die 8te Festungs-Kompagnie der Artillerie-Brigade Nr. 7 aus Köln nebst 4 gezogenen 24-Pfündern und 8 gezogenen 12-Pfündern und 200 Granatschuß pro Geschütz aus Wesel;

2) die 3te Festungs-Kompagnie der Artillerie-Brigade Nr. 3 aus Torgau mit 12 25pfdgen Mörsern, 200 Bomben und 3 Brandbombenwürfen pro Geschütz aus Magdeburg.

Außerdem werden von Seiten des Berliner Artillerie-Depots 200 12pfdge Shrapnels mit Zeitzündern dem Armee-Korps übersandt werden.

C. Die 1ste Festungs-Kompagnie der Garde-Artillerie-Brigade ist bestimmt, einen weiteren in Magdeburg und Wesel bereit zu stellenden Theil des Belagerungs-Trains zu begleiten. Derselbe wird bestehen aus:

4 gezogenen 12-Pfündern und 2000 Granaten pro Geschütz,
4 = 24- = = 2000 = =
4 25pfdgen Mörsern nebst 5280 Bomben.

Anlage Nr. 41.

Ordre de bataille
der 5ten Division.

Kommandeur: General-Lieutenant v. Tümpling.

Generalstab: Hauptmann v. Caprivi, vom Generalstabe des 1. Armee-Korps, kommandirt zur 5ten Division.
Adjutant: Prem.-Lieutenant v. Trotha I, vom 4ten Magdeburgischen Infanterie-Regiment Nr. 67.
Adjutant: Prem.-Lieutenant v. Marwitz, vom Brandenburgischen Dragoner-Regiment Nr. 2.

9te Infanterie-Brigade.
Kommandeur: General-Major v. Schlegell.
Adjutant: Prem.-Lieutenant Simon, vom 2ten Brandenburgischen Grenadier-Regiment Nr. 12 (Prinz Carl von Preußen).

Leib-Grenadier-Regiment (1tes Brandenburgisches) Nr. 8.
Oberst v. Berger.

5tes Brandenburgisches Infanterie-Regiment Nr. 48.
Oberst v. Tiedemann.

10te Infanterie-Brigade.
Kommandeur: General-Major v. Raven.
Adjutant: Prem.-Lieutenant v. d. Knesebeck, vom 5ten Pommerschen Infanterie-Regiment Nr. 42.

1stes Posensches Infanterie-Regiment Nr. 18.
Oberst v. Retter.

6tes Brandenburgisches Infanterie-Regiment Nr. 52.
Oberst-Lieutenant v. Blumenthal.

Zugetheilt: Westfälisches Küraffier-Regiment Nr. 4 (drei Eskadrons).*)
Oberst v. Schmidt.

1. Fuß-Abtheilung der Brandenburgischen Artillerie-Brigade Nr. 3.
Kommandeur: Oberst-Lieutenant v. Scherbening.

1te 12pfdge Batterie.
1te 4pfdge Batterie.
1te Haubitz-Batterie.
Munitions-Kolonnen Nr. 1, 2 und 3.
Leichtes Feld-Lazareth.

*) Die 4te Eskadron befand sich im Armee-Hauptquartier.

Belagerungs-Entwurf.

1. Wahl der Angriffs-Front.

Bei der ersten Betrachtung der Lage der Werke zu einander erscheint die Front IX bis X als die schwächste, weil hier nur diese beiden Werke liegen und mit Ausnahme von Nr. VIII von anderen Werken nicht wesentlich unterstützt zu werden scheinen. Die Stärke dieser Front beruht jedoch hauptsächlich in dem Flankenfeuer der jenseits des Alsen Sundes gelegenen Batterien. Abgesehen von der Terrainkonfiguration, die auf einer Entfernung von 800 bis 1000 Schritten (640 bis 800 m) vollständig die Einsicht in die Angriffs= arbeiten gestattet, welche erst bergab und dann bergauf sappirt werden müssen, würden die Angriffsarbeiten außerdem unter Kreuzfeuer aus= zuführen sein, dessen Bekämpfung, da dieselbe gegen die Batterien auf Alsen nur durch den direkten Schuß geschehen könnte, immerhin seine großen Schwierigkeiten hat. Aus diesen Gründen ist diese Angriffs=Front nicht gewählt worden.

Am stärksten im Frontalfeuer ist die Position in Bezug auf die Front VI bis IX, weil hier sich die Werke am nachhaltigsten unterstützen, und zwar aus gewissermaßen zwei hintereinanderliegenden Schanzenreihen.

Ein gegen diese Front gerichteter Angriff würde das Feuer der sämmtlichen auf dem Plateau gelegenen Schanzen auf sich ziehen. Es würden gegen einen solchen Angriff die Schanzen II bis IX, ja selbst die Schanze X noch thätig werden können. Ferner aber stellt sich der Wahl dieser Angriffsfronten noch entgegen, daß, wie schon sub 1 erwähnt, das Vorterrain, namentlich vor dem Kernwerke der ganzen Position, der Schanze Nr. IV, steil abfällt und deshalb wahr= scheinlich der direkte Schuß gar nicht anwendbar sein würde, vielmehr sich der ganze Angriff der Artillerie fast ausschließlich auf Wurffeuer erstrecken müßte.

Die letzte nun noch übrig bleibende Front I bis IV empfiehlt sich am meisten für einen Angriff, und haben sich die Unterzeichneten für diese Front aus folgenden Gründen entschieden.

Die Schanzen I bis III sind auf dem südlichen Abhange zur Bestreichung desselben angelegt und werden wahrscheinlich nur zum Theil durch die Werke IV, V und VI unterstützt. Es steht zu vermuthen, daß die auf jenem Abhange angelegten Angriffsarbeiten gegen das direkte Feuer aus den anderen Schanzen, welche auf dem Plateau liegen, geschützt sein werden. Dagegen ist zur Unterstützung dieser Front unzweifelhaft auf die Hülfe der Flotte gerechnet worden, welche von dem Wenningbunde aus den Abhang von der Flanke her bestreichen soll. Gelingt es, die Flotte fern zu halten, so kann andererseits von dem nördlichen Strande der Halbinsel Broacker aus die ganze Position bis zum Plateau des wirksamsten enfilirt werden. Auf dieses Enfilirfeuer muß ein um so größeres Gewicht gelegt werden, als einerseits von dem Rikochettfeuer bei der Kürze der Linien, die außerdem noch sämmtlich traversirt sind, wenig oder gar kein Erfolg zu erwarten ist und andererseits bei der im Vergleich zu den Werken tiefen Lage der Batterien auch nicht auf eine sehr große Wirkung des direkten Feuers zu rechnen ist, und zwar dies um so weniger, als die meisten gegen das Angriffsfeld sehenden Linien ihre Geschütze über Bank feuern lassen.

Was nun aber das Fernhalten der Flotte betrifft, so dürfte dies mit Hülfe unserer gezogenen Geschütze ein leichter zu erreichendes Ziel sein, als die Bekämpfung der jenseits des Alsen Sundes gelegenen Batterien.

Die Frage, ob gegen eine der anderen Fronten ein Scheinangriff gemacht werden soll oder nicht, erledigt sich durch den bereits in Angriff genommenen Bau der Enfilir-Batterien bei Gammelmark. Hierdurch muß es dem Feinde unzweifelhaft klar geworden sein, daß der diesseitige Angriff gegen den linken Flügel seiner Verschanzung gerichtet werden soll.

2. Lage der Parallelen.

Ob eine oder mehrere Parallelen erbaut werden müssen, ist wesentlich abhängig von der Hartnäckigkeit der Vertheidigung. Die Unterzeichneten sind von der Ansicht ausgegangen, daß es erforderlich wird, wenigstens zwei Parallelen zu erbauen, da unmöglich angenommen werden kann, daß das diesseitige Artilleriefeuer eine derartige Ueberlegenheit über das feindliche erlangen wird, daß der Feind es nicht mehr wagen sollte, gegen die vordringenden diesseitigen Sturm-Kolonnen wieder einige Geschütze vorzubringen.

Was die Entfernung der 1sten Parallele von den Werken betrifft, so wird dieselbe, wenn es irgend möglich ist, auf 800 Schritt (640 m) von der am meisten vorspringenden Schanze angelegt werden. Von dieser Entfernung wird nur dann abgegangen werden, wenn die Beschaffenheit des Terrains auf einer weiteren Entfernung der Anlage der Parallele besonders günstig sein sollte. Ueberhaupt werden die etwa vorhandenen Knicks so viel als möglich zur Anlegung der Parallele benutzt werden. Weiter als 1000 Schritt (800 m) darf die 1ste Parallele jedoch unter keinen Umständen von den Werken entfernt liegen.

Die Ausdehnung der 1sten Parallele ist wesentlich davon abhängig, ob das Werk Nr. VI eine freie Uebersicht über den südlichen Abhang hat oder nicht. Der ungünstigste Fall, daß das Werk Nr. VI den Angriff auf die Front I bis III wirksam flankirt, ist den nachstehenden Vorschlägen zu Grunde gelegt. Die 1ste Parallele müßte deshalb bis über die Chaussee ausgedehnt werden, und erlangt dieselbe hierdurch eine Ausdehnung von etwa 1500 Schritt (1200 m). Die 2te Parallele würde auf die Hälfte der Entfernung der 1sten Parallele von den Werken anzulegen sein und eine solche Ausdehnung erhalten müssen, daß mindestens das Werk V noch vollständig umfaßt ist.

3. Zahl, Armirung und Lage der Belagerungs-Batterien.

Um das feindliche Artilleriefeuer mit Ueberlegenheit bekämpfen zu können, ist die Anlage je einer Demontir- und Wurf-Batterie für jedes der angegriffenen Werke sowohl, als auch für jedes der

Kollateralwerke für nothwendig erachtet worden. Gegen das Werk Nr. VI sind sogar zwei Wurf=Batterien in Ansatz gebracht, weil dies das Kernwerk der ganzen Position ist, und bei seiner hohen Lage das Wurffeuer die meiste Wirkung verspricht.

Außerdem wird die ganze Position, wie schon erwähnt, durch mehrere auf dem nördlichen Strande der Halbinsel Broacker zu er= bauende Batterien enfilirt.

Ein anderer Zweck dieser Batterien besteht darin, daß sie das Einlaufen von Kriegsschiffen in den Wenningbund möglichst verhindern sollen. Gelingt es der Flotte dennoch, in den Wenningbund einzu= laufen, so haben zwei auf dem nördlichen und nordöstlichen Strande zu erbauende Strand=Batterien die Aufgabe, sie wieder aus der Bucht zu vertreiben.

Zum Schutz der Parallele gegen Ausfälle sind in minimo drei Geschützemplacements erforderlich.

Was nun ferner die spezielle Armirung dieser Batterien betrifft, so ergiebt sich dieselbe aus der nebenstehenden Armirungs=Tabelle.

Es verbleiben somit der Feld=Artillerie behufs Einschließung der Verschanzung resp. zu anderweitigen Zwecken:

1 6pfündige Batterie,

2 12pfündige Batterien,

5 reitende Batterien,

während die zwei nicht zur Verwendung gekommenen 7pfündigen Haubitzen als Reserve=Geschütze in den Park eingestellt werden würden.

Sämmtliche Batterien, mit Ausnahme der Geschütz=Emplacements gegen Ausfälle, werden hinter der Parallele angelegt, die Wurf= Batterien unmittelbar hinter der 1sten Parallele auf 800 bis 1000 Schritt (640 bis 800 m), die übrigen Batterien ganz unab= hängig von der Parallele und nur durch gedeckte Kommunikationen mit den rückwärtigen Cheminements verbunden. Mit Benutzung der event. vorhandenen Terrainerhebungen werden die Demontir= Batterien möglichst auf 1200 Schritt (960 m), die als Rikochett= Batterien bezeichneten Batterien 16 und 19 auf etwa 1600 Schritt (1280 m) angelegt. Von diesen letzteren Entfernungen würde nur

Armirungs-Tabelle.

Nr. der Batterien	Art der Batterien	Welche Werke 2c. von ihnen beschossen werden sollen	Armirung						Bemerkungen
			Kanonen				7pfdge Haubitzen	25pfdge Mörser	
			gezogene						
			24-Pfdr.	12-Pfdr.	6-Pfdr.	Kurze12-Pfdr.			
1	Enfilir = Batterie bei Gammelmark	Gegen die Schanzen, sowie gegen die Flotte	4	—	—	—	—	—	
2	=	=	4	—	—	—	—	—	
3	=	=	4	—	—	—	—	—	
4	Geschütz=Emplacement .	Gegen Ausfälle 2c.	—	—	—	4	—	—	
5	Wurf=Batterie	= Schanze Nr. I ...	—	—	—	—	3	3	
6	= = ...	= = Nr. II ..	—	—	—	—	3	3	
7	= = ...	= = Nr. III ..	—	—	—	—	3	3	
8	Geschütz=Emplacement .	= Ausfälle 2c.	—	—	—	4	—	—	
9	Wurf=Batterie	= Schanze Nr. IV ..	—	—	—	—	3	3	
10	= = ...	= = Nr. V ..	—	—	—	—	4	—	
11	= = ...	= = Nr. VI ..	—	—	—	—	—	4	
12	= = ...	= = Nr. VI ..	—	—	—	—	6	—	
13	Geschütz=Emplacement .	= Ausfälle 2c.	—	—	—	4	—	—	
14	Demontir=Batterie ...	= Schanze Nr. I ...	—	4	—	—	—	—	
15	= = ...	= = Nr. II ..	—	4	—	—	—	—	
16	Rikochett= und Demontir= Batterie	= Werk Nr. IV ...	4	—	—	—	—	—	
17	Demontir=Batterie ...	= Schanze Nr. III ..	—	4	—	—	—	—	
18	= = ...	= Werk Nr. V ...	—	4	—	—	—	—	
19	Rikochett= und Demontir= Batterie	= = Nr. VI ...	—	4	2	—	—	—	
20	Strand=Batterie	= die Flotte	—	4	—	—	—	—	
21	= = bei Steenbek	= = = ...	—	4	—	—	—	—	
		in Summe	12	16	18	12	22	16	

dann abzugehen sein, wenn die Schanzen von dort aus nicht durch direktes Feuer zu fassen wären. In diesem Falle müßten die qu. Batterien noch weiter zurück gelegt werden.

4. Anlage der verschiedenen Etablissements des Belagerungs-Parks.

A. Etablissements für die Artillerie.
(Belagerungs-Artillerie-Park.)

Um die Etablissements dem direkten feindlichen Feuer zu entziehen und nicht die Einsicht von den Schanzen aus zu gestatten, müssen dieselben mindestens 5000 Schritt (4000 m) von den Schanzen abliegen und möglichst durch vorliegende Höhen oder Gehölz gedeckt sein.

Da die Verschanzung von zwei Seiten angegriffen werden wird, so ist auch die Anlage von zwei Belagerungs-Parks für die Artillerie geboten, den einen auf der Halbinsel Broacker, um die Enfilir-Batterien mit dem erforderlichen Material zu versehen, den andern unmittelbar hinter dem Hauptangriff auf dem Sundewitt gelegen und für die übrigen Belagerungs-Batterien bestimmt. Der Park auf der Halbinsel Broacker ist nordöstlich von Dünth unmittelbar an der Straße nach Gaasberg anzulegen, der Belagerungs-Park auf dem Sundewitt dagegen auf dem Terrain zwischen Nübel und dem Nunkier Holz.

An Etablissements sind in beiden Parks überhaupt anzulegen:

    a. Geschütz-Parks,
    b. Munitions-Magazine, Haupt-Magazine und Zwischen-Depots,
    c. Laboratorien,
    d. Batterie-Baumaterialien- und Schanzzeug-Depots,
    e. Handwerksstätten und Materialienhütten,
    f. Pferdeställe und Baracken für die Mannschaft.

B. Belagerungs=Park für die Ingenieure.

Um den Belagerungs=Park möglichst vor dem feindlichen Feuer von den Schanzen sowie den einzeln auftretenden Schiffen im Wenningbunde zu schützen, wird die Etablirung desselben mit Rücksicht auf die gute Wirkung der bei Wenning zu erbauenden Batterie nördlich der Straße von Schmöl nach Wielhoi für zulässig erachtet. Das Depot wird aus dem Materialien= und dem Schanzzeug=Depot zu bestehen haben.

Bei der oben angenommenen Länge der 1sten Parallele von ppt. 1500 Schritt (1200 m) und der sich daraus ergebenden Länge der 2ten Parallele werden etwa an Materialien erforderlich:

1) 3 750 Bekleidungs=Faschinen,
2) 3 000 Krönungs=Faschinen,
3) 6 000 Sappenkörbe,
4) 500 Hurden,
5) 30 000 Sandsäcke.

Sollte indessen die Anlage einer 3ten Parallele nöthig werden, so würde ppt. ⅔ des obigen Bedarfs hinzuzufügen sein.

Die übersichtliche und hohe Lage der Schanzen dürfte ein freies Gesichtsfeld über das Vorterrain von 4000 bis 5000 Schritt (3200 bis 4000 m) gestatten.

Die Kommunikationen zur 1sten Parallele, deren Zahl vorläufig im Ganzen auf drei bemessen ist, müßten danach auch eine Länge von je 3000 bis 4000 Schritt (2400 bis 3200 m) erhalten.

Die Zahl der Kommunikationen von der 1sten zur 2ten Parallele ließe sich vielleicht auf zwei arbitriren. Am Tage der Eröffnung der 1sten Parallele würden zur Aushebung der Parallele und zur Herstellung von nur 2 Kommunikationen doch immer schon 4000 bis 5000 Mann erforderlich sein und das portative Schanzzeug der Pionier=Bataillone, sowie die Spaten in der Schanzzeug=Kolonne kaum ausreichen, da beide nur im Ganzen 4300 Spaten, ohne was inzwischen zerbrochen ist, zählen.

5. Taktische Aufeinanderfolge der Belagerungsarbeiten und Gefechte.

a. Anfertigung der Batterie-Baumaterialien.

Die Periode der Vorbereitungen hat bereits insofern begonnen, als sowohl von der Artillerie, wie den Ingenieuren die Anfertigung der Batterie-Baumaterialien vorgenommen wird. Die Materialien für den Bau der Parallelen können mit Aufbietung aller Kräfte nach einer überschläglichen Berechnung frühestens am 22sten d. Mts. fertig sein. Um die sämmtlichen Batterie-Baumaterialien für die Artillerie anzufertigen, wird es außer der bereits jetzt in den einzelnen Kantonnements stattfindenden Arbeit noch erforderlich, mindestens während 4 Tagen die Anfertigung in einem noch größeren Maßstabe vorzunehmen. Hiermit kann am 15ten d. Mts. begonnen werden, und würde es erforderlich sein, täglich für den Belagerungs-Park bei Nübelfeld 400 Mann Infanterie als Aushülfemannschaft zu gestellen. Außerdem wird auch noch beabsichtigt, auf der Halbinsel Broacker einen größeren Theil der Batterie-Baumaterialien anfertigen zu lassen.

b. Etablirung und Einrichtung der Belagerungs-Parks.

Um die Belagerungs-Parks zu etabliren und die einzelnen Etablissements einzurichten, ist mindestens ein Zeitraum von 8 Tagen erforderlich. Doch ist es nothwendig, um doppelte Transporte zu vermeiden, die Belagerungs-Parks sofort einzurichten. Wenn dies anerkannt wird, so ist es geboten, zum Schutz der Parks die Vorposten weiter gegen die Schanzen vorzuschieben und namentlich die Büffelkoppel und das Stenderuper Holz stark besetzt zu halten. Der späteste Zeitpunkt hierfür würde der 14te d. Mts. sein. Dann würde es mit Aufbietung aller Kräfte voraussichtlich, wenn namentlich der 2te Theil des Belagerungs-Trains hier rechtzeitig eingeht, wohl zu erreichen sein, die Etablirung der Parks bis zum 23sten d. Mts.

beendet zu haben, so daß in der Nacht vom 23ften zum 24ften d. Mts. die 1ſte Parallele eröffnet werden könnte.

c. Die Eröffnung der 1ſten Parallele.

Soweit die Rekognoszirungen ergeben haben, iſt die ungefähr 600 Schritt (480 m) vorwärts des Schnittpunktes der Sonderburger Chauſſee und des von Schmöl kommenden Weges gelegene Höhe von dem Feinde neuerdings durch aufgeworfene Schützengräben und ein Etabliſſement für Feldgeſchütze verſchanzt worden. Die Wegnahme dieſer Höhe iſt deshalb zunächſt erforderlich, weil von hier aus erſt eine nähere Rekognoszirung der Schanzen möglich iſt. Soll dieſe Höhe genommen und behauptet werden, so muß die Vorpoſtenlinie auch im Centrum und auf dem linken Flügel vorgeſchoben werden, und erſcheint es mindeſtens erforderlich, die Dörfer Rackebüll und Düppel in den dieſſeitigen Beſitz zu bekommen.

Um die Höhe zu halten, würde es ſich empfehlen, die vor= handenen Bruſtwehren der Schützengräben nach vorwärts zu benutzen und ſich rückwärts ppt. 2 bis 3 Fuß tief einzuſchneiden. — Für eine genaue Rekognoszirung der Werke iſt ein Zeitraum von 3 Tagen unbedingt erforderlich, ſelbſtredend den letzten Tag für das Abſtecken der Parallele und der Batterien gerechnet. Es müſſen daher die feindlichen Vorpoſten ſpäteſtens am 20ſten d. Mts. vollſtändig hinter die Schanzen zurückgeworfen ſein, wenn in der Nacht vom 23ſten zum 24ſten d. Mts. die Parallele eröffnet werden ſoll.

Das Abſtecken der Parallele und der Batterien würde am 23ſten d. Mts. mit Anbruch der Dunkelheit auszuführen ſein. Zum Schutz der dabei beſchäftigten Ingenieur= und Artillerie=Offiziere würde es erforderlich werden, daß mindeſtens bis 400 Schritt (320 m) von den Schanzen entfernt eine ſtarke Schützen=Chaine vorgeſchoben wird, die die Aufgabe hat, die feindlichen Geſchützbedienungen ſowohl, wie die auf den Werken und vorwärts derſelben aufgeſtellte Infanterie zu beſchießen. Da dieſe Schützen=Chaine ſelbſtredend außerordentlich dem feindlichen Feuer ausgeſetzt ſein wird, iſt es erforderlich, daß ſich die Schützen einzeln eingraben, vielleicht in Gruben zu je 8 bis

10 Mann. Dies wird sich aber andererseits nur bei Nacht aus=
führen lassen, wenn man sich nicht außerordentlichen Verlusten aus=
setzen will. Es dürfte deshalb hieraus zu folgern sein, daß das
Vorterrain der Schanzen bereits in der Nacht vom 22sten zum
23sten d. Mts. bis auf 400 Schritt (320 m) von den Schanzen
gewonnen sein müßte.

Die Ablösung der Schützen kann gleichfalls nur des Nachts
geschehen. Die Schützen müssen mithin ihren Proviant auf mindestens
12 Stunden bei sich haben.

Unter dem Schutze dieser vorgeschobenen Schützen=Chaine würden
sodann am 23sten d. Mts. die Batterie=Depots und die Depots für
den Parallelenbau angelegt und Plätze hierzu möglichst so ausgewählt
werden, daß die verschiedenen Depots nicht direkt von den Schanzen
aus beschossen werden können. Außerdem müssen an diesem Tage
noch die Wege gebessert und mehrere Kolonnenwege angelegt werden.

Unter der Voraussetzung, daß diese Vorbereitungs=Maßregeln
bis zum 23sten d. Mts. wirklich glücklich beendet sind, so beginnt
mit Anbruch der Dunkelheit der Bau der Parallele und der
Batterien.

In der ersten Nacht soll gleichzeitig gebaut werden:

Die ganze 1ste Parallele mit sämmtlichen rückwärtigen Kom=
munikationen und die drei Geschütz=Emplacements gegen Ausfälle
(durch die Ingenieure), die Rikochett= und Demontir=Batterien gegen
Werk IV und VI (Batterien 16 und 19), die Wurf=Batterien gegen
die Werke II, IV, V und VI (Batterien 6, 9, 10, 11 und 12) und
die Strand=Batterie Nr. 20.

Es wird hierbei vorausgesetzt, daß die Werke I und III durch
die bereits inzwischen erbauten Enfilir=Batterien dermaßen in Schach
gehalten werden, daß von hier aus keine bedeutende Feuerwirkung
mehr zu erwarten steht. Es muß mit Aufbietung aller Kräfte dahin
gestrebt werden, den Bau und die Armirung der vorgenannten
Batterien in der ersten Nacht zu vollenden, damit am Morgen
des 24sten März das Feuer aus allen diesen Batterien eröffnet
werden kann.

Wird angenommen, daß es mit Aufbietung aller Kräfte möglich ist, den Bau der genannten Batterien bis zum Morgen des 24sten März zu vollenden, dieselben zu armiren und mit der nöthigen Munition zu versehen, so würde während dieses Tages unaufhörlich das Feuer gegen die Schanzen I bis VI unterhalten werden.

Des Nachts feuern nur die Wurf=Batterien, und wenn durch Leuchtkugeln oder Leuchtraketen entdeckt ist, daß in den Schanzen ge= arbeitet wird, auch die 12=Pfünder der Geschütz=Emplacements mit Shrapnels.

In der Nacht vom 24sten zum 25sten März würde sodann der Bau der übrigen Batterien vorgenommen werden, und zwar der Wurf=Batterien gegen die Werke I und III (Batterien 5 und 7) und der Demontir=Batterien gegen die Werke I, II, III und IV (Batterien 14, 15, 17 und 18), nachdem zuvor während des 24sten März die Arrangirung der erforderlichen Batterie=Depots stattgefunden hat.

Wahrscheinlich wird ein Theil der Demontir=Batterien als Horizontal=Batterien erbaut werden müssen, um über die Parallele hinwegfeuern zu können. Es müssen daher für die Vollendung dieser Batterien zwei Nächte gerechnet werden, und würde die Armirung dieser Batterien gleichfalls erst in der Nacht vom 25sten zum 26sten März ausgeführt werden können, so daß aller Voraussicht nach das Feuer aus sämmtlichen projektirten Batterien erst am Morgen des 26sten März eröffnet werden kann.

Wird alsdann das Feuer aus sämmtlichen Geschützen vom 26sten zum 27sten März, die Wurf=Batterien Tag und Nacht, fortgesetzt, so steht zu erwarten, daß die Ueberlegenheit des diesseitigen Feuers über das der feindlichen Schanzen bald erlangt sein wird, so daß in der Nacht vom 27sten zum 28sten März wahrscheinlich mit der Er= bauung der 2ten Parallele vorgegangen werden kann, womit gleich= zeitig die rückwärtigen Kommunikationen zur 1sten Parallele erbaut werden würden.

Der 28ste März ist sodann noch erforderlich, um den Bau der 2ten Parallele und der rückwärtigen Kommunikationen zu vollenden. An diesem Tage und in der darauf folgenden Nacht wird das

Artilleriefeuer aus sämmtlichen Geschützen fortgesetzt und dasselbe mit solcher Heftigkeit unterhalten, daß die Besatzungen der Schanzen gezwungen werden, die Unterkunfsräume in den Schanzen aufzusuchen, event. sie bis auf die Besatzung der Blockhäuser, wenn diese noch nicht durch das diesseitige Feuer zerstört sein sollten, ganz zu verlassen. Erscheint auf diese Weise der Sturm genügend vorbereitet, so erfolgt derselbe am 29sten März entweder gegen Tagesanbruch oder am Morgen des 29sten März. Sobald gestürmt werden soll, richten die vier gezogenen 24=Pfünder, welche in der Batterie Nr. 1 stehen, ihr Feuer gegen Sonderburg und schießen dasselbe an so viel Stellen wie möglich mit Brand=Geschossen in Brand.

Welche Schanzen gleichzeitig gestürmt werden können, hängt allein von der Hartnäckigkeit der Vertheidigung ab.

Stellt sich im Laufe der Belagerung heraus, daß die Artillerie der Schanzen I bis III vollständig zum Schweigen gebracht, dagegen es nicht gelungen ist, vollständig Herr über das Feuer der Schanzen IV und VI zu werden, so würden die gegen diese Schanzen erbauten Batterien noch durch Geschütze der gegen die Werke I bis III erbauten Batterien verstärkt werden können.

Eine derartige anderweitige Verwendung der Geschütze muß deshalb ausdrücklich vorbehalten werden.

6. Maßregeln zum Schutz der Angriffs- und Belagerungsarbeiten.

Es müssen sowohl die Angriffs= und Belagerungsarbeiten direkt, als auch gegen Umgehungen in der linken Flanke und gegen Landungen auf Broacker geschützt werden.

Den unmittelbaren Schutz gewähren die Tranchee=Wachen, die nach Ansicht der Unterzeichneten bei der angenommenen Länge der 1sten Parallele von 1500 Schritt (1200 m) mindestens 6 Bataillone stark sein müssen.

Was den Schutz der Belagerungsarbeiten gegen eine Umgehung in der linken Flanke betrifft, so dürfte derselbe am einfachsten dadurch zu erreichen sein, daß die Dörfer Düppel, Rackebüll und Stabegaard vertheidigungsfähig eingerichtet würden und der Schutz der linken Flanke der Parallele täglich einer Infanterie-Brigade übertragen würde.

Sollten diese vorgenannten Dörfer von den Schanzen aus in Brand geschossen und eine Räumung derselben nothwendig werden, so würde es erforderlich sein, den linken Flügel der diesseitigen Stellung durch zwei oder drei Feldwerke zu schützen.

Um eine Unternehmung des Feindes gegen die Enfilir-Batterien zu verhindern, müssen jene Batterien eine starke Infanterie-Bedeckung erhalten, die in unmittelbarer Nähe kantonnirt. Wenn die Batterien ferner in ihrer Kehle mit Pallisaden geschlossen werden, um sich gegen einen Handstreich zu sichern, so erscheint ihre an sich exponirte Lage genügend gesichert.

Der ganze Strand der Halbinsel Broacker muß jedoch durch Patrouillen resp. Kavallerie-Vedetten überall Tag und Nacht bewacht werden.

C. Q. Gravenstein, den 14ten März 1864.

(gez.) Colomier, Oberst und Brigadier.

(gez.) v. Kriegsheim, Oberst-Lieutenant und 1ster Ingenieur-Offizier.

Anlage Nr. 43.

Verlustliste des I. Korps für den 14ten März.

Vorpostengefecht vor Düppel.

Armee-Korps 2c.	Stäbe und Truppentheile.	Todt oder in Folge der Verwundung gestorben.			Verwundet.			Vermißt.			Summe.		
		Offiziere und Offizierdiensttfuende.	Mannschaften.	Pferde.	Offiziere und Offizierdiensttfuende.	Mannschaften.	Pferde.	Offiziere und Offizierdiensttfuende.	Mannschaften.	Pferde.	Offiziere und Offizierdiensttfuende.	Mannschaften.	Pferde.
I.	Stab der 12ten Inf. Brigade	—	—	—	—	—	1	—	—	—	—	—	1
	4tes Brandenb. Inf. Regt. Nr. 24	1	2	—	1	12	—	—	2	—	2	16	—
	8tes Brandenb. Inf. Regt. Nr. 64	—	—	—	—	2	—	—	—	—	—	2	—
	Summe	1	2	—	1	14	1	—	2	—	2	18	1

Namentliches Verzeichniß.

Stäbe und Truppentheile	Todt oder in Folge der Verwundung gestorben.	Verwundet.
4tes Brandenburgisches Infanterie-Regiment Nr. 24	Sec.-Lt. Troschel.	Hauptm. Ballhorn.

Verlustliste des I. Korps für den 17ten März.

Gefecht bei Rackebüll—Düppel.

Armee-Korps &c.	Stäbe und Truppentheile.	Todt oder in Folge der Verwundung gestorben.			Verwundet.			Vermißt.			Summe.		
		Offiziere und Offizierdienst-thuende.	Mannschaften.	Pferde.	Offiziere und Offizierdienst-thuende.	Mannschaften.	Pferde.	Offiziere und Offizierdienst-thuende.	Mannschaften.	Pferde.	Offiziere und Offizierdienst-thuende.	Mannschaften.	Pferde.
	6te Division.												
	7tes Brandenb. Inf. Regt. Nr. 60	—	4	—	1	7	—	—	—	—	1	11	—
	4tes Brandenb. Inf. Regt. Nr. 24	—	—	—	—	7 (darunter 1 Unterarzt)	—	—	—	—	—	7 (darunter 1 Unterarzt)	—
	8tes Brandenb. Inf. Regt. Nr. 64	1	13	—	4	35	—	—	—	—	5	48	—
	Brandenb. Jäger-Bat. Nr. 3	—	3	—	—	6	—	—	—	—	—	9	—
	Summe	1	20	—	5	55 (darunter 1 Unterarzt)	—	—	—	—	6	75 (darunter 1 Unterarzt)	—
	13te Division.												
	2tes Westfäl. Inf. Regt. Nr. 15	—	2	—	4	16	—	—	—	—	4	18	—
	6tes Westfäl. Inf. Regt. Nr. 55	2	8	—	4	21	—	—	—	—	6	29	—
	Summe	2	10	—	8	37	—	—	—	—	10	47	—
	Gesammtverlust des I. Korps	3	30	—	13	92 (darunter 1 Unterarzt)	—	—	—	—	16	122 (darunter 1 Unterarzt)	—

Namentliches Verzeichniß

(für den 17ten März — Gefecht bei Rackebüll—Düppel).

Stäbe und Truppentheile.	Todt oder in Folge der Verwundung gestorben.	Verwundet.
7tes Brandenburgisches Infanterie-Regiment Nr. 60	. . . .	Oberst-Lt. v. Hartmann.
8tes Brandenburgisches Infanterie-Regiment Nr. 64	Prem.-Lt. v. Gerhardt.	Major Hüner v. Wostrowski. Sec.-Lt. Thiele. = Hellwig I. = Liemann.
2tes Westfälisches Infanterie-Regiment Nr. 15	. . . .	Hauptm. von der Reck. = von der Schulenburg. = v. Kawczynski. Vizefeldw. Wolfers.
6tes Westfälisches Infanterie-Regiment Nr. 55	Sec.-Lt. Hölscher. Port.-Fähnr. Scheringer.	Hauptm. v. Bosse. Prem.-Lt. v. Saniß. Sec.-Lt. Ranzow. = v. Studniß.

Ordre de bataille
der kombinirten 10ten Infanterie-Brigade.

Kommandeur: General-Major v. Raven.
Adjutant: Prem.-Lieutenant v. d. Knesebeck, vom 5ten Pommerschen Inf.-Regt. Nr. 42.

| 1stes Posensches Infanterie-Regiment
Nr. 18.
Oberst v. Kettler. | Leib-Grenadier-Regiment (1stes Brandenburg.)
Nr. 8.*)
Oberst v. Berger. |

1ste und 2te Eskadron Brandenburgischen Husaren-Regiments (Ziet. Hus.) Nr. 3.

3te 12pfdge Batt. Art.-Brig. Nr. 3.**) 　　　 2te Haubitz-Batt. Art.-Brig. Nr. 3.**)

Leichtes Feld-Lazareth der 6ten Division.

---

*) Dem Regiment fehlten noch die Reserven — 366 Mann —, da es am Tage nach dem Eintreffen des Mobilmachungsbefehls ausgerückt war. Dieselben trafen erst am 24sten März ein
**) Bisher bei der 12ten Brigade.

Anlage Nr. 46.

Bericht

des General-Lieutenants Freiherrn v. Moltke über die
Ausführung eines Ueberganges nach Alsen.

Für eine Landung auf Alsen ist die Hauptrücksicht, nicht nur
den Sturm auf die Düppelstellung zu erleichtern oder zu umgehen,
sondern es handelt sich dabei geradezu um die Vernichtung des
Dänischen Heeres, wenn man den Uebergang überhaupt bewirken und
in ausreichender Stärke zu Stande bringen kann.

Dazu aber ist die Mitwirkung der Flotte, eventuell selbst nur
der Kanonenboote, von äußerster Wichtigkeit.

Das Erscheinen derselben in der Alsener Föhrde bei Ballegaard
hängt nun allerdings von Wind und Wetter, von zufälliger Be-
gegnung mit dem Feinde, kurz vom Glück ab, aber die Truppen vor
Düppel stehen so konzentrirt, daß es nur der telegraphischen Benachrichtigung von dem Auslaufen der Flotte bedarf, um während der 24
bis 36 Stunden bis zu ihrem Eintreffen alle schon eingeleiteten
Vorkehrungen zu beenden und unverweilt zur Einschiffung zu schreiten.
Träfe die Flotte nicht ein, so würde die Land-Armee ihre Unternehmungen deshalb nicht aufgeben, aber freilich dann auf ihre eigenen
Hülfsmittel beschränkt bleiben.

Der Beistand der Schiffe für den Transport wird für die
Dauer von etwa sechs Stunden in Anspruch genommen. Zu ihrer
Sicherung können 36 Geschütze am westlichen Ufer aufgestellt werden.

Die Absendung eines Marine-Offiziers in das Hauptquartier
Seiner Königlichen Hoheit des Prinzen Friedrich Karl erscheint
wünschenswerth.

Unter welchen Umständen das Auftreten unserer Schiffe in der
Alsener Föhrde angänglich und welche Maßregeln dafür zu ergreifen
sein werden, dürfte lediglich der Beurtheilung des Marine-Ober-
Kommandos zu überlassen sein, welchem nicht sowohl der Befehl, als

die Ermächtigung zu dieser Unternehmung zu ertheilen wäre. Auch die Zeit der Ausführung kann nicht vorgeschrieben, wohl aber darauf hingewiesen werden, daß die Verhältnisse vor Düppel zu einer nahen Entscheidung drängen, daß dort voraussichtlich noch im Laufe dieses Monats die Würfel fallen werden, und daß daher eine Mitwirkung der Flotte, wenn sie überhaupt angänglich ist, in die bezeichnete Frist fallen müßte.

Ueber das wirklich stattfindende Auslaufen der Flotte wäre seiner Zeit unverzüglich Mittheilung an Seine Majestät den König und das Marine=Ministerium zu machen, ebenso, wenn dem= nächst dieselbe an der Ausführung ihres Auftrages behindert würde.

Berlin, den 24sten März 1864.

gez. Frhr. v. Moltke,
General=Lieutenant
und Chef des Generalstabes der Armee.

Verlustliste des I. Korps für den 28sten März.
Gefecht bei Düppel.

Armee-Korps 2c.	Stäbe und Truppentheile.	Todt oder infolge der Verwundung gestorben.			Verwundet.			Vermißt.			Summe.		
		Offiziere und Militärdienst-thuende.	Mannschaften.	Pferde.	Offiziere und Militärdienst-thuende.	Mannschaften.	Pferde.	Offiziere und Militärdienst-thuende.	Mannschaften.	Pferde.	Offiziere und Militärdienst-thuende.	Mannschaften.	Pferde.
	1stes Westfäl. Inf. Regt. Nr. 13	—	1	—	—	3	—	—	—	—	—	4	—
	Leib-Gren. Regt. (1stes Brandenb.) Nr. 8	1	12	—	5	71*)	—	—	—	—	6	83	—
	1stes Posen. Inf. Regt. Nr. 18	—	11	—	5	51	—	1	27	—	6	89	—
	Summe	1	24	—	10	125	—	1	27	—	12	176	—

Namentliches Verzeichniß.

Stäbe und Truppentheile.	Todt oder in Folge der Verwundung gestorben.	Verwundet.
Leib-Grenadier-Regiment (1stes Brandenburg.) Nr. 8	Prem.-Lt. v. Eckardstein.	Oberst-Lt. v. Greiffenberg. Prem.-Lt. v. Jasmund. Set.-Lt. Frhr. v. Seckendorff. = Bescherer. = v. Dömming. (Prem.-Lt. v. Jasmund, Set. Lt. Frhr. v. Seckendorff, v. Dömming geriethen in Feindes Hand.)
1stes Posensches Infanterie-Regiment Nr. 18	....	Hauptm. v. Treskow. = Schultze. Set.-Lt. Wolff. = Frhr v. Richthofen. Vizefeldw. Krause. Set.-Lt. Rasper, welcher durch eine in seiner Nähe zersprungene Granate besinnungslos geworden war, gerieth in Feindes Hand.

*) Unter den Verwundeten befinden sich 3 Offiziere und 2 Mann, welche in Feindes Hand geriethen.

Ordre de bataille
der kombinirten Garde-Division
am 27sten März.

Kommandeur: General-Lieutenant v. d. Mülbe.

Garde-Grenadier-Brigade.
Kommandeur: Oberst v. Bentheim.

3tes Garde-Grenadier-Regt. Königin Elisabeth.
Oberst v. Winterfeld.
II. I.

4tes Garde-Grenadier-Regt. Königin.
Oberst-Lieutenant v. d. Osten.
F. II. I.

Garde-Infanterie-Brigade.
Kommandeur: General-Major v. d. Goltz.

3tes Garde-Regiment z. F.
Oberst v. d. Gröben.
II. I.

4tes Garde-Regiment z. F.
Oberst v. Korth.
II. I.

3te 6pfdge Garde-Batt.

4pfdge Garde-Batt.

1ste 6pfdge Batt. Art.-Brig. Nr. 3.

1ste und 2te Munitions-Kolonne Artillerie-Brigade Nr. 3.

1 schweres, 1 leichtes Feld-Lazareth.

Anlage Nr. 49.

Verlustliste
für das Seegefecht bei Jasmund am 17ten März.

Schiffe.	Todt.		Verwundet.	
	Offiziere.	Mannschaften.	Offiziere.	Mannschaften.
„Arcona"	—	3	1*)	2
„Nymphe"	—	2	—	4
„Loreley"	—	—	—	1**)
Zusammen	—	5	1	7

*) Kapitän-Lieutenant Berger.
**) Der Lootse, welcher später an dieser Verwundung starb.

Uebersicht

der vor Düppel angelegten Preußischen Batterien nebst
Angabe über Besetzung, Ausrüstung u. s. w.

Batterie	Art der Batterie bei Beginn ihrer Thätigkeit	Ausrüstung — bei Beginn der Thätigkeit — Geschützzahl	Kaliber	am 2. April Geschützzahl	Kaliber	am 7. April Geschützzahl	Kaliber	am 13. April Geschützzahl	Kaliber	Erbaut in der Nacht	durch die	ausgerüstet am	Besetzt durch
Nr. 1	Strand- und Enfilir-	4	gez. 24-Pfdr.	2	gez. 24-Pfdr.	4	gez. 24-Pfdr.	4	gez. 24-Pfdr.	14. zum 15. März	8te Fest. Komp. A. B. 7	15./3.	8te Fest. Komp. A. B. 7
= 2	=	4	=	2	=	4	=	4	=	10. z. 11. u. 11.3.-12. März	2te Fest. Komp. A. B. 4	13./3.	= (vom 15. bis 28./3. 2te Fest. Komp. A. B. 4)
= 3	=	6	gez. 6-Pfdr.	2	gez. 12-Pfdr.	2	gez. 12-Pfdr.			=	3te 6pfdge Batt. A. B. 3	13./3.	3te 6pfdge Batt. vom 13. bis 25./3. Von da ab 8te Fest. Komp. A. B. 7
= 4	=	2	gez. 12-Pfdr.	2	=	2	=	4	gez. 12-Pfdr.	18. zum 19. März	2te Fest. Komp. A. B. 4	19./3.	2te Fest. Komp. A. B. 4 bis 9./4.
= 5	Strand- und Demontir-	4	=	4	=	4	=	2	=	19. zum 20. März	3te Fest. Komp. A. B. 3	20./3.	Vom 20./3. bis 31./3. 3te Fest. Komp. 1./4. bis 6./4. 3te Fest. Komp. A. B. 7 7./4. bis 18./4. 3te Fest. Komp. A. B. 3
= 6	Wurf-	4	7pfdge Haub.	4	7pfdge Haub.	4	7pfdge Haub.	4	7pfdge Haub.	31. März z. 1. April	1ste Haubitz-Batt. A. B. 7	2./4.	1ste Haubitz-Batt. A. B. 7
= 7	=	4	=			4	=	4	=			2./4.	=
= 8	Indirekte	6	gl. 12-Pfdr.	6	gl. 12-Pfdr.	6	gl. 12-Pfdr.	6	gl. 12-Pfdr.	=	2te 12pfdge Batt. A. B. 3	2./4.	2te 12pfdge Batt. A. B. 3
= 9	=	6	=	6	=	4 2	gz.12-Pf. gz. 6-Pf.	4 2	gz.12-Pf. gz. 6-Pf.	=	4te 12pfdge Batt. A. B. 7	2./4.	Bis 6./4. 4te 12pfdge Batt. Vom 7./4. 3te Fest. Komp. A. B. 3 und 2te 6pfdge Batt. A. B. 3
= 10	Wurf-	4	7pfdge Haub.	4	7pfdge Haub.	6	gez. 12-Pfdr.	6	gez. 12-Pfdr.	=	2te Haubitz-Batt. A. B. 3	2./4.	Bis 6./4. 2te Haubitz-Batt. Vom 7./4. 1ste Gd. Fest. Komp.
= 11	Indirekte	6	gl. 12-Pfdr.	6	gl. 12-Pfdr.	4	=	4	=	=	3te 12pfdge Batt. A. B. 3	2./4.	Bis 6./4. 3te 12pfdge Batt. Vom 7./4. 1ste Gd. Fest. Komp.
= 12	Wurf-	4	7pfdge Haub.	4	7pfdge Haub.	4	7pfdge Haub.	4	7pfdge Haub.	=	2te Haubitz-Batt. A. B. 3	2./4.	2te Haubitz-Batt. A. B. 3
= 13	Enfilir-	4	gez. 6-Pfdr.	6	gez. 6-Pfdr.	6	gez. 6-Pfdr.	6	gez. 6-Pfdr.	=	1ste 6pfdge Batt. A. B. 7	2./4.	1ste 6pfdge Batterie A. B. 7
= 14	Demontir-	4	=			4	=			6. zum 7. April	2te 6pfdge Batt. A. B. 3	7./4.	2te 6pfdge Batt. 3 Brig. 3
= 15	Strand- und Demontir-	4	gez. 24-Pfdr.			4	gez. 24-Pfdr.	2	gez. 24-Pfdr.	=	4te Fest. Komp. A. B. 7	7./4.	Detachement der 4ten Fest. Komp. A. B. 7
Geschützst. neben Nr. 3	Geschützst.	6	gez. 6-Pfdr.					6	gez. 6-Pfdr.	15. zum 16. März f. 4 Gesch.	3te 6pfdge Batt. A. B. 3	8./4.	3te 6pfdge Batt. A. B. 3
Nr. 16	=	2	gl. 12-Pfdr.					2	gl. 12-Pfdr.	=	Von den Pionieren beim Bau der Parall.	9./4.	4te 12pfdge Batt. A. B. 7
= 17	=	4	=					4	=	=	=	9./4.	=
= 18	Wurf-	4	25pfdge Mörser					4	25pfdge Mörser	8. zum 9. April	gemischtes Kommando	10./4.	3te Fest. Komp. A. B. 3
= 19	=	4	=					4	=	=	gemischtes Kommando	10./4.	Am 10., 17. u. 18./4. 3te Fest. Komp. A. B. 3 Vom 11. bis 16./4. 2te Fest. Komp. A. B. 4
= 20	=	4	=					4	=	=	Kommando	10./4.	1ste Gd. Fest. Komp.
= 21	=	4	=					4	=			10./4.	
= 22	Enfilir-	4	gez. 6-Pfdr.					4	gez. 6-Pfdr.	7. zum 8. April	1ste 6pfdge Batt. A. B. 3	13./4.	1ste 6pfdge Batt. A. B. 3
= 23	Demontir-	4	gez. 24-Pfdr.					4	gez. 24-Pfdr.	11. zum 12. April	Kombinirtes Kommando	13./4.	2te Gd. Fest. Komp.
= 24	=	4	gez. 12-Pfdr.					4	gez. 12-Pfdr.	=	=	13./4.	
= 25	Strand-	4	=					4	=	=	3te Fest. Komp. A. B. 8	13./4.	3te Fest. Komp. A. B. 8
= 26	=	4	=					4	=	=	=	13./4.	
= 27	=	4	gez. 24-Pfdr.					4	gez. 24-Pfdr.	=	2te Garde-Fest. Komp.	13./4.	2te Gd. Fest. Komp. und 3te Fest. Komp. A. B. 8
= 28	Strand- und Demontir-	2 2	gz.24-Pf. gz.12-Pf.					2 2	gz.24-Pf. gz.12-Pf.	12. zum 13. April	2te Fest. Komp. A. B. 4	13./4.	Am 13. u. 14. 2te Fest. Komp. A. B. 4 = 15. 4te Fest. Komp. A. B. 7 Vom 16. bis 18. 2te Fest. Komp. A. B. 4
= 29	Strand-	4	gez. 6-Pfdr.					4	gez. 6-Pfdr.	=	4te 6pfdge Batt. A. B. 3	13./4.	4te 6pfdge Batt. A. B. 3
= 30	Geschützst.	4	gl. 12-Pfdr.							14. zum 15. April	Durch die Pioniere mit d. 3ten Parallele	18./4.	4te 12pfdge Batt. A. B. 7
= 31	Strand-	2	gez. 24-Pfdr.							16. zum 17. April	4te Fest. Komp. A. B. 7	17./4.	4te Fest. Komp. A. B. 7
= 32	Wurf-	4	7pfdge Haub.							=	1ste Haubitz-Batt. A. B. 7	17./4.	1 Haubitz-Batt. A. B. 7
= 33	=	4	=							=	=	17./4.	=
Geschützst. südl. Oster-Düppel	Geschützst.	6	gl. 12-Pfdr.							17. zum 18. April	2 12pfdge Batt. A. B. 3	18./4.	2te 12pfdge Batt. A. B. 3

Tabelle „In Thätigkeit" (Beschießung der Düppeler Schanzen).

In Thätigkeit																		Hauptsächlichste Ziele	Entfernung Meter	Schußzahl Gr.	Schr.	Bemerkungen	Ziele am 18ten April
15ten März bis 1ten April	2ten April	3ten	4ten	5ten	6ten	7ten	8ten	9ten	10ten	11ten	12ten	13ten	14ten	15ten	16ten	17ten	18ten						
•	•	•	•	•	•	•	•	•	•	•	•	•	•	•	•	•	•	Schanzen I—IV Sonderburg	2400—4560	2588			Schanzen I bis IV, Laufgräben und Schiffe
•	•	•	•	•	•	•	•	•	•	•	•	•	•	•	•	•	•	Schanzen I—IV Verbindungsgräben	2240—3200	2586			Schanzen I bis IV, Laufgräben und Schiffe.
•	•	•	•	•	•	•	•	•										Schanze II, III, V	2240—3200	635		In der Nacht v. 9.z.10. Apr. wurde d.B.abger.	
•	•	•	•	•	•	•	•	•	•	•	•	•	•	•	•	•	•	" II—V	2400—3200	2618			Schanzen I bis IV, Laufgräben und Schiffe
•	•	•	•	•	•	•	•	•	•	•	•	•	•	•	•	•	•	" I u. Schiffe	2580	1119		Am 21./3. abgerüstet " 29./3. neu ausgerüstet	Schiffe. Schoß nicht.
•	•	•	•	•	•	•	•	•	•	•	•	•	•	•	•			" I u. II	1060—1200	3769		In der Nacht v. 16.z. 17. April abgerüstet u. hierfür Batt. 32 u. 33 ausgerüstet	
•	•	•	•	•	•	•	•	•	•	•	•	•	•	•	•			" II, III u. IV	1070—1230	3769			
•	•	•	•	•	•	•	•	•	•	•	•	•	•	•	•			" II u. III	1065—1100	4716	2	In der Nacht v. 16. z. 17. April abgerüstet	
•	•	•	•	•	•	•	•	•	•	•	•	•	•	•	•	•	•	" IV u. V	1040—1210	5615	247	In der Nacht v. 6. z. 7. Apr. für gez. Geschütze einger. u. neu ausger.	Schanzen IV und V.
•	•	•	•	•	•	•	•	•	•	•	•	•	•	•	•	•	•	" V u. VI	1065—1185	3777	114	"	Schanzen V und VI.
•	•	•	•	•	•	•	•	•	•	•	•	•	•	•	•	•	•	" VI u. VIII	1320—1560	4542	86	"	Schanzen VI, VIII und IX.
		•	•	•	•	•	•	•	•	•	•	•	•	•				" V u. VI	1145—1200	2804		In der Nacht v. 15. z. 16. April abgerüstet	
				•	•	•	•	•	•	•	•	•	•	•	•	•	•	Sch. VI—VIII u. Gelände bezw. sowie rückwärts	1100—1740	5794	297		Schanzen VII und VIII.
					•	•	•	•	•	•	•	•	•	•	•	•	•	Schanzen III u. IV u. Zwischengelände	1080—1240	2767	297		Schanzen III und IV und Zwischengelände.
							•	•	•	•	•	•	•	•	•	•	•	Schanzen I u. II Schiffe	2800—2880	504			Schiffe. Schoß nicht.
					•	•	•	•	•	•	•	•	•					Schanzen II—IV und 2. Linie	2240—3200	1702		7. zum 8. April für 6 Gesch. eing. 14. Apr. abgerüstet	
											•	•	•	•	•	•	•	Gegen Ausfälle und Arbeiter			309		Schanze I u. Gelände zwischen Schanzen I und II.
											•	•	•	•	•	•		"		119		In der Nacht v. 17. z. 18. April abgerüstet	
										•	•	•	•	•	•	•	•	Schanze III	800				Schanzen II u. III u. Gelände zwischen u. hinter denselben.
										•	•	•	•	•	•	•	•	" IV	990				Laufgräben und Gelände zwischen und hinter Schanzen III und IV.
										•	•	•	•	•	•	•	•	" V	800	8124			Schanze IV u. Gelände zwischen u. hinter Schanzen IV u. V.
										•	•	•	•	•	•	•	•	" VI	780				Schanzen VI u. VII u. Gelände zwischen u. hinter Schanzen V u. VI.
												•	•	•	•	•	•	Schanzen VIII u. IX u. Zwischengelände	1400—1840	1710			Schanze IX u. Truppen, wenn sich solche zwischen Schanzen IX u. X zeigen.
												•	•	•	•	•	•	Schanzen IX u. X, Sonderburg, Brücke und Verbindungsgräben	1520—1680	1233		Am 17. April wurde 1 24-Pfdr. unbrauchb. u. durch 1 12-Pfdr. ersetzt	Schanzen IX und X, Gelände zwischen u. hinter denselben event. Batterien auf Alsen.
													•	•	•	•	•		1280—1320	1089			Schanzen IX und X, Gelände zwischen u. hinter denselben event. Batterien auf Alsen.
													•	•	•	•	•	Batterien auf Alsen und Flotte im Alsen Sund	1230		22		Batterien auf Alsen, vorzugsweise die große Flanken-Batt. nördlich Sonderburg
													•	•	•	•	•			1147	20		Batterien auf Alsen, vorzugsweise die große Flanken-Batt. nördlich Sonderburg.
														•	•	•	•			146			Werke auf Alsen, event. Schiffe im Alsen Sunde.
													•	•	•	•	•	Schanzen I u. II und Schiffe	800—960	894			Schanzen I und II und Verbindungsgräben event. Schiffe im Wenningbunde.
														•	•	•	•	Batterien auf Alsen und Schiffe		61			Werke auf Alsen, event. Schiffe im Alsen Sunde.
																•		Gegen Ausfälle				In d. Nacht v.17./18.ausgr. m. d. Geschützen a. Batt.17	Gegen Ausfälle. Schoß nicht.
															•	•	•	Gegen Schiffe und Schanze I		111			Schanzen I u. II u. Verbindungsgräben event. Schiffe im Wenningbunde.
															•	•	•	Schanze V	480	867			Schanze IV, Verbindungsgräben und Geschützstände zwischen Schanzen IV u. V.
															•	•	•	" VI	600				Schanzen V, VI u. VII.
																•	•	" VII u. VIII	320	16			Schanzen VII u. VIII.
2	3	4	5	6	7	8	9	10	11	12	13	14	15	16	17	18		April		66356	1410		

Anlage Nr. 51.

Geschütz-Ausrüstung der Düppel-Stellung

am Morgen des 2ten April.

(Entnommen aus Schöller, „Kampf um die Düppel-Stellung", Seite 162; die Vertheilung der Geschütze auf die einzelnen Linien ist nicht zu ermitteln.)

Nummer der Schanze	36 pfdge Kanonen		24 pfdge Kanonen		12-Pfünder	84 pfdge Granat-Kanonen I.	84 pfdge Granat-Kanonen II.		24 pfdge Granat-Kanonen		12 pfdge Haubitzen	12 pfdge gez. Kanonen	4 pfdge gez. Kanonen	84 pfdge Mörser	24 pfdge Mörser	Summe	Bemerkungen
	hoch	tief	hoch	tief	tief	hoch	hoch	tief	hoch	tief	tief	tief	tief				
I.	1	1	—	—	—	—	—	—	—	4	—	—	—	—	—	6	„hoch" und „tief" bezieht sich auf die Laffetirung.
II.	—	—	—	—	3	—	—	1	—	—	—	3	1	—	—	8	
III.	—	—	—	—	2	—	—	—	—	2	—	—	—	—	3	7	
IV.	—	—	—	—	—	1	1	4	1	5	—	—	—	—	—	12	
V.	—	—	2	—	—	—	—	—	—	2	—	—	—	—	—	4	
VI.	—	—	2	—	4	1	—	3	—	—	—	2	—	—	3	15	
VII.	—	—	—	—	4	—	—	—	—	—	—	—	—	—	—	4	
VIII.	—	—	1	3	—	—	—	—	—	—	2	3	1	—	—	10	
IX.	—	—	—	—	—	1	1	3	—	3	—	—	—	2	—	10	
X.	—	—	—	4	—	—	—	—	—	—	3	—	—	—	—	7	
Summe	1	1	5	7	13	3	2	11	1	16	5	8	2	2	6	83	

Die in Anlage Nr. 23 gegebene Ausrüstung des Brückenkopfes und der Batterien auf Alsen scheint sich nicht geändert zu haben.

Verlustliste des I. Korps vor Düppel vom 5ten bis 18ten April Morgens.

Monat, Tag.	Stäbe und Truppentheile.	Todt oder in Folge der Verwundung gestorben.			Verwundet.			Vermißt.			Summe.		
		Offiziere und Offizierdiensttuende.	Mannschaften.	Pferde.	Offiziere und Offizierdiensttuende.	Mannschaften.	Pferde.	Offiziere und Offizierdiensttuende.	Mannschaften.	Pferde.	Offiziere und Offizierdiensttuende.	Mannschaften.	Pferde.
April													
5.	4tes Garde-Regt. z. F.	—	—	—	—	1	—	—	—	—	—	1	—
5.—6.	4tes Garde-Regt. z. F.	—	3	—	—	18	—	—	—	—	—	21	—
6.	4tes Garde-Regt. z. F.	—	1	—	—	3	—	—	—	—	—	4	—
	4tes Garde-Gren. Regt. Königin	—	—	—	—	3	—	—	—	—	—	3	—
	Leib-Gren. Regt. (1stes Brandenb.) Nr. 8 . .	—	—	—	—	2	—	—	—	—	—	2	—
	8te Mun. Kol. bei der 3ten 12pfdgen Fuß-Batt. Brandenb. Art. Brig. Nr. 3	—	—	—	—	1	—	—	—	—	—	1	—
	Westfäl. Pion. Bat. Nr. 7	—	1	—	—	2	—	—	—	—	—	3	—
7.	4tes Garde-Gren. Regt. Königin	—	—	—	—	3	—	—	—	—	—	3	—
7.—8.	3tes Garde-Gren. Regt. Königin Elisabeth . .	—	4	—	—	7	—	—	—	—	—	11	—
	Brandenb. Füs. Regt. Nr. 35	—	—	—	—	2	—	—	—	—	—	2	—
	7tes Brandenb. Inf. Regt. Nr. 60	—	—	—	—	2	—	—	—	—	—	2	—
8.	Brandenb. Füs. Regt. Nr. 35	—	—	—	—	3	—	—	—	—	—	3	—
	2te Haub. Batt. Brandenb. Art. Brig. Nr. 3	—	—	—	1	—	—	—	—	—	1	—	—
9.—10.	6tes Westfäl. Inf. Regt. Nr. 55	—	—	—	—	1	—	—	—	—	—	1	—
10.	2te 12pfdge Fuß-Batt. Brandenb. Art. Brig. Nr. 3	—	—	—	—	1	—	—	—	—	—	1	—
11.	Brandenb. Füs. Regt. Nr. 35	—	1	—	2	1	—	—	—	—	2	2	—
	Seite	—	10	—	3	50	—	—	—	—	3	60	—

Monat, Tag.	Stäbe und Truppentheile.	Todt oder in Folge der Verwundung gestorben.			Verwundet.			Vermißt.			Summe.		
		Offiziere und Offizierdienstthuende.	Mannschaften.	Pferde.	Offiziere und Offizierdienstthuende.	Mannschaften.	Pferde.	Offiziere und Offizierdienstthuende.	Mannschaften.	Pferde.	Offiziere und Offizierdienstthuende.	Mannschaften.	Pferde.
	Uebertrag . .	—	10	—	3	50	—	—	—	—	3	60	—
April 11.—12.	4tes Garde-Gren. Regt. Königin	—	—	—	—	2	—	—	—	—	—	2	—
	1stes Westfäl. Inf. Regt. Nr. 13	—	—	—	—	1	—	—	—	—	—	1	—
	4tes Brandenb. Inf. Regt. Nr. 24	—	1	—	—	2	—	—	—	—	—	3	—
12.	2tes Westfäl. Inf. Regt. Nr. 15	—	—	—	—	2	—	—	—	—	—	2	—
	8tes Brandenb. Inf. Regt. Nr. 64	—	1	—	—	1	—	—	—	—	—	2	—
	1ste Fest. Komp. der Garde-Art. Brig. . .	—	2	—	—	2	—	—	—	—	—	4	—
	3te Fest. Komp. Brandenb. Art Brig. Nr. 3	—	—	—	—	1	—	—	—	—	—	1	—
	3te Fest. Komp. Rhein. Art. Brig. Nr. 8 . . .	—	—	—	—	1	—	—	—	—	—	1	—
12.—13.	1stes Westfäl. Inf. Regt. Nr. 13	—	—	—	—	3	—	—	—	—	—	3	—
13.	Brandenb. Pion. Bat. Nr. 3	—	1	—	—	2	—	—	—	—	—	3	—
	6te Mun.Kol. Brandenb. Art. Brig. Nr. 3 . . .	—	—	—	—	—	1	—	—	—	—	—	1
13.—14.	Leib-Gren. Regt. (1stes Brandenb.) Nr. 8 . .	—	—	—	—	1	—	—	—	—	—	1	—
	7tes Brandenb. Inf. Regt. Nr. 60	2	4	—	1	32	—	—	—	—	3	36	—
	Brandenb. Jäg. Bat. Nr. 3	—	—	—	—	1	—	—	—	—	—	1	—
14.	8tes Brandenb. Inf. Regt. Nr. 64	—	—	—	—	1	—	—	—	—	—	1	—
	3te Fest. Komp. Rhein. Art. Brig. Nr. 8 . .	—	2	—	—	1	—	—	—	—	—	3	—
15.	2tes Westfäl. Inf. Regt. Nr. 15	—	—	—	—	1	—	—	—	—	—	1	—
	1stes Posen. Inf. Regt. Nr. 18	—	—	—	—	1	—	—	—	—	—	1	—
15.—16.	5tes Westfäl. Inf. Regt. Nr. 53	—	—	—	—	1	—	—	—	—	—	1	—
	Seite	2	21	—	4	106	1	—	—	—	6	127	1

Monat, Tag.	Stäbe und Truppentheile.	Todt oder in Folge der Verwundung gestorben.			Verwundet.			Vermißt.			Summe.		
		Offiziere und Offizierdienstthuende.	Mannschaften.	Pferde.	Offiziere und Offizierdienstthuende.	Mannschaften.	Pferde.	Offiziere und Offizierdienstthuende.	Mannschaften.	Pferde.	Offiziere und Offizierdienstthuende.	Mannschaften.	Pferde.
	Uebertrag . .	2	21	—	4	106	1	—	—	—	6	127	1
April 15.–16.	8tes Brandenb. Inf. Regt. Nr. 64	—	1	—	—	4	—	—	—	—	—	5	—
16.	4tes Garde=Regt. z. F.	—	1	—	—	1	—	—	—	—	—	2	—
	6tes Westfäl. Inf. Regt. Nr. 55	—	—	—	—	1	—	—	—	—	--	1	—
16.–17.	4tes Garde=Gren. Regt. Königin	—	4	—	—	5	—	—	—	—	—	9	—
	8tes Brandenb. Inf. Regt. Nr. 64	—	—	—	—	4	—	—	—	—	—	4	—
	1ste Haub. Batt. Westfäl. Art. Brig. Nr. 7	—	—	—	—	1	—	—	—	—	—	1	—
	2te Fest.Komp. Magdeb. Art. Brig. Nr. 4 . .	—	1	—	—	—	—	—	—	—	—	1	—
	3tes Garde=Gren. Regt. Königin Elisabeth) . .	—	—	—	—	3	—	—	—	—	—	3	—
	4tes Brandenb. Inf. Regt. Nr. 24	—	5	—	—	10	—	—	—	—	—	15	—
17.–18.	7tes Brandenb. Inf. Regt. Nr. 60	—	—	—	—	2	—	—	—	—	—	2	—
	Summe	2	33	—	4	137	1	—	—	—	6	170	1

Darunter 6 Todte, 10 Verwundete durch eigene Geschosse.

Namentliches Verzeichniß.

Stäbe und Truppentheile.	Todt oder in Folge der Verwundung gestorben.	Verwundet.
8./4. 2. Haubitz-Batt. Brandenb. Art. Brig. Nr. 3	. . . .	Prem.-Lt. Knobbe.
11./4. Brandenburg. Füs. Regt. Nr. 35	. . . .	Hauptm. v. Kirschy. Sec.-Lt. Schob.
13.—14./4. 7. Brandenburg. Inf. Regt. Nr. 60	Major v. Jena. Sec.-Lt. v. Seydlitz.	Hauptm. v. Redern.

Graphische Darstellung

der täglich vor Düppel von den Preußischen Batterien
verschossenen Munition.

Datum.	Monat März.																
	15.	16.	17.	18.	19.	20.	21.	22.	23.	24.	25.	26.	27.	28.	29.	30.	31.
Schußzahl.	463	595	273	232	172	344	107	127	176	62	126	311	345	204	149	169	146

Graphische Dar-
stellung der täg-
lichen Schußzahl.

Datum.	15.	16.	17.	18.	19.	20.	21.	22.	23.	24.	25.	26.	27.	28.	29.	30.	31.

Monat März.

Monat April.

1.	2.	3.	4.	5.	6.	7.	8.	9.	10.	11.	12.	13.	14.	15.	16.	17.	18.
48	3721	3793	2704	2122	2058	3463	3694	1372	4743	3886	4811	7320	4708	4034	3032	4222	8081 (641)*)

*) 641 Schuß wurden beim Sturme selbst von den Feldbatterien abgegeben.

8000	Schuß
7000	=
6000	=
5000	=
4000	=
3000	=
2000	=
1000	=
0	

1.	2.	3.	4.	5.	6.	7.	8.	9.	10.	11.	12.	13.	14.	15.	16.	17.	18.

Monat April.

Anlage Nr. 54.

Vertheilung der Festungs- und Feldgeschütze in der Düppel-

(Entnommen dem Werke von Schöller,

	24pfdge Kanonen.	12pfdge Kanonen.	6pfdge Kanonen.	84pfdge Bomben-Kanonen.	24pfdge Haubitzen.	12pfdge-Haubitzen.	12pfdge gezogene Kanonen.	4pfdge gezogene Kanonen.
Schanze Nr. I	—	—	—	—	1	1	—	—
Geschützstand im Verbindungsgraben I bis II	—	—	—	—	2	—	—	—
Schanze Nr. II	—	1	—	1	—	—	—	1
Geschützstand im Verbindungsgraben II bis III	—	—	—	—	2	—	—	—
Schanze Nr. III	—	1*)	—	—	2	—	—	—
Geschützstand im Verbindungsgraben III bis IV	—	—	—	—	2	—	—	—
Schanze Nr. IV	—	—	—	3	—	—	—	1*)
Geschützstand im Verbindungsgraben IV bis zur Chaussee	—	—	—	—	2	—	—	—
Geschützstand im Verbindungsgraben rechts und nördlich der Chaussee	—	—	—	—	—	—	—	2
Geschützstand im Verbindungsgraben links Nr. V	—	—	—	—	1	1	—	—
Schanze Nr. V	1	—	—	—	2*)	1	—	—
,, ,, VI	—	3	—	2	—	—	—	1
,, ,, VII	—	4	—	—	—	—	—	—
,, ,, VIII	4	—	—	—	—	2	1	1
2 Geschützstände im Verbindungsgraben VIII bis IX	—	—	—	—	2*)	—	—	2**)
Schanze Nr. IX	—	—	—	1	2	1	—	—
,, ,, X	2	—	—	—	—	3	—	—
Geschützstand im Verbindungsgraben rechts Nr. X	—	—	—	—	—	—	—	2
Geschützstand zwischen der zurückgezogenen Linie und den Schanzen Nr. II und III	—	—	—	—	—	—	—	—
In der zurückgezogenen Linie { Lünette A .	—	—	—	—	3	—	—	—
{ ,, B .	—	—	—	—	3	—	—	—
{ ,, C .	—	—	—	—	2	—	—	—
In der Flesche vor der Düppel-Mühle auf der trigonometrischen Station	—	—	2	—	2	—	—	—
Im Brückenkopf	—	2	—	2	—	—	—	—
Summe	7	11	2	9	26	10	2	10

Anmerkung. Die Angaben im Werke von Sörensen, „Der zweite Schleswigsche

Stellung, 1ste und 2te Linie und Brückenkopf, am 18ten April.

„Kampf um die Düppel-Stellung".)

84pfdge Mörser.	24pfdge Mörser.	Summe		Am 18ten April vor dem Sturm demontirt.	Brauchbar		Anmerkungen.
		Kanonen.	Mörser.		Kanonen.	Mörser.	
—	—	2	—	1 24pfdge Haubitze	1	—	Von der 13ten Batterie.
—	—	2	—	—	2	—	Brauchbar für einige Kartätschschüsse.
—	—	3	—	—	3	—	Von der 13ten Batterie.
—	—	2	—	—	2	—	*) Brauchbar für einen Schuß.
—	3	3	3	2 Kanonen	1	3	Von der 13ten Batterie.
—	—	2	—	—	2	—	*) Brauchbar für einen Schuß.
—	—	4	—	—	4	—	
—	—	2	—	—	2	—	Von der 10ten Batterie.
—	—	2	—	—	2	—	Von der 10ten Batterie.†)
—	—	2	—	—	2	—	
—	—	4	—	—	4	—	*) Brauchbar für einige Kartätschschüsse.
—	3	6	3	—	6*)	3	*) Thatsächlich wurden am 18ten April 7 brauchbare Kanonen vorgefunden.
—	—	4	—	—	4	—	
—	—	8	—	—	8	—	
—	—	4	—	—	4	—	*) Von der 13ten Batterie.
2	—	4	2	—	4	2	**) Von der 8ten Batterie.
—	—	5	—	—	5	—	
—	—	2	—	—	2	—	Von der 11ten Batterie
—	3	—	3	—	—	3	
—	—	3	—	—	3	—	
—	—	3	—	—	3	—	
—	—	2	—	—	2	—	
—	—	4	—	—	4	—	
—	—	4	—	—	4	—	
2	9	77	11	—	74	11	†) So im Schöller angegeben; soll aber wohl 2te Batterie heißen, da sich von dieser auch ein Zug in der vorderen Linie befand.

Krieg", weichen in Einzelheiten von dieser Nachweisung ab.

Befehl

des Dänischen Ober-Kommandos, betreffend die Verwendung der Reserven bei eintretendem Sturm.

Hauptquartier Sonderburg, den 28sten März 1864.

Das Ober-Kommando giebt für den Fall, daß die Düppel-Stellung angegriffen wird, in Betreff der Reserven folgende Bestimmungen:

1) Von der Brigade, die in den Baracken steht, wird bei eintretendem Alarm unverzüglich ein Bataillon des Regiments, welches südlich der Chaussee untergebracht ist, nach der zurückgezogenen Linie hinter den linken Flügel der Stellung entsendet, wo es sich möglichst verdeckt aufstellt, um als Reserve für die Laufgräben, beziehungsweise zur vorläufigen Besetzung der zweiten Linie verwandt zu werden. Das zweite Bataillon bleibt bei den Baracken stehen. Von dem Regiment, welches in den Baracken nördlich der Chaussee liegt, rückt ein Bataillon nach der Senkung hinter der Düppeler Mühle, das andere Bataillon hinter die Schlucht zwischen Schanzen VI und VIII.

2) Sobald die Brigade in Sonderburg alarmirt wird, giebt sie ein Bataillon zur Besetzung des Brückenkopfes ab, entsendet ein zweites nach der Senkung hinter IX und X und rückt mit dem zweiten Regiment nach dem Barackenlager, wo es eine Aufstellung nördlich der Chaussee à cheval des Weges nach Apenrade nimmt.

3) Die Königliche Leib-Garde zu Fuß rückt sofort nach dem Barackenlager und nimmt dort eine Aufstellung südlich der Chaussee.

4) Die in den Baracken bei Sundsmark und in Ulkebüll kantonnirende Brigade rückt über die Brücken vor und löst im nördlichen Brückenkopf das dort befindliche Bataillon mit einem Regimente ab. Das abgelöste Bataillon vereinigt sich demnächst auf dem kürzesten Wege mit dem zu demselben Regiment gehörigen Bataillon, welches hinter dem Zwischenraume zwischen den Schanzen IX und X

steht. Das zweite Regiment der Brigade rückt nach dem Baracken=
lager vor und löst das dort stehende Regiment ab, welches hinter die
Schluchten zwischen VI und VIII rückt. Sobald das Regiment hier
seinen Platz eingenommen hat, entsendet es das dort stehende Bataillon
zu dem andern desselben Regiments hinter der Düppeler Mühle.
Diese Brigade hinterläßt nur auf ausdrücklichen Befehl ein Bataillon
auf dem Alarmplatze bei Kjär. Auf diese Weise wird hinter jedem
Flügel eine versammelte Brigade stehen und bei dem Baracenlager
die Königliche Garde zu Fuß und ein Regiment, nebst einem Regiment
im Brückenkopf.

Die in Augustenburg im Kantonnement liegende Brigade rückt
nach Sonderburg und marschirt an dem Wege von Augustenburg
nördlich von Sonderburg auf. Diese Brigade läßt, wenn es nicht
ausdrücklich anders befohlen wird, ein Bataillon in Eken. Bis ich
im Baracenlager eintreffe, führt der bis dahin in der Düppel=
Stellung kommandirende Divisions=General den Befehl und trifft seine
Maßnahmen, insofern die Umstände nicht eine Abweichung nöthig
machen, mit Beziehung auf das Vorstehende.

Sobald ich eingetroffen sein werde, übernimmt der Kommandeur
der 1sten Division den Befehl auf dem rechten, derjenige der 2ten den
Befehl auf dem linken Flügel. Von der Feld=Artillerie fährt die zuerst
ankommende Batterie in die hinter den Schanzen IV, VI und VIII
liegenden Geschützstände. Die zweite Batterie erwartet westlich vom
Brückenkopfe nähere Befehle, die dritte bleibt vorläufig auf dem
Parkplatze halten.

Im Falle eines Alarms können beide Brücken zum Hin= und
Rückmarsche benutzt werden.

gez. Gerlach.

Weisung

des Dänischen Ober=Kommandos in Bezug auf den Dienst in den Schanzen.

1) Außer den Bedienungsmannschaften der Geschütze in den Schanzen wird folgende Infanterie=Besatzung für dieselben bestimmt:

In Nr.   I   ½ Kompagnie,*)

= =   II   ¾   =

= =   III   ¼   =

= =   IV   ¾   =

= =   V   30 Mann,

= =   VI   ¾ Kompagnie,

= = VIII   ¾   =

= =   IX   1   =

= =   X   1   =

Zusammen 6 Kompagnien 30 Mann.

2) Der Kommandant über sämmtliche Schanzen führt den Ober= befehl über die Infanterie= und Artillerie=Besatzungen derselben.

3) Der älteste Offizier in jeder Schanze befehligt im Fall eines Angriffs die gesammte Besatzung, doch haben die Kommandeure der Infanterie und Artillerie jeder für sich die ausschließliche Ver= antwortlichkeit für ihre Waffe.

4) Die Kommandeure der Artillerie=Besatzungen führen die Auf= sicht über die innere Ordnung in den Schanzen; die Infanterie= Besatzungen haben daher den von ihnen gegebenen Anweisungen in dieser Hinsicht Folge zu leisten. Erstere sorgen dafür, daß die Schanzen in einem vertheidigungsfähigen Stande sind, die Brücken eingezogen und die Thore geschlossen werden können.

---

*) Die hier vorgeschriebene Stärke der Besatzungen stimmt vielfach nicht mit der am 18ten April verwendeten.

5) Bei Tage soll mindestens die Hälfte der Bedienungsmann=
schaften von jeder Kanone in unmittelbarer Nähe des Geschützes sein.
Ein Konstabel für je zwei Geschütze soll die Bewegungen des Feindes
und das Gelände beobachten, um Kenntniß von den dort ausgeführten
Arbeiten zu erhalten, über die er sofort Meldung macht. Der Rest
der Artilleristen sucht Schutz in dem Gelände bis auf 300 Schritt
hinter den Schanzen. Fällt ein Schuß in den Schanzen, so rücken
die Artilleristen sofort in dieselben ein.

Die Infanterie=Besatzungen suchen bei Tage Schutz im Gelände
hinter den Schanzen auf 400 Schritt Abstand von diesen, doch sollen
sie zwei bis vier Beobachtungsposten in denselben aufstellen, welche
die Bewegungen des Feindes beobachten. Macht der Feind Miene
zum Angriff, so eilt die Besatzung sofort in die Schanzen, die Brücken
werden eingezogen, die Thore geschlossen.

6) Bei Nacht sollen die gesammten Besatzungen in den Schanzen
sein, die Brücken werden eingezogen, die Thore gesperrt, die Geschütze
geladen und so gerichtet, wie es die Weisung für die Artillerie
besagt. Die Schildwachen bei den Geschützen haben die Schlagröhren
und Abziehschnüre bei sich.

Werden in den Schanzen bei Nacht Arbeiten vorgenommen, so
sind die Brücken, so lange diese Arbeiten dauern, nicht einzuziehen.
Wird ein besonderes Arbeits=Kommando in den Schanzen verwendet
und steht dadurch eine Ueberfüllung derselben mit Mannschaften zu
befürchten, so soll während der Zeit ein Theil der Infanterie=Be=
satzung herausgezogen werden und hinter den Schanzen Schutz im
Gelände suchen. Fällt ein Schuß in der Vorpostenkette, so rückt das
Arbeits=Kommando aus der Schanze, die Besatzung dagegen ein, die
Brücken werden eingezogen und die Thore geschlossen.

7) Die Artillerie=Besatzungen haben alle artilleristischen Arbeiten
in den Schanzen auszuführen, den Ingenieuren bei den ihrigen an
die Hand zu gehen und die Arbeiten auszuführen, welche ihnen von
diesen Offizieren angewiesen werden, auch den Mannschaften Deckungen
zu verschaffen. Die Infanterie=Besatzungen haben die Arbeiter zu
stellen, die der Kommandeur der Artillerie verlangen wird.

8) Die in der Weisung für die Besetzung und Vertheidigung der geschlossenen Schanzen vom 19ten Februar*) getroffenen Anordnungen bleiben in Kraft, so weit sie nicht durch die eben angeführten Bestimmungen verändert werden, doch will ich, daß die Blockhäuser künftig weder zum Aufenthalt, noch zur Vertheidigung benutzt werden.

Sonderburg, den 1sten April 1864.

(gez.) Gerlach.

---

*) Siehe Anlage Nr. 57.

Anlage Nr. 57.

Weisung

des Dänischen Ober=Kommandos für das Verhalten der Schanzen=
Besatzung im Falle eines Angriffes.

1) Jede geschlossene Schanze, wozu auch der Brückenkopf zählt,
wird mit der vom Ober=Kommando bestimmten Stärke besetzt.

2) Während dem Kommandeur der Artillerie=Besatzung stets
allein die Verantwortlichkeit für die Leitung des Geschützfeuers zu=
steht, übernimmt der älteste Offizier in der Schanze den Befehl über
die gesammte Besatzung aller Waffen, wenn ein Angriff stattfindet
oder erwartet wird.

3) Bei Uebernahme des Befehls in den Schanzen und ebenso
bei der täglichen Ablösung müssen die Kommandeure sich sofort über=
zeugen, ob dieselben in vertheidigungsfähigem Stande sind, die Thore
geschlossen und die Brücken eingezogen werden können u. s. w.

4) Die Infanterie wird eingetheilt und in der Aufstellung ge=
übt wie in den Festungen, ebenso in der Chargirung. Dabei ist zu
beachten:

a. Die zur Vertheidigung durch Infanterie bestimmten Linien
werden, wenn sie gegen den Feind gekehrt sind, mit zwei
Gliedern besetzt, ungefähr eine Rotte auf je 4 Fuß Feuer=
linie. Die anderen für Infanterie bestimmten Linien werden
je nach Umständen mit einem oder zwei Gliedern besetzt,
der Rest in eine oder mehrere Reserve=Abtheilungen ge=
sammelt und an zweckmäßigen Punkten aufgestellt. Wo sich
Blockhäuser finden, sind diese der Aufenthaltsort für die
Reserven.

b. Ein Theil der Reserve wird zur Besetzung der Geschütz=
bänke angewiesen für den Fall, daß das Artilleriefeuer
schweigt, oder der Feind stürmt und sich in der Nähe des
Grabenrandes befindet.

c. Die Mannschaft wird unterwiesen, wie sie sich beim Feuern zu verhalten habe. Nur das erste Glied steht auf dem Auftritt; wenn ein Mann geschossen hat, tritt er nach links rückwärts vom Auftritt und ladet, der Hintermann tritt hinauf und feuert, und so fort. Nach Umständen kann auch das Feuer mit einem ganzen Gliede auf einmal angewandt werden, wenn der Feind Miene macht, zu stürmen. Feuert die Artillerie nicht und der Feind ist innerhalb Gewehr= bereichs, so tritt die Infanterie auf die Geschützbänke oder an die Scharten. Auf den Bänken liegt die Mannschaft auf den Knieen, um mehr Deckung zu haben.

d. Die Mannschaft wird ferner darin geübt, daß das erste Glied mit Hülfe der angebrachten Lattenstufen auf die Brustwehr springt, um den Feind mit dem Bajonnet her= unterzustoßen, wenn er die Krone betritt, und dann schnell wieder herunterzusteigen. Das zweite Glied nimmt sofort den Platz auf dem Auftritt ein, wenn das erste Glied auf der Krone ist, um es nach Umständen zu unterstützen. Die für die Geschützbänke bestimmte Infanterie muß, wenn in solchen Fällen der Kartätschschuß gegen den Feind am Grabenrande abgegeben ist, sofort die Bänke und Scharten besetzen und wie die übrige Infanterie sich benehmen.

e. Die Benutzung der Reserve ist bei angenommenem Sturm zu üben.

f. Wenn diese Uebungen hinlänglich durchgemacht sind und der Feind nicht in der Nähe ist, wird die Infanterie=Besatzung in der Regel aus den Schanzen gezogen und in unmittel= barer Nähe derselben gedeckt aufgestellt.

5) Wenn des Nachts Schüsse bei den Vorposten gehört werden, besetzt die Infanterie sogleich die geschlossenen Schanzen. Am Tage geschieht dies erst dann, wenn sich die feindlichen Sturm= kolonnen sammeln oder sich bis auf 1500 Schritt nähern. Die Brücken werden dann eingezogen, die Thore geschlossen, Alles nimmt die bestimmten Plätze ein.

6) Wenn der Feind sich auf 700 bis 800 Schritt Entfernung befindet, beginnt das Infanteriefeuer langsam und nur mit den besten Schützen. Die übrige Besatzung tritt erst auf den Auftritt und eröffnet das Feuer, wenn dichte feindliche Ketten auf 400 bis 500 Schritt Abstand herangekommen sind. Es wird so schnell als möglich geschossen, doch immer mit gutem Zielen, wenn der Feind bis auf 200 Schritt und näher kommt. Ist der Feind bis auf diese Entfernung heran, so verläßt die Reserve die Blockhäuser und stellt sich auf den für sie bestimmten Plätzen auf. In den Pausen des Artilleriefeuers oder wenn dieses ganz aufhört, werden die Geschützbänke besetzt — besonders die in den ausspringenden Winkeln, gegen die man den Angriff besonders gerichtet glauben kann — und wird von dort ein lebhaftes Feuer unterhalten. Ist der Feind in den Graben gelangt und ersteigt die Brustwehr, muß genau auf den Zeitpunkt geachtet werden, wo sich die Köpfe über derselben zeigen. Dieser Augenblick, wo die Stürmenden das Feuer von außen hindern, muß benutzt werden, um auf die Krone zu springen, sie hinunterzustürzen und in den Graben nachzufeuern.

Gelingt es dem Feinde, auf der Krone festen Fuß zu fassen, so gehen ihm sofort Theile der Reserve entgegen. Einzelne Abtheilungen derselben können möglicherweise schon früher benutzt werden, um Verwundete zu ersetzen, die schwächsten Theile der Linien zu verstärken u. s. w., doch, soweit es möglich, muß ihr Haupttheil bis zur Benutzung beim Sturm zurückgehalten werden. Der flüchtende Feind wird heftig beschossen, ein Ausfall aber nur unter ganz besonders günstigen Umständen gemacht.

7) Ueber den Geschützgebrauch in den Schanzen wird das Artillerie-Kommando eine genaue Weisung ertheilen.

8) Es ist Pflicht der befehligenden Offiziere, die Schanzen in allen Fällen hartnäckigst zu vertheidigen, selbst wenn die Truppen im Uebrigen zurückgedrängt werden sollten und sie ganz umringt sind. Die Besatzung ergiebt sich erst, wenn es dem Feinde gelungen ist, trotz kräftiger Gegenwehr in die Schanzen mit Uebermacht einzudringen.

9) Beim Infanteriefeuer von den in der Kehle offenen Schanzen bleibt in der Hauptsache dasselbe zu beachten wie bei den geschlossenen. Im Uebrigen muß die Infanterie es stets im Auge haben, daß sie im Fall eines Sturmangriffs die Geschütze und deren Bedienung, die auf der Linie stehen, wo das Werk liegt, kräftigst vertheidigen. Ein solcher Angriff wird wahrscheinlich nicht gegen ein offenes Werk selbst gerichtet sein, vielmehr gegen die daran stoßenden Laufgräben; dann kann die Besatzung desselben nach Umständen als Rückhalt für die angegriffenen Punkte oder zum Gegenangriff verwendet werden.

Sonderburg, den 19ten Februar 1864.

gez. Lüttichau.

Instruktion für den Sturm auf die Düppeler Schanzen.

Der Sturmangriff wird gleichzeitig gegen die Werke I bis VI mit 6 Kolonnen ausgeführt. Jede Kolonne erhält die Nummer des Werkes, welches sie angreifen soll. Gegen die Werke II und IV, an welche sich feindliche Verbindungs-Retranchements anschließen, werden stärkere Kolonnen verwendet. Die Kolonnen Nr. 1, 3, 5, 6 bestehen jede aus 6, Nr. 2 aus 10, Nr. 4 aus 12 Infanterie-Kompagnien. Nr. 2, 4 und 6 wird je eine ganze, Nr. 1, 3 und 5 je eine halbe Pionier-Kompagnie zugetheilt. Alle Kompagnien sind in Sektions= front formirt; Anzug in Mütze ohne Tornister, die Mäntel en ban= doulière.

An der Spitze jeder Kolonne marschirt eine zum Ausschwärmen bestimmte Infanterie-Kompagnie.*) Unmittelbar dahinter folgt die Arbeiter-Abtheilung mit umgehangenen Gewehren. Diese besteht aus den Pionieren, welche Spaten, Hacken, Aexte, Brechstangen u. s. w., sowie Pulversäcke à 30 Pfund mit sich führen, und außerdem bei jeder Kolonne aus einer Infanterie-Kompagnie zum Tragen von Leitern, Brettern, Heusäcken und anderen Geräthschaften. Die Mann= schaften der Arbeiter-Abtheilung nehmen so viel Distanz von einander, als der bequeme Transport der mitgeführten Gegenstände erfordert.

Auf 100 Schritt Abstand folgt die eigentliche Sturmkolonne, welche bei Nr. 1, 3, 5 und 6 aus zwei, bei Nr. 2 aus vier und bei Nr. 4 aus fünf Infanterie-Kompagnien besteht.

150 Schritt dahinter folgt die Reserve jeder Kolonne. Bei letzterer befinden sich für jede Kolonne 1 Offizier, 4 Unteroffiziere, 20 Artilleristen für etwaigen Gebrauch der in den Schanzen

---

) Bei Kolonne 2 und 4 wurden später noch zwei von den eigentlichen Sturm-Kompagnien zum Ausschwärmen bestimmt. Vergl. die Anmerkung auf Seite 156.

eroberten Geschütze. Die Artilleristen jeder Kolonne sind mit 5 Pech=
fackeln versehen.

Hinter der Reserve der Kolonne Nr. 5 folgt ein Artillerie=
Offizier und eine halbe Pionier=Kompagnie, welche, mit Spaten,
Aexten, Hacken, Brechstangen und Hebebäumen versehen, die an der
Chaussee zwischen den Schanzen IV und V befindliche Barrikade weg=
zuräumen und den Weg fahrbar zu machen haben.

Die 6 Sturmkolonnen bestehen speziell aus:

Nr. 1, 3, 5, 6 à 6 Inf. Komp. = 24 Inf. Komp., 2½ Pion. Komp.,
Nr. 2 à 10 Inf. Komp.　　= 10　=　　=　1　　=　　=
Nr. 4 à 12 Inf. Komp.　　= 12　=　　=　1　　=　　=

Summe = 46 Inf. Komp., 4½ Pion. Komp.

Zur Wegräumung der Barrikade an der Chaussee eine halbe
Pionier=Kompagnie.

Also im Ganzen zum Sturm:

11½ Bataillone Infanterie,
5 Pionier=Kompagnien,
7 Offiziere, 24 Unteroffiziere, 120 Artilleristen.

Die Infanterie wird gegeben:

Kolonne 1: von der Garde 6 Kompagnien,
　　=　2:　=　= Brigade v. Canstein 10 Kompagnien,
　　=　3:　=　=　　= v. Raven 6 Kompagnien,
　　=　4:　=　= { = v. Goeben 4 Kompagnien,
　　　　　　　　{ = v. Schmid 8 Kompagnien,
　　=　5:　=　=　　= v. Roeder 6 Kompagnien,
　　=　6:　=　= Garde 6 Kompagnien.

Die Hauptreserve besteht aus 2 Infanterie=Brigaden und
4 bespannten Feld=Batterien.

Die Sturmkolonnen werden an der Büffelkoppel zur bestimmten
Zeit formirt und von da durch die Ingenieur=Offiziere derselben
nach der 2ten Parallele geführt, wo sie vor Tagesanbruch eintreffen

müssen und die Arbeiter die dort niedergelegten Geräthschaften empfangen.*) Außerdem erhält daselbst jeder Mann der Kolonne einen leeren Sandsack. Von da rücken die Kolonnen nach der vordersten (3ten) Parallele vor, wo sie geordnet und aufgestellt werden. Die hier nicht Platz findenden Reserven der Kolonnen bleiben in der 2ten Parallele zurück und setzen sich von hier aus in Bewegung, wenn die Teten der Kolonnen aus der vordersten Parallele zum Sturme vorgehen. Jeder Mann der Sturmkolonne füllt den mitgebrachten leeren Sandsack zur Hälfte mit Erde von den Revers-Brustwehren,**) und die Arbeiter stellen sich neben ihre Geräthe, so daß sie dieselben sofort aufnehmen können.

Die Brigaden v. Canstein und v. Raven werden beim Sturm die Hauptreserve bilden und beim Beginn desselben die Parallelen und das Dorf Düppel besetzen. Die bestimmten 4 bespannten Feld-Batterien nehmen schon vor Tagesanbruch eine verdeckte Aufstellung in der Nähe des Spitz Berges und der Chaussee.

Sobald der Sturm befohlen wird, bis zu welchem Zeitpunkte sämmtliche Angriffsbatterien ein mindestens 6 Stunden anhaltendes, lebhaftes Geschützfeuer auf die anzugreifenden Werke ohne Unterbrechung unterhalten haben müssen, debouchiren die 6 Sturmkolonnen gleichzeitig über die Ausfallstufen aus der vordersten Parallele, wobei die Kolonnen 5 und 6 sich gleich links über die Chaussee hinüber gegen die Schanzen V und VI wenden, und die hinter Kolonne 5 folgende ½ Pionier-Kompagnie auf die Barrikade an der Chaussee losgeht.

Nachdem die Teten-Kompagnien der Kolonnen die vorderste Parallele verlassen haben, entwickeln sie die Schützenlinie, welche möglichst schnell vorgeht, indem sie die ihr angewiesene Schanze im

---

*) Eine Arbeiter-Kompagnie erhielt beispielsweise: 80 Sturmsäcke, 10 Beile, 10 Schippen, 10 Klimmbretter, 10 Leitern.

**) Diese Bestimmung wurde in der am 17ten April bei Wielhoi stattfindenden Besprechung dahin abgeändert, daß die Schützen-Kompagnien die Säcke leer mitführen sollten. Da sich der auch nur halb gefüllte Sack jedoch als zu schwer erwies, so wurde er von den meisten Leuten bald nach dem Verlassen der Parallele weggeworfen.

Auge behält und nur auf diese, ohne Rücksicht auf Verbindung mit der Nebenkolonne ihre Richtung nimmt. Auch hierbei dienen die Offiziere der Pionier-Kompagnien als Führer.

Stoßen die Schützen auf natürliche oder künstliche Hindernisse, welche sie nicht überschreiten können, so werden diese von den Arbeitern, welche darüber besonders instruirt und eingeübt sind, beseitigt.

An dem Rande der Schanzen angekommen, umfassen die Schützen die Werke auf allen zugänglichen Seiten und feuern gegen die sichtbare Besatzung; die Sturmkolonnen dringen, nachdem die Arbeiter ihnen den Weg gebahnt haben, in den Graben ein, breiten sich darin aus und ersteigen die Brustwehr, sobald die im Graben befindlichen Hindernisse — Pallisaden u. s. w. — beseitigt sind. Ist die Brustwehr erstiegen, so werden die Schützen zusammengezogen und gegen die Kehle dirigirt, um der Besatzung den Rückzug abzuschneiden.

Die noch nicht zerstörten Blockhäuser in den Schanzen werden, sobald die Besatzung der letzteren vertrieben ist, von den Pionieren mittelst Pulver gesprengt; außerdem werden die mitgebrachten Heusäcke in die Scharten gestopft und mit Pechfackeln angezündet, um die Blockhäuser in Brand zu stecken oder ihre Besatzung durch den Rauch zu vertreiben.

Von jeder der aus 4 bezw. 5 Infanterie-Kompagnien bestehenden Sturmkolonnen Nr. 2 und 4 geht eine Kompagnie rechts und eine links,*) jede gefolgt von einer Kompagnie der Reserve gegen die neben den Schanzen Nr. II und IV befindlichen Verbindungs-Retranchements vor.

Die Sturmkolonnen müssen jedes Gefecht mit den zwischen den Schanzen etwa vordringenden feindlichen Truppen vermeiden und ihren Weg gerade auf die anzugreifenden Schanzen los möglichst rasch zu verfolgen suchen. Der Kampf gegen vordringende feindliche Truppen muß von der Hauptreserve geführt werden, welche dazu auf Befehl des Höchst-Kommandirenden vorgeht. Nach dem Vormarsch

---

*) Diese Kompagnien bei der 2ten und 4ten Kolonne wurden später den Schützen-Kompagnien zugetheilt, so daß die eigentlichen Sturm-Kompagnien bei Kolonne 2 und 4 nur 2 bezw. 3 Kompagnien zählten.

der Sturmkolonnen rückt die Hauptreserve = Brigade des rechten Flügels in die vorderste Parallele. Ebenso rücken die 4 bespannten Feld=Batterien allmählich auf der Chaussee vor. Ob nach Eroberung einer oder mehrerer Schanzen noch weiter vorgegangen werden soll, hängt vom Ermessen des Höchst=Kommandirenden ab. Jedenfalls dürfen die in die Werke eingedrungenen Truppen dieselben nicht verlassen, sondern müssen sich darin bis auf den letzten Mann halten.

Die Gammelmark=Batterien bleiben während des Sturmes im Feuer gegen die vorrückenden feindlichen Kolonnen und das rückwärts liegende feindliche Retranchement.

Hauptquartier Gravenstein, den 15ten April 1864.

gez. Friedrich Karl,
Prinz von Preußen.

Auf einem besonderen Blatt, nur zur Kenntnißnahme der Kommandeure und der Führer der Sturmkolonnen, war folgende Bemerkung hinzugefügt:

Sollte nach Wegräumung der Hindernisse im Graben der Feind gegen die Ersteigung der Brustwehr keinen Widerstand leisten und die eindringenden Truppen die Schanzen etwa von der Besatzung verlassen finden, so müssen die Mannschaften der Sturmkolonnen sich sogleich zurückziehen und sich außerhalb hinter der Brustwehrböschung gedeckt halten. Es geht dann zuerst ein Pionier=Unteroffizier mit zwei Mann vorsichtig im Inneren vor, um zu untersuchen, ob in der Schanze oder im Blockhause etwa Minen vorbereitet sind.

gez. v. Mertens,
Oberst.

Anlage Nr. 59.

Disposition für den 18ten April.

Am 18ten Morgens 1½ Uhr stehen die nach der Instruktion zum Sturme bestimmten Kompagnien der ersten 3 Kolonnen und um 2 Uhr die der anderen 3 Kolonnen an der Ostlisiere der Büffel=koppel und rücken von dort nach Anordnung des Generals du jour*) über das Depot in die 3te Parallele, wo sie sich hinlegen und bis zum Beginn des Sturmes liegen bleiben.

Die Brigade v. Canstein marschirt über Schottsbüll verdeckt nach dem Spitz Berge, so daß sie daselbst um 10 Uhr Vormittags eingetroffen ist, um als Reserve für die Sturmkolonnen zu dienen.

Die Brigade v. Raven konzentrirt sich um 10 Uhr bei der Büffelkoppel an der Chaussee, um ebenfalls als Reserve zu dienen.

Die Brigade v. Roeder steht um 10 Uhr Vormittags bei Nübel und marschirt von dort auf der Chaussee nach dem Spitz Berge.

Die Brigade v. Schmid verstärkt um 10 Uhr Vormittags ihre Vorpostenlinie und stellt sich in der Gegend von Rackebüll auf.

Die Brigade v. Goeben steht um 10 Uhr Vormittags verdeckt bei Satrupholz, wo auch die Pontons und Boote eintreffen.

Die Garde=Division konzentrirt sich um 10 Uhr Vormittags bei Satrup, und wird ihr die Ulanen=Eskadron aus Baurup**) bei=gegeben.

Mit Tagesanbruch beginnt das sehr verstärkte Feuer aus allen Batterien, anfänglich gegen die Schanzen, dann hauptsächlich gegen die feindlichen Kommunikationen und die Geschützemplacements in denselben.

---

*) Gen. Maj. v. Raven.

**) $\frac{3te}{Ul.\ 11}$.

Punkt 10 Uhr brechen die 6 Sturmkolonnen aus der 3ten Parallele in der ihnen durch die Instruktion angegebenen Weise vor.

Die Brigade v. Canstein rückt bis in die 3te Parallele; die Brigade v. Raben auf der Chaussee bis in die Höhe der 2ten Parallele; die Garde-Division von Satrup über Stenderup nach Düppel.

Die bezeichneten Feld-Batterien unter Oberst-Lieutenant v. Bergmann stehen vor Tagesanbruch am Spitz Berge und sind von 10 Uhr an zum Abmarsche von dort bereit.

Von den reitenden Batterien stehen um 10 Uhr 3 bei Satrup und 2 bei Nübel zu meiner Disposition.

Das Husaren-Regiment, mit Ausnahme der in Broacker zur Küstenbewachung verbleibenden Eskadron*), steht um 10 Uhr hinter der Büffelkoppel.

Die Sturmkolonnen werden vom Beginn des Sturmes ab unter den Oberbefehl des General-Lieutenants v. Manstein gestellt.

Alle Meldungen sind nach dem Spitz Berge zu machen, wo ich meinen Standpunkt nehmen werde.

Hauptquartier Gravenstein, den 17ten April 1864.

gez. Friedrich Karl,
Prinz von Preußen.

---

*) 4te Eskadron.

Anlage Nr. 60.

Befehl

für die Thätigkeit der Artillerie am Tage des Sturmes.

I. Das Verhalten der Belagerungs-Batterien.

Von des Morgens früh 4 Uhr ab beginnt das Feuer aus allen Batterien auf diejenigen Zielpunkte, welche den Batterien bei ihrer Erbauung vorgeschrieben sind.

Die Batterien des Hauptangriffs, mit Ausnahme der Batterie Nr. 11, welcher weiter unten noch ein besonderes Ziel angegeben wird, schweigen Punkt 10 Uhr Vormittags, wo die Sturmkolonnen aus der 3ten Parallele vorbrechen werden. Das zu Anfang ruhig begonnene Feuer nimmt nach und nach an Heftigkeit zu, doch darf dies nicht auf Kosten einer vorsichtigen Bedienung und guten Wirkung, mit stets genauer Beobachtung, erstrebt werden.

Die Batterien des rechten und linken Flügelangriffs setzen auch nach 10 Uhr ihr Feuer fort. Die Ziele, die beschossen werden sollen, sind folgende, und zwar für die Batterien des rechten und linken Flügelangriffs, sowie für die Batterie Nr. 11 nach den Zeitpunkten vor, während und nach dem Sturme geordnet:

A. Für die Batterien des Hauptangriffs.

1) Batterien Nr. 15 und 5 nur gegen Schiffe, wenn dieselben in den Wenningbund einlaufen sollten.

2) Batterien Nr. 28 und 31 gegen Schanze I und II und deren Kommunikationen, vornehmlich aber gegen Schiffe, die in den Wenningbund etwa einlaufen sollten. Die Batterie Nr. 31 erhält hierzu noch die im Belagerungspark bei Nübelfeld vorhandenen 24 24pfündigen Vollgeschosse.

3) Batterien Nr. 14, 9, 10 behalten die ihnen bisher vorgeschriebenen Ziele.

4) Batterie Nr. 11:

    a. Vor dem Sturme:

      Die Schanze VI.

    b. Während und nach dem Sturme:

      Die Schanzen VIII und XI.

5) Geschützemplacement Nr. 16:

Schanze I im hohen Bogenschuß und das Terrain zwischen Schanze I und II mit Shrapnels.

6) Batterie Nr. 18:

Das rechte Flügelgeschütz Schanze II, das linke Schanze III, die beiden mittelsten Geschütze das Terrain zwischen Schanzen II und III auf 300—400 Schritt hinter den Schanzen.

7) Batterie Nr. 19:

Die beiden rechten Flügelgeschütze das feindliche Retranchement, das sich in südöstlicher Richtung von Schanze IV nach dem Strande zu zieht.

Die beiden linken Flügelgeschütze das Terrain zwischen Schanzen III und IV, und zwar auf 300—400 Schritt hinter jenen Schanzen.

8) Batterie Nr. 20:

Die beiden rechten Flügelgeschütze Schanze 4, die beiden linken das Terrain zwischen Schanzen IV und V auf 400—500 Schritt hinter den Schanzen.

9) Batterie Nr. 21:

Die beiden rechten Flügelgeschütze das Terrain zwischen Schanzen V und VI auf 400—500 Schritt dahinter; die beiden linken die Schanzen VI und VII.

10) Batterie Nr. 32:

Die beiden rechten Flügelgeschütze nach Schanze IV, die beiden linken die Kommunikation zwischen IV und V und die darin befindlichen Geschützemplacements.

11) Batterie Nr. 33:

Die beiden rechten Flügelgeschütze Schanze V, die beiden linken Schanze VI; letztere auch 400 Schritt dahinter, nach Schanze VII.

Die sämmtlichen Batterien des Hauptangriffs streben danach, soweit es ihnen möglich ist, die Pallisaden zu zerstören.

12) Geschützemplacement Nr. 30:

Hier stehen die Geschütze verdeckt zur eventuellen Aufnahme der Truppen bereit.

B. Für die Batterien des rechten Flügelangriffs.

Enfilir-Batterien Nr. 1, 2 und 4:

    a. Vor dem Sturm:

        Nur die Schanzen I, II, III und IV, nicht aber die Schanzen V und VI.

    b. Während und nach dem Sturme:

        Das feindliche Retranchement hinter dem linken Flügel der Schanzen, wenn sich darin Geschütze oder Kolonnen zeigen sollten; sonst beschießen sie den hinter dem Retranchement belegenen Terraintheil bis zur Brücke und nach Sonderburg, gegen welches, wenn keine anderen wichtigeren Zwecke zu erfüllen sind, aus Batterie Nr. 1 Brandgeschosse gefeuert werden.

        Außerdem sind Schiffe, welche es auch sein mögen, die ohne Gefährdung der rechten Flanke des Hauptangriffs und der Sturmkolonnen gefaßt werden können, zu beschießen.

        Selbst wenn es gelungen ist, sich in den Besitz aller oder einiger der 6 Schanzen zu setzen, wird das Feuer wie angegeben, fortgesetzt, bis der Befehl zur Einstellung desselben eingeht, oder bis es finster wird.

C. Für die Batterien des linken Flügelangriffs.

1) Batterie Nr. 13:

    a. Vor dem Sturme:

        Schanzen VII und VIII.

    b. Während des Sturmes:

        Nur Schanze VIII.

c. Nach Gelingen des Sturmes:

Schanze IX.

2) Batterie Nr. 22:

Schanze IX und gegen Truppen, die sich zwischen und hinter Schanzen IX und X sehen lassen.

Auch während des Sturmes und nach demselben werden diese Ziele beibehalten.

Wird von den auf dem jenseitigen Strande des Alsen Sundes gelegenen Batterien lebhaft geschossen, so werden diese durch ein möglichst energisches Feuer bekämpft.

3) Batterie Nr. 23:

a. Vor dem Sturme:

Die Schanzen IX und X und das Terrain zwischen und hinter diesen Schanzen, ferner die auf Alsen gelegenen Batterien, wenn diese lebhaft feuern.

b. Während und nach dem Sturme:

Ausschließlich Schanze X, die Alsener Batterien, die rückwärtigen Kommunikationen zu den Schanzen des feindlichen rechten Flügels, die Sonderburger Brücke, Sonderburg selbst, letzteres mit Brandgeschossen, und eventuell die Schiffe, die sich etwa in den Alsen Sund nördlich Sonderburg legen sollten.

4) Batterie Nr. 24:

a. Vor dem Sturme:

Schanzen IX und X und das rückwärtige Terrain, eventuell die Alsener Batterien, wenn diese feuern.

b. Während und nach dem Sturme:

Schanze X, die Alsener Batterien, die rückwärtigen Kommunikationen von den Schanzen zur Sonderburger Brücke, diese selbst und Sonderburg, letzteres mit Brandgeschossen, eventuell im Alsen Sund liegende Schiffe.

5) Batterien Nr. 25 und 26:

Die Batterien auf Alsen, die mit Geschützen armirt sind, vorzugsweise die große Flankenbatterie nördlich von Sonderburg.

6) Die Batterien Nr. 26 und 27:

Die Werke, die sie sehen können, und eventuell Schiffe, die in den Alsen Sund einlaufen wollen.

Die ad 5 und 6 genannten Batterien müssen vorzugsweise ihr Augenmerk darauf richten, daß sie den eventuell übersetzenden Truppen genügenden Schutz gewähren. Hierin werden sie unterstützt durch die der Brigade v. Goeben zugetheilten Feld-Batterien.

Der linke Flügelangriff gegen die Verschanzung wird noch unterstützt durch die 2te 12pfündige Batterie, welche in der nächsten Nacht ein Geschützemplacement für 6 glatte 12-Pfünder rechts von Batterie Nr. 13, ca. 1000 Schritt von Schanze VIII entfernt, an- legen wird.

Diese Batterie wird bis 10 Uhr Schanze VII und von da ab Schanzen VIII und IX beschießen.

Kleine, durch Umstände bedingte Abweichungen von den vor- stehend gegebenen Zielpunkten ordnen im Verlaufe der Beschießung der Major du jour bezw. die Kommandeure der Flügelangriffe selbstständig an.

II. In Bezug auf die Feld-Batterien, die den Sturmkolonnen folgen sollen.

Es werden der Hauptreserve der Sturmkolonnen die nachfolgenden Batterien zugetheilt:

Die 4 pfündige Garde-Batterie.

= 3te 6pfündige Batterie ⎫ der Brandenb.
= 3te 12pfündige = ⎬ Art.-Brig.
= 2te Haubitz- = ⎭ Nr. 3.

Das Kommando über diese Batterien übernimmt der Oberst- Lieutenant v. Bergmann.

Alle 4 Batterien müssen mit Anbruch des Tages in der Nähe des Spitz Berges verdeckt aufgestellt sein und bleiben daselbst bis zum Beginn des Sturmes.

Die Batterien sind je nach Umständen zu verwenden, und sind hierbei hauptsächlich drei Fälle ins Auge zu fassen:

1) Wenn der Feind von seinem rechten Flügel aus einen Offensivstoß gegen unsern linken Flügel versuchen sollte.

2) Wenn unsere Truppen bei ihrem weiteren Vordringen auf Schwierigkeiten stoßen, zu deren Beseitigung sie der Unterstützung der Artillerie bedürfen.

3) Wenn der Feind aus den Schanzen seines rechten Flügels oder aus den Batterien auf Alsen ein starkes Feuer gegen unsere vordringende Infanterie richten sollte.

III. Das Verhalten des den Sturmkolonnen beigegebenen Artillerie-Kommandos.

Das Kommando besteht aus 1 Offizier, 4 Unteroffizieren, 20 Mann. Der Offizier meldet sich Nachts um 1½ Uhr an der Büffelkoppel bei dem Kommandeur der betreffenden Sturmkolonne. Seine Aufgabe ist, die in den Schanzen noch vorgefundenen gefechtsfähigen Geschütze ꝛc. gegen den Feind zu verwenden, Emplacements in denselben vorzubereiten und die Wege in die Werke für etwa nachfolgende Feld- oder Festungsgeschütze gangbar zu machen, sowie den Pionieren bei dem etwaigen Sprengen von Blockhäusern, Anzünden von Heubündeln u. s. w. behülflich zu sein.

Das Kommando, mit 2 Bund Schlagröhren, 6 Abzugsschnüren und Lunte, unter verschiedene Leute vertheilt, versehen, marschirt an der Queue der Kolonnen; nur 5 Mann, welche Pechfackeln bezw. Pechkränze, Lunte und Zündlicht mit sich führen, schließen sich den an der Tete befindlichen Pionieren an. Außerdem sind 5 Hacken, 3 Beile und 16 Schippen mitzunehmen, welche, wie die übrigen Gegenstände, heute Nacht 12 Uhr beim Hauptmann Gülle im Belagerungspark zu empfangen sind.

IV. Das Verhalten des dem Pionier-Detachement zugetheilten Artillerie-Offiziers.

In Uebereinstimmung mit dem das Pionier-Detachement kommandirenden Ingenieur-Offizier hat dieser Offizier

1) die auf der Chaussee befindliche große Barrikade zu beseitigen,

2) Wege für die Artillerie von der Chaussee nach dem neben-
liegenden Terrain aufzusuchen bezw. vorzubereiten (etwa zwei nach
jeder Seite).

Sobald diese Aufgaben erfüllt sind, wird das Detachement der
Pioniere den Feld-Batterien zur Disposition gestellt, und der betreffende Offizier begiebt sich in den Frontdienst seiner Batterie zurück.

V. Vorkehrungen, um das event. eroberte Terrain durch Aufstellen einer großen Artilleriemasse festzuhalten.

Die drei in Belagerungs-Batterien stehenden gezogenen Feld-
Batterien (die 1ste 6pfündige Batterie der Westfälischen, die 1ste und
2te 6pfündige Batterie der Brandenburgischen Artillerie-Brigade)
haben zu morgen früh 10 Uhr ihre Pferde und je 2 mit Munition
kompletirte Wagen in die Nähe ihrer Belagerungs-Batterie heranzuziehen, um sofort im Stande zu sein, auf Befehl vorwärts gelegene
Positionen einzunehmen.

Im Belagerungspark stehen 300 Landwagen zum Transport
von Munition und Batterie-Baumaterial bereit. Dieselben sind durch
den Park-Kommandeur, Hauptmann Gülle, mit dem erforderlichen
Batterie-Baumaterial für

2 gezogene 12pfündige Batterien à 4 Geschütze,

2 = 24 = = à 4 =

2 Mörser-Batterien à 4 25pfündige Mörser

beladen zu lassen; auch muß die Munition, und zwar 50 Schuß per
Geschütz, bereits verladen zur Abfahrt bereitstehen. Bespannt werden
die Wagen durch Gespanne der Munitions-Kolonnen, von denen
6 Kolonnen ihre sämmtlichen Gespanne in den Belagerungspark zur
Disposition zu stellen haben.

Für etwa vorzunehmende Bauten und dergl. sind die sämmtlichen nicht in den Belagerungs-Batterien beschäftigten Mannschaften der Festungs-Artillerie Morgens 10 Uhr in den Belagerungspark zu gestellen.

Endlich stehen die sämmtlichen disponiblen Offiziere der Festungs-Artillerie von Morgens 10 Uhr ab in dem eingegangenen Emplacement Nr. 17 zur sofortigen Ausführung von Aufträgen bereit.

Hauptquartier Gravenstein, den 17ten April 1864.

(gez.) Colomier,
Oberst und Brigadier.

Anlage Nr. 61.

Verlustliste für den 18ten April. Erstürmung der Düppeler Schanzen.

Armee-Korps ⁊c.	Stäbe und Truppentheile.	Todt oder infolge der Verwundung gestorben.			Verwundet.			Vermißt.			Summe.		
		Offiziere und Offizierdienstthuende.	Mannschaften.	Pferde.	Offiziere und Offizierdienstthuende.	Mannschaften.	Pferde.	Offiziere und Offizierdienstthuende.	Mannschaften.	Pferde.	Offiziere und Offizierdienstthuende.	Mannschaften.	Pferde.
Garde- Inf. Div.	3tes Garde-Regt. z. F.	—	8	—	—	18	—	—	—	—	—	26	—
	4tes Garde-Regt. z. F.	—	22	—	8	76	—	—	—	—	8	98	—
	3tes Garde-Gren. Regt. Königin Elisabeth ..	2	6	—	1	54	—	—	—	—	3	60	—
	4tes Garde-Gren. Regt. Königin	2	12	—	2	57	—	—	—	—	4	69	—
	4pfdge Batterie	—	1	1	—	1	2	—	—	—	—	2	3
	Summe	4	49	1	11	206	2	—	—	—	15	255	3
I. Korps 6. Inf. Div. 11. Inf. Brig.	Div. Stab	—	—	—	1	—	—	—	—	—	1	—	—
	Brandenb. Füs. Regt. Nr. 35	4	34	—	8	118	—	—	—	—	12	152	—
	7tes Brandenb. Inf. Regt. Nr. 60	1	17	—	2	77	—	—	7	—	3	101	—
12. Inf. Brig.	4tes Brandenb. Inf. Regt. Nr. 24	—	8	—	4	54	—	—	—	—	4	62	—
	8tes Brandenb. Inf. Regt. Nr. 64	—	15	—	4	52	—	—	3	—	4	70	—
Komb. 10. Inf. Brig.	Brig. Stab	1	—	—	—	—	—	—	—	—	1	—	—
	Leib-Gren. Regt. (1stes Brandenb.) Nr. 8 ..	2	18	—	3	85	—	—	10	—	5	113	—
	1stes Posen. Inf. Regt. Nr. 18	2	37	—	9	83	—	—	5	—	11	125	—
	Brandenb. Jäg. Bat. Nr. 3	—	1	—	—	—	—	—	—	—	—	1	—
	3te 12pfdge Fuß-Batt. Brandenb. Art. Brig. Nr. 3	—	—	—	—	2	—	—	—	—	—	2	—
	3te 6pfdge Fuß-Batt. Brandenb. Art. Brig. Nr. 3	—	1	3	—	—	1	—	—	—	—	1	4
	Brandenb. Pion. Bat. Nr. 3	—	8	—	1	17	—	—	—	—	1	25	—
	Summe d. 6. Inf. Div.	10	139	3	32	488	1	—	25	—	42	652	4

Armee-Korps ꝛc.	Stäbe und Truppentheile.	Todt oder infolge der Verwundung gestorben.			Verwundet.			Vermißt.			Summe.		
		Offiziere und Offizierdienst-thuende.	Mannschaften.	Pferde.	Offiziere und Offizierdienst-thuende.	Mannschaften.	Pferde.	Offiziere und Offizierdienst-thuende.	Mannschaften.	Pferde.	Offiziere und Offizierdienst-thuende.	Mannschaften.	Pferde.
13. Inf. Div. 25. Inf. Brig.	1stes Westfäl. Inf. Regt. Nr. 13	1	9	—	—	30	—	—	—	—	1	39	—
	5tes Westfäl. Inf. Regt. Nr. 53	1	27	—	6	78	—	—	2	—	7	107	—
26. Inf. Brig.	6tes Westfäl. Inf. Regt. Nr. 55	—	10	—	3	32	—	—	—	—	3	42	—
	1ste 6pfdge Batt. Westfäl. Art. Brig. Nr. 7 .	—	—	—	—	1	—	—	—	—	—	1	—
	Westfäl. Pion.Bat.Nr.7	1	12	—	2	13	—	—	—	—	3	25	—
	Summe d. 13. Inf. Div.	3	58	—	11	154	—	—	2	—	14	214	—
Res. Art. d. I. Korps	2te 12pfdge Batt. Brandenb. Art. Brig. Nr. 3	—	—	—	—	1	—	—	—	—	—	1	—
	2te 6pfdge Batt. Brandenb. Art. Brig. Nr. 3	—	—	—	—	1	1	—	—	—	—	1	1
	2te Haub. Batt. Brandenb. Art. Brig. Nr. 3	—	—	3	—	4	4	—	—	—	—	4	7
	Summe der Res. Art.	—	—	3	—	6	5	—	—	—	—	6	8
Fest. Art.	1ste Fest.Komp.d.Garde-Art. Brig.	—	—	—	—	1	—	—	—	—	—	1	—
	2te Fest.Komp.d.Garde-Art. Brig.	—	—	—	—	—	—	—	2	—	—	2	—
	Summe der Fest. Art.	—	—	—	—	1	—	—	2	—	—	3	—
	Garde-Inf. Div. . . .	4	49	1	11	206	2	—	—	—	15	255	3
	I. Korps	13	179	6	43	665	6	—	30	—	56	874	12
	Gesammtsumme der Verluste	17	246	7	54	855	8	—	29	—	71	1130	15

Namentliches Verzeichniß.

Stäbe und Truppentheile.	Todt oder in Folge der Verwundung gestorben.	Verwundet.
Garde-Inf. Div. 4tes Garde-Regiment zu Fuß . .	. . . .	Oberst v. Korth. Hauptm. v. Krosigk. Pr.-Lt. v. Carlowitz. Sel.-Lt. Schulze. = v. Sobbe. = v. Pfuhlstein. = v. Trotha. = Bar. de la Motte- Fouqué.
3tes Garde-Grenadier-Regiment Königin Elisabeth	Hauptm. v. Stwolinski. Sel.-Lt. v. Negelein.	Hauptm. v. Bançels.
4tes Garde-Grenadier-Regiment Königin	Major v. Beeren. Sel.-Lt. v. Rabenau.	Hauptm. v. Gliszczynski. Sel.-Lt. v. Stangen.
I. Korps. 6. Inf. Div. Divisionsstab	. . . .	Gen.-Lt. v. Manstein.
Brandenburg. Füsilier-Regiment Nr. 35	Hauptm. v. Kameke. Sel.-Lt. Möllhausen. = Graf v. d. Schulen- burg. = Mons.	Hauptm. Rumland. Pr.-Lt. Baron v. Zedlitz- Neukirch. = Richter. = Kayser. Sel.-Lt. Kleckl II. = Girschner I. = Isenburg. = Reuter.
7tes Brandenburg. Infanterie-Regiment Nr. 60	Sel.-Lt. Maurer II.	Oberst-Lt. v. Hartmann. Sel.-Lt. Humbert III.
4tes Brandenburg. Infanterie-Regiment Nr. 24	. . . .	Sel.-Lt. Frhr. v. Falken- stein. = v. Klösterlein. = Becher. = Wehrmann.
8tes Brandenburg. Infanterie-Regiment Nr. 64		Hauptm. v. Salpius. = Windell. Sel.-Lt. Stammer. = Busch.

Stäbe und Truppentheile.	Todt oder in Folge der Verwundung gestorben.	Verwundet.
Stab der komb. 10ten Infanterie-Brigade	Gen.-Major v. Raven.	
Leib-Grenadier-Regiment (1stes Brandenburg.) Nr. 8	Sec.-Lt. Schulze. = v. Rabenau.	Hauptm. v. Seydlitz. Pr.-Lt. Sack. = Stöckel.
1stes Posensches Infanterie-Regiment Nr. 18	Sec. Lt. Materne. = Bergmann.	Hauptm. Graf Finck v. Finckenstein. = v. Hanstein. = v. Freyburg. Pr.-Lt. v. Dioszeghy. Sec.-Lt. Graf v. Hardenberg I. = Heineccius II. = Wolff. = v. Alvensleben. Vizefeldw. Schmidt. Außerdem: Div. Pfarrer Simon
Brandenburg. Pionier-Bataillon Nr. 3	. . . .	Sec.-Lt. Bertram I.
13te Infanterie-Division. 1stes Westfälisches Infanterie-Regiment Nr. 13	Hauptm. v. Cranach.	
5tes Westfälisches Infanterie-Regiment Nr. 53	Pr.-Lt. Wienand.	Hauptm. v. Rosenzweig. = Boettge. = v. Henning. Sec.-Lt. Loebbecke. = Kehl II. = Speith.
6tes Westfälisches Infanterie-Regiment Nr. 55	. . . .	Pr.-Lt. Rothenbücher. Sec.-Lt. v. Bock und Polach II. = v. Schilgen II.
Westfälisches Pionier-Bataillon Nr. 7	Pr.-Lt. Lommatzsch.	Pr.-Lt. Schotte. Sec.-Lt. v. Brodowski.

Anlage Nr. 62.

Ordre de bataille
der kombinirten Division Münster
am 20sten April.

Kommandeur: General-Major Graf zu Münster-Meinhövel.

Generalstabsoffiziere: 1) Major v. Stebingk v. Magdeb. Drag. Regt. Nr. 6.
    2)   "   Graf v. Wartensleben.
Adjutanten: 1) Sek. Lieut. v. Noville v. Westf. Hus. Regt. Nr. 5.
    2)   "   v. Grimm v. Brandenb. Huf. Regt. (Zieten-Huf.) Nr. 3.
Ordonnanzoffizier: Sek. Lieut. v. d. Horst v. Westf. Huf. Regt. Nr. 8.
Kommandirt zur Dienstleistung: Major Prinz Heinrich von Hessen und bei Rhein Großherzogl. Hoheit.

2ste Infanterie-Brigade.

Kommandeur: General-Major v. Bornstedt.
Adjutant: Prem. Lieut. v. Lieres u. Wilkau v. 2ten Oberschl. Inf. Regt. Nr. 23.

3tes Niederschles. Inf. Regt. Nr. 50.
Kommandeur: Oberst v. Hadewig.

1tes Schles. Gren. Regt. Nr. 10.
Kommandeur: Oberst Frhr. v. Falkenstein.

4te 12pfündige Batterie Artillerie-Brigade 3.

Kombinirte Kavallerie-Brigade.

Kommandeur: Oberst Flies.
Adjutant: Prem. Lieut. v. Rudolphi v. 1sten Brandenb. Ulf. Regt. (Kaiser v. Rußland) Nr. 3.

Brandenb. Kür. Regt. Nr. 6.
Oberst Herzog Wilhelm zu Mecklenb. Schwerin Hoheit.

Westfäl. Huf. Regt. Nr. 8 (ausschl. 1te Est.).
Oberst-Lieut. v. Rangau.

Garde-Huf. Regt.
Oberst-Lieut. v. Kerssenbroigt.

5te reit. Batt. Art. Brigade 7.

Kombinirtes Garde-Infanterie-Regiment.

Kommandeur: Oberst-Lieutenant v. Ctebeck vom 4ten Garde-Regt.

Füf. Bat.   Füf. Bat.   Füf. Bat.
3ten Garde-Regts.   4ten Garde-Regts.   3ten Garde-Gren. Regts.

3te 6pfündige Batterie Artillerie-Brigade 6.

Ordre de bataille

des kombinirten III. Korps

am 26sten April.

Kommandeur: General-Lieutenant v. d. Mülbe.

Generalstabsoffizier: Major v. Alvensleben.
Kommandeur der Artillerie: Oberst-Lieutenant Scherbening der Brandenburg.
Art. Brig. Nr. 3.
Ingenieur-Offizier: Prem.-Lieut. Scheibert.
Adjutantur: Hauptmann v. Notz vom 2ten Garde-Regt. z. F.
Prem.-Lieut. v. Henniges vom Kaiser Alexander Garde-Gren. Regt. Nr. 1.

Kombinirte Garde-Infanterie-Brigade.

Kommandeur: General-Major Graf v. d. Goltz.
Adjutant: Prem.-Lieut. Frhr. v. Ende vom Kaiser Alexander Garde-Gren. Regt. Nr 1.

3tes Garde-Regiment z. F.	4tes Garde-Regiment z. F.
Oberst v. d. Groeben.	Führer Major v. Conta
	(für den verwundeten Obersten v. Korth).
II. I.	II. I.

Kombinirte Garde-Grenadier-Brigade.

Kommandeur: Oberst v. Bentheim à la suite des 2ten Garde-Regts. z. F.
Adjutant: Prem.-Lieut. v. Wrochem vom 2ten Garde-Regt. z. F.

3tes Garde-Grenadier-Regiment Königin Elisabeth.	4tes Garde-Grenadier-Regiment Königin.
Oberst v. Winterfeld.	Oberst v. Oppell.
II. I.	F. II. I.

10te Infanterie-Brigade.

Kommandeur: Oberst v. Kamienski à la suite des 8ten Brandenburg. Inf. Regts. Nr. 64.
Adjutant: Prem.-Lieut. Lust vom 1sten Schlesischen Gren. Regt. Nr. 10.

1stes Posensches Infanterie-Regiment Nr. 18. Oberst v. Kettler.	6tes Brandenburgisches Infanterie-Regiment Nr. 52. Oberst-Lieutenant v. Blumenthal.
F.　　II.　　I.	F.　　II.　　I.

Westfälisches Jäger-Bataillon Nr. 7.
Major v. Beckedorff.

Westfälisches Dragoner-Regiment Nr. 7.
Oberst-Lieutenant v. Ribbeck.

3te 6pfdge Garde-Batterie.	4pfdge Garde-Batterie.	1ste 6pfdge Batterie Brandenb. Art. Brig. Nr. 3.

Westfälisches Pionier-Bataillon Nr. 7 (ohne 1ste Kompagnie).
Hauptmann v. Rohrscheidt.

Kolonnen.

Munitions-Kolonnen Nr. 1, 2 und 3 Brandenburg. Art. Brig. Nr. 3.
Proviant-Kolonnen Nr. 1 und 2 (abgegeben vom Train-Bat. des I. Korps) noch auf dem Marsche.

Feld-Lazarethe.

1stes schweres Feld-Lazareth des VII. Armee-Korps.*) Leichtes Feld-Lazareth der kombinirten Garde-Division. Krankenträger-Kompagnie des Garde-Korps.

Feld-Telegraphen-Abtheilung Nr. 2

stand unmittelbar unter dem Ober-Kommando, wurde jedoch für die nächste Zeit dem III. Korps attachirt.

Summe des kombinirten III. Korps	16 Bataillone Infanterie 4 Eskadrons 20 Geschütze 3 (später 2) Kompagnien Pioniere	Hiervon am 26sten April noch nicht in Jütland: **3 Bataillone.**

*) Befand sich zur Zeit noch auf dem Marsche nach Jütland.

Anlage Nr. 64.

Denkschrift

des General-Lieutenants Freiherrn v. Moltke, die Besetzung von Jütland betreffend.

Die vollständige Besetzung und Unterwerfung Jütlands ist durch die Allerhöchste Ordre vom 6ten März als die Aufgabe der kombinirten Kavallerie-Division bezeichnet worden.

Um dieses Ziel zu erreichen, wird es vor Allem nöthig sein, sich des Theiles der feindlichen Streitmacht zu entledigen, welcher zur Zeit noch auf der Halbinsel steht.

Die Stärke dieser Abtheilung beträgt kaum mehr als 5000 Mann, davon nahezu die Hälfte Kavallerie.

Die Preußische Division wird in den nächsten Tagen 9000 Mann stark. Eine rasche und kräftige Offensive kann daher die Dänen in fünf bis acht Märschen gegen die See oder den Liim Fjord drängen und die Entscheidung herbeiführen.

Dies Vorgehen darf ohne zu ängstliche Rücksicht auf die Verbindungen ausgeführt werden. Zunächst ist durch den Angriff auf Düppel die Hauptmacht des Feindes noch auf Alsen festgehalten, so daß eine größere Expedition von dort nach Jütland erst im späteren Verlaufe der Ereignisse eintreten kann.

Wollte man alle Punkte der Jütischen Ostseeküste, welche beim weiteren Fortschreiten gegen Norden in der Flanke liegen bleiben, vertheidigen, so würde dies zu einer großen Zersplitterung der Streitkräfte führen. Es kommt weniger darauf an, eine feindliche Abtheilung am Landen zu verhindern, als dieselbe zu vernichten, nachdem sie gelandet ist, und dies kann erreicht werden, wenn zwar die hauptsächlichsten Hafenpunkte schwache Besatzungen zur Beobachtung erhalten (welche dann zugleich den überseeischen Verkehr von Jütland nach Kopenhagen verhindern), die Hauptmacht der Division aber möglichst beisammen behalten bleibt.

Diese wird dann Allem mit Ueberlegenheit engegentreten können, was die Dänen in einem oder zwei Tagen zu debarkiren vermögen.

Selbst bei großer Aufmerksamkeit können allerdings einzelne Ueberrumpelungen im Kleinen an den nicht bewachten Theilen der Küste stattfinden. In den meisten Fällen werden diese aber zum Nachtheile des Gegners ausfallen, und können solche partielle Unternehmungen niemals den Hauptzweck, die völlige Beherrschung des Landes, gefährden.

Eine dänische Operation nach Jütland mit bedeutenden Streitkräften kann voraussichtlich nur von Fredericia ausgehen. An jedem anderen nicht befestigten Punkte würde eine Ausschiffung in großem Styl vor ihrer Vollendung durch das Erscheinen der Division unterbrochen werden. Nur aus Fredericia vermögen die Dänen mit einer formirten Armee plötzlich hervorzutreten, weil sie eine Reihe von Ausschiffungen zuvor ungestört auf Fünen bewirken und einigermaßen unentdeckt nach der Festung überführen können.

Vor Fredericia aber stehen 22 000 Mann Oesterreicher in verschanzter Stellung, und die Dänen könnten nach Abzug der unbedingt nöthigen Garnison dort kaum in größerer Stärke debouchiren, selbst wenn sie, Alsen räumend, alle ihre Truppen heranziehen, in welchem Fall denn auch das kombinirte Preußische Armee-Korps im Sundewitt diesseits verfügbar würde.

Es befinden sich nämlich, soweit es hier übersehen werden kann, gegenwärtig:

Jütland.

Alliirte.		Dänen.	
Kombinirte Division Graf Münster.*)	9 Bat., 16 Esk., 3 Batt.	4te Armee-Division General-Lieutenant Hegermann-Lindencrone.**)	4 Bat., 19 Esk., 3 Batt.
	9 000 Mann.		5 000 Mann.

Fredericia—Fünen.

II. Korps.***) (R. R. VI. Armee-Korps.)	20 Bat., 10 Esk., 6 Batt.	Unter Befehl des General-Lieutenants Lunding.†)	12 Bat., 3 Esk., 2 Batt.
	22 000 Mann.		8 000 Mann.

Düppel—Alsen.

I. Korps. (Komb. Königl. Preußisches Armee-Korps.)	41 Bat., 15 Esk.,††) 18 Batt.	Unter Befehl des General-Lieutenants Gerlach.†††)	29 Bat., 6 Esk., 4 Batt.
	40 000 Mann.		19 000 Mann.

Außerdem in Holstein: 5 000 Mann.

Im Ganzen: 76 000 Mann.   **Im Ganzen: 32 000 Mann.**

*) Die 21ste Inf. Brig. und die 6pfündige Batt. der Schles. Art. Brig. Nr. 6 sind hier schon eingerechnet. Die Zahl der Eskadrons stimmt, wenn man das Drag. Regt. Nr. 7, welches in Folge Befehls des Ober-Kommandos vom 19ten April erst nach Jütland geschickt wurde, mitrechnet.

> Garde-Hus. . . . . 4 Eskadrons
> Kür. Nr. 6 4   =
> Hus. Nr. 8 4   =   (Die 5te Eskadron befand sich in Angeln.)
> _____
> 12 Eskadrons.

**) General Hegermann hatte nur 2 Bataillone, da das 11te Inf. Regt. nach Alsen abgegeben war, wo es am 2ten April ankam. An Kavallerie war mehr vorhanden, da das neugebildete 2te Drag. Regt. inzwischen eingetroffen war, so daß im Ganzen 26 Eskadrons zur Verfügung standen; an Artillerie nur 2 Batterien. Die Widerstandsfähigkeit der Hegermann'schen Division war also noch geringer, wie oben angenommen.

***) Die zur Zeit noch beim General Graf Münster befindliche Brigade Dormus (5 Bat., 1 Esk., 1 Batt.) ist nicht in Abrechnung gebracht worden.

†) General Lunding hatte in der ersten Hälfte des April eine Infanterie-Brigade, die 8te, nach Alsen abgegeben und danach behalten: 10 Bat., 2 Esk., 3 Feld-Batt.

††) Es waren 6 Eskadrons, nämlich 4 Eskadrons Husaren-Regiments Nr. 3, und 2 vom Ulanen-Regiment Nr. 11.

†††) General Gerlach verfügte damals über 8 Brigaden zu je 4 Bataillonen, die Leib-Garde zu Fuß und die Abtheilung auf Meels, also, wenn man jedes der beiden letzteren auch gleich einem Bataillon rechnet, über 34 Bataillone, 6 Eskadrons (1 Halb-Regiment Husaren und 1 Halb-Regiment Dragoner Nr. 4) und 8 Batterien.

Die Effektivstärke der Dänen dürfte selbst die obigen Ziffern kaum wirklich erreichen, und das Oesterreichische Korps und die Preußische kombinirte Kavallerie-Division Graf Münster mit 30 000 Mann sind allein schon so stark wie Alles, was die Dänen augenblicklich unter den Waffen haben.

Hiernach erscheint eine rasche Offensive der Division zunächst gegen die Abtheilung des Generals Hegermann, soweit sie von der Insel Mors wieder vorgegangen ist, ohne Besorgniß wegen einer Landung im Rücken angängig und in Betracht der politischen Verhältnisse, der herannahenden Konferenz und der möglichen Unterstützung der Dänen, namentlich durch Schweden, in hohem Grade wünschenswerth. Nöthig dürfte es sein, die Division mit einem ausreichenden Verwaltungs-personal zu versehen und ihre Operation durch Anlegung kleiner Magazine an mehreren Punkten je nach ihrem Vorrücken möglichst unabhängig zu machen.

Berlin, den 17ten April 1864.

(gez.) Frhr. v. Moltke,
General-Lieutenant und Chef des
Generalstabes der Armee.

Geschichte des Planes zu einer Landung auf Fünen.*)

Im Laufe einer am 14ten März 1864 beim Könige statt=
findenden Besprechung hatte General v. Moltke bereits eine Lan=
dung auf Fünen als eine wirksame Diversion für den Angriff auf
Düppel und die stärkste Zwangsmaßregel empfohlen, welche gegen
Dänemark überhaupt angewendet werden könne.

Drei Tage später reichte der General einen vollständig aus=
gearbeiteten Plan zu einer solchen Unternehmung ein. Diese Denk=
schrift lautet:

„Es kann sich herausstellen, daß weder die Okkupation Jüt=
lands, noch der Angriff auf Düppel das Kopenhagener Kabinet
zum Nachgeben bestimmt.

Weitere Zwangsmaßregeln gegen Dänemark würden dann nur
unter Mitwirkung maritimer Streitkräfte durchzuführen sein. Es
ist mir bekannt, daß Seine Königliche Hoheit der Prinz Admiral
Euerer Königlichen Majestät bereits einen Vorschlag in dieser
Beziehung gemacht haben, und ich wage in tiefster Ehrfurcht
einen Vortrag über den Theil des Unternehmens, welcher der
Land=Armee zufällt, umsomehr schon jetzt allerunterthänigst der
erleuchteten Weisheit Eurer Majestät zu unterbreiten, als auch die
politische Seite dieser Frage im Voraus erwogen werden müßte.

Wenn gegen Dänemark weitere Zwangsmaßregeln sich als
nothwendig erweisen sollten, so können dieselben füglich nur gegen
Fünen gerichtet sein.

Hierzu wäre indeß die Mitwirkung unserer Flotte dringend
wünschenswerth. Dieselbe kann in 30 Stunden den Kleinen Belt

---

*) Vergl. hierzu Uebersichtskarten 1 und 3, sowie Plan 5.

erreichen, indem die Kanonenboote den Grön=Sund (zwischen Falster und Moen), die Korvetten den Großen Belt passiren.

Die völlige Ueberraschung, auf welcher das Unternehmen basirt, macht es in hohem Grade wahrscheinlich, daß die Flottille (eventuell bei Nacht) an der jedenfalls nur schwach armirten Kehle von Fredericia und den zur Zeit noch nicht armirten Batterien bei Strib und Middelfart ohne Verlust vorbei und in den eine Meile langen Kolding Fjord einlaufen wird.

Der Kleine Belt hat auf der 1½ Meilen langen Strecke von Fredericia bis Stenderup Hage die Breite von:

bei Strib . . . . 1900 Schritt,
bei Lyngsodde . . . . . 1500 =
schmalste Stelle . . . . 900 =
bei Fänö . . . . 1200 =
bei Stenderup Hage . . . 2000 =

ist also selbst nur von einem Ufer aus wirksam zu beherrschen.

Das Beobachtungs=Korps vor Fredericia würde Erritsö besetzen, um eine Batterie bei Lyngsodde an der nördlichen Einfahrt zu sichern; an der südlichen ist die Batterie bei Stenderup Hage bereits vorhanden.

Die Flottille zählt zwei, eventuell drei Korvetten, vier große und vierzehn kleinere Dampf=Kanonenboote. Jedes der letzteren kann 200 Mann transportiren.

Am Morgen gleich nach dem Eintreffen an dem dazu geeignetsten und nächsten Punkt — etwa Skjaerbaek — kann die Einschiffung von vier Bataillonen und einer Batterie erfolgen.

Die Ausschiffung würde bei Hindsgavl oder jedem anderen Punkte der Küste von Middelfart bis zum Gamborg Fjord erfolgen, den man unbesetzt findet.

Die Korvetten protegiren den Transport.

Für Einschiffung, Ueberfahrt, Ausladen und Rückkehr sind reichlich bemessen zwei Stunden zu rechnen. An demselben Vormittage wären also jedenfalls vier solcher Transporte, zusammen etwa 15 000 Mann, nämlich 12 Bataillone, 4 Batterien und etwas Kavallerie überzuführen; davon 1 Bataillon und 1 Batterie nach der Halbinsel Fönskov, 1 Batterie nebst 1 Kompagnie nach der Südspitze der Insel Fänö, um die südliche Einfahrt zu sperren, alles Uebrige nach der Halbinsel Hindsgavl, 2 Batterien nach der Windmühle östlich Middelfart, um sowohl gegen einen Land=Angriff zu sichern, als in Verbindung mit der Batterie bei Lyngs=odde die nördliche Einfahrt zu schließen.

Da das Beobachtungs=Korps nicht füglich 6 Batterien ab=geben kann, so muß die Flottille, außer ihrer eigenen Armirung, 18 bis 20 schwere Schiffsgeschütze mitführen, welche in Danzig vorhanden sein sollen. Die Marine=Bedienungsmannschaft wäre per Eisenbahn rechtzeitig heranzuziehen.

Die Dänen haben gegenwärtig

auf Alsen	. . .	etwa 17 000	Mann,
in Fredericia	. .	= 6 600	=
in Jütland	. . .	= 6 200	=
	Summe	30 000	Mann.

Auf Fünen befand sich bisher nur das 12te Regiment.

Da die Einschiffung in Aarhuus nicht verhindert worden ist, so sind möglicherweise jetzt auch das 1ste, 7te und 11te Regiment auf Fünen gelandet, alles zusammen 7000 Mann.

Gegen diese, höchst wahrscheinlich nicht an einem Punkte ver=sammelte Macht würde, unter dem Schutze des Feuers der Korvetten, das zuerst gelandete Echelon sich im ersten Augenblick zu behaupten haben, bis in wenig Stunden die Stärke des Landungs=Korps auf 15 000 Mann anwächst.

Wollten die Dänen eine dementsprechende Streitmacht auf Fünen versammeln, so könnte dies nur von Alsen her bewirkt werden, was mehrere Tage Zeit erfordert und die Sicherheit der Düppeler Stellung gefährdet.

Entschlössen sie sich, um Fünen zu retten, Düppel ebenso ganz aufzugeben, wie das Dannewerk, so haben wir die Mittel, 20 000 bis 25 000 Mann auf der Insel zu versammeln und doch ausreichend stark vor Fredericia zu bleiben, wenn ein Theil der

Truppen aus Jütland und die 5te Division aus Holstein zuvor herangezogen werden.

Ich glaube, daß die Okkupation von Fünen leichter ausführbar und ungleich wirksamer ist, als die Eroberung von Düppel.

Die Festung Fredericia würde von Strib aus in Kehle und Rücken wirksam beschossen werden.

Alles dies fordert aber den Beistand der Flotte. Begegnet diese der feindlichen vor dem Großen Belt, so unterbleibt einfach die ganze Unternehmung.

Gelingt es hingegen, den Kleinen Belt zu erreichen, so wird, wenn irgend wo, unsere Flotte sich dort zu behaupten vermögen, da sie auf beiden Ufern in wirksamster Schußweite von Land=Batterien unterstützt ist.

Vermöchte die Dänische Flotte demungeachtet den Eingang zu forciren, so widerführe dem gelandeten Korps dadurch unmittelbar noch kein wirklicher Nachtheil, da die Insel Fünen reich genug ist, um dasselbe auf lange Zeit zu ernähren, und wäre der Rückzug nur abgeschnitten, wenn man annehmen will, die Dänischen Schiffe könnten sich mitten zwischen unseren Land = Batterien dauernd behaupten."

Der Plan wurde so geheim gehalten, daß General v. Moltke sich außer gegen den König gegen keinen Andern, als den Prinzen Adalbert und den Kriegs=Minister darüber äußerte. Erst als Oberst v. Blumenthal im Laufe seines mit dem Chef des Ge= neralstabes der Armee geführten Briefwechsels einer Landung auf Fünen gedachte, ging Letzterer auch diesem gegenüber näher auf die Sache ein. Am 20sten März nämlich schrieb Oberst v. Blumenthal:

„Ich habe das feste innere Gefühl, wenn ich an Stelle des Ober=Befehlshabers wäre, so pflanzte ich in spätestens vier Wochen die Preußische Fahne auf der Insel Fünen auf. Aber es müßte ganz still und schnell geschehen und selbst die eigenen Führer nicht wissen, was los ist."

Hierauf antwortete General v. Moltke am 21ften März:

„Da Sie selbst den Gedanken einer Landung auf Fünen gehabt haben, so darf ich Ihnen wohl sagen, daß dieser Gegenstand zwischen dem Prinzen Adalbert und mir seit länger schon besprochen und daß ich denselben auch Seiner Majestät vorgetragen habe. Kann unsere Flottille sich irgendwo behaupten, so ist es nur im Kleinen Belt, den wir schon von einem Ufer aus beherrschen. Ich habe das Projekt vollständig ausgearbeitet, aber bisher keinem Menschen sonst etwas davon gesagt, als dem Kriegs-Minister, denn in dem vollständigsten Geheimniß und der völligen Ueberraschung liegt der ganze Erfolg. — Kommt die Flotte nicht nach der Alsener Föhrde, nun, so wird auch die Offupation Fünens eine hübsche Diversion für Sie sein. Dann wird Fredericia in der Kehle, von Strib her, angegriffen. — Auch der Verlust von Alsen wird die Dänen nicht zum Frieden zwingen, es sei denn, daß ihre Armee dabei vollständig vernichtet wird, was möglich ist. Ein ungleich wirksameres Zwangsmittel wäre die Besetzung von Fünen."

An demselben Tage richtete General v. Moltke an den Prinzen Adalbert ein Schreiben, in welchem es nach Erwähnung einiger der Unternehmung nicht günstiger Umstände heißt:

„Dies Alles erschwert die Landung auf Fünen, ohne sie indeß unmöglich zu machen. Ich halte das Unternehmen immer noch für ausführbar, den Besitz von Fünen wichtiger, als den von Alsen.

Offenbar ist aber die Landung auf Fünen wie die auf Alsen ohne die Mitwirkung der Flotte sehr schwer ausführbar, und die Verwirklichung des einen oder des andern dieser Pläne muß abhängig bleiben von der Möglichkeit, daß unsere Schiffe vor Snoghöj oder vor Ballegaard erscheinen.

Da sich nun nicht vorhersehen läßt, wo unsere Flotte der feindlichen begegnen wird, und da deshalb, abgesehen von Wind und Wetter, sich vielleicht erst auf hoher See die eine oder die andere Richtung als angänglich erweist, so müßten, wie mir scheint, sowohl bei der Armee vor Fredericia, wie bei der vor Düppel alle Vorkehrungen getroffen werden, um bei dem plötzlichen Erscheinen unserer Schiffe augenblicklich die Truppen=Einschiffung beginnen zu können. Das stattgehabte Auslaufen der Flotte kann nach beiden Punkten telegraphisch mitgetheilt werden, das Eintreffen derselben an dem einen oder dem anderen hängt von Umständen ab."

Am 23sten März schrieb Oberst v. Blumenthal in Erwiderung des oben erwähnten Briefes des Generals v. Moltke vom 21sten März:

„Ein Uebersetzen nach Fünen zwischen Erritsö und Snoghöj halte ich, wenn es überraschend geschieht, nicht einmal für ein Wagniß, und würde man erstaunt sein, wie leicht das ist. Würde mir der Auftrag nur mit einer Brigade gegeben, so wollte ich für den Erfolg stehen.*)

Die Dänen haben sich bis vorgestern noch durch die Garde und andere Truppen (wahrscheinlich aus Fredericia) verstärkt, gestern sind aber 3 bis 4 Kompagnien (vielleicht 10tes oder 12tes Regiment) fortgeschickt worden. Benutzt man nun dies und geht schnell und überraschend nach Fünen, so muß Alles gut gehen."

Am 20sten April schrieb General v. Moltke an den Obersten v. Blumenthal:

„Man müßte öffentlich aussprechen, daß es nun an die Belagerung von Fredericia geht. Die Oesterreicher müßten näher an den Platz heranrücken, um Detachirungen zu verhindern, und namentlich Erritsö stark besetzen. Werden 50 bis 60 schwere Geschütze von Lyngsodde bis westlich Snoghöj in Batterien gestellt, so halte ich das Einlaufen, wenigstens das Verbleiben feindlicher Schiffe, selbst gepanzerter, in dem nur 1000 Schritt breiten Fahr=wasser des Belts für rein unmöglich. Unter dem Feuer dieser Geschütze können auch die Dänen schwerlich an dem flachen Ufer der Halbinsel Hindsgavl ausdauern, und das Uebersetzen auf Pontons über dies gegen Wind und Wellenschlag sehr geschützte,

---

*) Oberst v. Blumenthal, welcher im Jahre 1849 als Chef des Stabes der Holsteinschen Armee beinahe zwei Monate vor Fredericia gelegen hatte, war mit den dortigen örtlichen Verhältnissen auf das Genaueste vertraut.

900 Schritt breite Wasser dürfte schwerlich zu verhindern sein, vollends, wenn die wirkliche Absicht nicht wieder ein öffentliches Geheimniß wird.

Schwer ist nur, den richtigen Moment der Ausführung zu bemessen, wo die Dänen sehr große Mittel noch nach Fünen nicht übergeführt, andererseits aber Truppen und Geschütz bei Ihnen entbehrlich werden."

Am 24ften April übersandte der Feldmarschall v. Wrangel, welchem Oberst v. Blumenthal bereits am 29ften März über die Vortheile eines Ueberganges nach Fünen Vortrag gehalten hatte, einen Bericht,*) in welchem diese Unternehmung unter dem Gesichtspunkt erörtert wurde, daß vor Beginn einer solchen zunächst Jütland besetzt werden müsse.

An demselben Tage reichte General v. Moltke dem Könige einen Vorschlag ein, in welchem er sich über eine Landung auf Fünen in ähnlicher Weise äußerte, wie in seinem Briefe an den Obersten v. Blumenthal vom 20ften April.

In Folge der vom Ober=Kommando eingegangenen Denkschrift zum Berichte aufgefordert, entwickelte General v. Moltke am 26ften April abermals seine Ansicht über die Landung in folgender Weise:

„Euerer Königlichen Majestät reiche ich allerunterthänigst das mir soeben durch den General v. Manteuffel mitgetheilte Memoire des Feldmarschalls v. Wrangel zurück, indem ich meine Aller= gnädigst befohlene Ansicht in Nachstehendem ehrfurchtsvoll ausspreche.

Es ist von einleuchtendem Interesse, daß bis zum Eintritt einer Waffenruhe Dänisches Gebiet in möglichster Ausdehnung von uns besetzt sei.

Ein feindliches Land besetzt halten, heißt aber nicht, an allen Punkten desselben Garnison haben, sondern vor Allem, die feind= lichen Streitkräfte daraus zu entfernen, wodurch allein der Besitz gesichert wird.

---

*) Vergl. Seite 603.

Dieses Ziel verfolgt die dem General Grafen Münster zuletzt ertheilte Instruktion.

Ueber seine Operation sind bei mangelnder telegraphischer Verbindung mir Nachrichten bis jetzt nicht bekannt geworden, ich möchte aber glauben, daß er heute schon in Aarhuus ist und in den allernächsten Tagen Randers und Viborg erreicht. Man hält dann die wichtigsten Städte besetzt und unterbricht die Verbindung von zwei Dritteln des Landes nach Kopenhagen, für welche Aarhuus, wegen der dort mündenden Eisenbahn und Dampfschifffahrt, der Hauptpunkt ist.

Einer Verstärkung bedarf die Division Münster nicht, da sie, soweit hier Nachrichten vorhanden, fast nur Kavallerie gegen sich hat; auch könnten solche Verstärkungen die im Vorrücken begriffene Division in den nächsten acht Tagen gar nicht mehr erreichen. Sie würden nur dann nöthig werden, wenn die Dänen eine Landung in großem Styl im Rücken der Division, also in einem der von uns beobachteten Häfen der Ostküste Jütlands, ausführten.

Eine solche Expedition müßte doch wenigstens 10 000 Mann mit zugehöriger Artillerie und Kavallerie stark sein, wenn sie auch nur der Division Münster allein gewachsen sein soll. Einschiffung, Transport und Ausschiffung einer solchen Abtheilung erfordern mehrere Tage Zeit. Die Truppen dafür könnten auch nur von Alsen genommen werden, woselbst dann nur 6000 bis 8000 Mann verbleiben.

Abgesehen davon, daß die Dänen dadurch ihren ferneren Besitz der Insel gefährden, verzichten sie doch jedenfalls auf die Möglichkeit, dann noch aus Fredericia zu debouchiren.

Nach meiner Meinung könnte in diesem Fall die Einschließung des Platzes ganz aufgegeben werden und das Oesterreichische Korps sich der Division Münster nähern.

Es soll hier nicht verschwiegen werden, daß die Vereinigung beider, etwa bei Silkeborg, bei mangelnden Chausseen im Innern des Landes, Schwierigkeiten haben könnte, wenn die Dänische Landung zu einer Zeit glücklich bewirkt wird, wo die Division Münster gegen den Liim Fjord verfolgt, während das Korps v. Gablenz noch vor Fredericia steht.

Aber selbst dann müßte die gelandete Abtheilung ihre Operation zwischen zwei diesseitige hinein richten, von denen die eine ebenso stark, die andere doppelt so stark ist wie sie selbst. Es würde immer schließlich zu einer Schlacht im offenen Felde gegen gleiche oder eventuell dreifache Stärke kommen.

Wollte man aber jedenfalls auch die nur momentane Unterbrechung der über Kolding und Veile führenden Verbindung durch die schwache Garnison von Fredericia verhindern, so würde dazu eine zurückzulassende Brigade völlig ausreichen.

Wenn also auch ferner Fehmarn und Rendsburg durch etwa 6000 Mann Preußischer Truppen besetzt gehalten würden, wenn das kombinirte Korps des Prinzen Friedrich Karl in der Stärke von etwa 22 000 Mann bei Düppel gegen 16 000 bis 18 000 Dänen stehen bleibt, das Oesterreichische Korps mit 20 000 die 6000 Mann starke Besatzung von Fredericia einschließt, die Division Münster mit 9000 die 3000 bis 4000 Dänen über den Liim Fjord zurückwirft oder vernichtet, so bleibt immer noch die Division des Generals v. d. Mülbe mit etwa 15 000 Mann verfügbar, welche sich gegenwärtig um Veile versammelt, um entweder den General Grafen Münster direkt zu unterstützen oder eine Landung auf Fünen zu bewirken. Die erstere Maßregel erscheint mir aus den schon entwickelten Gründen nicht unbedingt nothwendig und würde die Division wahrscheinlich zur Unthätigkeit verdammen, die letztere würde sich entweder gleich Anfangs als unausführbar erweisen und könnte dann ohne jeglichen Zeitverlust aufgegeben werden, oder sie gelingt schon drei Tage später, nachdem der Befehl an die jetzt versammelte Division ertheilt wird.

Die Wahrscheinlichkeit des Erfolges beruht darin, daß die Dänen augenblicklich noch genöthigt sind, bei nur einiger Aktivität des kombinirten Korps fast alle ihre Streitkräfte gegen eine Landung auf Alsen versammelt zu halten. Jede längere Verzögerung macht das Gelingen der Landung auf Fünen zweifelhafter, indem

188*

sie das Geheimniß gefährdet und dem Gegner Zeit gewährt, Truppen nach der jetzt fast ganz entblößten Insel überzuführen.

Die Stärke des Oesterreichischen Korps und die Schwäche der Besatzung von Fredericia gestatten, sowohl den General Grafen Münster in Jütland wie den General v. d. Mülbe auf Fünen nachhaltig zu unterstützen, und zwar je nachdem die Dänen an der einen oder der andern Küste eine größere Ausschiffung auf die Gefahr hin, auch Alsen zu verlieren, versuchen möchten.

Das Unternehmen gegen Fünen ist das sicherste Mittel, um Alsen zu bekommen.

Je näher der Waffenstillstand, um so wichtiger wird es, die kostbaren Tage zum unverzüglichen Handeln zu benutzen.

Mein allerunterthänigster Vorschlag würde daher sein, den Feldmarschall v. Wrangel zu ermächtigen, die Landung auf Fünen nach eigenem Ermessen und sobald die Mittel zum Ueber= gang herbeigeschafft werden können, auch schon jetzt zur Ausführung zu bringen."

An demselben Tage, an welchem dieser Bericht abging, schrieb Oberst v. Blumenthal an den General v. Moltke über diese Frage:

„ . . . Ich konnte daher, als ich darum vom Kronprinzen und General v. Falckenstein befragt wurde, nur sagen, nach meiner Ansicht müsse man hier (nämlich vor Alsen) ruhig beobachtend und demonstrirend stehen bleiben und nur unerwartet günstige Chancen zum Uebergang nach Alsen benutzen. Alles, was nicht zum Armee= Korps gehöre, müsse nördlich nach Jütland ziehen, das Land über= schwemmen und aussaugen, Fredericia eng einschließen und unter diesem Schutz ein starkes Korps plötzlich bei Middelfart nach Fünen übergehen, es koste, was es wolle. Daß es möglich, ja sogar viel leichter ist, als man denkt, lasse ich mir nicht ausreden. Im Allgemeinen wird es nun auch wohl so werden, aber die Hauptsache, den Uebergang nach Fünen, wird man wohl nicht wagen, sondern sich an die Belagerung von Fredericia machen, die

abermals langwierig und kein eigentlich nennenswerthes Objekt
sein wird, ja es ist wohl noch geringer wie der Besitz von Alsen."

Zwei Tage später antwortete General v. Moltke:

„Unter dem 26sten hatte ich mich wegen der Landung nach
Fünen mit Stiehle in Verbindung gesetzt. Die leitenden Per=
sönlichkeiten haben die Sache aufgefaßt und hier beantragt. Division
Mülbe soll aber zuvor Graf Münster unterstützen und Jütland
besetzen, wo eine Kriegssteuer aufgebracht werden soll. Inzwischen
sollen Fahrzeuge selbst von der Westküste, aus Hadersleben und
Veile herangeschafft werden (welche letztere die Batterien von
Fredericia und Strib passiren müßten). Nach meiner Ansicht
braucht Graf Münster keine Unterstützung, außer bei einer Lan=
dung der Dänen in großem Styl nach Jütland. Da sie dann
nicht außerdem noch aus Fredericia debouchiren können, so würde
das Oesterreichische Korps zur Unterstützung ausreichen.

Mir scheint der sofortige Uebergang Mülbes geboten, um
dies Gewicht bei den Verhandlungen noch in die Waagschale zu
unseren Gunsten zu werfen, weil jetzt noch die Hauptkräfte der
Dänen auf Alsen festgehalten sind, und weil zu weit greifende
Vorbereitungen das Geheimniß verrathen und stärkere Gegen=
maßregeln hervorrufen würden. Ich glaube, daß man sich auf die
Fahrzeuge in der Koldinger Bucht und auf Pontons beschränken
muß. Ich hoffe, daß es gelungen ist, dieser Ansicht gestern
einigermaßen Eingang zu verschaffen.

In diesem Fall wird es allerdings wichtig sein, daß Sie
beim Feinde wenigstens die Besorgniß eines Ueberganges nach
Alsen wach erhalten, um große Detachirungen zu verhindern."

Auf Grund der angeführten Denkschrift des Generals v. Moltke
vom 26sten April wurde dann dem Feldmarschall v. Wrangel am
27sten die Ermächtigung zum Uebergange nach Fünen ertheilt und
dessen baldige Ausführung als wünschenswerth empfohlen, da die
Unterstützung des Grafen Münster durch die Division Mülbe nicht
nothwendig sei.

Die nun folgenden Berathungen haben in der Darstellung der Ereignisse jener Periode Erwähnung gefunden.*)

Auch während des Waffenstillstandes wurde die Absicht einer Landung auf Fünen bei Wiederausbruch der Feindseligkeiten in's Auge gefaßt.

In einer die weiterhin zu unternehmenden Operationen beleuchtenden Denkschrift**) wird der Uebergang nach dieser Insel als dasjenige Mittel bezeichnet, welches voraussichtlich zur Schlacht führen werde, die man suche.

Nachdem sich aber herausstellte, daß der Uebergang nach Fünen aus politischen Gründen nicht unternommen werden durfte, so erfolgte der nach Alsen.

Nachdem diese Insel erobert und ganz Jütland besetzt worden war, trat die Frage, ob der Uebergang nach Fünen unternommen werden sollte, von Neuem in den Vordergrund;***) aber auch diesmal mußte die Ausführung unterbleiben, da die bald darauf eintretende Waffenruhe den weiteren Operationen ein Ende machte. Daß sich auch während der zweiten Waffenruhe das Ober-Kommando mit dem Plane beschäftigt hat, geht aus der weiteren Darstellung hervor.†)

---

*) Vergl. Seite 604, 605.
**) Vom 23sten Mai; dieselbe findet sich in Anlage Nr. 68.
***) Vergl. die Denkschrift vom 14ten Juli, Seite 740.
†) Vergl. Seite 744.

Verlustliste

für das Seegefecht bei Helgoland am 9ten Mai.

Schiffe	Todt		Verwundet	
	Offiziere	Mannschaften	Offiziere	Mannschaften
„Schwarzenberg" .	1*)	31	4***)	65
„Radetzky" . . .	1**)	4	1†)	23
	2	35	5	88

*) Hauptm. Auditor Kleinert.
**) Seekadett Belsky.
***) Linienschiffs-Lieut. Gaal, Mar.-Inf.-Ober-Lieut. Pokorny, Seekadett Turkovits, Seekadett Schönberger.
†) Kommandant Fregatten-Kapitän Jeremiasch.

Die Karlsbader Abmachungen.

Beide Allerhöchste Höfe kommen überein:

1) Nach Ablauf des Waffenstillstandes die militärische Okkupation auf die Insel Alsen und auf Jütland jenseit des Liim Fjord auszudehnen.

2) Für den Fall, daß zur Unterstützung des Angriffs auf diese beiden Objekte eine Demonstration gegen Fünen, in der Absicht Dänische Streitkräfte daselbst festzuhalten, unternommen wird, soll dieselbe nicht bis zur Landung auf die Insel ausgedehnt werden.

3) In der Absicht, den Krieg nach Möglichkeit zu lokalisiren, die Verständigung über Operationen gegen die Dänischen Inseln späteren Verhandlungen vorzubehalten.

4) Jütland als Negociations-Objekt festzuhalten und in eigene Verwaltung und Besteuerung zu nehmen.

5) Die der Konferenz in Betreff der Theilung Schleswigs angebotenen Konzessionen als hinfällig und für künftige Verhandlungen nicht bindend anzusehen; diese Entschließung auch öffentlich bekannt werden zu lassen.

6) Die Gemeinsamkeit der Verwaltung von Schleswig-Holstein und Lauenburg unter Leitung der Verbündeten, durch geeignete Einwirkung auf den Deutschen Bund herbeizuführen und Sorge zu tragen, daß die Hülfsquellen der beiden letztgenannten Herzogthümer für den Krieg in demselben Maße nutzbar gemacht werden, wie die Schleswigs.

7) Als Ziel des Krieges die Lostrennung der Herzogthümer von Dänemark, in der günstigsten, den Umständen nach erreichbaren Ausdehnung anzustreben.

Karlsbad, den 24sten Juni 1864.

(gez.) Graf Rechberg. (L. S.)

(gez.) v. Bismarck-Schönhausen. (L. S.)

Denkschrift

des General-Lieutenants Freiherrn v. Moltke über die Weiterführung
der Operationen nach Ablauf der ersten Waffenruhe.

Wenn nach Ablauf der gegenwärtigen Waffenruhe die Feindseligkeiten wieder aufgenommen werden, kann die alliirte Armee in
ihrem Verhalten zwei Richtungen einschlagen, entweder

    a. sie beschränkt sich auf die dauernde Behauptung des ge-
        wonnenen Ländergebiets, oder

    b. sie schreitet zu neuen Eroberungen vor.

    ad a. Die wesentlich defensive Besetzung des ganzen Dänischen
Kontinents schließt ein aktives Vorgehen gegen jeden feindlichen Angriff nicht aus. Nichts könnte erwünschter sein, als ein Wieder-
eroberungsversuch der Dänen. Unsere drei Armee-Korps wären bei
Flensburg, Kolding und Aarhuus in sich zu konzentriren, die ausgedehnten Küsten mehr zu bewachen, als zu vertheidigen.

    Jedes dieser Korps ist für sich ungefähr ebenso stark, wie Alles,
was die Dänen zu einer Offensiv-Unternehmung verfügbar machen
können, welche sehr bald mit zwei unserer Korps, also doppelter
Ueberlegenheit, zu thun hätte. Ein Sieg im freien Felde würde nach
mehrtägiger Verfolgung die Dänen an das Meeresufer drängen und
eine entscheidende Katastrophe herbeiführen.

    Eine strikte Vertheidigung ist meiner Ansicht nach nur bei Düppel
nothwendig. Dort könnte der Feind durch Wiederherstellung des
Brückenkopfes sich aufs Neue einen gesicherten Abzug bereiten. An
allen anderen Punkten vermöchte er, seit dem Verlust von Fredericia,
nur durch den mißlichen Versuch einer Landung an offener Küste vorzugehen.

Je vortheilhafter indeß ein solcher Angriff des Gegners für uns, um so weniger ist er wahrscheinlich. Die Dänen werden sich voraussichtlich zu Lande auf die Defensive beschränken, unsere Truppen durch kleine Expeditionen und Bedrohungen in Athem erhalten, zur See aber ungehindert den Krieg fortsetzen.

Bei der Zähigkeit des Kopenhagener Kabinets kann dieser Zustand lange dauern. Selbst durch die strengsten Maßregeln würden wir aus dem theilweise schon erschöpften Jütland kaum einen finanziellen Ersatz für die Verluste des Handels und der Schifffahrt erzwingen, und eine Armee von 70 000 Mann würde thatenlos auf ganz unbestimmte Dauer in diesen Erdwinkel gebannt sein, während im übrigen Europa sich Verhältnisse entwickeln könnten, welche deren Anwesenheit an anderer Stelle fordern. Eine Verminderung ihrer Stärke erscheint aber nur dann statthaft, wenn zuvor die Herzogthümer durch Aufstellung eines eigenen Heeres wehrhaft gemacht werden.

Es kommen also hier nicht bloß militärische, sondern wesentlich auch politische Fragen in Betracht.

ad b. Entschließt man sich hingegen zur strategischen Offensive, so liegt uns ob, den Feind in seinen insularen Positionen aufzusuchen.

Nicht die Eroberung einer neuen Länderstrecke, sondern die Niederwerfung und Vernichtung der auf derselben stehenden Streitmacht ist dabei das Hauptobjekt.

Um dieses mit ausreichenden Kräften zu erreichen, wird eine theilweise Räumung Jütlands nöthig werden. Die Okkupation dieser Provinz hat zur Ernährung der alliirten Armee gedient und die finanziellen Mittel der Dänischen Regierung geschwächt, aber sie hat zu keiner Waffenentscheidung geführt und ist in dem Augenblick wirkungslos geworden, wo die Waffenruhe den Verkehr öffnete, die Verwaltung des Landes dem Gegner übertrug und uns hinsichtlich der Bedürfnisse unserer Truppen auf die eigenen Mittel verwies.

Bei Ablauf der Waffenruhe werden wir allerdings in die früheren Rechte der Eroberung treten. Aber wenn zuvor die diplomatische Aktion keine Resultate aus diesem Besitz hat ziehen können, so wird die fernere Behauptung des Landes in defensiver Haltung sich vom militärischen Standpunkte aus kaum empfehlen.

Dänemark wird zur Vertheidigung des ihm verbliebenen Gebiets voraussichtlich genöthigt sein, seine Landmacht in drei gesonderten Gruppen aufzustellen, und zwar auf Alsen, auf Fünen und im Norden Jütlands, wenn es nicht vorzieht, diesen letzteren völlig zu räumen, was manches für sich haben möchte.

Wir werden dagegen eine Aufstellung zu nehmen haben, aus welcher wir nach Befinden gegen die eine oder die andere jener Gruppen mit überlegenen Kräften offensiv vorgehen, die Unternehmungen der übrigen aber zu paralysiren vermögen.

Dies bedingt eine Konzentrirung der alliirten Armee im Allgemeinen auf der vier Märsche langen Linie Veile—Flensburg. Gingen die Dänen über den Liim Fjord, um Jütland zu besetzen und unserem Abzug von dort zu folgen, so würden wir sofort Kehrt machen und sie mit weit überlegenen Kräften zurückwerfen. Es ist bereits angedeutet, wie vortheilhaft eine solche Operation für uns ist. Eine starke feindliche Abtheilung könnte nicht, wie die fast nur aus Kavallerie bestehende des Generals Hegermann, sich unserer Verfolgung durch die Flucht entziehen.

Gegen bloße Neckereien von der Seite des Liim Fjords her würden wir uns durch ein an Kavallerie starkes Detachement sichern.

Die Hauptmacht der Dänen wird bei Ablauf der Waffenruhe voraussichtlich auf Alsen und Fünen konzentrirt stehen, um diesen augenscheinlich gefährdeten Besitz zu sichern.

Bei dem Angriff auf diese starke Position kommt wesentlich in Betracht, ob wir auf die Betheiligung unserer Alliirten bei einer Landung und auf die Mitwirkung seiner Flotte in der Ostsee rechnen können. Diese Frage ist ebenfalls nur vom politischen Standpunkte zu beantworten, und es wird nach meiner Ansicht dem Ober-Kommando eine Allerhöchste Entscheidung darüber nöthig, ob bei Wiederaufnahme der Feindseligkeiten die strategische Defensive oder Offensive, ob mithin das Verfahren ad a oder ad b durchgeführt werden soll.

Sobald diese Entscheidung getroffen, ließen sich die weiteren Maßnahmen vom rein militärischen Gesichtspunkt aus beurtheilen und daher vom Ober=Kommando selbstständig anordnen.

Wird die Armee auf die Vertheidigung des bis jetzt besetzten Gebietes verwiesen, so bleibt außer der schon berührten Konzentrirung der Korps in sich vorerst wenig vorzubereiten. Die Initiative ist dem Feinde zugesprochen, unsere Aktion hängt von seinen Beschlüssen ab. Soll hingegen der Krieg offensiv fortgeführt werden, so kann unser Vorgehen nur gegen Alsen und Fünen gerichtet sein, und das Ober=Kommando wird sich zu entscheiden haben, welche dieser Inseln zuerst oder ob eventuell beide gleichzeitig angegriffen werden sollen.

Auf eine Unterstützung durch die Flotten ist dabei nicht zu rechnen, selbst auf die Theilnahme des Oesterreichischen Korps an einer Landung nicht unbedingt. Die Vorbereitungen müssen also derart getroffen werden, daß das Unternehmen eventuell nur durch Preußische Streitkräfte und mit den in dem besetzten Lande auf= zutreibenden materiellen Hülfsmitteln bewirkt werden kann. Die Schwierigkeiten in der Ausführung liegen zu Tage und sind bereits sorgfältig erörtert. Wir verhehlen uns nicht, daß bei zweckmäßigen Anordnungen des Feindes der Erfolg kein gesicherter ist, allein es muß auch anerkannt werden, daß für die Offensive kein anderer Weg zum Ziele führt.

Alsen hat für uns den Werth eines Landestheiles, dessen Besitz wir anstreben, Fünens Eroberung ist das wirksamere Zwangsmittel gegen Dänemark und führt wahrscheinlich zur Schlacht, die wir suchen. Ein gleichzeitiges Vorgehen gegen beide Punkte verhindert die Dänen, ihre Streitmacht überwiegend gegen den einen oder den anderen derselben zu konzentriren.

Das Mißlingen auf einer Stelle würde durch den Erfolg an der andern ausgeglichen.

Die Mittel zu der doppelten Landung sind vorhanden; für jede würde ein Preußisches Armee=Korps, bei Veile und bei Flensburg, bereit, das Oesterreichische Korps eventuell zur Sicherung gegen eine feindliche Offensive verfügbar sein.

Am Alſen Sund wie am kleinen Belt ſind durch einen Marſch je 50 gezogene Geſchütze und ein Ponton=Train bereit zu ſtellen. Gegen 100 Kielboote können aus Kiel, Rendsburg und den Schleswigſchen Häfen herangeführt werden. Dem Mangel an Ruderern wird durch ſpezielle Maßregeln abzuhelfen ſein.

Unter dieſen Erwägungen wird das Ober=Kommando ſeinen Entſchluß hinſichtlich der Zeitfolge oder des gleichzeitigen Angriffs auf die Inſeln zu faſſen haben. Die Ausführung der Landung würde den betreffenden Korps=Kommandos ſelbſtſtändig zu übertragen ſein, indem denſelben die dafür verfügbaren Mittel überwieſen werden.

Horſens, den 23ſten Mai 1864.

(gez.) Frhr. v. Moltke,
General=Lieutenant und Chef des
Generalſtabes der Armee.

Uebersicht

der Dänischen Streitkräfte bei Wiederbeginn der Feindseligkeiten.
Ende Juni 1864.

Ober=Kommando auf Fünen.

Oberbefehlshaber: General=Lieutenant Gerlach.
Stabschef: Oberst=Lieutenant Stiernholm.

Stärke der Armee:

38 Bataillone (ausschl. 13tes Regiment).	6 Festungs=Artillerie=Kompagnien.
30 Eskadrons.	6 Ingenieur=Kompagnien.
13 Batterien = 104 Geschütze.	= ca. 36 000 Streitbare.

Truppen in Jütland.

Nordjütisches Korps.

Kommandeur: General=Lieutenant Hegermann=Lindencrone.

Stärke:

10 Bataillone,	2 Ingenieur=Kompagnien,
24 Eskadrons,	= ca. 10 000 Streitbare.
3 Batterien = 24 Geschütze,	

4te Division.*)

Kommandeur: General=Major Honnens, zugleich Kommandeur der 1. Kav.=Brig.

2te Kavallerie=Brigade.	1ste Kavallerie=Brigade.
Oberst Scharffenberg.	Gen.=Major Honnens.
2tes Dragoner=Regt.***)	3tes Dragoner=Regiment
6tes = =	5tes = =

3te Feld=Batterie }
5te = = } zu je 8 Geschützen.
3te Ingenieur=Kompagnie.

2te Division.*)

Kommandeur: General=Major Wilster.

9te Infanterie=Brigade.	1ste Infanterie=Brig.**)
Oberst Neergaard.	Oberst=Lieut. Nielsen.
19tes Regiment.	1stes Regiment.
21stes =	7tes =
	14tes =

7te Feld=Batterie = 8 Geschütze.
4te Ingenieur=Kompagnie.

---

*) Nach Ueberführung der 1sten Inf.=Brig. nach Fünen sind die Divisionen folgendermaßen zusammengesetzt: 2te Division aus dem 1sten Infanterie=Regiment und der 2ten Kavallerie=Brigade; 4te Division aus 9ter Infanterie= und 1ster Kavallerie=Brigade.

**) Die 1ste Infanterie=Brigade war Ende April aus dem 7ten und 14ten Regiment neu gebildet worden, später trat das 1ste Regiment hinzu. (Vergl. Bemerkung zur 8ten Infanterie=Brigade auf S. 199*.) Seit dem 25sten Juni befand sich die Brigade in der Ueberführung nach Fünen begriffen, mit Ausnahme des 1sten Infanterie=Regiments, welches noch in Nord=Jütland verblieb.

***) Das 2te Dragoner=Regiment war von Fünen gekommen.

Truppen auf Fünen.

3te Division.

Kommandeur: Oberst Wörishöffer.

Stärke:

16 Bataillone (ausschl. 13tes Regiment),	3 Festungs-Artillerie-Kompagnien,
4 Eskadrons,	3 Ingenieur-Kompagnien,
7 Batterien = 56 Geschütze,	= ca. 16 000 Streitbare.

8te Infanterie-Brig.*)	7te Infanterie-Brigade.	5te Infanterie-Brig.**)	3te Infanterie-Brigade.
Oberst Scharffenberg.	Oberst Hein.	Oberst Müller.	Oberst-Lieutenant Rist.
2tes Regiment.	11tes Regiment.	8tes Regiment.	16tes Regiment.
22stes =	12tes =	15tes =	17tes =
9tes =			
20stes =			

Außerdem: 13tes Regiment (als Arbeiter-Truppe verwandt).

I. Halb-Regiment Dragoner-Regiments Nr. 4 (3 Eskadrons).
Eine Eskadron II. Halb-Regiments Dragoner-Regiments Nr. 4.
4te, 6te, 8te, 10te, 11te, 12te, 13te Feld-Batterie zu je 8 Geschützen.
1ste, 2te, 5te Festungs-Artillerie-Kompagnie.
2te, 5te Ingenieur- und die Brücken-Kompagnie mit Brücken-Train.

Truppen auf Alsen.

1ste Division.

Kommandeur: General-Major Steinmann.

Stärke:

12 Bataillone,	3 Festungs-Artillerie-Kompagnien,
2 Eskadrons,	1 Ingenieur-Kompagnie,
3 Batterien = 24 Geschütze,	= ca. 10 000 Streitbare.

6te Infanterie-Brigade.	4te Infanterie-Brigade.	2te Infanterie-Brigade.
Oberst Bülow.	Oberst Faaborg.	Oberst Kauffmann.
5tes Regiment.	4tes Regiment.	3tes Regiment.
10tes =	6tes =	18tes =

2 Eskadrons II. Halb-Regiments Dragoner-Regiments Nr. 4.

1ste, 2te, 9te Feld-Batterie zu je 8 Geschützen.
3te, 4te, 6te Festungs-Artillerie-Kompagnie.
1ste Ingenieur-Kompagnie.

) Die 8te Infanterie-Brigade wurde nach der Eroberung Düppels aus der bisherigen 1sten und 8ten Infanterie-Brigade zusammengestellt, da die Regimenter nur noch 1 Bataillon stark waren; bald darauf wurde eine neue 1ste Brigade gebildet (vergl. Seite 198, Anm. 2).

**) Die 5te Infanterie-Brigade war als „Landungs-Brigade" unmittelbar dem Ober-Kommando unterstellt und es waren ihr zu diesem Zweck 1 Eskadron, 1 Batterie, 1 Ingenieur-Kompagnie zugeteilt.

Anlage Nr. 70.

Uebersicht

der Batterien auf Preußischer und Dänischer Seite beim Uebergange nach Alsen.

Preußen.

	Schwere Geschütze		Feld-Geschütze		
	gez. 24-Pfdr.	gez. 12-Pfdr.	gez. 6-Pfdr.	gl. 12-Pfdr.	7pfdge Haub.
a. Am Alsen Sund.					
1) Batterie Nr. 34	4	—	—	—	—
2) " " 35	—	4	—	—	—
3) " " 25	—	4	—	—	—
4) " a. südlich Sandberg	—	4	—	—	—
5) 2te 12pfdge Feld-Batt. der Art. Brig. Nr. 3	—	—	—	6	—
6) Batterie b. nördlich Sandberg	4	—	—	—	—
7) 2te Haub. Batt. der Art. Brig. Nr. 3 im Großen Satrup-Holz	—	—	—	—	8
8) Batterie c. an der Ziegelei	—	4	—	—	—
9) " d. rechts rückwärts von Nr. 27	—	4	—	—	—
10) Batterie Nr. 27	4	—	—	—	—
11) " e.	—	2	—	—	—
12) " Nr. 29	—	2	—	—	—
13) " f. bei Schnabel-Hage	4	—	—	—	—
b. An der Alsener Föhrde.					
14) 4te 6pfdge Feld-Batt. der Art. Brig. Nr. 3 östl. d. Wester Holzes	—	—	6	—	—
15) 1ste 6pfdge Feld-Batt. der Art. Brig. Nr. 7 am Lachsfang	—	—	6	—	—
16) Bei Blaukrug	—	4	—	—	—
17) " Lillemark	2	—	—	—	—
18) " Nailtang	4	—	—	—	—
	22	28	12	6	8
	50		26		

Bemerkungen.

1) Die Batterien an der Alsener Föhrde siehe Skizze 9.

2) Die Bezeichnung der Preußischen Batterien unter Nr. 4, 6, 8, 9, 11, 13 der vorstehenden Uebersicht mit den Buchstaben a. bis f. ist eine willkürliche. Sie führten s. Z. keine besonderen Bezeichnungen.

Dänen.

	Glatte					Gezogene	
	84-Pfünder.	36-Pfünder.	24-Pfünder.	12-Pfünder.	Schwere Mörser.	12-Pfünder.	4-Pfünder.
Am Alsen Sund.							
a. Nördlich des Kjärwig							
1) Einschnitt Nr. 1	—	—	—	—	—	—	1
2) " " 2	—	—	—	—	—	—	2
3) " " 2b	—	—	1	—	—	—	—
4) Holzvoigthaus-Batterie	—	—	1	—	—	—	1
5) Einschnitt Nr. 3	—	—	—	—	—	—	1
6) Stov-Batterie	—	—	—	—	—	—	1
7) Einschnitt Nr. 4	—	—	—	—	—	1	—
8) Nördl. Rönhof-Batterie	—	—	1	—	—	—	—
9) Südl. " "	—	—	—	—	—	—	1
10) Einschnitt Nr. 5	—	—	—	—	—	—	1
11) " " 6	—	—	—	—	—	—	2
12) " " 6b	—	—	1	—	—	—	—
b. Südlich der Kjärwig-Bucht.							
13) Einschnitt Nr. 7	—	—	—	—	—	1	—
14) " " 7b	—	—	—	1	—	—	—
15) " " 7c	—	—	—	1	—	—	—
16) " " 8	—	—	—	—	—	1	—
17) " " 9	1	—	—	—	—	—	—
18) " " 9b	—	—	—	1	—	—	—
19) " " 9c	—	—	—	1	—	—	—
20) " " 10	1	—	—	—	—	1	—
21) " " 10b	—	—	—	1	—	—	—
22) " " 10c	—	—	—	1	—	—	—
23) Möllestedtgaard-Batt.	—	—	—	—	—	4	—
24) Einschnitt Nr. 10d	—	—	1	—	—	—	—
25) " " 11 (Flanken-Batt.)	1	—	—	—	—	1	—
26) " " 12 (Baadsagger-Batt.)	1	—	—	—	—	1	—
27) " " 13	—	—	1	—	—	—	—
28) " " 13b	—	—	—	—	—	1	—
29) " " 14	—	—	1	—	—	—	—
30) " " 15	—	—	1	—	—	—	—
31) " " 16	—	—	—	—	—	—	1
32) " " 17	—	—	—	—	—	—	1
33) Kirchbergs-Batterie	2	6	—	—	4	—	2
34) Schloß-Batterie	—	—	—	1	—	—	2
35) Mühlen-Batterie	3	—	—	—	—	—	—
	10	6	8	7	4	12	17
	35					29	
						64	

Verlustliste des I. Korps für den Uebergang nach Alsen am 29sten Juni.

Armee-Korps 2c.	Stäbe und Truppentheile.	Todt oder in Folge der Verwundung gestorben.			Verwundet.			Vermißt.			Summe.		
		Offiziere und Offizierdienstthuende.	Mannschaften.	Pferde.	Offiziere und Offizierdienstthuende.	Mannschaften.	Pferde.	Offiziere und Offizierdienstthuende.	Mannschaften.	Pferde.	Offiziere und Offizierdienstthuende.	Mannschaften.	Pferde.
I. Korps 6. Div. 11. Inf. Brig.	Ober-Kommando . . .	—	—	—	1	—	—	—	—	—	1	—	—
	Brandenb. Füs. Regt. Nr. 35	—	1	—	—	3	—	—	—	—	—	4	—
	7tes Brandenb. Inf. Regt. Nr. 60	—	—	—	—	1	—	—	—	—	—	1	—
12. Inf. Brig.	4tes Brandenb. Inf. Regt. Nr. 24	—	28	—	11	64	—	—	1	—	11	93	—
	8tes Brandenb. Inf. Regt. Nr. 64	3	27	–	6	82	—	—	3	—	9	112	—
	Brandenb. Jäg. Bat. Nr. 3	—	4	—	1	22	—	—	—	—	1	26	—
13. Div. 25. Inf. Brig.	1stes Westfäl. Inf. Regt. Nr. 13	—	1	—	—	3	—	—	—	—	—	4	—
	5tes Westfäl. Inf. Regt. Nr. 53	1	—	—	—	2	—	—	—	—	1	2	—
26. Inf. Brig.	2tes Westfäl. Inf. Regt. Nr. 15	—	8	—	5	20	—	—	—	—	5	28	—
	6tes Westfäl. Inf. Regt. Nr. 55	3	5	—	2	42	—	—	3	—	5	50	—
	2te 6pfdge Batt. Brandenb. Art. Brig. Nr. 3	—	—	—	—	2	—	—	—	—	—	2	—
	3te 6pfdge Batt. Brandenb. Art. Brig. Nr. 3	—	—	1	—	—	1	—	—	—	—	—	2
	Brandenb. Pion. Bat. Nr. 3	—	2	—	—	7	—	—	—	—	—	9	—
	Pomm. Pion. Bat. Nr. 2	—	1	—	—	7	—	—	—	—	—	8	—
	Summe	7	77	1	26	255	1	—	7	—	33	339	2

Namentliches Verzeichniß.

Stäbe und Truppentheile.	Todt oder in Folge der Verwundung gestorben.	Verwundet.
Ober-Kommando	. . . .	Hauptm. Graf v. Haeseler.
4tes Brandenburgisches Infanterie-Nr. 24	. . . .	Hauptm. v. Radowitz. = v. Goerschen. Pr.-Lt. v. Voigts-König. = v Rheinbaben II. = Theiß. Sec.-Lt. Schulze. = Bißling = Meyer. = Lüdicke. = v. Brockhusen. = Meißner.
8tes Brandenburgisches Infanterie-Regiment Nr. 64	Hauptm. Graf v. Maltzan. Sec.-Lt. Rechholz. = v. Harbou.	Pr.-Lt. v. Lettow-Vorbeck. = Kupsch. = v. Versen. Sec.-Lt. Ziegler. = Westphalen. = Kleedehn.
Brandenburgisches Jäger-Bataillon Nr. 3	. . . .	Major v. Witzleben.
5tes Westfälisches Infanterie-Regiment Nr. 53	Pr.-Lt. Baer.	
2tes Westfälisches Infanterie-Regiment Nr. 15	. . . .	Hauptm. v. Kaweczynski I. Pr.-Lt. v. Forckenbeck. = v. Bernuth. Sec.-Lt. v. Stoltzenberg. = Schröder.
6tes Westfälisches Infanterie-Regiment Nr. 55	Sec.-Lt. Bölling. Port-Fähnr. Meyer. Vizefeldw. Sandmann.	Hauptm. v. Wedelstaedt. Sec.-Lt. Heymann.

PROTOCOLE

CONCERNANT LES CONDITIONS DE L'ARMISTICE.

En Exécution de l'article IV des Préliminaires de paix signés aujourd'hui entre Sa Majesté le Roi de Danemarc d'une part et Leurs Majestés le Roi de Prusse et l'Empereur d'Autriche de l'autre, les soussignés Plénipotentiaires réunis en conférence sont convenus des dispositions suivantes.

1.

A dater du 2 Août prochain il y aura une suspension complète d'hostilités par terre et par mer laquelle durera jusqu'à la conclusion de la paix. Pour le cas, où contre toute attente la négociation de paix n'aboutirait pas jusqu'au 15 Septembre prochain, les Hautes Parties contractantes auront à partir de ce terme la faculté de dénoncer l'armistice avec un délai de six semaines.

2.

Sa Majesté le Roi de Danemarc S'engage à faire lever définitivement les blocus à dater du 2 Août.

3.

Leurs Majestés le Roi de Prusse et l'Empereur d'Autriche, tout en maintenant l'occupation du Jutland dans les conditions actuelles de l'Uti possidetis, Se déclarent prêtes à ne conserver dans ce pays que le nombre de troupes que d'après les considérations purement militaires Leurs dites Majestés jugeront nécessaire.

4.

La perception des contributions pour autant qu'elle n'a pas encore été effectuée, est suspendue. Les marchandises ou autres objets qui ont été saisis à titre de ces contributions de guerre et qui n'auront pas été vendus avant le 3 Août seront relâchés. De nouvelles levées de contributions ne seront pas ordonnées.

5.

L'approvisionnement des troupes alliées aura lieu aux dépends du Jutland conformément aux règlements d'approvisionnement Prussien et Autrichien en vigueur pour chacune des deux armées alliées sur pied de guerre. Le logement des troupes et des employés à la suite de l'armée ainsi que les moyens de transport à l'usage de l'armée seront également fournis aux dépends du Jutland.

6.

L'excédant des revenues ordinaires du Jutland, qui se trouvera dans les caisses publiques de ce pays après que les différentes fournitures et prestations précitées auront été payées par ces mêmes caisses aux communes chargées de donner suite aux réquisitions militaires et après que les dépenses nécessaires à la marche de l'administration auront été défrayées également par les dites caisses, sera restitué, soit en espèces soit en liquidation, au Gouvernement danois au moment de l'évacuation du Jutland.

7.

La paye des troupes alliées, la paye extraordinaire de guerre *(Kriegszulage)* y comprise, est exclue des dépenses mises à la charge du Jutland.

8.

Les prisonniers de guerre et politiques seront mis en liberté contre l'assurance que les prisonniers de guerre ne

serviront plus dans l'armée danoise avant la conclusion de la
paix. La remise en liberté des prisonniers aura lieu le plus
tôt possible dans les ports de Swinemunde et Lubeck.

9.

Les soldats danois, licenciés pour se rendre en Jutland
pendant l'armistice, pourront sans obstacles quelconques
retourner à l'armée danoise pour le cas de la reprise des
hostilités, dès qu'ils auraient été rappelés sous les drapeaux.

Fait à Vienne le 1er Août 1864.

(signé) v. Bismarck.
- v. Werther.
- Comte de Rechberg.
- v. Brenner.
- v. Quaade.
- v. Kaufmann.

Anlage Nr. 73.

Denkschrift

des General-Lieutenants Frhrn. v. Moltke, betreffend die
Ueberführung des II. Preußischen Armee-Korps von Stralsund nach
Seeland.*)

An

Seine Königliche Hoheit den Prinzen Friedrich Karl

zu Glienicke.

Euerer Königlichen Hoheit gnädiges Schreiben vom 7ten d. Mts.
habe ich zu erhalten die Ehre gehabt und gestatte mir, über eine
Landung auf Seeland meine Ansicht in Nachstehendem ehrerbietigst
darzulegen.

Wenn nach 14 Tagen der Waffenstillstand aufgekündigt wird,
so würde die Expedition in die erste Hälfte des Dezember fallen.
Ich halte die Jahreszeit nicht für ungünstig. Die Aequinoktial-
stürme sind vorüber, die See ist noch eisfrei, und die langen Nächte
begünstigen das Unternehmen.

Zur Zeit stehen auf Seeland kaum mehr als 5000 Mann;
diese Stärke wird bei Ausbruch der Feindseligkeit mit Rücksicht auf
die bedrohte Lage Fünens wahrscheinlich noch vermindert werden;
dagegen ist nicht zu verhindern, daß, sobald eine Gefährdung See-
lands hervortritt, sofort der überwiegend größere Theil der Armee
dorthin konzentrirt wird. Die maritimen Mittel Dänemarks, insbesondere die sehr zahlreiche Transport-Flotte, sichern die schnelle
Ueberführung von Nyborg nach Korsör, die Eisenbahn den Weiter-
transport nach Kopenhagen.

---

*) Vergleiche hierzu Uebersichtskarte 3.

Einer solchen Konzentration gegenüber muß dem Preußischen Landungs-Korps eine seine Sicherheit garantirende Stärke nothwendig gegeben werden.

Man darf annehmen, daß 25 000 Mann den Kampf mit der Dänischen Armee aufnehmen können.

Die Infanterie eines Armee-Korps, wenn auch nur mit zwei Regimentern Kavallerie verstärkt, würde genügen. Schwächer dürfte die Expedition nicht werden. Belagerungs-Geschütz ist wegen des demnächstigen Angriffs auf Kopenhagen unentbehrlich.

Die Einschiffung einer so bedeutenden Truppenmacht kann nur in einem Hafen bewirkt werden.

Fehmarn ist dazu nicht geeignet. Die Fahrzeuge müßten erst von auswärts, die Truppen per Fußmarsch dort versammelt werden; ersteres ist nicht ohne Gefahr, den Dänischen Kreuzern in die Hände zu fallen, letzteres nicht ohne Zeitverlust und Aufsehen möglich.

Mehr, aber nicht genügende Mittel bietet Kiel. Dort indeß wäre man sicher, beim Auslaufen Dänischen Kriegsschiffen zu begegnen. Bei der Land-Armee haben die Dänen nicht nur Reserven, sondern auch fast das ganze Verwaltungs-Personal entlassen, kurz, wirklich entwaffnet, dagegen ist ihre Flotte noch heute vollständig bemannt und seefähig. Nachdem leider Oesterreich seine Schiffe, bis auf zwei, aus der Nordsee fortgezogen hat, wird unzweifelhaft der größte Theil der Dänischen Flotte Kiel blockiren, wenn die unsrige bei Ausbruch des Krieges dort noch liegt.

Weit vortheilhafter würde es sein, die Expedition von Stralsund abgehen zu lassen. Die zahlreichen Handelsschiffe, welche im Dezember dort und in Stettin zurückgekehrt sind, und die bei Stralsund stationirten Kanonenboote bieten die Mittel, eine sehr große, von Dampfern zu schleppende Transport-Flotte zusammen zu bringen. Das rückwärtige Eisenbahn-Netz sichert die überraschend schnelle Heranführung von Truppen, und endlich sind alle Vorbereitungen im eigenen Lande sicherer und verborgener zu treffen als im Auslande.

Die Ausschiffung müßte, meiner Meinung nach, gleich Anfangs an der Seeländischen Küste, sei es bei Vordingborg oder in der

Praestö Bucht, erfolgen. Man würde sich zwar der Inseln Falster oder Moen als eventueller Rückzugspunkte bemächtigen, aber eine nochmalige Einschiffung von dort aus und ein zweiter Uebergang über die etwa eine Meile breite Meerenge, welche sie von Seeland trennt, würde zu vermeiden sein.

Die Ueberfahrt von Fehmarn nach Laaland ist zwar bei Weitem die kürzere, tritt aber nicht in Betracht, weil eine größere Expedition von einer Insel nicht ausgehen kann.

Die Entfernung von Stralsund bis Vordingborg ist kürzer als die von Kiel und kann füglich in einer Nacht zurückgelegt werden. Am Grön-Sund (zwischen Falster und Moen) würde man schwerlich auf feindliche Vertheidigungs-Mittel stoßen, doch erscheint es vortheilhafter, in der Praestö Bucht zu landen, wenn ruhige See die Fahrt dorthin begünstigt.

Alle Erwägungen sprechen sonach dafür, die Landung von Pommern aus zu unternehmen; das in seinen Garnisonen abgelöste II. Armee-Korps würde dazu das verfügbarste sein.

Was die Größe der Transportmittel betrifft, so unterliegt dieser Gegenstand einer Beurtheilung der Sachverständigen. Im Voraus übersehen läßt sich jedoch, daß sie sehr bedeutend sein wird. Wenn nicht früher, so wird die Absicht durch die Landung des ersten Echelons vollständig klar gelegt, auf das Gelingen der Ueberführung eines zweiten oder dritten ist schwerlich zu rechnen. Es muß daher das Expeditions-Korps in ganzer Stärke und in einer Nacht übergeführt werden.

Ferner läßt sich übersehen, daß unsere jetzt in Kiel liegenden Kriegsschiffe zum eigentlichen Truppen-Transport nicht benutzt werden können. Bei ihrer Kriegs-Armirung und Besatzung würden sie überhaupt nur eine geringe Zahl von Mannschaften an Bord zu nehmen vermögen, dann aber gefechtsunfähig sein. Da unsere vier Korvetten die Dänische Flotte in offener See nicht allein angreifen können, so würde der größte Dienst, welchen sie der Unternehmung zu leisten vermögen, der sein, daß sie durch aktives Verhalten von Kiel aus die feindliche Seemacht aus den Rügenschen Gewässern fort und auf sich zögen.

Es liegt auf der Hand, daß eine Expedition gegen Seeland sehr viel günstigere Chancen hatte zur Zeit, wo die Dänischen Truppen im Sundewitt, auf Fünen und in Nord-Jütland zersplittert, die Dänischen Schiffe in der Nordsee, bei Alsen und an der Pommerschen Küste vertheilt waren, als jetzt, wo das ganze Heer auf den beiden Nachbar-Inseln versammelt, die Flotte in Kopenhagen konzentrirt liegt und in ihrer Gesammtstärke gegen jeden einzelnen Punkt verwendet werden kann.

Die so oft angedrohte Intervention Englands hatte bisher wenig auf sich. Selbst auf Fünen würde ein gelandetes Korps bei der Schmalheit des Beltes und unserer artilleristischen Stärke in seinen Verbindungen kaum gefährdet erscheinen. Die Wahrscheinlichkeit des Auftretens einer Englischen Flotte in der Ostsee gewinnt aber eine ganz andere Bedeutung, wenn ein Preußisches Armee-Korps auf Seeland steht, welches nur über See mit der Heimath kommunizirt und auf die Dauer vielleicht ernährt werden muß.

Selbst eine in Stralsund vorbereitete Expedition kann auf die Dauer nicht verborgen bleiben. Es kommt nur darauf an, daß das Geheimniß so lange bewahrt bleibe und dann so schnell gehandelt werde, wie möglich.

Jene Vorbereitungen werden eine wirksame Diversion bilden, welche die Dänen unausbleiblich zwingt, die Besatzung auf Seeland zu verstärken, und so die eventuelle Wegnahme Fünens wesentlich erleichtert.

Die wirkliche Landung auf Seeland betrachte ich als ein kühnes, im Erfolge nicht gesichertes, aber nicht unausführbares letztes Mittel, wenn der Friede anders nicht erreicht werden kann.

Für uns, die wir eigentlich eine Flotte noch nicht besitzen, ist der Krieg gegen einen Insel-Staat so schwer zum Abschluß zu bringen, daß es neben der Vortrefflichkeit des Heeres und der Kühnheit seiner Führer wohl auch des Glückes bedürfte, um ein Resultat zu erreichen, welches ein höchst ehrenvolles und vortheilhaftes immer noch bleibt, selbst wenn man in Wien dem in der eigenen Heimath so schwer bedrängten Könige von Dänemark nachträglich einige Konzessionen bewilligt. Ich glaube, daß das einmal so glücklich erreichte Resultat nicht durch Markten um Kleinigkeiten aufs Neue in Frage gestellt werden sollte, vollends, da wir das eroberte Land nicht für uns behalten könnten.

Wenn die Zeit der Waffenruhe in Abzug gebracht wird, so haben die eigentlichen Operationen in diesem Kriege wenig mehr als vier Monate in Anspruch genommen. Die diplomatischen Besprechungen dauern schon jetzt im dritten Monat fort.

Flensburg, den 12ten Oktober 1864.

(gez.) Frhr. v. Moltke,
General-Lieutenant und Chef des
Generalstabes der Armee.

Der Wiener Friede.

AU NOM DE LA TRÈS SAINTE ET INDIVISIBLE TRINITÉ.

Sa Majesté le Roi de Prusse, Sa Majesté l'Empereur d'Autriche et Sa Majesté le Roi de Danemarc ont résolu de convertir les Préliminaires signés le 1er Août dernier en Traité de paix définitif.

A cet effet Leurs Majestés ont nommé pour Leurs Plénipotentiaires, savoir:

SA MAJESTÉ LE ROI DE PRUSSE:

Le Sieur Charles Baron de Werther, Chevalier de l'ordre de l'Aigle rouge de première Classe, Grand-Croix de l'ordre Impérial de Léopold et de celui du Danebrog, etc., Chambellan et Conseiller intime actuel, Envoyé extraordinaire et Ministre plénipotentiaire près la Cour d'Autriche, etc.

et

le Sieur Armand Louis de Balan, Chevalier de l'ordre de l'Aigle rouge de seconde Classe avec la plaque et les feuilles de chêne, Commandeur de l'ordre de la Maison de Hohenzollern, de l'ordre Impérial de Léopold et de celui du Danebrog, etc., Conseiller intime actuel, membre du conseil d'État, Envoyé extraordinaire et Ministre plénipotentiaire, etc.;

SA MAJESTÉ L'EMPEREUR D'AUTRICHE:

Le Sieur Jean Bernard Comte de Rechberg-Rothenlöwen, Chevalier de la Toison d'or, Grand-Croix de l'ordre de St. Etienne de Hongrie et Chevalier de la Couronne de fer de première Classe, Chevalier de l'ordre de l'Aigle noir en brillants etc., Chambellan et Conseiller intime actuel, etc.

et

le Sieur Adolphe Marie Baron de Brenner-Felsach, Commandeur de l'ordre Impérial de Léopold et de celui du Danebrog, etc., Chambellan actuel, Envoyé extraordinaire et Ministre plénipotentiaire;

SA MAJESTÉ LE ROI DE DANEMARC:

Le Sieur George Joachim de Quaade, Commandeur de l'ordre du Danebrog et décoré de la Croix d'honneur du même ordre, Chevalier de l'ordre de l'Aigle rouge de première Classe et de celui de la Couronne de fer de seconde Classe etc., Chambellan et Ministre sans portefeuille, etc.

et

le Sieur Henrik Auguste Théodore de Kauffmann, Commandeur de l'ordre du Danebrog et décoré de la Croix d'honneur du même ordre etc., Chambellan et Colonel d'État-major, etc.

Lesquels se sont réunis en conférence à Vienne, et après avoir échangé leurs pleinspouvoirs trouvés en bonne et due forme, sont convenus des articles suivants:

Article I.

Il y aura à l'avenir paix et amitié entre Leurs Majestés le Roi de Prusse et l'Empereur d'Autriche et Sa Majesté le Roi de Danemarc ainsi qu'entre Leurs héritiers et successeurs, Leurs États et sujets respectifs à perpétuité.

Article II.

Tous les traités et conventions conclus avant la guerre entre les Hautes Parties contractantes sont rétablis dans leur vigueur en tant qu'ils ne se trouvent pas abrogés ou modifiés par la teneur du présent Traité.

Article III.

Sa Majesté le Roi de Danemarc renonce à tous Ses droits sur les Duchés de Slesvic, Holstein et Lauenbourg en faveur de Leurs Majestés le Roi de Prusse et l'Empereur d'Autriche, en S'engageant à reconnaître les dispositions que Leurs dites Majestés prendront à l'égard de ces Duchés.

Article IV.

La cession du Duché de Slesvic comprend toutes les Iles appartenant à ce Duché aussi bien que le territoire situé sur la terre ferme.

Pour simplifier la délimitation et pour faire cesser les inconvénients qui résultent de la situation des territoires jutlandais enclavés dans le territoire du Slesvic, Sa Majesté le Roi de Danemarc cède à Leurs Majestés le Roi de Prusse et l'Empereur d'Autriche les possessions jutlandaises situées au Sud de la ligne de frontière méridionale du district de Ribe, telles que le territoire jutlandais de Mœgeltondern, l'île d'Amrom, les parties jutlandaises des îles de Fœhr, Sylt et Rœmœ etc.

Par contre, Leurs Majestés le Roi de Prusse et l'Empereur d'Autriche consentent à ce qu'une portion équivalente du Slesvic et comprenant outre l'île d'Arrœ des territoires servant à former la contiguité du district susmentionné de Ribe avec le reste du Jutland et à corriger la ligne de frontière entre le Jutland et le Slesvic du côté de Kolding, soit détachée du Duché de Slesvic et incorporée dans le Royaume de Danemarc.

Article V.

La nouvelle frontière entre le Royaume de Danemarc et le Duché de Slesvic partira du milieu de l'embouchure de la baie de Heilsminde sur le petit Belt, et après avoir traversé cette baie, suivra la frontière méridionale actuelle des paroisses de Heils, Vejstrup et Taps, cette dernière jusqu'au cours d'eau qui se trouve au Sud de Gejlbjerg et Bränore, elle suivra ensuite ce cours d'eau à partir de son embouchure dans la Fovs-Aa, le long de la frontière méridionale des paroisses d'Ödis et Vandrup et de la frontière occidentale de cette dernière jusqu'à la Königs-Au (Konge-Aa) au Nord de Holte. De ce point le Thalweg de la Königs-Au (Konge-Aa) formera la frontière jusqu'à la limite orientale de la paroisse de Hjortlund. A partir de ce point le tracé suivra cette même limite et son prolongement jusqu'à l'angle saillant au Nord du village d'Obekjär, et ensuite la frontière orientale de ce village jusqu'à la Gjels-Aa. De là la limite orientale de la paroisse de Seem et les limites méridionales des paroisses de Seem, Ribe et Vester-Vedsted formeront la nouvelle frontière qui, dans la mer du Nord, passera à distance égale entre les îles de Manœ et Rœmœ.

Par suite de cette nouvelle délimitation sont déclarés éteints, de part et d'autre, tous les titres et droits mixtes, tant au séculier qu'au spirituel qui ont existé juisqu'ici dans les enclaves, dans les îles et dans les paroisses mixtes. En conséquence le nouveau pouvoir souverain, dans chacun des territoires séparés par la nouvelle frontière, jouira à cet égard de la plénitude de ses droits.

Article VI.

Une Commission internationale composée de Représentants des Hautes Parties contractantes sera chargée, immédiatement après l'échange des ratifications du présent traité, d'opérer sur le terrain le tracé de la nouvelle frontière conformément aux stipulations du précédent Article.

Cette Commission aura aussi à répartir entre le Royaume de Danemarc et le Duché de Slesvic les frais de construction de la Nouvelle chaussée de Ribe à Tondern proportionnellement à l'étendue du territoire respectif qu'elle parcourt.

Enfin la même Commission présidera au partage des bienfonds et capitaux que jusqu'ici ont appartenu en commun à des districts ou des communes séparés par la nouvelle frontière.

Article VII.

Les dispositions des articles XX, XXI et XXII du traité conclu entre l'Autriche et la Russie le 3 Mai 1815, qui fait partie intégrante de l'acte général du Congrès de Vienne, dispositions relatives aux propriétaires mixtes, aux droits qu'ils exerceront et aux rapports de voisinage dans les propriétés, coupées par les frontières, seront appliquées aux propriétaires, ainsi qu'aux propriétés qui, en Slesvic et en Jutland, se trouveront dans les cas prévus par les susdites dispositions des actes du congrès de Vienne.

Article VIII.

Pour atteindre une répartition équitable de la dette publique de la Monarchie danoise en proportion des populations respectives du Royaume et des Duchés et pour obvier en même temps aux difficultés insurmontables que présenterait une liquidation détaillée des droits et prétentions réciproques, les Hautes Parties contractantes ont fixé la quote-part de la dette publique de la Monarchie danoise qui sera mise à la charge des Duchés, à la somme ronde de vingt-neuf millions de Thalers (monnaie danoise).

Article IX.

La partie de la dette publique de la Monarchie danoise qui, conformément à l'article précédent, tombera à la charge des Duchés, sera acquittée, sous la garantie de Leurs Majestés le Roi de Prusse et l'Empereur d'Autriche, comme dette des trois Duchés susmentionnés envers le Royaume de Danemarc, dans le terme d'une année, ou plus tôt si faire se pourra, à partir de l'organisation définitive des Duchés.

Pour l'acquittement de cette dette les Duchés pourront se servir, au total ou en partie, de l'une ou de l'autre des manières suivantes:

1°. payement en argent comptant (75 Thalers de Prusse = 100 Thalers monnaie danoise);

2°. remise au trésor Danois d'obligations non remboursables portant intérêt de 4 p. c. et appartenant à la dette intérieure de la Monarchie danoise;

3°. remise au trésor Danois de nouvelles obligations d'État à émettre par les Duchés, dont la valeur sera énoncée en Thalers de Prusse (au taux de 30 la livre) ou en Mark de banque de Hambourg, et qui seront liquidées moyennant une annuité sémestrielle de 3 p. c. du montant primitif de la dette, dont 2 p. c. représenteront l'intérêt de la dette dû à chaque terme, tandisque le reste sera payé à titre d'amortissement.

Le payement susmentionné de l'annuité sémestrielle de 3 p. c. se fera tant par les caisses publiques des Duchés que par des maisons de banque à Berlin et à Hambourg.

Les obligations mentionnées sous 2 et 3 seront reçues par le trésor Danois à leur taux nominal.

Article X.

Jusqu'à l'époque où les Duchés se seront définitivement chargés de la somme qu'ils auront à verser conformément à l'article VIII du présent Traité au lieu de leur quote-part de la dette commune de la Monarchie danoise, ils payeront par sémestre 2 pour cent de la dite somme, c'est-à-dire 580 000 Thalers (monnaie danoise). Ce payement sera effectué de manière que les intérêts et les à-compte de la dette danoise qui ont été assignés jusqu'ici sur les caisses publiques des Duchés, seront aussi dorénavant acquittés par ces mêmes caisses. Ces payements seront liquidés chaque sémestre et pour le cas où ils n'atteindraient pas la somme susmentionnée. les Duchés auront à rembourser le restant aux finances danoises en argent comptant; au cas contraire il leur sera remboursé l'excédant de même en argent comptant.

La liquidation se fera entre le Danemarc et les autorités chargées de l'administration supérieure des Duchés d'après le mode stipulé dans le présent article, ou tous les trimestres en tant que de part et d'autre cela serait jugé nécessaire. La première liquidation aura spécialement pour objet tous les intérêts et à-compte de la dette commune de la Monarchie danoise payés après le 23 Décembre 1863.

Article XI.

Les sommes représentant l'équivalent dit de Holstein-Plœn, le restant de l'indemnité pour les ci-devant possessions du Duc d'Augustenbourg, y compris la dette de priorité dont elles sont grevées, et les obligations domaniales du Slesvic et du Holstein, seront mises exclusivement à la charge des Duchés.

Article XII.

Les Gouvernements de Prusse et d'Autriche se feront rembourser par les Duchés les frais de la guerre.

Article XIII.

Sa Majesté le Roi de Danemarc S'engage à rendre immédiatement après l'échange des ratifications du présent traité, avec leurs cargaisons tous les navires de commerce prussiens, autrichiens et allemands amenés pendant la guerre, ainsi que les cargaisons appartenant à des sujets prussiens, autrichiens et allemands saisies sur des bâtiments neutres; enfin tous les bâtiments saisis par le Danemarc pour un motif militaire dans les Duchés cédés.

Les objets précités seront rendus dans l'état, où ils se trouvent, bona fide, à l'époque de leur restitution.

Pour le cas que les objets à rendre n'existassent plus, on en restituera la valeur et s'ils ont subi depuis leur saisie une diminution notable de valeur, les propriétaires en seront dédommagés en proportion. De même il est reconnu comme obligatoire d'indemniser les fréteurs et l'équipage des navires et les propriétaires des cargaisons de toutes les dépenses et pertes directes qui seront prouvées avoir été causées par la saisie des bâtiments, telles que droits de port ou de rade *(Liegegelder)*, frais de justice et frais encourus pour l'entretien ou le renvoi à domicile des navires et des équipages.

Quant aux bâtiments qui ne peuvent pas être rendus en nature, on prendra pour base des indemnités à accorder, la valeur que ces bâtiments avaient à l'époque de leur saisie. En ce qui concerne les cargaisons avariées ou qui n'existent plus, on en fixera l'indemnité d'après la valeur qu'elles auraient eue au lieu de leur destination à l'époque où le bâtiment y serait arrivé d'après un calcul de probabilité.

Leurs Majestés le Roi de Prusse et l'Empereur d'Autriche feront également restituer les navires de commerce pris par Leurs troupes ou Leurs bâtiments de guerre, ainsi que les cargaisons en tant que celles-ci appartenaient à des particuliers.

Si la restitution ne peut pas se faire en nature, l'indemnité sera fixée d'après les principes susindiqués.

Leurs dites Majestés S'engagent en même temps à faire entrer en ligne de compte le montant des contributions de guerre prélevées en argent comptant par Leurs troupes dans le Jutland. Cette somme sera déduite des indemnités à payer par le Danemarc d'après les principes établis par le présent article.

Leurs Majestés le Roi de Prusse, l'Empereur d'Autriche et le Roi de Danemarc nommeront une commission spéciale qui aura à fixer le montant des indemnités respectives et qui se réunira à Copenhague au plus tard six semaines après l'échange des ratifications du présent traité.

Cette commission s'efforcera d'accomplir sa tâche dans l'espace de trois mois. Si, après ce terme, elle n'a pu se mettre d'accord sur toutes les réclamations qui lui auront été présentées, celles qui n'auront pas encore été réglées seront soumises à une décision arbitrale. A cet effet Leurs Majestés le Roi de Prusse, l'Empereur d'Autriche et Sa Majesté le Roi de Danemarc S'entendront sur le choix d'un arbitre.

Les indemnités seront payées au plus tard quatre semaines après avoir été définitivement fixées.

Article XIV.

Le Gouvernement danois restera chargé du remboursement de toutes les sommes versées par les sujets des Duchés, par les communes, établissements publics et corporations dans les caisses publiques danoises à titre de cautionnement, dépôts ou consignations.

En outre seront remis aux Duchés:

1°. Le dépôt affecté à l'amortissement des bons du trésor *(Kassenscheine)* holsteinois;

2°. Le fonds destiné à la construction de prisons;

3°. Les fonds des assurances contre incendie;

4°. La Caisse des dépôts;

5°. Les capitaux provenant de legs appartenant à des communes ou des institutions publiques dans les Duchés;

6°. Les fonds de Caisse *(Kassenbehalte)* provenant des récettes spéciales des Duchés et qui se trouvaient bona fide dans leurs Caisses publiques à l'époque de l'exécution fédérale et de l'occupation de ces pays.

Une commission internationale sera chargée de liquider le montant des sommes susmentionnées en déduisant les dépenses inhérentes à l'administration spéciale des Duchés.

La collection d'antiquités de Flensbourg qui se rattachait à l'histoire du Slesvic mais qui a été en grande partie dispersée lors des derniers événements y sera de nouveau réunie avec le concours du Gouvernement danois.

De même les sujets danois, communes, établissements publics et corporations qui auront versé des sommes à titre de cautionnements, dépôts ou consignations dans les caisses publiques des Duchés, seront exactement remboursés par le nouveau Gouvernement.

Article XV.

Les pensions portées sur les budgets spéciaux soit du Royaume de Danemarc, soit des Duchés, continueront d'être payées par les pays respectifs. Les titulaires pourront librement choisir leur domicile soit dans le Royaume, soit dans les Duchés.

Toutes les autres pensions tant civiles que militaires [y compris les pensions des employés de la liste civile de feu Sa Majesté le Roi Frédéric VII, de feu Son Altesse Royale Monseigneur le Prince Ferdinand et de feu Son Altesse Royale Madame la Landgrave Charlotte de Hesse née Princesse de Danemarc et les pensions qui ont été payées jusqu'ici par le Secrétariat des grâces *(Naades-Secretariat)*] seront réparties entre le Royaume et les Duchés d'après la proportion des populations respectives.

A cet effet on est convenu de faire dresser une liste de toutes ces pensions, de convertir leur valeur de rente viagère en capital et d'inviter tous les titulaires à déclarer, si, à l'avenir, ils désirent toucher leurs pensions dans le Royaume ou dans les Duchés.

Dans le cas, où, par suite de ces options, la proportion entre les deux quote-parts, c'est-à-dire, entre celle tombant à la charge des Duchés et celle restant à la charge du Royaume, ne serait pas conforme au principe proportionnel des populations respectives, la différence sera acquittée par la partie que cela regarde.

Les pensions assignées sur la Caisse générale des veuves et sur le fonds des pensions des militaires subalternes, continueront d'être payées comme par le passé en tant que ces fonds y suffisent. Quant aux sommes supplémentaires que l'Etat aura à payer à ces fonds, les Duchés se chargeront d'une quote-part de ces suppléments d'après la proportion des populations respectives.

La part à l'institut de rentes viagères et d'assurances pour la vie, fondé en 1842 à Copenhague, à laquelle les individus originaires des Duchés ont des droits acquis, leur est expressément conservée.

Une commission internationale, composée de représentants des deux parties, se réunira à Copenhague immédiatement après l'échange des ratifications du présent traité pour régler en détail les stipulations de cet article.

Article XVI.

Le Gouvernement Royal de Danemarc se chargera du payement des apanages suivants:

de S. M. la Reine Douairière Caroline Amélie,

de S. A. R. Madame la Princesse héréditaire Caroline,

de S. A. R. Madame la Duchesse Wilhelmine Marie de Glücksbourg,

de S. A. Madame la Duchesse Caroline Charlotte Marianne de Mecklenbourg-Strelitz,

de S. A. Madame la Duchesse Douairière Louise Caroline de Glücksbourg,

de S. A. Monseigneur le Prince Frédéric de Hesse,

de L. L. A. A. Mesdames les Princesses Charlotte, Victoire et Amélie de Slesvic-Holstein-Sonderbourg-Augustenbourg.

La quote-part de ce payement tombant à la charge des Duchés d'après la proportion de leurs populations, sera remboursée au Gouvernement danois par celui des Duchés.

La commission mentionnée dans l'article précédent sera également chargée de fixer les arrangements nécessaires à l'exécution du présent article.

Article XVII.

Le nouveau Gouvernement des Duchés succède aux droits et obligations résultant de contrats régulièrement stipulés par l'administration de Sa Majesté le Roi de Danemarc pour des objets d'intérêt public concernant spécialement les pays cédés.

Il est entendu que toutes les obligations résultant de contrats stipulés par le Gouvernement danois par rapport à la guerre et à l'exécution fédérale, ne sont pas comprises dans la précédente stipulation.

Le nouveau Gouvernement des Duchés respectera tout droit légalement acquis par les individus et les personnes civiles dans les Duchés.

En cas de contestation les Tribunaux connaîtront des affaires de cette catégorie.

Article XVIII.

Les sujets originaires des territoires cédés, faisant partie de l'armée ou de la marine danoises, auront le droit d'être immédiatement libérés du service militaire et de rentrer dans leurs foyers.

Il est entendu que ceux d'entr'eux qui resteront au service de Sa Majesté le Roi de Danemarc, ne seront point inquiétés pour ce fait, soit dans leurs personnes, soit dans leurs propriétés.

Les mêmes droits et garanties sont assurés de part et d'autre aux employés civils originaires du Danemarc ou des Duchés qui manifesteront l'intention de quitter les fonctions qu'ils occupent respectivement au service soit du Danemarc, soit des Duchés ou qui préféreront conserver ces fonctions.

Article XIX.

Les sujets domiciliés sur les territoires cédés par le présent traité jouiront pendant l'espace de six ans à partir du jour de l'échange des ratifications et moyennant une déclaration préalable à l'autorité compétente de la faculté pleine et entière d'exporter leurs biens-meubles en franchise de droits et de se retirer avec leurs familles dans les Etats de Sa Majesté Danoise, auquel cas la qualité de sujets danois leur sera maintenue. Ils seront libres de conserver leurs immeubles situés sur les territoires cédés.

La même faculté est accordée réciproquement aux sujets danois et aux individus originaires des territoires cédés et établis dans les Etats de Sa Majesté le Roi de Danemarc.

Les sujets qui profiteront des présentes dispositions ne pourront être, du fait de leur option, inquiétés de part ni d'autre dans leurs personnes ou dans leurs propriétés situées dans les Etats respectifs.

Le délai susdit de six ans s'applique aussi aux sujets originaires soit du Royaume de Danemarc, soit des territoires cédés qui, à l'époque de l'échange des ratifications du présent traité, se trouveront hors du territoire du Royaume de Danemarc ou des Duchés. Leur déclaration pourra être reçue par la Mission danoise la plus voisine, ou par l'autorité supérieure d'une province quelconque du Royaume ou des Duchés.

Le droit d'indigénat tant dans le Royaume de Danemarc que dans les Duchés, est conservé à tous les individus qui le possèdent à l'époque de l'échange des ratifications du présent traité.

Article XX.

Les titres de propriété, documents administratifs et de justice civile, concernant les territoires cédés qui se trouvent dans les Archives du Royaume de Danemarc, seront remis aux commissaires du nouveau Gouvernement des Duchés aussitôt que faire se pourra.

De même toutes les parties des archives de Copenhague qui ont appartenu aux Duchés cédés et ont été tirées de leurs Archives, leur seront délivrées avec les listes et registres y relatifs.

Le Gouvernement danois et le nouveau Gouvernement des Duchés s'engagent à se communiquer réciproquement, sur la demande des autorités administratives supérieures, tous les documents et informations relatifs à des affaires concernant à la fois le Danemarc et les Duchés.

Article XXI.

Le commerce et la navigation du Danemarc et des Duchés cédés jouiront réciproquement dans les deux pays des droits et priviléges de la nation la plus favorisée en attendant que des traités spéciaux règlent cette matière.

Les exemptions et facilités à l'égard des droits de transit qui, en vertu de l'article II du traité du 14 Mars 1857, ont été accordées aux marchandises passant par les routes et les canaux qui relient ou relieront la mer du Nord à la mer Baltique, seront applicables aux marchandises traversant le Royaume et les Duchés par quelque voie de communication que ce soit.

Article XXII.

L'évacuation du Jutland par les troupes alliées sera effectuée dans le plus bref délai possible, au plus tard dans l'espace de trois semaines après l'échange des ratifications du présent traité.

Les dispositions spéciales relatives à cette évacuation sont fixées dans un protocole annexé au présent traité.

Article XXIII.

Pour contribuer de tous leurs efforts à la pacification des esprits, les Hautes Parties contractantes déclarent et promettent qu'aucun individu compromis à l'occasion des derniers événements, de quelque classe et condition qu'il soit, ne pourra être poursuivi, inquiété ou troublé dans sa personne ou dans sa propriété à raison de sa conduite ou de ses opinions politiques.

Article XXIV.

Le présent traité sera ratifié et les ratifications en seront échangées à Vienne dans l'espace de trois semaines ou plus tôt si faire se peut.

En foi de quoi les Plénipotentiaires respectifs l'ont signé et y ont apposé le sceau de leurs armes.

Fait à Vienne le 30ième jour du mois d'Octobre de l'an de grâce mil huit cent soixante-quatre.

(L. S.) (signé:) Werther.
(L. S.)   Balan.
(L. S.)   Rechberg.
(L. S.)   Brenner.
(L. S.)   Quaade.
(L. S.)   Kauffmann.

ANNEXE.

PROTOCOLE
CONCERNANT L'ÉVACUATION DU JUTLAND PAR LES TROUPES ALLIÉES.

Conformément à l'article XXII du traité de paix conclu aujourd'hui entre Leurs Majestés le Roi de Prusse et l'Empereur d'Autriche, d'une part, et Sa Majesté le Roi de Danemarc, d'autre part, les Hautes Parties contractantes sont convenues des dispositions suivantes.

I.

L'évacuation du Jutland par les troupes alliées s'effectuera au plus tard dans l'espace de trois semaines, de manière qu'à la fin de la première semaine seront évacués: les baillages de Hjörring, Thisted, Viborg, Aalborg et Randers, à la fin de la deuxième semaine, outre les baillages susmentionnés, ceux d'Aarhuus, Skanderborg et Ringkjöbing, et à la fin de la troisième semaine sera évacué tout le territoire du Jutland.

II.

Le jour de l'échange des ratifications du présent traité, le Gouvernement militaire actuel du Jutland cessera ses fonctions. Toute l'administration du pays passera dès lors aux mains d'un Commissaire nommé par le Gouvernement Royal du Danemarc, qui se trouvera pendant toute la durée de l'évacuation, dans le même endroit que le quartier-général du Commandant en chef des troupes alliées en Jutland.

III.

Les autorités danoises du Jutland fourniront sans contestation tout ce dont les troupes alliées auront besoin pour leur logement, leur approvisionnement et leurs moyens de transport (*Vorspann*) aussi longtemps que ces troupes se trouveront sur le territoire jutlandais. Le gouvernement Royal de Danemarc rendra Son Commissaire responsable de l'exécution de la précédente stipulation. Les prestations mentionnées dans le présent article seront limitées au plus strict nécessaire.

IV.

Tous les lazarets, postes de campagne et lignes télégraphiques, établis actuellement pour les troupes alliées continueront de servir jusqu'à ce que l'évacuation des baillages respectifs soit complètement effectuée et sans préjudice pour les établissements analogues de l'administration danoise. Le Gouvernement Royal de Danemarc garantit expressément qu'il ne sera mis aucune entrave à l'exécution ponctuelle du présent article.

V.

Dans le cas que, lors de l'évacuation du Jutland des malades ou des blessés de l'armée alliée dussent être laissés en arrière, le Gouvernement Royal de Danemarc s'oblige d'avoir soin qu'ils soient convenablement traités et soignés et de les faire transporter moyennant *Vorspann* après leur guérison jusqu'à la plus prochaine station militaire des troupes alliées.

VI.

A dater du jour de l'échange des ratifications du présent traité tous les frais occasionnés par les prestations susdites pour le logement, l'approvisionnement, le traitement des malades et les moyens de transport *(Vorspann)* seront remboursés par les troupes alliées d'après les stipulations du règlement d'approvisionnement en vigueur pour l'armée de la Confédération Germanique sur le territoire fédéral.

(signé:) Werther.
Balan.
Rechberg.
Brenner.
Quaade.
Kauffmann.

PROTOCOLE.

Pour faciliter l'exécution de l'article III du traité de paix conclu aujourd'hui entre Leurs Majestés le Roi de Prusse et l'Empereur d'Autriche et Sa Majesté le Roi de Danemarc, les soussignés Plénipotentiaires sont convenus par le protocole présent de la disposition suivante.

Sa Majesté le Roi de Danemarc adressera immédiatement après l'échange des ratifications du susdit traité des proclamations aux populations des pays cédés pour leur faire connaître le changement qui a eu lieu dans leurs positions et les dégager de leur serment de fidélité.

Fait à Vienne ce 30 Octobre 1864.

(signé:) Werther.
Balan.
Rechberg.
Brenner.
Quaade.
Kauffmann.

Gefechts-Kalender.

Inhalts-Verzeichniß.

Vorbemerkung.

Der Gefechts-Kalender enthält im I. Abschnitt außer einigen besonders be=
merkenswerthen Vorgängen alle Kämpfe des Krieges 1864, bei welchen auf Seite
der Verbündeten mindestens eine geschlossene Kompagnie, Eskadron oder Batterie ge=
fochten hat.

Unbedingt aufgeführt sind bei den einzelnen Kämpfen alle diejenigen Truppen,
welche zur Waffenwirkung gelangt sind, Verluste erlitten oder im feindlichen Feuer ge=
standen haben. Bei den Kämpfen größeren Umfanges sind auch diejenigen Truppen=
körper, welche während des Kampfes auf dem Schlachtfelde selbst als Reserve
Verwendung gefunden haben, in das Verzeichniß aufgenommen worden. Die Ab=
leitung von Stärke-Berechnungen aus den Angaben des Gefechts-Kalenders ist somit
unthunlich.

Die den Namen der Gefechte 2c. in diesem Abschnitt beigefügten römischen Zahlen
bezeichnen den Band, die arabischen die Seite des Generalstabswerkes.

Im III. Abschnitt sind die Stäbe und Truppentheile der Preußischen Armee
entsprechend der Rang= und Quartierliste geordnet. Die zu besonderen Zwecken ge=
bildeten Stäbe sind hinter den Brigade-Stäben aufgeführt.

Die bei den Regimentern, Bataillonen 2c. angeführten, auf die Gefechte des
I. Abschnittes verweisenden Nummern besagen, daß der ganze Truppentheil das
betreffende Gefecht mitgemacht hat.

Die Oesterreichischen Truppen sind im III. Abschnitt unberücksichtigt geblieben.

I. Gefechte, Belagerungen ꝛc., nach der Zeit geordnet.*)

№		
	1863.	
1	26ster Novbr.	Kabinets=Ordre zur Vorbereitung der Mobilmachung eines aus der 6ten und 13ten Division bestehenden Armee=Korps (I. 25.)
2	8ter Dezbr.	Kabinets=Ordre zur Kriegsbereitschaft der See=Streit=kräfte (I. 98.)
3	15ter =	Mobilmachungs=Ordre für das kombinirte Armee=Korps (I. 29.)
	1864.	
4	15ter Januar.	Mobilmachungs=Ordre für die vier neuen Garde=Infanterie=Regimenter (I. 73.)
5	20ster =	General=Feldmarschall Freiherr v. Wrangel übernimmt den Oberbefehl über sämmtliche Truppen (I. 74.)
6	1ster Februar.	Ueberschreiten der Eider (I. 121 ff.)
7	1ster =	Avantgarden=Gefecht bei Windeby (I. 124.)

Vom I. Korps:**) 1stes Bataillon 7ten Brandenburgischen Infanterie=Regiments Nr. 60 (ohne: 1te und 4te Kompagnie). Eine Abtheilung (2 Offiziere 31 Mann) der 1sten Kompagnie Westfälischen Jäger=Bataillons Nr. 7. Ein Zug der 4ten Eskadron Brandenburgischen Husaren=Regiments (Zietensche Husaren) Nr. 3.

| 8 | 1ster = | Gefecht mit den Kriegsschiffen „Thor" und „Esbern Snare" bei Sandkrug und Mövenberg (I. 124 ff.) |

Vom I. Korps: Kommandeur der Artillerie. Stab der Avant=garde. Füsilier=Bataillon 1sten Westfälischen Infanterie=Regiments

---

*) Vergl. Uebersichtskarte Nr. 1, 2 und 3.
**) Die Ordre de bataille siehe I. Anlage Nr. 12.

№. **1864.**

Nr. 13. Füsilier=Bataillon 8ten Brandenburgischen Infanterie=
Regiments Nr. 64. 1ste und 4te Eskadron 2ten Brandenburgischen
Ulanen=Regiments Nr. 11. Stab der kombinirten Fuß=Abthei=
lung beider Artillerie=Brigaden Nr. 3 und 7 (Kommandeur der
2ten Fuß=Abtheilung Brandenburgischer Artillerie=Brigade Nr. 3).
2te, 3te, 4te 6pfündige Batterie Brandenburgischer Artillerie=
Brigade Nr. 3.

9 2ter Februar. **Gefecht bei Missunde** (I. 139 ff.)

Vom I. Korps: General = Kommando. Stab der 6ten In=
fanterie=Division. Stab der Avantgarde. 11te Infanterie=Brigade.
Füsilier=Bataillon 1sten Westfälischen Infanterie=Regiments Nr. 13.
Füsilier=Bataillon 2ten Westfälischen Infanterie=Regiments Nr. 15
(Prinz Friedrich der Niederlande). Füsilier=Bataillon 4ten Bran=
denburgischen Infanterie=Regiments Nr. 24. Westfälisches Jäger=
Bataillon Nr. 7. Brandenburgisches Husaren=Regiment (Zietensche
Husaren) Nr. 3. 1stes Westfälisches Husaren = Regiment Nr. 8
(ohne: 4te Eskadron). 2te Eskadron 2ten Brandenburgischen Ulanen=
Regiments Nr. 11. Stab der Reserve=Artillerie. Stab der kom=
binirten Fuß=Abtheilung beider Artillerie=Brigaden Nr. 3 und 7
(Kommandeur der 2ten Fuß=Abtheilung Brandenburgischer Ar=
tillerie=Brigade Nr. 3). 2te 12pfündige, 2te, 3te, 4te 6pfün=
dige, 2te und 3te Haubitz=Batterie Brandenburgischer Artillerie=
Brigade Nr. 3. 1ste 6pfündige, 1ste Haubitz=, 1ste, 2te, 3te, 4te, 6te
reitende Batterie Westfälischer Artillerie=Brigade Nr. 7. Branden=
burgisches Pionier=Bataillon Nr. 3 (ohne: 1ste, 2te, 3te Kompagnie).
Westfälisches Pionier=Bataillon Nr. 7 (ohne: 1ste, 2te, 4te Kompagnie).

10 2ter = **Erkundungs=Scharmützel bei Torfschuppen** (I. 150.)

**Vom Kaiserlich Königlich Oesterreichischen VI. Armee=
Korps (II. Korps):*)** Eine Eskadron Dragoner=Regiments
Fürst Windischgrätz Nr. 2. Ein Zug Husaren=Regiments Fürst
Liechtenstein Nr. 9.

11 3ter = **Gefecht bei Ober=Selk** (I. 154 ff.)

**Vom Kaiserlich Königlich Oesterreichischen VI. Armee=
Korps (II. Korps):** Brigade Gondrecourt (ohne: 1stes Bataillon
Infanterie=Regiments König Wilhelm I. von Preußen Nr. 34). Von der
Kavallerie=Brigade: 3/4 2te Eskadron Husaren=Regiments Fürst
Liechtenstein Nr. 9.

12 3ter = **Gefecht bei Jagel** (I. 160 ff.)

Vom III. Korps:**) 10te Kompagnie 4ten Garde=Grenadier=
Regiments Königin.

---

*) Die Ordre de bataille siehe I. Anlage Nr. 11.
**) Die Ordre de bataille siehe I. Anlage Nr. 13.

№	1864.	

Vom Kaiserlich Königlich Oesterreichischen VI. Armee-Korps (II. Korps): Von der Brigade Gondrecourt: 1ſtes Bataillon Infanterie-Regiments König Wilhelm I. von Preußen Nr. 34. Von der Brigade Noſtitz: Feldjäger-Bataillon Nr. 9. Von der Kavallerie-Brigade: Ein Zug der 2ten Eskadron Huſaren-Regiments Fürſt Liechtenſtein Nr. 9.

13 | 4ter Februar. | **Artillerie-Gefecht bei den Dannewerken** (I. 171 ff.)

Vom I. Korps: 4te 6pfündige Batterie Brandenburgiſcher Artillerie-Brigade Nr. 3.

Vom Kaiserlich Königlich Oesterreichischen VI. Armee-Korps (II. Korps): Von der Brigade Tomas: 4pfündige Fuß-Batterie Nr. 5 1ſten Artillerie-Regiments. Von der Korps-Geſchütz-Reſerve: 8pfündige Fuß-Batterie Nr. 10 vom 1ſten Artillerie-Regiment.

14 | 4ter = | **Erkundungs-Scharmützel bei Klein Rheide** (I. 173 ff.)

Vom I. Korps: Ein Zug der 1ſten Eskadron Brandenburgiſchen Küraſſier-Regiments (Kaiser Nikolaus I. von Rußland) Nr. 6.

Vom III. Korps: 11te Kompagnie 4ten Garde-Grenadier-Regiments Königin.

15 | 5ter = | **Vorposten-Scharmützel vor den Dannewerken** (I. 178.)

Vom III. Korps: 10te Kompagnie 3ten Garde-Regiments zu Fuß.

16 | 6ter = | **Gefecht bei Oversee** (I. 189 ff.)

Vom Kaiserlich Königlich Oesterreichischen VI. Armee-Korps (II. Korps): Korps-Kommando. Brigade Noſtitz. Von der Kavallerie-Brigade: Huſaren-Regiment Fürſt Liechtenſtein Nr. 9 (ohne: ½ 2te und ¾ 6te Eskadron).

17 | 7ter = | **Avantgarden-Scharmützel bei Flensburg** (I. 204 ff.)

Vom I. Korps: Ein Zug der 4ten Eskadron Brandenburgiſchen Küraſſier-Regiments (Kaiser Nikolaus I. von Rußland) Nr. 6. 1ſte und 2te Eskadron Brandenburgiſchen Huſaren-Regiments (Zietenſche Huſaren) Nr. 3. 1ſte Eskadron 2ten Brandenburgiſchen Ulanen-Regiments Nr. 11.

18 | 9ter = | **Erkundungs-Scharmützel bei Nübel** (I. 208.)

Vom I. Korps: 1ſte Eskadron Brandenburgiſchen Küraſſier-Regiments (Kaiser Nikolaus I. von Rußland) Nr. 6.

19 | 10ter = | **Erkundungs-Gefecht bei Weſter-Satrup und Nübel** (I. 211 ff.)

Vom I. Korps: Eine Abtheilung (12 Pferde) des Brandenburgiſchen Huſaren-Regiments (Zietenſche Huſaren) Nr. 3.

№. **1864.**

Vom III. Korps: 1stes Bataillon 3ten Garde = Regiments zu Fuß. 2te Kompagnie 4ten Garde=Grenadier=Regiments Königin. Ein Zug der 3ten 6pfündigen Garde=Batterie.

20 Vom 11ten Febr. **Einschließung und Belagerung der Düppeler Schanzen** bis 18ten April. (I. 215 ff. II. 385 ff.)

Ober=Kommando.
Kommando des Artillerie= und Ingenieur=Angriffs.
I. Korps*) (ohne: Kavallerie=Division und 4te und 5te Eskadron Westfälischen Husaren=Regiments Nr. 8).
Kombinirte Garde=Division.**)
Kombinirte 10te Infanterie=Brigade.***)
Festungs = Artillerie: Stab der 2ten Festungs = Abtheilung Westfälischer Artillerie=Brigade Nr. 7 (Kommando der kombinirten Festungs=Artillerie=Abtheilung). 1ste und 2te Festungs=Kompagnie der Garde = Artillerie = Brigade. 3te Festungs = Kompagnie der Brandenburgischen Artillerie=Brigade Nr. 3. 2te Festungs=Kompagnie der Magdeburgischen Artillerie = Brigade Nr. 4. ¹/₂ 4te und 8te Kompagnie der Westfälischen Artillerie=Brigade Nr. 7. 3te Kompagnie der Rheinischen Artillerie=Brigade Nr. 8.

Vom **Kaiserlich Königlich Oesterreichischen VI. Armee=Korps (II. Korps):** ¹/₄ 3te und 4te Kompagnie des 1sten Pionier=Bataillons.

21 18ter Februar. **Avantgarden=Scharmützel bei Nörre Bjert** (I. 238 ff.)
Vom III. Korps: 1ste und 3te Eskadron Garde = Husaren=Regiments.

22 18ter = **Besetzung von Kolding** (I. 239.)

23 18ter = **Artillerie=Gefecht mit dem Kanonenboot „Willemoës"** bei Ballegaard (I. 258 ff.)
Vom I. Korps: 1ste 6pfündige Batterie Westfälischer Artillerie=Brigade Nr. 7.

---

*) Einschließlich des Brandenburgischen Jäger=Bataillons Nr. 3, sowie des Stabes der 1sten Fuß=Abtheilung und der 1sten 6pfündigen Batterie Brandenburgischer Artillerie=Brigade Nr. 3, welche dem Korps erst nach Aufstellung der Ordre de bataille dauernd bezw. zeitweise zugetheilt wurden.
**) Die Ordre de bataille siehe II. Anlage Nr. 48. Die 1ste 6pfündige Batterie Brandenburgischer Artillerie=Brigade Nr. 3 ist bereits beim I. Korps aufgeführt.
***) Die Ordre de bataille siehe II. Anlage Nr. 45. Die vom I. Korps zur Brigade kommandirten Kavallerie= und Artillerie=Truppentheile sind bereits bei diesem aufgeführt.

№		1864.

24 18ter Februar. Gefecht mit dem Panzerschiff „Rolf Krake" bei Eken=
sund (I. 260 ff.)

Vom I. Korps: 2te und 12te Kompagnie Brandenburgischen
Füsilier = Regiments Nr. 35. 8te Kompagnie 6ten Westfälischen
Infanterie=Regiments Nr. 55. 1ste Kompagnie Brandenburgischen
Pionier=Bataillons Nr. 3. 1ste Kompagnie Westfälischen Pionier=
Bataillons Nr. 7.

Festungs=Artillerie: 2te Festungs=Kompagnie Magdeburgischer
Artillerie=Brigade Nr. 4.

25 18ter = Erkundungs=Gefecht an der Büffelkoppel (I. 261 ff.)

Vom I. Korps: Stab der 6ten Infanterie=Division. Stab
der 12ten Infanterie=Brigade. 8tes Brandenburgisches Infanterie=
Regiment Nr. 64 (ohne: Füsilier=Bataillon). 1ste Eskadron 2ten
Brandenburgischen Ulanen=Regiments Nr. 11. 3te 12pfündige
Batterie Brandenburgischer Artillerie=Brigade Nr. 3.

26 18ter = Erkundungs=Gefecht bei Rackebüll (I. 265.)

Vom I. Korps: 1stes Bataillon 6ten Westfälischen Infanterie=
Regiments Nr. 55 (ohne: 1ste, ½ 2te und 4te Kompagnie). Eine
Abtheilung (12 Pferde) der 1sten Eskadron Westfälischen Dragoner=
Regiments Nr. 7.

27 19ter = Erkundungs=Scharmützel bei Sandberg (I. 265.)

Vom I. Korps: 6te Kompagnie 2ten Westfälischen Infanterie=
Regiments Nr. 15 (Prinz Friedrich der Niederlande). Ein Zug der
4ten Eskadron Westfälischen Dragoner=Regiments Nr. 7.

28 20ster = Erkundungs=Gefecht bei Rackebüll und Sandberg (I. 267 ff.)

Vom I. Korps: Kommandeur der Artillerie und 1ster Inge=
nieur=Offizier. Stab der 13ten Infanterie=Division. Stab der
26sten Infanterie=Brigade. 2tes Bataillon 2ten Westfälischen
Infanterie=Regiments Nr. 15 (Prinz Friedrich der Niederlande)
(von der 6ten, 7ten und 8ten Kompagnie nur je eine Abtheilung von 1 Offizier
und 27 Mann). 1stes Bataillon (ohne: 2te, 3te, 4te Kompagnie) und
Füsilier=Bataillon (ohne: 9te und ½ 12te Kompagnie) 6ten Westfälischen
Infanterie=Regiments Nr. 55. Ein Zug der 1sten, zwei Züge der
4ten Eskadron Westfälischen Dragoner=Regiments Nr. 7.

29 21ster = Erkundungs=Gefecht bei Rackebüll (I. 268.)

Vom I. Korps: Stab der 26sten Infanterie=Brigade. 1stes
Bataillon (ohne: 2te, 3te, 4te Kompagnie), 2tes Bataillon (ohne: 5te, 6te
7te Kompagnie) 2ten Westfälischen Infanterie=Regiments Nr. 15
(Prinz Friedrich der Niederlande). Ein Zug der 4ten Eskadron
Westfälischen Dragoner=Regiments Nr. 7.

№. **1864.**
30 22ſter Februar. Erkundungs-Gefecht vor Düppel (I. 287 ff.)

Ober-Kommando.

Vom I. Korps: General-Kommando: Stab der 6ten Infanterie-Diviſion. Stab der 13ten Infanterie-Diviſion. Stab der
11ten Infanterie-Brigade. Stab der 12ten Infanterie-Brigade.
Stab der 26ſten Infanterie-Brigade. 2tes Weſtfäliſches Infanterie-
Regiment Nr. 15 (Prinz Friedrich der Niederlande) (ohne: 8te Kom-
pagnie). 4tes Brandenburgiſches Infanterie-Regiment Nr. 24 (ohne:
2tes und Füſilier-Bataillon). Brandenburgiſches Füſilier-Regiment
Nr. 35 (ohne: 7te Kompagnie). 6tes Weſtfäliſches Infanterie-Regiment
Nr. 55 (ohne: 2tes Bataillon). 8tes Brandenburgiſches Infanterie-
Regiment Nr. 64. Brandenburgiſches Jäger-Bataillon Nr. 3. Ein
Zug der 2ten und 4ten Eskadron Weſtfäliſchen Dragoner-Re-
giments Nr. 7. 1ſte und 2te Eskadron 2ten Brandenburgiſchen
Ulanen-Regiments Nr. 11. 2te 12pfündige und 3te 12pfündige
Batterie Brandenburgiſcher Artillerie-Brigade Nr. 3. Stab der
1ſten Fuß-Abtheilung, 4te 12pfündige und ein Zug der 1ſten
6pfündigen Batterie Weſtfäliſcher Artillerie-Brigade Nr. 7. Bran-
denburgiſches Pionier-Bataillon Nr. 3 (ohne: 1ſte und 2te Kompagnie).
Weſtfäliſches Pionier-Bataillon Nr. 7 (ohne: 1ſte, 2te und 3te Kompagnie).

31 23ſter = Artillerie-Gefecht mit dem Panzerſchiff „Esbern
Snare" bei Ballegaard (I. 302 ff.)

Vom I. Korps: 1ſte 6pfündige Batterie Weſtfäliſcher-Artillerie-
Brigade Nr. 7.

32 23ſter = Artillerie-Gefecht mit dem Kanonenboot „Thura" bei
Stenderup Hage (I. 322.)

Vom III. Korps: 3te 6pfündige Garde-Batterie.

33 24ſter = Erkundungs-Gefecht bei Ravenskoppel (I. 301.)

Vom I. Korps: 2tes Bataillon 2ten Weſtfäliſchen Infanterie-
Regiments Nr. 15 (Prinz Friedrich der Niederlande).

34 27ſter = Erkundungs-Gefecht beim Stenderuper Holz und bei
Rackebüll (I. 303.)

Vom I. Korps: 5tes Weſtfäliſches Infanterie-Regiment Nr. 53
(ohne: 1ſte, 2te, 3te Kompagnie, 2tes Bataillon, 9te und 12te Kompagnie).
½ 1ſte und ½ 2te Kompagnie Weſtfäliſchen Jäger-Bataillons Nr. 7.
Eine Abtheilung (3 Sektionen) der 3ten Kompagnie Weſtfäliſchen
Pionier-Bataillons Nr. 7.

35 29ſter = Erkundungs-Gefecht bei Vorbaſſe (I. 323 ff.)

Vom I. Korps: 2te und 4te Eskadron 1ſten Weſtfäliſchen
Huſaren-Regiments Nr. 8.

No.	**1864.**	
36	1ster März.	**Erkundungs=Gefecht bei Rackebüll und dem Rackebüller Holz** (I. 307 Anm.)

Vom I. **Korps**: 6te Kompagnie 1sten Westfälischen Infanterie= Regiments Nr. 13. 1stes Bataillon (von der 4ten Kompagnie nur 1 Offizier=Patrouille) und Füsilier=Bataillon (ohne: 10te und 11te Kompagnie) 5ten Westfälischen Infanterie=Regiments Nr. 53. 3te Kompagnie Westfälischen Jäger=Bataillons Nr. 7. Eine Abtheilung (14 Pferde) Westfälischen Dragoner=Regiments Nr. 7.

37 2ter = **Erkundungs=Gefecht beim Rackebüller Holz** (I. 307 Anm.)

Vom I. **Korps**: 7te und ein Zug der 11ten Kompagnie 1sten Westfälischen Infanterie=Regiments Nr. 13.

38 3ter = **Erkundungs=Gefecht bei Neu=Freudenthal und Rackebüll** (I. 307 Anm.)

Vom I. **Korps**: 2tes Bataillon 8ten Brandenburgischen Infanterie=Regiments Nr. 64 (ohne: 5te und 8te Kompagnie).

39 8ter = **Einmarsch in Jütland** (I. 328 ff.)

40 8ter = **Gefecht bei Fredericia** (I. 333 ff.)

Ober=Kommando.

Vom III. **Korps**: Stab der kombinirten Garde=Infanterie= Division. Stab der kombinirten Garde=Infanterie=Brigade. Stab der kombinirten Garde=Grenadier=Brigade. 4tes Garde=Regiment zu Fuß. 3tes Garde=Grenadier=Regiment Königin Elisabeth (ohne: 4te Kompagnie). 1stes Bataillon 4ten Garde=Grenadier=Regiments Königin. Garde=Husaren=Regiment (ohne: 4te Eskadron). 4pfündige Garde=Batterie (ohne: 4ten Zug).

41 8ter = **Gefecht bei Veile** (I. 338 ff.)

Vom Kaiserlich Königlich Oesterreichischen VI. Armee= Korps (II. Korps): Brigade Gondrecourt (ohne: 1stes Bataillon Infanterie=Regiments König Wilhelm I. von Preußen Nr. 34 und 3te Kompagnie Infanterie=Regiments Freiherr Martini von Nasedo Nr. 30) Brigade Nostiz (ohne: zwei Kompagnien Feld=Jäger=Bataillons Nr. 9). Kavallerie=Brigade Dobrzensky (ohne: 2te, 3te und 6te Eskadron Husaren=Regiments Fürst Liechtenstein Nr. 5). Korps=Geschütz=Reserve.

42 Vom 9ten März bis 29sten April. **Einschließung von Fredericia** (I. 351 ff., 360 ff.)

III. **Korps**, einschließlich der dem Korps seit Mitte Februar zugetheilten 4ten 12pfündigen und 1sten 6pfündigen Batterie Brandenburgischer Artillerie=Brigade Nr. 3 (ohne: Füsilier=Bataillon 4ten Garde=Grenadier=Regiments Königin).

Kaiserlich Königlich Oesterreichisches VI. Armee=Korps (II. Korps) (ohne: ¼ 3te und 4te Kompagnie des 1sten Pionier=Bataillons).

16*

No.	**1864.**	
43	11ter März.	**Erkundungs-Gefecht vor Fredericia** (I. 361.)

43   11ter März.   **Erkundungs-Gefecht vor Fredericia** (I. 361.)

Vom III. Korps: Stab der kombinirten Garde-Infanterie-Division. 2tes Bataillon 3ten Garde-Regiments zu Fuß (ohne: 5te, 6te und 7te Kompagnie), ½ 4pfündige Garde-Batterie.

44   13ter = **Ueberfall der Vorposten bei Lillemölle—Rackebüll** (II. 398 ff.)

Vom I. Korps: Stab der 26sten Infanterie-Brigade. 2tes Bataillon 2ten Westfälischen Infanterie-Regiments Nr. 15 (Prinz Friedrich der Niederlande) (ohne: ⅔ 5te und ⅔ 8te Kompagnie). Füsilier-Bataillon 6ten Westfälischen Infanterie-Regiments Nr. 55 (ohne: 9te und 10te Kompagnie).

45   14ter = **Vorposten-Gefecht bei Düppel und Rackebüll** (II. 400.)

Vom I. Korps: Stab der 12ten Infanterie-Brigade. 4tes Brandenburgisches Infanterie-Regiment Nr. 24 (ohne: Füsilier-Bataillon). Abtheilungen des 1sten Bataillons 8ten Brandenburgischen Infanterie-Regiments Nr. 64.

46   14ter = **Erkundungs-Gefecht vor Fredericia** (I. 361.)

Vom III. Korps: Stab der kombinirten Garde-Infanterie-Division. 4tes Garde-Grenadier-Regiment Königin (ohne: 1stes Bataillon, 5te, 7te, 8te Kompagnie und Füsilier-Bataillon).

47   Vom 15ten März bis 18ten April.   **Beschießung der Düppeler Schanzen** (II. 401 ff., 418 ff., 424 ff., 476 ff., 480 ff., 490 ff., 500 ff.)

Kommando des Artillerie- und Ingenieur-Angriffs.

Vom I. Korps: Kommandeur der Artillerie. Stab der Reserve-Artillerie. Stab der 1sten Fuß-Abtheilung. 1ste 6pfündige Batterie, 2te Fuß-Abtheilung (2te 12 pfündige, 2te 6 pfündige, 4te 6 pfündige, 2te Haubitz-Batterie). Stab der 3ten Fuß-Abtheilung. 3te 12pfündige Batterie und 3te 6pfündige Brandenburgischer Artillerie-Brigade Nr. 3. 1ste Fuß-Abtheilung (1ste 12 pfündige, 4te 12pfündige, 1ste 6pfündige und 1ste Haubitz-Batterie) Westfälischer Artillerie-Brigade Nr. 7.

Vom III. Korps: 4pfündige und 3te 6pfündige Garde-Batterie.

Festungs-Artillerie: Stab der 2ten Festungs-Abtheilung Westfälischer Artillerie-Brigade Nr. 7 (Kommando der kombinirten Festungs-Artillerie-Abtheilung). 1ste und 2te Festungs-Kompagnie der Garde-Artillerie-Brigade. 3te Festungs-Kompagnie der Brandenburgischen Artillerie-Brigade Nr. 3. 2te Festungs-Kompagnie der Magdeburgischen Artillerie-Brigade Nr. 4. ½ 4te und 8te Festungs-Kompagnie der Westfälischen Artillerie-Brigade Nr. 7. 3te Festungs-Kompagnie der Rheinischen Artillerie-Brigade Nr. 8.

№	1864.	
48	15ter März.	**Eroberung der Insel Fehmarn** (II. 446 ff.)

Von der 5ten Division:*) 2tes Bataillon 5ten Branden=
burgischen Infanterie=Regiments Nr. 48 (ohne: 6te Kompagnie). Stab
der 1sten Fuß=Abtheilung. 1ste 12pfündige und ½ 1ste Haubitz=
Batterie Brandenburgischer Artillerie=Brigade Nr. 3.

49 16ter = **Vorposten=Gefecht bei Stabegaard** (II. 403.)

Vom I. Korps: 1stes Bataillon und 11te Kompagnie 2ten
Westfälischen Infanterie=Regiments Nr. 15 (Prinz Friedrich) der
Niederlande). Ein Zug der 4ten 12pfündigen Batterie Westfälischer
Artillerie=Brigade Nr. 7.

50 17ter = **Gefecht bei Rackebüll—Düppel** (II. 403 ff.)

Vom I. Korps: General = Kommando. Stab der 6ten
Infanterie=Division, Stab der 13ten Infanterie=Division. Stab
der 11ten Infanterie=Brigade. 12te Infanterie=Brigade, 26te In=
fanterie=Brigade (ohne: 2tes Bataillon 6ten Westfälischen Infanterie=
Regiments Nr. 55). 2tes Bataillon Brandenburgischen Füsilier=
Regiments Nr. 35 (ohne: 5te und 6te Kompagnie). 7tes Branden=
burgisches Infanterie=Regiment Nr. 60 (ohne: 1stes Bataillon, 5te, 7te,
10te und 11te Kompagnie). Brandenburgisches Jäger=Bataillon Nr. 3
(ohne: 3te Kompagnie). Eine Abtheilung Westfälischen Dragoner=
Regiments Nr. 7. 2te Eskadron Brandenburgischen Husaren=
Regiments (Zietensche Husaren) Nr. 3. 3te 12pfündige und 2te
Haubitz = Batterie Brandenburgischer Artillerie = Brigade Nr. 3.
Stab der 1sten Fuß=Abtheilung und 4te 12pfündige Batterie
Westfälischer Artillerie=Brigade Nr. 7. Brandenburgisches Pionier=
Bataillon Nr. 3 (ohne: 1ste, 3te und 4te Kompagnie).

51 17ter = **Erkundungs=Gefecht vor Fredericia** (I. 363 ff.)

Vom III. Korps: Stab der kombinirten Garde=Infanterie=
Division. 1stes Bataillon (ohne: 1ste, 3te und 4te Kompagnie), 2tes
Bataillon (ohne: 5te und 6te Kompagnie) 4ten Garde = Grenadier=
Regiments Königin. ½ 4te 12pfündige Batterie Brandenburgischer
Artillerie=Brigade Nr. 3.

52 17ter = **See=Gefecht bei Jasmund** (II. 459 ff.)

Von der Flotte:**) Gedeckte Korvette „Arcona". Glattdeck=
Korvette „Nymphe". Aviso „Loreley". I. Flottillen=Division.

53 19ter = **Erkundungs=Gefechte vor Fredericia** (I. 364 ff.)
Ober=Kommando.

Vom III. Korps: Stab der kombinirten Garde=Infanterie=
Division. Stab der kombinirten Garde = Infanterie = Brigade.
3tes Garde = Regiment zu Fuß (ohne: 1stes Bataillon, 10te und
11te Kompagnie).

*) Die Ordre de bataille siehe II. Anlage Nr. 41.
**) Siehe I. Anlage Nr. 16.

№. **1864.**

Vom Kaiserlich Königlich Oesterreichischen VI. Armee-Korps (II. Korps): Von der Brigade Tomas: Abtheilungen des Infanterie-Regiments Prinz Wilhelm zu Schleswig-Holstein-Glücksburg Nr. 80 und des Feld-Jäger-Bataillons Nr. 11.

54   20ster und   **Beschießung von Fredericia** (I. 368 ff.)
21ster März.   Ober-Kommando.

III. Korps einschließlich der demselben seit Mitte Februar zugetheilten 4ten 12pfündigen und 1sten 6pfündigen Batterie Brandenburgischer Artillerie-Brigade Nr. 3 (ohne: Füsilier-Bataillon 4ten Garde-Grenadier-Regiments Königin und Garde-Husaren-Regiment). Vom Kaiserlich Königlich Oesterreichischen VI. Armee-Korps (II. Korps): Korps-Kommando. Von der Brigade Nostitz: Feld-Jäger-Bataillon Nr. 9. Brigade Tomas. Von der Kavallerie-Brigade: 2te Eskadron Husaren-Regiments Fürst Liechtenstein Nr. 9. Korps-Geschütz-Reserve. ½ 3te Kompagnie des 1sten Pionier-Bataillons. ½ 11te Genie-Kompagnie.

55   28ster März.   **Gefecht bei Düppel** (II. 429 ff.)

Vom I. Korps: Stab der 6ten Infanterie-Division. Stab der 25sten Infanterie-Brigade. 1stes Westfälisches Infanterie-Regiment Nr. 13 (ohne: 2tes Bataillon). Brandenburgisches Füsilier-Regiment Nr. 35 (ohne: 3tes Bataillon). Eine Abtheilung der 1sten Eskadron Brandenburgischen Husaren-Regiments (Zietensche Husaren) Nr. 3. Eine Abtheilung (1 Offizier 69 Mann) der 2ten Kompagnie Brandenburgischen Pionier-Bataillons Nr. 3.

Von der kombinirten 10ten Infanterie-Brigade: Stab der Brigade. Leib-Grenadier-Regiment (1stes Brandenburgisches) Nr. 8. 1stes Posensches Infanterie-Regiment Nr. 18.

56   Nacht   **Eröffnung der 1sten Parallele gegen die Düppeler**
vom 29sten zum   **Schanzen** (II. 438 ff.)
30sten März.

57   Nacht   **Vorposten-Gefecht vor den Düppeler Schanzen** (II. 474 ff.)
vom 5ten zum   Von der kombinirten Garde-Division: Stab der Division.
6ten April.   Stab der kombinirten Garde-Infanterie-Brigade. 4tes Garde-Regiment zu Fuß (ohne: 1stes und Füsilier-Bataillon). 3te Kompagnie Westfälischen Pionier-Bataillons Nr. 7.

58   Nacht   **Eröffnung der Halbparallele gegen die Düppeler**
vom 7ten zum   **Schanzen** (II. 479 ff.)
8ten April.

№	1864.	
59	10ter April.	**Vorstoß auf Horsens** (I. 381 ff.)

Von der kombinirten Division Münster:*) Stab der Division. Stab der kombinirten Kavallerie-Brigade. Füsilier=Bataillon 3ten Garde=Grenadier=Regiments Königin Elisabeth. 3te Eskadron Garde=Husaren=Regiments.

| 60 | Nacht vom 10ten zum 11ten April. | **Eröffnung der 2ten Parallele gegen die Düppeler Schanzen** (II. 486 ff.) |

| 61 | 11ter April. | **Vorposten=Gefecht vor den Düppeler Schanzen** (II. 487.) |

Vom I. Korps: 3tes Bataillon Brandenburgischen Füsilier= Regiments Nr. 35. 2tes Bataillon und Abtheilungen des Füsilier=Bataillons 4ten Brandenburgischen Infanterie=Regiments Nr. 24. 4te Kompagnie Brandenburgischen Pionier=Bataillons Nr. 3. Von der kombinirten Garde=Division: 2tes Bataillon 4ten Garde=Grenadier=Regiments Königin (ohne: 5te und 6te Kompagnie).

| 62 | Nacht vom 13ten zum 14ten April. | **Vorposten=Gefecht vor den Düppeler Schanzen** (II. 496 ff.) |

Vom I. Korps: Stab der 11ten Infanterie=Brigade. 7tes Brandenburgisches Infanterie=Regiment Nr. 60 (ohne: Stab des 2ten und Füsilier-Bataillons, 3te, 6te, 7te, 8te, 9te, 10te und 12te Kompagnie). 2te und 3te Kompagnie Brandenburgischen Pionier=Bataillons Nr. 3.

| 63 | 14ter April. | **Erkundungs=See=Gefecht bei Jasmund** (II. 467 ff.) |

Von der Flotte: Aviso und Königliche Yacht „Grille".

| 64 | Nacht vom 14ten zum 15ten April. | **Eröffnung der 3ten Parallele gegen die Düppeler Schanzen** (II. 498.) |

| 65 | 16ter April. | **Vorposten=Gefecht vor den Düppeler Schanzen** (II. 499 ff.) |

Vom I. Korps: General = Kommando. Eine Abtheilung (2 Offiziere 55 Mann) der 2ten Kompagnie Westfälischen Pionier= Bataillons Nr. 7. Von der kombinirten 10ten Infanterie=Brigade: 4te Kompagnie Leib=Grenadier=Regiments (1sten Brandenburgischen) Nr. 8.

| 66 | 18ter = | **Sturm auf die Düppeler Schanzen** (II. 518 ff.) |

Ober=Kommando.

Kommando des Artillerie= und Ingenieur=Angriffs.

I. Korps**) (ohne: 1ste Kompagnie Brandenburgischen Jäger=Bataillons Nr. 3, 1ste, 4te und den größten Theil der 3ten Eskadron Westfälischen

---

*) Die Ordre de bataille siehe II. Anlage 63.
**) Vergl. Anm. 1, Seite 234*.

No.   **1864.**

Dragoner-Regiments Nr. 7, 4te Eskadron Brandenburgischen Husaren-Regiments (Zietensche Husaren) Nr. 3, 4te und 5te Eskadron 1sten Westfälischen Husaren-Regiments Nr. 8, Stab, 1ste, 2te und 4te Eskadron 2ten Brandenburgischen Ulanen-Regiments Nr. 11, Kavallerie-Division, 1/2 4te Kompagnie Westfälischen Pionier-Bataillons Nr. 7).

Kombinirte Garde-Division*) (ohne: Stab des Füsilier-Bataillons, 7te, 9te und 12te Kompagnie 4ten Garde-Grenadier-Regiments Königin).

Kombinirte 10te Infanterie-Brigade.**)

Festungs-Artillerie. Stab der 2ten Festungs-Abtheilung Westfälischer Artillerie-Brigade Nr. 7 (Kommando der kombinirten Festungs-Artillerie-Abtheilung). 1ste und 2te Festungs-Kompagnie der Garde-Artillerie-Brigade. 3te Festungs-Kompagnie der Brandenburgischen Artillerie-Brigade Nr. 3. 2te und 7te Festungs-Kompagnie der Magdeburgischen Artillerie-Brigade Nr. 4. Halbe 4te und 8te Festungs-Kompagnie der Westfälischen Artillerie-Brigade Nr. 7. 3te Festungs-Kompagnie der Rheinischen Artillerie-Brigade Nr. 8.

Vom Kaiserlich Königlich Oesterreichischen VI. Armee-Korps (II. Korps). 1/43te und 4te Kompagnie des 1sten Pionier-Bataillons.

---

67 19ter April.   **Artillerie-Gefecht am Alsen Sund** (II. 574.)

Vom I. Korps: 1ste 6pfündige Batterie Brandenburgischer Artillerie-Brigade Nr. 3. 1ste 6pfündige Batterie Westfälischer Artillerie-Brigade Nr. 7.

Festungs-Artillerie: 2te Festungs-Kompagnie der Garde-Artillerie-Brigade. 3te Festungs-Kompagnie Rheinischer Artillerie-Brigade Nr. 8.

68 21ster =   **Eintreffen Seiner Majestät des Königs Wilhelm auf dem Kriegsschauplatz** (II. 577.)

69 21ster und 22ster April.   **Paraden über die Truppen im Sundewitt durch Seine Majestät den König Wilhelm** (II. 577 ff.)

70 23ster April.   **Artillerie-Gefecht mit einem Kanonenboot an der Küste von Fehmarn** (II. 617.)

Von der 5ten Division: 1ste 12pfündige und 1/2 1ste Haubitz-Batterie Brandenburgischer Artillerie-Brigade Nr. 3.

71 24ster =   **See-Gefecht bei Dornbusch** (II. 607.)

Von der Flotte: Aviso und Königliche Yacht „Grille".

) Vergl. Anm. 2, Seite 234.
**) Vergl. Anm. 3, Seite 234*.

№	1864.	
72	28ster April.	Räumung Fredericias Seitens der Dänen (II. 596 ff.)

№ 1864.

72 28ster April. Räumung Fredericias Seitens der Dänen (II. 596 ff.)

73 29ster = Besetzung Fredericias durch das Oesterreichische Korps (II. 596 ff.)

74 30ster = See-Gefecht bei Neufahrwasser (II. 607 ff.)
Von der Flotte: Gedeckte Korvette „Vineta".

75 5ter Mai. Beschießung der Verschanzungen bei Aalborg (II. 592.)
Von der kombinirten Division Münster: 3te 6pfündige Batterie Schlesischer Artillerie-Brigade Nr. 6.

76 9ter = See-Gefecht bei Helgoland (II. 610 ff.)
Von der Flotte: Aviso „Preußischer Adler". Dampf-Kanonenboote I. Klasse „Basilisk" und „Blitz".
Vom Kaiserlich Königlich Oesterreichischen Geschwader: Schrauben-Fregatten „Schwarzenberg" und „Radetzky".

77 Vom 12ten Mai bis 25sten Juni. Erste Waffenruhe (II. 581.)

78 18ter Mai. An Stelle des General = Feldmarschalls Freiherrn v. Wrangel erhält Seine Königliche Hoheit der Prinz Friedrich Karl den Oberbefehl über die verbündete Armee (II. 626.)

79 26ster, 27ster und 28ster Juni. Artillerie-Gefechte am Alsen Sund (II. 644 ff.)
Festungs-Artillerie: 1ste Festungs = Kompagnie der Garde-Artillerie-Brigade.

80 29ster Juni. Uebergang nach Alsen (II. 639 ff.)
Ober-Kommando.
I. Korps:[*] (ohne: 1stes Bataillon 2ten Westfälischen Infanterie-Regiments Nr. 15 (Prinz Friedrich der Niederlande). Westfälisches Jäger-Bataillon Nr. 7, Westfälisches Dragoner-Regiment Nr. 7, 4te und 5te Escadron 1sten Westfälischen Husaren = Regiments Nr. 8, 2tes Brandenburgisches Ulanen-Regiment Nr. 11 (außer 2 Offizieren, 24 Pferden), Kavallerie-Division, Stab der 1sten Fuß-Abtheilung und 1ste 6pfündige Batterie Brandenburgischer Artillerie-Brigade Nr. 3, 2te und 3te reitende Batterie Westfälischer Artillerie-Brigade Nr. 7 Theile der 2ten, 3ten und 4ten Kompagnie Westfälischen Pionier-Bataillons Nr. 7).
Festungs-Artillerie: 1ste Festungs = Kompagnie der Garde-Artillerie-Brigade. 3te Festungs = Kompagnie Brandenburgischer

---

[*] Siehe Anm. 1, Seite 234*.

№.   **1864.**

Artillerie-Brigade Nr. 3. 2te Festungs-Kompagnie Magdeburgischer Artillerie-Brigade Nr. 4. ¹/₂ 4te Festungs-Kompagnie Westfälischer Artillerie-Brigade Nr. 7. 3te Festungs-Kompagnie Rheinischer Artillerie-Brigade Nr. 8.

Pioniere:*) 1ste Kompagnie Pommerschen Pionier-Bataillons Nr. 2. 1ste Kompagnie Magdeburgischen Pionier-Bataillons Nr. 4. 1ste Kompagnie Niederschlesischen Pionier-Bataillons Nr. 5.

81 2ter Juli. **See-Gefecht bei Dornbusch** (II. 731.)

Von der Flotte: III. Flottillen-Division (ohne: Kanonenboot I. Klasse „Cyclop“).

82 3ter = **Gefecht bei Lundby** (II. 706 ff.)

Vom III. Korps:**) 1ste Kompagnie und ein Zug der 2ten Kompagnie 3ten Niederschlesischen Infanterie-Regiments Nr. 50. 5te Eskadron 1sten Westfälischen Husaren-Regiments Nr. 8.

83 10ter = **Uebergang über den Liim Fjord** (II. 716 ff.)

84 Vom 10ten bis 14ten Juli. **Einnahme des Vendsyssel** (II. 716 ff.)

85 Vom 13ten bis 17ten Juli. **Besitznahme der Nordfriesischen Inseln** (II. 723 ff.)

86 19ter Juli. **Uebergabe der Dänischen Flottille unter Kapitän Hammer** (II. 729 ff.)

87 Vom 20sten bis 31sten Juli. **Zweite Waffenruhe** (II. 743 ff.)

88 25ster Juli. **Beginn der Friedensverhandlungen** (II. 745 ff.)

89 31ster = **Verlängerung der Waffenruhe bis zum 3ten August** (II. 748.)

90 1ster August. **Abschluß des Präliminar-Friedens** (II. 749.)

91 30ster Oktober. **Unterzeichnung des Friedens zu Wien** (II. 750 ff.)

92 16ter Novbr. **Räumung Jütlands** (II. 751 ff.)

---

*) Außer den beim I. Korps bereits aufgeführten.
**) Die Ordre de bataille siehe II. 634, Anm. 1.

II. Gefechte, Belagerungen ꝛc., nach dem Alphabet geordnet.

		Datum.	Nr. des Ge= fechts ꝛc.	Band u. Seite des General= stabswerks.
Aalborg	Beschießung der Ver= schanzungen bei	5. V. 64	75	II. 592
Alsen	Uebergang nach	29. VI. 64	80	II. 639 ff.
Alsen Sund	Artillerie=Gefecht am	19. IV. 64	67	II. 574
= =	Artillerie=Gefechte am	26., 27. u. 28. VI. 64	79	II. 644 ff.
Ballegaard	Artillerie=Gefecht mit dem Kanonenboot „Wille= moës" bei	18. II. 64	23	I. 258 ff.
=	Artillerie=Gefecht mit dem Panzerschiff „Esbern Snare" bei	23. II. 64	31	I. 302 ff.
Büffelkoppel	Erkundungs = Gefecht an der	18. II. 64	25	I. 261 ff.
Dannewerke	Artillerie=Gefecht bei den	4. II. 64	13	I. 171 ff.
=	Vorposten = Scharmützel vor den D...n.	5. II. 64	15	I. 178
Dornbusch	See=Gefecht bei	24. IV. 64	71	II. 607
=	See=Gefecht bei	2. VII. 64	81	II. 731
Düppel	Erkundungs=Gefecht vor	22. II. 64	30	I. 287 ff.
=	Gefecht bei	28. III. 64	55	II. 429 ff.
=	Gefecht bei Rackebüll—	17. III. 64	50	II. 403 ff.
=	Vorposten=Gefecht bei D. und Rackebüll	14. III. 64	45	II. 400
Düppeler Schanzen	Einschließung und Be= lagerung der	11. II. bis 18 IV. 64	20	I. 215 ff., II. 385 ff.
= =	Beschießung der	15. III. bis 18. IV. 64	47	II. 401 ff., 418 ff., 424 ff., 476 ff., 480 ff., 490 ff., 500 ff.
= =	Eröffnung der 1sten Parallele gegen die	Nacht zum 30. III. 64	56	II. 438 ff.
= =	Vorposten = Gefecht vor den	Nacht zum 6. IV. 64	57	II. 474 ff.
= =	Eröffnung der Halb= parallele gegen die	Nacht zum 8. IV. 64	58	II. 479 ff.
= =	Eröffnung der 2ten Par= allele gegen die	Nacht zum 11. IV. 64	60	II. 486 ff.
= =	Vorposten = Gefecht vor den	11. IV. 64	61	II. 487
= =	Vorposten = Gefecht vor den	Nacht zum 14. IV. 64	62	II. 496 ff.
= =	Eröffnung der 3ten Par= allele gegen die	Nacht zum 15. IV. 64	64	II. 498
= =	Vorposten = Gefecht vor den	16. IV. 64	65	II. 498 ff.

		Datum.	Nr. des Gefechts 2c.	Band u. Seite des Generalstabswerks.
Mobilmachung	Kabinets-Ordre zur Vorbereitung der M. eines aus der 6ten und 13ten Division bestehenden Armee-Korps	26. XI. 63.	1	I. 25
Mobilmachungs-Ordre	für das kombinirte Armee-Korps	15. 12. 63	3	I. 29
Mobilmachungs-Ordre	für die vier neuen Garde-Infanterie-Regimenter	15. I. 64	4	I. 73
Mövenberg	Gefecht mit den Kriegsschiffen „Thor" und „Esbern Snare" bei Sandkrug und	1. II. 64	8	I. 124 ff.
Neufahrwasser	See-Gefecht bei	30. IV. 64	74	II. 607 ff.
Neu-Freudenthal	Erkundungs-Gefecht bei N.-F. und Rackebüll	3. III. 64	38	I. 307
Nörre Biert	Avantgarden-Scharmützel bei	18. II. 64	21	I. 238 ff.
Nordfriesische Inseln	Besitznahme der	13.—17. VII. 64	85	II. 723 ff.
Nübel	Erkundungs-Scharmützel bei	9. II. 64	18	I. 208
=	Erkundungs-Gefecht bei Wester-Satrup und	10. II. 64	19	I. 211 ff.
Ober-Selk	Gefecht bei	3. II. 64	11	I. 154 ff.
Oversee	Gefecht bei	6. II. 64	16	I. 189 ff.
Paraden	über die Truppen im Sundewitt durch Seine Majestät den König Wilhelm	21. u. 22. IV. 64	69	II. 577 ff.
Präliminar-Friedens	Abschluß des	1. VIII. 64	90	II. 749
Rackebüll	Erkundungs-Gefecht bei	18. II. 64	26	I. 265
=	Erkundungs-Gefecht bei	21. II. 64	29	I. 268
=	Erkundungs-Gefecht beim Stenderuper Holz und bei	27. II. 64	34	I. 303
=	Erkundungs-Gefecht bei Neu-Freudenthal und	3. III. 64	38	I. 307
=	Ueberfall der Vorposten bei Lillemölle—	13. III. 64	44	II. 398 ff.
=	Vorposten-Gefecht bei Düppel und	14. III. 64	45	II. 400
=	Erkundungs-Gefecht bei R. und Rackebüller Holz	1. III. 64	36	I. 307
=	Erkundungs-Gefecht bei R. und Sandberg	20. II. 64	28	I. 267 ff.
Rackebüll — Düppel	Gefecht bei	17. III. 64	50	II. 403 ff.
Rackebüller Holz	Erkundungs-Gefecht beim	2. III. 64	37	I. 307
Ravenskoppel	Erkundungs-Gefecht bei	24. II. 64	33	I. 301
Sandberg	Erkundungs-Scharmützel bei	19. II. 64	27	I. 265
=	Erkundungs-Gefecht bei Rackebüll und	20. II. 64	28	I. 267 ff.

	Datum.	Nr. des Gefechts 2c.	Band u. Seite des Generalstabswerks.
Sandkrug	Gefecht mit den Kriegsschiffen „Thor" und „Esbern Snare" bei S. und Mövenberg	1. II. 64	8	I. 124 ff.
Stabegaard	Vorposten-Gefecht bei	16. III. 64	49	II. 403
Stenderup Hage	Artillerie-Gefecht mit dem Kanonenboot „Thura" bei	23. II. 64	32	I. 322.
Stenderuper Holz	Erkundungs-Gefecht beim St. H. und bei Rackebüll	27. II. 64	34	I. 303.
Torfschuppen	Erkundungs-Scharmützel bei	2. II. 64	10	I. 150
Veile	Gefecht bei	8. III. 64	41	I. 338 ff.
Vendsyssel	Einnahme des	10.—14. VII. 64	84	II. 716 ff.
Vorbasse	Erkundungs-Gefecht bei	29. II. 64	35	I. 323 ff.
Waffenruhe	Erste	12. V. bis 25. VI. 64	77	II. 581
=	Zweite	20.—31. VII.	87	II. 743 ff.
=	Verlängerung der W. bis zum 3ten August	31. VII. 64	89	II. 748
Wester-Satrup	Erkundungs-Gefecht bei W.-S. und Nübel	10. II. 64	19	I. 211 ff.
Windeby	Avantgarden-Gefecht bei	1. II. 64	7	I. 124

III. Verzeichniß der Stäbe und Truppentheile, soweit sie an den aufgeführten Gefechten 2c. betheiligt gewesen sind.

Stäbe:

Ober-Kommando: 20, 30, 40, 53, 54, 66, 80.

General-Kommando des I. Korps: 9, 20, 30, 50, 65, 66, 80.

Stab der kombinirten Garde-Infanterie-Division (III Korps): 20, 40, 42, 43, 46, 51, 53, 54, 57, 66.

Stab der 6ten Infanterie-Division: 9, 20, 25, 30, 50, 55, 66, 80.

Stab der 13ten Infanterie-Division: 20, 28, 30, 50, 66, 80.

Stab der kombinirten Division Münster: 59.

Stab der kombinirten Garde-Infanterie-Brigade: 20, 40, 42, 53, 54, 57, 66.

Stab der kombinirten Garde-Grenadier-Brigade: 20, 40, 42, 54, 66.

Stab der kombinirten 10ten Infanterie-Brigade: 20, 55, 66.

Stab der 11ten Infanterie-Brigade: 9, 20, 30, 50, 62, 66, 80.

Stab der 12ten Infanterie-Brigade: 20, 25, 30, 45, 50, 66, 80.

Stab der 25sten Infanterie-Brigade: 20, 55, 66, 80.

Stab der 26sten Infanterie-Brigade: 20, 28, 29, 30, 44, 50, 66, 80.

Stab der kombinirten Kavallerie-Brigade: 59.

Stab der Avantgarde des I. Korps: 8, 9.

Kommando des Artillerie- und Ingenieur-Angriffs gegen die Düppeler Schanzen: 20, 47, 66.

Stab des Kommandeurs der Artillerie des I. Korps: 8, 28, 47. Im Uebrigen siehe General-Kommando des I. Korps.

Stab des 1sten Ingenieur-Offiziers des I. Korps: 28. Im Uebrigen siehe General-Kommando des I. Korps.

Infanterie.

Infanterie-Regimenter:

3tes Garde = Regiment zu Fuß: 20 (ohne Füf.B.), 42, 53 (ohne I. B., 10te und 11te K.), 54, 66 (ohne Füf.B.). **I. Bat.**: 19. **II. Bat.**: 43 (ohne 5te, 6te und 7te K.). **10te Komp.**: 15.

4tes Garde=Regiment zu Fuß: 20 (ohne Füf.B.), 40, 42, 54, 57 (ohne I. und Füf.B.), 66 (ohne Füf.B.).

3tes Garde=Grenadier=Regiment Königin Elisabeth: 20 (ohne Füf.B.), 40 (ohne 4te K.), 42, 54, 66 (ohne Füf.B.). **Füf. Bat.**: 59.

4tes Garde=Grenadier=Regiment Königin: 20, 42 (ohne Füf.B.), 46 (ohne I. B., 5te, 7te, 8te K. und Füf.B.), 54 (ohne Füf.B.), 66 (ohne Stab des Füf.B., 7te, 9te und 12te K.). **I. Bat.**: 40, 51 (ohne 1ste, 3te und 4te K.). **2te Komp.**: 19. **II. Bat.**: 51 (ohne 5te und 6te K.), 61 (ohne 5te und 6te K.). **10te Komp.**: 12. **11te Komp.**: 14.

Leib = Grenadier=Regiment (1stes Brandenburgisches) Nr. 8: 20, 55, 66. **4te Komp.**: 65.

1stes Westfälisches Infanterie=Regiment Nr. 13: 20, 55 (ohne II. B.), 66, 80. **6te Komp.**: 36. **7te Komp.**: 37. **Füf. Bat.**: 8, 9. **11te Komp.**: 37 (1 Zug).

2tes Westfälisches Infanterie=Regiment Nr. 15 (Prinz Friedrich der Niederlande): 20, 30 (ohne 8te K.), 50, 66, 80 (ohne I. B.). **I. Bat.**: 29 (ohne 2te, 3te und 4te K.), 49. **II. Bat.**: 28 (von der 6ten, 7ten und 8ten K. nur je eine Abth.), 29 (ohne 5te, 6te und 7te K.), 33, 44 (ohne 2/3 5te, und 2/3 8te K.). **6te Komp.**: 27. **Füf. Bat.**: 9. **11te Komp.**: 49.

1stes Posensches Infanterie=Regiment Nr. 18: 20, 55, 66.

4tes Brandenburgisches Infanterie=Regiment Nr. 24: 20, 30 (ohne II. und Füf. B.), 45 (ohne Füf.B.) 50, 66, 80. **II. Bat.**: 61. **Füf. Bat.**: 9, 61 (Theile).

Brandenburgisches Füsilier = Regiment Nr. 35: 9, 20, 30 (ohne 7te K.), 55 (ohne III. B.), 66, 80. **2te Komp.**: 24. **II. Bat.**: 50 (ohne 5te und 6te K.). **III. Bat.**: 61. **12te Komp.**: 24.

5tes Brandenburgisches Infanterie=Regiment Nr. 48: **II. Bat.**: 48 (ohne 6te K.).

3tes Niederschlesisches Infanterie = Regiment Nr. 50: **1ste Komp.**: 82. **2te Komp.**: 82 (1 Zug.).

5tes Westfälisches Infanterie=Regiment Nr. 53: 20, 34 (ohne 1ste, 2te, 3te K. II. B., 9te und 12te K.), 66, 80. **I. Bat.**: 36 (von der 4ten K. nur 1 Offiz. Patr.) **Füf. Bat.**: 36 (ohne 10te und 11te K.).

6tes Westfälisches Infanterie=Regiment Nr. 55: 20, 30 (ohne II. B.), 50 (ohne II. B.), 66, 80. **I. Bat.**: 26 (ohne 1ste, 1/2 2te und 4te K.), 28 (ohne 2te, 3te und 4te K.), **8te Komp.**: 24. **Füf. Bat.**: 28 (ohne 9te und 1/2 12te K.), 44 (ohne 9te und 10te K.).

7tes Brandenburgisches Infanterie-Regiment Nr. 60: 9, 20, 50 (ohne I. B. 5te, 7te, 10te und 11te K.), 62 (ohne Stab des II. und des Füf. B., 3te, 6te, 7te, 8te, 9te, 10te und 12te K.), 66, 80. **I. Bat.:** 7 (ohne 1fte und 4te K.).

8tes Brandenburgisches Infanterie-Regiment Nr. 64: 20, 25 (ohne Füf. B.), 30, 50, 66, 80. **I. Bat.:** 45 (Theile). **II. Bat.:** 38 (ohne 5te und 8te K.). **Füf. Bat.:** 8.

Jäger:

Brandenburgisches Jäger-Bataillon Nr. 3: 20, 30, 50 (ohne 3te K.), 66 (ohne 1fte K.). 80.

Westfälisches Jäger-Bataillon Nr. 7: 9, 20, 66. 1fte Komp.: 7 (1 Abth.), 34 (1/2). 2te Komp.: 34 (1/2). 3te Komp.: 36.

Kavallerie:

Garde-Husaren-Regiment: 40 (ohne 4te E.) 42. 1fte Esf.: 21, 3te Esf.: 21, 59.

Brandenburgisches Kürassier-Regiment (Kaiser Nikolaus I. von Rußland) Nr. 6: 1fte Esf.: 14 (1 Zug), 18. 4te Esf.: 17 (1 Zug).

Westfälisches Dragoner-Regiment Nr. 7: 20, 66 (ohne 1fte, 4te und den größten Theil der 3ten E.). 1fte Esf.: 26 (1 Abth.), 28 (1 Zug). 2te Esf.: 30 (1 Zug). 4te Esf.: 27 (1 Zug), 28 (2 Züge), 29 (1 Zug), 30 (1 Zug). Theile: 36, 50.

Brandenburgisches Husaren-Regiment (Zietensche Husaren) Nr. 3: 9, 20, 66 (ohne 4te E.), 80. 1fte Esf.: 17, 55 (1 Abth.). 2te Esf.: 17, 50. 4te Esf.: 7 (1 Zug). Theile: 19.

1ftes Westfälisches Husaren-Regiment Nr. 8: 9 (ohne 4te E.). 2te Esf.: 35. 4te Esf.: 35. 5te Esf.: 82.

2tes Brandenburgisches Ulanen-Regiment Nr. 11: 20, 1fte Esf.: 8, 17, 25, 30. 2te Esf.: 9, 30. 3te Esf.: 66. 4te Esf.: 8. Theile: 80.

Artillerie:

Garde-Artillerie-Brigade: 4pfünd. Garde-Batt.: 20, 40 (ohne 4ten Zug), 42 43 (1/2), 47, 54 66. 3te 6pfünd. Garde-Batt.: 19 (1 Zug), 20, 32, 42, 47, 54, 66.
1fte Feft.-Komp.: 20, 47, 66, 79, 80. 2te Feft.-Komp.: 20, 47, 66, 67.

Brandenburgische Artillerie-Brigade Nr. 3: 1fte Fuß-Abth., Stab: 20, 47, 48, 66. **1fte 12pfünd. Batt.:** 48, 70. 4te 12pfünd. Batt.: 42, 51, (1/2), 54. **1fte 6pfünd. Batt.:** 20, 42, 47, 54, 66, 67. 1fte Haub.-Batt.: 48 (1/2), 70 (1/2). 2te Fuß-Abth. (zugleich Kommando der komb. Fuß-Abth. beider Art.-Brig. Nr. 3 und 7): 8, 9, 20, 47, 66, 80. 2te 12pfünd. Batt.:

9, 20, 30, 47, 66, 80. 2te 6pfünd. Batt.: 8, 9, 20, 47, 66, 80. 4te
6pfünd. Batt.: 8, 9, 13, 20, 47, 66, 80. 2te Haubitz-Batt.: 9, 20,
47, 50, 66, 80. 3te Fuß-Abth., Stab: (zugleich Kommando der Artillerie der
Avantgarde des I. Korps): 8, 9, 20, 47, 66, 80. 3te 12pfünd. Batt.: 20, 25,
30, 47, 50, 66, 80. 3te 6pfünd. Batt.: 8, 9, 20, 47, 66, 80. 3te
Haubitz-Batt.: 9, 20, 66, 80.

 3te Fest.-Komp.: 20, 47, 66, 80.

Magdeburgische Artillerie-Brigade Nr. 4: 2te Fest.-Komp.: 20, 24, 47,
66, 80. 7te Fest.-Komp.: 66.

Schlesische Artillerie-Brigade Nr. 6: 3te 6pfünd. Batt.: 75.

Westfälische Artillerie-Brigade Nr. 7: 1ste Fuß-Abth., Stab: 20, 30, 47,
50, 66, 80. 1ste 12pfünd. Batt.: 20, 47, 66, 80. 4te 12pfünd. Batt.:
20, 30, 47, 49 (1 Zug), 50, 66, 80. 1ste 6pfünd. Batt.: 9, 20, 23, 30
(1 Zug), 31, 47, 66, 67, 80. 1ste Haub.-Batt.: 9, 20, 47, 66, 80. Reit.
Abth., Stab (zugleich Kommando der Reserve-Artillerie des I. Korps): 9, 20, 47,
66, 80. 1ste reit. Batt.: 9, 20, 66, 80. 2te reit. Batt.: 9, 20, 66.
3te reit. Batt.: 9, 20, 66. 4te reit. Batt.: 9, 20, 66, 80. 6te reit.
Batt.: 9, 20, 66, 80.

 4te Fest.-Komp.: 20 (½), 47 (½), 66 (½), 80 (½). 2te Fest.-Abth.,
Stab (Kommando der kombinirten Festungs-Artillerie-Abtheilung): 20, 47, 66. 8te
Fest.-Komp.: 20, 47, 66.

Rheinische Artillerie-Brigade Nr. 8: 3te Fest.-Komp.: 20, 47, 66, 67, 80.

Pioniere:

Pommersches Pionier-Bataillon Nr. 2: 1ste Komp.: 80.

Brandenburgisches Pionier-Bataillon Nr. 3: 9 (ohne 1ste, 2te und 3te Komp.), 20,
30 (ohne 1ste und 2te Komp.), 50 (ohne 1ste, 3te und 4te Komp.), 66, 80. 1ste Komp.:
24. 2te Komp.: 55 (1 Abth.), 62. 3te Komp.: 62. 4te Komp.: 59.

Magdeburgisches Pionier-Bataillon Nr. 4: 1ste Komp.: 80.

Niederschlesisches Pionier-Bataillon Nr. 5: 1ste Komp.: 80.

Westfälisches Pionier-Bataillon Nr. 7: 9 (ohne 1ste, 2te und 4te Komp.), 20, 30
(ohne 1ste, 2te und 3te Komp.), 66 (ohne ½ 4te Komp.), 80 (von der 2ten, 3ten und 4ten
Komp. nur Abtheilungen). 1ste Komp.: 24. 2te Komp.: 65 (1 Abth.), 3te
Komp.: 34 (1 Abth.), 57.

Flotte.

Regifter.

Den Nachweis der einzelnen Kriegsbegebnisse, wie Operationen, Gefechte, Belagerungen u. f. w., giebt das Register unter dem Namen der Oertlichkeiten, an welche sich dieselben knüpfen. — Während für die Aktionen des Verbündeten Heeres ein eigener Gefechts-Kalender vorliegt, ist auf diejenigen der Dänischen Truppen unter den Namen der Kommandeure verwiesen. Die diesen Namen folgenden Zahlen beziehen sich also entweder auf die Personen oder die denselben unterstellten, aus der beigefügten Angabe ersichtlichen Truppen.

Die römischen Zahlen bezeichnen die Bandnummern des Gesammtwerkes, die arabischen die Seitenzahlen des betreffenden Bandes. Im Allgemeinen ist nur der Text berücksichtigt; die Anlagen sind an den betreffenden Textstellen nachgewiesen.

18

Bücher zum Deutsch-Dänischen Krieg 1864 im Verlag Rockstuhl

* Fontane, Theodor
Der Schleswig-Holsteinsche Krieg im Jahre 1864
380 Seiten, 4 Portaits, 56 Abb. u. Pläne, 9 Ktn, Reprint, Frakturschrift.
ISBN 978-3-937135-88-5

* Trinius, August
Geschichte des Krieges gegen Dänemark 1864
490 Seiten, 48 Zeichnungen und 5 Karten, Reprint, Frakturschrift.
ISBN 978-3-86777-398-0

* Bleibtreu, Carl
Düppel-Alsen - Deutsch-Dänische Krieg 1864
168 Seiten, 8 Zeichnungen von Chr. SPEYER, Reprint, Frakturschrift.
ISBN 978-3-86777-013-2

* Pflug, Pferdinand
Der Deutsch-Dänische Krieg 1864
198 Seiten, 59 Zeichnungen von August Beck, Reprint, Frakturschrift.
ISBN 978-3-86777-090-3

* Pfarrers Dr. W. F. Besser
„Drei Wochen auf dem Kriegsschauplatze" –
Deutsch-Dänische Krieg vom 16. Januar bis 30. Oktober 1864
148 Seiten, Augenzeugenbericht des Pfarrers Dr. W. F. Besser aus
Waldenburg (Schlesien), Reprint, Frakturschrift.
ISBN 978-3-86777-091-0

* Camphausen, Wilhelm
Ein Maler auf dem Kriegsfelde 1864 – Illustriertes Tagebuch
82 Seiten, 39 Zeichnungen, Reprint, Frakturschrift.
ISBN 978-3-86777-416-1

* Herausgegeben vom Großen Generalstabe, Abteilung für Kriegsgeschichte
Deutsch-Dänische Krieg 1864.
Band 1, 498 Seiten, Reprint, Frakturschrift.   ISBN 978-3-86777-656-1
Band 2, 586 Seiten, Reprint, Frakturschrift.   ISBN 978-3-86777-657-8

Verlag Rockstuhl
www.verlag-rockstuhl.de